이한우의 태종실록

재위 10년

새로운 해석、예리한 통찰

이한우의 태종실록

재위 10년

이한우 옮김

삶과 세계에 대한 뿌리 깊은 지혜, 그 치밀한 기록

2001년부터 2007년까지 7년 동안 『조선왕조실록』을 완독했으니 완독을 끝마친 지 10년이 지났다. 그동안 관심은 사서삼경을 거쳐 진덕수(眞德秀)의 『대학연의(大學衍義)』, 『심경부주(心經附註)』에 이어 지금은 『문장정종(文章正宗)』 그리고 반고(班固)의 『한서(漢書)』 번역으로 확장돼왔다.

원점인 2001년으로 돌아가보자. 나는 왜 『조선왕조실록』을 다 읽기로 결심한 것일까? 그것은 다름 아닌 선조들의 정신세계를 탐구해 우리의 정신적 뿌리를 확인해보려는 것이었다. 그런데 정작 7년간의 실록 읽기가 끝났을 때는 이룬 것보다 앞으로 해야 할 일이 많음을 깨달았다. 우리 선조들의 뛰어난 능력과 치열했던 삶의 태도를 확인했지만 그 뿌리를 제대로 알지 못했던 것이다. 그래서 완독을 끝내자마자 시작한 것이 한문(漢文) 공부다. 위에서 언급한 책들은 한문 공부를 마치고서 우리나라에 번역되지 않은 탁월한 한문책들을 엄선해 우리말로 옮긴 것이다. 이때 중요한 것은 '우리말'이다.

우리말이란 대한민국에서 일정한 교육을 받은 사람들이 편안하게 쓰는 말을 뜻한다. 과도한 한자 사용을 극복하고 지나친 순우리말 또한 일정하게 거리를 뒀다. 그리고 쉬운 말로 풀어 쓸 수 있는 한자어는 가능한 다 풀어냈다. 그래서 나는 '덕(德)'이라는 말은 '은덕(恩

德)'이라고 할 때 외에는 쓰지 않는다. '다움'이 우리말이다. 부덕(不德)도 그래서 '부덕의 소치'라고 하지 않고 '임금답지 못한 때문'이라고 옮긴다.

특히 정치를 다룬 역사서에서 중요한 용어가 '의(議)'와 '논(論)'이다. 그런데 실록 원문에서는 분명히 이 둘을 엄밀하게 구분해 '의지(議之)', '논지(論之)'라고 표현했는데, 번역 과정에서 의(議)도 의논이라고 번역하고 논(論)도 의논이라 번역하면 이는 원문의 뜻을 크게 왜곡하는 것이다. 의(議)란 책임 있는 의견을 내는 것을 말한다. 의정부(議政府)를 논정부(論政府)라고 해서는 안 되는 것과 같다. 논(論)은 일반적으로 책임을 떠나 어떤 사안에 대한 논리적 진단을 하는 것이다. 오늘날 '논객(論客)'이 그런 경우다. 그러나 '의객(議客)'이란 말은 애당초 성립할 수가 없다. 다만 법률과 관련해서는 의(議)보다 논(論)이 중요하다. 그래서 '논죄(論罪)'나 '논핵(論劾)'이라는 말은 현실적 구속력을 갖는다. 재판은 의견을 내는 것이 아니라 기존 법률에 입각해 죄의 경중을 논리적으로 가려내는 일이라는 점에서 논(論)이지 의(議)가 아닌 것이다. 이처럼 기존의 실록 번역은 예나 지금이나 정치에서 대단히 중요한 역할을 할 수밖에 없는 의(議)와 논(論)을 전혀 구분하지 않아 의미를 제대로 전달하지 못한다. 사실

이런 예는 일일이 거론하기 힘들 만큼 많다.

이런 우리말화(化)에 대한 생각을 직접 번역으로 구현해내면서 다시 실록을 읽어보았다. 기존의 공식 번역은 한자어가 너무 많고 문투도 1970년대 식이다. 이래가지고는 번역이 됐다고 할 수가 없다. 게다가 너무 불친절해서 역주가 거의 없다. 전문가도 주(註)가 없으면 정확히 읽을 수 없는 것이 실록이다. 진덕수의 『문장정종』 번역을 통해 한문 문장의 문체에 어느 정도 눈을 뜨게 된 것도 실록을 다시 번역해야겠다는 결심을 부추겼다. 특히 실록의 뛰어난 문체가 기존의 번역 과정에서 제대로 드러나지 못했다는 인식이 있었기 때문에 이 점을 개선하는 데 많은 노력을 쏟았다. 그리고 사소한 오역은 그냥 두더라도 심한 오역은 주를 통해 바로잡았다. 누구를 비판하려는 것이 아니라 미래를 향한 개선의 기대를 담은 것이다.

물론 이런 언어상의 문제 때문에 실록 번역에 뛰어든 것은 아니다. 실은 삶에 대한, 그리고 세계에 대한 깊은 지혜를 얻고 싶어서다. 이런 기준 때문에 여러 왕의 실록 중에 『태종실록(太宗實錄)』을 번역하기로 결심했다. 일기를 포함한 모든 실록 중에서 『태종실록』이야말로 어쩌면 오늘날 우리에게 반드시 필요한 지혜를 담고 있는지 모른다고 생각했기 때문이다.

지난 10년간 사서삼경과 진덕수의 책들을 공부하고 옮기는 과정에서 공자의 주장에 대해 새롭게 눈뜰 수 있었다. 그것은 다름 아닌 '일[事]'의 중요성이다. 성리학이 아닌, 공자의 주장으로서의 유학은 리더가 일하는 태도를 가르치는 이론이다. 기존의 학계는 성리학의 부정적 영향 때문인지 유학을 철학의 하나로만 국한해서 가르치는 경향이 있다. 그러나 내가 공부한 바에 따르면 공자는 리더의 바람직한 모습 그리고 그런 리더가 되기 위한 수양 과정을 지독할 정도로 치밀하게 이야기하고 가르쳤던 인물이다.

이런 깨우침에 기반을 두고서 이번에는 공자가 제시했던 지도자상을 태종이 얼마나 체화하고 구현했는지를 확인하고 싶었다. 이런 부분들을 주를 통해 드러낼 것이다. 그렇게 할 때 경학과 역사가 통합된 경사(經史) 통합적인 공부가 될 수 있다.

그렇다면 '왜 세종이 아니고 태종인가?'라는 질문을 던질 수 있겠다. 물론 세종의 리더십을 탐구하는 것도 대단히 중요하다. 그러나 그의 아버지 태종의 리더십을 충분히 탐구하지 않으면 세종에 대한 탐구는 피상적인 데 그칠 우려가 있다. 따라서 이 작업은 추후 세종의 리더십을 제대로 탐구하기 위한 기초 작업이기도 하다는 점을 밝혀둔다.

이 책에는 새로운 시도가 담겨 있다. '실록으로 한문 읽기'라는 큰 틀에서 번역을 진행했다. 월 단위로 원문과 연결 독음을 붙인 것도 그 때문이다. 번역문 중에도 어떤 말을 번역했는지를 대부분 알 수 있게 표시했고 번역 단위도 원문 단위와 거의 일치하기 때문에 어떤 문장을 어떻게, 심지어 어떤 단어를 어떻게 옮겼는지를 남김없이 알 수 있도록 했다. 물론 '착할 선(善)', '그 기(其)', '오를 등(登)' 수준의 뜻풀이는 생략했다. 아무런 의미가 없기 때문이다. 이러한 장치를 통해 조금이라도 살아 있는 한문을 익히고 우리 역사와 조상들의 사고방식을 가까이하는 데 도움이 되기를 바란다.

역주는 워낙 방대한 작업이기 때문에 앞에서 언급했다고 해서 다시 언급하지 않는 것이 아니라 그때그때 필요하면 중복되더라도 다시 달았다. 편집의 아름다운 완결성을 다소 희생하더라도 독자들의 읽는 재미와 속도를 감안했기 때문이다.

재위 1년 단위로 한 권씩 묶어 태종의 재위 기간 18년-18권을 기본으로 하고, 태조와 정종 때의 실록에 있는 기록과 세종 때의 실록에 담긴 상왕으로서의 기록을 묶은 2권을 별권으로 삼아 모두 20권으로 구성했다. 이를 통해 우리 사회에 태종의 리더십에 대한 제대로 된 탐구가 시작되기를 기대한다.

21세기북스 김영곤 대표의 결단이 없었다면 이 책은 세상에 나오지 못했을 것이다. 이 자리를 빌려 깊이 감사드린다. 더불어 계획 초기부터 함께 방향을 고민했던 정지은 본부장과 편집 실무자들에게도 고맙다는 말을 전한다. 해박한 지식과 한문 실력으로 이번 작업을 도와준 주태진 편집위원께도 감사드린다. 그리고 함께 공부하는 즐거움을 누리고 있는 우리 논어등반학교 대원들께 진심으로 고맙다는 말을 전하고 싶다. 마지막으로 내 글쓰기 작업의 원동력인 가족들에게도 깊은 감사를 올린다.

서울 상도동 보심서실(普心書室)에서

탄주(灘舟) 이한우

| 일러두기 |

1. 실록은 무엇보다 인물과 역사적 배경이 중요하기 때문에 문맥에서 필요한 범위 내에서 충실하게 주(註)를 달았다.
2. 기존의 번역 중 미세한 오역이나 번역이 누락된 경우는 번역의 어려움을 감안해 지적하지 않았지만 중대한 오역이거나 향후 한문 번역에서 같은 잘못이 반복될 수 있다고 판단되는 경우에는 주를 통해 지적했다.
3. 간혹 역사적 흐름에 대한 설명이 필요한 경우 간략한 내용을 주로 달았다. 그러나 독자들의 해석과 평가에 영향을 미치지 않도록 최소한의 범위에서만 언급했다.
4. 『논어(論語)』를 비롯해 동양의 고전들을 인용한 경우가 많은데 기존의 번역에서는 출전을 거의 밝히지 않았다. 그러나 당시 우리 선조들이 실제 정치를 행사하는 데 고전의 도움을 얼마나 받았는지를 알려면 그들의 말과 글 속에 동양 고전들이 얼마나 자연스럽게 녹아 있는지를 살피는 것이 중요하다. 하여 확인 가능한 고전 인용의 경우 주를 통해 그 전거를 밝혔다.
5. 분량이 워낙 방대하기 때문에 설사 앞서 주를 통해 언급한 바 있더라도 다시 찾아보는 번거로움을 덜기 위해 중복이 되더라도 다시 주를 단 경우가 있음을 밝혀둔다.
6. '원문 읽기를 위한 도움말'의 경우 단조로운 문장은 그대로 두고 한문 문장의 독특한 구조를 보여주는 구문에 초점을 맞췄다.
7. 한자는 대부분 우리말로 풀어쓰고 대괄호([ ]) 안에 독음과 함께 한자를 표기했다. 그래서 '천명(天命)'이라고 표기한 경우도 있지만 대부분 '하늘의 명[天命]'이라는 방식으로 표기했다. 또한 한자 단어의 경우 독음을 붙여쓰기로 표기하여 한문 문장을 이해하는 데 도움이 되고자 했다.
8. 문단 맨 앞의 '○' 표시는 같은 날 다른 기사임을 구분한 것이다.

차례

태종 10년 경인년
1월

一月

무진일(戊辰日-1일) 초하루에 상(上)이 친히 문소전(文昭殿)에 제사를 지냈다. 궁(宮)으로 돌아와 백관(百官)을 거느리고 하정례(賀正禮)를 거행했다.

경오일(庚午日-3일)에 겸진올적합(謙眞兀狄哈) 만호(萬戶) 어응주(於應朱)가 변경 요새에 찾아와[款塞](관새) 조현(朝見)하기를 청하니 이를 허락했다.

○ 창덕궁(昌德宮)과 건원릉(健元陵)에 소나무를 심을 것을 명했다.

신미일(辛未日-4일)에 사간원에서 대궐에 나아와 윤목(尹穆) 등의 죄를 청하고 이튿날 다시 청하니 상이 몸이 불편하다[未寧](미령)는 이유로 명을 전하는 자[將命者](장명 자)에게 금해 아뢰지 못하게 했다.

임신일(壬申日-5일)에 전(前) 개성유후(開城留後) 신호(申浩)의 직첩(職牒)을 회수했다. 호(浩)가 이웃집의 자투리땅[隙地](극지)을 침범해 빼앗아 자신의 집터를 넓혔는데 한성판관(漢城判官) 권탁(權卓)이 규정[科](과)에 의거해 잘라내고[折給](절급) 그 담과 행랑(行廊)을 헐어버렸다. 호가 분노를 이기지 못하고 글을 올려 탁(卓)이 공정치 못하다[不公](불공)고 고소하니 사헌부(司憲府)에 내려 사실을 조사한 결과[覈實](핵실) 호가 무고(誣告)에 걸렸다.

계유일(癸酉日-6일)에 사직(司直) 박무(朴茂)를 보내 여덟 번째 운반말[八運馬] 644필을 이끌고 요동(遼東)에 가게 했다.

○사간원(司諫院)에서 소(疏)를 올려 윤목(尹穆) 등의 죄를 청했다. 소는 이러했다.

'난적(亂賊)을 주토(誅討)하려면 먼저 그 당여(黨與)를 다스리는 것이 『춘추(春秋)』의 법입니다. 난신(亂臣) 이무(李茂)는 이미 악의 수괴에 해당하는 죄에 처해졌는데 그 당여 윤목 등은 성명(性命-목숨)을 보전하고 있으니 심히 『춘추(春秋)』에서 난적을 주토하는 의리가 아닙니다. 이것이 바로 신 등이 법대로 처치하기를 두 번, 세 번씩 청해 기필코 윤허를 받은 뒤에야 그만두려는 까닭입니다. 구성량(具成亮)과 구종수(具宗秀)는 이무의 인친(姻親)이고 또 난모(亂謀)가 발각되던 날에 왕래하며 말을 통해 사정을 누설했으니 죄를 용서할 수 없습니다. 그런데 지금 외방(外方)에 종편(從便)하라는 가벼운 명을 입었으니 실로 의리가 아닙니다. 바라건대 전하께서는 유사(攸司)에 명해 윤목(尹穆), 이빈(李彬), 유기(柳沂), 사덕(思德-강사덕), 희민(希閔-조희민) 및 무(茂)의 아들 이간(李衎) 등을 밝게 전형(典刑)으로 바로잡아 대법(大法)을 보이시고 구성량과 구종수는 그 직첩을 거두고 바닷가로 추방해 종신토록 서용(敍用)하지 말아야 할 것입니다.'

소(疏)를 궁중(宮中)에 머물러두었다. 상이 대언(代言) 등에게 일러 말했다.

"지금 대간(臺諫)이 말하는 것은 모두 국가의 큰일[大事]인데, 내가 만일 들어주지 않으면 반드시 사직(辭職)하고 물러갈 것이다. 그리고 반록(頒祿)[1]하는 때를 맞아 대간에 사고가 있으면 각 품(品)의 고신(告身)이 오랫동안 지체될 것이니 매우 불가하다. 마땅히 대간으로 하여금 모두 내 뜻을 알게 하라."

갑술일(甲戌日-7일)에 풍해도 도관찰사(豐海道都觀察使)가 말씀을 올렸다.

'농한기[農隙_{농극}]를 맞아 도내(道內)의 성보(城堡)를 수축(修築)해야 할 것입니다.'

그것을 허락했다.

○ 남의 장획(臧獲-노비) 중에 본궁(本宮-임금이 되기 전의 사저)에 투속(投屬)하는 것을 금지하라고 명했다. 상이 사헌장령(司憲掌令) 곽덕연(郭德淵)[2]을 불러 말했다.

"남의 집 장획 중에 본궁에 투속하는 자가 없지 않다. 내가 듣건대 그 본주(本主)인 녹사(錄事) 송겸(宋謙) 등 몇 사람이 말하고 싶어 하지만 감히 못 한다고 한다. 너희는 나 때문에 혐의하지 말고 곧 밝게 분별하도록 하라."

을해일(乙亥日-8일)에 햇무리가 있었다.

○ 일본(日本) 지좌전(志佐殿) 일기주(一岐州)의 왜(倭)가 사람을 보

---

1 조선 초기에는 고려 때와 마찬가지로 매년 1월과 7월에 녹봉을 지급하다가 1439년(세종 21년)부터 1월, 4월, 7월, 10월에 지급하는 사맹삭반록제(四孟朔頒祿制)로 바뀌었다.

2 공신 정희계(鄭熙啓)의 사위다.

내 토산물을 바쳤다.

○ 대간(臺諫)이 대궐에 나아와 윤목(尹穆) 등의 죄를 청하니 상이 몸이 편치 못하다고 사절했다.

병자일(丙子日-9일)에 금주령(禁酒令)을 내렸다. 의정부(議政府)에서 아뢰어 말했다[<ruby>啓曰<rt>계왈</rt></ruby>].

"늙고 병든 사람이 약(藥)으로 먹는 것과 마을에서 사고파는 것도 모두 엄격하게 금해야 할 것입니다."

그것을 따랐다.

○ 소격전(昭格殿)과 모화루(慕華樓)의 자투리땅[<ruby>隙地<rt>극지</rt></ruby>]에 밤나무를 심었다. 영양군(永陽君) 이응(李膺, 1365~1414년)[3]의 청(請)에 따른 것인데 이는 장차 주군(州郡)의 공물을 완화해주기 위함이었다.

정축일(丁丑日-10일)에 상이 문소전(文昭殿)에 나아가 춘향제(春享祭)를 거행했다.

○ 건주위지휘(建州衛指揮) 맹가첩목아(猛哥帖木兒)가 사자를 보내 토산물을 바쳤다.

---

3 1385년(우왕 11년) 문과에 급제했으며 1400년(정종 2년) 이방간(李芳幹)의 난을 평정하는 데 기여한 공으로 1401년(태종 1년) 익대좌명공신(翊戴佐命功臣) 4등에 책록되고 영양군(永陽君)에 봉작됐다. 그 뒤 1410년 예조·호조 판서에 이르렀으며 1412년 의정부지사로 있다가 1414년 병조판서가 돼 마패법(馬牌法)을 제정했다. 그해 6월 군사훈련에 필요한 취각법(吹角法)을 제정하기도 했다. 일찍이 태종의 척불정책(斥佛政策)을 크게 도왔으며 1403년에는 활자 주조에도 공헌했다.

무인일(戊寅日-11일)에 유성(流星)이 유성(柳星) 자리에서 나와 기성(箕星) 자리로 들어갔는데 그 모양이 되[升] 같았다.

○ 사역원판사(司譯院判事) 조사덕(曹士德)을 보내 아홉 번째 운반말[九運馬] 372필을 이끌고 요동(遼東)에 가게 했다.

○ 원윤(元尹)과 정윤(正尹)에게 구사(丘史-심부름꾼) 각 3명씩을 지급할 것을 명했다.

○ 사간원(司諫院)에서 대궐에 나아와 윤목(尹穆) 등의 죄를 청하고 또 말했다.

"성량(成亮-구성량)과 종수(宗秀-구종수)도 같은 당여(黨與)이니 용서할 수 없습니다."

상이 말했다.

"일찍이 대간(臺諫)을 친히 만나보고 그들에게 말하고자 했으나 근래에 작은 병으로 인해 말하지 못했다. 3~4일 뒤에 내가 마땅히 직접 불러 명하겠다."

○ 도부미(都府米)를 거두는 것을 없앴다. 구례(舊例)에 매번 반록(頒祿)할 때마다 병조(兵曹)에서 무관(武官) 5품 이하 대부(隊副) 이상까지를 고열(考閱)해 (녹(祿)을) 수령하는 자에 따라 사람마다 1첩(帖)을 주었는데 그것을 '도부(都府)'라 하며, 첩(帖)을 받을 때에 준해 사람마다 각각 쌀 한 말[一斗] 혹은 다섯 되[五升]를 바치는데 그것을 '도부미(都府米)'라 한다. 광흥창(廣興倉)에서는 첩을 확인한 다음에야 녹을 나눠 주었는데 이때에 이르러 의흥부(義興府)가 병조와 서로 다툼이 있어 아뢰어 말했다.

"병조에서 거두는 도부미는 나라에 이익이 없고 백성에게 폐단이 있으니 이를 없애는 것이 마땅합니다."

그것을 따랐다.

○ 정도전(鄭道傳) 등 5인의 속공(屬公)한 전지(田地)에서 전조(田租)를 거두지 말 것을 명했다. 의정부에서 아뢰었다.

"정도전 등 5인의 공신전(功臣田)의 조(租)를 속공하기 전에 그 자손(子孫)이 이미 수조(收租)했는데 만일 이를 징수한다면 관(官)에 바치지 못해 그로 인한 어려움이 막심할 것이오니 그 반만 징수해야 할 것입니다."

상이 말했다.

"전지가 이미 속공됐으니 이미 거둔 조(租)는 모두 징수하지 말라."

○ 춘추관영사(春秋館領事) 하륜(河崙), 지관사(知館事-춘추관지사) 유관(柳觀), 동지관사(同知館事-춘추관동지사) 정이오(鄭以吾)와 변계량(卞季良)이 비로소 『태조실록(太祖實錄)』 편찬을 시작했다. 춘추관(春秋館)[4]에서 아뢰었다.

"지난해 9월에 전하의 판지(判旨)를 받기를 '임신년(壬申年-1392년) 7월 이후 경진년(庚辰年-1400년) 11월 이전 각년(各年)의 수찬관(修撰官) 이하의 사초(史草)를 서울은 10월 15일까지, 외방은 11월 초

---

4 조선시대 정3품아문(正三品衙門)으로 정사(政事)를 기록하는 일을 관장했다. 조선 초에는 예문춘추관(藝文春秋館)이라 하다가 1401년(태종 1년)에 예문관과 분리해 춘추관(春秋館)으로 독립했다. 1894년(고종 31년)에 폐지됐다.
춘추관 관원으로는 영사(領事-정1품) 1명으로 영의정(領議政)이 겸직하고, 감사(監事-정1품) 2명으로 좌·우의정이 겸임하고, 지사(知事-정2품)·동지사(同知事-종2품) 각 2명이며, 수찬관(修撰官-정3품), 편수관(編修官-정3품~종4품), 기주관(記注官-정·종5품), 기사관(記事官-정6품~정9품)으로 구성돼 있다. 모두 문관을 임용하며 타관이 겸직한다.

1일까지 기한을 정해 바치도록 독촉하라'고 했는데 지금까지 바치지 않은 자가 매우 많으니 빌건대 상국(上國)에 사신(使臣) 간 자를 제외하고 금년 정월 안에 바치지 않는 자는 소사(所司-해당 부서)에 이문(移文)해 논죄(論罪)하고 끝내 바치지 않는 자는 전조(前朝-고려)의 판지(判旨)에 의거해 자손을 금고(禁錮)하고 은(銀) 20냥(兩)을 물려야 할 것입니다."

그것을 허락했다. 기주관(記注官) 조말생(趙末生)·권훈(權壎)·윤회(尹淮)와 겸 기사관(兼記事官) 신장(申檣)이 낙점(落點)으로 이에 참여했고 참외사관(參外史官-7품 이하 실무를 맡은 사관)은 오직 우승범(禹承範)과 이심(李審) 두 사람뿐이고 그 나머지는 모두 참여하지 못했다. 사관(史官)이 륜(崙)에게 고했다.

"우리는 직필(直筆)을 잡고 시사(時事)를 기록하는 자입니다. 하물며 지금 수찬(修撰)하는 것이 고례(古例)에 의거하지 않고 당대에 수찬하며 또 사관으로 하여금 다 참여도 못 하게 하니 두렵건대 후인(後人)들이 더욱 의심할까 합니다."

륜이 말했다.

"이 일은 비밀이어서 여덟 한림(翰林)[5]과 함께할 수 없고 또 내지(內旨)가 있기 때문이오. 지금 두 한림이 참여한 것은 낭청(郎廳-각 관청의 당하관)이 부족하기 때문일 뿐이오."

---

5 예문관 관원 중에 정7품 봉교(奉敎) 이하 정9품 검열(檢閱)까지를 통칭해 한림(翰林)이라 하고 또 사신(史臣)이라고도 했다.

기묘일(己卯日-12일)에 화성(火星)이 정성(井星) 자리의 동쪽에 있었고 달은 화성의 북쪽에 있었는데 그 간격[隔]이 1척(尺)이었다. 이날 밤중에 (풍해도) 황주(黃州)의 구답촌(仇畓村) 하늘이 환하기가 사방(四方) 1리(里)나 됐는데 조금 뒤에[俄而=尋] 동방(東方)에서 천둥이 일어났다. 애초에 천둥소리가 질려포(蒺藜炮)[6] 소리와 같았고 다음에는 종(鍾)소리, 나중에는 여울[灘]소리 같았는데 많은 별이 요동(搖動)쳤다.

○ 군자주부(軍資注簿) 강순(姜順), 전 낭장(郎將) 김중절(金仲節)을 외방에 유배 보냈다. 중절(仲節)이 순(順)과 집터[家基]를 다퉈 헌부(憲府)에 호소해 말했다.

"순은 네 명의 아내와 한 명의 첩을 거느리고 있어 이미 큰 집을 가지고 있는데 지금 또 내 집터를 함부로 빼앗으려고 합니다."

헌부에서 한성부(漢城府)에 이첩(移牒)해 순의 가사(家舍)가 있는지 없는지를 물어 중절의 무고(誣告)를 알아냈다. 또 순에게 처첩(妻妾)을 많이 거느리고 있는 까닭을 물으니 순이 모두 이미 버렸다고 대답했다. 이에 헌부에서 순이 잇달아 세 아내를 버리고 자기의 욕심을 자행(恣行)해 남녀의 분수를 더럽히고 어지럽혔다[瀆亂]고 논해 드디어 양쪽에 죄를 줄 것을 청했다.

○ 예조(禮曹)에서 무과(武科) 친시(親試)의 규식(規式-규정)을 올렸다.

---

6 마름쇠가 든 탄환(彈丸)을 내쏘던 화포(火砲)다. 전략적으로 중요한 길에 탄환을 쏘아 마름쇠를 뿌려서 적병(敵兵)의 공격을 막았다.

'초장(初場)에는 보사(步射)로서 편전(片箭)을 쓰되 모두 200보(步)에 한정하고, 중장(中場)에는 기사(騎射)로서 직배(直背) 다섯 발(發), 기창(騎槍)으로 휘작(揮著)하거나 탈피(奪避)로 하고, 종장(終場)에는 『무경칠서(武經七書)』를 강(講)하되 일찍이 무과(武科)에 합격한 자는 바로 회시(會試)에 나아가게 하고, 정3품·종3품으로 과거에 응시하는 자도 바로 회시에 나아가게 하며, 새로 나오는 자[新進者]는 상례(常例)에 의거하되 액수(額數-정원)는 인재(人才)의 많고 적음에 따라 그전 액수에 구애하지 말아야 할 것입니다.'

신사일(辛巳日-14일)에 햇무리가 있었다.

○ 통사(通事) 이자영(李子瑛)이 요동(遼東)에서 돌아왔다. 자영(子瑛)이 말했다.

"달단(韃靼)[7]의 군대[達達軍]가 (요동 지역) 개원(開元), 금산(金山) 등지를 휘젓고 돌아다니는데[盛行] (명나라) 관군(官軍)은 이들을 만나기만 하면 번번이[輒] 패합니다. 그들의 순초군(巡哨軍)이 정월 초2일에 요동의 북문(北門)을 공격해 이기지 못하자 성 밖의 거주민들을 노략질하고서 달아났습니다."

상이 말했다.

"과연 자영의 말대로라면 마땅히 무비(武備)를 정비해야 할 것이다."

의정부(議政府)에서 아뢰었다.

---

7 몽골 또는 몽골족을 달리 이르는 말로 달노(奴), 달달(達達), 달적(達賊)이라고도 했다.

"양계(兩界-동북면과 서북면)의 수령(守令)에 무재(武才)가 있는 사람을 보내시고 충청도 세 곳의 성자(城子)에는 사람을 보내 땅을 살펴본 뒤에 쌓으면 일이 늘어질 것 같사오니 각각 보고한 것에 의거해 즉시 쌓도록 해야 할 것입니다."

상이 모두 옳게 여겼다. 성산군(星山君) 이직(李稷)을 보내 (경기도) 광주(廣州)의 일장성(日長城)[8]을 수축할 것인지의 가부(可否)를 살펴보게 했다[相=觀].

○ (사역원에) 몽골말[蒙語] 훈도관(訓導官)을 두고 전 봉어(奉御) 주언(周彦)과 전 중랑장(中郎將) 송희명(宋希明)으로 이를 삼았다.

임오일(壬午日-15일)에 상이 문소전(文昭殿)에 나아가 망제(望祭-보름날에 지내는 제사)를 거행했다.

○ 금중(禁中)[9]에서 연등(燃燈)[10]을 했다.

계미일(癸未日-16일)에 화성(火星)이 북하남(北河南) 오제후(五諸侯)[11]의 제일성(第一星) 북쪽에 있었는데 간격이 7촌(寸)쯤[許] 됐다.

---

8 673년(신라 문무왕 13년)에 한산주에 주장성(晝長城, 일명 일장성(日長城))을 쌓았다는 기록이 있는데 현재의 남한산성으로 보인다.

9 임금이 평소 거처하는 곳을 가리키는 말이다.

10 등을 달고 불을 켜는 것을 말한다.

11 중국 고대 천문 체계에서의 명칭이다. 다섯 개의 별이 W자 형태를 이루고 있는 오제후는 천자를 잘 모시면서 자기 봉국에 가지 않는 제후를 일컫는다. 만약 천자와 제후 간에 벽옹의 예절이 잘 지켜지면 별이 밝고, 별이 보이지 않으면 제후가 쫓겨나게 된다고 보았다. 벽옹은 주나라의 천자가 세운 교육기관의 일종이다.

○ 종친들을 해온정(解慍亭)에 불러 활쏘기를 구경하고 술자리를 베풀었다.

○ 김승주(金承霔)를 서북면 병마도절제사(西北面兵馬都節制使)로, 연사종(延嗣宗)을 동북면 병마도절제사(東北面兵馬都節制使)로 삼았다. 의주통사(義州通事)[12] 이용(李龍)이 요동(遼東)에서 돌아와 말했다.

"요동 군사 1만 명이 베이징[北京]으로 가다가 산해위(山海衛)[13]에서 달달(達達-韃靼) 군사를 만나 서로 싸우다가 크게 패해 사상자(死傷者)가 반이 넘었습니다. 그리고 요동은 정월 초2일부터 군사를 엄격하게 해 성(城)을 지키고 있는데 밤낮으로 게을리하지 않고 있습니다."

상이 정부(政府)를 불러 이 문제를 토의하고 승주(承霔) 등을 보내 방비하게 한 것이다.

갑신일(甲申日-17일)에 사간원에서 민무구(閔無咎) 등의 죄를 청했다. 소(疏)는 이러했다.

'대역(大逆)의 죄는 황천(皇天)의 상제(上帝)께서도 용서하지 않는 것이고 천하 고금(古今)에 사면하지 않는 것인데 전하께서 어찌[烏=焉] 사사로이 할 수 있겠습니까! 무릇 옳고 그름[是非]은 한때[一時]에 나오는 것이지만 큰 의로움[大義]이란 만세(萬世)에 공정한 것[公]입니다. 신 등이 어찌 하루아침의 목숨을 아끼느라 만세의 법을 돌보지 않을 수 있겠습니까? 지난번에 신 등이 대역죄인 민무구(閔無

12 통사 중에 소속이 중앙 조정이 아니라 의주인 통사를 말한다.

13 산해관에 설치한 군사 조직이다.

咎), 민무질(閔無疾), 이무(李茂)와 그 당여(黨與)인 윤목(尹穆), 유기(柳沂), 이빈(李彬), 조희민(趙希閔), 강사덕(姜思德) 등을 극론(極論)해 그 죄를 밝힐 것을 청했으나 하늘이 신충(宸衷-임금의 마음)을 이끌어[誘] 무(茂)가 복주(伏誅)됐으니 간언을 따르시는 아름다움[從諫之美]이 지극하다 할 것입니다.

그러나 수악(首惡-수괴)인 무구·무질과 그 당악(黨惡)인 윤목의 무리가 머리를 보전해 세월을 질질 끌어갈 수 있게 됐으니[淹延] 형벌을 쓰는 공정함에 있어 어떠하겠습니까? 이는 온 나라의 신하와 백성들이 한스럽게 여기는 바입니다. 위의 일곱 사람과 무(茂)의 여러 아들이 스스로 용서받지 못하리라는 것을 알고서 사사로이 분함을 풀려고 할 것이며[逞忿] 또 어찌 이들을 구원하는 무리가 안팎에 숨고 엎드려 몰래 나라의 틈[國釁][14]을 엿볼지 알 수 있겠습니까? 또 회안군(懷安君-이방간)은 죄악이 가득 찼는데 (사형에 처하지 않은 채) 완산(完山)에 편안히 지내게 했고[安處] 이거이(李居易) 부자(父子) 또한 불령(不逞)한 무리인데 가까운 고을에 나눠두었으니 신 등은 혹시라도 외환(外患)이 있으면 이들 무리가 서로를 이끌어 내응(內應)이 될까 염려됩니다. 하물며 중국(中國)에 군사가 일어나 지금처럼 위태롭고 의심스러운 때이겠습니까? 아아! 천지개벽(天地開闢) 이래로 대역(大逆)을 경전(輕典)에 두었다[15]는 말은 지금까지 듣지 못했습니다.

---

14 조정에 분란이 생겨나는 것을 말한다.

15 가벼운 법률을 적용하는 것을 말한다.

지난날에[向=向者] 회안군이 앞장서 난(亂)을 일으켰을 때 전하께서 주공(周公)이 관숙(管叔)과 채숙(蔡叔)의 변란에 대처하듯이 하셨다면 어찌 무구와 무질이 앞에서 난을 잇고 거이 부자와 이무의 당(黨)이 뒤에서 바싹 뒤따를[接踵] 수 있었겠습니까? 만일 오늘날 천토(天討)를 행해 큰 의로움을 보이지 않는다면 후일에 난적(亂賊)의 무리가 무엇을 징계로 삼아 일어나지 않는다 하겠습니까?

유씨(柳氏)의 아들 불노(佛奴) 같은 자에 이르러서는 거짓으로 상왕(上王)의 아들이라 칭해 인심을 현혹시켰으니 이 또한 용서할 수 없는 죄입니다. 바라건대 전하께서는 해와 달의 지극한 밝음으로 돌아가셔서 『춘추(春秋)』의 큰 법도를 본받으시어 유사(攸司)로 하여금 회안군, 불노, 무구, 무질, 윤목, 유기, 이빈, 조희민, 강사덕, 이간(李衎), 승조(承祚), 공유(公柔), 공효(公孝), 공지(公祗) 및 이거이, 이저(李佇)에 대해 그 죄를 밝게 바로잡아 후세에 법을 드리움으로써 정대(正大)하고 고명(高明)한 공업을 이루시어 난신적자(亂臣賊子)의 마음을 징계시켜야 할 것입니다.'

헌납(獻納) 송희경(宋希璟)을 불러 뜻을 전해 말했다.

"근일에 풍 기운[風氣]으로 인해 몸이 아직 편치 못해 올린 소를 자세히 살펴보지 못했지만 이 일은 내가 감히 할 수 있는 것이 아닙니다."

희경(希璟)이 굳게 청하니 상이 말했다.

"내가 장차 면대해 말하겠다."

○ 임정(林整)을 동북면 도순문찰리사(東北面都巡問察理使)로 삼았다. 양계(兩界)의 수령들을 모두 무재(武才)가 있는 사람으로 고쳐

제수했다[除](제).

○ 회안위(淮安衛) 군사 호원(胡原) 등 두 사람을 요동(遼東)에 보냈다. 덕명(德明)이 돌아올 때 일본에 잡혀갔던[所擄](소로) 한인(漢人) 호원 등을 데리고 왔으므로 명해 의관(衣冠)을 지급하고 곧장 조사덕(曹士德)을 보내 압송(押送)하게 하고 가는 김에[仍](잉) 중국 소식[聲息](성식)을 탐지하게 했다.

○ 동북면(東北面)의 기근(飢饉)을 진휼했다. 수륙(水陸)으로 강원도 곡식을 운반해 진휼하라고 명했다.

병술일(丙戌日-19일)에 일본 국왕의 사자(使者)가 대궐에 나아와 하직하니 상이 인정전(仁政殿)에 앉아 그를 불러서 만나보고 말했다.

"왕의 부친이 훙서(薨逝)했다는 말을 듣고 장차 사람을 보내 조상하려 한다. 왕이 잡혀간 (조선) 사람들을 찾아서 보내고[刷送](쇄송) 더불어 도적을 금하니 두터운 뜻[厚意](후의)에 몹시 감사하는 바이다."

○ 사간원 우사간대부(右司諫大夫) 김지(金摯) 등이 합문에 엎드려[伏閤](복합) 전일에 올린 소(疏)를 윤허해줄 것을 청하니 상이 또 몸이 편치 못하다는 이유로 사절했다.

○ 여러 도(道)의 성(城) 쌓는 역사를 그만두도록 명했다. 의정부에서 아뢰었다.

"서북면(西北面) 의주(義州)의 대삭주성(大朔州城)은 이미 반 이상이나 쌓았으니 마땅히 역사를 끝마치게 해야 합니다. 평양성(平壤城)은 지금 이미 절기(節氣)가 늦었고 또 인력(人力)이 몹시 피곤해졌으니 만일 외병(外兵)이 있기라도 한다면 도리어 내환(內患)이 될 것입니다. 그러니 이는 참으로 역사를 그만두는 것이 좋을 것입니다."

상이 그렇다고 여기고 의정부에 명해 말했다.

"각 도(各道) 연해변(沿海邊)의 성(城)은 왜구가 걱정되니 쌓지 않을 수 없다. 그러나 육지의 깊고 먼 곳에 있는 성은 우선 역사를 그치고, 광주성(廣州城)은 금년에 일이 번잡하니 백성들이 살아갈 수 없을까 두렵다. 이 또한 수축하지 말라."

정해일(丁亥日-20일)에 안개가 심하게 꼈다.

○ 대간(臺諫)이 교장(交章)해 불노(佛奴)와 무구(無咎) 등의 죄를 청했다. 소(疏)는 이러했다.

'속이고 거짓말하는 요망(妖妄)함과 역적(逆賊)의 무리는 모두 천토(天討)해 용서치 못할 죄입니다. 그래서 신 등이 그 죄를 극언(極言)해 대궐에 나아오고 물러간 지 이제 한 달이 넘었는데 유음(兪音-임금의 허락)을 입지 못했습니다. 가만히 생각건대 전하께서 이들을 풀어주고 베지 않아 그들로 하여금 구차하게 생명을 도둑질하게 하는 것[偸生(투생)]이 종사(宗社) 만세(萬世)의 대업에 무슨 도움이 되고 상벌(賞罰)을 지극히 공정하게 하는 마땅함[義(의)]에 무슨 부합됨이 있습니까? 그렇지 않다면[抑(억)] 또 국가 안위(安危)의 계책에 무슨 득(得)이 있습니까? 어찌하여 마땅히 베어야 할 적(賊)을 아끼느라 온 나라 신민(臣民)이 바라는 바를 저버리십니까? 이것이 신 등이 밤낮으로 통분(痛憤)해 감히 청해 마지않는 바[無已(무이)]입니다.

엎드려 바라옵건대 전하께서는 큰 의로움으로 결단해 사요(詐妖-거짓을 일삼는 요망한 자) 불노(佛奴)와 역적 무구(無咎), 무질(無疾),

윤목(尹穆), 이빈(李彬), 사덕(思德), 희민(希閔), 유기(柳沂) 등을 극형에 처함으로써 종사(宗社) 만세(萬世)의 대업을 편안케 하고 일국의 신민들이 바라는 바를 터주셔야[快] 할 것입니다.'

김지(金摯), 이명덕(李明德) 등이 대궐에 나아와 거듭 청하니 상이 말했다.

"이 일은 내가 정말로[固=誠] 들어주지 않을 것이니 이에[其] 다시는 말하지 말라. 옛날에 언관(言官)이 세 번 간언해 (임금이) 들어주지 않으면 물러갔다.[16] 근래에 소를 올려 청한 것이 한두 번이 아니었으나 내가 서둘러 가부(可否)를 결단치 않는 것은 아마도[意] 사직(辭職)을 올려 사면하기를 청하리라 여겼기 때문이다."

명덕(明德)이 아뢰었다.

"종전에 사직을 올려 면직을 청한 것은 예전에 언관이 거취(去就)하는 뜻으로 한 것이 아니었습니다. 다만 재주가 없는 사람이 오랫동안 그 벼슬에 있어 말을 해도 들어주는 것을 보지 못해 그 직사(職事)를 오랫동안 폐기했으므로 뒤에 훌륭한 신하[良臣]가 나오게 되면 반드시 다 말하고 극진히 간언해 유윤(兪允)을 얻으리라 여겨서 그렇게 한 것입니다. 신이 볼 때 옛날에는 열국(列國)을 돌아다니며 섬기는[遊事] 신하의 경우 거취(去就)하는 의리가 있었기에 세 번 간언해 들어주지 않으면 떠나간 것입니다. 제(齊)나라에서 얻지 못하면 초(楚)나라로 가고, 초나라에서 얻지 못하면 진(秦)나라로

16 『예기(禮記)』「곡례(曲禮)」편에 이런 말이 있다. "다른 사람의 신하된 자의 예(禮)는 너무 지나치게 간언하지 않는 것이다. 세 번 간언해 들어주지 않으면 떠난다[逃=去]. 자식이 어버이를 섬기는 예는 세 번 간언해 들어주지 않으면 울부짖으며 따르는 것이다."

가는 것이 바로 그것입니다. (그러나) 지금 신 등은 본국을 버리고 어디로 가겠습니까? 오늘의 청은 기어코 윤허를 입은[蒙允](몽윤) 뒤에야 그치겠습니다."

상이 말했다.

"근래에 작은 병[微疾](미질)이 있는데 오늘은 더욱 심하니 경들은 다시 말하지 말라."

무자일(戊子日-21일)에 천둥과 번개가 쳐 (충청도 보령) 고만량(高灣梁)에 있는 배의 돛대와 군사 한 명이 벼락에 맞았다.

○사헌부에서 노비 관련 사의(事宜-현안)를 아뢰었다.

"높고 낮은 인원(人員)들이 소송하는 노비(奴婢)에 대해 재주(財主-노비주인)의 본종(本宗)과 사촌, 그리고 수양(收養) 등의 사람들은 비록 전계(傳繼-노비문서)가 없더라도 판지(判旨-임금의 명령)가 분명하니 일의 이치상으로 마땅히 다투고 바라겠지만, 그 나머지 탐람(貪婪) 간악(奸惡)한 무리들은 비록 본종이 아니라 하더라도 족친이라 두루 칭하고[泛稱](범칭), 그 족도(族圖)를 연접(連接)시켜 각각 어떻게든지 얻어보려고 꾀합니다. 비록 담당 원리(員吏)가 바른 원칙에 따라 판결하더라도 그대로 점유하기[仍執](잉집) 위해 곧장 오결(誤決)이라고 정소(呈訴)해 시비(是非)를 바꾸고 어지럽히니[變亂](변란) 송사(訟事)가 날로 번잡해지고 부서(簿書-재판 서류)가 더욱 늘어날 뿐만 아니라 풍속(風俗)이 아름답지 못하니 참으로 좋지 못합니다. 금후로는 상항(上項)의 판지에서 논한 인원 이외에 전계(傳繼)가 없는 자손(子孫) 이외의 사람이 족친이라 두루 칭해 난잡하게 소장(訴狀)을 바친다면 그 종파(宗派)를 상고해 분간(分揀)해서 금지(禁止)하고, 그 소송한 노비는 공가(公家-관가)에 속하게 해야 할 것입니다. 그리고 억지로 변명하는 자는 판지에 따라 곤장 80대를 때려 수군(水軍)에 채워 넣고 그른 것을 알고서 자수(自首)해 아뢰는 자는 죄를 논하지 말아야 할 것입니다."

그것을 따랐다.

○ 병조(兵曹)와 의흥부(義興府)에서 수박희(手拍戲)[17]로 사람을 시험해 방패군(防牌軍)[18]을 보충했는데 세 사람을 이긴 자를 채용했다.

기축일(己丑日-22일)에 대간(臺諫)이 대궐에 나아와 거듭 청하니 상이 말했다.

"경들의 말이 옳지만 단지[但 단] 내가 차마 할 수 없기[不忍 불인] 때문이다."

그로 인해 대언(代言)에게 명해 술을 내려주게 했다. 다음 날 편전(便殿)에 좌정해 우사간(右司諫) 김지(金摯), 헌납(獻納) 송희경(宋希

17 수박 및 수박희란 명칭이 공식적으로 확인된 것은 고려시대다. 『고려사(高麗史)』「두경승전(杜景升傳)」에 수박하는 자가 경승을 불러 대오(隊伍)를 삼으려 했다고 하고, 「이의민전(李義旼傳)」에는 이의민이 수박을 잘해서 의종(毅宗)의 사랑을 받았다고 하며, 「최충헌전(崔忠獻傳)」에는 수박에서 이긴 군사에게 교위(校尉)·대정(隊正) 자리를 상으로 주었다고 했다. 또 「정중부전(鄭仲夫傳)」에는 의종이 보현원(普賢院)에서 무신들에게 오병(五兵)의 수박희를 하게 했다는 기록이 있고, 고려 말의 충혜왕(忠惠王)은 수박희를 즐겨 관람했던 것으로 전해진다. 조선 전기에도 고려 수박의 전통은 그대로 계승된다. 『태종실록(太宗實錄)』, 『세종실록(世宗實錄)』, 『세조실록(世祖實錄)』에는 수박희로 시험해 군사를 뽑았다거나, 왕이 수박 잘하는 사람을 별도로 뽑아서 연회 때 하게 했다는 수박과 관련된 기록이 적지 않게 전해지고 있다.

18 고려시대 때 의장병을 가리키는 명칭이었는데 조선 때는 시위 업무도 맡아보았다.

璟), 집의(執義) 이명덕(李明德), 지평(持平) 오선경(吳先敬)을 불러 말했다.

"무구(無咎) 등의 죄는 이미 교서(教書)에 나타났으니 대개 곧음으로 원망을 갚는 것이다[以直報怨].[19] 무구 등이 이미 나를 저버렸으니 내가 어찌 사사로운 은혜를 돌아보겠는가? 다만 노모(老母)가 있기 때문이다. 윤목(尹穆) 등의 무리는 괴수가 이미 죄에 처해졌으니 다시 논할 것이 없다. 그리고 불노(佛奴)는 상왕(上王)께서 이미 자식으로 여기지 않았으니 지금 만일 죽인다면 이는 후인(後人)의 의심을 빚어내는 것이다."

지(摯) 등이 물러가니 대언에게 명해 술을 내려주게 했다.

○ 동서북면(東西北面) 시위군(侍衛軍)의 번상(番上)을 면제해 휴양(休養)하도록 명했다. 불의의 사태[不虞]에 대비하기 위함이었다.

○ 의정부(議政府)와 공신(功臣)에게 명해 불노의 죄에 대해 토의하게 했다. 명해 말했다.

"전조(前朝-고려)의 왕씨(王氏) 자손(子孫)의 경우 살육이 어린아이[孩嬰]에까지 미쳤으니 어찌 마음이 아프지 않겠는가![20] 집에 간쟁

---

19 『논어(論語)』「헌문(憲問)」편에 나오는 말이다. 어떤 이가 물었다. "덕으로써 원한을 갚는 것은 어떻습니까?" 공자가 말했다. "그러면 덕은 무엇으로써 갚을 텐가? 원한은 곧음으로써 갚고[以直報怨] 덕은 덕으로써 갚아야 한다."

20 태종은 고려 왕실 왕씨 몰살 사건을 언급한 것이다. 조선의 건국과 함께 1392년 7월 20일 대사헌 민개의 건의를 받아들여 제사를 받들 소수의 인원을 제외한 모든 왕씨를 강화도와 거제도로 옮겨 살도록 명한다. 태조 3년 1월 21일에는 사헌부, 사간원, 형조 등 형률을 맡고 있는 세 개 기관이 왕씨를 제거해야 한다는 글을 올린다. 태조는 윤허하지 않았지만 신하들도 물러서지 않았다. 결국 4월 14일 이성계는 도평의사사에 이 문제를 논의하라고 명한다. 이에 따라 공양왕의 동생인 왕우 삼부자를 제외한 모든 왕씨를 살해하기로 결정했다. 당시 왕씨는 강화도와 거제도 외에 삼척에 집단적으로 거주하고 있

하는 자식[諍子]이 있어야 한다는 것[21]은 옛날의 격언(格言)인데 내가 간언해 말리지 못했으니 지금까지도 한(恨)이 된다. 지금 불노(佛奴)의 죄를 대간이 청해 마지않는데 불노는 어리석고 아직 어리니 명의(名義)를 어긴 것은 제 스스로 한 것이 아니고 곧 조박(趙璞)의 꾀[謀]에 의한 것이었다. 사람의 죄를 논함에 있어 진실로 이치에 합당해야 그것이 천토(天討)라 할 수 있는데 불노의 죄가 과연 이치에 합당한가? 이에 공신과 더불어 그것을 토의하라."

의정부와 3공신이 자문(紫門) 밖에 나와 (의정부) 참찬부사(參贊府

었다. 결국 다음 날부터 강화도를 시작으로 대대적인 수장이 시작됐다. 그 밖에도 왕씨들을 색출해 모두 목을 베었다. 사실 이 문제는 현재진행형이었다. 태종 13년에 가서야 태종은 왕씨에 대한 색출 작업을 중단할 것을 명하면서 이렇게 말한다.

"내가 일찍이 사책(史冊)을 상고하니 역대의 제왕(帝王)이 역성혁명(易姓革命) 후에 혹은 그 후손을 봉(封)해 제사가 끊어지지 않게 하거나, 혹은 작명(爵命)을 더해서 그 어진 이를 포장하고 완전히 멸망시켜 후사를 남기지 않은 경우는 있지 아니했다. 비록 말세에 간혹 있기는 했으나 인군(人君)의 호생지덕(好生之德)이 아니며, 진실로 족히 취할 만한 것도 아니다. 내가 마땅히 왕씨의 후예(後裔)를 보전하겠다."

그것은 원래 유학의 정치이념에도 맞는 것이었다. 그리고 왕씨 몰살 사건의 책임과 관련해 이렇게 덧붙였다.

"옛부터 제왕(帝王)은 하나의 성(姓)이 아니었고 천지(天地)와 더불어 시종(始終)이 상응했으니 모두 조부(祖父)가 덕(德)을 쌓았기 때문에 흥하는 것이고, 그 자손(子孫)에 이르러 덕이 없어지면 망하는 것이다. 만약 이씨(李氏)가 도(道)가 있으면 비록 백 사람의 왕씨(王氏)가 있다고 하더라도 무에 걱정할 것이 있겠느냐? 그렇지 않다면 비록 왕씨가 아니라 하더라도 천명(天命)을 받아 흥기(興起)하는 자가 없겠느냐? 더군다나 국초(國初)에 왕씨를 제거한 것은 실제 태조(太祖)의 본의가 아니었으니 마땅히 다시 말하지 말라."

그러고는 왕씨도 편안하게 생업을 유지할 수 있게 하라는 명을 내린다. 물론 그 후에도 벼슬 진출은 막혀 있었으며 문종 때에 이르러서야 어느 정도 완화됐다. 역설적이지만 단종에게 사약을 들고 간 의금부도사 왕방연(王邦淵)이 그나마 왕씨로서는 최고위직에 오른 인물이다. 문과 급제는 1543년 왕희걸(王希傑)이 이뤄낸다. 이황과 교분을 맺었던 유학자였다.

21 이는 옛 중국의 격언으로 "임금에게 간행하는 신하가 있으면 그 나라는 망하지 않고 아버지에게 간행하는 자식이 있으면 그 집안은 패망하지 않는다"고 했다.

事) 유량(柳亮), 참지부사(參知府事) 윤사수(尹思修), 한천군(漢川君) 조온(趙溫), 서천군(西川君) 한상경(韓尙敬)을 시켜 아뢰어 말했다.

"전조 말년에 사기옹주(沙器翁主)[22]의 아들 석기(釋器)의 난(亂)이 두세 번에 이르렀는데 이는 신 등이 몸소 친히 본 바입니다. 지금 불노의 가탁(假托)한 죄는 용서할 수 없으니 곧장 베어서 화의 근원[禍胎=禍根]을 끊어야 할 것입니다. 역적의 무리는 하루라도 구차히 살 수[偸生] 없는 법인데 하물며 지금 나라에는 외환(外患)이 있고 죄인들이 주군(州郡)에 널려 있으니 재앙의 조짐[禍機]을 헤아리기 어렵습니다. 바라건대 무구(無咎), 무질(無疾), 윤목(尹穆) 등을 큰 의로움으로 처단함으로써 하늘의 마음[天心]에 보답하고 여망(輿望)에 부응해야 할 것입니다[副=稱]."

상이 말했다.

"석기는 실제로[眞] 왕씨(王氏)의 자식이니 혹시라도[容] 후환이 있을 수 있지만 불노는 상왕(上王)이 자식으로 여기지 않는다는 것을 온 나라의 신민들이 모두 알고 있으니 뒤에 무슨 근심이 있겠는가? 또 불노는 아무것도 모른 채 조박의 꾀[術]에 빠졌으니 그의 죄가 아니므로 나는 차마 하지 못하겠다[不忍]. 무구 등에 대해서는 다시 아뢰지 말라."

---

22 원래 사기(沙器) 상인 임신(林信)의 딸로 사기옹주는 일종의 별명이다. 단양대군(丹陽大君)의 종이었던 것을 1342년(충혜왕 3년)에 은천옹주(銀川翁主)로 봉했는데 충혜왕이 여러 비(妃) 중에서 특히 사랑했다고 한다. 아들 석기(釋器)를 낳으니 시장 사람들의 포백(布帛)을 빼앗아 폐백(幣帛)을 삼아주기도 했다. 그러나 1344년 충혜왕이 원나라에 잡혀간 뒤 쫓겨났고 석기는 공민왕 때 역모 사건에 연루돼 옹주의 아버지 임신과 함께 죽음을 당했다.

량(亮) 등이 다시 아뢰어 말했다.

"자식이 아니면서 (자식이라고) 거짓으로 칭하는 것[詐稱]은 난(亂)의 계단입니다. 옛날 진(秦)나라 때 가짜[假] 부소(扶蘇)[23]의 난(亂)이 있었고, 전조 말년에 신우(辛禑)[24]의 변고가 있었으니 이것이 밝은 감계(鑑戒)입니다. 이 한 사람을 아껴서 그 해악이 천만인에게 미칠지 알 수 없는 일입니다."

상이 말했다.

"정부와 공신의 말이 어찌 틀렸겠는가? 그러나 이 일은 내 마음에 있어 차마 하지 못하겠다[未忍=不忍]."[25]

---

23 중국 진시황제(秦始皇帝)의 장자(長子)다. 장성(長城)에서 흉노(匈奴) 방어를 하던 몽염(蒙恬)의 군대를 감독하기 위해 파견됐다가 시황제가 죽은 뒤에 호해(胡亥)와 이사(李斯), 조고(趙高) 등이 거짓으로 보낸 시황제의 조서(詔書)를 받고 자살했다. 원래 시황제는 죽기 전에 이사와 조고에게 시켜 부소에게 유서(遺書)와 옥새(玉璽)를 전하고 또한 부소에게 곧바로 함양(咸陽)으로 돌아가 장례를 주관하라는 명(命)을 전하라고 했다. 하지만 시황제가 죽은 뒤 그의 막내아들 호해와 승상 이사, 환관 조고는 함께 모의해 호해가 황위(皇位)를 계승하도록 유서의 내용을 날조했다. 또한 시황제의 죽음을 비밀로 한 채 상군(上郡)으로 부소와 몽염에게 자결하도록 명령하는 시황제의 거짓 조서를 보냈다. 몽염은 시황제의 명령이 의심스럽다며 따르지 말 것을 권했지만 부소는 아버지의 명령을 의심하는 것 자체가 올바르지 않다며 스스로 목숨을 끊었다. 몽염도 감옥에 갇혔다가 스스로 목숨을 끊었다.

24 조선 건국을 주도한 사람들은 우왕과 창왕을 가짜 왕씨라고 보았다.

25 앞에서도 이미 여러 차례 "차마 할 수 없다"라는 말을 하고 있다. 이 말은 『맹자(孟子)』에서 나온 말이다. 조금 길지만 문맥을 알아야 하겠기에 제 선왕과 맹자의 대화를 인용한다. 맹자가 말했다.

"신이 호흘(胡齕)이라는 자로부터 다음과 같은 이야기를 들었기 때문입니다. 왕께서 당(堂) 위에 좌정하고 계시는데 소를 끌고서 당 아래로 지나가는 자가 있었다고 했습니다. 그때 왕께서 이를 보시고는 '소가 어디로 가느냐?'고 물으시니 그 사람은 '종(鍾)의 틈을 막는 데 쓰려 함입니다'라고 대답했습니다. 이에 왕께서는 '놓아주라'고 말씀하시며 '두려움에 떨면서 아무 죄도 없이 사지(死地)로 끌려가는 것을 내 차마 보지 못하겠노라'고 하셨다고 했습니다. 이에 그 사람이 '그렇다면 종의 틈에 피를 바르는 일을 폐지할까요?'라고 되묻자 왕께서는 '어찌 폐할 수 있겠는가? 양(羊)으로 바꿔서 하라'고 하셨다고 들었량 등이 이에 물러나 다시 소를 올려 말했다.

'경진년(庚辰年-1400년)에 상왕 전하께서 유씨(柳氏)의 아들 불노를 애매하다 해 신민에게 교시(敎示)하셨고 또 연전(年前)에 하늘을 가리켜 맹세하며 모명(冒名)한 것을 밝히셨습니다. 이로 본다면 불노가 그 어미의 일가 조박에게 의탁해 일찍이 원자(元子)라고 일컬어 명의(名義)를 범했으니 마땅히 법에 따라 처치해 명의를 바로잡아야 합니다. 그 때문에 대간(臺諫)이 장소(章疏-상소장)를 공동으로 지어 죄를 청해 마지않았는데 이달 23일에 전하께서 가르침을 내리시어

습니다. 혹시 이런 일이 있었습니까?"

선왕이 "그런 일이 있었다"고 말하자 맹자는 이렇게 말했다.

"(왕께서) 이런 마음이 계시니 얼마든지 제대로 임금 노릇을 하실 수 있는 것입니다. 백성들은 모두 왕께서 (소를) 아까워하여 그렇게 하신 것이라 생각하겠지만 신은 진실로 왕께서 차마 할 수 없어서 그렇게 하셨음을 잘 알고 있습니다."

이에 선왕이 말했다.

"그러하다. 진정 그런 백성들이 있을 것이다. (허나) 제나라가 비록 좁고 작다고 해서 내 어찌 소 한 마리를 아까워하겠는가? 다만 두려움에 떨면서 아무 죄도 없이 사지로 끌려가는 것을 내 차마 보지 못하는 것이다[不忍(불인)]. 그래서 양으로 (그것을) 바꿔서 하라고 했던 것이다."

이에 맹자가 물었다.

"백성들이 왕께서 (소를) 아까워하여 그렇게 하셨다고 생각하는 데 대해 이상하게 여기지 마십시오. 작은 것으로 큰 것을 바꾼 것의 깊은 뜻을 저들이 어찌 알겠습니까? (하지만) 왕께서는 아무 죄 없이 사지에 나아가는 것을 측은하게 여기셨다면 소와 양은 어찌 (측은함에 있어) 구별을 두셨습니까?"

선왕은 웃으면서 이렇게 답했다.

"그것은 진실로 어떤 마음에서였을까? 나는 재물을 아까워하여 소를 양으로 바꾼 것이 아니지만 백성들이 나를 보고 (소가) 아까워서 그랬다고 말하는 것도 당연하겠구나!"

이에 맹자는 다음과 같이 말했다.

"개의치 마십시오. 이것이 바로 인을 행하는 방법[仁術(인술)]입니다. 다만 소에서는 그것을 보셨고 양에서는 보지 못하셨을 뿐입니다. 군자가 동물을 대함에 있어서는 그 살아 있는 것을 보면 차마 그 죽음을 보지 못하며 그 (죽어가면서 울부짖는) 소리를 들으면 차마 그 고기를 먹지 못하니, 그래서 군자는 푸줏간을 멀리하는 것입니다."

즉 "차마 ~하지 못하겠다"는 말은 곧 인정(仁政)을 펴겠다는 의지의 표현이다.

[下敎] 의정부와 공신으로 하여금 토의하게 하셨습니다. 신 등이 엎드려 교지(敎旨)를 보고 생각하기를 "전하의 이 마음은 진실로 어지시지만[仁][26] 천하 국가는 명의(名義)가 아니면 다스릴 수 없는 법인데 불노가 명의를 범한 죄는 왕법에 있어 반드시 베어야 하니 어찌 내버려두고 논하지 아니하여 화란(禍亂)을 자라게 할 수 있는가?"라고 했습니다. 또 역신(逆臣) 무구, 무질과 이무의 당(黨)인 윤목, 이빈, 강사덕, 조희민, 유기의 죄를 전하께서 임시변통의 어짊[姑息之仁]에 얽매여 법에 따라 처리하지 않으시니 나라 사람들의 분함이 오래면 오랠수록 그치지 않습니다. 엎드려 바라옵건대 전하께서는 큰 의로움으로 결단해 한결같이 대간이 청한 바대로 모두 법에 따라 처리해 종사(宗社)의 화를 막고 신민의 분노를 터주셔야 할 것입니다.'

상이 의정부찬성사(議政府贊成事) 이천우(李天祐), 참찬(參贊) 유량(柳亮)을 불러 말했다.

"불노는 내가 이미 (그가) 무죄라는 것을 아는데 어떻게 차마 죽일 수 있겠는가? 그리고 상왕(上王)의 아들이 아니라 해서 그를 죽인다면 상왕께서 어떻게 생각하겠는가?"

상이 성석린(成石璘), 조영무(趙英茂) 등에게 일러 말했다.

"불노가 당초에 나이 겨우 10여 세였으니 상왕의 아들이라고 요망하게 사칭한 것은 다만 조박의 꾀일 뿐이다. 어찌 어린아이가 알 수 있는 일인가? 상벌(賞罰)은 하늘의 뜻에 맞게 할 뿐이니 아무것도 모르는 어린아이를 죽이는 것이 어찌 하늘의 뜻에 부합하겠는가? 이

26 이것이 바로 불인(不忍)을 염두에 둔 언급이다.

는 결코 내가 들어줄 수 없다. 그리고 무구, 무질, 윤목 등의 일은 전날에 이미 대간과 더불어 분명하게 말했으니 마땅히 재결(裁決)할 날이 있을 것이다."

계사일(癸巳日-26일)에 (풍해도) 풍주(豐州)에서 돌의 이변(異變)이 있었다. 풍주 두요포(豆要浦) 강변에 있는 돌이 스스로 28보(步)나 옮겨졌는데 높이가 2척(尺), 길이가 5척이었다. 또 한 돌이 8보나 옮겨졌는데 높이가 1척, 길이가 5척이었다. 이 돌들은 모두 옮겨진 자국의 깊이가 1척, 넓이가 4척이나 됐다. 또 월곶(月串) 강변에 한 돌이 처음 나타났는데 높이가 3척, 길이가 2척이었다. 서운부정(書雲副正) 김서(金恕)를 보내 해괴제(解怪祭)를 거행해 푸닥거리를 했다.

○ 대간(臺諫), 정부 3공신(功臣)이 불노(佛奴)와 무구(無咎) 등의 죄를 청했다. 대간이 교장(交章)해 소를 올려 말했다.

'신 등이 전일에 사요(詐妖) 불노와 역적(逆賊) 무구, 무질, 윤목, 이빈, 사덕, 희민, 유기 등의 죄를 여러 차례 청했으니 이는 하늘과 땅이 용납할 수 없는 것이고 나라 사람들이라면 모두 벨 수 있는 것이기 때문에 신 등은 굳게 청해 마지않았고 정부와 공신 또한 말을 합해 거듭 청했습니다. 이것은 전(傳)에서 이른바 "여러 대부(大夫)와 나라 사람들이 모두 죽일 수 있다"[27]라고 한 것입니다. 바라건대 전하께서는 즉시 신 등이 전일에 올린 소(疏)와 대신들이 같은 말로 올

27 춘추(春秋)의 의리에 난신적자(亂臣賊子)는 하늘과 땅이 용납하지 않는 바이고, 사람마다 각자 모두 (임의로) 벨 수 있다고 했다.

린 청(請)을 좇으시어 법에 따라 시행함으로써 여망(輿望)을 터주셔야 할 것입니다.'

정부와 3공신이 아뢰어 말했다.

"신 등이 소를 올린 지 여러 날이 됐으나 아직 유윤(兪允)을 얻지 못했습니다."

상이 말했다.

"일찍이[曾 증] 정승을 만나보고 이미 내 뜻을 일렀는데 어째서 다시 청하는가?"

이에 대답했다.

"신 등은 주상께서 차마 못 하시는 뜻[不忍 불인=仁政 인정]을 알기 때문에 오랜 시일을 끌어온 것입니다. 그러나 어찌 감히 끝내 침묵만 할 수 있겠습니까? 불노와 무구, 무질은 전하께서 사사로운 은혜로 지금까지 끌어온 것이 마땅하다 하더라도 이무의 당(黨)은 어찌 법에 의해 밝게 처치하지 못하십니까?"

상이 말했다.

"저 두 사람을 이미 그대로 두고 (죄를) 논하지 않는데 어찌 이무의 당만 논할 수 있겠는가?"

대답했다.

"불노와 무구의 죄가 어찌 천하 만세에 도망할 수 있는 것이겠습니까? 신 등은 다만 상께서 차마 못 하시기 때문에 앞세워 말하지[首言 수언] 못한 것뿐입니다. 일단[姑 고] 이무의 당을 베면 저 세 사람의 죄도 확실하게 이 예(例)에 준하게 될 것이니 이것이 신 등이 바라는 것입니다."

상이 말했다.

"지금 이들 죄인이 이미 장류(杖流)됐으니 죄를 이중으로 받을[疊蒙] 수 없는 것이다."
첩몽

이에 대답했다.

"죄가 장류에 그치지 않습니다. 또 상의 은혜가 몹시 두터웠을 때도 오히려[尙=猶] 불충한 마음을 품었으니 지금 상께서 비록 자애(慈愛)를 베푸신다 한들 기어코 (저들에게) 끝내 사직(社稷)을 호위할 마음이 있겠습니까?"
상 유

상이 말했다.

"내 장차 다시 문사관(問事官)[28]의 말을 듣고 국문한 문안(文案)을 자세히 본 뒤에 상량(商量)해 처리하겠다."

○ 올량합(兀良哈) 모련위지휘(毛憐衛指揮) 보을자(寶乙者)와 천호(千戶) 오합주(吾哈主) 등 9인이 와서 토산물을 바쳤다.

을미일(乙未日-28일)에 의정부(議政府), 공신(功臣)과 대간(臺諫)이 대궐에 나아와 윤목(尹穆) 등의 죄를 청했다.

○ 군자소감(軍資少監) 유찬(柳瓚)을 파직시켰다. 찬(瓚)은 다방(茶房)의 도목(都目)[29]을 거쳐 벼슬을 얻었다. 이성 삼촌숙(異姓三寸叔)의

28 죄인의 신문서(訊問書)를 작성하는 임시 벼슬이다.

29 왕실에 필요한 차(茶)의 출납과 술, 과일, 약 등의 일을 주관했다. 고려에서는 성중관(成衆官)이라 해 내시(內侍) 사순(司楯), 사의(司衣), 사이(司彝) 등과 함께 관로(官路)의 하나로 인정했으며 국왕 측근의 근시직이었기 때문에 문반 가운데 가세(家世)와 재예(才藝), 용모 등을 살펴 선발했다. 국가 행사에서 행하는 다의례(茶儀禮)를 관장할 뿐만 아니라 국왕 친위대적 성격의 군사적 기능도 담당했다. 이 제도는 조선에 계승돼 1405년(태종

아내가 죽으니 찬이 그 복(服)으로 고했다. 사헌부가 논핵(論劾)해 아뢰었다.

"오복(五服)의 도식(圖式-절차)이 『육전(六典)』에 실려 있는데 찬이 그것도 알지 못하니 전곡(錢穀)의 출납을 어떻게 감당할 수 있겠습니까? 청컨대 파출(罷黜)해야 할 것입니다."

그대로 따랐다.

○사헌부에서 이양몽(李養蒙)의 죄를 청했다. 아뢰어 말했다.

"양몽(養蒙)을 (서북면) 순안현령판사(順安縣令判事)에 제수한 지 지금 이미 한 달여가 됐는데 가만히 (경기도) 광주(廣州) 농사(農舍)에 돌아가 병을 칭탁하고 기꺼이 부임(赴任)하려 하지 않고 있습니다. 청컨대 이미 행한 교지(教旨)에 따라 논죄(論罪)해야 할 것입니다."

상이 말했다.

"이 사람은 일찍이 부지런하고 조심성 있게 봉공(奉公)했는데 지금 부임하지 못하는 것은 실제로 병이 있어서라고 내가 들었다. 만일 병의 허실을 따지지 않고 문득 죄책(罪責)을 가한다면 어찌 실형(失刑)이라 하지 않을 수 있겠는가? 내가 이미 사람을 골라 대신하게 했으니 이에 더 이상 논하지 말라."

○사헌부에서 글을 올려 시무(時務) 여덟 가지 일[八事(팔사)]을 아뢰었다.

'하나, 군액(軍額-군사의 수효)을 군적 문서로 정리한 것은 정예(精

5년) 다방도목(茶房都目)을 제정했고, 1411년에는 처음 벼슬하는 자들을 속하게 했으며, 1414년에는 대전(大殿)과 왕비전(王妃殿)에 필요한 소채(蔬菜)도 담당하게 했다.

銳) 병력을 가려 만약의 사태[不虞 불우]에 대비하기 위함입니다. (그런데) 근래에 군적을 고침으로 인해 수령이 된 자가 국가의 대체(大體)는 생각지 않고 부탁이나 청탁[干請 간청]에 빠져 과거의 문서에 채워져 있던 군사를 혹은 늙고 병들었다 칭탁하거나, 혹은 다른 사람의 봉족(奉足)[30]으로 삼아 (빼버리고서) 모두 새 군정(軍丁)의 외롭고 약한 자[單弱 단약]로 인원수를 채우고, 일찍이 무수전경패(無受田京牌)[31]에 속했던 자까지도 일수양반(日守兩班)[32]과 향리(鄕吏)의 봉족으로 삼으니 국가에 무슨 도움이 되겠습니까? 청컨대 병술년 이상의 전적(前籍)과 무수전경패기(無受田京牌記)를 가져다가 그 성명(姓名)을 상고해 여러 사람이 모두 알고 있는 늙고 병든 자를 제외하고는 아울러 본역(本役)에 채워야 할 것입니다.

하나, 역참(驛站)과 관진(關津)을 둔 것은 명을 전하고[傳命 전명] 왕래하는 자들을 살피자는 것입니다. (그런데) 지금 관진의 아전들이 모두 스스로 편리한 것만 구해 그 책임에 힘쓰지 않고, 각 도(各道)의 역승(驛丞) 또한 모두 감사(監司)의 공차(公差-공적인 출장명령)를 받아 여러 고을에 출입하고 (심지어) 서울 안에 왕래하는 자가 흔히[比比 비비] 있습니다. (이들을 그냥 둘 경우) 비록 옷이 다르고 말이 다른

---

30 조선은 초기부터 양인(良人-평민)을 중심으로 한 병농(兵農)일치의 개병제(皆兵制)를 확립, 양반계급을 제외한 16~60세 평민에게 군역(軍役)을 부과하고, 이를 정규 군사로 활동할 호수(戶首)와 그 경제적 뒷받침을 맡을 봉족(奉足)으로 구분했다. 현역으로 뽑혀 번상(番上)하는 사람에게 직접 군역을 지지 않는 장정을 봉족으로 삼게 해 그 비용을 충당케 했는데 군역을 지는 호수(戶首)에 대한 봉족의 지급은 병종(兵種)에 따라 달랐다.

31 고려 말·조선 초 부경시위의 역은 담당하나 군전을 지급받지 못하고 녹봉만 지급된 군대를 말한다.

32 조선조(朝鮮朝) 때 각 역(驛)에 소속돼 심부름하던 하예(下隸)를 말한다.

외국 사람과 본국(本國)을 버리고 망명(亡命)하는 무리, 그리고 공사(公私) 천례(賤隷)로서 도망하는 자가 끊이지 않는다 해도 이들을 어떻게 잡고 살필 수 있겠습니까? 바라건대 역승(驛丞)과 진리(津吏)로 하여금 항상 맡은 곳에 있으면서 전명(傳命)의 책임을 다하고 유망(流亡)하는 무리들을 살피게 하고서 이를 어기는 자는 엄격하게 다스려야 할 것입니다.

하나, 수령(守令)은 백성의 가까이에 있는[近民 근민] 직책이니 마땅히 그 선발을 거듭 신중하게 해야 하고 감사(監司)가 전최(殿最)[33]하는 것은 더욱 밝고 바르게[明正 명정] 해야 할 것입니다. 가만히 보건대 포폄(褒貶)할 때 전에 상고(上考)[34]에 있던 자가 뒤에 간혹 중고(中考)[35]에 있을 때도 있고, 뒤에 상고에 있는 자가 또한 전에는 중고에 있던 자도 있어 상(上)과 중(中)의 상거(相距)가 심히 현격하게 떨어지지 않았는데, 지금의 이중(二中)[36]은 으레 모두 파면해 30개월 동안에 한 고을의 수령이 두세 번씩 교체되는 경우가 있으니 맞이하고 보내는[迎送 영송] 폐단을 어찌 다 말할 수 있겠습니까? 청컨대 이중이 된 자도 그대로 본직(本職)에 있게 해 삼중(三中)이 되기를 기다려서 교체해야 할 것입니다.

하나, 양형(量衡)을 고르게 하고 (도량을) 같게 하는 것은 간사한

---

33 지방 감사(監司-관찰사)가 관하 각 고을 수령(守令)의 치적(治績)을 심사해 중앙에 보고하는 일이다. 음력 6월과 12월에 두 번 시행하는데 성적(成績)의 상(上)을 최(最), 하(下)를 전(殿)이라 했다.

34 상의 등급을 말한다.

35 중의 등급을 말한다.

36 두 번 중고(中考)를 받은 자를 말한다.

것을 금하고 넘치는 것을 막자는 것입니다. 지금 경중(京中)에서 두곡(斗斛)은 공평하게 검사하는데 저울은 거기에 포함되지 않으니 진실로 잘못된 일입니다. 외방(外方)에선 감사가 살피지 아니하여 간사한 아전[奸吏]이 그 틈을 타 제 마음대로 만들어 과렴(科斂)할 적에 무거운 것을 가볍다 하고, 꽉 찬 것을 줄어들었다고 하니 가난한 자는 더욱 어렵고 부유한 자는 더욱 넉넉하게 됩니다. 수령이 된 자 또한 이를 금하지 않아 마침내 큰 폐단이 됐습니다. 바라건대 경중에선 두곡을 검사할 적에 아울러 저울도 바로잡고, 외방에선 감사가 경시서(京市署)에서 검사한 두곡과 저울을 가지고 매번 이르는 군(郡)마다 시도 때도 없이 서로 교정해 만일 이를 어긴 자가 있으면 수령과 장리(掌吏-담당 아전)를 즉시 엄격하게 다스려야 할 것입니다.

하나, 공장[工]은 가게[肆]가 없고 하는 일은 일정함이 없어 구경(舊京-개경)에 있을 때는 포백(布帛), 모혁(毛革), 기명(器皿), 관복(冠服), 혜화(鞋靴-신발), 편륵(鞭勒-채찍과 재갈) 등을 점(店)으로 나눠 크게 팔았습니다. 그리고 우마(牛馬)를 매매하는 데 있어서도 일정한 장소가 있었으며, 기타 미곡(米穀) 등류에 있어서도 각각 사는 곳에서 매매했는데, 도읍을 옮긴 이래로 운종가(雲從街)[37]에 뒤섞여 거처해 남녀(男女)의 분별이 없고 상고(商賈-상점)가 혼잡하다 보니 기회와 틈을 엿보아 서로 훔치고 도둑질하기를 힘쓰고 있습니다. 바라건

37 조선시대 서울의 종로 네거리를 중심으로 한 곳이며 육주비전(六主比廛)이 있었다. 사람이 구름처럼 모여든다고 해서 이렇게 불렀다.

대 경시서(京市署)[38]로 하여금 한결같이 구경(舊京)의 제도에 의거하도록 해야 할 것입니다.

하나, 군자감(軍資監)은 양향(糧餉-군량 공급)의 책임을 맡고 있어 관계되는 바가 무거우니 마땅히 적임자[其人(기인)]를 골라야 합니다. (그런데) 지금 도목(都目)으로 거관(去官)해 일을 경험하지 못한 사람을 이 벼슬에 있게 하니 출납(出納)할 즈음에 어찌 회계(會計)의 마땅함을 알겠으며 후일에 진부(陳腐)하고 결손이 날 폐단에 대해 주의를 하겠습니까? 청컨대 부지런하고 조심성 있으며 일을 잘 처리할 수 있는 사람을 골라 그 임무를 맡기고 또 영사(令史)[39]의 액수(額數-정원수)를 추가해 맡기고 부리는 데 편리하게 해야 할 것입니다.

하나, 대소인원(大小人員)이 조정(朝廷-명나라)이나 외국에 사신의 임무를 받들고[奉使(봉사)] 갈 때에 이미 여정에 필요한 쌀과 베를 주고 또 노차반전(路次盤纏)[40]을 주니 참으로 국가의 후한 뜻입니다. 그러나 현임관(現任官)은 이미 후한 녹(祿)이 있고 또 반전을 받으니 어찌 반드시 관(官)에서 주는 쌀과 베를 기다린 연후에야 그 행장(行裝)을 준비하겠습니까? 청컨대 전함관(前銜官-전직 관리)을 제외한 현임 봉사자(奉使者)는 여정에 필요한 쌀과 베를 주지 말아야 할 것입니다.

---

38 시전(市廛)을 관리·감독하거나 국역(國役)의 부과 등을 맡아본 관청이다. 조선시대에는 태조가 고려의 제도를 계승해 물가의 조정, 상인들의 감독, 국역의 부과 등을 맡아보게 했다. 이 밖에 도량형기(度量衡器)를 단속하고, 물가를 억제하는 등 일반 시장의 행정사무도 담당했으며 저화(楮貨)의 유통 촉진에도 힘을 썼다.

39 중앙과 지방 관청에서 문서를 관장한 서리(胥吏)를 가리킨다.

40 도중에 필요로 하는 노잣돈을 말한다.

하나, 사선서(司膳署)[41]는 각전(各殿)의 입번 차비(入番差備)에 필요한 것들의 준비 책임을 맡고 있는데 맡은 일이 있어 먹는 자는 이미 정한 액수(額數)가 있지만, 매일 외부에서 와서 먹는 자는 다 알지 못하고, 일절 반공(飯公)의 보고에 의거해 그 수효를 기록하니 먹는 자가 누구인지 전혀 알지 못합니다. 그러므로 속일 만하다는 것을 알고 이를 훔쳐내 제 사용(私用)으로 삼는 자도 있고, 내료(內僚)에게 인연(夤緣)해 일이 없이 먹는 자도 있습니다. 바라건대 사선서로 하여금 장부(帳簿)를 만들어놓고 한 사람을 위임해 이를 맡겨 무릇 입번 차비 이외에 선반(宣飯)[42]을 받는 자는 양부현관(兩府現官)과 친히 착함(着銜)[43]하지 못하는 자는 "아무 사람이 아무 일로 왔다"라고 기록하고 달관(達官)이 아니고 벼슬이 낮은 자는 모두 친히 착함하게 하고 매번 번(番)이 끝나는 날에 대언사(代言司-승정원)에 고과(告課)해 지나치게 소비하는 것을 줄여야 할 것입니다.'

소(疏)가 올라가니 의정부에 내려 깊이 토의해 보고하게 했다. 정부에서 토의해 결론을 얻었다.

"각 도(各道)의 역승(驛丞)은 관찰사의 긴요한 공차(公差)를 제외하고는 항상 맡은 각 역(驛)을 순시해 이곳저곳에 떠돌아다니는 인물을 아울러 살펴 금지하게 하고 봉사(奉使) 인원에게 주는 여로에 필요한 쌀과 포는 사신을 보내는 것을 중하게 여겨서 그 여비를 넉넉

41 왕에게 음식을 올리는 일을 담당하던 관서다.

42 관아에서 상직(上直)한 관원에게 제공하던 식사를 말한다.

43 문서에 이름을 적거나 수결하는 것을 말한다.

히 하는 것이니 현임관(現任官)으로 봉사(奉使)하는 자는 반액(半額)을 줄이고 그 외의 나머지 여섯 가지 일은 사헌부의 장신(狀申)에 의거해 시행해야 할 것입니다."

그것을 따랐다.

○ 명해 의정부에 병술[甁酒]을 내려주었다. 상이 말했다.

"비록 술을 금하라는 영(令)이 있기는 하나 궁중에서 아직 술을 끊지 않았고 정부(政府) 대신(大臣)이 나이가 많으니 술이 없을 수 없다."

그래서 이런 명이 있었다.

○ (일본의) 일기지주(一岐知主) 원양희(源良喜)와 대언(代言) 원각진(源覺眞)이 각각 사람을 보내 예물(禮物)을 바치고 『대장경(大藏經)』을 구했다.

○ 한성소윤(漢城少尹) 박순(朴順)을 파직했다. 순(順)이 인덕궁(仁德宮-상왕)을 섬긴 지가 오랜데 고주지사(高州知事)가 되자 인덕궁의 내교(內敎)라고 칭탁하고 인덕궁의 본령 대부(本領隊副) 한 사람을 데리고 부임(赴任)했는데 그 대부(隊副)의 집에서 (별도로) 녹(祿)을 받기를 평상시와 같이 4년 동안이나 했다. 이때에 이르러 일이 발각돼 형조(刑曹)에서 죄를 청하니 파직만 시켰다.

○ 대호군(大護軍) 문귀(文貴, ?~1439년),[44] 부사정(副司正) 한익(韓益)을 순금사(巡禁司)에 내렸다[下]. 익(益)이 스스로 이렇게 말했다.

---

44 모친은 신의왕후(神懿王后)의 동생이다. 따라서 태종과는 이종사촌이다. 1403년(태종 3년)에 함주(咸州)로 유배를 갔다 왔다. 외척(外戚)으로 인해 벼슬이 2품에까지 이르렀다.

"제 종 근금(斤金)이 그 친형[同生兄] 본궁노(本宮奴) 무작지(無作只)에게 의탁해 연줄을 타고 본궁에 투속(投屬)해 본궁에 나아가 근금을 보고서 데려왔는데 얼마 안 돼 도망쳤습니다. 이튿날 본궁 별감(別監) 전동량(全同良)이 근금을 데리고 동북면 군영(東北面軍營)에 이르러 '한익이 어디 있느냐?'고 물어서 (근금을) 주려고 했는데 (전동량이) 술에 취해 무례(無禮)를 범했습니다. 패두(牌頭) 대호군 문귀가 '한익이 지금은 없으니 그가 오거든 네가 주어라. (그런데) 네가 이렇게 무례한 것은 무슨 까닭인가?'라고 하고서 그를 잡아 묶어두었습니다. 조금 뒤에 익이 와서 (전동량을) 풀어 보냈습니다."

상이 이 말을 듣고 명해 문귀와 한익을 순금사에 내린 것이다. 사헌부에서 아뢰었다.

"한익이 함부로[擅] 본궁에 들어가 근금을 매질하고 제 종이라 칭했으니 위를 공경해야 하는 뜻을 크게 잃었습니다. 임금의 말[路馬]의 꼴을 발로 차도 오히려 죄가 있거늘[45] 하물며 (임금의) 복례(僕隷)이겠습니까? 청컨대 한익의 불경했던 까닭을 국문한 뒤에 근금의 일의 배후를 캐야 할 것입니다."

상이 말했다.

"익은 이미 가뒀으니 결단(決斷)을 기다린 연후에 법에 의거해 시행하고 문귀는 논하지 말라."

정유일(丁酉日-30일)에 순금사 관원을 나눠 보내 윤목(尹穆), 조희

45 『예기(禮記)』「곡례(曲禮)」편에 나온다.

민(趙希閔), 이빈(李彬) 강사덕(姜思德) 유기(柳沂)를 폄소(貶所-유배지)에서 베었다. 애초에 의정부사인(議政府舍人) 조계생(趙啓生)을 불러 뜻을 전해 말했다.

"정부(政府), 공신(功臣), 대간(臺諫)이 공동으로 소장(疏章)을 올려 여러 번 청하므로 내가 다만[特 특] 어쩔 수 없어 대답하기를 '자세히 옥서(獄書)를 보고 그 경중(輕重)에 따라 죄를 주겠다'고 했는데 오늘 순금사가 글을 갖춰 아뢰었다. 그러나 이 사람들의 범죄에 대해서는 내가 이미 다 알고 있으니 어찌 반드시 다시 문안(文案)을 상고할 필요가 있겠는가? 내가 차마 그 뿌리를 뽑지 못하는 것을 대신(大臣)들이 이미 알고 있다. 뿌리를 제쳐놓고 지엽(枝葉)을 쳐내는 것이 하늘의 뜻에 어긋날까 두려워 내가 감히 들어주지 못하는 것이다."

조금 뒤에[俄而 아이=旣而 기이] 여러 대신이 대궐 뜰에 나아와 아뢰어 말했다.

"명하시기를 '이미 뿌리를 뽑아 없애지 못하고 지엽(枝葉)에 어떻게 죄를 가할 수 있겠느냐?'라고 하셨는데 신 등의 청이 어찌 뿌리를 제쳐놓고 지엽을 쳐내자는 것이겠습니까? 다만[第 제=但只 단지] 상께서 차마 못 하시기 때문에 감히 굳게 청하지 못하는 것입니다. 이 도당(徒黨)들의 죄는 정상과 법[情法 정법]에 의심할 여지가 없는데 어찌 베기를 아끼십니까?"

뜻을 전해 말했다.

"이 무리가 이미 죄를 받았으니 또 무엇을 더하겠는가? 그러나 그들 중에도 어찌 경중(輕重)이 없겠는가? 다시 순금사의 문안(文案)을 가져다가 상고해 그 경중을 분변해 시행하라."

여러 대신이 다시 아뢰어 말했다.

"그때의 문사관(問事官)도 모두 대궐 뜰에 나와 있는데 그들이 이미 말하기를 '죄가 경중이 없다'라고 했고, 신 등이 듣고 본 바도 모두 이와 같습니다. 어찌 반드시 다시 문안을 상고할 필요가 있겠습니까?"

상이 또 윤허하지 않았다. 여러 대신이 문안을 싸 들고 물러갔다가 조금 뒤에 참지(參知) 윤사수(尹思修), 서천군(西川君) 한상경(韓尙敬)을 시켜 아뢰어 말했다.

"신 등이 다시 문안을 상고해 토의하니 죄의 경중에 조금도 차이가 없어 위에서부터 아래에 이르기까지 마치 한 입에서 나온 것 같습니다. 바라건대 거듭해서 판단을 내리셔야 할 것입니다."

뜻을 전해 말했다.

"이 일은 지극히 중대해 사람의 목숨이 걸려 있으니[所係 소계] 어찌 감히 경솔하게 서두를 수 있겠는가? 나도 또한 문안을 자세히 본 뒤에 판부(判付)하겠다."

이튿날 의정부(議政府) 3공신(三功臣)이 대궐에 나아와 다시 불노(佛奴)와 무질(無疾), 윤목(尹穆) 등의 죄를 청하니 상은 여전히 차마 주륙(誅戮)하라고 분명하게 말하지 못하고 마침내 정부(政府)와 공신(功臣)이 전날에 올린 소(疏)를 가져다가 판부(判付)했다.

"불노와 무구, 무질은 일단은 내버려두고 논하지 말고 윤목 이하는 각각 경중(輕重)에 따라 자세히 분간해 시행하라."

또 말했다.

"만일 경중(輕重)이 없다면[若無 약무] 반드시 아뢸 것도 없다. 나는 그것을 듣고 싶지도 않다."

이에 정부와 공신이 아뢰어 말했다.

"모반(謀反)이나 대역(大逆)은 수범(首犯)과 종범(從犯)을 나누지 않습니다. 윤목 등이 역신(逆臣-이무)과 당부(黨付)해 사사로이 논의했으니 이는 대역부도(大逆不道)인데 어찌 경중을 나눌 수가 있겠습니까?"

순금사호군(巡禁司護軍) 이승직(李繩直)을 (전라도) 해진(海珍-해남)에 보내 유기(柳沂)를 베고, 부사직(副司直) 윤은(尹殷)을 광양(光陽)과 장흥(長興)에 보내 이빈(李彬)과 조희민(趙希閔)을 베고, 사직(司直) 김자양(金自養)을 (경상도) 영해(寧海)에 보내 강사덕(姜思德)을 베고, 부사직(副司直) 우도(禹導)를 사주(泗州)에 보내 윤목(尹穆)을 베었다.

원문

戊辰朔 上親祭于文昭殿. 還宮 率百官行賀正禮.
무진 삭 상 친제 우 문소전 환궁 솔 백관 행 하정례

庚午 謙眞兀狄哈萬戶於應朱 款塞請朝 許之.
경오 겸진 올적합 만호 어응주 관새 청조 허지

命栽松于昌德宮及健元陵.
명 재송 우 창덕궁 급 건원릉

辛未 司諫院詣闕請尹穆等罪 翼日再請 上以未寧 禁將命者
신미 사간원 예궐 청 윤목 등 죄 익일 재청 상 이 미령 금 장명 자

勿啓.
물계

壬申 收前開城留後申浩職牒. 浩侵奪隣居隙地 廣其家基
임신 수 전 개성 유후 신호 직첩 호 침탈 인거 극지 광 기 가기

漢城判尹權卓 依科折給 毁其垣廊. 浩不勝憤怒 上書訴卓不公
한성판윤 권탁 의과 절급 훼 기 원랑 호 불승 분노 상서 소 탁 불공

下司憲府覈實 浩坐誣告.
하 사헌부 핵실 호 좌 무고

癸酉 遣司直朴茂 管押八運馬六百四十四匹如遼東.
계유 견 사직 박무 관압 팔운 마 육백 사십 사 필 여 요동

司諫院上疏請尹穆等罪. 疏曰:
사간원 상소 청 윤목 등 죄 소왈

'誅討亂賊 先治其黨 春秋之法也. 亂臣李茂 已伏首惡之
주토 난적 선치 기당 춘추 지 법 야 난신 이무 이 복 수악 지

罪 其黨尹穆等 得全性命 甚非春秋討亂之義. 此臣等請置於法
죄 기당 윤목 등 득전 성명 심 비 춘추 토란 지 의 차 신등 청치 어법

至再至三 期於蒙允而後已也. 具成亮 宗秀 茂之姻親 又當亂謀
지재지삼 기어 몽윤 이후 이 야 구성량 종수 무 지 인친 우 당 난모

發覺之日 往來通言 漏洩事情 罪在不宥 今蒙外方從便 實爲非義.
발각 지 일 왕래 통언 누설 사정 죄 재 불유 금 몽 외방 종편 실 위 비의

伏惟殿下 命攸司將尹穆 李彬 柳沂 思德 希閔及 茂之子李衎等
복유 전하 명 유사 장 윤목 이빈 유기 사덕 희민 급 무 지 자 이간 등

明正典刑 以示大法; 將具成亮 宗秀 收其職牒 屛諸海上 終身
명정 전형 이시 대법 장 구성량 종수 수 기 직첩 병 저 해상 종신

不敍.'
불서

疏留中. 上謂代言等曰: "今臺諫所言 皆國家大事 我若不聽 則
소 유중 상 위 대언 등 왈 금 대간 소언 개 국가 대사 아 약 불청 즉
必辭職而退矣. 時當頒祿 臺諫有故 則各品告身 留滯日久 最爲
필 사직 이 퇴 의 시 당 반록 대간 유고 즉 각품 고신 유체 일구 최 위
不可. 宜令臺諫擧知予意."
불가 의령 대간 거 지 여의

甲戌 豐海道都觀察使上言: '當農隙 修築道內城堡.' 許之.
갑술 풍해도 도관찰사 상언 당 농극 수축 도내 성보 허지

命禁人臧獲投屬本宮者. 上召司憲掌令郭德淵曰: "人家臧獲
명금 인 장획 투속 본궁 자 상 소 사헌장령 곽덕연 왈 인가 장획
不無投屬本宮者. 予聞其本主錄事宋謙等數人 欲言而不敢. 爾等
불무 투속 본궁 자 여 문 기 본주 녹사 송겸 등 수인 욕언 이 불감 이등
毋以我爲嫌 便行明辨."
무 이 아 위혐 편행 명변

乙亥 日珥.
을해 일이

日本 志佐殿一岐州倭 遣人獻土物.
일본 지좌전 일기주 왜 견인 헌 토물

臺諫詣闕請尹穆等罪 上辭以未寧.
대간 예궐 청 윤목 등 죄 상 사 이 미령

丙子 下禁酒令. 議政府啓曰: "老病服藥 閭里買賣 亦皆痛禁."
병자 하 금주령 의정부 계왈 노병 복약 여리 매매 역 개 통금
從之.
종지

種栗於昭格殿 慕華樓隙地. 從永陽君李膺之請 將以寬州郡之
종률 어 소격전 모화루 극지 종 영양군 이응 지 청 장 이 관 주군 지
貢也.
공 야

丁丑 上詣文昭殿 行春享祭.
정축 상 예 문소전 행 춘향제

建州衛指揮猛哥帖木兒 遣使獻土物.
건주위 지휘 맹가첩목아 견사 헌 토물

戊寅 流星出柳入箕 狀如升.
무인 유성 출 유 입 기 상 여 승

遣判司譯院事曹士德 管押九運馬三百七十二匹如遼東.
견 판사역원사 조사덕 관압 구운 마 삼백 칠십 이 필 여 요동

命給元尹正尹丘史各三名.
명급 원윤 정윤 구사 각 삼명

司諫院詣闕請尹穆等罪 又言: "成亮 宗秀 是亦黨與 不可
사간원 예궐 청 윤목 등 죄 우언 성량 종수 시 역 당여 불가

宥." 上曰: "嘗欲親見臺諫與之語 近因微疾未果. 三四日後 予當
유 상 왈 상 욕 친견 대간 여지 어 근 인 미질 미과 삼사 일 후 여 당

面命."
면명

罷收都府米. 舊例 每當頒祿之時 兵曹考閱武官五品以下至
파수 도부 미 구례 매당 반록 지 시 병조 고열 무관 오품 이하 지

隊副以上 隨領者 人給一帖 謂之都府 準受帖之際 人各納米一斗
대부 이상 수령 자 인 급 일 첩 위지 도부 준 수첩 지 제 인 각 납미 일두

或五升 謂之都府米. 廣興倉見帖 然後乃頒祿 至是義興府與兵曹
혹 오승 위지 도부 미 광흥창 견 첩 연후 내 반록 지시 의흥부 여 병조

有爭 啓曰: "兵曹所收都府米 無益於國 有弊於民 宜罷." 從之.
유쟁 계왈 병조 소수 도부 미 무익 어 국 유폐 어 민 의 파 종지

命勿收鄭道傳等五人屬公田租. 議政府啓: "鄭道傳等五人
명 물수 정도전 등 오인 속공 전조 의정부 계 정도전 등 오인

功臣田租 未屬公之前 其子孫已曾收租. 若徵之 則不能納官
공신전 조 미 속공 지 전 기 자손 이증 수조 약 징지 즉 불능 납관

艱苦莫甚 乞徵其半." 上曰: "其田已屬公 已收之租 皆勿徵."
간고 막심 걸 징 기반 상 왈 기전 이 속공 이 수지 조 개 물징

領春秋館事河崙 知館事柳觀 同知館事鄭以吾 卞季良始撰
영춘추관사 하륜 지관사 유관 동지관사 정이오 변계량 시찬

太祖實錄. 春秋館啓: "前年九月受判: '壬申年七月以後庚辰年
태조실록 춘추관 계 전년 구월 수판 임신년 칠월 이후 경진년

十一月以前 各年修撰官以下史草 以京中十月十五日 外方十一月
십일월 이전 각년 수찬관 이하 사초 이 경중 십월 십오일 외방 십일월

初一日 定限督納' 至今未納者頗多. 乞除奉使上國外 今正月內
초 일일 정한 독납 지금 미납 자 파다 걸제 봉사 상국 외 금 정월 내

未納者 移文所司論罪; 終不納者 乞依前朝判旨 子孫禁錮 徵銀
미납 자 이문 소사 논죄 종 불납 자 걸의 전조 판지 자손 금고 징 은

二十兩."
이십 냥

許之. 記注官趙末生 權壎 尹淮 兼記事官申檣 以落點與焉
허지 기주관 조말생 권훈 윤회 겸 기사관 신장 이 낙점 여 언

參外史官惟禹承範 李審 二人 其餘皆不得與焉. 史官告于崙曰:
참외 사관 유 우승범 이심 이인 기여 개 부득 여 언 사관 고우 륜 왈

"某等 執直筆記時事者也. 況今修撰 不依古例 而於當代修之? 且
모등 집 직필 기 시사 자 야 황 금 수찬 불의 고례 이 어 당대 수지 차

使史官不得盡與 恐後人尤有疑焉." 崙曰: "此事秘密 不可與八
사 사관 부득 진 여 공 후인 우 유의 언 륜 왈 차사 비밀 불가 여 팔

翰林共之也. 且有內旨. 今二翰林與焉者 以郎廳不足故耳."
한림 공지 야 차 유 내지 금 이 한림 여 언 자 이 낭청 부족 고 이

己卯 火在井東 月在火北 隔一尺. 是日夜半 黃州仇畓村 天明
기묘 화 재 정동 월 재 화북 격 일척 시일 야반 황주 구답촌 천 명
方一里 俄而雷起東方. 初如蒺藜炮聲 次如鐘聲 後如灘聲 衆星
방 일리 아이 뇌 기 동방 초 여 질려포 성 차 여 종성 후 여 탄성 중성
搖動.
요동

流軍資注簿姜順 前郎將金仲節于外方. 仲節與順爭家基 訴于
유 군자 주부 강순 전 낭장 김중절 우 외방 중절 여 순 쟁 가기 소우
憲府曰: "順竝畜四妻一妾 旣有大家 今又欲濫執吾家基." 憲府
헌부 왈 순 병축 사처 일첩 기 유 대가 금 우 욕 남집 오 가기 헌부
移牒漢城府 問順家舍之有無 知仲節之誣. 又問順多畜妻妾之故
이첩 한성부 문 순 가사 지 유무 지 중절 지 무 우문 순 다축 처첩 지 고
順對以皆已去之. 於是憲府論順連棄三妻 恣行己欲 瀆亂男女之
순 대 이 개 이 거지 어시 헌부 논 순 연기 삼 처 자행 기욕 독란 남녀 지
分 遂兩請其罪.
분 수 양청 기죄

禮曹上武科親試規式. '初場步射片箭 竝限二百步; 中場騎射
예조 상 무과 친시 규식 초장 보사 편전 병 한 이백 보 중장 기사
直背五發 騎槍 揮著奪避; 終場講武經七書. 曾中武科者 直赴
직배 오발 기창 휘착 탈피 종장 강 무경칠서 증 중 무과 자 직 부
會試 正從三品赴擧者 亦直赴會試 新進者 依常例額數 隨人才
회시 정종 삼품 부거 자 역 직 부 회시 신진 자 의 상례 액수 수 인재
多少 不拘前數.'
다소 불구 전수

辛巳 日珥.
신사 일이

通事李子瑛 回自遼東. 子瑛言: "達達軍盛行于開元 金山等處
통사 이자영 회자 요동 자영 언 달달 군 성행 우 개원 금산 등처
官軍遇之輒敗. 其巡哨軍 於正月初二日 攻遼東北門不克 掠城外
관군 우지 첩 패 기 순초군 어 정월 초 이일 공 요동 북문 불극 약 성외
居民而去." 上曰: "果如子瑛之言 則宜飭武備." 議政府啓: "兩界
거민 이 거 상 왈 과 여 자영 지 언 즉 의칙 무비 의정부 계 양계
守令 請以有武才者差遣. 忠淸道三處城子 若遣人相地 而後築之
수령 청 이 유 무재 자 차견 충청도 삼처 성자 약 견인 상지 이후 축지
事緩 各從所報 卽築之." 上皆然之. 遣星山君李稷 相廣州日長城
사 완 각 종 소보 즉 축지 상 개 연지 견 성산군 이직 상 광주 일장성
修築可否.
수축 가부

置蒙語訓導官 以前奉御周彥 前中郞將宋希明爲之.
치 몽어 훈도관 이 전 봉어 주언 전 중랑장 송희명 위지

壬午 上詣文昭殿 行望祭.
임오 상 예 문소전 행 망제

燃燈于禁中.
연등 우 금중

癸未 火在北河南五諸侯第一星北 隔七寸許.
계미 화 재 북하남 오제후 제일성 북 격 칠촌 허

召宗親于解慍亭 觀射置酒.
소 종친 우 해온정 관사 치주

以金承霔爲西北面兵馬都節制使 延嗣宗東北面兵馬都節制使.
이 김승주 위 서북면 병마도절제사 연사종 동북면 병마도절제사

義州通事李龍 自遼東還言: "遼兵一萬赴北京 遇達達軍於山海衛
의주 통사 이용 자 요동 환 언 요병 일만 부 북경 우 달달 군 어 산해위

與戰大敗 死傷過半. 遼東自正月初二日 嚴兵城守 晝夜不懈." 上
여전 대패 사상 과반 요동 자 정월 초 이일 엄병 성수 주야 불해 상

召政府議之 遣承霔等以備之.
소 정부 의지 견 승주 등 이 비지

甲申 司諫院請無咎等罪. 疏曰:
갑신 사간원 청 무구 등 죄 소왈

'大逆之罪 皇天上帝之所不容 天下古今之所不赦 殿下烏得而
대역 지 죄 황천 상제 지 소불용 천하 고금 지 소불사 전하 오 득이

私之! 夫是非出於一時 大義公於萬世.① 臣等何惜一朝之命 不顧
사지 부 시비 출어 일시 대의 공어 만세 신등 하석 일조 지 명 불고

萬世之法? 頃者 臣等極論大逆 無咎 無疾 李茂 其黨 尹穆 柳沂
만세 지 법 경자 신등 극론 대역 무구 무질 이무 기당 윤목 유기

李彬 趙希閔 姜思德等 請明其罪 天誘宸衷 茂乃伏誅 從諫之美
이빈 조희민 강사덕 등 청명 기죄 천 유 신충 무 내 복주 종간 지 미

可謂至矣. 然首惡 無咎 無疾 黨惡 尹穆之徒 得全首領 淹延日月
가위 지의 연 수악 무구 무질 당악 윤목 지 도 득전 수령 엄연 일월

其於用刑之公何哉? 此一國臣民之所憾也. 右件七人及茂之諸子
기어 용형 지 공 하재 차 일국 신민 지 소감 야 우건 칠인 급 무 지 제자

自知不宥 私欲逞忿 又安知救援之徒 潛伏中外 窺覘國釁哉? 且
자지 불유 사욕 영분 우 안지 구원 지 도 잠복 중외 규점 국흔 재 차

懷安君 罪惡貫盈 而安處完山; 居易父子 亦不逞之徒 而分處
회안군 죄악 관영 이 안처 완산 거이 부자 역 불령 지 도 이 분처

近郡 臣等恐國家如有外患 則此輩相率而爲內應矣. 況中國兵興
근군 신등 공 국가 여유 외환 즉 차배 상솔 이 위 내응 의 황 중국 병흥

如此危疑之時乎? 嗚呼 自開闢以來 置大逆於輕典者 槪乎未聞.
여차 위의 지 시 호 오호 자 개벽 이래 치 대역 어 경전 자 개호 미문

向於懷安君首亂之日 殿下處之如周公處管蔡之變 則安有無咎
향 어 회안군 수란 지 일 전하 처지 여 주공 처 관채 지 변 즉 안유 무구

無疾繼亂於前 居易父子及李茂之黨 接踵於後乎? 若今日不行
무질 계란 어 전 거이 부자 급 이무 지 당 접종 어 후 호 약 금일 불행

天討 以示大義 則後日亂賊之徒 何所懲而不起乎? 至若柳氏之子
천토 이시 대의 즉 후일 난적 지 도 하 소징 이 불기 호 지약 유씨 지 자

佛奴者 妄稱上王之子 以惑人心 是亦不宥之罪也. 願殿下回日月
불노 자 망칭 상왕 지 자 이혹 인심 시 역 불유 지 죄 야 원 전하 회 일월

之至明 體春秋之大法 令攸司將懷安君 佛奴 無咎 無疾 尹穆
지 지명 체 춘추 지 대법 영 유사 장 회안군 불노 무구 무질 윤목

柳沂 李彬 趙希閔 姜思德 李衎 承祚 公柔 公孝 公祗及 居易
유기 이빈 조희민 강사덕 이간 승조 공유 공효 공지 급 거이

李佇 明正其罪 垂法後世 以成正大高明之業 以懲亂臣賊子
이저 명정 기죄 수법 후세 이성 정대 고명 지 업 이징 난신적자

之心.'
지 심

召獻納宋希璟傳旨曰: "近因風氣 體猶未寧 不得詳覽所上疏
소 헌납 송희경 전지 왈 근인 풍기 체 유 미령 부득 상람 소상 소

然此事 非予所敢爲." 希璟固請 上曰: "予將面語之."
연 차사 비 여 소감위 희경 고청 상 왈 여 장 면어 지

以林整爲東北面都巡問察理使. 兩界守令 皆以有武才者改除.
이 임정 위 동북면 도순문찰리사 양계 수령 개 이 유무재자 개제

遣淮安衛軍胡原等二名于遼東. 於德明之還也 率日本所擄漢人
견 회안위 군 호원 등 이명 우 요동 어 덕명 지 환 야 솔 일본 소로 한인

胡原等來 命給衣冠 就差曹士德押送 仍探中國聲息.
호원 등 래 명급 의관 취차 조사덕 압송 잉 탐 중국 성식

賑東北面飢. 命以水陸運江原道之穀以賑之.
진 동북면 기 명 이 수륙 운 강원도 지 곡 이 진지

丙戌 日本國王使詣闕辭 上坐仁政殿召見曰: "聞王父薨逝 將
병술 일본 국왕 사 예궐 사 상 좌 인정전 소견 왈 문 왕부 훙서 장

遣人以弔. 王刷送被擄人口 仍禁賊盜 多謝厚意."
견인 이조 왕 쇄송 피로 인구 잉 금 적도 다사 후의

司諫院右司諫大夫金摯等 伏閤請允前日所上疏 上又辭以未寧.
사간원 우사간대부 김지 등 복합 청윤 전일 소상 소 상 우 사 이 미령

命罷諸道築城之役. 議政府啓: "西北面義州 大朔州城 過半
명파 제도 축성 지 역 의정부 계 서북면 의주 대삭주 성 과반

已築 當令畢役. 平壤城 今已節晩 且人力困盡 儻有外兵 反爲
이축 당령 필역 평양성 금 이 절 만 차 인력 곤진 당 유 외병 반 위

內患 可且罷役." 上然之 命議政府曰: "各道沿海之城 倭寇可畏
내환 가 차 파역 상 연지 명 의정부 왈 각도 연해 지 성 왜구 가외

不可不築. 若陸地深遠處城子 姑且罷役. 廣州城 今年事煩 恐民
불가 불축 약 육지 심원 처 성자 고 차 파역 광주성 금년 사번 공 민
不得聊生 亦且勿修."
부득 요생 역 차 물수

丁亥 大霧.
정해 대무

臺諫交章請佛奴 無咎等罪. 疏曰:
대간 교장 청 불노 무구 등 죄 소왈

'詐僞之妖 逆賊之徒 皆天討不赦之罪也. 故臣等極言其罪 進退
사위 지 요 역적 지 도 개 천토 불사 지 죄 야 고 신등 극언 기죄 진퇴
闕庭 于玆月餘 未蒙兪音. 竊惟殿下 釋此不誅 使之偸生 有補於
궐정 우자 월여 미몽 유음 절유 전하 석차 부주 사지 투생 유보 어
宗社萬世之業歟? 有合於賞罰至公之義歟? 抑又得於國家安危
종사 만세 지 업 여 유합 어 상벌 지공 지 의 여 억 우 득 어 국가 안위
之計歟? 奈何惜當誅之賊 以負擧國臣民之望乎? 此臣等所以
지 계 여 내하 석 당주 지 적 이부 거국 신민 지 망 호 차 신등 소이
夙夜痛憤 敢請無已也. 伏望殿下斷以大義 將詐妖佛奴 逆賊無咎
숙야 통분 감청 무이 야 복망 전하 단 이 대의 장 사요 불노 역적 무구
無疾 尹穆 李彬 思德 希閔 柳沂等 置之極刑 以安宗社萬世之業
무질 윤목 이빈 사덕 희민 유기 등 치지 극형 이안 종사 만세 지 업
以快一國臣民之望.'
이쾌 일국 신민 지 망

金摯 李明德等 詣闕申請 上曰: "此事 予固不聽 其勿復言.
김지 이명덕 등 예궐 신청 상 왈 차사 여 고 불청 기 물 부언
古者 言官三諫不聽則去. 近日疏請非一再 予不早決其可否者 意
고자 언관 삼간 불청 즉 거 근일 소청 비일 재 여 부조 결 기 가부 자 의
其呈辭請免也." 明德啓曰: "前此呈辭請免者 非以古者言官去就
기 정사 청면 야 명덕 계왈 전차 정사 청면 자 비 이 고자 언관 거취
之意也. 特以不才之人 久居其官 言不見聽 曠廢厥職. 後有良臣
지 의 야 특 이 부재 지 인 구거 기관 언 불 견청 광폐 궐직 후 유 양신
出焉 則必能盡言極諫 而得蒙允也. 臣則以爲古者遊事列國之臣
출 언 즉 필 능 진언 극간 이 득 몽윤 야 신 즉 이위 고자 유사 열국 지 신
有去就之義 故三諫不聽則去 如於齊不得則適楚 於楚不得則適秦.
유 거취 지 의 고 삼간 불청 즉 거 여 어 제 부득 즉 적 초 어 초 부득 즉 적 진
今臣等捨本國而何適乎? 今日之請 期於蒙允而後已." 上曰: "近
금 신등 사 본국 이 하적 호 금일 지 청 기어 몽윤 이후 이 상 왈 근
有微疾 今日尤甚 卿等勿復有言."
유 미질 금일 우심 경 등 물부 유언

戊子 雷電震高灣梁船檣及軍一名.
무자 뇌전 진 고만량 선장 급 군 일명

司憲府啓奴婢事宜. 啓曰:
사헌부 계 노비 사의 계왈

"大小人員所訟奴婢 財主本宗及四寸與收養等人 雖無傳繼
대소 인원 소송 노비 재주 본종 급 사촌 여 수양 등 인 수 무 전계

判旨分明 理當爭望; 其餘貪婪奸惡之徒 雖非本宗 泛稱族親
판지 분명 이 당 쟁망 기여 탐람 간악 지 도 수 비 본종 범칭 족친

連接族圖 各謀冒得 雖當該員吏 從正決絶 仍執爲要 卽呈誤決
연접 족도 각 모 모득 수 당해 원리 종정 결절 잉집 위요 즉 정 오결

變亂是非 非徒聽訟日繁 簿書益增 風俗不美 誠爲未便. 今後
변란 시비 비도 청송 일번 부서 익증 풍속 불미 성 위 미편 금후

上項判旨所論人員外 無傳繼孫外之人 泛稱族親 亂雜呈狀者 考
상항 판지 소론 인원 외 무 전계 손 외 지 인 범칭 족친 난잡 정장 자 고

其宗派 分揀禁止 仍將所訟奴婢屬公 强辨者 從判旨杖八十 身充
기 종파 분간 금지 잉 장 소송 노비 속공 강변 자 종 판지 장 팔십 신 충

水軍 知非首告者勿論."
수군 지비 수고 자 물론

從之.
종지

兵曹義興府以手拍戲試人 補防牌軍 用勝三人者.
병조 의흥부 이 수박희 시인 보 방패군 용 승 삼인 자

己丑 臺諫詣闕申請 上曰: "卿等之言是矣 但予不忍故也." 仍命
기축 대간 예궐 신청 상 왈 경 등 지 언 시의 단 여 불인 고야 잉 명

代言賜酒. 翌日御便殿 召見右司諫金摯 獻納宋希璟 執義李明德
대언 사주 익일 어 편전 소견 우사간 김지 헌납 송희경 집의 이명덕

持平吳先敬 謂之曰: "無咎等罪 已著於教書 蓋以直報怨也. 無咎
지평 오선경 위지 왈 무구 등 죄 이저 어 교서 개 이직 보원 야 무구

等旣負我矣 我豈顧私恩哉! 但以有老母在耳. 尹穆等輩 渠魁旣
등 기 부 아 의 아 기 고 사은 재 단 이 유 노모 재 이 윤목 등 배 거괴 기

伏其罪 不須更論也. 佛奴則上王旣不以爲子矣 今若殺之 則是生
복 기죄 불수 갱론 야 불노 즉 상왕 기 불이 위자 의 금 약 살지 즉 시 생

後人之疑也." 摯等退 命代言賜酒.
후인 지 의 야 지 등 퇴 명 대언 사주

命除東西北面侍衛軍番上休養. 以備不虞也.
명제 동 서북면 시위군 번상 휴양 이 비 불우 야

命議政府與功臣議佛奴之罪. 命曰:
명 의정부 여 공신 의 불노 지 죄 명왈

"前朝王氏子孫 戮及孩嬰 豈不痛心! 家有諍子 古之格言. 予
전조 왕씨 자손 육 급 해영 기 불 통심 가 유 쟁자 고 지 격언 여

不能諫止 至今以爲恨. 今佛奴之罪 臺諫請之不已 佛奴癡幼 其
불능 간지 지금 이위 한 금 불노 지 죄 대간 청 지 불이 불노 치유 기

干犯名義 非其自爲 乃趙璞之謀也. 論人之罪 允合於理 是謂
간범 명의 비 기 자위 내 조박 지 모 야 논 인지죄 윤 합어 리 시 위

天討. 佛奴之罪 果合於理乎? 其與功臣議之."
천토 불노 지 죄 과 합어 리 호 기 여 공신 의지

議政府三功臣詣紫門外 令參贊府事柳亮 參知府事尹思修
의정부 3공신 예 자문 외 영 참찬 부사 유량 참지 부사 윤사수

漢川君趙溫 西川君韓尚敬啓曰:
한천군 조온 서천군 한상경 계왈

"前朝之季 沙器翁主之子 釋器之亂 至於再三 臣等身親見之.
전조 지 계 사기옹주 지 자 석기 지 란 지어 재삼 신등 신친 견지

今佛奴假托之罪 不可肆赦 卽當誅之 以絶禍胎 逆賊之徒 不可
금 불노 가탁 지 죄 불가 사사 즉 당 주지 이절 화태 역적 지 도 불가

一日偸生. 況今國有外患 罪人布列州郡 禍機難測? 願將無咎
일일 투생 황 금 국 유 외환 죄인 포열 주군 화기 난측 원 장 무구

無疾 尹穆等 斷以大義 以答天心 以副輿望."
무질 윤목 등 단 이 대의 이답 천심 이부 여망

上曰: "釋器 眞王氏之子也 容有後患 佛奴 上王不以爲子 一國
상 왈 석기 진 왕씨 지 자 야 용유 후환 불노 상왕 불 이위 자 일국

臣民皆知之矣 後何患焉? 且佛奴無知 而入於趙璞之術 非其罪
신민 개 지지 의 후 하환 언 차 불노 무지 이 입어 조박 지 술 비 기죄

也 予不忍焉. 若無咎等 勿復以聞."
야 여 불인 언 약 무구 등 물부 이문

亮等復啓曰:
량 등 부 계왈

"非子而詐稱 亂之階也. 昔秦時 有假扶蘇之亂; 前朝之末 有
비 자 이 사칭 난 지 계 야 석 진시 유 가 부소 지 란 전조 지 말 유

辛禑之變 此其明鑑. 惜此一人而害及千萬人 未可知也."
신우 지 변 차 기 명감 석 차 일인 이 해 급 천만인 미 가지 야

上曰:
상 왈

"政府功臣之言 豈爲非哉? 然此事 於予心未忍爲也."
정부 공신 지 언 기 위비 재 연 차사 어 여심 미인 위 야

亮等乃退 復上疏曰:
량 등 내 퇴 부 상소 왈

'歲在庚辰 上王殿下 以柳氏之子 佛奴爲曖昧 敎示臣民 又於
세 재 경진 상왕 전하 이 유씨 지 자 불노 위 애매 교시 신민 우 어

年前 指天爲誓 以明其冒名. 以此觀之 佛奴托其母族趙璞 嘗稱
연전 지천 위서 이명 기 모명 이차 관지 불노 탁 기 모족 조박 상칭

爲元子 干名犯義 當置於法 以正名義. 是以臺諫聯章 請罪不已
위 원자 간명 범의 당치 어법 이정 명의 시이 대간 연장 청죄 불이

於今月二十三日 殿下下敎 令議政府功臣議之. 臣等伏見敎旨
어 금월 이십 삼일 전하 하교 영 의정부 공신 의지 신등 복견 교지

以爲殿下此心 誠爲至仁 然天下國家非名義 不可爲也. 佛奴干名
이위 전하 차심 성 위 지인 연 천하 국가 비 명의 불가위 야 불노 간명

犯義之罪 在王法必誅 豈宜置而不論 以長禍亂哉? 又有逆臣無咎
범의 지 죄 재 왕법 필주 기 의치 이 불론 이장 화란 재 우 유 역신 무구

無疾 與李茂之黨 尹穆 李彬 姜思德 趙希閔 柳沂之罪 殿下以
무질 여 이무 지 당 윤목 이빈 강사덕 조희민 유기 지 죄 전하 이

姑息之仁 不置於法 國人之憤 愈久而不已. 伏望殿下 斷以大義
고식지인 불치 어법 국인 지 분 유구 이 불이 복망 전하 단 이 대의

一如臺諫之請 俱置於法 以杜宗社之禍 以快臣民之憤.'
일여 대간 지 청 구치 어법 이두 종사 지 화 이쾌 신민 지 분

上召議政府贊成事李天祐 參贊柳亮曰: "佛奴 予旣知無罪矣
상 소 의정부 찬성사 이천우 참찬 유량 왈 불노 여 기지 무죄 의

何可忍殺! 非上王之子而殺之 則上王以爲如何?" 上謂成石璘
하 가 인살 비 상왕 지 자 이 살지 즉 상왕 이위 여하 상 위 성석린

趙英茂等曰: "佛奴當初年甫十餘歲 其爲詐妖之稱 特趙璞之謀
조영무 등 왈 불노 당초 연 보 십여 세 기 위 사요 지 칭 특 조박 지 모

耳. 豈兒童所及知哉? 賞罰當天意而已 殺無知之童 豈合於天意
이 기 아동 소급 지 재 상벌 당 천의 이이 살 무지 지 동 기 합어 천의

乎? 此則予斷不聽從. 若無咎 無疾 尹穆等事 前日已與臺諫明言
호 차즉 여 단 불청 종 약 무구 무질 윤목 등사 전일 이 여 대간 명언

之 當有裁決之日."
지 당유 재결 지 일

癸巳 豐州有石異. 豐州豆要浦江邊 有石自移二十八步 高二尺
계사 풍주 유 석이 풍주 두요포 강변 유 석 자이 이십팔 보 고 이척

長五尺. 又一石移八步 高一尺長五尺. 皆跡深一尺 廣四尺. 又
장 오척 우 일석 이 팔보 고 일척 장 오척 개 적 심 일척 광 사척 우

月串江邊有一石始見 高三尺長二尺. 遣書雲副正金恕行解怪祭以
월곶 강변 유 일석 시 현 고 삼척 장 이척 견 서운 부정 김서 행 해괴제 이

禳之.
양지

臺諫政府三功臣 請佛奴 無咎等罪. 臺諫交章疏曰:
대간 정부 3공신 청 불노 무구 등 죄 대간 교장 소왈

'臣等前日 屢請詐妖佛奴 逆賊無咎 無疾 尹穆 李彬 思德
신등 전일 누청 사요 불노 역적 무구 무질 윤목 이빈 사덕

希閔 柳沂之罪 天地所不容 國人所共誅 故臣等固請無已 而政府
희민 유기 지 죄 천지 소불용 국인 소공주 고 신등 고청 무이 이 정부

功臣 亦合辭申請 此傳所謂諸大夫國人 皆曰可殺者也. 願殿下 卽
공신 역 합사 신청 차 전 소위 제 대부 국인 개 왈 가살 자 야 원 전하 즉

從臣等前日之疏與大臣同辭之請 依法施行 以快輿望.'
종 신등 전일 지 소 여 대신 동사 지 청 의법 시행 이쾌 여망

政府三功臣啓曰: "臣等上疏累日 未蒙兪允." 上曰: "曾見政丞
정부 3공신 계왈 신등 상소 누일 미몽 유윤 상 왈 증 견 정승
已諭予意 何爲復請?" 對曰: "臣等知上之不忍 故至日月之久 然
이 유 여의 하위 부청 대왈 신등 지 상 지 불인 고 지 일월 지 구 연
豈敢終黙乎? 佛奴 無咎 無疾 殿下以私恩 延至于今宜矣 李茂
기감 종묵 호 불노 무구 무질 전하 이 사은 연 지 우금 의의 이무
之黨則豈不能明置於法乎?" 上曰: "彼二者已置不論 何獨論李茂
지 당 즉 기 불능 명 치 어 법 호 상 왈 피 이자 이치 불론 하독 논 이무
之黨乎?" 對曰: "佛奴 無咎之罪 豈能逃於天下萬世乎? 臣等但
지 당 호 대왈 불노 무구 지 죄 기능 도 어 천하 만세 호 신등 단
以上之不忍 而不能首言之耳. 姑誅李茂之黨 則彼三人之罪 固在
이 상 지 불인 이 불능 수언 지 이 고 주 이무 지 당 즉 피 삼인 지 죄 고 재
此例 臣等之望也." 上曰: "今此罪人 旣已杖流 罪不疊蒙." 對曰:
차례 신등 지 망 야 상 왈 금 차 죄인 기이 장류 죄 불 첩몽 대왈
"罪不止於杖流. 且在上恩稠疊之時 尙懷不忠 今雖上慈 其終有衛
죄 부지 어 장류 차 재 상은 조첩 지 시 상 회 불충 금 수 상자 기 종 유 위
社稷之心乎?" 上曰: "予將更聽問事官之言 詳覽鞫問文案 商量
사직 지 심 호 상 왈 여 장 갱청 문사관 지 언 상람 국문 문안 상량
處置."
처치

兀良哈 毛憐衛指揮寶乙者 千戶吾哈主等九人 來獻土物.
올량합 모련위 지휘 보을자 천호 오합주 등 구인 내헌 토물

乙未 議政府功臣臺諫詣闕請尹穆等罪.
을미 의정부 공신 대간 예궐 청 윤목 등 죄

罷軍資少監柳瓚職. 瓚由茶房都目得官. 其異姓三寸叔妻死 瓚
파 군자 소감 유찬 직 찬 유 다방 도목 득관 기 이성 삼촌숙 처 사 찬
乃告其服. 司憲府劾啓曰: "五服圖式 載在六典 瓚尙不知 錢穀
내 고 기복 사헌부 핵 계왈 오복 도식 재재 육전 찬 상 부지 전곡
出納 豈其所堪 乞行罷黜." 從之.
출납 기 기 소감 걸행 파출 종지

司憲府請李養蒙之罪. 啓曰: "養蒙除判順安縣令事 今已月餘
사헌부 청 이양몽 지 죄 계왈 양몽 제 판 순안현령 사 금 이 월여
潛歸廣州農舍 稱病不肯赴任. 乞依已行教旨論罪." 上曰: "此人
잠귀 광주 농사 칭병 불긍 부임 걸의 이행 교지 논죄 상 왈 차인
嘗勤謹奉公 今日之不能赴任 予聞其實病矣. 若不論病之虛實 輒
상 근근 봉공 금일 지 불능 부임 여 문 기실 병 의 약 불론 병 지 허실 첩
加罪責 豈非失刑乎? 予已擇人代之 其勿復論."
가 죄책 기 비 실형 호 여 이 택인 대지 기 물부 론

司憲府上書陳時務八事:
사헌부 상서 진 시무 팔사

一, 籍軍額 所以揀精銳而備不虞也. 近因改籍 爲守令者 不念
일 적 군액 소이 간 정예 이 비 불우 야 근 인 개적 위 수령 자 불념

國家大體 溺於干請 以前籍之實軍 或稱老病 或爲他人奉足 皆以
국가 대체 익어 간청 이 전적 지 실군 혹 칭 노병 혹 위 타인 봉족 개 이

新丁單弱者充額 至於曾屬無受田京牌者 亦爲日守兩班與鄕吏之
신정 단약 자 충액 지어 증 속 무수전 경패 자 역 위 일수양반 여 향리 지

奉足 於國家何益哉? 請將丙戌年以上前籍及無受田京牌 記告其
봉족 어 국가 하익 재 청장 병술년 이상 전적 급 무수전 경패 기고 기

姓名 除衆所共知老病外 竝充本役.
성명 제 중 소공지 노병 외 병충 본역

一, 驛站關津之設 所以傳命而察往來也. 今關津之吏 皆求自便
일 역참 관진 지 설 소이 전명 이 찰 왕래 야 금 관진 지 리 개 구 자편

不務其任; 各道驛丞 亦皆承受監司公差 出入諸郡 往來京中者
불무 기임 각도 역승 역 개 승수 감사 공차 출입 제군 왕래 경중 자

比比有之. 雖有異服異言之人 本國亡命之徒 與公私賤隷逋逃
비비 유지 수 유 이복 이언 지 인 본국 망명 지 도 여 공사 천예 포도

絡繹 安得捕察? 願令驛丞津吏常在所掌 以盡傳命之任 以察
낙역 안득 포찰 원령 역승 진리 상재 소장 이진 전명 지 임 이찰

流亡之輩 違者痛治.
유망 지 배 위자 통치

一, 守令 近民之職 當重其選 監司殿最 尤當明正. 竊見褒貶之
일 수령 근민 지 직 당중 기선 감사 전최 우 당 명정 절견 포폄 지

際 前居上考者 後或居中; 後居上考者 亦前之居中者也. 上中相距
제 전 거 상고 자 후 혹 거중 후 거 상고 자 역 전 지 거중 자 야 상중 상거

不甚懸絶 今之二中 例皆罷免. 三十月之內 一郡守令 至有再三
불심 현절 금 지 이중 예 개 파면 삼십 월 지 내 일군 수령 지 유 재삼

替代者 迎送之弊 曷勝道哉! 乞其二中者 仍守本職 待三中 然後
체대 자 영송 지 폐 갈 승도 재 걸 기 이중 자 잉 수 본직 대 삼중 연후

替罷.
체파

一, 平同量衡 所以禁奸而防濫也. 今京中則平校斗斛 而衡不與
일 평동 양형 소이 금간 이 방람 야 금 경중 즉 평교 두곡 이 형 불여

焉 固爲遺失. 外方則監司旣不之察 奸吏又因而擅造 於科斂之際
언 고 위 유실 외방 즉 감사 기 불지찰 간리 우 인 이 천조 어 과렴 지 제

以重爲輕 以盈爲縮 貧者益困 富者益資 爲守令者 亦且不禁 遂
이 중 위 경 이 영 위 축 빈자 익곤 부자 익자 위 수령 자 역 차 불금 수

成巨弊. 願京中則平校斗斛之時 竝正衡秤; 外方則監司將京市署
성 거폐 원 경중 즉 평교 두곡 지 시 병 정 형 칭 외방 즉 감사 장 경시서

平校斗斛衡秤 每於所至之郡 無時相校 如有違者 守令及掌吏
평교 두곡 형 칭 매어 소지 지 군 무시 상교 여유 위자 수령 급 장리
隨卽痛繩.
수즉 통승

一, 工不居肆 業不能專 故舊京之時 布帛毛革器皿冠服鞋靴
일 공 불거 사 업 불능 전 고 구경 지 시 포백 모혁 기명 관복 혜화
鞭勒 分店大市 至市牛馬 亦有常所 其他米穀之類 則各於所居.
편륵 분점 대시 지 시 우마 역 유 상소 기타 미곡 지 류 즉 각 어 소거
自遷都以來 雜處雲從之街 男女無別 商賈混淆 窺覘幾隙 務相
자 천도 이래 잡처 운종 지 가 남녀 무별 상고 혼효 규점 기극 무 상
攘竊. 願令京市署一依舊京之制.
양절 원령 경시서 일의 구경 지 제

一, 軍資監 掌糧餉之任 所係爲重 當擇其人. 今以都目去官 不
일 군자감 장 양향 지 임 소계 위중 당 택 기인 금 이 도목 거관 불
更事者 居是官 其於出納之際 安知會計之當 而致意於後日陳腐
경사 자 거 시관 기어 출납 지 제 안지 회계 지 당 이 치의 어 후일 진부
欠耗之弊哉? 請擇勤謹幹事之人 以授其任 且添令史之額 以便
흠모 지 폐 재 청택 근근 간사 지 인 이수 기임 차 첨 영사 지 액 이편
任使.
임사

一, 大小人員奉使朝廷與外國之際 旣賜治裝米布 又給
일 대소인원 봉사 조정 여 외국 지 제 기 사 치장 미포 우 급
路次盤纏 誠國家之厚意也. 然現任官則旣有厚祿 又受盤纏 何必
노차반전 성 국가 지 후의 야 연 현임 관 즉 기 유 후록 우 수 반전 하필
待官給米布 然後以給其裝哉? 請除前銜官外 現任奉使者 毋給
대 관급 미포 연후 이급 기장 재 청제 전함관 외 현임 봉사자 무급
治裝米布.
치장 미포

一, 司膳署 掌各殿入番差備供辦之任 其有所事而食者 已有
일 사선서 장 각전 입번 차비 공판 지 임 기 유 소사 이 식 자 이유
定數. 若每日自外而食者 則未能悉知 而一依飯公之告 并錄其數
정수 약 매일 자외 이 식 자 즉 미능 실지 이 일의 반공 지 고 병록 기수
漫不知食者之爲誰 故知其可誣 而竊爲己用者有之; 夤緣內僚
만 부지 식 자 지 위수 고 지 기 가무 이 절 위기 용자 유지 인연 내료
無事而食者有之. 願令司膳署置簿 委一員掌之 凡入番差備外 受
무사 이 식 자 유지 원령 사선서 치부 위 일원 장지 범 입번 차비 외 수
宣飯者 自兩府現官及不能親着者 記某人以某事而來 其非達官
선반 자 자 양부 현관 급 불능 친착 자 기 모인 이 모사 이래 기 비 달관
位卑者 皆令親着 每當番終之日 課於代言司 以省濫費.'
위비 자 개 령 친착 매당 번 종 지 일 과어 대언사 이생 남비

疏上 下議政府擬議以聞. 政府議得:
소상 하 의정부 의의 이문 정부 의득

"各道驛丞 除觀察使緊要公差外 常巡所掌各驛 彼此流移人物
각도 역승 제 관찰사 긴요 공차 외 상순 소장 각역 피차 유이 인물

幷令考察禁止. 奉使人員 治裝米布 所以重遣使而優其行 其現任
병령 고찰 금지 봉사 인원 치장 미포 소이 중 견사 이 우 기행 기 현임

官奉使者 請減半外 其餘六事 請依司憲府狀申施行."
관 봉사 자 청감 반 외 기여 육사 청의 사헌부 장신 시행

從之.
종지

命賜議政府甁酒. 上曰: "雖有酒禁 然宮中尙未斷絶; 政府大臣
명사 의정부 병주 상 왈 수 유 주금 연 궁중 상 미 단절 정부 대신

年高 不可無酒." 乃有是命.
연고 불가 무주 내 유 시명

一岐知主源良喜 代言源覺眞 各使人獻禮物 求大藏經.
일기 지주 원량희 대언 원각진 각 사인 헌 예물 구 대장경

漢城少尹朴順罷. 順事仁德宮日久 及知高州事 托仁德宮內敎
한성 소윤 박순 파 순 사 인덕궁 일구 급 지고주사 탁 인덕궁 내교

率仁德宮本領隊副一人赴任 其隊副家受祿如常者四年. 至是事覺
솔 인덕궁 본령 대부 일인 부임 기 대부 가 수록 여상 자 사년 지시 사각

刑曹請罪 只罷其職.
형조 청죄 지 파 기직

下大護軍文貴 副司正韓益于巡禁司. 益自言其奴斤金托其同生
하 대호군 문귀 부사정 한익 우 순금사 익 자언 기노 근금 탁 기 동생

兄本宮奴無作只 夤緣投屬 乃進本宮 見斤金率來 未幾逃. 翼日
형 본궁 노 무작지 인연 투속 내 진 본궁 견 근금 솔래 미기 도 익일

有本宮別監全同良 率斤金到東北面軍營 問韓益何在 欲以授之
유 본궁 별감 전동량 솔 근금 도 동북면 군영 문 한익 하재 욕 이 수지

乘醉無禮. 牌頭大護軍文貴曰: "韓益 今不在 來則汝其授之. 汝
승취 무례 패두 대호군 문귀 왈 한익 금 부재 내 즉 여 기 수지 여

之如此無禮何?" 執而縛置. 旣而益來 解遣之. 上聞之 命下文貴
지 여차 무례 하 집 이 박치 기이 익 래 해 견지 상 문지 명하 문귀

韓益于巡禁司. 司憲府啓曰: "韓益擅入本宮 搥撻斤金 稱爲己奴
한익 우 순금사 사헌부 계왈 한익 천입 본궁 추달 근금 칭 위 기노

殊失敬上之義. 蹴路馬之芻 尙且有罪 況僕隸乎? 乞將韓益 鞫問
수 실 경상 지 의 축 노마 지 추 상 차 유죄 황 복례 호 걸장 한익 국문

不敬之故而後 辨斤金根脚." 上曰: "益旣拘囚 待決然後案法施行
불경 지 고 이후 변 근금 근각 상 왈 익 기 구수 대결 연후 안법 시행

文貴勿論."
문귀 물론

丁酉 分遣巡禁司官. 誅尹穆 趙希閔 李彬 姜思德 柳沂于貶所.
정유 분견 순금사 관 주 윤목 조희민 이빈 강사덕 유기 우 폄소

初 召議政府舍人趙啓生傳旨曰: "政府功臣臺諫交章累請 予特
초 소 의정부 사인 조계생 전지 왈 정부 공신 대간 교장 누청 여 특

不得已 而對以詳覽獄書 隨其輕重罪之. 今日巡禁司備書以聞 然
부득이 이 대 이 상람 옥서 수 기 경중 죄지 금일 순금사 비서 이문 연

此等人罪犯 予已知之 何必更考文案! 予之不忍拔去根株 大臣已
차등 인 죄범 여 이 지지 하필 갱고 문안 여 지 불인 발거 근주 대신 이

知之矣. 捨根株而剪枝葉 恐違天意 予不敢聽." 俄而諸大臣皆詣
지지 의 사 근주 이 전 지엽 공위 천의 여 불감 청 아이 제 대신 개 예

闕庭啓曰: "有命曰: '旣不能拔除根株 於枝葉又何加罪焉?' 臣等
궐정 계왈 유명 왈 기 불능 발제 근주 어 지엽 우 하 가죄 언 신등

之請 豈欲捨根株而剪枝葉哉? 第以上之不忍 未敢固請耳. 此黨
지 청 기 욕 사 근주 이 전 지엽 재 제 이 상 지 불인 미감 고청 이 차당

之罪 情法無疑 何惜誅之!" 傳旨曰: "此輩已受罪矣 又何加焉?
지 죄 정법 무의 하석 주지 전지 왈 차배 이 수죄 의 우 하가 언

且豈無輕重於其間哉? 更取巡禁司文案而考之 辨其輕重施行."
차 기 무 경중 어 기간 재 갱 취 순금사 문안 이 고지 변 기 경중 시행

諸大臣復啓曰: "其時問事官 亦皆造庭 已曰罪無輕重. 臣等所聞
제 대신 부 계왈 기시 문사관 역 개 조정 이 왈 죄 무 경중 신등 소문

所見 亦皆如此 何必更考文案?" 上又不允. 諸大臣賫文案而退
소견 역 개 여차 하필 갱고 문안 상 우 불윤 제 대신 재 문안 이 퇴

俄而令參知尹思修 西川君韓尙敬啓曰: "臣等更考文案而議之 罪
아이 영 참지 윤사수 서천군 한상경 계왈 신등 갱고 문안 이 의지 죄

無輕重之殊 自上至下如出一口 願申判焉." 傳旨曰: "玆事至重
무 경중 지 수 자상 지하 여 출 일구 원 신판 언 전지 왈 자사 지중

人命所係 何敢輕遽? 予亦備詳文案 而後判付矣." 翌日 議政府
인명 소계 하감 경거 여 역 비상 문안 이후 판부 의 익일 의정부

三功臣 詣闕更請 佛奴 無疾 尹穆等罪 上猶未忍明言誅戮 乃
3공신 예궐 갱청 불노 무질 윤목 등 죄 상 유 미인 명언 주륙 내

取政府功臣前日所上疏判曰: "佛奴 無咎 無疾 姑置勿論 尹穆
취 정부 공신 전일 소상 소 판왈 불노 무구 무질 고치 물론 윤목

以下 各以輕重 備細分揀施行." 且曰: "若無輕重 則不必以聞. 予
이하 각 이 경중 비세 분간 시행 차 왈 약무 경중 즉 불필 이문 여

不欲聽之." 於是政府功臣啓曰: "謀反大逆 不分首從. 穆等黨付
불욕 청지 어시 정부 공신 계왈 모반 대역 불분 수종 목 등 당부

逆臣 交私論議 大逆不道 奚輕重之分!" 乃遣巡禁司護軍李繩直
역신 교사 논의 대역 부도 해 경중 지 분 내 견 순금사 호군 이승직

於海珍 誅柳沂; 副司直尹殷 於光陽 長興 誅李彬 趙希閔; 司直
어 해진 주 유기 부사직 윤은 어 광양 장흥 주 이빈 조희민 사직

金自養於寧海 誅姜思德; 副司直禹導 於泗州誅尹穆.
김자양 어 영해 주 강사덕 부사직 우도 어 사주 주 윤목

| 원문 읽기를 위한 도움말 |

① 大義公於萬世. 여기서 公은 동사로 '공정하게 행하다'라는 뜻이다.
대의 공어 만세 공

태종 10년 경인년
2월

二月

무술일(戊戌日-1일) 초하루에 상(上)이 친히 문소전(文昭殿)에 제사를 지냈다. 해가 저물 무렵 무지개가 서쪽에 나타났는데 머리와 꼬리 부분이 없고 길이는 10여 척(尺)이었다.

경자일(庚子日-3일)에 지방의 사송(詞訟-소송)을 중단하라고 명했다. 의정부에서 아뢰어 말했다.

"금년의 절후(節候)가 다른 해에 비해 빠르고 또 지방의 시위군(侍衛軍)과 진속군(鎭屬軍)도 이미 방비가 갖춰져 있습니다. 지금 잡색군정(雜色軍丁)[1]을 점검하는 일로 백성을 소란하게 만드니 농사일에 방해가 됩니다. 바라건대 이를 중단시켜야 할 것입니다. 또 3월에 송사(訟事)를 정지하는 것이 정식(定式)에 있기는 하나 백성들의 일이 너무 많으니 3월 이전에 모두 중단하거나 정지시켜야 할 것입니다."

상이 말했다.

"잡색군용(雜色軍容)을 관문(官門)에서 점검하지 말고 스스로 방비를 갖추게 하며 모든 사송에 대한 일은 아뢴 대로 하는 것이 좋겠다."

---

1 조선 초기의 군사 조직으로 오늘날의 예비군에 해당한다. 서리, 잡학인, 노비 등이 소속됐다.

○ 올적합(兀狄哈)의 김문내(金文乃)[2]와 갈다개(葛多介) 등이 오도리(吾都里) 올량합(兀良哈)의 갑병(甲兵) 300여 기(騎)와 연합해 경원부(慶源府)에 침략하니 병마사 한흥보(韓興寶)[3]가 이와 싸우다가 패사(敗死)했다. 모련위지휘(毛憐衛指揮) 보을오(甫乙吾)가 사람을 시켜 한흥보에게 이르기를 "건주위지휘(建州衛指揮) 아고거(阿古車)에게 들으니 '장차 적병(賊兵)이 경원(慶源)을 침노할 것이다'라고 하니 마땅히 미리 알아서 방비하라"고 했는데 흥보(興寶)는 그것을 믿지 않았다. 이튿날 새벽에 적병이 이미 성 밖에 이르니 흥보가 허겁지겁[蒼黃 창황] 수자리 병사[戍兵 수병] 100명을 거느리고 전투에 나섰는데 흥보가 탄 말이 화살에 맞아 죽고 흥보도 화살 세 발을 맞고 겨우[僅 근] 성안으로 들어갔으나 3일 만에 죽었다. 관군(官軍) 중에 죽은 자가 15인이고, 말이 죽은 것도 5필이나 됐다. 적이 드디어 목책(木柵)을 포위했으나 이기지 못하자 목책 밖의 집들에 불을 질러 축적(蓄積)해둔 것이 거의 다 타버렸다.

신축일(辛丑日-4일)에 전 (황해도) 해주목사(海州牧使) 양수(梁需)를 일본에 가게 해 국왕(國王)에게 글을 전하게 했다. 보빙(報聘)[4]과 조상(弔喪)을 위함이었다. 부물(賻物-하사품)은 백세저포(白細苧布)

---

2 만주(滿州) 목단강(牧丹江)의 고주(古州) 지역에 살던 혐진올적합(嫌眞兀狄哈)의 추장이다. 『용비어천가』에 의하면 걸목나(乞木那)라고 했다.

3 1402년(태종 2년) 대호군으로서 동북면 지병마사(東北面知兵馬事)에 서용됐고, 1408년 경원등처병마사 겸 경원부사에 부임했다. 이때 전사했는데 태종은 그의 충성에 대한 보답으로 부의(賻儀)로 쌀과 콩 40석, 종이 100권을 하사했다.

4 이웃 나라의 방문을 받은 데 대한 답례를 하는 것을 말한다.

와 흑세마포(黑細麻布) 각 25필(匹), 인삼(人蔘)과 송자(松子-잣) 각 50근(斤), 잡채화석(雜彩花席) 10장(張), 호피(虎皮)와 표피(豹皮) 각 1령(領)이고, 전물(奠物)은 백세저포와 흑세마포 각 10필, 청주(淸酒) 100병(甁)이었다.

애초에 일본 회례사(回禮使)를 택할 때 의정부에서 수(需)를 천거해 이미 낙점(落點)을 받았는데 수가 물길에 익숙하지 못하다고 사양했다. 조영무(趙英茂)가 그렇게 여겨 전 부사(府使) 이재(李載)로 대신하게 할 것을 청하니 상이 또 낙점했다. 성석린(成石璘)이 병으로 휴가를 얻어[告病](고병) 집에 있으면서 (사람을 보내) 말했다.

"무릇 사신으로 나가는[出使](출사) 사람은 몸에 병이 있거나 부모(父母)의 상장(喪葬)에 있는 자 이외에는, 사신으로 나아가는 것을 피하려고 꾀하는 자는 '왕지(王旨)를 좇지 않는 죄로 논한다'라고 본부(本府)에서 수판(受判-임금의 판지를 받음)했는데 지금 스스로 무너뜨릴 수는 없다."

영무(英茂)가 후회해 다시 정부에서 수판(受判)한 뜻을 아뢰고, 또 이재(李載)의 어미가 나이가 많고 병이 깊은 것을 말하니 상이 말했다.

"이미 이러한 판지(判旨)가 있었다면 왜 자세히 살피지 않고 경솔하게 입초(入抄)했는가?"

정부에서 다시 전 통례문부사(通禮門副使) 장온(張蘊)[5]으로 대신

---

5 1402년(태종 2년) 식년무과에 4위로 급제했다. 무과에 응시 전에 문과에도 급제해 감무(監務)를 지냈다고 한다. 이에 삼관(三館)에서는 가자(加資)를 노리고 문과에 급제한 자가 다시 무과에 응시한 것이라 비방했다. 그리고 양과 중 한 과에 급제한 자는 다시 다른 과

할 것을 청하니 상이 말했다.

"사명(使命)에 합당치 않은데 무슨 까닭으로 가벼이 그를 천거하는가?"

마침내 쓰지 않았다. 이는 대개 온(蘊)의 외할머니는 전에 사천(私賤)에게 시집가서 자식까지 있었는데 뒤에 온의 외할아버지에게 시집온 것이었다. 온은 문과(文科)로 출신(出身)해 여러 벼슬을 거쳐 호군(護軍)에 이르렀으나 조정(朝廷)에서 그가 낮고 미천한 것[卑微(비미)]이 이와 같은 줄을 알지 못했다. 그러나 온이 외할머니의 전남편의 소생인 천구(賤口-노비)와 사헌부에서 가산(家産)을 다툰 연후에야 사림(士林)들이 마침내 이 사실을 알게 됐다. 그러므로 제수(除授)가 있을 때마다 그의 고신(告身)이 대간(臺諫)을 통과하지[經(경)=過(과)] 못했다고 한다.[6]

○ 의흥부(義興府)에서 각 도(各道) 시위정군(侍衛正軍)의 수목

에 응시할 수 없도록 하자고 주청했으나 태종은 받아들이지 않았다. 급제 직후 훈련원사직(訓鍊院司直)이 되고 호군을 거쳐 갑산군지사에 이르렀다. 그러나 갑산군지사로서 사사로이 향리를 때려죽이고 군사를 움직였다는 이유로 의금부로 압송되어 국문을 당했다.

6 이를 서경(署經)이라 한다. 서경이란 고려와 조선시대에 인사 이동이나 법률 제정 등에서 대간(臺諫)의 서명을 받는 제도다. 대간은 대관(臺官)과 간관(諫官)을 말하는데 고려는 어사대와 중서문하성의 낭사(郎舍), 조선은 사헌부와 사간원을 합쳐 부른 것이다. 이들은 국왕에 대한 간쟁·논박(論駁)과 당시의 정사(政事)에 대한 비판 및 풍속의 교정, 백관에 대한 탄핵과 규찰 등을 담당했을 뿐만 아니라 함께 서경권을 가지고 있었다. 고려에서는 인사 이동의 경우에 국왕의 재가를 받은 뒤에도 대간의 서명을 받아야 했다. 이때는 당사자의 재행(才行)·현부(賢否) 등을 살필 뿐만 아니라 3대의 가세(家勢)를 함께 심사했고, 해당자에게 특별한 문제가 없으면 서명을 해 관직을 제수했다. 반면 문제가 있다고 판단될 때는 크게 세 종류로 반영하는데, 먼저 관직을 제수해서는 안 된다고 생각하는 경우는 서명하지 않고 '작불납(作不納)'이라고 쓰면 관직을 받을 수 없었고, 둘째 당사자의 관직 진출은 인정하지만 인사권을 장악하는 청요직에는 등용할 수 없다고 생각하면 '정조외(政曹外)'라고 썼으며, 셋째 일정 품관 이상 승진할 수 없다는 한품서용(限品敍用)을 전제로 할 때는 '한품자(限品者)'라고 기록했다.

(數目)을 올렸다. 경상도는 4,238명, 전라도는 1,378명, 충청도는 1,539명, 강원도는 1,248명이었다. 상이 각 도의 군사를 3번(番)으로 나눠 3월부터 5월까지 교대로 번상(番上) 시위(侍衛)하게 했다가 얼마 뒤에[旣而] 다시 전과 같이 하라고 명했다. 경상도는 200명, 나머지 3도(道)는 100명씩 번상(番上)하게 했다.

임인일(壬寅日-5일)에 호군(護軍) 황순(黃順)을 (황해도) 옹진(甕津)에 유배 보냈다. 애초에 순(順)이 명을 받아 전라도에 가서 전죽(箭竹-화살용 대)을 거둬 가지고 왔는데 상이 쓸 수 없다고 꾸짖으니 순이 대답했다.

"신은 술에 취해 일을 그르친 잘못이 없습니다."

상이 그 말이 공손치 못한 것[不遜]을 미워해 순금사(巡禁司)에 내렸다가 유배를 보냈다.

계묘일(癸卯日-6일)에 통사(通事) 박무(朴茂)가 요동(遼東)에서 돌아왔다. 무(茂)가 말했다.

"달단(韃靼) 군사가 조금 뜸해[息] 요동에 성을 지키는 경계가 없고, 군민(軍民)이 소와 양을 들에서 놓아 기르기를 평시와 다름없이 합니다. 내사(內史-명나라 조정 관리)가 무(茂)[7]에게 이르기를 '황제(皇帝)께서는 너희 나라 임금과 친하기를 부자간(父子間) 같이 하는데 이는 너희 나라 신하가 아는 바이다. 그대가 본국에 돌아가거든

---

7 자기 자신을 가리켜 말한 것이다.

속히 마필(馬匹)을 약속대로 바치게 하라. 뒤에 가서 비록 10만 필을 바친다 하더라도 무슨 소용이 있겠는가?'라고 했습니다."

상이 의정부에 일러 말했다.

"사대(事大)의 예(禮)[8]는 삼가지 않을 수 없다. 박무의 말 대로라면 도로에 경계가 없고, 또 듣자니 방 지휘(方指揮)가 다시 의주(義州)에 와서 마필을 독촉한다 하니 바로 이때에 서둘러 다 바쳐야 할 것이다."

곧 호조참의(戶曹參議) 오진(吳眞)을 의주에 보내 방준(方俊)에게 연회를 베풀어 위로하게 하고, 사역원판관 강유경(姜庾卿)을 보내 열 번째 운반말[十運馬] 536필을 이끌고 요동에 가게 했다.

갑진일(甲辰日-7일)에 햇무리가 있었다.

○서북면(西北面) 안주(安州) 등 아홉 고을[郡]이 굶주리니 진휼(賑恤)토록 명했다.

○부평부사(富平府使) 조진(趙瑨)을 삭직(削職)해 공주(公州)로 유배 보냈다. 애초에 부평 토호(土豪)인 전 옹진병마사(瓮津兵馬使) 임득방(任得方)이 자신의 소와 말과 나귀를 풀어놓아 밭과 벼를 밟아 손상시켰으므로 진(瑨)이 그 종을 잡아다가 장을 때렸다. 득방(得方)

---

8 『맹자(孟子)』「양혜왕장구(梁惠王章句)」에 나오는 말이다. "대국으로서 소국을 섬기는 자는 하늘(의 이치)을 즐기는 자요 소국으로서 대국을 섬기는 자는 하늘(의 이치)을 두려워하는 자입니다. 하늘을 즐기는 자는 천하를 보전하고 하늘을 두려워하는 자는 그 나라를 보전합니다. 『시경』에 이르기를 '하늘의 위엄을 두려워해 이에 그것을 보전한다'라고 했습니다."

이 화가 나서 드디어 사헌부에 진이 흉년이 든 것을 따지지 않고 백성들의 먹거리에 긴요하지 않은 물건으로 백성의 힘을 고용(雇傭)하고, 둔전(屯田)의 금지(禁止)를 범(犯)하고, 어염(魚鹽)을 판매하고, 삼과 보리를 무역해 제 이익(利益)을 꾀했다는 등 아홉 가지 일을 고소했다. 헌부에서 사실을 조사해보니 일이 자못[頗] 사실이었다. 진은 이것으로 죄에 걸려들어 벌을 받았다. 또 득방의 소첩(訴牒)이 사실이 아닌 것이 많았음을 논해 아울러 죄줄 것을 청했으나 (그 죄를) 논하지 말라고 명했다.

○ 비로소 주자소(鑄字所)[9]에 명해 서적(書籍)을 인쇄해 팔게 했다[鬻=賣].

○ 청재감감찰(淸齋監監察)을 회복했다. 사헌부에서 말씀을 올렸다.

"신명(神明)에게 제사하는 준비는 정결하게 하지 않을 수 없고, 상고(商賈-상인)가 모이는 곳은 살피지 않을 수 없습니다. 요사이 내외(內外-서울과 지방)의 신소(神所)와 저 자성(粢盛-제물)과 거창(秬鬯-제주)을 평상시에는 살피지 않다가 제사가 임박해 갑자기 깨끗하고 바르게 하려고 합니다. (또) 섭행해 봉사(奉使)하는 신하도 비록 재계[致齋]를 한다고는 하나 복식(服食)과 거처가 평일과 다름이 없어 치재(致齋)하는 도리를 다하지 못하고 있으며 시전(市廛)에서는 간사함과 도둑질[奸盜]이 함부로 행해져 서로 속이기를 힘쓰고 있습니다. 물가가 치솟는 것은 바로 이 때문이니 폐단이 어찌 작다 하겠습니

---

9 그 명칭은 조선 태종이 1403년에 설치한 주자소에서 비롯한다. 주자소에서의 활자 주조는 그해 2월 19일에 시작해 수개월 걸려 수십만 개를 완성했는데 이 활자가 계미자(癸未字)다.

까? 그러므로 옛날부터 전해 내려오는 본부(本府) 분대기(分臺記)[10]에 '청재감(淸齋監)[11]·경시감(京市監)[12] 감찰이 있는 것입니다. 이것은 전조(前朝-고려)의 성대했던 시절의 좋은 법입니다. 청컨대 이제부터 종묘(宗廟), 원구(圜丘),[13] 사직(社稷), 소격전(昭格殿), 문소전(文昭殿), 계성전(啓聖殿)[14] 및 전사시(典祀寺) 등 각소(各所)에 감찰 한 사람을 재숙(齋宿)시켜 어느 때건 나눠 보내 정결한지 여부를 고찰하게 해야 할 것입니다. 또 섭행해 봉사하는 신하가 치재하는 곳도 고찰하게 해 정성과 공경을 다한다면 신명(神明)을 섬기는 도리에 거의 합당함이 있을 것입니다. 또 경시(京市)에도 매일 파견하는 감찰을 보내 시장이 파할 때까지 한계로 삼아 물가를 살피고, 만약 간사함과 횡포를 금지한다면 시전(市廛)이 정제(整齊)되고 물가가 균평(均平)해질 것입니다."

이에 판부(判付)해 말했다.

"아뢴 대로 하되 경시감찰(京市監察)은 전례(前例)에 의거해 시행하라."

---

10 사헌부(司憲府)에서 중외(中外) 각 관아(官衙)의 국고 출납(國庫出納)이나 사제(祠祭) 등사(等事)에 관해 감독 규찰(監督糾察)하고, 금법(禁法)의 위반 여부를 조사 검색(調査檢索)하기 위해 감찰(監察)을 파견하는 것을 분대(分臺) 또는 행대(行臺)라고 하는데, 여기서는 그에 관한 기록을 말한다.

11 고려(高麗)와 조선 초(朝鮮初)에 종묘(宗廟), 원구(圜丘), 사직(社稷) 등 각 신소(神所)의 제물(祭物)과 치재(致齋)에 관한 일을 감독 고찰(監督考察)하던 사헌부(司憲府)의 한 직소(職所)를 말한다.

12 고려 때에 개경(開京)의 시전(市廛)을 감독 고찰하던 사헌부의 한 직소를 말한다.

13 동양에서 천자가 하늘에 올리는 제사를 말한다. 전통시대의 우주관은 평평한 땅 위에 둥근 반원이 땅 위를 덮고 있는 것으로 생각했기 때문에 하늘에 지내는 제사를 원구라 했다.

14 조선 태조(太祖)의 아버지인 환조(桓朝)의 초상을 모신 전각을 말한다. 1394년(태조 3년) 태조의 4대조를 추존할 때 환왕(桓王)이라 했다가 태종 때 환조로 추존했다.

○사헌장령(掌令) 곽덕연(郭德淵)을 파직했다. 애초에 김중절(金仲節)의 아내가 신문고를 쳤기에 이를 형조에 내려 분별하게 했다. 형조에서 아뢰었다.

"강순(康順)이 두 아내를 데리고 살다가 아내가 있는데 또다시 아내를 들였다[娶妻]는 고소를 당하자 먼저 얻은 아내를 장단(長湍)으로 보내 죄를 면하기를 꾀하고서 이미 이혼했다[棄別]고 말했습니다. 마땅히 직첩(職牒)을 거두고 율(律)에 따라 논죄해야 하며 그 후처(後妻)는 이혼[離異]시켜 풍속을 바로잡아야 합니다. 김중절은 남을 모함하려 해 그 사람이 네 아내를 거느리고 있다고 무고(誣告)했으나 무고율(誣告律)에 이르기를 '한 가지 일이라도 사실이면 모두 죄를 면한다'라고 했습니다. (그런데도) 사헌장령 곽덕연은 장무(掌務-담당 실무)가 돼 사실을 조사할 때 편벽되게 중절(仲節)의 호소만 들었으니 덕연(德淵)은 상께서 재량(裁量)해 시행해야 할 것입니다."

상이 명했다.

"덕연은 파직하고 중절은 풀어주라. 그리고 강순은 이미 부처(付處-유배)했으니 논하지 말라."

이에 대간(臺諫)이 모두 죄를 기다리며[待罪][15] 출근하지 않았다.

○순금사에서 윤목(尹穆) 등 다섯 사람의 부자(父子), 모녀(母女), 처첩(妻妾) 등의 죄를 율(律)에 의거해 시행할 것을 아뢰니 이무(李茂)의 처자(妻子)의 예에 따르라고 명했다. 마침내 목(穆)의 조카 윤

15 죄인(罪人)이 자신의 잘못에 대해 처벌(處罰)을 기다린다는 뜻이다. 뜻이 바뀌어 관리가 해당 관직에 있는 것을 겸손하게 일컫는 말로도 쓰인다.

희이(尹希夷)를 공주(公州)에, 윤희제(尹希齊)를 청주(淸州)에, 이빈(李彬)의 백부와 숙부인 목(牧)을 영해(寧海)에, 지(地)를 옹진(瓮津)에, 강사덕(姜思德)의 아들 대(待)를 순천(順天)에, 조희민(趙希閔)의 아비 호(瑚)를 합포(合浦)에, 유기(柳沂)의 아비 유후(柳厚)를 광주(光州)에, 아들 유방선(柳方善, 1388~1443년)[16]을 영주(永州)에, 유방경(柳方敬)을 울주(蔚州)에 유배 보냈다. 희민의 아우 수(須) 및 아(雅)와 그 누나인 김자지(金自知)의 처(妻), 누이동생인 윤수(尹粹)의 처, 유기의 아우 한(漢), 윤목의 누나인 한상환(韓尙桓)[17]의 처(妻)를 모두 몰입(沒入)해 형조도관(刑曹都官)의 노비(奴婢)로 삼았다.

○ 시전(市廛)[18]을 정했다. 대시(大市)는 장통방(長通坊) 위쪽, 미곡

---

16 1405년(태종 5년) 국자사마시(國子司馬試)에 합격하고 성균관에서 공부했다. 1409년 아버지가 민무구(閔無咎)의 옥사에 관련된 것으로 연좌돼 청주로 유배됐다가 이때 영천에 이배됐다. 1415년 풀려나 원주에서 지내던 중에 참소로 인해 다시 영천에 유배됐으나 1427년(세종 9년)에 풀려났다. 유배생활 중의 학행이 높이 드러나 유일(遺逸-과거를 거치지 않고 높은 관직에 천거될 수 있는 학식과 덕망이 높은 선비)로 추천돼 주부(主簿)에 천거됐으나 사양했다. 12세 무렵부터 변계량(卞季良), 권근(權近) 등에게 수학해 일찍부터 문명이 높았다. 특히 유배생활 중에는 유배지 영천의 명승지에 '태재(泰齋)'라는 서재를 지었다. 그리고 당시에 유배 또는 은둔생활을 하던 이안유(李安柔)·조상치(曺尙治) 등 문사들과 학문적인 교분을 맺고, 주변의 자제들에게 학문을 전수해 이보흠(李甫欽) 등의 문하생을 배출했다. 즉 정몽주(鄭夢周), 권근(權近), 변계량(卞季良)을 잇는 영남 성리학의 학통을 후대에 계승해 발전시키는 구실을 담당한 것이다. 원주에서 생활하는 동안 서거정(徐居正), 한명회(韓明澮), 권람(權擥), 강효문(康孝文) 등 문하생을 길러냈으며 특히 시학(詩學)에 뛰어났다.

17 민무질의 장인이자 한상경, 한상질 등과 형제다.

18 조선시대에는 건국 초부터 관부가 중심이 돼 다른 여러 가지 수도 건설 사업과 함께 시전 건설 계획을 세워 이를 실행에 옮겼다. 간선도로 양측에 막대한 국비와 노동력을 동원해 상설 점포를 짓고, 여기에 상인들을 불러 모아 관부 및 일반 시민들의 경제적 수요를 충당하게 하자는 것이었다. 이러한 계획이 처음 세워진 것은 1399년(정종 1년)이었다. 이때의 시전 건설 계획은 종로(鐘路)를 중심으로 혜정교(惠政橋)로부터 창덕궁 입구에 이르는 길 양편에 행랑시전(行廊市廛) 800여 칸을 짓는 것이었다. 그러나 1차 왕자의 난과

(米穀)과 잡물(雜物)은 동부(東部)의 경우에는 연화동구(蓮花洞口), 남부(南部)의 경우에는 훈도방(薰陶坊), 서부(西部)의 경우에는 혜정교(惠政橋), 북부(北部)의 경우에는 안국방(安國坊), 중부(中部)의 경우에는 광통교(廣通橋)로 정했다. 우마(牛馬)는 장통방(長通坊) 아래 천변(川邊)으로 정했으며, 여항(閭巷)의 작은 저자[小市](소시)는 각기 사는 곳의 문전(門前)으로 정했다.

○전 충청도 도관찰사 안노생(安魯生)의 과전(科田)을 돌려주라고 명했다. 노생(魯生)이 유정현(柳廷顯)을 논핵(論劾)한 죄에 걸려들어 삭직(削職), 유배(流配)되자 호조(戶曹)에서 예(例)에 따라 과전(科田)을 회수했었다. 이때에 이르러 용서를 받아 직첩(職牒)을 돌려받게 되니 (안노생이) 정부(政府-의정부)에 글을 올려[呈書](정서) 과전을 받기를 빌었다. 정부에서 아뢰니 상이 말했다.

송도 천도 등의 정치적 분규로 인해 이 계획은 실행되지 못했다. 시전 건설은 한양에 천도하면서 본격화됐다. 즉 이때인 1410년(태종 10년) 2월 먼저 시전의 지역적 경계를 정했다. 감독기관으로서는 경시감(京市監)을 설치해 시내 상업 교역에 관한 물가 조절, 상세(商稅) 징수 등을 주관하게 하고, 별도로 청제감(淸齊監)을 설치해 시가의 청결을 감독하게 했다. 이와 같은 계획에 따라 1412년 2월부터는 시전의 건축 공사가 시작되었다. 이 공사는 전후 네 차례에 걸쳐 이뤄졌다. 제1차는 그해 2월부터 4월까지로 혜정교부터 창덕궁 입구에 이르는 양편 길에 800여 칸의 행랑이 완성됐다. 5월부터의 제2차 공사에서는 대궐문에서 정선방(貞善坊-현재 종로구 권농동 일대) 동구에까지 420여 칸의 행랑이 건조됐다. 제3차는 7월부터 다음 해인 1413년 5월까지로, 종루(鐘樓)로부터 서북쪽으로 경복궁까지와 창덕궁으로부터 종묘 앞 누문까지, 그리고 숭례문 부근 등에 총 1,360여 칸이 완성됐다. 1414년 7월의 제4차 공사에서는 종루에서부터 남대문까지와 종묘에서부터 동대문까지의 길 양쪽에 시전 건물이 조성됐다. 정부는 새로 지은 시전 건물을 자신들이 지정한 상인들에게 빌려주고, 그 대가로 공랑세(公廊稅-국가에서 지은 상가인 공랑을 상인들에게 빌려주고 그 대가로 받는 세금)를 받았다. 『경국대전(經國大典)』에는 시전 상인들이 건물 1칸마다 봄과 가을에 각각 저화(楮貨) 20장씩을 납부하도록 규정하고 있다. 그리고 바로 이와 같은 세금이 나중에는 상행위에 대한 과세를 넘어 국역(國役) 부담으로 변화하면서 어용상전(御用商廛)인 '육의전(六矣廛)'이 발생하게 됐다.

"노생은 백성을 위하다가 죄를 입었으니 정상[情=情狀]이 불쌍하다. 이에 과전을 돌려주도록 하라."

정미일(丁未日-10일)에 달무리[月暈]를 했다. 무리 안에 화성(火星), 목성(木星), 남하(南河), 북하(北河)가 들어 있었다.

○ 사역원사인(司譯院舍人) 김귀륭(金貴隆)을 보내 열한 번째 운반말[十一運馬] 495필을 이끌고 요동(遼東)에 가게 했다.

○ (동북면) 길주찰리사(吉州察理使) 조연(趙涓, 1374~1429년)[19]에게 명해 올적합(兀狄哈)[20]을 치게 했다. 동북면 병마도절제사 연사종(延嗣宗)이 한흥보(韓興寶)가 패사(敗死)한 상황을 내달려 보고했다[馳報]. 상이 깜짝 놀라 흥보(興寶)가 나라를 위해 싸우다가 죽었다[戰亡] 하여 쌀과 콩 40석과 종이 100권을 부의(賻儀)하고 귀장(歸葬)하도록 명했다. 상이 올적합을 토벌하려고 해 일찍이 경원(慶源)을 지켰던 자를 모조리 불러서 그 방략(方略)을 물으니 조영무(趙英茂) 등이 아뢰어 말했다.

"지금 올적합 등이 까닭 없이 침략해 변방 장수를 죽였습니다. 이를 내버려두고 치지 않는다면 저들을 징계할 바가 없을 것입니다. 파을소지휘(波乙所指揮)도 역시 올적합의 별종(別種)입니다. 그가 중

---

19 아버지는 용원부원군(龍原府院君) 조인벽(趙仁壁)이며 어머니는 정화공주(貞和公主-환조의 큰딸)이다. 조선이 건국되자 천우위대장군(千牛衛大將軍)이 됐는데 왕의 의친(懿親)인 까닭에 별운검(別雲劒)이 돼 좌우에서 왕을 호위했다. 1396년(태조 5년) 과의상장군(果毅上將軍)에 승진되고 1400년(정종 2년) 2차 왕자의 난에 이방원을 도와 좌명공신(佐命功臣) 4등이 돼 한평군(漢平君)에 봉해졌다.

20 여진족의 한 부족이다.

간에 끼어 양쪽으로 투항(投降)하니 이 또한 아울러 없애야 됩니다. 청컨대 길주도찰리사(吉州道察理使)로 하여금 그 도(道) 병마(兵馬) 1,000명을 조발(調發)해 친다면 단번에 멸할 수 있을 것입니다."

상이 그렇겠다고 여겨 대호군(大護軍) 박미(朴楣)를 경차관(敬差官)으로 삼아 경원(慶源)에 가서 사변(事變)을 조사·탐지하게 하고[體探 체탐] 돌아오는 날에 접전(接戰)할 때의 군중(軍中)의 영리한 자 한 사람을 데려오라고 명했다. 첨총제(僉摠制) 곽승우(郭承祐)를 경원진병마사(慶源鎭兵馬使)로 삼고, 행사직(行司直) 안을귀(安乙貴)를 경원진좌우익도천호(慶源鎭左右翼都千戶)로 삼아 역마(驛馬)를 타고 빨리 달려 진(鎭)에 부임하게 했다. 상이 또 의정부에 명해 이 문제를 토의하게 하니 하륜(河崙)과 성석린(成石璘)이 대답해 말했다.

"작은 산도둑[山寇 산구]을 이긴다 해서[蕞爾 최이] 무위(武威)에 무슨 소용이 있겠습니까? 또 이 도둑은 본래 쥐처럼 훔치고 개처럼 도둑질해[鼠竊狗偸 서절구투] 대군(大軍)에게 덤비려 들지 않습니다. 신 등은 두렵건대 우리 군사가 그 지경(地境)에 이르면 곧 산골짜기로 도망하고, 우리 군사가 퇴각하면 다시 와서 침략할 것이니 한갓 왕사(王師-임금의 군대)만 수고롭게 하고 후일의 변방의 빌미[邊釁 변흔]만 열어놓을까 염려됩니다."

조영무(趙英茂)와 유량(柳亮) 등이 아뢰어 말했다.

"작은 도적이 감히 우리 지경에 독기(毒氣)를 부리니 이때 섬멸하지 않으면 무위(武威)를 과시할 수 없습니다. 또 이 도적뿐만 아니라 오도리(吾都里), 올량합(兀良哈) 등의 온갖 부족도 두려워함이 없을 것이니 한 번 거사(擧事)해 멸(滅)하는 것만 못할 것입니다[不如 불여]."

상이 영무(英茂) 등의 의논을 좇아 조연을 주장(主將)으로 삼고 전 도절제사(都節制使) 신유정(辛有定), 전 동지총제(同知摠制) 김중보(金重寶)를 동북면 조전절제사(東北面助戰節制使)로 삼아 유정(有定) 이하는 모두 연(涓)의 절도(節度-지휘)를 받게 했다. 유정은 집안이 가난하기 때문에 의정부로 하여금 쌀과 콩을 주어 가족을 부양(扶養)하게 하고 또 (신유정에게) 습의(襲衣)와 궁시(弓矢)를 주어 보냈다. 상이 재상(宰相)들에게 일러 말했다.

"경원(慶源)에는 다만 덕릉(德陵)[21]과 안릉(安陵)[22] 두 능이 있을 뿐이다. 능을 옮긴 일이 예전에도 있었으니 능을 옮기고 군(郡)을 폐지해 경성(鏡城)으로 물러와 지키는 것이 어떻겠는가."

모두 말했다.

"좋습니다."

이에 의정부에 명해 능실(陵室)을 받들어 옮기는 것[奉遷(봉천)]의 편리함 여부를 깊이 토의해 보고하게 했다.

기유일(己酉日-12일)에 동북면 도순문사(東北面都巡問使)가 영흥부(永興府) 준원전(濬源殿)[23]의 시위호군(侍衛護軍) 등 (새로운) 관리를 둘 것을 청했다.

---

21 조선 태조의 고조부인 목조의 능(陵)이다.

22 태조의 고조모(高祖母) 효공왕후(孝恭王后) 이씨(李氏)의 능으로 덕릉(德陵)과 같은 언덕에 있다.

23 함경남도(咸鏡南道) 영흥군(永興郡) 순녕면(順寧面) 흑석리(黑石里)에 있던 전각으로 1396년(태조 5년)에 태조의 태(胎)를 묻었던 곳에 건립했다. 경기전(慶基殿), 영희전(永禧殿)과 마찬가지로 태조의 영정(影幀)을 봉안하고 있다

'전(殿)은 곧 태조(太祖)께서 탄강(誕降)하신 곳으로 신어(神御-어진(御眞))를 봉안하고 있습니다. 전함(前銜-전직) 품관(品官) 네 사람으로 시위하게 해야 할 것입니다. 기자전(箕子殿)[24]을 보건대 시위호군 두 사람이 있으니 바라건대 이 예(例)에 의거해 영흥부의 우두머리가 되는 소경(少卿)을 준원전 시위호군으로 삼되 거관(去官-임기 종료)한 사람으로 삼고 권무 전직(權務殿直) 두 사람도 아울러 파견해 내려보내야[差下] 할 것입니다.'

또 아뢰었다.

'영흥부에는 예전에 군기시(軍器寺)가 있어 월과(月課)[25]하는 군기(軍器)를 맡아 제조했습니다. 정해년(丁亥年-1407년)에 태거(汰去-폐지)한 이후로 진상(進上)과 월과군기(月課軍器)가 모두 허술해졌습니다[虛疎]. 바라건대 평양부(平壤府)의 예에 의거해 다시 군기시를 세우고, 녹관(祿官)을 파견해 내려보내야 할 것입니다.'

모두 의정부에 내려 깊이 토의해[擬議] 시행했다.

경술일(庚戌日-13일)에 황희(黃喜)를 의정부지사(知事)로, 정진(鄭

---

24 평양성 밖 기림리(箕林里) 기자묘 옆에 있었다. 고려시대인 1102년(숙종 7년) 정당문학 정문(鄭文)의 건의로 1107년에 처음 건립됐다. 이후 고려의 잡사(雜祀)에 포함돼 명종 때는 제사를 위한 토지 50결이 지급됐고, 공민왕 때는 두 차례에 걸쳐 수리했다. 그 뒤 조선시대에는 숭유정책으로 기자가 존숭되면서 기자사(箕子祠)도 더욱 중시됐는데, 세종 때에는 묘정비(廟庭碑)를 세우고 참봉 2인을 두어 관리하게 했다. 1412년(태종 12년)부터는 기자사에 단군을 함께 배향했는데 1429년(세종 11년) 인근에 단군 사당을 별도로 지어 독립시켰다.

25 매달 점검하거나 시험을 치는 것을 말한다.

鎭, ?~1418년)[26]을 형조판서(刑曹判書)로, 신유정(辛有定)을 좌군도총제(左軍都摠制)로, 이화영(李和英)을 우군도총제로, 김중보(金重寶)를 중군총제로, 김한로(金漢老)를 사헌부대사헌(司憲府大司憲)으로, 김질(金晊)을 집의로, 김효손(金孝孫)·이감(李敢)을 장령으로, 권탁(權卓)·강종덕(姜宗德)을 지평으로 삼았다.

○ 유정현(柳廷顯), 서유(徐愈, 1356~1411년)[27] 등이 (명나라) 경사(京師)에서 돌아왔다. 정현(廷顯) 등이 베이징[北京 북경]에 도착하니 제(帝)가 본국(本國-조선)에서 정마(征馬-원정용 말) 1만 필을 바쳤다는 말을 듣고 대우하는 바가 특별했다. 또 정현이 현인비(顯仁妃) 권씨(權氏)[28]와 한 집안이 된다는 말을 듣고 황엄(黃儼)을 시켜 권씨에게 전하게 하고 따로 채단(綵段) 2필, 견(絹) 10필, 초(鈔-화폐) 500장, 그리고 안마(鞍馬-안장 달린 말)를 주도록 명했다. 하직하고 돌아오려 할 때 제가 말했다.

"너희가 본국에 돌아가거든 국왕에게 보고해 역환마(易換馬)를 밤낮을 가리지 말고 서둘러 보내게 하라."

---

26 대제학을 지낸 정홍(鄭洪)의 아들이자 개국공신으로 부원군에 책봉된 조준(趙浚)의 사위다. 음보로 대언을 거쳐 20세 때 중추원부사에 임명됐다. 1409년(태종 9년) 경기우도 도절제사를 거쳐 이듬해 형조판서에 임명됐다. 1412년 중군도총제를 거쳐 1417년(태종 17년) 한성부판사로 사은사가 돼 좌군동지총제 심정(沈泟)과 함께 명나라에 다녀와 우군도총제에 제수됐다. 1418년 공조판서와 우군도총제를 거쳐 삼번절제사에 임명됐으나 그해에 죽었다.

27 1400년(정종 2년) 우부승지로 있을 때 이방원(李芳遠)과 동복형인 이방간(李芳幹) 사이에 일어난 2차 왕자의 난에 승리해 이방원이 왕위에 오르는 데 기여한 공으로 1401년(태종 1년)에 좌명공신(佐命功臣) 4등에 책록됐다. 그 뒤에 예조판서가 됐으며 이때인 1410년에 이성군(利城君)에 봉해졌다.

28 조선에서 보낸 영락제의 후궁이다.

정현(廷顯)이 상에게 아뢰어 말했다.

"제(帝)가 2월 15일에 친히 달단(韃靼)을 정벌하려고 제로(諸路)의 군사를 뽑는데 제로의 성(城)에는 남자 중에서 남아 있는 장정이 없고 노약자와 부녀자도 성 밖으로 나오지 못합니다. 그리고 금병(禁兵-경호부대)은 시위(侍衛)하면서 선 채로 밥을 먹으며 바깥 군사[外卒(외졸)]는 수레를 끌며 (전쟁 물자를) 운반하고 있었습니다."

상이 물었다.

"달달(達達)이 먼저 와서 침략한 것이냐? 아니면 제가 먼저 가서 치려고 하는 것이냐?"

정현이 말했다.

"달달이 와서 침노했다는 말은 신 등이 듣지 못했고 다만 듣건대 기국공(沂國公)이 금병을 거느리고 적(賊)에게 패했기 때문에[29] 제가 그 수치(羞恥)를 씻으려고[雪(설)=雪辱(설욕)] 장차 정벌하려는 것이라 했습니다."

상이 말했다.

"저들이 와서 나를 침노하면 마지못해 응(應)하는 것이 있을 수 있겠지만, 내가 먼저 백성들을 수고롭게 해[勞民(노민)] 궁벽한 곳에 가서 치는 것이 어찌 있을 수 있겠는가? (그랬다가) 만일 이기지 못하기라도 한다면 반드시 천하(天下)의 웃음거리가 될 것이다."

---

29 태종 9년 8월 23일자에 "기국공(沂國公) 구승(丘勝)이 군사 20만을 거느리고 북정(北征)에 나섰습니다"라는 기사가 있다.

신해일(辛亥日-14일)에 호조판서(戶曹判書) 이응(李膺)이 주살형을 당한 사람들의 과전(科田)을 군자(軍資)에 채우자고 청하니 허락하지 않았다. 아뢰어 말했다.

"기내(畿內-경기도)에 원속군자전(元屬軍資田)이 모두 4만 결(結)인데 그중에는 묵은땅[陳地]이 자못 많고 다른 곳에 절급(折給)한 것도 600결이나 됩니다. 지금 죄를 입은 이무(李茂) 등의 과전이 모두 1,600결이니 군자전에 속하게 해 양향(糧餉-군량미)에 대비해야 할 것입니다."

상이 말했다.

"양향이 급한 것이기는 하나 새로 진출하는 선비들 중에 과전을 받지 못한 자가 매우 많으니 어찌 과전을 군자에 속하게 할 수 있겠는가? 마땅히 새로 진출하는 선비들에게 고루 나눠 주어 염치(廉恥)를 기르게 해야 할 것이다."

오직 원속군자(元屬軍資) 중에서 다른 곳에 지급했던 전지 600결에 대해서만 군자에 채워 넣을 것을 허락했다.

○ 군자감(軍資監)을 용산강(龍山江)[30]에 지으면서 공조판서 박자청(朴子靑)으로 하여금 역사(役事)를 감독하게 했다[董督=監督]. 구감(舊監)은 좁고 작아서 해마다 조세(租稅)를 많이 노적(露積)하기 때문에 각사(各司)의 하전(下典-하급관리)과 순금사(巡禁司) 도부외(都

---

30 숭례문 밖 서남쪽 9리에 있다. 배로 실어 온 세곡(稅穀)을 거둬들이는 곳으로써 군자강감(軍資江監)과 풍저강창(豐儲江倉)이 있었다.

府外)[31] 및 각 품(品)의 품종(品從)[32]을 역사시켜 이를 짓게 했다.

임자일(壬子日-15일)에 상이 문소전(文昭殿)에 나아가 망제(望祭)를 거행했다.

○사간원에서 소(疏)를 올려 북벌(北伐)을 정지할 것을 청하고 또 논(論)했다. "박령(朴齡)이 일찍이 경원병마사(慶源兵馬使)로 있을 때 임의로 군액(軍額-군사 수효)을 줄인 것과, 길주찰리사(吉州察理使) 조연(趙涓)이 국경을 굳게 지키지 못해 야인(野人)이 침포(侵暴)를 감행하게 한 죄를 다스리기를 청합니다."

○경기와 강원도의 굶주림을 진휼했다.

○이저(李佇)에게 명해 그 아비를 (충청도) 진주(鎭州-진천)에 가서 만나보게 했다. 경기 도관찰사(京畿都觀察使) 김미(金彌)에게 뜻을 전해 말했다.

"이거이(李居易)가 진주에서 병으로 고생해 그 아들 저(佇)가 가서 만나보고자 하니 마땅히 곧바로 보내도록 해야 할 것이다."

이때 이저는 (경기도) 임강현(臨江縣)에 안치(安置)돼 있었기 때문이다.

계축일(癸丑日-16일)에 사역원부사(司譯院副使) 최운(崔雲)을 보

---

31 순금사에 소속된 군사를 말한다.

32 국가에서 역사(役事)를 일으킬 때 관리(官吏)의 품등(品等)에 따라서 역부(役夫)를 내게 하는 것을 말한다.

내 열두 번째 운반말[十二運馬(십이 운 마)] 469필을 이끌고 요동(遼東)에 가게 했다.

○ 연성군(蓮城君) 김정경(金定卿, 1345~1419년)[33]을 보내 경사(京師)에 가게 했다. 성절(聖節)을 하례하기 위함이었다.

○ 경원부(慶源府)의 전사자와, 집과 곡식이 타버린 자들에게 곡식을 차등 있게 주었다.

○ 서북면 도절제사(西北面都節制使) 김승주(金承霔)가 의주(義州)의 군민(軍民)이 강을 건너가서 논밭을 경작하는 것을 금지할 것을 청하니 의정부에 내려 토의하게 했다.

갑인일(甲寅日-17일)에 내금위(內禁衛)와 별시위(別侍衛)에 영을 내려 금원(禁園-창덕궁 후원)에서 활쏘기 연습을 하게 했다.

을묘일(乙卯日-18일)에 의흥부(義興府)에서 군정(軍政)을 고칠 것을 아뢰었다.

"무릇 패(牌)에 소속된 자는 수전(受田)의 유무(有無)와 시산(時散), 노장(老壯), 성중애마(成衆愛馬),[34] 제군(諸君), 공신(功臣) 및 각위

---

33 일찍이 고려 때에 벼슬했으나 새 왕조 창업에 찬성하고 이성계(李成桂)를 지지했다. 조선 개국 후에 삼군절도사를 거쳐 이조전서를 지냈는데 인사관리를 잘했다고 한다. 1400년 이방간(李芳幹)의 난이 일어나자 한성부윤으로 이방원(李芳遠)에 협력해 이를 진압, 좌명공신 4등에 책록되고 연성군(蓮城君)에 봉해졌다. 그 뒤 공안부윤(恭安府尹)이 되었는데 병을 핑계로 명나라의 사행을 회피해 대간의 탄핵을 받기도 했다. 1404년(태종 4년) 좌군도총제, 1408년 개성부유후를 역임하고 이때인 1410년 성절사로 명나라에 다녀왔다. 용맹하고 매사에 적극적이었으나 재물을 좋아해 사람들로부터 비난을 받았다.

34 고려와 조선시대 왕의 시종과 궁궐의 숙위를 담당하거나 각 관사(官司)에 속해 장관을

절제사(各衛節制使)의 반당(伴儻)을 물론하고 모두 갑주(甲胄)를 갖추고 매양 봄가을에 점고(點考)를 받게 하되 영구히 항식(恒式)으로 삼아야 할 것입니다."

그것을 따랐다.

○ 전의소감(典醫少監) 장유신(張有信)을 보내 열세 번째 운반말[十三運馬](십삼 운 마) 598필을 이끌고 요동(遼東)에 가게 했다.

병진일(丙辰日-19일)에 명을 내려 친시무과(親試武科)의 감교시관(監校試官-시험감독관)과 동감교시관(同監校試官)[35]을 폐지했다. 애초에 상이 무과 친시의 날을 물으니 대언(代言) 김여지(金汝知)가 대답했다.

"3월 13일이 초장(初場)이고, 15일이 중장(中場)이며, 23일이 종장(終場)입니다."

상이 말했다.

"종장(終場)에는 무슨 기예[藝](예)를 시험하는가?"

여지(汝知)가 『무경(武經)』을 강(講)한다고 답하자 상이 말했다.

"내가 장차 친히 활 쏘고 말 타는 것[射御](사어)을 시험하겠다. 내가 재

시종하던 관인층을 말한다. 원나라 간섭기에 몽골의 영향을 받아 성중관이라는 고려 특유의 직명과 직임이 같은 몽골어 'aimaq' 혹은 'ayimor'의 한자 가차음(假借音)인 애마(愛馬)가 합쳐져 성중애마(成衆愛馬)로 통칭되기도 했다. 그 밖에 성중아막(成衆阿幕), 애마 등의 별칭으로 불렸다. 애마는 뒤에는 주로 숙위를 임무로 하는 관원인 동시에 특수 군인층을 가리켰다. 그러나 조선시대에는 대체로 성중관으로 쓰였다.

35 이때 동(同)은 부(副)라는 뜻이다.

상(宰相)들을 시원(試員)으로 삼지 않는 것은 좌주(座主)[36]니, 문생(門生)이니 칭하는 것을 미워하기 때문이다. 이지성(李之誠)이 중죄(重罪)를 범했는데 이무(李茂)가 좌주(座主)가 돼 그를 천거해 썼으니 이것이 그 증험이다."

호조판서 이응(李膺)이 아뢰었다.

"문과(文科)에 시원이 있는 것도 오히려 또한 안 될 일인데 하물며 무과(武科)이겠습니까?"

상이 이에 병조좌랑(兵曹佐郎) 김타(金沱)와 훈련관녹사(訓鍊觀錄事) 김인복(金忍福)을 불러 명해 말했다.

"무과는 병서(兵書)의 통부(通否)를 구애하지 말고 삼장(三場)을 통틀어 고찰해 분수(分數-점수)가 많은 자를 취(取)하고, 시관은 없애도록 하라."

이에 앞서 먼저 타(沱)가 왕지(王旨)를 받들어 하륜(河崙)을 만나 보고서 무과의 시원을 마땅히 없애야 할지의 여부를 물으니 륜(崙)이 대답해 말했다.

"무사(武士)가 무리를 짓는 것[成群 성군]은 매우 안 될 일입니다. 만일 시원이 있게 되면 반드시 좌주니, 문생이니 칭해 장차 화(禍)가 헤아릴 수 없을 것입니다. 마땅히 병조(兵曹) 의흥부(義興府) 훈련관(訓鍊觀)으로 하여금 공동으로 시취(試取)하게 하고 전하께서 친히 임하시어 고열(考閱)하셔야 할 것입니다."

---

36 과거의 급제자가 시관(試官)을 일컫는 말이다. 그러면 좌주는 급제자를 문생이라 불러 파당 형성의 뿌리가 됐다.

또 말했다.

"이 일은 마땅히 비밀로 하고, 외부 사람들이 알지 못하게 해야 합니다."

타가 륜의 말을 아뢰니 상이 옳게 여기고 곧바로 이런 명이 있었다.

○ 호군(護軍) 임균례(任均禮)를 보내 열네 번째 운반말[十四運馬] 560필을 이끌고 요동(遼東)에 가게 했다.

정사일(丁巳日-20일)에 성균주부(成均注簿) 김구경(金久冏, ?~?)[37]을 (충청도) 괴주(槐州-괴산)로 유배 보냈다. 애초에 박무(朴茂) 등이 아직 돌아오지 않았을 때 변방의 급보[邊報]가 잇달아 전해졌다.

'달달(達達)의 군사가 깊이 관새(關塞-관문 요새)에 들어와 도둑질하고 노략질해 요동(遼東)부터 연도(燕都-베이징)에 이르기까지 길이 막혀 통하지 못한다.'

마침[會] 구경(久冏)이 진하성절사(進賀聖節使)의 서장관(書狀官)으로 가기로 정해졌는데[差定] 가기를 꺼려해[憚行] 병(病)이 있다고 전(箋)을 올려 사면해주기를 청하니 그 말이 몹시 애절(哀切)했다. 상이

---

37 일찍이 진사로 있다가 출가해 중이 돼 사람들의 비난을 받았으나 1405년(태종 5년) 진사시에 합격해 성균관학유(成均館學諭)가 되고 1407년 4월에 인정전(仁政殿)에서 실시하는 친시 문과에 을과로 급제, 봉상시주부(奉常寺注簿)를 지냈다. 이때인 1410년 성균주부로서 진하성절사의 서장관으로 차정(差定)됐으나 명나라에 가기를 꺼려 병이 있다며 사면을 간청하자 사간원의 탄핵으로 괴주(槐州)에 유배됐다. 1432년 호군(護軍)으로 부회례사(副回禮使)가 돼 회례사 이예(李藝)를 따라 일본을 다녀왔다. 이후 여러 차례 일본을 다녀온 공으로 의복, 삿갓, 신과 쌀 10석을 하사받기도 했다. 그러나 평소 변계량(卞季良)과 사이가 좋지 않아 높이 등용되지 못했다.

읽어보고서 불쌍히 여겨 다시 차정(差定)하라고 명했다. 사간원(司諫院)에서 탄핵해 아뢰었다.

"김구경은 평상시에 넉넉하게 현질(顯秩)을 받아 명리(名利)의 길을 치달리면서 병(病)이 없었습니다. (그런데) 지금 사명을 받드는 날을 맞아 마침 중국에 군사가 일어났단 말을 듣고 병을 칭탁해 피하기를 꾀하니[規避(규피)=圖避(도피)] 그 간사함이 심합니다. 구경과 같은 자는 별다른 재행(材行)도 없이 요행스럽게 과제(科第-과거)에 힘입어 두터운 은택(恩澤)을 입었으니 마땅히 죽고 사는 것을 돌아보지 않고, 힘을 다하고 충성을 다해 성은(聖恩)의 만분의 일이라도 보답해야 할 터인데, 간사한 꾀를 품고 한 몸의 안일만을 구하고 있습니다. 빌건대 유사(攸司)에 명해 그 직첩(職牒)을 거두고 그 죄를 국문함으로써 선비의 절개를 가다듬게 해야 할 것입니다."

상이 말했다.

"구경도 글을 읽은 유생(儒生)이다. 어찌 병을 칭탁해 나를 속이겠는가[誑(광)=誆(광)]? 내가 장차 의원(醫員)에게 명해 진찰해서 그 허실(虛實)을 살피겠다."

여러 날이 지난 뒤에 좌헌납(左獻納) 송희경(宋希璟)이 아뢰어 말했다.

"일전에[日者(일자)] 신 등이 소를 올려 구경의 죄를 청했는데 상께서 의원을 보내 진찰해보겠다고 하시어 신 등이 물러가서 명을 기다렸습니다[俟命(사명)=待命(사명)]. (그런데) 오늘 전의직장(典醫直長) 정어(鄭圉)를 시켜 가서 보게 했는데 구경이 좋은 기분으로[施施然(시시연)] 문(門)을 나서길래 마침내 그 맥(脈)을 짚어보았더니[審脈(심맥)] 병이 아니었습니다. 신 등

이 생각건대 지난날에 평성군(平城君) 조견(趙狷)이 사명(使命)을 받고서 병을 칭탁해 면(免)하기를 구했으므로 그 직첩을 거두고 외방(外方)에 유배 보낸 적이 있습니다. (그런데) 지금 구경은 집에 노친(老親)도 없고 몸에 병도 없는데 견(狷)의 지난 일[轍=前轍]을 본받아 전(箋)을 올려 면하기를 구했으니 어찌 글을 읽은 유생의 뜻이라 하겠습니까? 이런 것을 놓아두고 죄주지 않는다면 사람들이 험난한 때를 당하면 모두 이를 본받을 것입니다."

상이 말했다.

"전에는 아팠다가 지금은 나았으니 어떻게 죄를 주겠느냐?"

희경(希璟)이 다시 아뢰었다.

"구경이 지난달에 항상 본관(本館)에 사진(仕進-출근)했는데, 이달 초2일에 서장관으로 입초(入抄-선발)됐다는 말을 듣고는 초1일에 병을 얻었다고 칭탁해 스스로 전사(箋詞)를 꾸며 손수 써서 올렸으니 그 무망(誣妄)하고 불충(不忠)한 죄를 훤하게 알 수 있는 것입니다. 바라건대 지난번에 아뢴 것과 같이 해 선비의 기풍[士風]을 바로잡아야 할 것입니다."

상이 마침내 그것을 따랐다.

○ 의정부(議政府)에서 징마(徵馬)의 영(令)을 아뢰었다.

"품마(品馬)[38]를 바치지 않는 자가 자못 많으니 청컨대 진의 판지(判旨)에 의거해 전지(田地)를 받은 자는 그 전지를 회수하고 전지가 없는 자는 수군(水軍)에 채워 넣어야 할 것입니다. 그리고 벌(罰)로

38 벼슬아치의 품등에 따라 거두는 말을 가리킨다.

징수하는 말은, 만일 전의 판지(判旨)에 의거해 각각 한 필씩 징수하게 되면 그중에 관직(官職)이 낮은 자는 심히 괴로워할 것이니 전례(前例)와 같이 10인이 아울러서 한 필을 바칠 것을 5인이 한 필씩 바치게 해 이 예(例)로 징수해야 할 것입니다."

그것을 따랐다.

○사역원지사(司譯院知事) 장홍수(張洪壽)를 보내 열다섯 번째 운반말[十五運馬] 600필을 이끌고 요동(遼東)에 가게 했다.

기미일(己未日-22일)에 상이 문소전(文昭殿)에 나아가 한식제(寒食祭)를 거행했다. 애초에 상이 향(香)과 축(祝-축문)을 전(傳)하는 것을 계기로 삼아 좌우(左右)에게 물었다.

"예전에는 삼정(三正)[39]을 번갈아 썼으나 한식(寒食)은 일찍이 고치지 않았으니 혹자는 말하기를 '개지추(介之推)[40]의 일로 인한 까닭이다'라고 한다."

---

39 옛날 중국의 하(夏)·은(殷)·주(周) 등 삼대(三代)에서 정한 역법(曆法)에 나타난 세 가지의 정월(正月)을 합해 이르는 말이다. 하나라에서는 지금의 음력 정월인 인월(寅月)을 정월로 삼았으며 인정(人正) 혹은 인통(人統)이라 하고, 은나라에서는 지금의 음력 12월인 축월(丑月)을 정월로 삼았으며 지정(地正) 혹은 지통(地統)이라 하고, 주나라에서는 지금의 음력 11월인 자월(子月)을 정월로 삼았으며 천정(天正) 혹은 천통(天統)이라 한다. 그래서 삼통(三統)을 삼정과 같은 의미로 사용하기도 한다.

40 중국 춘추시대(春秋時代)의 은사(隱士)다. 일명 개자추(介子推)다. 진(晉)나라 문공(文公)이 공자(公子)로서 망명할 때 함께 19년을 모셨는데 문공이 귀국 후에 봉록(封祿)을 주지 아니했으므로 어머니를 모시고 개산(介山)에 숨으니 문공이 잘못을 뉘우치고 그 산을 불 질러 지추가 나오도록 하려 했으나 지추는 나오지 않고 어머니와 같이 타 죽었다 한다. 한식(寒食)은 지추가 타 죽은 날이라고 한다. 그 뒤 그를 애도하는 뜻에서 또 불에 타 죽은 사람에게 더운밥을 주는 것은 도의에 어긋난다 하여 불을 금하고 찬 음식을 먹는 풍속이 생겼다고 한다.

김여지(金汝知)가 대답했다.

"개자(介子-개지추)에 대한 설(說)은 옛사람이 이미 그르게 여겼고 다만 동지(冬至) 후에 105일이 옳습니다. 이때에는 빠른 바람[疾風 질풍]과 심한 비[雨 우]가 있기 때문에 역가(曆家)에서 한식(寒食)이라 한 것입니다."

○ 명을 내려 (동북면) 청주(靑州) 이북의 군마(軍馬) 150필을 조발(調發)해 북정(北征) 군사(軍士)에 보태게 했다. 처음에 한흥보(韓興寶)가 죽은 뒤에 맹가첩목아(猛哥帖木兒)가 도적을 잡는다고 떠들어 말하고[聲言 성언] 군사를 거느리고 경원(慶源)에 이르러 소다로(所多老)에서 자고 이튿날에는 오농초(吾農草)에서 잤다. (맹가첩목아가) 천호(千戶) 김희주(金希周)를 보내 조연(趙涓)에게 일러 말했다.

"이번에 들어와 침략한 올적합(兀狄哈)은 탐주(探州)의 갈다개(葛多介)와 구주(具州)의 김문내(金文乃) 등이다. 만일 깊은 곳까지 쫓아가 붙잡지[追捕 추포] 않으면 수많은 도적이 서로 다퉈 업신여기는 마음[輕易之心 경이지심]을 내어 빈번히 들어와 침략하는 근심이 없지 않을 것이오. 찰리사(察理使)가 병마를 거느리고 이를 쫓는다면 내가 마땅히 힘을 같이해 싸움을 돕겠소."

연(涓)이 이에 희주(希周)로 하여금 다시 동지휘(童指揮)가 있는 곳에 돌아가게 하니 동지휘가 희주에게 말했다.

"찰리사가 만일 뒤쫓아 가서 붙잡을 마음이 있다면 몰래 군사를 숨겨 들어와 경원(慶源)에 성(城)을 쌓는다고 명분을 대고, 또 사람을 시켜 가만히 내게 통지하면 내가 군사를 거느리고 동행(同行)해 불의(不意)에 나가서 엄습하겠다."

동지휘의 아우 어허리(於虛里)도 이렇게 말했다.

“초목(草木)이 무성해지면 적을 잡기가 어려우니 마땅히 빨리 군사를 움직이시오. 만일 조선(朝鮮)에서 철기(鐵騎) 400기(騎)를 내고 우리가 200기를 가지고 모인다면 싸움은 이길 수 있을 것이오.”

연이 도순문사(都巡問使) 임정(林整)에게 이런 내용을 보고하니 정(整)이 조정에 보고했고, 또 희주를 시켜 대궐에 나아가 상황을 아뢰게 했다. 상이 의정부사인(議政府舍人) 조계생(趙啓生)을 불러 말했다.

“동지휘가 만일 성심을 다해 우리를 돕는다면 진실로 기쁜 일이지만 혹 도적과 결탁하고서 이런 말을 해 우리를 유인하는지도 알 수 없는 일이다. 대답할 말을, 되도록 사정(事情)을 잘 살펴서 의견을 모아[集議] 보고하도록 하라.”
집의

영의정부사(領議政府事) 하륜(河崙)이 말했다.

“예로부터 험난한 곳을 넘어서 적(賊)을 공격하면 능히 성공하는 경우가 드뭅니다. 지금 경원(慶源)에서 저 적인(賊人)들의 지역에 이르자면 수백 리를 지나야 하는데 노정(路程) 사이에는 반드시 험조(險阻)한 곳이 있을 것입니다. 그렇다면 우리가 도리어 남에게 유인을 당하는 것입니다. 적의 강약(强弱)과 중과(衆寡)에 대해서는 신이 알지 못하나 생각건대 저들은 산골짜기에 자리 잡고 살면서 모이고 흩어지는 것이 때가 없어 혹은 험조한 곳에 끌어들이고, 혹은 밤중에 일어나 불의에 습격합니다. 만일 이처럼 공격한다면 대군(大軍)이 작은 무리에게 꺾여 후회해도 미칠 데가 없을까 두렵습니다. 벽루(壁壘)를 튼튼히 해 굳게 지키고 적(賊)이 오는 것을 기다려서 대응하는 것이 나을 것입니다."

좌정승(左政丞) 성석린(成石璘)이 말했다.

"가서 정벌하는 계책(計策)은 이미 정해져 중간에 변경할 수 없으니 마땅히[亟] 빨리 군사를 출동시켜야 합니다. 비록[縱=雖] 괴수(魁首)를 섬멸하지는 못한다 하더라도 다만 적의 소굴을 짓밟고 그 집들을 불살라 버리고 돌아오면 그것도 괜찮습니다."

우정승(右政丞) 조영무(趙英茂)가 말했다.

"동지휘의 소식이 저들 적과 공모한 것인지 의심스럽습니다. 청컨대 군사를 정지해 움직이지 말고 4월에 풀이 자라기를 기다려 불시에 출병해 가볍게 엄습(掩襲)을 행해야 할 것입니다. 그러면 뜻대로 될 수 있을 것입니다."

계생(啓生)이 세 가지 의견[三議]을 가지고서 아뢰니 상은 석린(石璘)의 계책을 옳다[是]고 여기고 또 말했다.

"적이 이미 우리가 정벌한다는 사실을 알고 있으니 가볍게 일을 일으킬 수는 없다."

마침내 이런 명이 있었다. 이천우(李天祐)가 아뢰어 말했다.

"지금 올적합을 치는 데 세 정승의 의견이 같지 않으니 어찌하오리까?"

상이 말했다.

"계책은 이미 정해졌는데 어째서 다시 이론(異論)을 제기하는가? 마땅히 조연(趙涓)으로 하여금 군사를 길주(吉州)로 퇴각시키고, 경원(慶源)에 있는 군사는 성보(城堡)를 수축(修築)한다고 크게 말해 저들이 게을러져서 방비가 해이해지기를 기다려 3월 그믐이나 4월 초승에 군사를 출동시켜 엄습하여 치라."

드디어 진무(鎭撫) 조침(趙琛)을 조연에게 보내 사기(事機-1급비밀)를 주었다. 김희주가 와서 알현하니 그에게 명해 말했다.

"올적합이 천자(天子)에게 불충(不忠)을 행하고 지금 또 까닭 없이 우리 변경을 침공했으니 그 죄로 보자면 마땅히 토포(討捕)해야 할 것이다. 그러나 작은 완흉(頑凶)을 어찌 족히 꾸짖겠는가[數=責]? 그러므로 내버려두고 문죄(問罪)하지 않았던 것이다. (그런데) 지금 동지휘가 군사를 내어[出兵] 쫓아가 붙잡으려 하고 또 우리에게 사람을 보내 향도(向導)가 되고자 하니 정성이 가상하다."

희주에게 의관(衣冠)과 신발을 내려주었다.

임술일(壬戌日-25일)에 큰바람이 불어 가옥의 기왓장이 날아가 떨어졌다.

○ 상호군(上護軍) 이화미(李和美)와 검교한성윤(檢校漢城尹) 최야오내(崔也吾乃)를 건주위(建州衛)에 보내 동맹가첩목아(童猛哥帖木兒)에게 저포(苧布)·마포(麻布) 각 10필, 청주(淸酒) 20병을 주었다. 그 속내를 살피기 위함이었다.

○ 명을 내려 김옥겸(金玉謙)의 직첩(職牒)을 추탈(追奪)했다. 옥겸(玉謙)은 본래 동북면(東北面) 정주(定州)의 아전이었다. 잠저(潛邸) 때 심부름을 해 벼슬이 상호군(上護軍)에 이르렀고 본궁(本宮)의 전곡 출납(錢穀出納)을 관장해 많은 불의(不義)한 일을 행했다. 사노(私奴) 최린(崔隣) 등의 뇌물을 받고 거짓으로 내교(內敎-중궁의 지시)라 칭탁해 서장(書狀)을 만들어 함주(咸州) 본궁에 이르러 속미(粟米)

70석(石)과 직미(稷米) 30석(石)을 도둑질해 썼다. 일이 발각되자 옥겸은 이미 죽었으므로 명해서 직첩을 거두고 최린 등은 차등을 두어 곤장을 때렸다.

계해일(癸亥日-26일)에 눈바람이 불고 우박이 떨어졌다.

○ 대호군(大護軍) 황석중(黃碩中)을 동북면 경차관(東北面敬差官)으로 삼아 동맹가첩목아(童猛哥帖木兒)에게 술과 안주를 보내주었다.

○ 사역원사인(司譯院舍人) 유흥준(兪興俊)을 보내 열여섯 번째 운반말[十六運馬] 717필을 이끌고 요동(遼東)에 가게 했다.

갑자일(甲子日-27일)에 사역원사인 민광미(閔光美)를 보내 열일곱 번째 운반말[十七運馬] 423필을, 사직(司直) 박무(朴茂)를 보내 열여덟 번째 운반말 384필을, 사역원판관(司譯院判官) 오의(吳義)를 보내 열아홉 번째 운반말 287필을 이끌고 요동에 가게 했다. 요동도사(遼東都司)가 사인(舍人) 이진(李進)을 시켜 압록강(鴨綠江)에 이르러 역환마필(易換馬匹)을 독촉했다[催督].

○ 평도전(平道全)을 보내 그 아들 망고(望古)와 그 무리 8명을 거느리고 경상(慶尙)·전라(全羅)·강원도(江原道)에서 왜적을 막게 했다. 조정(朝廷)에서 토의하기를 도전(道全)은 마음씨가 사나워서[狠戾] 헤아릴 수가 없으니 그 무리들이 모여 서울에 사는 것은 온당치 않다고 해 흩어져 살게 하기 위함이었다.

병인일(丙寅日-29일)에 영의정부사(領議政府事) 하륜(河崙)에게 명해 월령(月令)을 수찬(修撰)하게 했다. 상이 『예기(禮記)』의 「월령(月令)」을 보고 나서 말했다.

"이는 임금만 알아야 될 것이 아니라 백성들도 모두 알게 해 일에 임하게 해야 한다."

드디어 륜(崙)에게 명해 시행할 만한 사목(事目)을 골라 써서 올리게 했다.

○전 풍해도 도절제사(豐海道都節制使) 김계지(金繼志)가 졸(卒)했다. 계지(繼志)가 태산(泰山)에서 죽으니 상이 중사(中使-내시)를 보내 그의 빈소(殯所)에 사제(賜祭)하고 겸해서 장사에 참여케 했다. 그리고 의정부에 명해 전라도 도관찰사에게 이첩(移牒)해 관(官)에서 장구(葬具)를 주게 하고 또 두텁게 부의(賻儀)하게 했다. 아들 5명이 있으니 재(滓), 회(澮), 심(瀋), 문자(文子), 중자(仲子)다.

○경상도와 전라도의 여러 고을에 산성(山城)을 수축했다. 창녕현(昌寧縣)의 화왕산(火王山), 청도군(淸道郡)의 오혜산(烏惠山), 감음현(感陰縣)의 황석산(黃石山), 선주(善州)의 금오산(金烏山), 창원부(昌原府)의 염산(廉山), 계림부(雞林府)의 부산(夫山), 남원부(南原府)의 교룡(蛟龍), 담양부(潭陽府)의 금산(金山), 정읍현(井邑縣)의 입암산(笠巖山), 고산현(高山縣)의 이흘음산(伊訖音山), 도강현(道康縣)의 수인산(修因山), 나주(羅州)의 금성산성(錦城山城)이다.

戊戌朔 上親祭于文昭殿. 日晩 虹見于西 無頭尾 長十餘尺.
무술 삭 상 친제 우 문소전 일만 홍 현 우서 무 두미 장 십여 척

庚子 命停罷外方詞訟. 議政府啓曰: “今年節候 比他年爲早
경자 명 정파 외방 사송 의정부 계왈 금년 절후 비 타년 위조
外方侍衛鎭屬之軍 已有備矣. 今以雜色軍丁 點檢擾民 有妨農務
외방 시위 진속 지 군 이유 비의 금 이 잡색군 정 점검 요민 유방 농무
願罷之. 且三月務停 雖有定式 然民事繁多 請於三月前 一皆
원 파지 차 삼월 무정 수 유 정식 연 민사 번다 청 어 삼월 전 일개
停罷.” 上曰: “雜色軍容 除官門點檢 使自修備 其凡詞訟 可從
정파 상 왈 잡색 군용 제 관문 점검 사 자 수비 기 범 사송 가 종
所啓.”
소계

兀狄哈金文乃 葛多介等 結吾都里兀良哈甲兵三百餘騎 寇
올적합 김문내 갈다개 등 결 오도리 올량합 갑병 삼백 여 기 구
慶源府 兵馬使韓興寶與戰敗死. 毛憐衛指揮甫乙吾使人謂興寶
경원부 병마사 한흥보 여전 패사 모련위 지휘 보을오 사인 위 흥보
曰: “聞諸建州衛指揮阿古車云: ‘將有賊兵侵慶源.’ 宜預知備禦.”
왈 문 저 건주위 지휘 아고거 운 장 유 적병 침 경원 의 예지 비어
興寶不之信. 翌日黎明 賊兵已至城外 興寶蒼黃帥戍兵百人出戰
흥보 불 지 신 익일 여명 적병 이지 성외 흥보 창황 솔 수병 백인 출전
興寶所騎馬 中矢而斃. 興寶中三矢 僅得入城 三日而死. 官軍
흥보 소기 마 중시 이 폐 흥보 중 삼시 근 득 입성 삼일 이 사 관군
死者十五人 馬死者五匹. 賊遂圍木柵不克 焚柵外廬舍蓄積殆盡.
사자 십오 인 마 사자 오 필 적 수 위 목책 불극 분 책 외 여사 축적 태진

辛丑 遣前海州牧使梁需如日本 致書國王. 報聘且弔喪也. 賻物
신축 견 전 해주목사 양수 여 일본 치서 국왕 보빙 차 조상 야 부물
白細苧布黑細麻布各二十五匹 人蔘松子各五十斤 雜彩花席一十
백세저포 흑세마포 각 이십오 필 인삼 송자 각 오십 근 잡채 화석 일십
張 虎豹皮各一領; 奠物 白細苧布黑細麻布各十匹 清酒一百
장 호표피 각 일령 전물 백세저포 흑세마포 각 십 필 청주 일백
甁. 初 擇日本回禮使 議政府擧需 已受落點 需辭以不習水上.
병 초 택 일본 회례사 의정부 거 수 이수 낙점 수 사 이 불습 수상

趙英茂然之 請以前府使李載代之 上又落點. 成石璘告病在家
조영무 연지 청 이 전 부사 이재 대지 상 우 낙점 성석린 고병 재가

曰: “凡出使人員 身在疾病及父母喪葬外 規避者 以王旨不從論.
왈 범 출사 인원 신 재 질병 급 부모 상장 외 규피 자 이 왕지 부종 논

本府之受判也 今不可自毁.” 英茂悔之 更啓以政府受判之意 且
본부 지 수판 야 금 불가 자훼 영무 회지 갱계 이 정부 수판 지의 차

言李載之母年老病深 上曰: “旣有如此判旨 何不詳審而輕易入抄
언 이재 지 모 연로 병심 상 왈 기유 여차 판지 하불 상심 이 경이 입초

乎?” 政府又以前通禮門副使張蘊代之 上曰: “不合使命 何故
호 정부 우 이 전 통례문 부사 장온 대지 상 왈 불합 사명 하고

輕擧?” 遂不用. 蓋蘊外祖母 前嫁私賤有息 後嫁蘊之外祖. 蘊以
경거 수 불용 개 온 외조모 전 가 사천 유식 후 가 온 지 외조 온 이

文科出身 累官至護軍 朝廷猶不知其卑微若此 及與外祖母前夫
문과 출신 누관 지 호군 조정 유 부지 기 비미 약차 급 여 외조모 전부

所生賤口 爭家産于司憲府 然後士林乃知之. 每有除拜 其告身
소생 천구 쟁 가산 우 사헌부 연후 사림 내 지지 매유 제배 기 고신

未經臺諫云.
미경 대간 운

義興府上各道侍衛正軍數目. 慶尙道四千二百三十八名
의흥부 상 각도 시위 정군 수목 경상도 사천 이백 삼십 팔명

全羅道一千三百七十八名 忠淸道一千五百三十九名 江原道
전라도 일천 삼백 칠십 팔명 충청도 일천 오백 삼십 구명 강원도

一千二百四十八名. 上命各道軍分爲三番 自三月至五月 迭爲
일천 이백 사십 팔명 상 명 각도 군 분위 삼번 자 삼월 지 오월 질 위

番上侍衛 旣而命依舊. 慶尙道二百 餘三道 各一百番上.
번상 시위 기이 명 의구 경상도 이백 여 삼도 각 일백 번상

壬寅 流護軍黃順于瓮津. 初 順受命如全羅道 取箭竹以來 上
임인 유 호군 황순 우 옹진 초 순 수명 여 전라도 취 전죽 이래 상

責其不可用 順對曰: “臣無沈醉誤事之失.” 上惡其言之不遜 下
책 기 불가 용 순 대왈 신 무 침취 오사 지 실 상 오 기언 지 불손 하

巡禁司流之.
순금사 유지

癸卯 通事朴茂回自遼東. 茂言: “韃靼兵稍息 遼東無城守之警
계묘 통사 박무 회자 요동 무 언 달단 병 초식 요동 무 성수 지 경

軍民牛羊畜牧郊野 無異平日. 有內史謂茂曰: ‘皇帝與爾國王親如
군민 우양 축목 교야 무이 평일 유 내사 위 무 왈 황제 여 이 국왕 친 여

父子 爾國之臣所知. 汝還本國 速進馬匹如約. 後雖十萬匹何益!’”
부자 이국 지 신 소지 여 환 본국 속진 마필 여약 후 수 십만 필 하익

上謂議政府曰: “事大之禮 不可不謹. 如朴茂之言 則道路無警 且
상 위 의정부 왈 사대 지 례 불가 불근 여 박무 지 언 즉 도로 무경 차

聞方指揮復來義州 催取馬匹 正可催督畢進." 卽遣戶曹參議吳眞
문 방 지휘 부래 의주 최취 마필 정 가 최독 필진 즉 견 호조참의 오진

如義州 宴慰方俊; 遣司譯院判官姜庾卿 管押十運馬五百三十六
여 의주 연위 방준 견 사역원 판관 강유경 관압 십운 마 오백 삼십 육

匹如遼東.
필 여 요동

甲辰 日珥.
갑진 일이

西北面安州等九郡飢 命賑之.
서북면 안주 등 구군 기 명 진지

富平府使趙瑨 削職流公州. 初 富平土豪 前瓮津兵馬使任得方
부평부사 조진 삭직 유 공주 초 부평 토호 전 옹진 병마사 임득방

放其牛馬驢子 踏損田禾 瑨執其奴而杖之. 得方發憤 遂訴瑨不計
방 기 우마 여자 답손 전화 진 집 기노 이 장지 득방 발분 수 소 진 불계

年凶 以不切民食之物 傭借民力 犯禁屯田 販鬻魚鹽 貿易麻麥
연흉 이 부절 민 식지물 용차 민력 범금 둔전 판육 어염 무역 마맥

規利入己等九事于憲府. 憲府覈之 事頗實 瑨坐此得罪. 又論得方
규리 입기 등 구사 우 헌부 헌부 핵지 사 파 실 진 좌 차 득죄 우 논 득방

訴牒 事多不實① 幷請其罪 命勿論.
소첩 사 다 부실 병청 기죄 명 물론

始令鑄字所 印書籍鬻之.
시 영 주자소 인 서적 육지

復淸齋監監察. 司憲府上言:
복 청재감 감찰 사헌부 상언

"祭神之備 不可不潔; 商賈所聚 不可不察. 今者內外神所與夫
제신 지 비 불가 불결 상고 소취 불가 불찰 금자 내외 신소 여 부

粢盛秬鬯 常不致察 及其臨祭 遽欲潔正. 其攝行奉使之臣 雖曰
자성 거창 상 불 치찰 급 기 임제 거 욕 결정 기 섭행 봉사 지 신 수왈

致齋 服食居處 無異平昔 未盡致齋之道 至於市廛 奸盜縱橫
치재 복식 거처 무이 평석 미진 치재 지 도 지어 시전 간도 종횡

務相欺誑. 物價騰湧 職此之由 弊豈小哉? 是故自昔所傳本府
무 상 기광 물가 등용 직 차 지 유 폐 기 소 재 시고 자석 소전 본부

分臺記 有曰: "淸齋監京市監監察 此前朝盛時之良法也." 請
분대기 유왈 청재감 경시감 감찰 차 전조 성시 지 양법 야 청

自今宗廟 圓丘 社稷 昭格殿 文昭殿 啓聖殿及典祀寺等各所 令
자금 종묘 원구 사직 소격전 문소전 계성전 급 전사시 등 각소 영

監察一人齋宿 無時分遣 考其精否; 攝行奉使之臣致齋之所 亦令
감찰 일인 재숙 무시 분견 고 기 정부 섭행 봉사 지 신 치재 지 소 역 영

考察 以盡誠敬 庶有合於交神明之道矣. 又於京市 亦遣日差監察
고찰 이진 성경 서 유합 어 교 신명 지 도 의 우 어 경시 역 견 일차감찰

罷市爲限 考其物價 禁其奸濫 則市廛整齊而物價均平矣."
파시 위한 고 기 물가 금 기 간람 즉 시전 정제 이 물가 균평 의

判曰: "依申. 其京市監察 依前例施行."
판왈 의신 기 경시 감찰 의 전례 시행

罷司憲掌令郭德淵職. 初 金仲節之妻 擊申聞鼓 下刑曹辨之.
파 사헌장령 곽덕연 직 초 김중절 지 처 격 신문고 하 형조 변지

刑曹啓:
형조 계

"姜順竝畜二妻 及被有妻更娶之訴 送先妻于長湍 謀避罪 云已
강순 병축 이처 급 피 유처 갱취 지 소 송 선처 우 장단 모 피죄 운 이

棄別. 宜收職牒 依律論罪 後妻離異 以正風俗. 金仲節謀欲陷人
기별 의 수 직첩 의율 논죄 후처 이이 이정 풍속 김중절 모욕 함인

誣告竝畜四妻 然誣告律云: '一事實則皆免罪.' 司憲掌令郭德淵
무고 병축 사처 연 무고율 운 일사 실 즉 개 면죄 사헌장령 곽덕연

爲掌務覈實 偏聽仲節之訴 德淵 上裁施行."
위 장무 핵실 편청 중절 지 소 덕연 상 재 시행

上命罷德淵 釋仲節 姜順已付處 勿論. 於是臺諫皆待罪不出.
상 명파 덕연 석 중절 강순 이 부처 물론 어시 대간 개 대죄 불출

巡禁司啓尹穆等五人父子母女妻妾等罪 依律施行 命依李茂
순금사 계 윤목 등 오인 부자 모녀 처첩 등 죄 의율 시행 명 의 이무

妻子之例. 乃流穆姪希夷于公州 希齊于淸州 李彬伯叔父牧于
처자 지 례 내 유 목 질 희이 우 공주 희제 우 청주 이빈 백숙 부 목 우

寧海 地于瓮津 姜思德子待于順天 趙希閔父瑚于合浦 柳沂父厚
영해 지 우 옹진 강사덕 자 대 우 순천 조희민 부 호 우 합포 유기 부 후

于光州 子方善于永州 方敬于蔚州. 希閔弟須 雅 姊金自知妻 妹
우 광주 자 방선 우 영주 방경 우 울주 희민 제 수 아 자 김자지 처 매

尹粹妻 柳沂弟漢 尹穆姊韓尙桓妻 皆沒爲刑曹都官奴婢.
윤수 처 유기 제 한 윤목 자 한상환 처 개 몰 위 형조 도관 노비

定市廛. 大市 長通坊以上; 米穀雜物 東部則 蓮花洞口 南部則
정 시전 대시 장통방 이상 미곡 잡물 동부 즉 연화동 구 남부 즉

薰陶坊 西部 惠政橋 北部 安國坊 中部 廣通橋; 牛馬則 長通坊
훈도방 서부 혜정교 북부 안국방 중부 광통교 우마 즉 장통방

下川邊; 閭巷小市 各於所居門前.
하 천변 여항 소시 각 어 소거 문전

命還給前忠淸道都觀察使安魯生科田. 魯生坐論柳廷顯 削職
명 환급 전 충청도 도관찰사 안노생 과전 노생 좌 논 유정현 삭직

流配 戶曹例收科田 至是蒙宥 還受職牒 呈書政府 乞受科田.
유배 호조 예 수 과전 지시 몽유 환수 직첩 정서 정부 걸수 과전

政府以啓 上曰: "魯生爲民得罪 情可矜也. 其還給之."
정부 이계 상 왈 노생 위민 득죄 정 가긍 야 기 환급 지

丁未 月暈. 暈內 火 木星 南 北河.
정미 월운 운내 화 목성 남 북하

遣司譯院舍人金貴隆 管押十一運馬四百九十五匹如遼東.
견 사역원 사인 김귀륭 관압 십일 운 마 사백 구십 오 필 여 요동

命吉州察理使趙涓 往伐兀狄哈. 東北面兵馬都節制使延嗣宗
명 길주 찰리사 조연 왕벌 올적합 동북면 병마도절제사 연사종

馳報韓興寶敗死之狀. 上驚駭 以興寶爲國戰亡 賻米豆四十石 紙
치보 한흥보 패사 지 상 상 경해 이 흥보 위국 전망 부 미두 사십 석 지

百卷 命歸葬. 上欲討兀狄哈 悉召曾守慶源者 問方略 趙英茂
백권 명 귀장 상 욕토 올적합 실 소 증 수 경원 자 문 방략 조영무

等啓曰: "今兀狄哈等無故入寇 殺邊將. 釋此不討 彼無所懲.
등 계왈 금 올적합 등 무고 입구 살 변장 석차 불토 피 무 소징

波乙所指揮 亦兀狄哈之別種也. 居中兩投 亦當竝滅. 請令吉州道
파을소 지휘 역 올적합 지 별종 야 거중 양 투 역 당 병멸 청령 길주도

察理使調其道兵馬一千以往 則可一擧而滅之也." 上然之 以
찰리사 조 기도 병마 일천 이왕 즉 가 일거 이 멸지 야 상 연지 이

大護軍朴楣爲敬差官 如慶源體探事變. 命回還之日 率接戰時
대호군 박미 위 경차관 여 경원 체탐 사변 명 회환 지 일 솔 접전 시

軍中穎悟者一人以來. 以僉摠制郭承祐爲慶源鎭兵馬使 行司直
군중 영오 자 일인 이래 이 첨총제 곽승우 위 경원진 병마사 행사직

安乙貴爲慶源鎭左右翼都千戶 令馳驛赴鎭. 上又命議政府議之
안을귀 위 경원진 좌우익 도천호 영 치역 부진 상 우 명 의정부 의지

河崙 成石璘對曰: "蕞爾山寇 勝之不武. 且此寇本鼠竊狗偸 非
하륜 성석린 대왈 최이 산구 승지 불무 차 차구 본 서절구투 비

欲抗大軍. 臣等恐師至其境 卽逃竄山谷 師退則復來侵擾 徒勞
욕항 대군 신등 공 사 지 기경 즉 도찬 산곡 사 퇴 즉 부래 침요 도로

王師 而啓後日之邊釁也."
왕사 이 계 후일 지 변흔 야

趙英茂 柳亮等啓曰: "小寇敢肆毒於我境 不以此時往殄滅之 卽
조영무 유량 등 계왈 소구 감 사독 어 아경 불이 차시 왕 진멸 지 즉

無以示武也. 且非止此寇而已 吾都里 兀良哈雜種 亦無所懼矣②
무이 시무 야 차 비지 차구 이이 오도리 올량합 잡종 역 무 소구 의

不如一擧而滅之." 上從英茂等之議 使趙涓爲主將 前都節制使
불여 일거 이 멸지 상 종 영무 등 지 의 사 조연 위 주장 전 도절제사

辛有定 前同知摠制金重寶爲東北面助戰節制使 有定以下 皆受
신유정 전 동지총제 김중보 위 동북면 조전 절제사 유정 이하 개 수

涓節度. 有定家貧 故令議政府量給米豆 以養家屬 又賜襲衣弓矢
연 절도 유정 가빈 고 영 의정부 양급 미두 이양 가속 우 사 습의 궁시

以遣之. 上謂宰相等曰: "慶源 但德 安 二陵在耳. 遷陵 古亦有之
이 견지 상 위 재상 등 왈 경원 단 덕 안 이릉 재이 천릉 고 역 유지

遷陵廢郡 退守鏡城如何?" 皆曰: "可." 乃命議政府 擬議陵室
천릉 폐군 퇴수 경성 여하 개 왈 가 내 명 의정부 의의 능실

奉遷便否以聞.
봉천 편부 이문

己酉 東北面都巡問使請置永興府濬源殿侍衛護軍等官. 啓曰:
기유 동북면 도순문사 청치 영흥부 준원전 시위 호군 등 관 계왈

'殿乃太祖誕降之地 奉安神御. 以前銜品官四員侍衛, 竊見
전 내 태조 탄강 지 지 봉안 신어 이 전함 품관 사원 시위 절견

箕子殿有侍衛護軍二員 願依此例 以永興府爲頭少卿 去官爲
기자전 유 시위 호군 이원 원의 차례 이 영흥부 위 두 소경 거관 위

濬源殿侍衛護軍 竝差下權務殿直二人.' 又啓: '永興府 古有
준원전 시위 호군 병 차하 권무 전직 이인 우 계 영흥부 고유

軍器寺 掌造月課 自丁亥年汰去以後 進上及月課軍器 竝皆虛疎.
군기시 장조 월과 자 정해년 태거 이후 진상 급 월과 군기 병개 허소

願依平壤府例 復立軍器寺祿官差下.' 皆下議政府 擬議施行.
원의 평양부 예 부립 군기시 녹관 차하 개 하 의정부 의의 시행

庚戌 以黃喜爲知議政府事 鄭鎭爲刑曹判書 辛有定
경술 이 황희 위 지의정부사 정진 위 형조판서 신유정

左軍都摠制 李和英右軍都摠制 金重寶中軍摠制 金漢老
좌군 도총제 이화영 우군 도총제 김중보 중군 총제 김한로

司憲府大司憲 金晊執義 金孝孫 李敢掌令 權卓 姜宗德持平.
사헌부대사헌 김질 집의 김효손 이감 장령 권탁 강종덕 지평

柳廷顯 徐愈等回自京師. 廷顯等至北京 帝聞本國進征馬萬匹
유정현 서유 등 회자 경사 정현 등 지 북경 제 문 본국 진 정마 만필

對之有加. 又聞廷顯爲顯仁妃權氏之族 使黃儼傳權氏 命別賜
대지 유가 우 문 정현 위 현인비 권씨 지 족 사 황엄 전 권씨 명 별사

綵段二匹 絹十匹 鈔五百張 鞍馬. 及辭還 帝曰: "汝等還國 報
채단 이필 견 십 필 초 오백 장 안마 급 사환 제 왈 여등 환국 보

于國王 將易換馬 不分星夜 快攢的來." 廷顯啓于上曰: "帝欲以
우 국왕 장 역환 마 불분 성야 쾌 찬 적 래 정현 계 우 상 왈 제 욕 이

二月十五日親征韃靼 抄諸路軍 諸路城子 男無餘丁 老弱婦女 亦
이월 십오일 친정 달단 초 제로 군 제로 성자 남 무 여정 노약 부녀 역

不得出于城外. 禁兵侍衛而立食 外卒牽車而轉輸." 上問: "達達
부득 출우 성외 금병 시위 이 입식 외졸 견거 이 전수 상 문 달달

先來侵歟? 帝欲先往征乎?" 廷顯言: "達達之來侵 臣等未之聞
선 내침 여 제 욕 선 왕정 호 정현 언 달달 지 내침 신등 미지 문

也 但聞沂國公率禁兵 見敗於賊 故帝欲雪其恥 將往征之." 上
야 단 문 기국공 솔 금병 견패 어 적 고 제 욕설 기치 장 왕정 지 상

曰: "彼來侵我 不得已而應之可也 若我先勞民而往征於窮荒之地
왈 피 내침 아 부득이 이 응지 가야 약 아 선 노민 이 왕정 어 궁황 지 지

可乎? 不勝則必爲天下笑矣."
가호 불승 즉 필 위 천하 소 의

辛亥 戶曹判書李膺 請以被誅人科田充軍資 不許. 啓曰: "畿內
신해 호조판서 이응 청 이 피주 인 과전 충 군자 불허 계왈 기내

元屬軍資田 摠四萬結 其中陳地頗多 而除出折給於他處者 亦
원속 군자전 총 사만 결 기중 진지 파다 이 제출 절급 어 타처 자 역

六百結. 今得罪李茂等科田 共一千六百結 請屬軍資 以備糧餉."
육백 결 금 득죄 이무 등 과전 공 일천 육백 결 청속 군자 이비 양향

上曰: "糧餉雖急 然新進之士 未受科田者甚衆 豈可以科田屬之
상 왈 양향 수 급 연 신진 지 사 미수 과전 자 심중 기 가이 과전 속지

軍資乎? 宜均給新進之士 以養廉恥." 唯以元屬軍資而除出者
군자 호 의 균급 신진 지 사 이양 염치 유 이 원속 군자 이 제출 자

六百結 許以此田充數.
육백 결 허 이 차전 충수

作軍資監于龍山江 以工曹判書朴子靑董役. 舊監狹小 每年
작 군자감 우 용산강 이 공조판서 박자청 동역 구감 협소 매년

租稅 多露積 故役各司下典 巡禁司都府外各品品從作之.
조세 다 노적 고 역 각사 하전 순금사 도부외 각품 품종 작지

壬子 上詣文昭殿 行望祭.
임자 상 예 문소전 행 망제

司諫院上疏請停北伐 且論: "朴齡曾任慶源兵馬使 擅減軍額;
사간원 상소 청정 북벌 차 논 박령 증 임 경원 병마사 천감 군액

吉州察理使趙涓不能固疆 致野人敢肆侵暴 請治其罪."
길주 찰리사 조연 불능 고강 치 야인 감사 침포 청치 기죄

賑京畿 江原道飢.
진 경기 강원도 기

命李佇往見其父于鎭州. 傳旨京畿都觀察使金彌曰: "李居易在
명 이저 왕견 기부 우 진주 전지 경기 도관찰사 김미 왈 이거이 재

鎭州病苦 其子佇欲往見 宜卽遣之." 時 佇安置于臨江縣.
진주 병고 기자 저 욕 왕견 의 즉 견지 시 저 안치 우 임강현

癸丑 遣司譯院副使崔雲 管押十二運馬四百六十九匹如遼東.
계축 견 사역원 부사 최운 관압 십이 운 마 사백 육십 구 필 여 요동

遣蓮城君金定卿如京師. 賀聖節也.
견 연성군 김정경 여 경사 하 성절 야

命給慶源府戰亡人及火家舍米粟者穀有差.
명급 경원부 전망인 급 화 가사 미속 자 곡 유차

西北面都節制使金承霔請禁義州軍民越江耕田 下議政府議之.
서북면 도절제사 김승주 청금 의주 군민 월강 경전 하 의정부 의지

甲寅 令內禁衛別侍衛習射於禁園.
갑인 영 내금위 별시위 습사 어 금원

乙卯 義興府啓改紀軍政. 啓: "凡屬牌者 勿論受田有無 時散
을묘 의흥부 계 개기 군정 계 범 속패 자 물론 수전 유무 시산
老壯成衆愛馬 諸君 功臣 各衛節制使伴儻 皆具甲冑 每於春秋
노장 성중애마 제군 공신 각위 절제사 반당 개 구 갑주 매어 춘추
逢點 永爲恒式." 從之.
봉점 영 위 항식 종지

遣典醫少監張有信 管押十三運馬五百九十八匹如遼東.
견 전의 소감 장유신 관압 십삼 운 마 오백 구십 팔 필 여 요동

丙辰 命罷親試武科監校試官 同監校試官. 初 上問武科親試
병진 명파 친시 무과 감교시관 동 감교시관 초 상 문 무과 친시
之日 代言金汝知對曰: "三月十三日初場 十五日中場 二十三日
지 일 대언 김여지 대왈 삼월 십삼일 초장 십오일 중장 이십삼일
終場." 上曰: "終場試何藝?" 汝知對以講武經 上曰: "予將親試
종장 상 왈 종장 시 하예 여지 대이 강 무경 상 왈 여 장 친시
射御也. 予之不以宰相爲試員者 惡其稱爲座主門生也. 李之誠被
사어 야 여 지 불이 재상 위 시원 자 오 기칭 위 좌주 문생 야 이지성 피
重罪 李茂爲座主薦用 是其驗也." 戶曹判書李膺啓: "文科之有
중죄 이무 위 좌주 천용 시 기험 야 호조판서 이응 계 문과 지 유
試員 猶且不可 況武科乎?" 上乃召兵曹佐郎金沱 訓鍊觀錄事
시원 유 차 불가 황 무과 호 상 내 소 병조좌랑 김타 훈련관 녹사
金忍福命曰: "武科不拘兵書通否 三場通考 取其分數多者 罷
김인복 명왈 무과 불구 병서 통부 삼장 통고 취 기 분수 다자 파
試官." 先是 沱承旨見河崙 問武科試員當罷否 崙對曰: "武士
시관 선시 타 승지 견 하륜 문 무과 시원 당 파부 륜 대왈 무사
成群 甚爲不可. 若有試員 必稱座主門生 禍將不測. 宜令兵曹
성군 심 위 불가 약유 시원 필 칭 좌주 문생 화 장 불측 의령 병조
義興府 訓鍊觀 公同試取 殿下親臨考閱." 且曰: "此事宜密 勿令
의흥부 훈련관 공동 시취 전하 친림 고열 차 왈 차사 의 밀 물령
外人知." 沱以崙言啓 上然之 乃有是命.
외인 지 타 이 륜 언 계 상 연지 내 유 시명

遣護軍任均禮 管押十四運馬五百六十匹如遼東.
견 호군 임균례 관압 십사 운 마 오백 육십 필 여 요동

丁巳 流成均注簿金久冏于槐州. 初 朴茂等未還 邊報相傳:
정사 유 성균 주부 김구경 우 괴주 초 박무 등 미환 변보 상전
'達達兵深入關塞寇掠 自遼東至燕都 路梗不通.' 會久冏差進賀
달달 병 심입 관새 구략 자 요동 지 연도 노경 불통 회 구경 차 진하
聖節使書狀官 憚行 以疾上箋求免 辭甚哀切 上覽而憐之 命
성절사 서장관 탄행 이질 상전 구면 사 심 애절 상 람 이 연지 명
改差. 司諫院劾啓曰:
개차 사간원 핵 계왈

“久冏在平日 優蒙顯秩 奔馳利路 未有疾病. 今當奉使之日 適
구경 재 평일 우몽 현질 분치 이로 미유 질병 금 당 봉사 지 일 적
聞中國兵興 托疾規避 其奸甚矣. 如久冏者 別無材行 幸托科第
문 중국 병흥 탁질 규피 기간 심의 여 구경 자 별무 재행 행 탁 과제
厚蒙恩渥 固當不顧死生 竭力盡忠 以補聖恩之萬一 乃懷奸計
후몽 은악 고당 불고 사생 갈력 진충 이보 성은 지 만일 내 회 간계
求安一身. 乞命攸司 收其職牒 鞫問其罪 以礪士節.”
구안 일신 걸명 유사 수 기 직첩 국문 기죄 이려 사절

上曰: “久冏亦讀書儒生也. 豈托疾以誑我哉? 予將命醫診視 審
상 왈 구경 역 독서 유생 야 기 탁질 이광 아 재 여 장명 의 진시 심
其虛實.”
기 허실

後數日 左獻納宋希璟啓曰: “日者 臣等上疏請久冏之罪 上諭
후 수일 좌헌납 송희경 계왈 일자 신등 상소 청 구경 지 죄 상 유
以遣醫診視 臣等退而俟命. 今日乃使典醫直長鄭圉往視之 久冏
이 견의 진시 신등 퇴 이 사명 금일 내 사 전의 직장 정어 왕 시지 구경
施施然出門 審其脈則非病矣. 臣等以謂曩平城君趙狷 承使命
시시연 출문 심 기맥 즉 비병 의 신등 이위 낭 평성군 조견 승 사명
托疾求免 收其職牒 謫之于外. 今久冏家無老親 身無疾病 而効
탁질 구면 수 기 직첩 적지 우외 금 구경 가 무 노친 신 무 질병 이 효
狷之轍 上箋求免 豈讀書儒生之意乎? 釋此不罪 人當險阻之時
견 지 철 상전 구면 기 독서 유생 지 의 호 석차 부죄 인 당 험조 지 시
皆效之矣.”
개 효지 의

上曰: “昔者疾 今日愈 如之何罪之!” 希璟復啓曰: “久冏在前月
상 왈 석자 질 금일 유 여지하 죄지 희경 부 계왈 구경 재 전월
常仕本館 聞今月初二日書狀官入抄 然後托於初一日得之 自飾
상사 본관 문 금월 초 이일 서장관 입초 연후 탁 어 초일일 득지 자식
箋詞 手寫以上 其誣妄不忠之罪 昭然可知. 願如前啓 以礪士風.”
전사 수사 이상 기 무망 불충 지 죄 소연 가지 원 여 전계 이려 사풍
上乃從之.
상 내 종지

議政府啓徵馬之令. 啓曰: “不納品馬者頗多 請依前判 受田者
의정부 계 징마 지 령 계왈 불납 품마 자 파다 청의 전판 수전 자
收其田 無田者充水軍. 其罰徵馬 若依前判各徵一馬 則其中職卑
수 기전 무전 자 충 수군 기벌 징마 약 의 전판 각 징 일마 즉 기중 직비
者甚苦之 如例當十人幷納一馬者 使五人納一馬 以此例徵之.”
자 심 고지 여례 당 십인 병 납 일마 자 사 오인 납 일마 이 차례 징지
從之.
종지

遣知司譯院事張洪壽 管押十五運馬六百匹如遼東.
견 지사역원사 장홍수 관압 십오 운 마 육백 필 여 요동

己未 上詣文昭殿 行寒食祭. 初 上因傳香祝 問左右曰: “古者
기미 상 예 문소전 행 한식제 초 상 인 전 향축 문 좌우 왈 고자
迭用三正 而寒食未嘗沿革. 或曰因介之推之故也.” 金汝知對曰:
질용 삼정 이 한식 미상 연혁 혹왈 인 개지추 지 고야 김여지 대왈
“介子之說 古人已非之 但冬至後一百五日是也. 時有疾風甚雨 故
개자 지 설 고인 이 비지 단 동지 후 일백 오일 시야 시 유 질풍 심우 고
曆家謂之寒食.”
역가 위지 한식

命發青州迤北軍馬一百五十 以濟北征之師. 始 韓興寶既死
명발 청주 이북 군마 일백 오십 이제 북정 지 사 시 한흥보 기사
猛哥帖木兒聲言捕賊 率兵到慶源 宿所多老 翼日 宿吾農草. 遣
맹가첩목아 성언 포적 솔병 도 경원 숙 소다로 익일 숙 오농초 견
千戶金希周謂趙涓曰: “今來入侵兀狄哈 乃探州葛多介 具州
천호 김희주 위 조연 왈 금 내입 침 올적합 내 탐주 갈다개 구주
金文乃等也. 若不追捕深處 數多賊人 竝生輕易之心 不無頻頻
김문내 등 야 약 불 추포 심처 수다 적인 병생 경이 지 심 불무 빈빈
入侵之患. 察理使須領兵馬追逐 吾當同力助戰.” 涓乃使希周
입침 지 환 찰리사 수 영 병마 추축 오 당 동력 조전 연 내 사 희주
復歸童指揮之所 童指揮謂希周曰: “察理使如有追捕之心 則潛師
복귀 동 지휘 지 소 동 지휘 위 희주 왈 찰리사 여유 추포 지 심 즉 잠사
入來 以慶源築城爲名. 且使人潛通於我 則我領兵同行 出賊不意
입래 이 경원 축성 위명 차 사인 잠통 어 아 즉 아 영병 동행 출 적 불의
而掩襲之.” 童指揮之弟於虛里亦曰: “草木茂盛則捕賊爲難 宜速
이 엄습 지 동 지휘 지 제 어허리 역 왈 초목 무성 즉 포적 위난 의속
行兵. 若朝鮮出鐵騎四百 我等以二百騎會 則可以勝戰.” 涓以報
행병 약 조선 출 철기 사백 아등 이 이백 기 회 즉 가이 승전 연 이보
都巡問使林整 整以聞 且使希周詣闕告狀.
도순문사 임정 정 이문 차 사 희주 예궐 고상

上召議政府舍人趙啓生曰: “童指揮若誠心助我 則固可喜也 或
상 소 의정부 사인 조계생 왈 동 지휘 약 성심 조 아 즉 고 가희 야 혹
與賊人相結 而爲此言以誘我 亦未可知 所以對之之辭 務盡事情
여 적인 상결 이 위 차언 이 유 아 역 미 가지 소이 대지 지 사 무 진 사정
集議以聞.”
집의 이문

領議政府事河崙以爲: “自古越險攻敵 罕能成功. 今自慶源至彼
영의정부사 하륜 이위 자고 월험 공적 한 능 성공 금 자 경원 지 피
賊人之境 經數百里 道途之間 必有險阻. 然則我反爲致於人. 賊
적인 지 경 경 수백 리 도도 지 간 필유 험조 연즉 아 반 위 치 어 인 적

之强弱衆寡 臣所不知 意其介居山谷 合散不時 或邀於險阻 或
지 강약 중과 신 소부지 의 기 개거 산곡 합산 불시 혹 요 어 험조 혹
起於夜半 出入不意來攻 則恐大軍之見挫於小醜 悔之無及. 不若
기어 야반 출입 불의 내공 즉 공 대군 지 견좌 어 소추 회지 무급 불약
堅壁固守 待其來而應之也."
견벽 고수 대 기래 이 응지 야

左政丞成石璘以爲: "往征之計已定 不可中變 宜亟進兵. 縱
좌정승 성석린 이위 왕정 지 계 이정 불가 중변 의 극 진병 종
未能剪滅渠魁 但令蹂躪賊巢 燔燒廬帳而還可矣."
미능 전멸 거괴 단 영 유린 적소 번소 여장 이 환 가의

右政丞趙英茂以爲: "童指揮消息之勢 疑已與彼賊同謀. 請按兵
우정승 조영무 이위 동 지휘 소식 지 세 의 이 여 피적 동모 청 안병
不動 待四月草長 出其不意 輕行掩襲 可以得志."
부동 대 사월 초장 출 기 불의 경행 엄습 가이 득지

启生以三議启 上是石璘之策 且曰: "賊已知我往征 不可輕擧."
계생 이 삼의 계 상 시 석린 지 책 차 왈 적 이지 아 왕정 불가 경거
乃有是命. 李天祐啓曰: "今討兀狄哈 三相之議不同 如之何?" 上
내 유 시명 이천우 계왈 금 토 올적합 삼상 지 의 부동 여지하 상
曰: "策已定矣 何復爲異論? 宜令趙涓退師吉州 其在慶源之軍
왈 책 이정 의 하 부 위 이론 의령 조연 퇴사 길주 기 재 경원 지 군
聲言修築城堡 待彼懈而弛備 以三月晦四月初 卽出兵掩擊." 遂
성언 수축 성보 대 피 해 이 이비 이 삼월 회 사월 초 즉 출병 엄격 수
遣鎭撫趙琛于趙涓 授以事機. 金希周來見 命之曰: "兀狄哈向
견 진무 조침 우 조연 수 이 사기 김희주 내현 명지 왈 올적합 향
天子不忠 今又無故侵我邊疆 罪當討捕. 然蕞爾頑凶 何足數乎?
천자 불충 금 우 무고 침 아 변강 죄 당 토포 연 최이 완흉 하족 수 호
故置而不問. 今童指揮旣欲出兵追討 又送人于我 欲爲向導 誠款
고 치 이 불문 금 동 지휘 기 욕 출병 추토 우 송인 우아 욕위 향도 성관
可嘉." 賜希周衣冠及靴.
가가 사 희주 의관 급 화

壬戌 大風屋瓦飛墜.
임술 대풍 옥와 비추

遣上護軍李和美 檢校漢城尹崔也吾乃如建州衛 賜
견 상호군 이화미 검교 한성윤 최야오내 여 건주위 사
童猛哥帖木兒苧布麻布 各十匹 淸酒二十甁. 觀其意也.
동맹가첩목아 저포 마포 각 십 필 청주 이십 병 관 기의 야

命追奪金玉謙職牒. 玉謙本東北面定州吏也. 給事潛邸 官至
명 추탈 김옥겸 직첩 옥겸 본 동북면 정주 리 야 급사 잠저 관 지
上護軍 掌本宮錢穀出納 多行不義; 受私奴崔隣等賂; 妄托內敎
상호군 장 본궁 전곡 출납 다행 불의 수 사노 최린 등 뢰 망탁 내교

爲書 至咸州本宮 盜用粟米七十石 稷米三十石. 事覺玉謙已死
위서 지 함주 본궁 도용 속미 칠십 석 직미 삼십 석 사각 옥겸 이사

命收職牒; 崔隣等 決杖有差.
명수 직첩 최린 등 결장 유차

癸亥 風雪雨雹.
계해 풍설 우박

以大護軍黃碩中爲東北面敬差官 遣酒饌于童猛哥帖木兒.
이 대호군 황석중 위 동북면 경차관 유 주찬 우 동맹가첩목아

遣司譯院舍人兪興俊 管押十六運馬七百十七匹如遼東.
견 사역원 사인 유흥준 관압 십육 운 마 칠백 십칠 필 여 요동

甲子遣司譯院舍人閔光美 管押十七運馬四百二十三匹 司直
갑자 견 사역원 사인 민광미 관압 십칠 운 마 사백 이십 삼 필 사직

朴茂管押十八運馬三百八十四匹 司譯院判官吳義管押十九運馬
박무 관압 십팔 운 마 삼백 팔십 사 필 사역원 판관 오의 관압 십구 운 마

二百八十七匹如遼東. 遼東都司使舍人李進到鴨綠江 催督易換
이백 팔십 칠 필 여 요동 요동도사 사 사인 이진 도 압록강 최독 역환

馬匹.
마필

遣平道全 率其子望古及其徒八人 禦倭于慶尙 全羅 江原道.
견 평도전 솔 기자 망고 급 기도 팔인 어왜 우 경상 전라 강원도

朝議以道全狠戾不測 聚徒居京不便 因以散處之也.
조의 이 도전 한려 불측 취도 거경 불편 인 이 산처 지 야

丙寅 命領議政府事河崙 修撰月令. 上觀禮記月令曰: "此非獨
병인 명 영의정부사 하륜 수찬 월령 상 관 예기 월령 왈 차 비독

人君所當知 要令民庶通曉而趨事也." 遂命崙擇寫可行事目以進.
인군 소당지 요 영 민서 통효 이 추사 야 수 명 륜 택사 가행 사목 이진

前豐海道都節制使金繼志卒. 繼志卒于泰山 上遣中使 賜祭于
전 풍해도 도절제사 김계지 졸 졸 우 태산 상 견 중사 사제 우

其殯 仍莅喪葬之事 命議政府移牒全羅道都觀察使 官給葬具 且
기빈 잉 이 상장 지 사 명 의정부 이첩 전라도 도관찰사 관급 장구 차

厚賻之. 有子五人 滓 澮 瀋 文子 仲子.
후 부지 유자 오인 재 회 심 문자 중자

修築慶尙 全羅諸州山城. 昌寧縣火王山 淸道郡烏惠山 減陰縣
수축 경상 전라 제주 산성 창녕현 화왕산 청도군 오혜산 감음현

黃石山 善州金烏山 昌原府廉山 雞林府夫山 南原府蛟龍
황석산 선주 금오산 창원부 염산 계림부 부산 남원부 교룡

潭陽府金山 井邑縣笠巖山 高山縣伊訖音山 道康縣修因山 羅州
담양부 금산 정읍현 입암산 고산현 이흘음산 도강현 수인산 나주

錦城山城也.
금성산 성 야

| 원문 읽기를 위한 도움말 |

① 事多不實(사다부실). 이는 바로 앞에 나오는 事頗實(사파실)과 상응한다. 多(다)는 頗(파)과 거의 같은 뜻이고 實(실)과 不實(부실)은 대조를 이룬다.

② 且非止此寇而已 吾都里 兀良哈雜種 亦無所懼矣(차비지차구이이 오도리 올량합잡종 역무소구의). 이것은 '非止(비지)~而已(이이)~亦(역)'의 구문으로 전형적인 '단지 ~뿐만 아니라 ~도 또한~'의 구문이다.

태종 10년 경인년
3월

三月

정묘일(丁卯日-1일) 초하루에 상(上)이 친히 문소전(文昭殿)에 제사를 지냈다.

○ 중군호군(中軍護軍) 전흥(田興)을 동북면(東北面)에 보냈으니 궁온(宮醞)을 싸 가지고 가서 북벌(北伐) 장수들을 위로하기 위함이었다. 겸해서 뜻을 전해 말했다.

"적(賊)들이 달아나면 이를 쫓아가되 하루, 이틀 노정(路程)을 넘지 않도록 하고 만일 도망쳐 숨고[竄伏(찬복)] 물러가지 않을 경우 끝까지 수색해 잡으라."

○ 검교한성윤(檢校漢城尹) 송희정(宋希靖)[1]에게 옷 한 벌, 신발 한 켤레[對(대)], 쌀과 콩 10석(石)을 내려주었다. 희정(希靖)이 늙고 집이 가난하므로 상이 불쌍히 여겨 이런 하사가 있었다.

무진일(戊辰日-2일)에 화성(火星)이 귀성(鬼星)[2] 서쪽에 있었는데 간격이 1척(尺)이었다.

○ 의흥부(義興府)에 명해 갑사(甲士)의 번상(番上)[3]하는 법을 시행

---

1 여말선초 명나라와의 외교에서 통사로 활동했다.

2 고대 중국 천문학에서 이십팔수(二十八宿)의 하나다.

3 지방의 군사가 군역(軍役)을 치르기 위해 번(番)의 차례에 따라 서울로 올라오는 것을 말한다.

하게 했다. 의흥부에 뜻을 전해 말했다.

"새로 갑사(甲士)로 뽑은 자가 얼마나 되는가?"

한규(韓珪, ?~1416년)[4]가 대답해 말했다.

"자원자가 많아 이미 뽑은 인원이 거의[幾] 1,000명이나 됩니다. 다시 하루 이틀만 더 뽑으면 수효를 채울 수 있습니다. 그러나 혹 노비가 없는 자의 경우에는 설사 1년이라도 이 임무를 이겨낼 수 없습니다."

상이 말했다.

"내가 장차 갑사로 하여금 교대로 번상(番上)케 해 당번자(當番者)는 녹(祿)을 받게 하고, 하번자(下番者-번을 마친 사람)는 농사일로 돌아갈 수 있게 하겠다."

호조판서 이응(李膺)이 대답했다.

"그렇게 하면 번진(藩鎭)과 시위(侍衛)가 모두 부실하게 됩니다. 또 사직(司直)과 사정(司正)은 중국(中國)의 천호(千戶)와 백호(百戶)의 직책이니 가볍게 남에게 줄 수 없습니다. 또 어찌 녹(祿)을 받는 자로 하여금 교대로 상하번(上下番)이 되게 할 수 있습니까?"

○ 김화현령(金化縣令) 이사백(李師伯)을 파직했다. 애초에 현 사람 전 별장(別將) 고충학(高沖鶴)이 사백(師伯)을 얼굴을 맞대고 꾸짖어

---

4 태조 때 전라수군대장군을 지내고 1400년(정종 2년) 방간(芳幹)의 난을 평정하고 태종이 왕위에 오르는 데 협력한 공으로 1401년(태종 1년) 좌명공신(佐命功臣) 4등에 책록됐으며 면성군(沔城君)에 봉해졌다. 1403년(태종 3년) 8월 중군총제가 됐고 1406년(태종 6년) 우군총제를 겸했으며 1408년(태종 8년) 개성유후사, 1412년(태종 12년) 중군절제사가 됐다. 전형적인 무인이다.

[面詬]면후 말했다.

"너는 나라의 큰 도적이다."

드디어 사백이 범한 바를 조목조목 들어 관찰사에게 고소해 말했다.

"둔전(屯田)과 영선(營繕)은 나라에서 분명히 금(禁)한 것인데 사백이 이를 범했습니다."

그 나머지 것들은 모두 무고(誣告)였다. 사백은 이에 걸려들어 파직됐고 충학(沖鶴)은 그가 고소한 것 중에 두 가지가 사실이기 때문에 죄에 걸려들지는 않았다[不坐]부좌. 상이 관찰사의 계본(啓本)을 읽어보고서 말했다.

"사백은 영을 범했으니 파직해야 마땅하고, 충학은 면대해 현령의 죄를 말하고 감사에게 고소했으니 풍속(風俗)에 있어 아름답지 못하다. 그러나 치하(治下)의 백성에게 말을 못 하게 하면 수령된 자가 무엇을 두려워하겠는가? 법을 범하고 폐단을 일으키는 일이 장차 이로부터 일어날 것이다. 충학이 고소한 것이 과연 사실이라면 (충학의 죄는) 논하지 않는 것이 좋을 것이다."

○ 사헌부에서 무구(無咎)와 무질(無疾) 등의 죄를 청했다. 소(疏)는 이러했다.

'신하가 불충(不忠)한 경우에는 법으로 볼 때 마땅히 족멸해서[夷滅=族滅]이멸 족멸 용서해서는 안 되고 그 죄(罪)[5]는 정해진 법률이 있으니 사사로움으로 가벼이 하거나 무겁게 해서는 안 될 것입니다. (그런데)

---

5 이때는 처벌이라는 뜻이다.

지금 역적 무구와 무질은 화란을 일으킬 마음[禍心]을 품고서 가만히 간사한 꾀를 쌓아 이무(李茂)에게 당부(黨附)해 종지(宗支)를 제거하고자 했으니 그 불충한 죄가 하늘에 닿고 땅에 이르렀으므로[貫天達地] 이는 곧 순(舜)임금에 있어서의 사흉(四凶)[6]이자 주공(周公)에 있어서의 관숙(管叔)과 채숙(蔡叔)입니다.[7] 이에 하루도 하늘과 땅 사이에 용납할 수 없는 것은 명백합니다.

이 때문에 종친(宗親), 정부(政府), 대간(臺諫), 백료(百僚)가 연장누독(連章累牘)[8]해 말을 합쳐[合辭] 죄를 청했는데 전하께서 천토(天

---

6 『서경(書經)』「우서(虞書)」, '순전(舜典)'에 이런 구절이 나온다. "(순임금이) 공공(共工)을 유주(幽洲)에 유배하고[流] 환도(驩兜)를 숭산(崇山)에 유배하고[放] 삼묘(三苗)를 삼위(三危)에 유배하고[竄] 곤(鯀)을 우산(羽山)에 유배해[殛] 사흉(四凶)을 벌하자 천하가 모두 복종했다."

7 중국 주(周)의 무왕(武王)이 죽은 뒤에 무왕의 동생인 주공(周公)이 어린 성왕(成王)을 대신해 섭정(攝政)이 되자 주공의 형제들인 관숙(管叔), 채숙(蔡叔), 곽숙(霍叔)이 상(商)의 왕족인 무경(武庚)과 연합해 일으킨 반란이다. 기원전 1046년 무렵 무왕은 상(商)을 멸망시키고 주(周)를 건국했다. 무왕은 상나라 유민(遺民)들을 통제하기 위해 상의 마지막 임금인 주왕(紂王)의 아들 무경을 상의 도읍인 은(殷)에 머무르며 그곳을 다스리게 했다. 대신에 그가 반란을 일으키지 못하도록 감시하기 위해 무왕은 자신의 세 동생들에게 그 주변 지역을 분봉(分封)했다. 관숙(管叔) 희선(姬鮮)을 관(管)의 제후로 봉했으며, 채숙(蔡叔) 희도(姬度)는 채(蔡)의 제후로, 곽숙(霍叔) 희처(姬處)는 곽(霍)의 제후로 봉했다. 이들은 무경과 상나라 유민들에 대한 감시를 맡았기에 '삼감(三監)'이라고 불렸다. 기원전 1043년 무렵 무왕은 주를 건국한 지 3년 만에 병사했고, 태자 희송(姬誦)이 뒤를 이어 즉위했으니 그가 성왕이다. 그러나 성왕은 아직 나이가 어렸으므로 무왕의 동생인 주공 희단(姬旦)이 섭정(攝政)이 돼 나라를 다스렸다. 관숙과 채숙, 곽숙은 이에 불만을 품고 주공이 왕위를 빼앗을 것이라는 말을 사방에 퍼뜨리고, 무경과 연합해 반란을 일으켰다. 이를 '삼감(三監)의 난(亂)'이라고 한다. 주공은 소공(召公) 희석(姬奭)과 함께 왕실 내부와 제후들을 단속하며 반란의 진압에 나섰다. 하지만 동쪽의 회이(淮夷)와 연합한 상나라 유민들의 저항이 거세 반란의 진압에는 3년이나 걸렸다. 무경은 주살(誅殺)됐으며, 주공의 형인 관숙 희선도 처형됐다. 채숙은 멀리 유배됐으며 곽숙도 모든 지위에서 물러나는 처벌을 받았다.

8 잇달아 상소하는 것을 말한다.

討)를 베풀지 아니해 머리를 보전하게 하셨으니 한 나라 사람들이 통심(痛心) 절치(切齒)한 지가 지금에 이르러 4년이나 됐습니다. 다행히 하늘이 신충(宸衷-임금의 마음)을 달래어[誘] 무(茂)는 저자에서 목을 베고 그 도당(徒黨)들도 모두 죄를 순순히 받았지만[伏辜=伏罪] 그 싹이 자라나는 것은 뿌리가 아직도 그대로 남아 있기 때문입니다. 그렇다면 난신적자(亂臣賊子)가 어느 때에야 그치겠습니까? 하물며 저 탐라(耽羅)란 곳은 멀리[邈] 바다 밖[海表]에 있어 군사와 말이 정강(精强)하니 인심(人心)이 반드시 다를 것입니다. 만일 무구 등이 오랫동안 그곳에서 당원(黨援)을 맺어 그곳의 험하고 견고함을 믿어 하루아침에 변고를 일으킨다면 전하께서 장차 어떻게 제재하시렵니까? 또 저들을 구원하는 무리들이 중외(中外)에 잠복해 있으며 나라의 어지러운 틈[國釁]을 기다릴는지 어찌 알 수 있겠습니까? 전하께서 어찌하여 영명(英明)하신 자품(資稟)으로 사사로운 은혜에 끌려 적(賊)을 토벌하는 것을 늦추시어 고금(古今) 제왕(帝王)의 대법(大法)을 내팽개치십니까? 또 적신(賊臣) 이무 등 여섯 사람의 부자(父子) 또한 마땅히 법에 의해 처치해야 할 것인데 이들을 주군(州郡)에 안치(安置)했으니 의리(義理)에 맞지 않습니다. 신 등이 엎드려 바라옵건대 전하께서 순(舜)임금과 주공(周公)의 큰 법도[大法]를 본받아[體=傚] 무구, 무질 및 이무 등 여섯 사람의 부자에 대해 그들의 죄를 밝게 바로잡으시어 나라 사람들의 분함을 위로하고 간당(奸黨)들의 엿보는 희망[覬覦之望]을 끊으셔야 할 것입니다.'

지평(持平) 권탁(權卓)이 대궐에 나와 그 전에 올린 소(疏)를 윤허해 내려줄 것[允下]을 청하니 상이 말했다.

"경들은 새롭게 헌부(憲府)에 제수(除授)됐으니 마땅히 이런 청(請)이 있어야 할 것이다."[9]

경오일(庚午日-4일)에 동북면(東北面)의 굶주림을 진휼(賑恤)했다. 지신사(知申事) 안등(安騰)이 아뢰었다.

"동북면 고주(高州) 이북 7, 8군(郡)에서는 사람들이 모두 양식이 떨어져 굶주림을 면하기에 여념이 없으니 경작하고 씨 뿌릴 희망이 없습니다."

상이 탄식해 말했다.

"그곳의 감사(監司)나 수령(守令)은 장차 어디에다 쓸 것인가? 빨리 정부에 명해 진휼하게 해 굶어 죽지 말게 하고 또한 폐농(廢農)하지 않도록 하라."

신미일(辛未日-5일)에 햇무리가 졌다.

○사헌부대사헌 김한로(金漢老) 등이 대궐에 나아와 소(疏)를 올려 무구 등의 죄를 청했다. 소는 이러했다.

'지난날에[頃者](경자) 무구와 무질이 몰래 불궤(不軌)를 모의했으니 이보다 더 클 수 없는 죄를 징치(懲治)하지 않을 수 없건만 전하께서 은유(恩宥)를 굽혀서 베푸시어 그 머리를 보전하게 해 여러 해가 됐습니다. 이는 이른바 악을 징계하는 것[懲惡](징악)이 아닙니다. 이무(李茂)

---

9 2월 13일 대사헌을 김한로로 바꾸면서 단행한 사헌부에 대한 대대적인 인사가 어떤 취지에서 이뤄진 것인지를 짐작하게 해주는 발언이다.

등은 죄가 반역(叛逆)에 걸려들었으니 그 아비와 자식도 마땅히 법에 따라 처치해야 할 것인데 전하께서 낮춰서 가벼운 법에 따라 외방(外方)에 안치(安置)해 편안히 누워서 쉬게 했습니다. 이는 이른바 법을 지키는 것[守法]이 아닙니다. 악을 징계하지 않고 법을 지키지 않으면 난역(亂逆)이 뒤를 이어[接踵] 일어날 것이니 법령(法令)은 한갓 문구(文具)[10]만 될 뿐입니다.

바라건대 전하께서는 위로 조종(祖宗)의 뜻을 체화하시고 아래로 신민(臣民)의 바라는 바를 받아들이시어 큰 의로움[大義]으로 결단해 무구·무질과 이무의 아들 이간(李衎)·승조(承祚)·공유(公柔)·공효(公孝)·공지(公祗)·이탁(李托), 희민(希閔)의 아들 금음동(今音同)·가벌(加伐), 그 아비 조호(趙瑚), 유기(柳沂)의 아들 방선(方善)·방경(方慶)·선로(善老)·막동(莫同)·효복(孝福), 그 아비 유후(柳厚), 윤목(尹穆)의 아들 주남(周南)·소남(召南), 사덕(思德)의 아들 강대(姜待)·말동(末同) 등을 율(律)에 따라 과죄(科罪)해 난역(亂逆)의 문을 막음으로써 영세(永世)의 감계(鑑戒)를 밝히셔야 할 것입니다.'

상이 말했다.

"이미 다 끝난 일을 어찌 다시 청하는가?"

대답했다.

"지당(支黨)은 비록 제거됐으나 적(賊)의 괴수는 아직도 남아 있으니 어찌 끝났다고 말할 수 있겠습니까? 신 등이 생각건대 탐라(耽羅) 사람들은 횡역(橫逆)한 것이 습관이 돼 잠깐 신하 노릇 했다가도

10 실속이 없이 겉만 꾸민 허문(虛文)이라는 뜻이다.

금세 반역을 하는데[乍臣乍叛(사신사반)] 지금 또 이 두 사람을 그곳에 두었으니 크게 안 될 일입니다. 이들은 스스로 죄악이 깊고 중한 것을 알고 항상 죽기를 면할 계책을 도모하니 가만히 그 백성을 꾀어서 화환(禍患)을 일으킬지 알 수가 없습니다. 혹시 한두 사람의 간악한 백성과 더불어 마음을 같이하고 서로 약속해 배를 타고 다른 지경으로 도망해 들어간다면 어찌 후회가 없겠습니까?"

상이 말했다.

"두 사람은 이미 해도(海島)에 두었는데 장차 또 어느 땅으로 옮기라는 말인가?"

대답했다.

"하루도 하늘과 땅 사이에 용납할 수 없으니 다시 어느 곳에 둘 데가 있겠습니까? 마땅히 법에 의해 처치할 뿐입니다."

상이 말했다.

"내가 장차 다시 처치할 방법을 생각하겠으니 경들은 일단[姑(고)] 물러가라."

임신일(壬申日-6일)에 화성(火星)이 여귀(輿鬼)[11]로 들어갔는데 화성

---

11 반고의 『한서(漢書)』 「천문지(天文志)」에 따르면 "여귀성(輿鬼星)은 귀신에게 제사를 지내는 일을 주관하고 중앙에 있는 흰색 별은 질성(質星)이다(原註-진작(晉灼)이 말했다. "여귀성은 5개인데 그 가운데에 있는 흰색이 질성이다."). 화성이 남북 양 하성(河星) 사이에 머물러 궤도를 따라가게 되면 (천하에) 병란이 일어나고 곡식은 제대로 여물지 않는다[不登(부등)]. 그래서 (천자의) 다움은 형성에, 살펴보는 것[觀(관)=占(점)]은 황성(潢星)에(原註-진작이 말했다. "황(潢)은 오황(五潢)인데 이는 오제의 수레가 있는 곳을 가리킨다."), 패퇴는 월성(戉星)에(原註-진작이 말했다. "패퇴의 조짐은 먼저 월성에서 모습을 드러낸다."), 재앙은 동정에(原註-진작이 말했다. "동정은 물의 일을 주관하는데 하나의 별이 그 주변에 머물게 되면 천자는 화성으

과 적시성(積尸星)[12]의 서북쪽 간격이 1척(尺)쯤[許] 됐다.

○사헌부에서 대궐에 나아와 다시 무구 등의 죄를 청하니 상이 말했다.

"이 사람들이 나라 안[國中]에 있어 신청(申請)하는 일을 번거롭게 하므로 이에 이미 바다 밖[海外]에 내쳤는데 지금 또 그것도 안 된다고 하니 내가 둘 곳[所置]을 알지 못하겠다."

마침내 정부(政府-의정부)에 명해 깊이 토의해 보고하게 했다. 정부에서 아뢰어 말했다.

"이자들은 하늘과 땅 사이에 용납할 수 없으니 마땅히 헌부(憲府)가 올린 소(疏)에 따라 한결같이 법에 의해 처치해야 할 것입니다."

(환관) 노희봉(盧希鳳)이 그대로 아뢰니 상이 말했다.

"내가 본래 옮겨둘 곳을 물은 것인데 정부(政府)의 대답이 이와 같으니 이는 반드시 너와 지신사(知申事)가 명을 전함에 있어[將命] 잘못이 있었던 것이다."

이에 6대언(代言)과 희봉(希鳳)을 불러 (왕명의) 출납(出納)이 밝지 못하다고 꾸짖으니 모두 황망하고 두려움에 떨며 나갔다. 상이 희봉에게 일러 말했다.

"다시는 이 일을 아뢰지 말라."

희봉이 물러나와 대언들에게 일러 말했다.

로 그것을 패퇴시킨다고 했으니 곧 재앙을 말한다."), 주벌은 질성에 각각 해당된다(原註-진작이 말했다. "형종성이 여귀성의 질성에 들어가게 되면 점에서는 대신에게 죄가 있어 벌하게 된다고 말한다.")."

12 시체가 쌓인다는 뜻으로 여귀자리 안에 있는 별이다.

"상의 뜻은 윤허하지 않으시는 데[不允 불윤] 있다. 그래서 이런 말씀이 있는 것일 뿐이다."

○ 길주도찰리사(吉州道察理使) 조연(趙涓)이 군사를 거느리고 두만강(豆滿江)을 건넜는데, 조전절제사(助戰節制使) 신유정(辛有定)·김중보(金重寶)와 경원병마사(慶源兵馬使) 곽승우(郭承祐)가 이를 따랐다.

계유일(癸酉日-7일)에 유정현(柳廷顯)을 형조판서로 삼았다.

○ 형조참의(刑曹參議) 유겸(柳謙)을 보내 경사(京師)에 가게 했다. 주본(奏本)은 이러했다.

"영락(永樂) 7년 10월 21일에 칙서(勅書)를 흠봉(欽奉)했는데 이를 요약하면 '왕의 (다스리는) 곳[王處 왕처]에 말이 있으니 형편에 따라 다소간 국용(國用)에 도움이 되게 하라. 그러면 그 값을 쳐서 갚겠다'라고 했습니다. 이리하여 신이 본국의 종친(宗親)과 문무(文武) 대소 관료(大小官僚) 및 백성에 이르기까지 말이 있는 집이면 힘을 다해 판출(辦出)하여 잡색마(雜色馬) 1만 필을 나눠 19운(運)을 만들어서 사람을 시켜 말을 이끌고 요동도사(遼東都司)에 보내 교부(交付) 인계(引繼)해 끝냈습니다."

○ 노희봉(盧希鳳)을 순금사에 내렸다. 대사헌 김한로(金漢老) 등이 대궐에 나아와 (무구 등을 처형할 것을) 다시 청했으나 상이 윤허하지 않았다. 한로(漢老)가 더욱 굳게[益堅=益固 익견 익고] 청하니 상은 노희봉이 (왕명의) 출납(出納)을 잘못했다고 꾸짖고 또 말했다.

"예로부터 임금이 환자(宦者-환관)를 쓰는 것은 단지 문호(門戶)

의 소제(掃除)만을 맡게 하려는 것이었다. 태조(太祖)께서는 조순(曹恂)을 매우 신임하셨는데 내가 간쟁하는 자식[爭子(쟁자)=爭子(쟁자)]이 되지 못했다.[13] 내가 즉위(卽位)하기에 이르러[曁(기)=及(급)] 환자들이 하는 짓을 싫어해 없애버리려고 생각했으나 또한 (그중에) 쓸 만한 자도 있고 그들로 하여금 안과 밖을 통하게만 하면 될 뿐 치우쳐서 일을 맡기지만 않으면 됐다. 희봉은 간사한 행동이 없기 때문에 쓴 것인데 지금 이미 이와 같으니 징계하지 않을 수 있겠느냐?"

드디어 그를 순금사에 가뒀다가 3일 만에 풀어주었다.

갑술일(甲戌日-8일)에 화성(火星)이 여귀성(輿鬼星)의 중앙인 적시성(積尸星)의 북쪽에 있었다.

○ 해온정(解慍亭)에 나아가 종친(宗親)들을 불러 활쏘기를 구경했다.

○ 사헌부에서 다시 대궐에 나아와 무구(無咎) 등의 죄를 청했으나 윤허하지 않았다. 상이 말했다.

"대간(臺諫)이 새로이 제수(除授)되면 반드시 이 일을 말하니 더 이상 보고를 들이지[入啓(입계)] 말라."

의정부(議政府)에서도 대궐에 나와 아뢰었다.

"헌부에서 청하는 것은 신 등도 일찍이 마음 아파하던 것입니다. 청컨대 그 소(疏)를 따르시어 신민(臣民)의 바라는 바를 터주셔야 할 것입니다."

---

13 자식으로서 아버지의 잘못을 보고 간쟁을 했어야 했는데 그렇게 하지 못했다는 말이다.

상이 말했다.

"경들이 아무리 반복해 말하더라도 나는 끝까지 들어주지 않을 것이다."

성석린(成石璘), 조영무(趙英茂) 등이 다시 아뢰어 말했다.

"신 등이 재상(宰相)에 비원(備員)돼 있으니 만일 헌사의 청(請)이 마땅한 것이 아니라면 비록 백 사람의 헌사가 일어나서 저희를 충동질하더라도[激之] 신 등이 어찌 감히 망령되게 따르겠습니까[詭隨]? 역신(逆臣)의 죄는 마땅히 전형(典刑-법에 의한 처벌)을 바로잡아야 합니다. 신 등이 오늘 청을 얻지 못하면 내일 공신(功臣)들이 잇달아 나올 것이고, 공신들도 또한 청을 얻지 못하면 나라 사람들[國人]이 반드시 따라서 굳이 청할 것이니 어느 날에 그치겠습니까?"

을해일(乙亥日-9일)에 영의정부사(領議政府事-영의정) 하륜(河崙)과 좌정승(左政丞) 성석린(成石璘) 등이 대궐에 나아와 글을 올렸다. 글은 대략 이러했다.

'가만히 생각건대 무구와 무질의 불충한 죄는 다른 사람의 신자(臣子)가 된 자가 함께 같은 하늘을 지고 살 수 없는 것입니다. 그래서 대간(臺諫), 법관(法官), 공신(功臣), 재보(宰輔), 대소 신료(大小臣僚)가 말을 합쳐 죄를 청한 지가 이미 4년이라는 오랜 시일이 지났습니다. 전하께서 차마 베지 못하시고 그 머리를 보전하게 해 당여(黨與)들이 간계(奸計)를 내게 만들었으니 이는 하나의 큰 악(惡)을 덮어주다가 화(禍)가 만연하기에 이른 것입니다. 어찌 나라의 근본[國體]에 해가 되지 않겠습니까? 엎드려 바라옵건대 전하께서는 큰 의로움으로 결단해 그 죄를 밝게 바로잡음으로써 후환(後患)을 끊어 버려야 할 것입니다. 또 이무(李茂), 윤목(尹穆), 조희민(趙希閔), 강사덕(姜思德), 유기(柳沂), 이빈(李彬) 등의 부자도 모두 율(律)에 따라 시행하신다면 매우 다행함을 이기지 못할 것입니다.'

○사간원 우사간(右司諫) 김지(金摯) 등이 또 말씀을 올렸다[上言](상언).

'수악(首惡) 무구(無咎)·무질(無疾)과 당악(黨惡) 이무(李茂)의 무리가 몰래 불궤(不軌)를 도모해 종사(宗社)를 위태롭게 하므로 정부(政府), 대간(臺諫), 백료(百僚)가 장소(章疏)를 계속 올려 죄를 청했습니다. 전하께서는 무구와 무질에 대해 신 등에게 면대(面對)해 일깨워주셨는데 그 너그러운 말씀[睿語=寬語](예어 관어)이 간절하고 지극하셨기에 신 등이 곧장 다시 청하지는 못했습니다만, 그 죄는 하루도 하늘과 땅 사이에서 살 수 없는 것입니다. (그런데) 지금 헌사(憲司)에서 마땅함을 들어[擧義](거의) 거듭 청한 지가 이미 여러 날이 됐는데 전하께서 곧바로 유윤(兪允)하지 않으시니 종사(宗社)에는 어떠하며 공도(公道)에는 어떠하겠습니까? 당악은 베고 수악은 베지 않는다면 이는 마치[是如](시여) 사람의 경우 손과 발의 병은 제거하면서 심복(心腹)의 병은 제거하지 않는 것과 같습니다. 이는 대개 하늘과 땅에는 사사로움이 없어 봄에는 (만물을) 살리고 가을에는 죽여 사시(四時)를 이루듯이 빼어난 이[聖人](성인)에게도 사사로움이 없어 좋은 것은 상을 주고 나쁜 것은 벌을 주어[賞善罰惡](상선벌악) 사해(四海)를 다스리는 것입니다. (그렇기 때문에) 예로부터 상벌(賞罰)이 고르지 않은데 능히 국가를 잘 다스린 자는 없었습니다. 아, 우리 전하께서는 태조(太祖)의 창업하신 기반을 이어받아 모든 시위(施爲-행동 하나하나)가 다

자손만대의 모범이 되는데 어찌 사은(私恩)으로 인해 공의(公義)를 해칠 수 있겠습니까? 또 적신(賊臣) 이무의 아들 간(衎) 등이, 그 죄가 어찌 윤목(尹穆) 등의 아래에 있겠습니까? 엎드려 바라옵건대 전하께서는 큰 의로움으로 결단하시어 장차 무구, 무질 및 이간, 공유(公柔), 승조(承祚), 공효(公孝), 공지(公祗), 탁(托) 등에 대해 그 죄를 밝게 바로잡음으로써 만세(萬世)에 모범을 드리우셔야 할 것입니다.'

상이 (지신사) 안등(安騰)을 시켜 뜻을 전해 말했다.

"지금 재신(齋晨=재계)을 맞아[値=當] 감히 소(疏)를 볼 수가 없다."

사헌부도 바야흐로[方] 대궐에 나오려다가 모두 물러갔다.

○ 길주도찰리사(吉州道察理使) 조연(趙涓) 등이 두문(豆門)[14]에 이르러 모련위지휘(毛憐衛指揮)[15] 파아손(把兒遜), 아고거(阿古車), 착화(着和), 천호(千戶) 하을주(下乙主) 등 네 명을 유인해 죽이고 군사를 풀어 그 부족(部族) 수백 명을 섬멸하고 가옥을 불사르고 돌아왔다. 사로잡은 사람이 남자 한 명, 여자 26명이고, 장사(將士)가 잡은 인구가 남녀 합쳐 약간 명이었다. 이에 조연이 첩음(捷音)[16]을 의정부에 보고했다.

---

14 토문이라고도 하는데 지금의 두만강 건너편에 있는 지명이다.

15 모련위는 1405년 여진의 올량합족(兀良哈族)이 명나라의 초무(招撫)에 응해 입조(入朝)하자 설치했다. 정통연간(正統年間, 1436~1449)에는 건주위(建州衛)에 있는 것과 두만강 밖에 있는 것으로 2분됐으며, 명나라와의 관계도 조공(朝貢)과 이반(離叛)을 되풀이했다. 이곳의 여진족이 조선을 자주 침범하자 1460년(세조 6년) 신숙주(申叔舟)로 하여금 이를 치게 했는데 이것이 경진북정이다.

16 승전보고(勝戰報告)를 말한다.

'연(涓)이 2월 29일에 신유정(辛有定), 김중보(金重寶), 곽승우(郭承祐)와 함께 군마(軍馬) 1,150명을 거느리고 길주(吉州)를 출발해 3월 초6일에 오음회(吾音會)의 동맹가첩목아(童猛哥帖木兒)가 있는 곳에 이르러 동건(童巾)에 사는 올량합지휘(兀良哈指揮) 아란(阿亂)의 손자(孫子) 가시구(加時仇)를 붙잡아 경원(慶源)에 침입한 적당(賊黨)들을 물어보았는데 곧 구주(具州)에 사는 올적합(兀狄哈) 김문내(金文乃), 갈다개(葛多介), 장로(將老), 다비내(多非乃) 및 동지휘(童指揮) 휘하의 안춘(安春), 끽리(喫里) 등 수십 명과 두문(豆門)에 인접한 보을오(甫乙吾) 휘하의 최합아불화(崔哈兒不花) 등이었습니다.

또 듣건대 동지휘가 싸움을 돕는다고 소리쳐 말하고는[聲言 성언] 군사를 거느리고 경원부(慶源府)의 소다로(所多老)에 이르러 각호(各戶)의 가재(家財)와 소, 말을 약탈했습니다. 보을오는 찰리사를 알현(謁見)한다고 칭탁하고서 많은 무리를 거느리고 소다로를 경과해 약탈을 자행했다고 합니다. 초9일에 올량합지휘 아고거가 살고 있는 두문(豆門)에 이르러 가시구의 형 합아비(哈兒非)를 붙잡아 물어보았더니 갈다개 김문내가 당초에 대부(大父) 아란(阿亂)이 있는 곳에 함께 가서 보을오, 아고거, 착화 등 휘하와 더불어 (경원에) 침략할 것을 함께 의논했고 구주(具州)의 갈다개 등 적류(賊類)는 본래 5호(戶)였는데 동지휘(童指揮)가 사람을 시켜 "조선이 군사를 보내 문죄(問罪)한다"고 고해 일찍이 도망쳐 기산(騎山)에 숨었다고 합니다. 가만히 생각건대 올적합, 올량합, 오도리의 여진(女眞) 남녀들은 서로 혼인해 모두 같은 족류(族類)인데 서로 주모(主謀)해 때로 모여 도적질을 하고, 마음대로 변경에 들어와 소와 말을 약탈하고 사람을 살상하며,

심지어는 임의로 국고(國庫)를 열어 그 해(害)가 대단히 심합니다. 동맹가첩목아는 처음에는 힘을 합쳐 도적을 잡는다고 칭하고 분명히 날짜까지 약속했는데[期會] 지금은 동량북(東良北) 사람에게 통지하고 군사를 거느리고 물러가 주둔했습니다. 아고거, 파아손, 착화 등도 두문에서 한 번 회합하고 요해처(要害處)에 복병(伏兵)해 동지휘와 더불어 서로 호응해 난(亂)를 꾸몄습니다. 그러므로 이미 적(賊)의 괴수 아고거, 파아손, 착화 및 하을주 등과 휘하의 군인 160명을 잡아 베었습니다. 이에 김문내 등은 처음부터 수모자(首謀者)가 아니고, 또 이미 도망쳐 숨어버렸습니다. 그리하여 여러 날이 걸리는 노정(路程)에 진군(進軍)하기가 어려워 이미 경원부 소다로에 물러나 주둔하고 명을 기다립니다.'

보고가 도착하니 상이 말했다.

"지휘 등은 모두 중국 조정의 직사(職事)를 받았는데 지금 마음대로 죽였으니[擅殺] 이는 상국(上國)에 흔단(釁端-사단)을 일으킨 것이다. 마땅히 서둘러 (명나라 조정에) 아뢰어 보고하고[奏聞] 사로잡은 사람들은 모두 찾아내 본고장에 돌려보내라."

정축일(丁丑日-11일)에 동교(東郊)에 행차해 무과(武科) 초장(初場)을 친히 시험했다. 이에 갑사(甲士)는 목창(木槍)을 가지고, 방패군(防牌軍)은 목검(木劍)을 가지고 서로 겨루게 했다[角戰]. 이어서 화통군(火熥軍)으로 하여금 철령전(鐵翎箭)과 석탄자(石彈子)를 쏘게 했는데 갑사 두 사람이 목검에 상처를 입어 이튿날 죽었다.

무인일(戊寅日-12일)에 달이 상장성(上將星)[17] 서북쪽에 있었다.

○ 상이 개성유후사(開城留後司)에 가는데 모화루(慕華樓)[18]에 나가서 머물렀다. 애초에 대간(臺諫)이 대궐에 나아와 전날의 소(疏)를 윤하(允下)해줄 것을 청하고 조금 뒤에[旣而](기이) 의정부(議政府), 종친(宗親), 공신(功臣), 백관(百官)이 모두 대궐 뜰에 나아와 아뢰어 말했다.

"지금 장차 유후사에 행차해 제릉(齊陵)에 참배하고 10일 만에 돌아오시려고 예정하시는데 혹시 비를 만나면[値=當](치 당) 수십 일[數旬](수순) 동안 지체하실지도 알 수 없습니다. 만일 오늘 윤허하지 않으시면 오고 가는 말들이 있어 변란이 생길까 두렵습니다."

상이 말했다.

"이미 끝난 일을 어째서 다시 아뢰는가?"

대답해 말했다.

"전하의 명은 비록 이와 같으시나 법으로 따져보면 죄가 어찌 여기에 그치겠습니까?"

조금 뒤에 세자(世子)가 이르러 아뢰어 말했다.

"정부(政府), 백관(百官)이 말을 합쳐 죄를 청하니 그 말이 진실로

---

17 태미원(太微垣)에 속하는 별이다.

18 모화관이라고도 하는데 조선시대 명나라 사신을 영접하던 곳이다. 1407년(태종 7년) 송도(松都)의 영빈관을 모방해 서대문 밖에 건립해 이름을 모화루(慕華樓)라고 했다. 모화루 앞에는 영은문(迎恩門)을 세우고 남쪽에 못을 파 연꽃을 심었다.
1429년(세종 11년) 규모를 확장해 개수하고 모화관이라 개칭했다. 중국 사신이 올 때는 2품 이상인 원접사(遠接使)를 의주에 보내고, 선위사 또한 2품 이상인 자로 도중 5개처에 보내 맞게 하고 연회를 베풀어 위로했다. 서울에 도착하면 이 모화관에 드는데 이때 조선의 왕세자는 그의 앞에 나아가 재배의 예를 행하고 백관도 재배의 예를 행한다. 이때 백관은 반을 나눠 사신이 도착하기 전에 관에 나아가 대기했다. 또 사신이 돌아갈 때는 백관이 품계의 정종(正從)의 위치를 달리해 두 줄로 섰다가 일제히 재배례를 행했다.

옳습니다. 바라건대 유음(兪音-윤허)을 내리소서."

상이 말했다.

"나라 사람들의 속마음을 익히 잘 들었는데 세자가 또 어찌 참여하느냐?"

대답해 말했다.

"정부와 백관들이 뜰에 차례대로 서 있는데[班立=序立] 신이 마침 와서 보니 과연 신이 아는 일이었습니다. 그래서 말을 같이해[同辭] 청하는 것뿐입니다."

하륜(河崙) 등이 따라서 아뢰어 말했다.

"일이 종사(宗社)에 관계되니 세자가 어찌 염려하지 않겠습니까? 신 등은 세자가 온 것을 대단히 기쁘게 여깁니다."

상이 말했다.

"3, 4년 동안이나 결단하지 못한 일을 어떻게 지방 행차를 출발하려 하면서 가볍게 결단할 수 있겠는가? 내가 장차 출발하겠으니 경들은 물러가라."

다시 아뢰어 말했다.

"이 일은 하루 종일 걸리지 않더라도 결단할 수 있는 일인데 어찌하여 4년이나 미뤄오십니까?"

상이 말했다.

"내 장차 모화루에서 삼정승(三政丞)을 만나보겠다."

륜(崙) 등이 다시 청하기를 8, 9차에 이르니 상이 수레를 재촉해 나갔다. 정부, 백관이 모두 물러났다. 상이 인덕궁(仁德宮)에 나아가 상왕(上王)께 출발을 고하고 반송정(盤松亭)에 나가서 친히 무과 중장(中場)을 시험했다. 그리고 마침내 모화루에서 머물렀다. 정승 조영무(趙英茂), 지부사(知府事-의정부지사) 황희(黃喜), 참지(參知-의정부참지사) 윤사수(尹思修) 및 이조(吏曹), 예조(禮曹), 병조(兵曹), 형조(刑曹), 대간(臺諫) 각 한 사람씩이 따랐다.

기묘일(己卯日-13일)에 (경기도) 광탄(廣灘)에서 머물렀다[次 차]. 내시위행사직(內侍衛行司直) 이실(李實)이 거가(車駕)보다 먼저 가면서 금령(禁令)을 어기고 민가(民家)에 들어갔다. 행궁찰방(行宮察訪) 대호군(大護軍) 목진공(睦進恭)과 호군(護軍) 이승직(李繩直)이 실(實)을 붙잡아 곤장을 때리고 양손을 뒤로 결박(結縛)해 얼굴을 쳐들게 한 채[面縛 면박] 조리를 돌렸다[徇 순]. 내시위제조(內侍衛提調) 총제(摠制) 강우(姜祐)와 여러 제조(提調)가 아뢰어 말했다.

"위사(衛士)가 잠깐 민가에 들어갔었는데, 찰방이 자세히 그 까닭을 물어보지도 않고 임의로 형벌을 가해 조리를 돌리고 갑옷도 입지 못하게 했습니다."

상이 노해 (대언) 김여지(金汝知)를 시켜 힐문(詰問)하니 진공(進恭)이 대답해 말했다.

"실이 위사로서 사사로이 장수(將帥)를 따라 민가에 함부로 들어가[闌入 난입=擅入 천입] 군령(軍令)을 범했습니다. 신은 오직 영(令)만을 받들 줄 알고 다른 것은 알지 못했습니다."

상이 말했다.

"찰방이 비록 금란(禁亂)을 행한다고는 하지만 의흥부(義興府)에 넘기지 않고 마음대로 위사를 형벌하는 것이 될 일이냐?"

즉시 교체해 대호군 박미(朴楣)와 홍상직(洪尙直)을 찰방으로 삼았다.

○ 사헌부에서 강우(姜祐)가 내시위제조(內侍衛提調)로서 항오(行伍-대열)를 잃고 위차(位次)를 떠나 함부로 촌항(村巷-시골 마을)에 들어간 죄를 청하니 논하지 말라고 명했다.

○ (동북면-함경도) 갑주(甲州)에서 돌이 저절로 이동했다. 갑주 허천부(虛川府)의 남강(南江) 여울[灘](탄) 변에 두 개의 큰 돌이 저절로 130여 보(步)나 옮겨져 여울 가운데 들어가 멈췄는데 두 돌의 거리[相去](상거)가 2척(尺)이었고 옮겨 간 자국은 너비가 3척쯤 됐다.

경진일(庚辰日-14일)에 의정부에서 조호(趙瑚)[19]의 아내와 그 아들 수(須), 아(雅)를 옥에 가두고 참지부사(參知府事-의정부참지사) 이조(李慥)를 시켜 행재소(行在所-임금이 머무는 곳)에 보고하게 했다. 지난해 6월에 여승 묘음(妙音)이 조호의 집에 갔는데 호(瑚)가 그 아내에게 일러 말했다.

"이무(李茂) 정승은 풍채[身彩](신채)가 참으로 멋지시니 왕이 될 만

---

19 1383년(우왕 9년)에 판사로 있을 때 전토(田土) 때문에 환자(宦者)와 싸운 죄로 수안군에 장류(杖流)됐고 1389년(공양왕 1년)에 밀직사로 복직됐지만 또다시 김저(金佇)의 옥사에 연루돼 유배됐다. 그 뒤 곧 복직됐으나 1392년(태조 1년) 강회백(姜淮伯)과 이숭인(李崇仁) 등 고려 구신들과 결당을 모의한 혐의로 직첩을 빼앗기고 먼 곳으로 유배됐다. 1401년(태종 1년) 예문관 태학사가 된 뒤에 곧 검교참찬의정부사가 됐으나 사헌부를 모독한 죄로 탄핵을 받아 평주(平州)에 유배됐다가 이듬해 복직됐다. 1405년 소를 사취(詐取)해 나라에 바친 뒤에 그 값을 돌려주지 않았다는 죄로 다시 평주에 유배됐다가 곧 풀려나서 적몰(籍沒)된 녹봉을 되돌려받기도 했다. 그러나 1409년 왕실에 대한 불충한 일을 도모하다가 묘음(妙音)의 고발로 다시 수금돼 이듬해 4월에 옥사했다.

하다!"

아내가 놀라며 말했다.

"이게 무슨 말이오?"

묘음을 향해 돌아보며 일러 말했다.

"여승이야 말을 많이 하지 않는 사람이니까!"

무(茂)가 주살되기에 이르자 묘음은 호의 아내에게 들은 말을 갖고서 전 대호군(大護軍) 유혜강(柳惠康)에게 말했다.

"이 정승(李政丞)이 죽은 것이 어찌 그 일로 인한 것이 아니겠습니까?"

오랜 시간이 흘러 혜강(惠康)이 그의 매형[姉夫 자부] 성석인(成石因)에게 전하니[謀 모] 석인(石因)이 말했다.

"이는 이른바 중대한 말[大言語 대언어]을 한 것이니 빨리 관(官)에 고하라."

혜강이 이에 좌정승 성석린(成石璘)을 만나 '조호가 신하답지 못한[不臣 불신=不敬 불경] 말을 했습니다'라고 고했다. 묘음은 유숙(柳淑, 1316~1368년)[20]의 첩(妾)이고, 혜강은 숙(淑)의 손자다.

신사일(辛巳日-15일)에 지진이 있었다.

○ 거가(車駕)가 개성유후사(開城留後司)에 이르렀다.

---

20 1340년(충혜왕 복위 1년) 과거에 급제해 안동사록(安東司錄)이 됐으며 이어 강릉대군(江陵大君-훗날의 공민왕)을 시종해 4년간 원나라에 있었다. 1351년 공민왕이 즉위하자 함께 고려에 돌아와 좌부대언이 됐다. 이듬해에는 연경(燕京)에서 왕을 보좌한 공으로 연저수종(燕邸隨從) 일등공신의 호를 받았다. 1365년 유숙의 충직을 두려워하던 신돈(辛旽)의 모함으로 시골에 돌아가 있다가 영광에서 신돈이 보낸 자에게 교살당했다.

○ 순금사사직(巡禁司司直) 김자양(金自養)을 보내 조호(趙瑚)를 (경상도) 합포(合浦)에서 잡아오게 했다. 순금사부사직(巡禁司副司直) 우도(禹導)가 행재소(行在所)에 이르러 호(瑚)의 처자의 옥사(獄辭)를 아뢰고 또 말했다.

"이 일은 마땅히 널리 물어 조사해야 하는데 호와 이간(李衎)이 이미 일찍이 먼 지방에 부처(付處)됐으니 감히 빙문(憑問)할 수 없습니다."

상이 말했다.

"이는 작은 일이 아니다. 어찌 혹독한 형벌을 가해 거짓으로 진술하게 할 수 있느냐?"

마침 서운관(書雲觀)에서 지진(地震)이 있었다고 아뢰니 상이 말했다.

"이는 혹시 원통한 옥사(獄事) 때문이 아닌가?"

이조(李慥)가 한경(漢京)으로 돌아가니 상이 말했다.

"혹독한 형벌을 가해 후세(後世)에 웃음을 사서는[貽笑(이소)] 안 될 것이다."

임오일(壬午日-16일)에 의정부에서 지부사(知府事-의정부지사) 설미수(偰眉壽)로 하여금 행재소(行在所)에 나아가게 했다. 의정부에서 도성(都城)에 있는 종친, 공신, 백관을 모아 여러 사람의 이름으로[僉名(첨명)] 소(疏)를 올려 미수(眉壽)를 시켜 이것을 가지고 행재소에 나아가게 하고 육조 당상관(堂上官)과 각사(各司) 2품 이상으로 하여금 뒤를 따르게 했다. 소는 이러했다.

'무구(無咎)와 무질(無疾)의 불충(不忠)한 죄는 하늘과 땅[覆載=天地]이 용납하지 않는 것입니다. 이 때문에 신 등이 말을 합쳐 죄를 청한 지가 지금 4년이 됐습니다. 전하께서 비록 살리기를 좋아하는 마음[好生之心]으로 곧장 주살(誅殺)을 가하지 않으셨는데 무구 등은 스스로 죄가 많고 악이 쌓인 것[罪稔惡積]을 알고서 밤낮으로 스스로를 꾀하는 것이 반드시 가서 닿지 않는 곳이 없을 것입니다[無所不至]. (이러다가) 어찌 다시 화(禍)가 국가에 미치는 일이 없겠습니까? 엎드려 바라옵건대 전하께서는 큰 의로움으로 결단해 극형에 처하시어 화란(禍亂)의 근원을 끊고 신민(臣民)의 분함을 위로하셔야 할 것입니다. 또 그 당악(黨惡)인 이무(李茂) 등 죄인의 부자도 율(律)에 의거해 시행해 밝게 큰 법도를 보이셔야 할 것입니다.'

대간(臺諫)이 또 스스로 하나의 소(疏)를 지어 대사헌 김한로(金漢老)가 이를 싸 가지고 행재소에 나아갔다. 소는 이러했다.

'신 등이 듣건대 임금에게 간쟁하는 신하[爭臣=諍臣]가 있으면 그 나라를 잃지 않고 아버지에게 간행하는 자식[爭子]이 있으면 그 몸을 잃지 않는다고 했습니다. 그래서 요(堯)임금은 사악(四岳)에게 묻고[21] 순(舜)임금은 가까운 말[邇言]을 살피기를 좋아했으며 우왕(禹王)은 (신하들이 올린) 좋은 말[昌言]에 절을 했고 탕왕(湯王)은 간언하는 말에 따르고 어기지 않았습니다[弗咈]. 이것이 요(堯)·순(舜)·우(禹)·탕(湯)이 천하의 크게 빼어난 임금[大聖]이 된 까닭입니다.

---

21 『서경(書經)』「요전(堯典)」에 나오는 말이다. 사악(四岳)은 관직명이다. 요임금은 사악에게 먼저 치수를 잘할 수 있는 사람이 누구인지 물었고 이어서 자신의 뒤를 이을 사람이 누구인지를 물었다.

공손히 생각건대 전하께서는 넓고 큰 도량[恢恢之量](회회 지 량)을 더욱 넓히시고 스스로를 내세우는 빛[訑訑之色](이이 지 색)이 없으시니 그 조술(祖述)[22]하고 헌장(憲章)[23]하시는 뜻이 아름답다고 하겠습니다. 그러나 그사이에 미진(未盡)한 바가 있습니다. 지난날에 이무(李茂) 등이 역적 무구(無咎)·무질(無疾)과 더불어 뿌리를 연결하고 꼭지를 결합해[連根結蔕](연근 결체) 간사한 꾀를 내어 장차 불궤(不軌)를 도모하려 하다가 다행히 하늘과 땅 그리고 종묘사직의 보우하심을 입어 일이 발각되고 형적이 드러나 그 당(黨) 무(茂) 등은 이미 하늘의 주벌[天誅](천주)을 받았습니다만, 그 수악(首惡) 무구와 무질은 관대하게 은유(恩宥)를 입어 세월을 도적질해 생명을 연장하고 있으니[偸延歲月](투연 세월) 이로 인해 온 나라 신자(臣子)가 잠을 편안하게 자지 못하고 먹은 것이 제대로 내려가지 못하고 있습니다. 또 역신(逆臣)의 부자는 그 율(律)이 극형에 해당하는 것이니 이 또한 용서할 수 없는 것입니다. 단지 대간(臺諫)뿐만 아니라 정부, 공신, 대소 신료가 공동으로 여러 차례 소장을 올려 대궐 뜰에 엎드려 머리를 두드리며 죄를 청한 지가 하루 이틀이 아닙니다. (그런데도) 전하께서 법을 굽혀 비호(庇護)해 그대로 윤허하지[兪允](유윤) 않으시니 요(堯)·순(舜)·우(禹)·탕(湯)의 도리에 있어 어떠하겠습니까?

신 등은 의리로 볼 때 (저들과) 같은 하늘을 이고서는 살 수 없으니 어찌 (상의) 뜻에 거슬리는 것을 꺼려해 그만두겠습니까? 신 등은

22 스승이나 조상의 도리를 이어받아 서술(敍述)해 밝힌다는 뜻이다.

23 본받아 널리 편다는 뜻이다.

감히 죽음을 무릅쓰고[昧死]매사 다시 청해 기필코 이들을 다 죽여 없앤 연후에야 그만두려 하는데 혹시 신 등은 알지 못하거니와 전하께서는 "무구와 무질 등이 벨 만한 죄가 없는데 신들이 없는 죄를 꾸며서[羅織]나직 망령되게 의견을 내 죄에 빠뜨리려 한다"라고 생각하십니까? 신 등이 만일 죄 없는 사람에게 죄를 뒤집어씌우려고 해 억지로 전하의 귀 밝음[天聰]천총을 더럽히려 한다면 그 죄로 신 등을 죄주는 것이 좋을 것입니다. (그렇지 않고) 만약 이 사람들이 진실로 죄가 있고 신 등이 청하는 것이 법에 어긋나지 않는다면 큰 의로움으로 결단하시어 법에 의해 처치하는 것이 좋을 것입니다.

저 무구와 무질은 안으로는 조화시켜 다스리는 다움[燮理之德]섭리 지 덕도 없고 밖으로는 외적을 막아내는 공로[禦侮之功]어모 지 공도 없이 요행히 초방(椒房-중전)의 혈친이라 해 공신의 대열에 참여하게 돼 몸은 장상(將相)이 되고 영화(榮華)는 처자식에까지 미쳐 화려한 집은 거대하고 그 재산이 언덕처럼 쌓였으니 진실로 마땅히 성은(聖恩)을 가슴속 깊이 간직해 물방울과 티끌[涓埃]연애만치라도 갚으려고 생각했어야 할 것입니다. (그런데) 이는 돌아보지 않고 도리어 불령한 마음[不逞]불령을 내어 속으로 원망을 쌓아 사직(社稷)을 기울어뜨리기를 꾀했으니 이것은 이른바 원망으로 은덕을 갚는 것이니[以怨報德]이원 보덕[24] 형륙(刑戮)을 당해야만 할 백성입니다.

또 반역(叛逆)은 왕법(王法)에 반드시 베어야 하는 것이고 신민(臣

---

24 이는 『논어(論語)』「헌문(憲問)」편에 나오는 표현을 역으로 응용한 것이다. 어떤 이가 물었다. "덕으로써 원망을 갚는 것은 어떻습니까?" 공자가 말했다. "그러면 덕은 무엇으로써 갚을 텐가? 원한은 곧음[直]직으로써 갚고 덕은 덕으로써 갚아야 한다."

民)은 선군(先君-돌아가신 임금)이 남겨주신 것입니다. 전하께서 반역의 죄를 용서하시고 신민의 바람을 저버리시니 이는 왕법을 폐기하고 선군을 가벼이 여기시는 것입니다. 전하께서는 영명(英明)하신 자품(資稟)을 갖고 계시면서도 오직 이 점에서는 어두우시니 신 등은 전하를 위해 애석하게 여깁니다. 이 무리들이 부귀를 누릴 때에도 전하의 은덕이라 여기지 않고 오히려 이런 마음을 가지고 있었는데 하물며 지금 처자식이 뿔뿔이 흩어지고 몸은 바다 모퉁이[海陬]에 구류돼 있으니 어찌 전하의 은덕에 감사하는 마음[感德之心]이 털끝만치나 있겠습니까? 전하께서 이 사람들을 비호하시는 것은 한갓 원망을 더하고 마음속에 품은 음모를 조장하는 데 불과할 뿐입니다. 전하께서는 어찌 살피지 않으심[不察]이 이렇게 심하십니까?

신 등이 상고해보니 이심(李尋, ?~?)[25]의 논(論)에 이르기를 "물은 공평한 것[平]을 표준으로 삼으니 임금의 도리가 공평해 바르면 모든 하천이 순리를 따르고 경락도 통하지만 왕도가 기강을 잃으면 모든 하천이 솟아 넘쳐 패망하고 재앙이 된다"[26]라고 했습니다. 지난해 기내(畿內-경기도)에서 냇물이 범람(汎濫)해 재해가 생민(生民-백성)에

---

25 중국 한나라 부풍(扶風) 평릉(平陵) 사람이다. 정관중(鄭寬中), 태공(秦恭), 장무고(張無故), 가창(假倉)과 함께 장산부(張山拊)에게 대하후(大夏侯)의 『상서(尙書)』를 배웠는데 특히 「홍범(洪範)」 재이(災異)의 설을 좋아했다. 천문학과 음양술 등도 신봉했다. 승상 적방진(翟方進)이 불러 관리로 썼다. 애제(哀帝) 때 대조황문(待詔黃門)으로 있으면서 외척들을 억제해야 한다고 극언했다. 기도위(騎都尉)에 올라 하천의 제방을 관리했다. 건평(建平) 2년(기원전 5년) 하하량(夏賀良)이 한나라의 기운이 이미 쇠했으니 개원역호(改元易號)해야 한다고 주장했는데 그의 지지를 얻어 애제의 신임을 받았다. 대신들이 허락해서는 안 된다고 들고 일어나자 황제가 하하량은 주살하고 이심은 사형에서 한 단계 감해 돈황(敦煌)으로 유배를 보냈다.

26 『한서(漢書)』 「이심전(李尋傳)」에 실려 있는 말이다.

게 미쳤으니 그 꾸지람이 두렵습니다. 한사(漢史)[27]에 이르기를 "효소제(孝昭帝)[28] 때에 태산(泰山)의 와석(臥石)이 저절로 일어섰고 효선제(孝宣帝) 때 변(變)이 일어났다"[29]고 했습니다. 금년에 풍주(豐州)에서 돌이 저절로 굴러 수십 척에 이르렀으니 그 응험(應驗)을 헤아리기 어렵습니다. 하물며 지금 천변(天變), 지진(地震)이 서로 잇달아 끊이지 않으니 대개 그 일이 없으면 (그에 해당하는) 변(變)이 헛되이 생기지 않는 것입니다. 이것이 바로 전하께서 공구수성(恐懼修省)해 마음을 비우시고 간언하는 말을 받아들이시어 기강(紀綱)을 진작시켜 간특(奸慝)한 자에게 위엄을 보일 때입니다. 그런데 어째서 간귀(奸宄)에게 혜택을 주어 화태(禍胎)를 길러주고 언로(言路)를 막아 백성의 바라는 바를 막으십니까? 『주역(周易)』에 말하기를 "간(諫)하는 것을 좇는 자는 창성(昌盛)하고, 악한 것을 이뤄주는 자는 위태롭다"라고 했는데 말이 여기에 미치게 되니 눈물을 흘려 통곡할 일이라 할 만했으니 이것이 어찌 가의(賈誼)가 한(漢)나라에 대해(간언했던 것)뿐

---

27 『한서(漢書)』를 가리킨다.

28 한나라는 황제의 칭호 앞에 '효(孝)'자를 붙였다.

29 『한서(漢書)』「초원왕전(楚元王傳)」에 이런 구절이 나온다. 유향(劉向)이 성제(成帝)에게 극간한 글의 일부다. "일이 번창하게 되면 반드시 정상적이지 않은 변고가 일어나게 되고 이런 변고는 먼저 사람의 기미나 징후[微象(미상)]로 드러나 보이게 됩니다. 효소제(孝昭帝) 때 태산(泰山)에서 산 위에 있는 돌[冠石(관석)=山石(산석)]이 일어섰고 상림원(上林苑)에서는 쓰러진 버드나무가 다시 일어났습니다. 그리고 선제(宣帝)께서 즉위하자 지금의 왕씨의 선조들의 분묘가 제남(濟南-산둥성 역성현)에 있었는데 그 가래나무 기둥에서 가지와 잎이 생겨나 무성하게[扶疏(부소)] 잘 자라더니 지붕에 가서 닿았고 땅속으로는 그 뿌리를 내렸습니다. (하지만) 돌이 일어서고 쓰러진 버드나무가 일어섰다 해도 이보다 명증하지는 않을 것입니다. 사안의 성격상으로 두 개의 큰 세력이 양립할 수 없듯이 왕씨와 유씨 또한 나란히 설 수는 없으니 이는 마치 아래로 태산과도 같은 안정됨이 있다 해도 위로는 계란을 쌓아놓은 위태로움[累卵之危(누란지위)]이 있는 것과 같다고 하겠습니다."

이겠습니까? 이것이 신 등이 어리석고 곧은 것[愚直]을 다 바쳐 과감하게 청(請)해 마지않는 까닭입니다. 바라건대 전하께서는 무구, 무질과 이무, 윤목, 유기, 희민, 사덕 등의 부자를 율(律)에 의거해 시행해 신민(臣民)을 위로하고 종묘사직을 편안케 하셔야 할 것입니다.'

○ 대호군(大護軍) 장대유(張大有)를 보내 모련위지휘 파아손(把兒遜)과 건주위지휘 보을오(甫乙吾)에게 술 각각 20병, 저마포(苧麻布) 각각 10필씩을 주고, 모련위 천호 승상(升尙)과 김용(金庸)에게 저마포 각각 1필씩을 주었다. 적변(賊變)을 먼저 고한 것에 대해 상을 내린 것이다. 이때에는 조연(趙涓)의 첩보(捷報-승전 보고)가 아직 이르지 않았다.

○ 의정부에서 아뢰었다.

"김문내(金文乃)와 갈다개(葛多介)가 아마도 중국 조정[中朝]의 관직과 작위를 받았으니, 청컨대 요동(遼東)에 자문(咨文)을 보낸 연후에 이들을 정벌해야 할 것입니다."

상이 말했다.

"김문내 등이 (명나라) 조정에서 관작을 받은 것은 우리나라에서는 알지 못하는 것이다. 하물며 변경(邊境)의 도둑은 찰리사(察理使)가 변장(邊將)으로서 스스로 치는 것이니 반드시 통고해서 알릴[通諭] 필요가 없다. 좌정승 성석린(成石璘)이 내일이면 마땅히 올 것이니 그가 오면 다시 토의하겠다."

○ 좌정승 성석린을 불러 행재소(行在所)에 오게 했다. 제릉(齊陵)의 비문(碑文)에 잘못된 글자가 있어 이를 고쳐 쓰게 하려고 함이었다.

계미일(癸未日-17일)에 민무구(閔無咎), 민무질(閔無疾)에게 자진(自盡-자살)하라는 명을 내렸다. 성석린(成石璘), 김한로(金漢老), 설미수(偰眉壽) 등이 행재소에 이르러 거가(車駕)를 수행한 신료들과 더불어 모두 경덕궁(敬德宮)에 나아와 반열(班列)을 지어 서서 막 소(疏)를 올리려고 하는데[進疏(진소)=上疏(상소)] 상이 물었다.

"어째서 왔는가?"

석린(石璘) 등이 대답했다.

"신료들이 거가가 오랫동안 여기에 머무신단 말을 듣고 적당(賊黨)을 오래 둘 수 없기 때문에 이곳에 와서 청하는 것뿐입니다."

상이 소를 보지 않은 채 말했다.

"재상들의 이런 청(請)이 하루 이틀이 아니니 소 가운데의 뜻을 내가 이미 알겠다. 과인(寡人)의 이번 행차가 1년이나 반년이 걸린다면 경들이 오는 것이 마땅하다. (그러나) 내일 제사를 거행하면 곧 마땅히 돌아갈 것인데 어째서 서두르는가[汲汲(급급)]?"

석린 등이 대답했다.

"신 등이 어찌 근일에 일을 물어본 사유[問事之由(문사지유)]를 듣지 못했겠습니까? 예를 들어 조호(趙瑚)의 말 따위는 진실로 한심하다 할 것이니 지금 신료들의 울분이 예전보다 배나 더합니다. 만일 유음(兪音)을 내리지 않으신다면 밤을 새더라도 감히 물러갈 수 없습니다. 바라건대 큰 의로움으로 결단하소서."

상의 대답은 또 처음과 같았다. 석린 등이 아뢰어 말했다.

"무구와 무질 등의 죄는 하늘과 땅 사이에 용납할 수 없어 비록 하루라도 이 세상에 살아 있을 수 없건만 지금 4년이나 되도록 오래 끌었으니 어느 누가 마음이 썩고 이를 갈지 않는[腐心切齒] 자가 있겠습니까? 신 등의 청이 단지 하루 이틀이 아닙니다. 예전에 마대(馬帶)를 붙잡고 간언한 자가 있었으니 전하께서 비록 천리길을 행차한다 하시더라도 마땅히 따라가며 간언해야 할 것입니다. 하물며 지금 서료(庶僚)들이 조호의 말을 듣고 원망하고 분통을 터뜨리며 말하기를 '적당(賊黨)들의 만연함이 이 지경이 됐는데 너는 수상(首相)이 돼 왜 법(法)을 들어 굳이 청하지 못하는가?'라고 합니다. 하료(下僚)들의 책망이 이미 이와 같으니 노신(老臣)이 만일 청을 (해서 재가를) 얻지 못하면 장차 무슨 낯으로 물러가겠습니까? 만일 신의 말을 옳지 않다 하시면 신 또한 벼슬을 사퇴하고 물러가겠습니다."

상이 말했다.

"이는 작은 일이 아닌데 어찌 갑자기 따를 수 있겠는가?"

석린이 대답했다.

"나라는 한 사람의 사유물(私有物)이 아니니 신료들의 말을 어찌 거절하고 받아들이지 않을 수 있겠습니까?"

한로(漢老)가 아뢰어 말했다.

"이는 단지 신들만이 실망하는 것이 아니고 설사 근래에 형(刑)에 엎어진 무리[伏刑之徒][30]라 할지라도 만일 혼령이 있다면 또한 말하기를 '수적(首賊)은 용서하고 우리만 벤 것은 무슨 뜻이냐?'라고 해 반드시 억울한 마음을 구천(九泉) 아래에서도 품을 것입니다. 바라건대 큰 의로움으로 결단하소서."

---

30 이번 일과 관련해 먼저 사형을 당한 사람들을 가리킨다.

상이 말했다.

"내일 제사를 거행한 뒤에 내가 마땅히 다시 생각하겠다."

석린이 말했다.

"예로부터 지금까지 국가를 유지할 수 있었던 것은 충(忠)과 효(孝) 때문일 뿐입니다. 만일 충과 효가 없다면 어찌 임금과 아비[君父(군부)]가 있겠습니까? 무구 등의 죄는 토의할 것도 없는데 다시 무얼 생각하겠습니까?"

영무(英茂)가 말했다.

"다른 사람의 신하된 자가 만일 불충한 마음을 품었다면 비록 하루라도 목숨을 연장할 수 없는 것입니다. 전하께서 그럭저럭 시일을 끌며 결단하지 못하는 것은 오직 사사로운 은혜 때문일 뿐입니다. 한 때의 사사로운 은혜를 가지고 만세의 종사(宗社)와 비교하면 반드시 경중(輕重)이 있을 것입니다."

상이 말했다.

"과인이 이 무리에 대해 무슨 사사로운 은혜가 있겠는가? 내일 소를 보고 마땅히 처치(處置)가 있을 것이다."

한로(漢老)가 아뢰어 말했다.

"대간(臺諫)의 청이 이제 4년이나 됐습니다. 오늘에야 비로소 유음(兪音)을 들었으니 마땅히 굳게 청해 반드시 판부(判付)를 기다린 뒤에야 물러가겠습니다. 뜰에 있는 신하가 누가 감히 먼저 물러가겠습니까?"

석린이 따라서 아뢰어 말했다.

"소사(所司-해당 기관)의 말이 이미 이와 같으니 신 등이 만일 물러가면 소사가 반드시 곧바로 탄핵할 것입니다."

영무가 아뢰어 말했다.

"무구 등은 상의 은혜를 두텁게 입었는데 전하께서 종기가 심하시던 때에 이무(李茂) 등과 더불어 사저에 모여 의견을 나눴으니 무엇을 하자는 것이겠습니까? 소사원(所司員-해당 관리)을 사주(使嗾)해 상의 없는[所無] 과실(過失)을 날조해 봉장(封章)하게 했으니 또한 무슨 뜻입니까? (그럼에도) 상께서 오히려 너그럽게 용서해주셨는데 자기 분수를 편안히 하지 않고 두 왕자(王子)를 해치려고 했으니 이것이 신 등이 밤낮으로 원망하고 통분해하며 베고자 하는 것입니다."

상이 말했다.

"대신과 소사가 모두 여기에 왔으니 내일 제사를 거행한 뒤에 다시 청한다고 해서 무엇이 늦겠는가?"

석린, 한로 등이 다시 아뢰어 말했다.

"오늘 상의 가르침이 중시하는 바[所重]가 제사에 있으시니, 다른 일 같으면 진실로 그러하지만 이 무리들이 왕자를 해치고자 했으니 조종(祖宗)의 신령(神靈) 또한 베고자 하실 것입니다. 만일 이 일을 결단하고 제사를 거행하시면 선후(先后-신의왕후 한씨)께서 반드시 잘 흠향하실 것입니다[右享=善享]."

상이 말했다.

"내가 이 일을 결단하지 못한 것은 아녀자와 같은 작은 정[小情]으로 처가[舅家]의 마음을 상하게 할까 두려워함에서였을 뿐인데 지금이라면 결단할 수 있다."

때는 이미 밤 2고(鼓)[31]나 됐는데 석린 등은 혹은 선 채 혹은 앉아서 기다렸다. 상이 여러 대언(代言)을 불러서 일러 말했다.

"이무의 아들을 아울러 베게 한다면 형벌이 참으로 지나치지 아니한가?"

마침내 의정부, 백관, 대간의 소(疏)를 가져다가 친히 직접 초안을 잡고 판부(判付)해 말했다.

"아뢴 대로 하라[依申 의신]. 그리고 이무의 아들들은 적몰(籍沒)해 종으로 삼으라."

정부에 명해 말했다.

"내가 예전에 이무의 일에 대해서는 매우 찜찜한 것[慊 겸]이 있었다.[32] 옛날에 한 문제(漢文帝)가 박소(薄昭)[33]를 주살할 때 자진(自盡)하게 했으니 경들도 마땅히 이 법에 의거해 시행해야 할 것이다."

이에 순금사호군 이승직(李繩直), 형조정랑(刑曹正郞) 김자서(金自西)를 보내 제주(濟州)에 가서 무구와 무질에게 자진(自盡)의 명을 내렸다.

---

31 밤의 시간을 다섯으로 나눈 두 번째 시간이다. 이때에 두 번째 북을 울려서 알렸다. 계절에 따라 밤의 길이가 다르므로 이 시각에도 변동이 있으나 대략 오후 10시를 전후한 시간을 말한다. 오경(五更)의 이경(二更), 오야(五夜)의 을야(乙夜)와 같다.

32 이무에 대해 목을 벤 형을 내린 것을 말한다. 옛 법도에 대신은 신체를 상하게 하지 않는 사형을 썼다.

33 문제의 생모 효문태후의 동생이다. 기원전 170년(문제 10년)에 조정의 사자를 죽인 죄로 스스로 목숨을 끊었다. 문제는 본래 박소를 처형하고 싶지 않았기 때문에 일단 박소로 하여금 대신들과 함께 주연을 즐기게 하고 자결을 종용했다. 그러나 박소가 따르지 않으니 이번에는 신하들에게 상복을 입고 박소의 앞에서 곡을 하게 했다. 이에 박소는 자결했다.

○ 순금사대호군 고휴(高烋)를 보내 (경상도) 기장(機張)에 가서 이간(李衎)을 붙잡아 오게 했다.

갑신일(甲申日-18일)에 상이 친히 제릉(齊陵)에 제사하고 그 기회에 비정(碑亭)을 지으라 명하고 연경사(衍慶寺)를 두루 둘러보았다[遍觀](편관).

○ 서북면 도순문사(西北面都巡問使) 박은(朴訔)이, 황제(皇帝)가 북적(北狄-북쪽 오랑캐)을 친정(親征)하는 조서(詔書)의 녹본(錄本)을 얻어 바쳤다. 조서는 이러했다.

'짐(朕)이 천명(天命)을 받고 태조 고황제(太祖高皇帝-주원장)의 큰 기업(基業)을 이어받아 만방(萬方)을 통어(統馭)하고 서류(庶類-온갖 백성)를 어루만지고 한데 모아서[撫輯](무집) 모든 사방 오랑캐[四夷](사이)의 저 먼 곳까지도[僻遠](벽원) 교화를 따르지[從化](종화) 않음이 없었는데 오직 북로(北虜-북쪽 오랑캐)의 남은 종자만 황복(荒服)[34]의 변방에 처해 감히 흉포(凶暴)를 자행하므로 여러 번 사신을 보내 타일렀으나 그때마다 사신을 구류해 죽였다. 근래에 그들이 변방을 노략질하므로 변장(邊將)이 이를 잡아서 두 번이나 사신을 보내 호송해 돌려보냈더니 다시 구류해 죽였다. 이처럼 은혜를 이미 빨리 배반했으니 덕(德)으로 어찌 품어주겠는가! 하물며 시랑(豺狼)의 야심(野心)이 탐욕스럽고 사납고 교활하고 간사하고 포학하게 씹어서 그 무리가 모가지를 늘여

34 중국 고대에서는 천하를 오복(五服)으로 나눠 중앙으로부터 점점 멀어져가면서 전복(甸服), 후복(侯服), 수복(綏服), 요복(要服), 황복(荒服)이라 했다. 황복은 천자(天子)의 감화가 미치지 않는 먼 나라다.

소생(蘇生)하기를 기다리니 천도(天道)로 상고하면 그 운수가 이미 다했고, 인사(人事)로 증험하면 그 무리가 이미 떠났다. 짐이 지금 육군(六軍)을 친히 거느리고 가서 정토(征討)해 무위(武威)를 크게 떨침으로써 천토(天討)를 나타내려고 한다. 또 짐이 반드시 이길 방도[必勝之道]가 다섯 가지가 있으니 큰 것으로 작은 것을 치고, 순(順)한 것으로 역(逆)한 것을 취하고, 다스린 것으로 어지러운 것을 치고, 편안한 것으로 수고로운 것을 치고, 기뻐하는 것으로 원망하는 것을 조문(弔問)하면 섬멸(殲滅)시키지 못할 것이 없다. 죄 있는 자를 소탕하고 사막(沙漠)을 청소(淸掃)해 곤란에 빠진 사람을 어루만져 주고 편안케 하면[撫綏] 강역(疆域)이 잘 다스려져서 평안하게 돼 인민(人民)은 수운(輸運)의 괴로움이 없고 장사(壯士)는 기한(飢寒)을 무릅쓰고 전투(戰鬪)할 근심이 없으니 갑옷을 풀고 베개를 편안히 할 수 있다. 한 번 수고하면 오래 평화롭고 잠깐 힘을 쓰면 영원히 편안한 것이다. 중외(中外)에 포고(布告)해 모두 들어 알게 하는 바이다.'

을유일(乙酉日-19일)에 화성(火星)이 귀성(鬼星)의 동쪽에 나왔다. 화성은 북쪽에, 목성(木星)은 남쪽에 있어 그 간격이 1척(尺)이었다.

병술일(丙戌日-20일)에 좌정승 성석린(成石璘)에게 구마(廏馬) 1필을 내려주었다. 비문(碑文)의 오자(誤字)를 고쳐 썼기[改書=改寫] 때문이다.

무자일(戊子日-22일)에 어가가 궁으로 돌아왔다.

○ 대간(臺諫)과 형조(刑曹)의 행수(行首)에게 명해 순금사와 함께 조호(趙瑚)를 국문하게 하고 경계시켜 말했다.

"되도록[務] 그 실정을 알아내고 감히 지나친 형벌은 하지 말라."
무

겸 순금사판사 남재(南在)·이원(李原)·이응(李膺), 위관(委官) 의정부참찬사(議政府參贊事) 이지(李至), 형조판서 유정현(柳廷顯), 대사헌 김한로(金漢老), 우사간(右司諫) 김지(金摯) 등이 대궐에 나아와 아뢰어 말했다.

"조호와 묘음(妙音)의 말이 각기 어긋남[違端]이 있습니다."
위단

상이 말했다.

"이 일은 내가 본래 내버려두고 묻지 않으려 했던 것인데 다만 그 말이 작지 않기 때문에 어쩔 수 없이 국문을 명한 것이다. 경 등은 각기 마음을 다해 조심해 신문하고, 잘못 형벌해 화기(和氣)를 상하게 하지 말라."

○ 의정부에서 동북면(東北面)이 급히 처리해야 할 사의(事宜)를 아뢰었다.

"첫째, 청컨대 경원진(慶源鎭)에 수병(戍兵) 수백 명을 더 증가하소서. 둘째, 출정한 장수(將帥)가 이긴 기세를 타서 맹가첩목아(猛哥帖木兒)를 도모하고자 하나 때가 이미 늦춰지고 저들도 반드시 방비가 있을 것이니 농삿달을 맞아 재차 출사(出師)할 수 없습니다. 청컨대 군병(軍兵)을 해산하고 장수(將帥)를 소환(召還)하소서. 셋째, 사로잡은 패올아(孛兀兒) 등 세 사람을 청주(靑州)에 가뒀으니 패올아는 저 사람들이 생사(生死)를 알지 못하기 전에 빨리 베도록 하고 김용(金庸)과 승상(升尙) 두 사람은 왕경(王京)으로 데려다가 국문(鞫問)해 천천히 토의해 처치하소서."

상이 모두 그대로 따르고 경원진(慶源鎭)에 군사를 더 배치해 엄하게 경계해서 환난에 대비하라고 명했다.

신묘일(辛卯日-25일)에 중군총제(中軍摠制) 이현(李玄)을 보내 경사(京師)에 가게 했다. 주본(奏本)은 이러했다.

'의정부에서 동북면 길주찰리사(吉州察理使) 조연(趙涓)의 첩정(牒呈)에 의거해 장계(狀啓)하기를 "2월 초4일에 적군(賊軍)이 경원부(慶源府)에 돌입(突入)해 병마사(兵馬使) 한흥보(韓興寶)와 군사 15명을 죽이고 우마(牛馬)와 전곡(錢穀)을 약탈해 돌아갔습니다. 비직(卑職)[35]이 추포(追捕)를 행하려고 할 때 경원(慶源)의 접경(接境)에 사는 모련위지휘(毛憐衛指揮) 올량합(兀良哈) 파아손(把兒遜), 착화(着和) 등이 사람을 보내 통보하기를 '먼 곳 산골짜기에 흩어져 사는 올적합(兀狄哈)이 경원부(慶源府)에 들어와 도적질을 하고 돌아갔다'라고 했고 또 건주위지휘(建州衛指揮) 오도리(吾都里) 동맹가첩목아(童猛哥帖木兒)가 사람을 보내 글을 통해 일컫기를 '만일 지난번 도적을 추포(追捕)하고자 한다면 나도 또한 군사를 거느리고 함께 잡겠다'라고 했습니다. 비직이 곧 군사를 거느리고 상항(上項)의 적당(賊黨)들을 추포하기 위해 두문(豆門)에 이르니 맹가첩목아(猛哥帖木兒)가 연고를 칭탁하고 나오지 않았습니다. 그런데 요로(要路)에서 복병(伏兵)이 일어나 협공(挾攻)하므로 서로 치고 쏘아서 피아의 군사가 수없

---

35 자신을 낮추는 겸사다.

이 살상됐습니다. 뜻밖에 파아손, 아고거(阿古車), 착화, 하을주(下乙主) 등이 올적합 등과 더불어 꾀를 통해 도적질을 하고 또 계교를 내어 복병(伏兵)해 우리 군사를 요격(邀擊)해 그 몸이 상해 죽게 했습니다. 이에 첩정(諜呈)하오니 조험(照驗)하소서"라고 했습니다. 이 장계(狀啓)를 얻어 참조(參照)해보니 올량합, 오도리 등 지역이 본국 국경과 연접했는데 이번에 파아손 등이 올적합과 공모해 우리 변장(邊將)과 군민(軍民)을 살해하고 지금 또 군사를 잠복시켜 (우리 군사를) 요격(邀擊)해 도리어 그 몸이 중상을 당해 죽게 됐습니다. 자세히 듣건대 상항(上項)의 파아손 등이 일찍이 조정(朝廷)의 직사(職事)를 받았다 하오니 황공(惶恐)함을 이기지 못해 이치상으로 주문(奏聞)하는 것이 합당합니다. 그리고 올량합 오도리의 당류(黨類)가 잇달아 변흔(邊釁)을 일으켜 불편할 것이 염려되오니 엎드려 바라옵건대 성자(聖慈)께서 밝게 금약(禁約)을 내리시면 한 나라가 매우 다행하겠습니다.'

임진일(壬辰日-26일)에 영의정부사(領議政府事) 하륜(河崙)과 좌대언(左代言) 김여지(金汝知)에게 명해 의흥부(義興府) 병조(兵曹)와 함께 무과 종장(終場)을 시험해 무경칠서(武經七書)[36]를 강(講)하게 했다.

---

36 무학칠서(武學七書) 혹은 그냥 칠서(七書)라고도 한다. 주나라 손무(孫武)가 쓴 『손자(孫子)』, 전국시대 위나라 오기(吳起)의 『오자(吳子)』, 제나라 사마양저(司馬穰苴)의 『사마법(司馬法)』, 주나라 위료(慰繚)의 『위료자(尉苴子)』, 당나라 이정(李靖)의 『이위공문대(李衛公問對)』, 한나라 황석공(黃石公)의 『삼략(三略)』, 주나라 여망(呂望)의 『육도(六韜)』를 일컫는 말로 송나라 원풍연간(元豐年間, 1078~1085년)에 이들 병서를 무학(武學)으로 지정, 칠서라고 호칭한 데서 비롯됐다. 우리나라에서도 이들 무경칠서는 훌륭한 무전(武典)으

○ 지신사(知申事) 안등(安騰, ?~1417년)[37]과 (환관) 노희봉(盧希鳳)에게 자기 집으로 돌아가서 죄를 기다리라[待罪]고 명했다.

애초에 승정원(承政院)에 명해 무구(無咎)와 무질(無疾)의 가노(家奴) 각 1명씩으로 하여금 역마(驛馬)를 달려 상구(喪具)를 제주(濟州)로 가져가게 하고 전라도 도관찰사로 하여금 이 두 종에게 바다를 건널 선척(船隻-배)을 치장(治裝)해주게 하고 또 제주목사(濟州牧使)에게 뜻을 전해 땅을 잘 골라 두텁게 장사(葬事)하게 했다. (의정부) 사인(舍人) 신개(申槪)를 불러 가르침을 전해[傳敎] 말했다.

"이 사람들을 이미 법에 의해 처치했는데 지금 내가 이런 명을 내리는 것은 차마 못 하는 마음[不忍] 때문이다. 의리에 해로울 것이 없으니 부디 저지하거나 억누르지 말라."

개(槪)가 물러나와 당상(堂上)에게 고하고 다만 바다를 건너는 문서만 주었다. 대언(代言) 이안우(李安愚)가 사인(舍人) 조계생(趙啓生)

로 채택돼 과거(科擧) 무과의 두 고시과목인 강서(講書)와 무예(武藝) 중 강서의 주요한 부분을 차지했다.

37 1404년(태종 4년) 사간원지사로 재임 중 사간원 내부의 갈등에 휘말려 상주(尙州)로 유배됐다. 그후 사면돼 1406년 홍주목사를 지냈는데 전 낭장 권지(權止)의 딸이 효성이 지극한 것을 보고 조정에 알려 대문에 정표(旌表)하게 했다. 1408년 예빈시판사로 해도찰방이 돼 수군의 문제점을 살피기 위해 경상도로 파견됐다. 그해 좌부대언에 임명돼 왕명을 거스른 사헌부 집의 정수홍(鄭守弘) 등을 국문했다. 1409년(태종 9년) 지신사를 거쳐 1411년 의정부참지사로 있을 때 노모가 병들자 사직하려 했으나 왕이 만류하고 약과 역마를 내렸다. 1411년 경상도 도관찰사로 있으면서 연해의 경비를 튼튼히 했으나 이듬해 병으로 사직했다. 1414년 대사헌에 제수되고, 1415년 충청도 도관찰사에 제수됐다가 그의 노모가 상주에 사는 까닭에 경상도 도관찰사 이지강(李之剛)과 관직을 맞바꿨다. 1416년에는 한성부윤으로 있으면서 왕에게 건의해 경상도 김해 근처의 초원에 목장을 만들도록 했다. 그해 형조판서에 임명돼 공로를 믿고 횡포를 부리던 이숙번(李叔蕃)을 여러 차례 탄핵했다.

에게 일러 말했다.

“제주에 들여보낼 무구 등의 노자(奴子-가노)에게 역마를 지급할 문서가 이미 이뤄졌는가?”

계생(啓生)은 알지 못한다고 대답했다. 안등(安騰)이 곧 신개가 (상으로부터) 승전(承傳)한 내용을 계생에게 일러주었다. 계생이 개에게 물으니 개가 답했다.

“듣지 못했다.”

등(騰)이 이에 다시 계생에게 (상의) 뜻을 전해 포마문자(鋪馬文字)[38]를 지급하게 했다. 그 문자(文字)가 이미 발행되자 여러 대언(代言)이 다시 은밀하게[私] 계생에게 일러 말했다.

“만일 무구 등의 종이 체복사(體覆使)[39]보다 먼저 제주에 들어가게 되면 혹시 도망쳐 숨을 염려가 있으니 당상(堂上)에게 고해 하루 이틀 늦춰 발급해 보내도 늦지 않다.”

계생이 당상에게 고하니 조영무(趙英茂)와 이조(李慥) 등이 그럴 수 있겠다고 여겨 다시 포마문자를 거뒀다. 계생이 말했다.

“상의 명이 있으시니 머물러둘 수 없습니다. 만일 전라 감사에게 이첩(移牒)해 (전라 감사가) 작량(酌量)해서 체복사가 발선(發船)한 뒤에 (종들을) 보내게 하는 것이 그나마[似] 좋을 것 같습니다.”

황희(黃喜)와 윤사수(尹思修)는 계생의 말을 옳게 여겼으나 영무

---

38 벼슬아치가 공무로 지방에 나가거나 긴급한 공문을 전달할 때에 포마(鋪馬)를 징발해 타도록 허가하는 증명서다. 포마문(鋪馬文) 혹은 포마차자(鋪馬箚字)라고도 한다.

39 임금의 명령을 받고 지방에 가서 벼슬아치들의 군무(軍務)에 관한 범죄 사실을 조사하는 관직 혹은 그 관리를 말한다.

(英茂)는 그것을 따르지 않았다. 이튿날 상이 그것을 알고 조계생을 불러 편전(便殿) 문밖에 나오게 해 물었다.

“사인(舍人)은 도리를 아는 유생(儒生)인데 어째서 마음대로 왕명(王命)을 폐기해 포마문자를 도로 거뒀는가? 임금과 신하 사이에 어찌[其(기)=豈(기)] 이같이 할 수 있는가? 또 무구와 무질은 나라 사람들이 모두 죽여야 한다고 해서 내가 어쩔 수 없이 그것을 따른 것이다. 그러나 어찌 (나라고 해서) 인정(人情)이 없겠느냐? 내가 듣건대 (그들이) 처음에 제주에 들어갈 때에 저고리[襦衣(유의)] 하나만 입고 갔다고 한다. 지금 보내는 홑옷[單衣(단의)]은 빈렴(殯斂)하기 전에 도착하게 하려고 한 것이다. 만일 노자(奴子)가 체복사와 함께 들어가지 못하면 죽이는 날에 곧 입관(入棺)할 것이니 입관한 뒤에 옷을 입힐 수 있겠느냐? 비록 종이 체복사와 같은 배를 타고 가더라도 어찌 죽이는 것을 금할 수 있겠느냐?”

계생이 대답했다.

“바다를 건너는 모든 일은 이미 전라도 관찰사(全羅道觀察使)에게 이첩해 판비(辦備)했으므로 하루 이틀 머물더라도 늦지 않기 때문에 거둔 것입니다.”

상이 말했다.

“내게 아뢰지 않고 마음대로 거둬들였으니 비록 정부(政府)라 하더라도 어찌 감히 이렇게 무례(無禮)할 수 있느냐? 곤외(閫外-영역의 바깥)에 봉사(奉使)한 신하도 명령을 받을 일이 있으면 반드시 계문(啓聞)하는데, 하물며 정부는 가까운 데 있으면서 어찌 그렇게 할 수 있느냐?”

신개를 순금사에 내리려 하다가 조금 뒤에 말했다.

“내가 만일 개를 처벌하면 대신(大臣)이 반드시 불안해할 것이니 마땅히 명을 전달한 자를 죄주겠다.”

지신사 안등을 꾸짖어 말했다.

“네 직책이 (왕명의) 출납(出納)에 있으니 포마(鋪馬)에 대한 말을 네가 반드시 전하지 않은 것이다. 네가 만일 제대로 뜻을 전했다면 정부(政府)에서 어찌 이렇게 했겠는가? 내가 살아 있을 때에도 오히려 이러하니 만일 (앞으로) 어린 임금이 선다면 반드시 명을 좇지 않을 것이다.”

노희봉과 더불어 집으로 돌아가게 했다. 또 계생에게 명해 말했다.

“내가 너를 순금사에 내리고 싶지만 그렇게 하지 않는 것은 대신들을 존중해서다[敬大臣].[40] 늘 조심해서 다시는 이같이 불공(不恭)하지 말라.”

상이 대언들에게 일러 말했다.

“안등과 신개 중에 누가 죄가 있는가? 왜 분별하여[別白] 아뢰지 않는가?”

김여지(金汝知)가 대답했다.

---

40 이는 태종이 『중용(中庸)』을 깊이 체득하고 있었음을 보여준다. 제20장에서 이렇게 말했다. “천하와 국가를 다스리는 데는 아홉 가지 법도[九經]가 있다. 첫째 자신의 몸을 닦는 것이고, 둘째 뛰어난 이를 그에 걸맞게 대우하는 것이고, 셋째 혈육을 내 몸처럼 여기는 것이고, 넷째 대신을 존중하는 것이고[敬大臣], 다섯째 여러 신하를 마음으로써 보살피는 것이고, 여섯째 일반 백성들을 자식처럼 사랑하는 것이고, 일곱째 세상의 각종 전문가[百工]가 모여들게 하는 것이고, 여덟째 먼 나라 사람들도 찾아오고 싶도록 품어 안는 것이고, 아홉째 여러 제후들이 자발적으로 따르게 만드는 것이다.” 뒤에 다시 한 번 이 말을 한다.

"명이 없으시기에 감히 못 했습니다."

상이 말했다.

"지신사는 사실 아무 죄가 없다. 개가 명을 받고도[承命] 정부에 전하지 않았으니 죄는 개에게 있다."

의정부지사 황희를 불러 뜻을 일깨워주니[諭旨] 희가 대답했다.

"개가 명령을 받고서도 정부에 남김 없이 전하지 않았고, 또 정부의 뜻은 제가 보건대 갑자기 죄인의 종으로 하여금 역마(驛馬)를 달려 체복관(體覆官)과 함께 길을 가게 하면 해로(海路)에서 앞서거니 뒤서거니 할지도 모르기 때문에 상량(商量)해 일단은 머물러둔 것입니다."

상이 말했다.

"사인(舍人)이 내 명령을 전하지 않았으니 나를 업신여긴 것이고 또 당상(堂上)을 속였으니 죄가 있는가 없는가?"

희가 대답했다.

"어찌 죄가 없겠습니까? 정부의 뜻이 비록 신이 아뢴 바와 같다고는 해도 계생 또한 그 책임에서 벗어날 수 없습니다."

상이 말했다.

"(의정부) 사인의 죄를 내버려두고 묻지 않는 것은 대신을 존중해서[敬大臣]일 뿐이니 정부는 피혐(避嫌)[41]하지 말라."

희가 마침내 물러갔다.

---

41 어떤 사건에 관련돼 다른 사람에게 혐의(嫌疑)를 받으면 그 혐의를 피하기 위해 사건과 관련 있는 모든 언행(言行)과 출퇴(出退)를 삼가는 일을 말한다.

○ 경기(京畿)·강원(江原)·풍해도(豐海道)의 군사가 4월부터 7월까지 차례대로 올라와[番上] 시위(侍衛)하는 것을 정지하라고 명했다. 풍해도 도관찰사(豐海道都觀察使) 정역(鄭易)이 백성들이 굶주리고 있다고 아뢴 때문이다.

번상

○ 조연(趙涓)을 불러 돌아오게 했다. 의정부에서 아뢰었다.

"만일 조연이 사로잡은 보을오(甫乙吾)를 놓아서 돌아가게 하면 제 고향으로 들어가서 쌓인 송장이 들판을 덮고 있고 그 집이 모두 불타서 처자와 친구가 모두 사망해 비록 하룻밤을 자고 한 끼를 먹는 것도 의탁할 곳이 없을 것이니 그 원망이 하늘까지 닿아 반드시 천자(天子)에게 고해 죽기를 맹세하고 복수할 것입니다. 마땅히 승상(升尙) 김용(金庸)과 함께 도망쳤다고 핑계를 대고서 죽이는 것이 더 나을 것입니다."

두문(豆門)의 싸움에서 조연 등이 오도리(吾都里)의 합아비(哈兒非)와 가시구(加時仇)를 붙잡아 적변(賊變)을 물어보고 마침내 모두 죽였는데 이 두 사람은 모두 동맹가첩목아(童猛哥帖木兒) 휘하에 있는 지휘(指揮) 아란(阿亂)의 손자(孫子)다. 맹가(猛哥)가 이 때문에 노여움이 심해 국경을 쳐들어오려고 했다. 이에 상이 연사종(延嗣宗)으로 하여금 조연(趙涓)을 대신하게 했다. 정부에서 청했다.

"전흥(田興, 1376~1457년)[42]을 동맹가첩목아에게 보내 선온(宣醞)을 내려주고 이르기를 '이번에 군사를 일으킨 것은 국가의 명령이 아니

42 이서(吏胥)로서 태종(太宗)을 잠저(潛邸) 때부터 섬겼으며, 태종이 즉위한 뒤에는 원종공신(原從功臣) 일등에 기록됐다. 세종대에 이르러서도 삼번절제사, 의금부제조, 경시서제조, 판원주목사, 판홍주목사, 형조참판을 거쳤다.

고 실로 변장(邊將)이 마음대로 일으킨 것이다. 국가에서 이미 연사종으로 하여금 조연을 대신하게 하고, 조연을 불러 서울에 오게 해 마음대로 군사를 일으키고 함부로 죽인 죄를 다스리려 한다'라고 하면 맹가(猛哥)의 노여움이 조금 풀릴 것이고 뒷날 (명나라) 조정(朝廷)의 힐문(詰問)에도 또한 대답할 수 있을 것입니다."

상이 말했다.

"정부가 의견을 모아[合議] 모름지기 마땅함[義]에 따라 처리해야 한다. 술만 보내고 동지휘(童指揮)를 잘 타이르자는 일이 무슨 도움이 되겠는가? 이유를 들어 말할 것이 없을 듯하다. 전흥을 시켜 조연만 불러와서 차차 동지휘로 하여금 (실상을) 알게 하는 것이 더 낫다."

마침내 전흥을 경차관(敬差官)으로 삼아 보냈다.

갑오일(甲午日-28일)에 친시(親試)한 무과(武科)의 방(榜)을 붙여 대호군(大護軍) 윤하(尹夏)등 33인에게 급제(及第)를 내려주었다. 상이 상중(喪中)에 있으므로[諒闇] 임헌(臨軒)하지 않았고 (장원급제한) 하(夏)를 상호군(上護軍)으로 삼았다.[43]

○사헌부에서 소(疏)를 올려 이지성(李之誠)[44]의 죄를 청했다. 소는 대략 이러했다.

'지성(之誠)은 이무(李茂)의 계책에 당부(黨附)해 무구(無咎) 등의

43 대호군은 종3품, 상호군은 정3품 당하관이다.

44 하륜이 그의 고모부다.

악(惡)을 성사시키려 했습니다. 엎드려 바라옵건대 전하께서는 지성을 유사(攸司)에 내려 그 정상을 심문하게 해 난적(亂賊)을 주토(誅討)하는 법을 엄하게 하고 붕당(朋黨)에 빌붙으려 하는 근원을 막는다면 악한 짓을 하는 자는 고립되고 화란(禍亂)은 그칠 것입니다.'

상이 말했다.

"이 같은 무리들 중에 민씨(閔氏)에게 기대거나 붙어 다닌 자가 많다. 어찌 죄다 벨 수 있겠는가? 또 일이 오래돼 이미 다 끝났으니 이에 다시 논(論)하지 말라."

헌부(憲府)에서 하루 건너[間日 간일] 다시 청했으나 윤허하지 않았다.

병신일(丙申日-30일)에 조호(趙瑚)가 감옥 안에서 죽었다. 애초에 순금사에서 대간(臺諫) 형조와 더불어 아뢰어 말했다.

"조호와 묘음(妙音) 유혜강(柳惠康)의 양쪽 말이 서로 같지 않으니 사실을 증험하기 어렵습니다. 조호는 아마도 그 말을 한 것 같은데 국문할 때 대답하기를 '내가 자식이 있고 손자가 있는데 어째서 불궤(不軌)한 말을 했겠느냐?'라고 하니 그 마음속에 생각하기를 비록 죽는 데에 이르더라도 반드시 공장(供狀)을 인정해 오명을 덮어쓰려고 하지 않았을 것입니다. 그러므로 신 등은 어렵게 여깁니다."

상이 말했다.

"오늘은 이미 저물었으니 내일 아침에 다시 아뢰라."

순금사부관(巡禁司府官), 대간(臺諫), 형조(刑曹) 및 이지(李至)를 불러 대궐에 나오게 하고 대호군 목진공(睦進恭)을 불러 편전(便殿)에 이르게 해 친히 조호의 옥사(獄辭)를 물었다. (그러고 나서) 대언

(代言) 등에게 일러 말했다.

"호(瑚)가 이미 자복(自服)하지 않고 또 증거가 분명하지 않으니 어찌 함부로 죄를 가할 수 있는가? 호는 늙고 또 병이 들었으며 묘음도 나이가 70이 지났으니 지나치게 형벌을 가해 옥사(獄辭)를 이룰 수는 없다."

부관(府官) 등이 아뢰어 말했다.

"일이 종사(宗社)에 관계되고 또 죄가 이미 호에게서 이뤄졌으며 또 그의 종 철장(哲莊)의 납사(納辭)에 이르기를 '주인의 처음 말은 내가 밖에서 뒤에 이르렀기 때문에 미처 듣지 못했으나 다만 들으니 주부(主婦)가 주인에게 이르기를 "그 입! 그 입!" 하니까 주인이 말하기를 "내가 무슨 말을 했다고"라고 했다'고 했으니 그 말이 자못 묘음의 말과 부합합니다. 신 등이 묘음은 석방하고 다시 호를 국문하려 합니다."

상이 허락하고 황희(黃喜)를 불러 전해 말했다.

"조호의 일은 형세상으로 바로잡아야 할 필요가 없는 것 같다. 지금 이미 묘음을 석방했고 호는 이미 불복(不服)했으니 어떻게 그 정상을 얻겠는가? 만일 초사(招辭)를 바치지 않고 옥중(獄中)에서 죽는다면 그 허실(虛實)이 나타나지 아니해 모든 사람이 다 의심하기를 '지난날의 옥사(獄事)를 결단한 것도 이와 같이 밝지 못하다'라고 할 것이니 내 마음에 불편한 점이 있을 것이다. (그렇게 된다면) 어찌 하늘의 뜻에 부합하겠는가? 정부(政府)에서 깊이 토의해[擬議 의의] 이번 일은 내버려두고 묻지 말라."

(황희가) 대답했다.

"우리 국가가 예의(禮義)를 닦고 밝혀 무릇 옥사(獄事)를 결단하는 것이 밝지 않음이 없습니다. 지금 이 사람을 용서하면 수고(首告)한 자를 어떻게 처치하려 하십니까? 고한 자가 사실이라 하면 그 죄가 저 사람에게 있고 사실이 아니면 그 죄가 반좌(反坐)에 해당하는데 그 법률이 심히 밝습니다. 지금 양쪽 말이 다 갖춰졌는데 어찌 분변하지 않고 중지하겠습니까? 신이 비록 정부(政府)에서 토의해보겠지만 반드시 신의 말과 다른 것이 없을 것입니다."

상이 말했다.

"물러가서 다시 추문(推問)하지 말라."

희(喜)가 물러 나왔다. 의정부에서 다시 희를 시켜 아뢰게 하고 또 말했다.

"신들도 독단(獨斷)할 수 없으니 청컨대 순금사로 하여금 양쪽 옥사(獄辭)의 요점을 써서 백관(百官)에게 밝게 보여 가부(可否)를 취하게 하고 또 양쪽의 서로 어긋나는 점을 가지고 율문(律文)을 자세히 상고한 연후에 모두 진달해 아뢰게 하소서."

그것을 따랐다. 조계생(趙啓生)을 불러 뜻을 전해 말했다.

"지금 조호(趙瑚)의 일은 백관(百官)으로 하여금 가부(可否)를 의논하더라도 반드시 이의(異議)가 없을 것이니 율문(律文)에 명의(名義)를 범한 것이 있는데도 사정(事情)을 얻지 못한 것을 상고해 아뢰라."

순금사부관(巡禁司府官), 위관(委官), 형조(刑曹), 대간(臺諫)이 또 대궐에 나와 그 죄를 청하니 상이 말했다.

"죄가 있다면 비록 친척이라도 용서할 수 없으니 무구(無咎) 등이 바로 그런 경우다. (반면) 지금 호(瑚)가 자복하지 않았는데 만일 죄를 가한다면 어찌 이치에 합당하겠는가?"

또 각사(各司)로 하여금 의견을 내게 할 것을 청하니 상이 허락하지 않고 말했다.

"일이 종사(宗社)에 관계되는데 그 누가[其誰 기수] 일단은 그대로 두자고 말하겠는가? 장차 반드시 뇌동(雷同)할 것이다."

호가 결국 감옥에서 죽었다.

○ 서북면(西北面) 여러 고을의 성(城)을 쌓았다. 도순문사(都巡問使) 박은(朴訔)이 아뢰었다.

'금년 봄에 성주(成州)의 흘골산성(屹骨山城)을 신축하고 자주산성(慈州山城), 덕주금성(德州金城), 삭주성(朔州城), 양덕현성(陽德縣城), 강계부성(江界府城), 옛 운주(雲州) 백벽산성(白壁山城), 옛 수주(隨州) 향산성(香山城)을 손질해 쌓았습니다. 또 겸해서 지난해의 역사(役事)에 이어 의주성(義州城)의 삼문(三門)과 궁가(弓家)의 단장(短墻)을 만들었는데 공사가 이미 끝났습니다.'

丁卯朔 上親祭于文昭殿.
정묘 삭 상 친제 우 문소전

遣中軍護軍田興于東北面 齎宮醞往慰北伐將帥也. 仍傳旨曰:
견 중군 호군 전흥 우 동북면 재 궁온 왕위 북벌 장수 야 잉 전지 왈

“賊奔則追之 不過一二日程 若竄伏不退者 窮搜以捕.”
적 분 즉 추지 불과 일이 일 정 약 찬복 불퇴 자 궁수 이포

賜檢校漢城尹宋希靖衣一襲 靴一對 米豆十石. 希靖年老家貧
사 검교 한성윤 송희정 의 일습 화 일대 미두 십석 희정 연로 가빈

上憐之 有是賜.
상 연지 유 시사

戊辰 火在鬼西 隔一尺.
무진 화 재 귀 서 격 일척

命義興府 設甲士番上之法. 傳旨義興府曰: “新甲士取才者
명 의흥부 설 갑사 번상 지 법 전지 의흥부 왈 신 갑사 취재 자

幾何?” 韓珪對曰: “自願者多 故已取才者幾於一千 更一二日
기하 한규 대왈 자원 자 다 고 이 취재 자 기어 일천 갱 일이 일

可以充數. 然或有無奴婢者 雖一年不能勝此任.” 上曰: “予將使
가이 충수 연 혹 유 무 노비 자 수 일년 불능 승 차임 상 왈 여 장 사

甲士更迭番上 當番者受祿 下番者歸農.” 戶曹判書李膺對曰:
갑사 경질 번상 당번 자 수록 하번 자 귀농 호조판서 이응 대왈

“如此則藩鎭及侍衛 皆不實矣. 且司直司正則中國千戶百戶之職
여차즉 번진 급 시위 개 부실 의 차 사직 사정 즉 중국 천호 백호 지 직

不可輕以與人 又豈可令受祿者 迭爲上下番乎?”
불가 경 이 여인 우 기 가령 수록 자 질 위 상하번 호

罷金化縣令李師伯職. 初 縣人前別將高冲鶴 面詬師伯曰: “汝
파 김화 현령 이사백 직 초 현인 전 별장 고충학 면후 사백 왈 여

是國之大賊.” 遂條師伯所犯 訴于觀察使曰: “屯田營繕 國有
시 국 지 대적 수 조 사백 소범 소우 관찰사 왈 둔전 영선 국 유

明禁 而師伯犯之.” 其餘皆誣. 師伯坐此罷 冲鶴以所告二事實
명금 이 사백 범지 기여 개 무 사백 좌 차 파 충학 이 소고 이사 실

不坐. 上覽觀察使啓本曰: “師伯犯令 宜罷 若冲鶴面說縣令之
부좌 상 람 관찰사 계본 왈 사백 범령 의 파 약 충학 면설 현령 지

罪 訴于監司 於風俗不美. 然使治下之民不得有言 則爲守令者 何
죄 소우 감사 어 풍속 불미 연 사 치하 지 민 부득 유언 즉 위 수령 자 하
所畏乎? 犯法作弊之事 將自此而起矣. 冲鶴所訴 果有實 則勿論
소외 호 범법 작폐 지 사 장 자차 이 기 의 충학 소소 과 유실 즉 물론
可也."
가야

司憲府請無咎 無疾等罪. 疏曰:
사헌부 청 무구 무질 등 죄 소왈

'臣之不忠 法當夷滅而不赦 罪有定律 不可以私而輕重. 今逆賊
신 지 불충 법 당 이멸 이 불사 죄 유 정률 불가 이사 이 경중 금 역적
無咎 無疾 包藏禍心 潛畜回邪 黨於李茂 欲除宗支 其不忠之罪
무구 무질 포장 화심 잠축 회사 당어 이무 욕제 종지 기 불충 지 죄
貫天達地 卽舜之四凶 周之管蔡也. 其不可一日容於天地之間也
관천 달지 즉 순 지 사흉 주 지 관채 야 기 불가 일일 용어 천지 지 간 야
明矣. 是以宗親政府臺諫百僚連章累牘 合辭請罪 殿下不施天討
명의 시이 종친 정부 대간 백료 연장누독 합사 청죄 전하 불시 천토
俾保首領 一國之人 痛心切齒 于今四年. 幸天誘宸衷 茂乃肆市
비보 수령 일국 지 인 통심 절치 우금 사년 행 천 유 신충 무 내 사시
其黨伏辜 然其孼芽之生 根株猶在. 然則亂臣賊子 何時而息乎?
기당 복고 연 기 얼아 지 생 근주 유 재 연즉 난신적자 하시 이 식 호
況彼耽羅 邈在海表 士馬精强 人心必異. 若無咎等 久處其地 漸
황 피 탐라 막 재 해표 사마 정강 인심 필 이 약 무구 등 구처 기지 점
結黨援 恃險負固 一朝有變 殿下將何以制之 又安知救援之徒
결 당원 시험 부고 일조 유변 전하 장 하이 제지 우 안지 구원 지 도
潛伏中外 俟其國釁乎? 柰何以殿下之英明 牽於私恩 緩於討賊
잠복 중외 사 기 국흔 호 내하 이 전하 지 영명 견어 사은 완어 토적
而廢古今帝王之大法乎? 又賊臣李茂等六人之父子 亦宜置於法
이 폐 고금 제왕 지 대법 호 우 적신 이무 등 육인 지 부자 역 의 치어 법
而安置州郡 於義不順. 臣等伏望殿下 體舜與周公之大法 將無咎
이 안치 주군 어의 불순 신등 복망 전하 체 순 여 주공 지 대법 장 무구
無疾 及李茂等六人父子 明正其罪 以慰國人之憤 以絶奸黨覬覦
무질 급 이무 등 육인 부자 명정 기죄 이위 국인 지 분 이절 간당 기유
之望.'
지 망

持平權卓詣闕 請允下前所上疏 上曰: "卿等新除憲府 固當有
지평 권탁 예궐 청 윤하 전 소상 소 상 왈 경 등 신제 헌부 고당 유
此請."
차청

庚午 賑東北面飢. 知申事安騰啓: "東北面 高州以北七八郡人
경오 진 동북면 기 지신사 안등 계 동북면 고주 이북 칠팔 군 인

皆絶食救飢不暇 無耕種之望." 上嘆曰: "其界監司守令 將焉用
개 절식 구기 불가 무 경종 지 망 상 탄왈 기계 감사 수령 장 언용

之! 速命政府以賑之 使不飢死 亦不廢農."
지 속명 정부 이 진지 사 불 기사 역 불 폐농

辛未 日珥.
신미 일이

司憲府大司憲金漢老等 詣闕上疏 請無咎等罪. 疏曰:
사헌부 대사헌 김한로 등 예궐 상소 청 무구 등 죄 소왈

'頃者 無咎 無疾 潛謀不軌 莫大之罪 不可不懲 殿下曲加恩宥
경자 무구 무질 잠모 불궤 막대 지 죄 불가 부징 전하 곡가 은유

俾保首領 迨至數年 非所謂懲惡也; 李茂等 罪坐叛逆 其父與子
비보 수령 태지 수년 비 소위 징악 야 이무 등 죄 좌 반역 기부 여 자

宜置於法 殿下降從輕典 安置外方 使之偃息 非所謂守法也. 惡
의 치어 법 전하 강 종 경전 안치 외방 사지 언식 비 소위 수법 야 악

不懲法不守 則亂逆接踵而起 法令徒爲文具 願殿下 上體祖宗之
부징 법 불수 즉 난역 접종 이 기 법령 도 위 문구 원 전하 상 체 조종 지

意 下採臣民之望 斷以大義 將無咎 無疾與李茂之子 李衎 承祚
의 하 채 신민 지 망 단 이 대의 장 무구 무질 여 이무 지 자 이간 승조

公柔 公孝 公祗 李托 希閔之子 今音同 加伐 父趙瑚 柳沂之子
공유 공효 공지 이탁 희민 지 자 금음동 가벌 부 조호 유기 지 자

方善 方慶 善老 莫同 孝福 父柳厚 尹穆之子 周南 召南 思德之
방선 방경 선로 막동 효복 부 유후 윤목 지 자 주남 소남 사덕 지

子 姜待 末同等 依律科結 以杜亂逆之門 以明永世之鑑.'
자 강대 말동 등 의율 과결 이두 난역 지 문 이명 영세 지 감

上曰: "已畢之事 何復請乎?" 對曰: "支黨雖除 而賊魁猶在 豈
상 왈 이필 지 사 하 부청 호 대왈 지당 수 제 이 적괴 유 재 기

曰畢乎? 臣等竊謂耽羅之人 習爲橫逆 乍臣乍叛 今又置二人於
왈 필 호 신등 절위 탐라 지 인 습 위 횡역 사 신 사 반 금 우 치 이인 어

此地 大爲不可. 自知罪惡深重 常圖免死之計 潛誘其民 以起
차지 대 위 불가 자지 죄악 심중 상도 면사 지 계 잠유 기민 이기

禍患 未可知也. 或與一二奸民 同心相約 乘舟逃入他境 則豈無
화환 미 가지 야 혹 여 일이 간민 동심 상약 승주 도입 타경 즉 기무

後悔乎?" 上曰: "二人 旣置之海島 將復移之何地?" 對曰: "一日
후회 호 상 왈 이인 기 치지 해도 장 부 이지 하지 대왈 일일

不可容於天地之間 復有何處之可置? 當置於法耳." 上曰: "予將
불가 용 어 천지 지 간 부유 하처 지 가치 당치 어법 이 상 왈 여 장

更思置處 卿等姑退."
갱사 치처 경 등 고 퇴

壬申 火入輿鬼 火與積尸西北隔一尺許.
임신 화 입 여귀 화 여 적시 서북 격 일척 허

司憲府詣闕復請無咎等罪 上曰:“此人在國中 使申請煩黷 斯
사헌부 예궐 부청 무구 등 죄 상 왈 차인 재 국중 사 신청 번독 사
已黜之海外 今又以爲不可 予未知所置之處.”乃命政府擬議
이 출지 해외 금 우 이위 불가 여 미지 소치 지 처 내 명 정부 의의
以聞. 政府啓曰:“此輩 天地所不容 當依憲府之疏 一置於法.”
이문 정부 계왈 차배 천지 소불용 당의 헌부 지 소 일 치 어법
盧希鳳以啓 上曰:“予本問以移置之地 而政府之對如此 必汝與
노희봉 이계 상 왈 여 본 문 이 이치 지 지 이 정부 지 대 여차 필 여 여
知申事將命之有誤也.”乃召六代言及希鳳 責以出納不明 皆惶懼
지신사 장명 지 유오 야 내 소 육대언 급 희봉 책 이 출납 불명 개 황구
而出. 上謂希鳳無得復啓此事 希鳳退謂代言曰:“上意在不允 故
이 출 상 위 희봉 무득 부계 차사 희봉 퇴 위 대언 왈 상의 재 불윤 고
有是言耳.”
유 시언 이

吉州道察理使趙涓 率兵過豆萬江 助戰節制使辛有定 金重寶
길주도 찰리사 조연 솔병 과 두만강 조전 절제사 신유정 김중보
慶源兵馬使郭承祐從之.
경원 병마사 곽승우 종지

癸酉 以柳廷顯爲刑曹判書.
계유 이 유정현 위 형조판서

遣刑曹參議柳謙如京師. 奏本曰:
견 형조참의 유겸 여 경사 주본 왈

‘永樂七年十月二十一日 欽奉勅書節該:“王處有馬 隨進多少
영락 칠년 십월 이십 일일 흠봉 칙서 절해 왕처 유마 수진 다소
以資國用 當酬以直.”欽此. 臣於本國宗親及文武大小官僚幷百姓
이자 국용 당수 이치 흠차 신 어 본국 종친 급 문무 대소 관료 병 백성
有馬之家 儘力措辦 雜色馬一萬匹 分作十九運 差人管押 送赴
유마 지 가 진력 조판 잡색마 일만 필 분작 십구 운 차인 관압 송부
遼東都司交割了訖.’
요동도사 교할 료 흘

下盧希鳳于巡禁司. 大司憲金漢老等詣闕復請 上不允. 漢老請
하 노희봉 우 순금사 대사헌 김한로 등 예궐 부청 상 불윤 한로 청
益堅 上責盧希鳳出納之失 且曰:“自古人君用宦者 但令執門戶
익견 상 책 노희봉 출납 지 실 차 왈 자고 인군 용 환자 단 영 집 문호
掃除之役. 太祖專任曺恂 予不能爲爭子. 曁予踐祚 厭宦者之所爲
소제 지 역 태조 전임 조순 여 불능 위 쟁자 기 여 천조 염 환자 지 소위
思欲革之 然亦有可用者 俾通內外耳 不可偏任也. 希鳳無奸詐之
사욕 혁지 연 역 유 가용 자 비 통 내외 이 불가 편임 야 희봉 무 간사 지
行 故用之 今旣若是 可不懲哉?①”遂囚之 三日而釋之.
행 고 용지 금 기 약시 가 부징 재 수 수지 삼일 이 석지

甲戌 火在輿鬼中積尸北.
갑술 화 재 여귀 중 적시 북

御解慍亭 召宗親觀射.
어 해온정 소 종친 관사

司憲府復詣闕 請無咎等罪 不允. 上曰: "臺諫新除 則必言此事
사헌부 부 예궐 청 무구 등 죄 불윤 상 왈 대간 신제 즉 필 언 차사

毋得入啓." 議政府亦詣闕啓曰: "憲府之請 亦臣等所嘗痛心者
무득 입계 의정부 역 예궐 계왈 헌부 지 청 역 신등 소상통심 자

也. 請依其疏 以快臣民之望." 上曰: "卿等雖反復言之 予終不聽."
야 청의 기소 이쾌 신민 지 망 상 왈 경 등 수 반복 언지 여 종 불청

成石璘 趙英茂等復啓曰: "臣等備員宰相 若憲司之請非義 則雖
성석린 조영무 등 부계 왈 신등 비원 재상 약 헌사 지 청 비의 즉 수

百憲司起而激之 臣等何敢詭隨! 逆臣之罪 當正典刑. 臣等今日
백 헌사 기 이 격지 신등 하감 궤수 역신 지 죄 당정 전형 신등 금일

不得請 則明日功臣繼進 功臣亦不得請 則國人必隨而固請 何日
부득 청 즉 명일 공신 계진 공신 역 부득 청 즉 국인 필 수 이 고청 하일

而已!"
이 이

乙亥 領議政府事河崙 左政丞成石璘等詣闕上書. 書略曰:
을해 영의정부사 하륜 좌정승 성석린 등 예궐 상서 서 약왈

'竊惟無咎 無疾不忠之罪 爲人臣子者 所不共戴天 故臺諫法官
절유 무구 무질 불충 지 죄 위인신자 자 소불공대천 고 대간 법관

功臣宰輔大小臣僚 合辭請罪 已經四年之久. 殿下不忍加誅 俾保
공신 재보 대소 신료 합사 청죄 이경 사년 지 구 전하 불인 가주 비보

首領 以致黨與因生奸計 是庇一大惡而禍至蔓延也. 豈非有傷於
수령 이치 당여 인 생 간계 시 비 일 대악 이 화 지 만연 야 기 비유 상어

國體乎? 伏望殿下 斷以大義 明正其罪 以絶後患. 又李茂 尹穆
국체 호 복망 전하 단 이 대의 명정 기죄 이절 후환 우 이무 윤목

趙希閔 姜思德 柳沂 李彬等父子 亦皆依律施行 不勝幸甚.'
조희민 강사덕 유기 이빈 등 부자 역 개 의율 시행 불승 행심

司諫院右司諫金摯等 又上言曰:
사간원 우사간 김지 등 우 상언 왈

'首惡無咎 無疾 黨惡李茂之當 潛圖不軌 以危宗社 宗親政府
수악 무구 무질 당악 이무 지 당 잠도 불궤 이위 종사 종친 정부

臺諫百僚連章請罪. 殿下於無咎 無疾 面諭臣等 睿語切至 臣等
대간 백료 연장 청죄 전하 어 무구 무질 면유 신등 예어 절지 신등

不卽更請 然其罪不可一日生於天地之間也. 今憲司擧義申請 已
부즉 갱청 연 기죄 불가 일일 생어 천지 지 간 야 금 헌사 거의 신청 이

有日矣 殿下不卽兪允 於宗社何 於公道何? 誅其黨惡 而不誅首惡
유일 의 전하 부즉 유윤 어 종사 하 어 공도 하 주 기 당악 이 부주 수악

是如人去手足之疾 而不去心腹之病也. 蓋天地無私 春生秋殺
시여 인 거 수족 지 질 이 불거 심복 지 병 야 개 천지 무사 춘생추살
以成四時; 聖人無私 賞善罰惡 以治四海. 自古賞罰不均 而能治
이성 사시 성인 무사 상선벌악 이치 사해 자고 상벌 불균 이 능 치
國家者 未之有也. 惟我殿下 纘承太祖創業之基 凡所施爲 皆爲
국가 자 미지 유 야 유 아 전하 찬승 태조 창업 지 기 범 소시위 개 위
子孫萬世之法也. 豈可以私恩害公義乎? 且賊臣李茂之子衎等 罪
자손 만세 지 법 야 기 가 이 사은 해 공의 호 차 적신 이무 지 자 간 등 죄
豈在尹穆等之下乎? 伏望殿下 斷以大義 將無咎 無疾及李衎
기 재 윤목 등 지 하 호 복망 전하 단 이 대의 장 무구 무질 급 이간
公柔 承祚 公孝 公祗 托等 明正其罪 以垂萬世之法.'
공유 승조 공효 공지 탁 등 명정 기죄 이수 만세 지 법

上使安騰傳旨曰: "今値齋晨 不敢覽疏." 司憲府亦方詣闕 皆退.
상 사 안등 전지 왈 금 치 재신 불감 람소 사헌부 역 방 예궐 개 퇴

吉州道察理使趙涓等至豆門 誘殺毛憐衛指揮把兒遜 阿古車
길주도 찰리사 조연 등 지 두문 유살 모련위 지휘 파아손 아고거
着和 千戶下乙主等四人 縱兵殲其部族數百人 燔燒廬舍而還.
착화 천호 하을주 등 사인 종병 섬 기 부족 수백 인 번소 여사 이 환
生擒男一名女二十六名及將士所獲人口男女幷若干人. 於是趙涓
생금 남 일명 여 이십 육 명 급 장사 소획 인구 남녀 병 약간 인 어시 조연
以捷音報議政府曰:
이 첩음 보 의정부 왈

'涓於二月二十九日 與辛有定 金重寶 郭承祐率領軍馬
연 어 이월 이십 구일 여 신유정 김중보 곽승우 솔령 군마
一千一百五十名發吉州 至三月初六日 到吾音會 童猛哥帖木兒
일천 일백 오십 명 발 길주 지 삼월 초 육일 도 오음회 동맹가첩목아
在處 獲童巾接 兀良哈指揮阿亂孫子加時仇 問得 慶源入侵賊黨
재처 획 동건 접 올량합 지휘 아란 손자 가시구 문득 경원 입침 적당
乃具州接兀狄哈金文乃 葛多介 將老 多非乃及童指揮管下 安春
내 구주 접 올적합 김문내 갈다개 장로 다비내 급 동 지휘 관하 안춘
喫里等數十名 豆門接 甫乙吾管下 崔哈兒不花等也. 又聞童指揮
끽리 등 수십 명 두문 접 보을오 관하 최합아불화 등 야 우 문 동 지휘
聲言助戰 領兵至慶源府所多老 掠取各戶家財牛馬. 甫乙吾托以
성언 조전 영병 지 경원부 소다로 약취 각호 가재 우마 보을오 탁 이
謁見察理使 多率徒衆 經過所多老 恣行搶奪. 初九日 至兀良哈
알현 찰리사 다솔 도중 경과 소다로 자행 창탈 초 구일 지 올량합
指揮阿古車居處 豆門獲加時仇兄哈兒非 問得 葛多介 金文乃
지휘 아고거 거처 두문 획 가시구 형 합아비 문득 갈다개 김문내
當初同至大父阿亂處 與甫乙吾 阿古車 着和等管下同議入侵.
당초 동지 대부 아란 처 여 보을오 아고거 착화 등 관하 동의 입침

其具州 葛多介等賊類 本是五戶 童指揮使人告以朝鮮行兵問罪
기 구주 갈다개 등 적류 본 시 오호 동 지휘 사인 고 이 조선 행병 문죄

曾已逃匿騎山.
증이 도닉 기산

竊謂 兀狄哈 兀良哈 吾都里 女眞男女相婚 竝是族類 互相
절위 올적합 올량합 오도리 여진 남녀 상혼 병 시 족류 호상

主謀 群聚爲盜 擅入邊境 掠奪牛馬 殺傷人物 至乃擅開國庫
주모 군취 위도 천입 변경 약탈 우마 살상 인물 지 내 천개 국고

爲害已甚. 童猛哥帖木兒初稱同力捕賊 明爲期會 今則傳通
위해 이심 동맹가첩목아 초 칭 동력 포적 명 위 기회 금즉 전통

東良北人 領兵退屯; 阿古車 把兒遜 着和等亦於豆門一會 伏兵
동량북 인 영병 퇴둔 아고거 파아손 착화 등 역 어 두문 일회 복병

要害 與童指揮相應構亂. 已將賊魁阿古車 把兒遜 着和及下乙主
요해 여 동 지휘 상응 구란 이장 적괴 아고거 파아손 착화 급 하을주

等及管下軍人一百六十名捕斬. 其金文乃等 初非首謀 亦已逃竄
등 급 관하 군인 일백 육십 명 포참 기 김문내 등 초 비 수모 역 이 도찬

累日程途 難以進兵 已於慶源府所多老 退屯待命.'
누일 정도 난 이 진병 이 어 경원부 소다로 퇴둔 사명

及報至 上曰: "指揮等皆受中朝職事 今而擅殺 是生釁於上國
급 보지 상 왈 지휘 등 개 수 중조 직사 금 이 천살 시 생흔 어 상국

也. 宜速奏聞 其生擒人口 悉令推刷還本."
야 의속 주문 기 생금 인구 실 영 추쇄 환본

丁丑 幸東郊 親試武科初場 仍令甲士持木槍 防牌軍持木劍
정축 행 동교 친시 무과 초장 잉 영 갑사 지 목창 방패군 지 목검

角戰; 次令火㷁軍放鐵翎箭石彈子 甲士二人 傷於木劍 翼日死.
각전 차 령 화통 군 방 철령전 석탄자 갑사 이인 상어 목검 익일 사

戊寅 月在上將西北.
무인 월 재 상장 서북

上如開城留後司 出次慕華樓. 初 臺諫詣闕請允下前日之疏.
상 여 개성유후사 출차 모화루 초 대간 예궐 청 윤하 전일 지 소

旣而 議政府宗親功臣百官咸詣闕庭啓曰: "今將幸留後司 拜齊陵
기이 의정부 종친 공신 백관 함 예 궐정 계왈 금 장 행 유후사 배 제릉

期以十日而還 或値雨水 淹延數旬 未可知也. 若今日不允 則恐有
기 이 십일 이 환 혹 치 우수 엄연 수순 미 가지 야 약 금일 불윤 즉 공 유

往來之言以生變也." 上曰: "已畢之事 何爲復啓?" 對曰: "殿下
왕래 지 언 이 생변 야 상 왈 이필 지 사 하위 부계 대왈 전하

之命雖如此 揆之於法 罪豈止此!" 旣而世子至 啓曰: "政府百官
지 명 수 여차 규지 어법 죄 기 지차 기이 세자 지 계왈 정부 백관

合辭請罪 其言良是 願賜兪音." 上曰: "國人之情 聞之熟矣 世子
합사 청죄 기언 양 시 원사 유음 상 왈 국인 지 정 문지 숙의 세자

又何與焉?” 對曰: “政府百官班立于庭 臣適來見 果臣所知之
우 하여 언 대왈 정부 백관 반립 우정 신 적 내견 과 신 소지 지

事 同辭以請耳.” 崙等從而啓曰: “事關宗社 世子豈不慮乎? 臣等
사 동사 이청 이 륜 등 종 이 계왈 사 관 종사 세자 기 불려 호 신등

甚喜世子之來也.” 上曰: “三四年未決之事 豈可臨行輕斷乎? 予
심희 세자 지 래 야 상 왈 삼사 년 미결 지 사 기 가 임행 경단 호 여

將出 卿等可退.” 復啓曰: “此事不終日而可斷 何延至于四年?”
장 출 경 등 가퇴 부 계왈 차사 불 종일 이 가단 하 연 지우 사년

上曰: “予將見三政丞於慕華樓.” 崙等復請至八九 上促駕而出
상 왈 여 장 견 삼정승 어 모화루 륜 등 부청 지 팔구 상 촉가 이 출

政府百官皆退. 上詣仁德宮 告行于上王 出盤松亭 親試武科中場
정부 백관 개 퇴 상 예 인덕궁 고 행 우 상왕 출 반송정 친시 무과 중장

遂次慕華樓. 政丞趙英茂 知府事黃喜 參知尹思修及 吏 禮 兵
수 차 모화루 정승 조영무 지부사 황희 참지 윤사수 급 이 예 병

刑曹 臺諫各一員從之.
형조 대간 각 일원 종지

己卯 次于廣灘. 內侍衛行司直李實先駕而行 犯禁入民戶. 行宮
기묘 차우 광탄 내시위 행사직 이실 선가 이 행 범금 입 민호 행궁

察訪大護軍睦進恭 護軍李繩直執實杖之 面縛以徇. 內侍衛提調
찰방 대호군 목진공 호군 이승직 집 실 장지 면박 이순 내시위 제조

摠制姜祐與諸提調啓曰: “衛士暫入民戶 察訪不詳問其故 擅
총제 강우 여 제 제조 계왈 위사 잠 입 민호 찰방 불 상문 기고 천

加刑以徇 至使不能被甲.” 上怒 使金汝知詰問之. 進恭對曰: “實
가형 이순 지 사 불능 피갑 상 노 사 김여지 힐문 지 진공 대왈 실

以衛士 私從將帥 闌入民戶 以犯軍令. 臣惟知奉令 不知其他.”
이 위사 사 종 장수 난입 민호 이범 군령 신 유 지 봉령 부지 기타

上曰: “察訪雖云禁亂 不歸諸義興府 擅刑衛士可乎哉?” 卽以
상 왈 찰방 수 운 금란 불귀 저 의흥부 천형 위사 가호 재 즉 이

大護軍朴楣 洪尙直 代爲察訪.
대호군 박미 홍상직 대위 찰방

司憲府請姜祐以內侍衛提調 失伍離次 橫入村巷之罪 命勿論.
사헌부 청 강우 이 내시위 제조 실오 이차 횡입 촌항 지 죄 명 물론

甲州有石自移. 甲州虛川府南江灘上有二大石 移百三十餘步
갑주 유 석 자이 갑주 허천부 남강 탄상 유 이 대석 이 백 삼십 여보

入灘中而止 相去二尺 其行道有跡 廣三尺許.
입 탄중 이 지 상거 이척 기 행도 유적 광 삼척 허

庚辰 議政府囚趙瑚妻及其子須 雅于獄 使參知府事李慥聞于
경진 의정부 수 조호 처 급 기자 수 아 우옥 사 참지부사 이조 문 우

行在. 去年六月 尼僧妙音至趙瑚家 瑚謂其妻曰: “李茂政丞 身彩
행재 거년 육월 니승 묘음 지 조호 가 호 위 기처 왈 이무 정승 신채

甚美 可爲王.” 妻驚曰: “是何言哉?” 顧謂妙音曰: “尼僧不多言
심미 가위 왕 처 경왈 시 하언 재 고 위 묘음 왈 니승 부다 언
者.” 及茂誅 妙音以所聞於瑚妻者 語前大護軍柳惠康曰: “李政丞
자 급 무 주 묘음 이 소문 어 호 처 자 어 전 대호군 유혜강 왈 이 정승
之死 豈非因此歟?” 久之 惠康謀於姊夫成石因 石因曰: “此所謂
지 사 기 비 인차 여 구지 혜강 모 어 자부 성석인 석인 왈 차 소위
說大言語 宜速告官.” 惠康乃見左政丞成石璘 告趙瑚有不臣之
설 대언어 의속 고관 혜강 내 견 좌정승 성석린 고 조호 유 불신 지
言. 妙音 柳淑之妾; 惠康 淑之孫.
언 묘음 유숙 지 첩 혜강 숙 지 손

辛巳 地震.
신사 지진

駕至開城留後司.
가 지 개성유후사

遣巡禁司司直金自養 捕趙瑚于合浦以來. 巡禁司副司直禹導至
견 순금사 사직 김자양 포 조호 우 합포 이래 순금사 부사직 우도 지
行在 啓趙瑚妻子獄辭 且曰: “此事 宜廣詢以驗 瑚與李衎 已曾
행재 계 조호 처자 옥사 차왈 차사 의 광순 이험 호 여 이간 이증
付處遠地 不敢憑問.” 上曰: “此不是小事 豈可酷刑 致令誣服.”
부처 원지 불감 빙문 상 왈 차 불시 소사 기 가 혹형 치 령 무복
適書雲觀啓地震 上曰: “此無乃冤獄所致歟?” 李慥還漢京 上曰:
적 서운관 계 지진 상 왈 차 무내 원옥 소치 여 이조 환 한경 상 왈
“不可酷刑 貽笑後世.”
불가 혹형 이소 후세

壬午 議政府使知府事偰眉壽詣行在. 議政府會留都宗親功臣
임오 의정부 사 지부사 설미수 예 행재 의정부 회 유도 종친 공신
百官 僉名上疏 使眉壽齎進行在 令六曹堂上官各司二品以上
백관 첨명 상소 사 미수 재진 행재 영 육조당상 관 각사 이품 이상
從之. 疏曰:
종지 소왈

‘無咎 無疾不忠之罪 覆載所不容. 是以臣等合辭請罪 四年
무구 무질 불충 지 죄 복재 소불용 시이 신등 합사 청죄 사년
于今. 殿下雖以好生之心 不卽加誅 無咎等自知罪稔惡積 日夜
우금 전하 수 이 호생 지 심 부즉 가주 무구 등 자지 죄임 악적 일야
所以自謀者 必無所不至. 豈不復有禍延于國家者乎? 伏望殿下
소이 자모 자 필 무 소부지 기 불부 유 화 연 우 국가 자 호 복망 전하
斷以大義 置之極刑 以絶禍亂之源 以慰臣民之憤. 又其黨惡李茂
단 이 대의 치지 극형 이절 화란 지 원 이위 신민 지 분 우 기 당악 이무
等罪人父子 亦宜依律施行 昭示大法.’
등 죄인 부자 역 의 의율 시행 소시 대법

臺諫又自爲一疏 大司憲金漢老齎進行在. 疏曰:
대간 우 자위 일소 대사헌 김한로 재진 행재 소왈

‘臣等聞君有爭臣 則不失其國 父有爭子 則不失其身 故堯咨
신등 문 군 유 쟁신 즉 부실 기국 부 유 쟁자 즉 부실 기신 고 요 자

四岳 舜好察邇言 禹拜昌言 湯從諫弗咈. 此堯舜禹湯 所以爲天下
사악 순 호찰 이언 우 배 창언 탕 종간 불불 차 요순 우탕 소이 위 천하

大聖也. 恭惟殿下 廓恢恢之量 絶訑訑之色 其祖述憲章之意 可謂
대성 야 공유 전하 확 회회 지 량 절 이이 지 색 기 조술 헌장 지 의 가위

美矣 然於其間 有所未盡. 頃者 李茂等與逆賊無咎 無疾 連根
미의 연 어 기간 유 소미진 경자 이무 등 여 역적 무구 무질 연근

結蔕 馳騁奸謀 將圖不軌 幸賴天地宗社之佑 事覺迹見 其黨茂
결체 치빙 간모 장도 불궤 행 뢰 천지 종사 지 우 사각 적현 기당 무

等 已伏天誅 而首惡無咎 無疾曲蒙恩宥 偸延歲月 此擧國臣子寢
등 이 복 천주 이 수악 무구 무질 곡몽 은유 투연 세월 차 거국 신자 침

不安食不下者也.
불안 식 불하 자 야

且逆臣父子 律該極刑 亦不可宥也. 非惟臺諫 政府 功臣 大小
차 역신 부자 율해 극형 역 불가 유 야 비유 대간 정부 공신 대소

臣僚 連章累牘 俯伏闕庭 叩頭請罪 非一日也. 殿下曲法庇之
신료 연장 누독 부복 궐정 고두 청죄 비 일일 야 전하 곡법 비지

不肯兪允 其於堯舜禹湯之道何如? 臣等義不共戴天 豈忌忤旨
불긍 유윤 기어 요순 우탕 지 도 하여 신등 의 불공대천 기 기 오지

而已乎? 臣等敢昧死更請 期於殄滅之而後已 臣等未知殿下以謂
이 이 호 신등 감 매사 갱청 기어 진멸 지 이후 이 신등 미지 전하 이위

無咎 無疾等無可誅之罪 而臣等羅織妄議 欲陷於罪歟? 臣等若以
무구 무질 등 무 가주 지 죄 이 신등 나직 망의 욕 함어 죄 여 신등 약 이

無罪之人 使陷於罪 而强瀆天聽 則以其罪罪臣等可也. 斯人之輩
무죄 지 인 사 함어 죄 이 강 독 천총 즉 이 기죄 죄 신등 가야 사인 지 배

誠有斯罪 而臣等之請 不背於法 則斷以大義 置之於法可也.
성 유 사죄 이 신등 지 청 불배 어법 즉 단 이 대의 치지 어법 가야

夫無咎 無疾 內無燮理之德 外無禦侮之功 幸以椒房之親 得添
부 무구 무질 내 무 섭리 지 덕 외 무 어모 지 공 행 이 초방 지 친 득 첨

功臣之列 身爲將相 榮及妻孥 華屋渠渠 資産丘積 固宜服膺聖恩
공신 지 열 신 위 장상 영 급 처노 화옥 거거 자산 구적 고의 복응 성은

思報涓埃. 不此之顧 反生不逞 陰積怨讟 謀傾社稷 此所謂以怨
사보 연애 불 차 지 고 반 생 불령 음적 원독 모경 사직 차 소위 이원

報德 刑戮之民也.
보덕 형륙 지 민 야

且 反逆 王法所必誅; 臣民 先君之所遺. 殿下赦反逆之罪 缺
차 반역 왕법 소필주 신민 선군 지 소유 전하 사 반역 지 죄 결

臣民之望 是廢王法而輕先君也. 殿下以英明之資 獨昧於此 臣等
신민 지 망 시 폐 왕법 이 경 선군 야 전하 이 영명 지 자 독 매어 차 신등

爲殿下惜之. 此類專享富貴之日 不以爲殿下之德 而尙有此心 況
위 전하 석지 차류 전향 부귀 지 일 불 이위 전하 지 덕 이 상 유 차심 황

今妻分子散 身拘海陬 豈有一毫感德之心哉? 殿下之庇斯人也 徒
금 처 분 자 산 신 구 해추 기 유 일호 감덕 지 심 재 전하 지 비 사인 야 도

增怨讟 潛資逞欲之謀耳. 殿下何不察若是之甚哉?
증 원독 잠 자 영욕 지 모 이 전하 하 불찰 약시 지 심 재

臣等按李尋之論曰: "水爲準平 王道公正 則百川經理 脈絡通;
신등 안 이심 지 논 왈 수 위 준평 왕도 공정 즉 백천 경리 맥락 통

王道失綱 則百川湧濫 爲敗爲災." 去年畿內 川水汎濫 害及生民
왕도 실강 즉 백천 용람 위패 위재 거년 기내 천수 범람 해 급 생민

其咎可畏. 漢史曰: "孝昭之世 泰山臥石自立 孝宣之變起." 今年
기구 가외 한사 왈 효소 지 세 태산 와석 자립 효선 지 변 기 금년

豐州有石自轉 至于數十尺 其應難測. 況今天變地震 相繼而
풍주 유 석 자전 지우 수십 척 기응 난측 황 금 천변 지진 상계 이

不殄? 蓋無其事則變不虛生. 此正殿下恐懼修省 虛心納諫 振綱
부진 개 무 기사 즉 변 불 허생 차 정 전하 공구수성 허심 납간 진강

威慝之秋也. 乃何惠奸宄 而養禍胎 塞言路而防民望乎? 易曰:
위특 지 추 야 내 하 혜 간귀 이 양 화태 색 언로 이 방 민망 호 역 왈

"從諫者昌 濟惡者危." 言至於斯 可謂流涕而痛哭者 豈獨賈誼
종간 자 창 제악 자 위 언 지어 사 가위 유체 이 통곡 자 기 독 가의

之於漢室哉? 此臣等所以罄竭愚直 敢請不已者也. 伏惟殿下 將
지어 한실 재 차 신등 소이 경갈 우직 감청 불이 자 야 복유 전하 장

無咎 無疾與李茂 尹穆 柳沂 希閔 思德等之父子 依律施行 以慰
무구 무질 여 이무 윤목 유기 희민 사덕 등 지 부자 의율 시행 이위

臣民 以安宗社.'
신민 이안 종사

遣大護軍張大有 賜毛憐衛指揮把兒遜 建州衛指揮甫乙吾酒各
견 대호군 장대유 사 모련위 지휘 파아손 건주위 지휘 보을오 주 각

二十瓶 苧麻布各十匹 毛憐衛千戶升尙 金庸苧麻布各一匹. 賞其
이십 병 저마포 각 십 필 모련위 천호 승상 김용 저마포 각 일필 상 기

先告賊變也. 時趙涓捷報未至.
선고 적변 야 시 조연 첩보 미지

議政府啓: "金文乃 葛多介 或受中朝官爵 請移咨遼東 然後
의정부 계 김문내 갈다개 혹 수 중조 관작 청 이자 요동 연후

伐之." 上曰: "金文乃等受職於朝廷 我國所不知. 況邊境之寇
벌지 상 왈 김문내 등 수직 어 조정 아국 소부지 황 변경 지 구

察理使以邊將自伐之 不必通諭也. 成政丞明日當來 來則更議之.
찰리사 이 변장 자 벌지 불필 통유 야 성 정승 명일 당래 내 즉 갱의 지

召左政丞成石璘赴行在. 齊陵碑文有誤字 欲使改寫也.
소 좌정승 성석린 부 행재 제릉 비문 유 오자 욕사 개사 야

癸未 賜閔無咎 無疾自盡. 成石璘 金漢老 偰眉壽等至行在 與
계미 사 민무구 무질 자진 성석린 김한로 설미수 등 지 행재 여

隨駕臣僚 皆詣敬德宮 班立方進疏 上問: “何爲來也?” 石璘等
수가 신료 개 예 경덕궁 반립 방 진소 상 문 하위 래 야 석린 등

對曰: “臣僚聞車駕久留于此 以賊黨不可久存 故來請耳.” 上不覽
대왈 신료 문 거가 구류 우차 이 적당 불가 구존 고 내청 이 상 불람

疏曰: “宰相此請非一日 疏中之意 予已知之矣. 寡人此行 若一年
소 왈 재상 차청 비 일일 소중 지 의 여 이 지지 의 과인 차행 약 일년

半年 則卿等之來宜矣. 明日行祭 卽當還歸 何汲汲也?” 石璘等
반년 즉 경 등 지 래 의의 명일 행제 즉 당 환귀 하 급급 야 석린 등

對曰: “臣等豈不聞近日問事之由乎? 如趙瑚之言 可謂寒心 故
대왈 신등 기 불문 근일 문사 지 유 호 여 조호 지 언 가위 한심 고

今者臣僚之憤 倍於舊日. 若不賜兪音 雖徹夜不敢退. 願斷以
금자 신료 지 분 배어 구일 약 불사 유음 수 철야 불감 퇴 원 단 이

大義.” 上對又如初. 石璘等啓曰: “無咎 無疾等罪 不容於覆載之
대의 상 대 우 여초 석린 등 계왈 무구 무질 등 죄 불용 어 복재 지

間 雖一日不可生於世 而得至於四年之久 誰不腐心切齒! 臣等之
간 수 일일 불가 생어 세 이 득 지어 사년 지 구 수 불 부심 절치 신등 지

請 固非一日. 昔者至有攀馬帶而諫者. 殿下雖幸千里之道 固當從
청 고 비 일일 석자 지 유 반 마대 이 간자 전하 수 행 천리 지 도 고당 종

而請之. 況今庶僚聞趙瑚之言 怨憤以謂 賊黨蔓延至此 爾爲首相
이 청지 황 금 서료 문 조호 지 언 원분 이위 적당 만연 지차 이 위 수상

何不能擧法固請! 下僚之責 旣如此 老臣若不得請 將何顔而退!
하 불능 거법 고청 하료 지 책 기 여차 노신 약 부득 청 장 하안 이 퇴

若以臣言爲不是 臣亦當乞身而退矣.” 上曰: “此不是小事 豈可遽
약 이 신언 위 불시 신 역 당 걸신 이 퇴 의 상 왈 차 불시 소사 기가 거

從?” 石璘對曰: “國非一人之私有 臣僚之言 豈可拒而不受乎?”
종 석린 대왈 국 비 일인 지 사유 신료 지 언 기가 거 이 불수 호

漢老啓曰: “此非唯臣等之缺望 雖近日伏刑之徒 若或有靈 則亦
한로 계왈 차 비유 신등 지 결망 수 근일 복형 지 도 약혹 유 령 즉 역

以謂 恕首賊而獨誅吾等 是何意也? 必懷怏怏之心於九泉之下
이위 서 수적 이 독 주 오등 시 하의 야 필 회 앙앙 지 심 어 구천 지 하

矣. 願斷以大義.” 上曰: “明日行祭後 吾當更思.” 石璘曰: “自古
의 원 단 이 대의 상 왈 명일 행제 후 오 당 갱사 석린 왈 자고

及今 所以維持國家者 以忠與孝耳. 若無忠孝 安有君父乎? 無咎
급금 소이 유지 국가 자 이 충 여 효 이 약무 충효 안유 군부 호 무구

等 罪在不議 更何思焉?” 英茂曰: “人臣苟懷不忠之心 則雖一日
등 죄 재 불의 갱 하사 언 영무 왈 인신 구 회 불충 지 심 즉 수 일일

尙不可延喘息. 殿下所以優游不斷者 但以私恩耳. 以一時之私恩
상 불가 연 천식 전하 소이 우유 부단 자 단 이 사은 이 이 일시 지 사은

比萬世之宗社 必有輕重矣.” 上曰: “寡人於此輩 有何私恩! 明日
비 만세 지 종사 필유 경중 의 상 왈 과인 어 차배 유 하 사은 명일

覽疏 當有處置.” 漢老啓曰: “臺諫之請 四年于玆. 今日始聞兪音
람소 당유 처치 한로 계왈 대간 지 청 사년 우자 금일 시 문 유음

正當固請 必俟判付而後退. 在庭之臣 孰敢有先退者乎?” 石璘從
정당 고청 필 사 판부 이후 퇴 재정 지 신 숙감 유 선퇴 자 호 석린 종

而啓曰: “所司之言 旣如此 臣等若退 則所司必從而劾之.” 英茂
이 계왈 소사 지 언 기 여차 신등 약 퇴 즉 소사 필종 이 핵지 영무

啓曰: “無咎等厚蒙上恩 當殿下發瘡 與李茂等會議私第 欲何爲
계왈 무구 등 후몽 상은 당 전하 발창 여 이무 등 회의 사제 욕 하위

也? 嗾所司員構上位所無過失 使之封章 又何意也? 上猶且寬假
야 주 소사 원 구 상위 소무 과실 사지 봉장 우 하의 야 상 유 차 관가

不肯安分 欲害兩王子 此臣等所以日夜怨憤而欲誅者也.” 上曰:
불긍 안분 욕해 양 왕자 차 신등 소이 일야 원분 이 욕주 자 야 상 왈

“大臣與所司 咸來于此. 明日行祭之後 更請何晩!” 石璘 漢老等
대신 여 소사 함 래 우차 명일 행제 지 후 갱청 하만 석린 한로 등

更啓曰: “今日上敎所重在祭 若他事則固然 此輩欲害王子 祖宗
갱 계왈 금일 상교 소중 재 제 약 타사 즉 고연 차배 욕해 왕자 조종

之靈 亦欲誅之. 如斷此事而行祭 則先后必右享之矣.” 上曰: “予
지 령 역 욕주 지 여 단 차사 이 행제 즉 선후 필 우향 지 의 상 왈 여

所以不能斷此事 兒女之小情 恐傷舅家之心耳 今則可以斷矣.” 時
소이 불능 단 차사 아녀 지 소정 공 상 구가 지 심 이 금 즉 가이 단 의 시

夜已二鼓 石璘等或坐或立以俟. 上召諸代言謂曰: “李茂子若使
야 이 이고 석린 등 혹 좌 혹 립 이사 상 소 제 대언 위왈 이무 자 약사

竝誅 則刑不亦濫乎?” 乃取議政府百官臺諫疏 親自立草 判曰:
병주 즉 형 불역 람 호 내 취 의정부 백관 대간 소 친자 입초 판왈

“依申. 其李茂子 籍沒爲奴.” 命政府曰: “予於前日 李茂之事 深
의신 기 이무 자 적몰 위노 명 정부 왈 여 어 전일 이무 지 사 심

有慊焉. 昔文帝誅薄昭使自盡. 卿等亦當依此法施行.” 乃遣巡禁司
유 겸 언 석 문제 주 박소 사 자진 경 등 역 당의 차법 시행 내 견 순금사

護軍李繩直 刑曹正郞金自西如濟州 賜無咎 無疾自盡.
호군 이승직 형조정랑 김자서 여 제주 사 무구 무질 자진

遣巡禁司大護軍高休如機張 捕李衎以來.
견 순금사 대호군 고휴 여 기장 포 이간 이래

甲申 上親祭于齊陵 仍命構碑亭 遍觀衍慶寺.
갑신 상 친제 우 제릉 잉 명구 비정 편관 연경사

西北面都巡問使朴訔 得皇帝親征北狄詔書錄本以獻. 詔曰:
서북면 도순문사 박은 득 황제 친정 북적 조서 녹본 이헌 조왈

‘朕受天命 承太祖高皇帝洪基 統馭萬方 撫輯庶類 凡四夷僻遠
짐 수 천명 승 태조고황제 홍기 통어 만방 무집 서류 범 사이 벽원
靡不從化 獨北虜殘孼 處于荒裔 敢肆兇暴 屢遣使申諭 輒拘留
미불 종화 독 북로 잔얼 처 우 황예 감사 흉포 누 견사 신유 첩 구류
殺戮. 乃者其人鈔邊 邊將獲之 再遣使護還 復見拘殺 恩旣遄背
살륙 내자 기인 초 변 변장 획지 재 견사 호환 부견 구살 은 기 천배
德豈可懷! 況豺狼野心貪悍 猾賊虐噬 其衆引領徯蘇. 稽於天道
덕 기 가회 황 시랑 야심 탐환 활적 학서 기중 인령 혜소 계어 천도
則其運已終; 驗於人事 則彼衆皆離. 朕今親率六軍往征之 大振
즉 기운 이종 험어 인사 즉 피중 개 리 짐 금 친솔 육군 왕정 지 대진
武威 用彰天討. 且朕必勝之道有五 以大擊小 以順取逆 以治
무위 용창 천토 차 짐 필승 지 도 유 오 이대 격소 이순 취역 이치
攻亂 以逸伐勞 以悅弔怨 鮮不殄滅. 蕩除有罪 掃淸沙漠 撫綏
공란 이일 벌로 이열 조원 선 불 진멸 탕제 유죄 소청 사막 무수
顚連 則疆場乂安 人民無轉輸之苦 壯士無飢寒戰鬪之虞 可以
전련 즉 강장 예안 인민 무 전수 지 고 장사 무 기한 전투 지 우 가이
解甲高枕 一勞久安 暫費永寧. 布告中外 咸使聞知.’
해갑 고침 일로 구안 잠비 영녕 포고 중외 함 사 문지

乙酉 火出鬼東. 火北木南隔一尺.
을유 화 출 귀 동 화 북 목 남 격 일척

丙戌 賜左政丞成石璘廐馬一匹. 以改書碑文誤字也.
병술 사 좌정승 성석린 구마 일필 이 개서 비문 오자 야

戊子 駕還宮.
무자 가 환궁

命臺諫刑曹行首 同巡禁司鞫趙瑚 戒之曰: “務得其情 毋敢
명 대간 형조 행수 동 순금사 국 조호 계지 왈 무 득 기정 무감
過刑.” 兼判巡禁司事南在 李原 李膺 委官參贊議政府事李至
과형 겸 판순금사사 남재 이원 이응 위관 참찬 의정부 사 이지
刑曹判書柳廷顯 大司憲金漢老 右司諫金摯等 詣闕啓曰: “趙瑚
형조판서 유정현 대사헌 김한로 우사간 김지 등 예궐 계왈 조호
妙音之言 各有違端.” 上曰: “此事 予本欲置而勿問 但以其言
묘음 지 언 각유 위단 상 왈 차사 여 본 욕치 이 물문 단 이 기언
不小 故不得已而命推之. 卿等宜各盡心 謹愼訊問 毋得枉刑
부소 고 부득이 이 명 추지 경 등 의 각 진심 근신 신문 무득 왕형
以傷和氣.”
이상 화기

議政府啓東北面區處事宜:
의정부 계 동북면 구처 사의

“一 請增慶源鎭戍兵數百. 二 出征將帥乘勝欲圖猛哥帖木兒
일 청증 경원진 수병 수백 이 출정 장수 승승 욕도 맹가첩목아

然時已緩 彼且必有備 當農月 不可再出. 請放散軍兵 召還將帥.
연 시 이완 피 차 필 유비 당 농월 불가 재출 청 방산 군병 소환 장수

三 生擒孛兀兒等三人 囚于青州 若孛兀兒 宜及彼人未知生死之
삼 생금 패올아 등 삼인 수우 청주 약 패올아 의 급 피인 미지 생사 지

前 速誅之 其金庸 升尙二人 轉致王京鞫問 徐議處置."
전 속 주지 기 김용 승상 이인 전치 왕경 국문 서의 처치

上皆從之. 乃命慶源鎭加置師旅 嚴整備患.
상 개 종지 내 명 경원진 가치 사려 엄정 비환

辛卯 遣中軍摠制李玄如京師. 奏本曰:
신묘 견 중군 총제 이현 여 경사 주본 왈

'議政府狀啓: "據東北面吉州察理使趙涓呈 二月初四日 有
의정부 장계 거 동북면 길주 찰리사 조연 정 이월 초 사일 유

賊軍突入慶源府 殺死兵馬使韓興寶及軍士一十五名 搶奪牛馬
적군 돌입 경원부 살사 병마사 한흥보 급 군사 일십 오 명 창탈 우마

錢穀回去. 卑職欲行追捕 間有慶源接境 毛憐衛指揮 兀良哈
전곡 회거 비직 욕행 추포 간유 경원 접경 모련위 지휘 올량합

把兒遜 着和等遣人通云: '遠處山谷間 散住兀狄哈 前來慶源府
파아손 착화 등 견인 통운 원처 산곡 간 산주 올적합 전래 경원부

作賊回去.' 又有建州衛指揮吾都里 童猛哥帖木兒 遣人通書稱
작적 회거 우 유 건주위 지휘 오도리 동맹가첩목아 견인 통서 칭

云: '若欲追捕前賊 我亦領兵同捕.' 卑職隨卽領兵追捕上項賊黨
운 약 욕 추포 전적 아 역 영병 동포 비직 수즉 영병 추포 상항 적당

行至豆門 猛哥帖木兒托故不進. 要路有伏兵 起發挾攻 互相
행지 두문 맹가첩목아 탁고 부진 요로 유 복병 기발 협공 호상

擊射 彼我軍士殺傷數多. 不意把兒遜 阿古車 着和 下乙主等 乃
격사 피아 군사 살상 수다 불의 파아손 아고거 착화 하을주 등 내

與兀狄哈等 通謀作賊 設計伏兵 邀擊我軍 以致中傷身死. 呈乞
여 올적합 등 통모 작적 설계 복병 요격 아군 이치 중상 신사 정걸

照驗." 得此狀啓參照 兀良哈 吾都里等地面 接連本國地境 今來
조험 득 차 장계 참조 올량합 오도리 등 지면 접련 본국 지경 금래

把兒遜等與兀狄哈同謀 殺害邊將軍民 今又伏兵邀擊 反致中傷
파아손 등 여 올적합 동모 살해 변장 군민 금 우 복병 요격 반 치 중상

身死. 竊詳上項 把兒遜等 曾受朝廷職事 不勝惶恐 理合奏聞 尙
신 사 절상 상항 파아손 등 증 수 조정 직사 불승 황공 이 합 주문 상

慮兀良哈 吾都里黨類 連生邊釁不便. 伏望聖慈明降禁約 一國
려 올량합 오도리 당류 연생 변흔 불편 복망 성자 명강 금약 일국

幸甚.'
행심

壬辰 命領議政府事河崙 左代言金汝知 同義興府兵曹 試武科
임진 명 영의정부사 하륜 좌대언 김여지 동 의흥부 병조 시 무과

終場 講武經七書.
종장 강 무경칠서

命知申事安騰及盧希鳳 歸其家待罪. 初 命承政院 令無咎 無疾
명 지신사 안등 급 노희봉 귀 기가 대죄 초 명 승정원 영 무구 무질
家奴各一名 馳驛致喪具于濟州 使全羅道都觀察使裝給二奴
가노 각 일명 치역 치 상구 우 제주 사 전라도 도관찰사 장급 이노
過海船隻 且傳旨于濟州牧使擇地厚葬. 召舍人申槪傳曰: "此人
과해 선척 차 전지 우 제주목사 택지 후장 소 사인 신개 전왈 차인
等已置於法 今我有是命 不忍故也. 無妨於義 愼勿沮抑." 槪退
등 이 치 어법 금 아 유 시명 불인 고야 무방 어의 신 물 저억 개 퇴
告堂上 只給過海之文. 代言李安愚謂舍人趙啓生曰: "濟州入送
고 당상 지 급 과해 지 문 대언 이안우 위 사인 조계생 왈 제주 압송
無咎等奴子給馬文字已成歟?" 啓生對以不知. 安騰卽以申槪
무구 등 노자 급마 문자 이성 여 계생 대이 부지 안등 즉 이 신개
承傳 告啓生 啓生問槪 槪曰: "未嘗聞." 騰乃更傳旨於啓生 俾給
승전 고 계생 계생 문 개 개 왈 미상 문 등 내 갱 전지 어 계생 비 급
鋪馬文字. 其文字已發 諸代言復私謂啓生曰: "萬一無咎等奴 先
포마문자 기 문자 이발 제 대언 부 사위 계생 왈 만일 무구 등 노 선
體覆入濟州 則或致逃匿 可告堂上 留一兩日發送未晩." 啓生告
체복 입 제주 즉 혹 치 도익 가 고 당상 유 일양 일 발송 미만 계생 고
堂上 趙英茂 李慥等然之 復收鋪馬之文. 啓生曰: "有上命 不可
당상 조영무 이조 등 연지 부수 포마 지 문 계생 왈 유 상명 불가
拘留. 若移牒全羅監司 酌量體覆發船後起送似可."
구류 약 이첩 전라감사 작량 체복 발선 후 기송 사 가

黃喜 尹思修是②啓生之言 英茂不從. 翌日 上知之 召啓生進
황희 윤사수 시 계생 지 언 영무 부종 익일 상 지지 소 계생 진
便殿門外問曰: "舍人是識理儒生 乃何擅廢王命 還收鋪馬之
편전 문외 문왈 사인 시 식리 유생 내 하 천폐 왕명 환수 포마 지
文? 君臣之間 其若是乎? 且無咎 無疾 國人皆曰可殺 予不得已
문 군신 지 간 기 약시 호 차 무구 무질 국인 개 왈 가살 여 부득이
而從之. 然豈無人情乎? 予聞其初入濟州也 但着一襦衣而去 今
이 종지 연 기 무 인정 호 여 문 기 초입 제주 야 단 착 일 유의 이 거 금
送單衣 欲及未殯之前也. 若其奴不與體覆同歸 則殺之之日 卽
송 단의 욕급 미빈 지 전 야 약 기노 불여 체복 동귀 즉 살지 지 일 즉
入棺 入棺之後 衣可着乎? 雖其奴與體覆同舟而去 豈能禁其殺
입관 입관 지 후 의 가착 호 수 기노 여 체복 동주 이 거 기 능금 기살
乎?" 啓生對曰: "過海凡事 已行移於全羅道觀察使備辦 留一二
호 계생 대왈 과해 범사 이 행이 어 전라도관찰사 비판 유 일이
日 未爲晩也 故還收之." 上曰: "不啓於予而擅收 雖政府 何敢
일 미 위만 야 고 환수 지 상 왈 불계 어 여 이 천수 수 정부 하감

如此無禮? 閫外奉使之臣 如有取旨之事 尙且啓聞. 況政府在近
여차 무례 곤외 봉사 지 신 여유 취지 지 사 상 차 계문 황 정부 재근

何得乃爾?” 欲下申槪于巡禁司 旣而曰: “予若罪槪 大臣必不安矣
하득 내 이 욕하 신개 우 순금사 기이 왈 여 약 죄 개 대신 필 불안 의

宜罪其傳命者.” 乃責知申事安騰曰: “汝職在出納 鋪馬之言 汝必
의죄 기 전명 자 내 책 지신사 안등 왈 여직 재 출납 포마 지 언 여 필

不傳. 汝若傳旨 則政府何至如此? 當我在時尙爾 儻幼君立 必不
부전 여 약 전지 즉 정부 하지 여차 당 아 재시 상 이 당 유군 립 필 부

從命矣.” 使與希鳳歸家. 又命啓生曰: “吾欲下汝巡禁司 所以不然
종명 의 사 여 희봉 귀가 우 명 계생 왈 오 욕하 여 순금사 소이 불연

者 敬大臣也. 愼勿爲如此不恭.” 上謂代言等曰: “安騰 申槪 孰
자 경 대신 야 신 물위 여차 불공 상 위 대언 등 왈 안등 신개 숙

爲有罪? 何不別白以聞?” 金汝知對曰: “未有所命 不敢.” 上曰:
위 유죄 하 불 별백 이문 김여지 대왈 미유 소명 불감 상 왈

“知申事實無罪. 槪承命而不傳於政府 罪在槪.” 乃召知議政府事
지신사 실 무죄 개 승명 이 부전 어 정부 죄 재 개 내 소 지의정부사

黃喜諭旨 喜對曰: “槪承命不盡傳于政府 且政府之意以謂: ‘遽
황희 유지 희 대왈 개 승명 부진 전우 정부 차 정부 지 의 이위 거

使罪人之奴馳驛 而與體覆官偕行 其於海路 或先或後 未可知
사 죄인 지 노 치역 이 여 체복 관 해행 기어 해로 혹 선 혹 후 미 가지

也.’ 是以商量而姑留也.” 上曰: “舍人不傳予命 慢我也 又欺堂上
야 시이 상량 이 고 류 야 상 왈 사인 부전 여명 만아 야 우 기 당상

有罪歟 無罪歟?” 喜對曰: “豈無罪乎? 政府之意 雖如臣所啓
유죄 여 무죄 여 희 대왈 기 무죄 호 정부 지 의 수 여 신 소계

啓生亦不得辭其責矣.” 上曰: “舍人之罪 置而不問者敬大臣耳
계생 역 부득 사 기책 의 상 왈 사인 지 죄 치 이 불문 자 경 대신 이

政府無避嫌.” 喜乃退.
정부 무 피혐 희 내 퇴

命停京畿 江原 豐海道軍士自四月至七月番上侍衛. 豐海道
명정 경기 강원 풍해도 군사 자 사월 지 칠월 번상 시위 풍해도

都觀察使鄭易啓民飢故也.
도관찰사 정역 계 민기 고야

召趙涓還. 議政府啓:
소 조연 환 의정부 계

“趙涓所擄甫乙吾若放還 則入其故里積尸蔽野 屋廬燒盡 妻子
조연 소로 보을오 약 방환 즉 입 기 고리 적시 폐야 옥려 소진 처자

朋友 皆已死亡 雖一宿一飯 亦無所寄 怨極于天 必告諸天子
붕우 개 이 사망 수 일숙 일반 역 무 소기 원극 우천 필 고 저 천자

誓死復讎矣. 不若托以與升尙 金庸逃走殺之. 豆門之戰 趙涓等
서사 복수 의 불약 탁 이 여 승상 김용 도주 살지 두문 지 전 조연 등

執吾都里哈兒非 加時仇 問以賊變 遂竝殺之. 二人皆童孟哥管下
집 오도리 합아비 가시구 문 이 적변 수 병 살지 이인 개 동맹가 관하
指揮阿亂之孫也. 猛哥由是怒甚 謀入寇."
지휘 아란 지 손 야 맹가 유시 노심 모 입구

上乃以延嗣宗代趙涓. 政府請: "遣田興於童猛哥帖木兒 賜以
상 내 이 연사종 대 조연 정부 청 견 전흥 어 동맹가첩목아 사 이
宣醞 諭之曰: '此兵之擧 非國家之命 實邊將之擅興. 國家已使
선온 유지 왈 차병 지 거 비 국가 지 명 실 변장 지 천흥 국가 이 사
延嗣宗代涓 召涓赴京 欲治擅興濫殺之罪' 則猛哥之怒稍解 而
연사종 대 연 소 연 부경 욕치 천흥 남살 지 죄 즉 맹가 지 노 초해 이
後日朝廷之詰問 亦可對也." 上曰: "政府合議 須以義而爲之. 惟
후일 조정 지 힐문 역 가대 야 상 왈 정부 합의 수 이의 이 위지 유
送酒諭 童指揮一事 有何所因! 恐無言可執. 不若使田興只呼
송주 유 동 지휘 일사 유 하 소인 공 무언 가집 불약 사 전흥 지 호
趙涓而來 漸使童指揮知之." 乃以田興爲敬差官而送之.
조연 이래 점 사 동 지휘 지지 내 이 전흥 위 경차관 이 송지

甲午 放親試武科牓 賜大護軍尹夏等三十三人及第. 上以諒闇
갑오 방 친시 무과 방 사 대호군 윤하 등 삼십삼인 급제 상 이 양암
不臨軒 以夏爲上護軍.
불 임헌 이 하 위 상호군

司憲府上疏請李之誠罪. 疏略曰:
사헌부 상소 청 이지성 죄 소 약왈

'之誠黨李茂之謀 而欲濟無咎等之惡. 伏望殿下 將之誠下攸司
지성 당 이무 지 모 이 욕제 무구 등 지 악 복망 전하 장 지성 하 유사
刺審其情 於以嚴誅討亂賊之法 於以杜比周朋黨之源 則爲惡者
자심 기정 어 이엄 주토 난적 지 법 어 이두 비주 붕당 지 원 즉 위악 자
孤 而禍亂息矣.'
고 이 화란 식의

上曰: "如此之徒 依附閔氏者多矣. 豈可盡誅之耶? 且事久已畢
상 왈 여차 지 도 의부 민씨 자 다의 기 가 진주 지 야 차 사구 이필
其勿復論." 憲府間日復請 不允.
기 물부 론 헌부 간일 부청 불윤

丙申 趙瑚死于獄中. 初 巡禁司與臺諫刑曹啓曰: "趙瑚 妙音
병신 조호 사 우 옥중 초 순금사 여 대간 형조 계왈 조호 묘음
柳惠康 兩造言辭不一 難以質實. 趙瑚似發是言 然鞫問之時
유혜강 양조 언사 불일 난 이 질실 조호 사 발 시언 연 국문 지 시
對曰: '我有子有孫 何發不軌之言' 則其心以爲雖至於死 必不肯
대왈 아 유자 유손 하발 불궤 지 언 즉 기심 이위 수 지어 사 필 불긍
納供狀而蒙惡名 臣等難之." 上曰: "今日已暮 明早更啓." 召
납 공장 이 몽 악명 신등 난지 상 왈 금일 이 모 명조 갱계 소

巡禁司府官臺諫刑曹及李至詣闕 獨召大護軍睦進恭至便殿 親問
순금사 부관 대간 형조 급 이지 예궐 독 소 대호군 목진공 지 편전 친문

趙瑚獄辭. 謂代言等曰: “瑚旣不自服 又證聽未明 豈可妄加罪乎?
조호 옥사 위 대언 등 왈 호 기 불 자복 우 증청 미명 기가 망 가죄 호

瑚老且病 妙音年過七十 不可濫刑 以成獄辭.”
호 노 차 병 묘음 연 과 칠십 불가 남형 이성 옥사

府官等啓曰: “事關宗社 又罪已成於瑚 且其婢哲莊納辭云: ‘主
부관 등 계왈 사 관 종사 우 죄 이 성어 호 차 기비 철장 납사 운 주

之初言 予自外後至 不及聞 但聞主婦謂主曰: “其口 其口.” 主曰:
지 초언 여 자외 후지 불급 문 단문 주부 위 주 왈 기구 기구 주 왈

“予何言哉?”’ 其辭頗合 妙音之言 臣等欲釋妙音 更鞫瑚.” 上乃
여 하언 재 기사 파 합 묘음 지 언 신등 욕석 묘음 갱 국 호 상 내

許之. 召黃喜傳曰: “趙瑚之事 勢若不必取正也. 今已放妙音 瑚旣
허지 소 황희 전왈 조호 지 사 세 약 불필 취정 야 금 이 방 묘음 호 기

不服 何能得其情乎? 儻不納招而死于獄中 則虛實未著 而衆皆
불복 하능 득 기정 호 당 불 납초 이 사 우 옥중 즉 허실 미저 이 중 개

疑其前日之斷獄 亦如此其不明也. 予心有所未便 豈合於天意乎?
의 기 전일 지 단옥 역 여차 기 불명 야 여심 유 소미편 기 합어 천의 호

政府擬議 置而勿問.” 對曰: “我國家修明禮義 凡斷獄無不明矣.
정부 의의 치 이 물문 대왈 아 국가 수명 예의 범 단옥 무 불명 의

今赦此人 則首告者 處之如何? 告者實則罪在彼 無則反坐 法律
금 사 차인 즉 수고 자 처지 여하 고자 실 즉 죄 재 피 무 즉 반좌 법률

甚明. 今兩造俱備 豈可不辨而中止哉? 臣雖議于政府 必無異
심명 금 양조 구비 기가 불변 이 중지 재 신 수 의 우 정부 필 무이

於臣言者.” 上曰: “宜退 勿復推.” 喜退. 議政府復使喜啓 且曰:
어 신언 자 상 왈 의 퇴 물 부추 희 퇴 의정부 부 사 희 계 차왈

“臣等亦不可獨斷. 請令巡禁司書兩邊獄辭之要 昭示百官 取其
신등 역 불가 독단 청령 순금사 서 양변 옥사 지 요 소시 백관 취 기

可否. 又將兩邊違端 詳考律文 然後悉陳以聞.” 從之. 召趙啓生
가부 우 장 양변 위단 상고 율문 연후 실진 이문 종지 소 조계생

傳旨曰: “今趙瑚之事 雖使百官議其可否 必無異議. 其考律文
전지 왈 금 조호 지 사 수 사 백관 의 기 가부 필 무 이의 기 고 율문

有犯名義 而未得事情者以聞.” 巡禁司府官 委官 刑曹 臺諫又
유범 명의 이 미득 사정 자 이문 순금사 부관 위관 형조 대간 우

詣闕請其罪 上曰: “若有罪 則雖親不赦 無咎等是也. 今瑚不自服
예궐 청 기죄 상 왈 약 유죄 즉 수 친 불사 무구 등 시야 금 호 불 자복

若加以罪 則豈合於理哉?” 又請令各司議 上不許曰: “事關宗社
약 가이 죄 즉 기 합어 리 재 우 청령 각사 의 상 불허 왈 사 관 종사

其誰曰姑置之? 將必雷同矣.” 瑚竟死于獄.
기수 왈 고 치지 장 필 뇌동 의 호 경 사 우옥

築西北面諸州城. 都巡問使朴訔啓: '今春新築 成州屹骨山城 修築慈州山城 德州金城 朔州城 陽德縣城 江界府城 古雲州白壁山城 古隨州香山城. 又仍前歲之役 作義州城三門及置弓家短墻 功已訖.'

| 원문 읽기를 위한 도움말 |

① 可不懲哉? 이런 경우에는 可를 분리해 가장 뒤에 풀이해야 한다. 즉 '不懲이 좋겠는가[可~哉]'라는 식으로 옮겨야 한다.

② 黃喜 尹思修是啓生之言. 여기서 是는 '옳게 여기다'라는 뜻이다.

태종 10년 경인년
4월

四月

정유일(丁酉日-1일) 초하루에 상(上)이 친히 문소전(文昭殿)에 제사를 지냈다. 종전에는[先是]선시 축문(祝文)에 '초일일(初一日-초하루) 삭(朔-초하루) 모갑자(某甲子)'라고 썼었는데 역삭교서교감(役朔校書校勘) 이뢰(李賴)가 다만 '삭(朔)'자만 쓰고 '초일일(初一日)' 세 글자는 쓰지 않았으니 이는 대개 그 말이 중복되는 것을 미심쩍어했기[疑]의 때문이다. 상이 작(爵)을 올리고 대축(大祝)이 축문(祝文)을 읽고 나서 배위(拜位)[1]로 돌아와 마침내 말했다.

"내가 일찍이 삭(朔)과 일(日)을 거듭 쓰는 것[疊書]첩서을 의심했는데 이번에 일(日)을 쓰지 않았으니 진실로 마땅하다."

예(禮)를 마치자 상이 대언(代言)들에게 일러 말했다.

"종묘(宗廟)의 제사 때에 '태위(太尉)'[2]니 '사도(司徒)'니 '사공(司空)'이니 '태상(太常)'이니 '광록경(光祿卿)'[3]이니 하는 것은 모두 천자(天子)의 벼슬[官]관이다. 지금 제후(諸侯)의 나라로서 이 벼슬 이름을 쓰

---

1 헌관(獻官)이 절을 하는 자리다.

2 삼사(三師-태사(太師), 태부(太傅), 태보(太保))와 함께 고대 중국의 최고 명예직이었던 삼공(三公-태위(太尉), 사도(司徒), 사공(司空))의 하나로서 주 기능은 왕의 고문 역할이었다. 사도(司徒)는 백성들의 교화, 사공(司空)은 궁궐 축조 또는 건축을 맡았고 태상은 종묘 제사 등을 주관했다.

3 고위직 구경(九卿)의 하나다.

는 것이 어찌 예(禮)에 맞다[禮也][4]고 하겠는가? 또 종묘에 제사를 행하는 날에 만일 비와 눈이 오게 되면[值=當] 뜰 가운데에 비를 가릴 곳이 없어서 옷을 적시고 용의(容儀)를 잃게 되니 정성(精誠)과 공경(恭敬)이 지극하지 못하고 신명(神明)과 사람이 편안하지 못할까 두렵다. 마땅히 제후(諸侯)의 제의(祭儀-제사 의례)를 상고하라. 내가 옛날 천조(天朝-명나라 조정)에 사신의 임무를 받들고 가서 고황제(高皇帝-주원장)의 묘제(廟制)를 친히 보았는데 궁내(宮內)에 사당[廟]이 있었고 또 오문(午門) 밖에도 있었다. 이것이 어찌 근거가 없는 것이겠는가? 이 또한 예전 제도를 상고해 아뢰라."

이에 예조정랑 곽존중(郭存中)을 불러 이런 뜻을 일렀다. 이에 하륜(河崙)이 태위(太尉)를 고쳐 초헌관(初獻官)으로 하고, 태상(太常) 광록경(光祿卿)을 고쳐 아헌(亞獻) 종헌관(終獻官)으로 하고, 사도(司徒)를 봉조관(奉俎官)으로 하고, 사공(司空)을 행소관(行掃官)으로 할 것을 청했다.

륜(崙)이 또 말했다.

"『주문공가례(朱文公家禮)』에 '뜰 아래를 지붕으로 덮는다'라는 글이 있으니 마땅히 비를 가릴 곳을 지어야 합니다."

상이 옳게 여겼다. 예조(禮曹)에서 아뢰었다.

"삼가 고문(古文)을 상고하니 『가례(家禮)』의 '사당(祠堂)' 주(註)에 이르기를 '뜰 아래를 지붕으로 덮어 가중(家衆)을 받아들인다'라고

4 이때의 예란 단순한 예법에 한정되는 것이 아니라 사리(事理)를 뜻한다. 그래서 예에 맞다는 것은 사리에 맞다는 뜻이다.

했습니다."

상이 말했다.

"이는 가중(家衆)이 서립(序立)하는 곳이지 배위(拜位)는 아니다. 다시 상정(詳定)해 아뢰라."

상이 또 말했다.

"내가 예조(禮曹)에서 상정(詳定)한 축판(祝版)의 서법(書法)을 보니 초1일에는 1일을 쓰지 않고 다만 '모월삭(某月朔) 모갑자(某甲子)'라고 쓰고, 15일에는 어째서 '모월(某月) 15일 모갑자(某甲子)'라 하지 않고 '모월삭(某月朔) 모갑자(某甲子) 15일 모갑자(某甲子)'라고 쓰는가?"

좌우(左右)가 대답했다.

"삭일(朔日) 뒤에 반드시 삭일을 밝혀서 쓰는 것은 그달을 지칭하는 것입니다."

상이 말했다.

"만일 그달을 지칭하는 것이라 한다면 이미 모월(某月)이라고 일컬었는데 어째서 반드시 '삭(朔)'자를 쓸 필요가 있겠는가? 또 제법(祭法)에 삭(朔)과 망(望)이 있는데, 초1일은 '삭(朔)'이라 쓰고, 15일은 '망(望)'이라 쓰지 않는 것은 또 무엇 때문인가?"

예조(禮曹)에 명해 다시 예전 제도를 상고해 아뢰게 했다.

○상이 대신(大臣)들에게 일러 말했다.

"담제(禫祭)[5]의 날을 (점을 쳐서) 가리는 것[卜日(복일)=擇日(택일)]을 『가례(家

5 대상(大祥)을 치른 다음다음 달 하순의 정일(丁日)이나 해일(亥日)에 지내는 제사를 말한다.

禮)』에서 살펴보니 '한 달 안에 초순(初旬), 중순(中旬)을 거쳐서 택일(擇日)하되 모두 불길(不吉)하면 하순(下旬)으로 한다'라고 했다. 이것이 비록 옛법이나 미편(未便)한 점이 있다. 처음에는 날을 가리고 나중에는 가리지 않는 것이 괜찮은가? 어찌 옛법이라 하여 다 따를 수 있는가? 옛것을 참작하고 지금 것에 준해[酌古準今] 이를 덜어내고 보태서[損益] 1삭(朔)을 합해 점치되 삼순(三旬) 안에 모두 길(吉)한 날이 없을 것 같으면 그제야 교(珓)[6]를 던져서 날을 정하는 것이 가하다."

○ 군기소감(軍器少監) 권초(權軺)를 동북면(東北面)에 보냈다. 상이 근신(近臣)들에게 일러 말했다.

"외방(外方)의 굶주린 백성들을 감사(監司)와 수령(守令)이 어찌 능히 다 알겠는가? 내가 각 도에 사람을 나눠 보내 진휼(賑恤)하고자 한다."[7]

하륜(河崙), 성석린(成石璘) 등이 아뢰었다.

"만약 특별히 사신(使臣)을 보내 급박(急迫)하게 고찰하면 비록 굶주리는 백성이 있더라도 수령이 숨기고 보고하지 않을까 두렵습니다. 그리고 봉사자(奉使者)도 또한 두루 보아서 다 진휼(賑恤)을 행하지 못할 것이니 마땅히 왕지(王旨)를 받들어 이문(移文)해 감사와 수령을 거듭 경계하고 그들로 하여금 고루 진휼하여 굶주려 죽는 사람이 없게 하소서. 그러고 난 다음에 단기(單騎)로 돌아다니면서 조사해

6 점치는 도구인 옥 산통을 말한다.

7 관찰사와 수령을 감사하려는 것이다. 이것이 훗날의 암행어사다.

명령대로 했는지 안 했는지를 징험해야 할 것입니다."

상이 말했다.

"좋다!"

동북면만은 기곤(飢困)이 매우 심해 이에 초(軺)를 보내 경차관(敬差官)으로 삼았다.

○ 의정부사인(議政府舍人) 신개(申槩, 1374~1446년)[8]를 파직했다. 사헌부에서 탄핵해 아뢰었다.

"신개가 (상의) 뜻을 받고서 전해야 함에도[承傳 승전] 잊어버려서 곧바로 시행하지 못하고 자기 죄를 면하기 위해 말을 꾸며 억지로 변명했으니 그 마음이 간사하고 기만적일 뿐만 아니라 왕명(王命)을 공경히 받드는 뜻을 끊어버렸습니다. 또 정부의 수령(首領-사인)의 임무를 어겼습니다. 청컨대 직첩(職牒)을 거두고 율(律)에 의거해 논죄해야 할 것입니다."

---

8 1390년(공양왕 2년) 사마시에 합격하고 1393년(태조 2년) 문과에 급제해 검열로 발탁됐는데 당시 태조가 실록을 보자고 할 때 그 불가함을 강력히 논했다. 여러 요직을 거쳐 1413년(태종 13년) 우사간대부로 발탁되는 동시에 춘추관편수관, 지제교(知製教)를 겸임했다. 간관(諫官)으로 있으면서 주장한 의정부서사제도의 폐지는 다음 해에 실현됐다. 1417년에 공조참판을 거쳐 공조판서에 올랐다. 그리고 이해에 천추사(千秋使)로 명나라에 다녀왔다. 세종 즉위 후 전라도, 경상도, 황해도의 도관찰사를 역임하고 대사헌에 올랐다. 1433년(세종 15년)에는 야인이 자주 변경을 침입해 큰 피해를 입히자 대신들의 반대에도 불구하고 정벌을 강력히 주장해 야인들을 토벌하도록 했다. 이해 이조판서가 되고, 이듬해 이조판서로 사은사(謝恩使)가 돼 명나라에 다녀왔다. 이어 형조판서를 거쳐 우참찬에 올라 지춘추관사를 겸임하면서 『고려사(高麗史)』 편찬에 참여했다. 1436년에 찬성으로 승진해 세자이사(世子貳師) 집현전대제학을 겸임했다. 1439년에 우의정에 올랐으며 1442년에는 감춘추관사로 권제(權踶) 등과 더불어 편찬한 『고려사』를 올렸다. 1444년에 궤장(几杖)을 하사받고 기로소(耆老所)에 들어갔으며, 이듬해 좌의정이 됐다. 재상으로 있으면서 공법(貢法), 축성(築城) 등에 있어서 백성들에게 불편한 것은 이를 건의, 시정하도록 했다.

파직을 명하고 사헌장령 김효손(金孝孫)으로 하여금 대신하게 했다.

○ 예조좌랑(禮曹佐郞) 이해(李該)가 면직됐다. 해(該)가 계제사(稽制司)[9] 당해관(當該官-담당관)이 돼 호조(戶曹) 영사(令史-하급관리)에 관문(關文)을 이첩하면서 '상압(上押)' 두 자를 상행(常行)에 잘못 썼다. 사헌부에서 해가 제대로 살피지[覺察(각찰)] 못했으니 신자(臣子)로서 임금을 공경하는 뜻에 어긋났다고 논핵한 때문이다.

○ 명해 이지성(李之誠)을 적몰(籍沒)[10]해 노비로 삼도록 했다. 사헌부에서 소를 올려 말했다.

'신 등이 듣건대 선(善)을 아는 것이 뛰어난 것[賢(현)]이 아니라 선을 잘 쓰는 것이 뛰어난 것이고, 악(惡)을 아는 것이 어려운 것이 아니라 악(惡)을 버리는 것이 어렵다고 했습니다. 좋은 사람을 좋다고 여기면서[善善(선선)] 이를 쓰지 못하고 나쁜 사람을 나쁘다고 여기면서 이를 버리지 못하는 것, 이는 곽군(郭君)이 『춘추(春秋)』에서 경계를 받은 것[見戒(견계)]입니다.[11] 지성(之誠)의 죄는 길 가는 사람[路人(노인)]도 아는 바인데 전하께서는 놓아두고[捨=置(사치)] 토죄(討罪)하지 않으시니 그것이야말로 악(惡)을 알면서도 이를 버리지 못하는 데 가깝지 않겠습

---

9 조선시대 의식, 제도 등의 사무를 관장하기 위해 설치되었던 관서로 예조에 속했다.

10 중죄인의 소유 재산을 모두 관의 장부에 등록해 몰수하는 것을 말한다.

11 제나라 환공이 한번은 밖으로 놀러 나갔다가 노인들과 마주치게 됐다. 그때 한 노인이 "저쪽이 곽공이 망한 땅입니다"라고 했다. 이에 "곽공은 어째서 망했는가?"라고 물으니 "선을 좋게 여기고 악을 나쁘게 여겼습니다"라고 했다. 환공이 "그런데 어째서 망했는가"라고 묻자 노인은 "선을 좋게만 여기고 좋은 사람은 쓰지 않고 악을 나쁘게만 여기고 나쁜 사람을 버리지 못해 망했습니다"라고 답했다.

니까? 신 등이 전하를 위해 애석하게 여기는 까닭입니다. 지난번에 정부와 대간(臺諫)이 소장(疏狀)을 연속해 두 번이나 그 죄를 청했는데도 또 윤허를 입지 못했습니다. 어째서 한 사람의 지성을 비호하느라[庇=庇護 비 비호] 마침내 신료들로 하여금 모두 실망을 품게 하십니까? 무릇 붓을 잡은 자가 날마다 좌우에서 모시며 임금의 거동(擧動)을 반드시 기록하는데 그 기록한 것이 모범이 되지 못한다면 후사(後嗣)가 무엇을 보겠습니까? 이것이 신 등이 전하를 위해 말씀을 올려 두 번에 이르도록 그치지 못하는 것입니다. 바라건대 전하께서 유사(攸司)에 명해 지성의 죄를 국문해 율(律)에 따라 시행하심으로써 신민(臣民)의 바라는 바를 위로하셔야 할 것입니다.'

상이 대언(代言)들에게 일러 말했다.

"지금 소사(所司)가 지성의 죄를 청하는데 그가 범(犯)한 것은 본래 세자에게 '무구(無咎) 등이 무슨 죄가 있습니까?'라고 말한 것이었으니 그 마음은 장차 세자에게 잘 보이려 함[求媚 구미]이었다. 세자가 돌아와서 (그 말을) 나에게 고했기에 내가 가만히 지방으로 보냈다. 그러므로 안팎에서는 지성이 범한 바를 알지 못했다. 연전(年前)에 이무(李茂)가 그 직임(職任)을 뛰어서 그를 제수(除授)했기에 외방(外方)에 안치(安置)한 것뿐이다. 지성은 하륜(河崙)의 처족(妻族)이니 만일 그가 말한 것을 추궁하면 반드시 륜(崙)에게 미칠 것이다. 륜은 바탕은 좋고 겉으로 애쓰는 바는 적지만[多質少文 다질 소문][12] 충성하는 뜻이

12 이는 태종이 『논어(論語)』의 지인지감(知人之鑑)을 얼마나 깊이 체화하고 있었는지를 잘 보여주는 표현이다. 문질(文質)은 각각 사람이 겉으로 애써 노력하는 바와 기본 바탕을 말한다. 그래서 공자는 「옹야(雍也)」편에서 이렇게 말했다. "바탕이 꾸밈을 이기면 거칠

간절하고 지극한 사람이다. 나라에 이 사람이 없으면 되겠는가? 내가 매번 재변(災變)을 만나면 마음속에 스스로 경계하고 성찰하기를 '내가 비록 박덕(薄德)하나 두세 사람의 대신(大臣)이 나를 보좌하는데 힘입는다'라고 한다. 헌사(憲司)는 어찌하여 급급하게 서두르는가? 너희는 이 말을 밖에 누설하지 말라."

마침내 명해 지성을 적몰(籍沒)해 노비로 삼았다.

무술일(戊戌日-2일)에 조원(趙源)을 불러올렸다. 이보다 앞서 원(源)이 제주(濟州)에 들어가 품마(品馬)를 차출하는데 배 한 척이 침몰해[敗沒](패몰) 말 50필이 죽었다. 전라도 도관찰사 허주(許周)는 말의 필수(匹數)만 아뢰고 사람수에 대해서는 아뢰지 않았는데 그 뒤에 배 한 척이 또 침몰했지만 주(周)의 장계(狀啓)는 또 전과 같았다. 김여지(金汝知)가 아뢰니 상이 놀라서 말했다.

"말을 실은 배가 또 침몰했느냐? 전에 침몰한 배도 사람수를 아뢰지 않았으니 이는 말은 중하게 여기고 인명은 가볍게 여긴 것이다.[13] 만일 원이 말의 수를 참작해 알맞게 배에 싣고 날을 가려 순풍(順風)을 타서 일시(一時)에 함께 출발했다면 이런 변(變)이 없었을 것

고 꾸밈이 바탕을 이기면 번지르르하니 바탕과 꾸밈이 잘 어우러진[文質彬彬](문질빈빈) 뒤에야 군자가 될 수 있다." 즉 태종의 말은 하륜이 문질빈빈하지는 못하고 공자의 말대로 "바탕이 꾸밈을 이긴" 경우다. 이런 경우는 그래도 충성과 믿음[忠信](충신)이 있어 괜찮다. 그래서 곧바로 하륜의 충의(忠意)를 높이 평가한다.

13 『논어(論語)』「향당(鄕黨)」편에 나오는 일화를 참조할 만하다. 마구간에 불이 나서 다 타버리자 공자는 마침 조정에 나갔다가 퇴청해 "사람이 상했느냐?"고 묻고는 말에 대해서는 일절 묻지 않았다.

이다. 이는 기미를 보아[見幾 견기] 잘 도모하지 못해 사람과 말을 많이 손실하게 한 것이다. 또 위에서 아래에 부과(賦課)하면 아랫사람이 어찌 싫어하지 않겠는가? 지금 원을 보내 마필(馬匹)을 구색(求索)하는 것은 마치 상국(上國)이 우리에게 구하는 것과 같다.[14] 마땅히 빨리 불러올려라."

○ 한성부(漢城府)에 명해 성내(城內) 굶주린 백성들을 진휼했다. 상이 말했다.

"혹 주린 백성이 돌아다니며 걸식(乞食)하는 자가 있으면 한성부에서 마땅히 존휼(存恤)해야 한다. 내가 저축(貯蓄)을 넓히는 것이 과연 무엇을 위함인가? 또 병들어 길에서 죽어서 금수(禽獸)의 밥이 되는 자가 있으니 국가에서 동서활인원(東西活人院)을 둔 것이 또 무엇을 위함인가? 마땅히 유사(攸司)로 하여금 챙기도록 하라."

또 오부령(五部令)에게 명했다.

"도성(都城) 안에 굶주려서 걸식(乞食)하는 자가 많이 있는데 너희는 영(令)이 돼서 어찌 이토록 말이 없는가? 이제부터 굶주리는 자가 있을 것 같으면 이름을 갖춰 아뢰라."

○ 의흥부(義興府)에 명해 대간원(臺諫員)의 의갑(衣甲)의 점고(點考)를 면제해주었다. 사헌부와 사간원이 대궐에 나아와 아뢰어 말했다.

"지금 의흥부가 조관(朝官-조정관리)과 군사의 의갑(衣甲)을 점고하면서 신 등도 갑주(甲冑)를 입고 점고를 받게 합니다. 신 등이 (임

---

14 명나라에 대한 태종의 은근한 불만이 드러나는 대목이다.

금의) 이목(耳目)의 관직에 비원(備員)돼 있으니 만일 나라에 급하고 어려운 일이 있으면 당연히 앞장서야 하지만 지금은 바야흐로[時方 시방] 나라에 일이 없는데도 백관(百官)을 규찰하는 소임을 지고서 몸소 갑주(甲冑)를 싸 가지고 도리어 점고를 받으니 거의 대간(臺諫)의 풍채(風采)가 없는 것 같습니다. 빌건대 친히 점고하는 것을 면제해주소서."

그것을 따랐다.

○ 호조정랑(戶曹正郎) 허반석(許盤石)·유근(柳謹), 좌랑(佐郎) 김희(金熙)·이문간(李文幹)·이명보(李明保) 등을 파직했다. 바야흐로 국상(國喪) 중인 3년 안에 창기(娼妓)를 불러 공해(公廨-관청)에서 회음(會飮)했기 때문이다.

기해일(己亥日-3일)에 삼군(三軍) 대장(隊長)[15]이 신문고(申聞鼓)를 쳐서 호소했다.

"예전의 예(例)에 따르면 대장(隊長)은 대부(隊副)가 받는 녹(祿)보다 쌀과 콩 각각 1석, 정포(正布) 1필을 더 받았는데 금년의 녹을 나눠 주는 것은 대부와 차등이 없으니 빌건대 전례(前例)에 의하소서."

상이 옳게 여기니 호조판서(戶曹判書) 이응(李膺), 의정부참지사 윤사수(尹思修) 등이 아뢰어 말했다.

---

15 조선시대 5위(五衛)의 주요 병종(兵種)인 대졸(隊卒)과 팽배(彭排)에게 주어졌던 정9품의 잡직(雜職)이다. 고려시대 이래의 위(尉)와 정(正)이 1395년(태조 3년)에 각각 대장(隊長)과 대부(隊副)로 개칭됐다.

"만일 노역이 있다면 별도로 줄 수는 있으나 반록(頒祿)의 제도를 어찌 가볍게 고칠 수 있겠습니까?"

이에 의정부에 내려 토의하게 하니 정부에서는 응(膺) 등의 말을 따를 것을 청했다.

경자일(庚子日-4일)에 경원(慶源) 천호(千戶) 중에서 주장(主將)을 구원하지 않은 자를 베라고 명했다. 의금부(義禁府)에서 아뢰었다.

"먼저 무너져[潰(궤)] 달아난 자가 네 사람입니다."

상이 말했다.

"네 사람을 다 벨 것이 아니라 그중에서 더욱 중한 자 한 사람만 베어도 얼마든지 천백인(千百人)을 징계할 수 있다."

대신(大臣)이 대답했다.

"진실로 상교(上敎)와 같습니다. 한 사람은 화살을 맞아 갑옷의 두 미늘[札(찰)]이 상한 자가 있으니 패주(敗走)한 것이 아님이 분명합니다. 네 사람의 죄가 어찌 경중(輕重)이 없겠습니까?"

이어서 아뢰었다.

"한흥보(韓興寶)의 아우 흥귀(興貴)가 그 형을 따라서 힘써 싸웠고[力戰(역전)] 또 무재(武才)가 있으니 무직(武職)에 서용(敍用)함이 마땅합니다."

또 아뢰었다.

"흥보(興寶)에게 네 딸이 있는데 모두 출가하지 못했습니다. 맏딸은 아비가 죽고 집안이 가난하기 때문에 여승(女僧)이 되려 한다고 하니, 바라건대 자장(資粧-결혼자금)을 주어 시집보내야 할 것입니다."

상이 그것을 따랐다.

○ 조호(趙瑚)의 시체를 혜민국(惠民局)[16] 거리에서 거열했다[轘=車裂]. 상이 조호의 일을 물으니 이응(李膺), 유정현(柳廷顯) 등이 그를 신문(訊問)해 공사(供辭)를 작성한 내용을 진달했다. 상이 말했다.

"호(瑚)가 그 정상을 다 털어놓지[輸情=吐說] 않은 채 죽었고 철장(哲庄)의 말은 형관(刑官)이 먼저 꼬투리를 끄집어내어 공사를 작성했으니, 어찌 이것으로 단안(斷案)을 삼을 수 있겠는가? 만일 호의 죄를 논한다면 반드시 대역(大逆)에 이르겠지만 정상을 다 털어놓지 않은 사람을 극형에 처하고 그 삼족(三族)을 멸하는[夷=夷滅] 것이 과연 인정(人情)에 부합하겠는가?"

응(膺) 등이 대답했다.

"호가 비록 정상을 털어놓지는 않았으나 증거[證佐]가 명백하니 율(律)에 의거해 시행하는 것이 좋겠습니다[可]. 이를 용서하고 죄주지 않으면 뒤에 대역(大逆)을 범하는 자가 반드시 본받아서 비록 죽는 데에 이르더라도 진상을 다 털어놓지 않고서 죄를 면하려고 꾀할 것입니다."

(이응 등이) 물러 나와 위관(委官), 대간(臺諫), 형조(刑曹)와 더불어 함께 뜰에 서서 호를 신문한 계본(啓本)을 올리고 또 아뢰었다.

"호의 죄가 이미 드러났으니 청컨대 율(律)에 의거해 시행해야 할 것입니다."

그것을 따랐다. 순금사에서 아뢰었다.

---

16 빈민들의 구료기관이었다.

"조호의 죄는 율(律)에 따르면 능지처사(凌遲處死)[17]에 해당합니다. (이 경우) 아비와 자식은 나이 16세 이상은 모두 교형(絞刑)에 처하고 15세 이하와 어미·딸·아내·첩은 공신(功臣)의 집에 나눠 주어 종으로 만들고, 재산(財産)은 모두 관가(官家)에 몰수하되 그 딸의 경우 혼인이 약속돼 이미 남편에게 돌아가기로 정해진 자는 연좌(連坐)하지 않습니다. 호의 처의 경우에는 『명례(名例)』에 이르기를 '친속(親屬)이 서로를 위해 숨긴 자는 (그 죄를) 논하지 말되 모반(謀反) 이상을 범한 자라면 이 율(律)을 쓰지 않는다'라고 했고, 「간명범의조(干名犯義條)」에 이르기를 '무릇 처첩(妻妾)이 남편을 고소함에 있어 모반대역(謀反大逆)을 고소해 응당 스스로 이소(理訴-제소)해야 할 것은 모두 들어주고, 간명범의(干名犯義)가 되는 한계에서 알고도 고하지 않는 자는 장(杖) 100대에, 유(流) 3,000리다'라고 했으며 「부인범죄조(婦人犯罪條)」에 이르기를 '부인(婦人)이 만일 도유(徒流-도형이나 유배형)를 범한 자라면 장(杖) 100대를 때리고 남은 죄[餘罪]는 속전을 거둔다'라고 했습니다."

상은 단지 호(瑚)만 율(律)에 의거해 시행하고 백관(百官)을 모아 형(刑) 집행을 감시하게 했으며 경내(境內)에 조리를 돌리게 하고[徇] 그 아내와 자녀는 적몰(籍沒)해 관가의 노비(奴婢)로 삼게 했다. 순금사에서 조수(趙須), 조아(趙雅), 이간(李衎)을 본처(本處-원래 유배지)에 환속(還屬)시킬 것을 청하니 상이 말했다.

---

17 대역죄를 범한 자에게 과하는 최대의 형벌이다. 신체를 머리, 양팔, 양다리, 몸통 등 여섯 부분으로 찢어서 각 지방에 보내 사람들에게 두루 보이게 하는 것인데 우리나라는 거열(車裂)로 이를 대신했고 1894년(고종 31년)에 폐지됐다.

“각기 모자(母子)로 하여금 서로 만나보게 한 연후에 보내 감정이 상하는 지경에 이르지 말도록 하라.”

호의 처 노씨(盧氏)가 옥중(獄中)에서 목매달아 죽으려 했는데[縊死](액사) 지키는 자가 이것을 보고 풀어주고 물으니 이렇게 답했다.

“아녀자가 옥졸(獄卒)에게 잡혔으니 죽지 않고 무엇하겠느냐?”

옥관(獄官)이 그 남편의 불궤(不軌)한 말을 물으니 일찍이 들어본 적이 없다고 대답했다. 이에 엄하게 형벌을 가해 물으니 마침내 부르짖어 말했다.

“당신네들[諸公](제공) 중에 누군들 부부(夫婦)가 없소? 부부 사이에는 비록 실죄(實罪)를 범했다 해도 서로 숨겨주는 것이 정리(情理)인데, 하물며 남편이 일찍이 이 말을 하지 않은 것임에랴? 내가 만일 매에 못 이겨 없는 일을 사실이라고 증언한다면 죽은 자가 앎이 있어 내가 황천(黃泉)에 가게 되면 남편이 내게 ‘내가 실지로 말한 적이 없는데 네가 어째서 증언하여 만들었느냐?’라고 묻는다면 내가 뭐라 대답하겠소?”

옥관이 또 물었다.

“어째서 ‘그 입! 그 입!’ 했느냐?”

대답했다.

“어찌 아내가 남편에게 이런 상스러운 말[庸言](용언)을 할 리가 있겠소? 지금 일을 묻는 여러 재신(宰臣)이 모두 아내가 있을 텐데 누가 이런 사람이 있겠소? 내 가문은 일찍이 이렇지 않았소!”

옥관이 부끄러워서 그만뒀는데 듣는 자들이 불쌍히 여겼다.

신축일(辛丑日-5일)에 전 강릉대도호부사(江陵大都護府使) 박인간(朴仁幹)을 외방에 유배 보냈다. 정해년(丁亥年-1407년)에 인간(仁幹)이 강릉에 있을 때 강릉부 사람인 전 판사(判事) 최운보(崔云寶)의 큰 말을 강제로 빌려 품마(品馬)로 바치고 뒤에 말값으로 초자(綃子) 7필, 면포(綿布) 3필을 받았는데 초자 2필을 떼어먹고 주지 않았다. 운보(云寶)가 관찰사에게 호소하니 인간이 작은 말을 운보에게 주었다. 강원도 경차관(江原道敬差官)이 평창(平昌)에 이르니 군사(郡事) 서종준(徐宗俊)이 그 일을 적발했고 이에 헌부(憲府)에서 인간이 탐오(貪汚)하고 청렴(淸廉)하지 못해 사풍(士風)을 더럽힌 죄로 논했기 때문이다.

○ 동맹가첩목아(童猛哥帖木兒)가 북변(北邊)에 들어와 노략질을 했다[入寇 입구]. 첩목아(帖木兒)의 아우 어허리(於虛里)가 오도리(吾都里)의 구로보야(仇老甫也) 등과 더불어 모련(毛憐)의 유종(遺種)과 결탁해 보병(步兵)과 기병(騎兵) 150여 인을 합쳐 경원(慶源) 옹구참(雍丘站)에 이르러 남녀 22명, 말 10필, 소 8두(頭)를 죽이고 노략질해 갔다. 그 뒤에 또 적(賊) 20여 명이 경성(鏡城) 부진정(富珍汀)에 숨었다가 경원진무(慶源鎭撫) 권을생(權乙生) 등 15명을 요격(邀擊)해 죽였고, 또 100여 명이 시원참(時原站)을 침략하니 임정(林整)이 비보(飛報)했다.

'적병(賊兵)이 침구(侵寇)하기를 그치지 않으니 시원 등지의 사람들이 모두 산을 타고 들어가서 도둑을 피하고, 도로가 통하지 못해 경원 두 능(陵)의 삭망전물(朔望奠物)과 병마사(兵馬使)의 늠급(廩給)을 미처 수송하지 못하고 도적들이 잇달아 침략했기 때문에 부가참

(富家站) 이북의 사람들이 밭 1무(畝)도 경작하지 않고 모두 떠날 생각뿐입니다.'

○ 예조에서 포마(鋪馬-역마)를 기발(起發)하는 제도를 상정했다. 의정부에서 병조에 이문(移文)하면 병조에서 기마문자(騎馬文字)를 주고, 출사(出使)하는 인원(人員)은 승정원(承政院)에 나아가 마패(馬牌)를 받는 것이 구례(舊例)였다. 만일 자문(紫門)에서 기마(騎馬)할 긴급한 일이 있을 것 같으면 입직대언(入直大言)이 친히 왕지(王旨)를 받아서 병조(兵曹)에 내리고 병조에서는 말을 준 연후에 정부에 보고하는 것을 항식(恒式)으로 삼게 했다.

○ 병조(兵曹)에서 아뢰었다.

"지금 마패(馬牌)를 고쳐 만들었으니 공역서인(供驛署印)을 그대로 사용할 수 없습니다. 만일 '왕지(王旨)' 두 글자를 새긴다면 또한 역리(驛吏)가 찰 것이 아니오니 주장(主掌)하는 병조의 인신(印信)을 써서 증험을 삼으면 거의 마땅할 것 같습니다."

그것을 따랐다.

임인일(壬寅日-6일)에 연경사(衍慶寺)가 완공됐다. 상이 사재(私財)로 법의(法衣)와 법발(法鉢)을 갖춰 연화경(蓮華經) 법회(法會)를 베풀어 낙성(落成)했다. 모후(母后)의 명복(冥福)을 빌기[資자] 위함이었다. 청원군(青原君) 심종(沈淙)과 청평군(淸平君) 이백강(李伯剛)을 헌향사(獻香使)로 삼고, 또 부역(赴役)한 대부(隊副)에게 쌀 각각 1석(石)씩을 내려주었다.

○ 서운관승(書雲觀丞) 유당생(柳塘生)을 (경상도) 영주(寧州)에 유

배 보냈다. 당생(塘生)이 술자(術者)가 돼 금년의 역일(曆日)을 추보(推步)하는데 갑자(甲子)를 12월 삭일(朔日)로 삼았다. (명나라) 조정에서 반강(頒降)한 대통력(大統曆)이 이른 뒤에 보니 계해일(癸亥日)이었다. 사헌부에 내려서 당생의 추보(推步)가 착오를 일으킨 잘못을 핵문(劾問)하니 당생이 말했다.

"11월 삭(十一月朔)의 크고 작은 것이 전(前)의 산례(算例)와 같지 않기 때문에 판사(判事) 이제무(李齊茂), 정(正) 애순(艾純), 부정(副正) 임을재(林乙材)에게 의심나는 것을 질문해 갑자일(甲子日)을 삭(朔)으로 삼기로 정(定)해 그 초본(草本)을 만들어 겸정(兼正) 최덕의(崔德義)에게 고해 덕의(德義)가 손수 교정한 연후에야 바쳤습니다."

헌부(憲府)에서 당생과 제무(齊茂) 등 다섯 사람의 죄를 논해 직첩(職牒)을 거두고 그 죄를 국문할 것을 청하니 상이 당생 등 5인을 순금사에 내려 핵실(覈實)하게 했다. 순금사에서 아뢰었다.

"당생이 스스로 정하지 못하고 네 사람에게 의심나는 것을 질문했는데 네 사람이 모두 명문(明文)을 따를 것으로 대답하고 다시 추산(推算)하지 않아 착오를 가져오게 했으니 그 죄가 똑같습니다."

상이 말했다.

"천시(天時)를 착오했으니 그 죄가 진실로 작지 않다. 그러나 모두 폄출(貶黜)할 수는 없다."

다만 당생만 외방에 유배 보내고 나머지는 모두 3일 만에 석방했다.

○사람을 경원부(慶源府)에 보내 조정공차(朝廷公差) 장소기(張小旗) 등 다섯 사람을 맞아 오게 했다. 동북면 도순문사 임정(林整)이

아뢰었다.

'경원병마사(慶源兵馬使)의 첩정(牒呈)에 의거하면 올해 3월 22일에 대명(大明), 공차(公差), 소기(小旗), 장오십륙(張五十六)과 나인보(羅仁保) 등 5인이 연명(連名)해 장(狀)을 보내 말하기를 "지난 무자년(戊子年-1408년) 3월 14일에 황제(皇帝)가 총기(摠旗) 양실리길(楊失里吉)과 우리 6인을 보내 칙유(勅諭)를 싸 가지고 조선(朝鮮) 근경(近境) 해변에 가서 올리인접(兀里因接) 골간올적합(骨看兀狄哈)의 보피(甫彼) 유명가하(劉明可河) 및 모련접(毛憐接)의 우말응거(亐末應巨) 등을 초안(招安)하게 했는데 11월 13일에 희자온위(希剌溫衛)에 이르러 올적합지휘(兀狄哈指揮) 두칭개(豆稱介)를 만나보고 전두(前頭)·보피 등 사람이 간 곳을 물으니 그때 일찍이 입조(入朝)했다가 병들어 죽은 아지우라(阿知亐羅) 등의 친동생 조롱개(趙籠介) 등이 있어 그 형이 죽은 것을 의심해 양실리길을 쏘아 죽이고, 그다음에 (그들이) 우리를 해치려 하므로 우리는 산을 타고 부(府)의 동촌(東村) 주모단리(朱毛端里)에 이르러 걸식(乞食)을 하며 목숨을 유지해왔는데, 지난해 12월 29일에 두칭개 등이 (우리의) 뒤를 밟아 쫓아와 우리를 해치려 하면서 말 3필을 빼앗아 갔습니다. 상항(上項)의 오도리(吾都里) 올량합(兀良哈)이 이미 대명(大明)을 배반하고 또 귀국(貴國)을 침략해 도적질을 자행해 길을 막아서 우리로 하여금 조정에 돌아가지 못하게 하니 의식(衣食)이 떨어져서 어찌할 수가 없습니다. 바라건대 전하께 전문(轉聞)해 본국으로 돌아갈 수 있게 해주소서"라고 했습니다.'

상이 읽어보고 즉시 의정부지인(知印) 유반(柳盤)에게 쌍마(雙馬)

를 주어 힘껏 달려가 소기(小旗) 등에게 일러 말하게 했다.

"우리나라에서는 (명나라) 관인(官人)이 국경에 도착해 민가(民家)에 기식(寄食)하는 것을 알지 못했는데 지금 도순문사(都巡問使)가 아뢰었으므로 전하께서 깜짝 놀라 곧 나에게 명해 맞아 오게 하셨습니다. 그래서 밤낮을 가리지 않고 왔습니다."

또 연도(沿途) 각 관(各官)에 명해 공억(供億-물자 지원)을 정성껏 갖추게 하고 상이 말했다.

"지금 듣건대 장오십육(張五十六) 등 6인이 (황제의) 성지(聖旨)를 받들고 올량합(兀良哈)을 초안(招安)하기 위해 그 지경에 이르니 상관인(上官人)을 쏘아 죽였으므로 그 나머지 5인이 돌아갈 데가 없어 우리 지경에 내투(來投)했다 한다. 이 적(賊)이 이미 상국(上國)을 배반하고 또 우리 지경을 침략했으니 지금 (우리가) 가서 친 것을 상국에서 어찌 말이 있겠는가? 다섯 사람이 도착하기를 기다려서 상(賞)을 주고 후히 대접해 상국(上國)으로 돌려보냄이 좋겠다."

갑진일(甲辰日-8일)에 해풍군(海豐郡-개풍)의 흥교사(興敎寺)[18] 탑을 연경사(衍慶寺)로 옮기고 송림현(松林縣)의 선흥사(禪興寺) 탑을 개

---

18 조선시대 정종의 능인 후릉(厚陵)의 조포사(造泡寺)였다. 1683년(숙종 9년)에 건립된 흥교비에 의하면 정종의 비인 정안왕후(定安王后)의 원당(願堂)이라고 기록돼 있고, 이숭인(李崇仁)의 문집에는 이색(李穡)·백문보(白文寶) 등이 이 절을 대상으로 지은 시가 전하는데 이를 통해 볼 때 이 절이 고려시대에 창건됐음을 알 수 있다. 또한 이때인 1410년(태종 10년)에는 태종이 공조판서 박자청으로 하여금 이 절에 있던 탑을 연경사(衍慶寺)로 옮기게 했는데 서울의 원각사탑과 높이, 너비, 양식이 거의 동일했다고 하나 1919년을 전후해 연경사 강원(講院)의 아동들 실수로 파괴됐다고 한다.

경사(開慶寺)로 옮기라 명했다. 공조판서 박자청(朴子青)으로 하여금 그 역사를 감독하게[董=監督](동 감독) 하고 역부(役夫)는 위병(衛兵)을 쓰게 했다.

○사간원에서 시무(時務) 여덟 가지 일을 조목별로 진달하니 의정부에 내려 깊이 토의해 보고하게 했다.

'그 첫째, 풍속(風俗)은 국가의 으뜸이 되는 기운[元氣](원기)이고 교화(敎化)는 국가의 급선무입니다. 교화가 닦이면[修](수) 풍속이 두터워지고 국가는 잘 다스려집니다[治](치). 요(堯)임금과 순(舜)임금 때에는 (죄인에게) 의관(衣冠)에 표시만 해도 백성들이 법을 어기지 않았고[不犯](불범) (하·은·주) 삼대(三代)의 성대한 시대에는 누구를 헐뜯고 누구를 높이겠습니까[誰毁誰譽](수 훼 수 예)? (모두) 도리를 곧게 해[直道](직도) 법도를 행했습니다.[19] 한(漢)나라의 문제(文帝)와 경제(景帝)는 풍속(風俗)을 바꿔[移風易俗](이풍역속) 백성들[黎民=元元](여민 원원)이 순후(淳厚)해졌고,[20] 당(唐)나라 태종(太宗) 때에는 (집집마다) 바깥문을 닫지 않았고 나그네[行旅](행려)는 양식을 싸 가지고 다니지 않았으니[21] 이로써 본다면 다스림에 이르는 것[致治](치치)의 좋고 나쁨[升降](승강)은 풍속의 두텁고 엷음[厚薄](후박)에 달려 있습니다. 아! 우리 동방(東方)이 전조(前朝-고려)의 성대했던 시절에는 백성이 순후하고 풍속이 아름다웠는데 쇠퇴한 말기[衰季](쇠계)에 이르러

---

19 이는 『논어(論語)』「위령공(衛靈公)」편에 나오는 공자의 말을 인용한 것이다. "내가 다른 사람에 대해 누구를 헐뜯고 누구를 높이겠는가? 만일 높이는 경우가 있다면 분명 그를 따져보았을 것이다. 이 백성들이다, 삼대에서 도리를 곧게 하여 행하던 바탕은."

20 그래서 이 시대를 문경치세(文景治世) 혹은 문경지치(文景之治)라고 한다.

21 당태종의 정관(貞觀)시대를 나타내는 상투적인 표현이다.

서는 풍속이 날로 엷어졌습니다.

공손히 생각건대[恭惟(공유)] 우리 태조(太祖)께서 천명(天命)에 응(應)하고 인심(人心)에 고분고분하시어[應天順人(응천 순인)] 처음으로 방가(邦家-국가)를 이루셨고 전하께서 비서(丕緖-대업)를 계승하시어 경술(經術-유학)을 도탑게 높이시고 학교(學校)를 열어 넓히시어 전장(典章) 문물(文物)이 빛나고 크게 갖춰져 교화(敎化)가 행해지고 있습니다. 그러나 쌓인 습관[積習(적습)=積弊(적폐)]이 아직 제거되지 않고 인심이 경박해[澆薄(요박)=輕薄(경박)] 풍속에 있어서[其於(기어)] 오히려 부족한 점[慊(혐)]이 있습니다.

지난번에 듣건대[向聞(향문)] 외방(外方)의 어느 사람이 말을 끌고 서울에 들어왔다가 마침 해는 저물고 비를 맞아 몹시 추워서 어느 집에 이르렀더니 문을 닫은 채 받아들이지 않는 바람에 밤새도록 추위에 떨다가[呼寒(호한)] 땅에 엎어진 채 죽었다고 합니다. 경성(京城)은 풍속의 근본틀[樞機(추기)=中樞(중추)]이요, 사방에서 우러러보는 곳[瞻仰(첨앙)]인데 어찌 인심이 박하기가 이 지경에 이르렀습니까? 신 등은 밝은 때를 위해 유감으로 여기는 바입니다. 또 고자질하는[告訐(고우)] 풍속이 성행해 사람을 해치려고 무명장(無名狀)을 거는 자가 있고 분풀이[逞忿(영분)]를 하고자 신문고(申聞鼓)를 치는 자도 있으며 수령(守令)을 참소(讒訴-중상모략)하는 자 또한 많아서 벌떼처럼 일어납니다[蜂起(봉기)]. 대개 수령이란 구중(九重-대궐)에서 명을 받고 백리(百里)나 되는 곳에 나가서 정사(政事)를 맡은 자들입니다. 열 집이 되는 고을에도 오히려 군신(君臣)의 예(禮)가 있는 것이니[22] 비록 (수령에게) 허물이 있다 해도 그

---

22 『논어(論語)』「공야장(公冶長)」편에 나오는 공자의 말을 살짝 비틀어 인용한 것이다.

백성된 자가 일부러 피해서 숨기는 것이 좋고 풍자(諷刺)해 일깨우는 것이 바람직합니다. 하물며 이런 나라에 살면서 그 대부(大夫)를 그르게 여기지 않는 것이겠습니까? 저 토호(土豪)나 향원(鄕愿)[23]과 교활한 아전, 간사한 백성들이 혹 태장(笞杖)을 맞거나, 혹 부역(賦役)에 시달리면 도리어 (수령을) 사사로이 원수(怨讎)로 삼아 밤낮으로 부지런히 몰래 중상(中傷)합니다. 국가에서는 그 참소한 말을 가지고 수령에게는 법을 다하고 간사한 백성이 수령을 고소한 죄는 논하지 않으니 이로 인해 아랫사람이 윗사람을 해치는 풍속이 일어납니다.

"10가구 정도 되는 작은 마을에도 나만큼 충신한 사람은 반드시 있겠지만 (그런 사람들도) 나만큼 배우기를 좋아하지는 못할 것이다."

23 『논어(論語)』「양화(陽貨)」편에 나오는 공자의 말에서 비롯됐다. "향원은 (잘 알고 보면 대부분) 덕을 해치는 자이다." 『맹자(孟子)』「진심장구」에서 맹자는 이렇게 말한다. "공자는 '어떤 사람이 내 집 문 앞을 지나가면서 내 집에 들어오지 않았더라도 내가 조금도 유감스럽게 생각하지 않는 사람이 있다면 그 사람은 오직 향원(鄕原)뿐일 것이다. 향원은 덕(德)의 적(賊)이다'라고 말했다."
이에 어떤 사람이 "어떠해야 곧 향원이라고 할 수 있습니까?"라고 묻자 맹자는 이렇게 답한다. "무엇 때문에 (광자(狂者)는) 그렇게 뜻이 크다고 자랑하느냐? 말은 행실을 돌아보지 않고, 행실은 말을 돌아보지 않고서 옛사람이여, 옛사람이여! 하고 되뇌이고만 있고, 어찌하여 (견자(狷者)는) 행실을 그렇게 외롭고 쓸쓸하게 하느냐? 이 세상에 태어난 이상 이 세상 사람이 되어서 남들이 좋다고만 하면 된다고 하여 심하게 세상에 아부하는 자가 이 향원(鄕原)이다"라고 했다. 이어 그 사람이 "공자가 (향원을) 덕의 적이라고 한 것은 무슨 까닭입니까?"라고 묻자 맹자는 이렇게 답한다. "그를 비난하려 해도 드러낼 비난거리가 없고, 찔러보려고 해도 찔러볼 것이 없다. 유속(流俗-시류)과 동조하고 더러운 세상과 영합해 (안에서) 거처할 때는 충직하고 신의가 있는 듯하며 (밖에서) 행동할 때는 청렴하고 결백한 듯해서 많은 사람이 모두 그를 좋아하고 자신도 그것이 옳다고 여기지만, 그러한 사람과는 함께 요순(堯舜)의 도(道)에 들어갈 수 없다. 그러므로 덕의 적이라고 한 것이다. 공자는 '비슷하면서 아닌 것을 미워한다. 가라지를 미워함은 그것이 벼의 싹을 어지럽힐까 두려워서이고, 말재주 부리는 자를 미워함은 의(義)를 어지럽힐까 두려워서이고, 구변(口辯)만 좋은 자를 미워함은 신의를 어지럽힐까 두려워서이고, 정나라 소리를 미워함은 정악(正樂)을 어지럽힐까 두려워서이고, 자주색을 미워함은 붉은색을 어지럽힐까 두려워서이고, 향원을 미워함은 덕을 어지럽힐까 두려워서이다'라고 했다."

신 등이 생각건대 (이런 그릇된 풍속이) 한 고을에서 일어나면 한 도(道)에 퍼지고 한 도에서 일어나면 한 나라에 퍼집니다. 이렇게 된다면 집에 들어와서는 효도(孝道)하고 나가서는 공손히 하는 아름다운 선비와, 윗사람을 제 몸처럼 여기고 어른을 위해 죽는[親上死長] 좋은 풍속이 어디로부터 나올 수 있겠습니까? 또 수령 중에 사사로움이 없고 지극히 공정한 자는 호활(豪猾)한 자에게 참소를 당하고, 유연(柔軟)하고 겁약(劫弱)한 자는 참소를 두려워해 (일에서) 손을 거두고 있으니 정령(政令)이 행해지지 않고 부역(賦役)이 고르지 못한 것은 진실로 이 때문입니다. 바라건대 사람의 간악(奸惡)한 것을 미워해 강개(慷慨)하게 바른 대로 고하는 자와 수령의 탐하고 사나운 것을 미워해 사사로운 뜻이 없이 진고(陳告)하는 자는 모두 좌죄(坐罪)하지 말고, 일이 종사(宗社)에 관계되는 것 이외에 원망을 가지고 평민(平民)을 고소하는 자와 사감(私感)을 끼고 수령을 참소하는 자는 아울러 "사(私)를 껴서 남을 해치고, 아랫사람이 돼 윗사람을 해치는 죄"로 다스려 경박한 풍습을 바꿔 충후(忠厚)한 풍속을 이뤄야 할 것입니다.'

정부(政府)가 토의해 의견을 냈다.

"수령의 범람(汎濫)한 일을 한결같이 부민(部民)이 드러내 고발하지[現告] 못하게 하면 (수령 중에서) 간악하고 사나운 무리에게 악을 징계할 문(門)이 없을 것입니다. 다만 무고(誣告)한 자만 엄중히 다스리는 것이 어떠하겠습니까?"[24]

24 이 사안은 1420년(세종 2년) 부민고소금지법(部民告訴禁止法) 제정으로 이어지게 된다.

'그 둘째, 사리와 마땅함과 청렴함과 부끄러움을 아는 것[禮義廉恥 예의염치]은 나라의 네 가지 원칙[四維 사유]이니[25] 하루도 없어서는 안 되는 것입니다. 지금 우리 국가에서 이미 과전(科田)을 지급하고 또 녹봉으로 우대하니 선비를 대우하는 도리가 두텁다고 할 것입니다. 그러나 급전(給田) 한 가지 일에서 아마도[似 사] 불합리한 점이 있는 것 같습니다. 지금 수전(受田)의 많고 적음을 따지지 않고 진고(陳告-신고)한 자에게 줍니다. 이러다 보니 염치(廉恥)가 있어 일부러 구하지 않는 자는 1결(結)도 얻지 못하는 반면 힘써[孜孜 자자] 이익을 구하는 자는 많게는 100결에 이릅니다. 고르지 못하다[不均 불균]는 탄식은 여기에서부터 생겨납니다. 심한 자는 생사(生死)를 엿보아[窺覘 규점] 심지어 죽기 전에 진고하는 자가 있으니 염치(廉恥)에 있어서 어떠하며 사풍(士

이 법은 중앙 관서의 서리(書吏), 고직(庫直), 사령(使令) 등 하례(下隷)와 지방 관서의 아전(衙前), 장교(將校) 등이 상급자인 관원을 고소하거나 지방의 향직자(鄕職者), 아전, 백성이 관찰사나 수령을 고소하는 것을 금지하던 제도다. 1420년(세종 2년) 9월에 예조판서 허조(許稠) 등의 건의에 따라 제정됐으며 『경국대전』 「형전(刑典)」 '소원조(訴冤條)'에 규정됐다. 즉 종묘사직(宗廟社稷)에 관계되는 모반 대역죄와 불법 살인죄를 고소하는 것은 허용하되 이전(吏典)·복례(僕隷)가 그 관원을 고소한 경우 품관(品官) 이(吏)·민(民)이 그 관찰사나 수령을 고소한 경우에는 수리하지 않으며, 고소자를 장(杖) 100대, 도(徒) 3년에 처했다. 또한 타인을 몰래 사주해 고소하게 한 자도 같으며, 무고한 자는 장 100대, 유(流) 3,000리형으로 처벌했다. 모든 경우에 관원, 관찰사, 수령에 대한 고소를 금지하는 것이 아니었다. 이들의 비리, 불법행위, 오판 등으로 인해 원통하고 억울한 일(訴冤)을 당한 당사자는 서울은 주장관(主掌官), 지방은 관찰사에게 호소할 수 있었다. 이 법을 제정한 목적은 사리에 맞고 안 맞는 것을 불문하고 아랫사람이 윗사람을 능멸하는 것을 금지함으로써 상하존비(上下尊卑)의 명분을 확립하고자 함에 있었다. 수령은 백성의 부모이고 백성은 수령의 자식인데 자식으로서 부모를 고소할 수 없다는 논리를 적용해 매우 아름다운 법이라고 보았다. 이 법은 중앙집권적 관료제를 확립하기 위해 만들어졌다고 평가된다.

25 관중(管仲)의 『관자춘추(管子春秋)』에 나오는 말이다. 관중이 말하기를 "예·의·염·치(禮義廉恥)는 나라의 사유(四維)로서 사유가 신장되지 않으면 나라는 망한다"라고 했다.

風)에 있어서 어떠하겠습니까? 바라건대 이제부터는 진고를 허락하지 말고 범죄한 사람과 후사(後嗣)가 없이 죽은 사람이 받았던 전지(田地)를 서울 안에서는 한성부(漢城府), 외방에서는 관찰사(觀察使)가 호조(戶曹)에 보고하고, 호조에서는 조사(朝士-조정관리)가 (전지를) 받고 안 받은 것을 살피고, 또 받은 전지의 많고 적음을 상고해 전지가 없는 자와 적은 자에게 우선적으로 지급해야 할 것입니다. 그렇게 되면 고르지 못하다는 탄식이 없어지고 염치를 아는 풍속이 일어날 것입니다.'

정부가 토의해 의견을 냈다.

"한결같이 사헌부에서 수판(受判)한 것에 의거해 전에 받은 전지(田地)의 많고 적음과 진고한 전지의 수를 살펴서 전에 받은 것이 적은 자에게 우선적으로 지급하는 것이 어떠하겠습니까?"

'그 셋째, 세상의 도리[世道](세도)가 좋아지고 나빠지는 것[升降](승강)은 인재가 성대하냐 쇠미하냐[盛衰](성쇠)에 달려 있고 인재의 성쇠는 스승의 도리[師道](사도)를 얻느냐 잃느냐에 달려 있습니다. 지금 우리 국가의 경우 안으로는[內而](내이) 성균(成均), 밖으로는[外而](외이) 향학(鄕學)에 모두 교관(教官)을 두어 인재를 길러내고 있으니 성대하다고 말할 수 있겠습니다. 그러나 성균은 한 나라의 배우는 자[學者](학자)들이 모이는 곳이니 사표(師表)를 잘 고르는 일을 중대하게 여기지 않을 수 없습니다. 그래서 죽은[卒](졸) 재신(宰臣) 권근(權近)과 이첨(李詹, 1345~1405년)[26]이

26 1375년(우왕 1년) 우헌납에 올라 권신 이인임(李仁任), 지윤(池奫)을 탄핵하다가 오히려 10년간 유배됐다. 1388년 유배에서 풀려나 내부부령(內府副令), 예문응교를 거쳐 우상시(右常侍)가 됐으며 1391년(공양왕 3년) 좌대언(左代言)이 됐다. 이어 지신사(知申事)에 올

서로 계승해 겸 대사성(兼大司成)이 돼 인재를 가르치고 길러 인재가 무리로 나왔는데[輩出(배출)] 지금은 그 직책이 없습니다. 신 등이 가만히 생각건대 재주는 다른 시대에서 빌리지 않는 것이니 쓰는 데에 있어 어찌 사람이 없는 것을 근심하겠습니까? 검교한성부판사 세자빈객(世子賓客) 조용(趙庸, ?~1424년)[27]은 학술(學術)이 정밀하고 재주와 다움[才德(재덕)]을 갖춰 한 시대의 배우는 자들이 모두 마음속으로 복종하는 바입니다. 바라건대 전하께서는 조용을 겸 대사성으로 제수

라 감사를 맡았으나 이해에 장류(杖流)된 김진양(金震陽) 사건에 연루돼 결성(結城-충청남도 홍성)에 다시 유배됐다. 조선조 건국 후 1398년(태조 7년) 이조전서(吏曹典書)에 등용돼 동지중추원학사(同知中樞院學士)에 올랐다. 1400년(정종 2년) 전위사(傳位使)가 되어 명나라에 다녀왔으며 1402년(태종 2년) 의정부지사에 올라 하륜(河崙)과 함께 등극사(登極使)의 부사(副使)로서 명황제의 등극을 축하하기 위해 명에 다녀왔다. 그때 고명(誥命-명에서 조선의 왕을 인정하는 승인서)과 인장(印章-옥새)을 고쳐주도록 주청(奏請)했다. 뒤에 그 공로로 토지와 노비가 하사됐고 1403년 예문관대제학이 됐다. 문장과 글씨에 뛰어나 하륜 등과 함께 『삼국사략(三國史略)』을 찬수했다.

27 1374년(공민왕 23년) 문과에 급제하고 전교주부(典校注簿)를 거쳐 외직으로 나가 계림부판관(鷄林府判官)을 역임했다. 공양왕 즉위년에 시학(侍學), 1390년(공양왕 2년) 정월에 전농시승(典農寺丞), 4월에 지평(持平)이 됐는데 윤이(尹彝)·이초(李初)의 당(黨) 중에서 유배 가지 않은 우현보(禹玄寶)·권중화(權仲和)·장하(張夏)·경보(慶補) 등을 탄핵해 유배 보내게 했다. 1392년 7월에 사예로서 왕이 당시 실권을 잡고 있던 이성계(李成桂)와 맹세하려고 할 때 그 초(草)를 잡아 이방원(李芳遠)과 함께 초고(草稿)를 바쳤다. 조선 건국 초기에는 병으로 성균좨주(成均祭酒)를 사임하고 보주(甫州)에서 자제들을 교육했다. 1398년(태조 7년) 7월에 간의대부로 발탁되고, 9월에 우간의로서 이조전서 이첨(李詹), 전지선주사(前知善州事) 정이오(鄭以吾)와 함께 경사(經史)에 기재된 임금의 마음가짐과 정치에 관계되는 것만을 찬집해 상절(詳節)을 만들어 바쳤다. 1401년(태종 1년) 5월에 경연시강관, 다음 해 2월 대사성으로서 생원시의 시관(試官)이 됐다. 1402년 7월에 좌사간, 1403년 12월에 성균생원 60인의 요청으로 검교한성윤 겸 성균대사성에 제수됐다. 1406년 9월에 다시 우부빈객, 1409년 8월에 검교판한성부·우빈객, 다음 해 4월에 겸 대사성을 제수받았다. 1414년 8월 예문관대제학이 됐으며, 다음 해 정월에 성절사(聖節使)로서 명나라에 다녀왔다. 1415년 12월에 예조판서가 되고 1417년 5월에 다시 예문관대제학, 다음 해 정월에 우군도총제가 됐다. 그해 4월에 예문관대제학, 세자좌빈객, 행성균대사성이 됐다. 1421년(세종 3년) 8월에는 검교의정부찬성으로서 전(田) 30결과 미두(米豆) 20석(石)을 하사받았고, 다음 해 6월에 판우군도총제부사로 치사(致仕)했다.

해 서연(書筵)에 진강(進講)하는 여가에 성균관(成均館)에 나아와 배우는 자들을 가르치게 하시면 사표(師表)가 서고 가르침과 길러냄이 잘 이뤄질 것입니다. 또 군현(郡縣)의 학장(學長)에게 공억(供億-제공)하는 늠록(廩祿)을 지금 모두 정파(停罷)했으니 전하께서 배움을 높이는 뜻에 부족한 점이 있습니다. 바라건대 전하께서는 학장의 늠록을 회복해 성대한 조정[盛朝]이 배움을 권면하는[勸學] 뜻을 보이셔야 할 것입니다.'

정부가 토의해 의견을 냈다.

"아뢴 바대로 시행하시되 다만 학장의 늠록은 그 고을에 사는 자를 제외하고 모두 지급하는 것이 어떠하겠습니까?"

'그 넷째, 왜구(倭寇)가 우리나라에 대해 경인년(庚寅年-1350년) 이래로 군현을 침략하고 생민(生民)을 살육해 근심이 된 것이 극에 이르렀습니다. 우리 성대한 조정에서는 무(武)로써 외적의 침략을 막고[禦侮] 문(文)으로써 지극한 다스림을 이루고 있으나 왜인의 사람됨이 천성적으로 사납고, 이랬다 저랬다 해[反覆] 믿기가 어려운데 지금 관직을 주어 궁정(宮庭)에서 숙위(宿衛)하게 하고 이들을 사서 노비로 삼아 주군(州郡)에 널려 있게 하니 심히 잘못됐습니다. 또 경상도 한 도(道)를 보더라도 그 수효가 거의 2,000에 이르는데 혹은 한 집안의 아내를 겁탈하고, 혹은 이웃 마을의 사람을 죽이니 이는 족히 서리를 밟는 경계[履霜之戒]가 될 만합니다.

예로부터 바깥 오랑캐[外夷] 사람들은 처음에는 지극히 미미한 것 같으나 나중에는 반드시 제어하기 어렵게 되는 법입니다. 신 등은 두렵건대 이들 무리가 하루아침에 벌떼처럼 일어나면 또한 강적이 될 것입니다. 만일 그 부형(父兄)들이 우리 변방을 도둑질한다면 과연 우리를 위해 그 부형을 치겠습니까? 싸움터에 나가면 창을 거꾸로 할는지 알 수 없는 일입니다. 그 자제를 팔아 우리의 노비로 삼아서 우리의 주군(州郡)에 두기를 구(求)해 맡기니 그 마음 또한 알 수 없는 것입니다. 지난날에 우리 백성을 많이 죽인 것으로 말한다면 비록 다 죽이더라도 문제될 게 없습니다. 바라건대 이제부터 왜인을 사서 노비로 삼는 것을 일절 모두 엄금해 화(禍)의 싹을 막아야 할 것입니다.'

정부가 토의해 의견을 냈다.

"아뢴 바에 따라 시행하는 것이 어떠하겠습니까?"

'그 다섯째, 도성 안에서 죽은 사람을 혹은 길거리에 버리고, 혹은 도랑이나 골목[溝巷]구항에 두니 진실로 차마 그냥은 볼 수 없습니다. 한성부(漢城府)에서 오부(五部)로 하여금 그 즉시 묻어 왕도(王都)를 깨끗이 하도록 하는 일은 『육전(六典)』에 실려 있는데 이는 성대한 조정의 훌륭한 법입니다만 지금은 한갓 법조문으로만 갖춰져 있을 뿐[文具]문구이어서 마음 아픈 일이라 하겠습니다. 바라건대 따로 한 관사(官司)를 세워 매치원(埋置院)이라 이름하고 오로지 그 일만 맡게 해 두루 도성 안을 돌아다니며 만일 죽어서 버려진 자가 있으면 그로부터 서로의 거리 열 집을 한도로 해 시신을 버린 집을 조사하게 하고, 그 집을 찾아내면 주가(主家)에서 돈을 징수해 매장(埋葬)의 비용에 충당하며, 찾아내지 못하면 열 집에서 사람을 내어 그 시체를 매장하고, 혹 집안이 가난해 사람이 죽어도 매장하지 못하는 자는 진고(陳告)를 허락해 묻어주어서 풍속을 두텁게 하고 왕도(王都)를 청결

히 해야 할 것입니다.'

정부가 토의해 의견을 냈다.

"『육전(六典)』에 의거해 시행하고 그중에서 마음을 써서 고찰하지 않는 것은 헌사(憲司)가 규찰하는 것이 어떠하겠니까?"

'그 여섯째, 사람이 의지해 살아가는 것은 의식(衣食)뿐입니다. 우리 동방(東方)이 처음에는 비단과 베[桑麻(상마)]만 알고 목면(木綿)이 무슨 물건인지는 알지 못했습니다. 간의대부(諫議大夫) 문익점(文益漸, 1329~1398년)[28]이 중원(中原)에 사신으로 갔다가 그 씨를 얻어서 돌

---

28 1360년(공민왕 9년) 문과에 급제해 김해부사록(金海府司錄)과 순유박사(諄諭博士) 등을 지냈다. 1363년 사간원 좌정언으로 있을 때 서장관이 되어 계품사(啓稟使) 이공수(李公遂)를 따라 원나라에 갔다. 때마침 원나라에서 벼슬을 하고 있던 고려 사람 최유(崔濡)가 원나라에 와 있던 충선왕의 셋째 아들 덕흥군(德興君)을 왕으로 옹립하고 공민왕을 몰아내려 하고 있었다. 실제로 원나라는 덕흥군을 고려왕으로 봉했고 최유는 원나라의 군사 1만 명을 얻어 요동(遼東)까지 진군해 왔으나 1364년 1월 최영(崔瑩) 등에게 패했다. 『고려사』 열전 「문익점전」에 의하면, 정치적 격동기에 원나라에 사신으로 갔던 문익점은 원에 체류한 채 덕흥군 편에 붙었으나 덕흥군이 패배하자 고려로 귀국했다. 문익점이 실제로 덕흥군을 지지했는지의 여부에 대해서는 다소 논란이 있다. 원나라에서 귀국할 때 그는 종자(從者) 김룡(金龍)을 시켜 밭을 지키던 노파가 막는 것을 무릅쓰고 목화 몇 송이를 따서 그 종자를 붓대 속에 넣어 가지고 돌아와 장인 정천익(鄭天益)에게 나눠 주고 함께 시험재배를 했다. 처음에는 재배기술을 몰라 한 그루만을 겨우 살릴 수 있었으나 3년간의 노력 끝에 드디어 성공해 전국에 목화씨가 퍼지도록 했다. 그러나 목화씨를 어떻게 제거하고 실을 어떻게 뽑을지 모르던 중 때마침 정천익의 집에 머물던 원나라 승려 홍원(弘願)에게 물어 씨를 빼는 씨아와 실을 뽑는 물레 만드는 법을 배워 의복을 짜서 입도록 했다. 공민왕이 죽고 우왕이 즉위하자 그는 곧 전의주부(典儀主簿)가 됐고, 창왕 때는 좌사의(左司議)로 왕 앞에서 강론을 하기도 했다. 이때 이준(李遵) 등이 사전(私田)을 다시 세우도록 함은 옳지 않다고 상소한 바 있는데 문익점은 병을 핑계로 이에 가담하지 않았다. 문익점은 이색(李穡), 이림(李琳), 우현보(禹玄寶) 등과 더불어 사전 혁파를 비롯한 이성계(李成桂) 일파의 전제개혁을 반대했던 것이다. 문익점은 이 사건으로 조준(趙浚)의 탄핵을 받아 관직에서 물러났다. 그는 사후 조선 태종 때 참지정부사(參知政府事) 강성군(江城君)에 추증(追贈)됐고 1440년(세종 22년) 영의정과 부민후(富民侯)에 추증됐으며 시호는 충선공(忠宣公)이다.

아와 우리 백성에게 혜택을 주었습니다. (그래서 이제는) 위로는 경사(卿士)에서, 아래로는 서인(庶人)에게 이르기까지 상의하상(上衣下裳)을 모두 이것으로 만드니 백성에게 공로가 있음이 크다고 할 것입니다. 그러므로 국가에서 이미 포상의 법(法)을 거행해 작질(爵秩)을 추숭(追崇)했으니 온당하다고 할 것입니다. 그러나 옛일을 상고해보면 무릇 한 도(道)에 공로가 있는 자도 모두 사당(祠堂)을 세워 제사를 지내주는데 하물며 한 나라에 공로가 있는 자이겠습니까? 바라건대 관향(貫鄕)에 사당을 짓고 제전(祭田)을 주어 제사를 지내게 함으로써 성대한 조정이 다움을 높이고 공로에 보답하는[崇德報功] 숭덕 보공 뜻을 보이셔야 할 것입니다.'

정부가 토의해 의견을 냈다.

"이미 일찍이 포상했으니 사당을 짓고 제전을 주는 것은 일단은 정지해야 할 것입니다."

'그 일곱째, 경(經)에 이르기를 "(부모가) 살아 계실 때는 예(禮)로써 섬기고 죽어서는 예(禮)로써 장사(葬事)한다"[29]라고 했습니다. 그러므로 상(喪)에는 슬픔을 다하는 것이 중요하고 예(禮)는 차라리 검소하게[寧儉] 영검 하는 데 있습니다. 생각건대 태조(太祖)께서 즉위하신 처음에 경(經)을 세우고 기(紀)를 베풀어 상장(喪葬)에 대한 예(禮)가 『육전(六典)』에 실려 있는데 오직 장사 지내고 무덤을 쓰는 제도만 정한 것이 없습니다. 세간(世間)에서 장사 지내는 자가 그 관곽(棺槨)

---

29 『논어(論語)』「위정(爲政)」편에서 공자는 이렇게 말했다. "아버지 살아 계실 적에는 예로써 섬기고, 돌아가시면 예로써 장사 지내고, 예로써 제사를 지내는 것을 말한다."

의금(衣衾)·석실(石室)·석문(石門)·석인(石人)·석상(石床)을, 부유한 자는 참람(僭濫)하기가 공후(公侯)에 비기고 가난한 자는 재력(財力)을 탕진하니 이것이 어찌 조고(祖考)의 뜻이겠습니까? 자식된 자의 마음으로 본다면 오히려 그럴 수 있다고 할 수 있으나 명분(名分)의 참람됨에 이르러서는 어찌하겠습니까? 신 등은 바라건대 유사(攸司)로 하여금 사대부의 장분(葬墳)의 제도를 정하게 해 사치(奢侈)를 금해야 할 것입니다.'

정부가 토의해 의견을 냈다.

"아뢴 바에 의해 시행하는 것이 어떠하겠습니까?"

'그 여덟째, 나라는 백성을 근본으로 삼고 백성은 먹는 것을 생명으로 여깁니다. (그런데) 지금 국가에서 양향(糧餉-군량미)의 비축을 염려해 백성들의 지난해 수확한 쌀[糶]을 독촉해 받으니 세전(歲前)에 양식이 떨어진 자가 자못 많습니다. 그런데도 감사(監司)는 국가의 명을 기다린 연후에 창고를 열어서 진휼하고 (쌀을) 꾸어주니 신 등은 두렵건대 굶주린 백성이 미처 구제되지 못할까 염려스럽습니다. 바라건대 이제부터 백성들 중에 양식이 떨어진 자가 있으면 감사가 곧바로 수령(守令)으로 하여금 창고를 열어 진휼하고 꾸어주게 하고 그런 다음에 국가에 보고하게 해 나라의 근본을 튼튼하게 해야 할 것입니다.'

정부가 토의해 의견을 냈다.

"전례(前例)에 의거해 시행하는 것이 어떠하겠습니까?"

상이 말했다.

"다른 조목들은 토의한 의견대로 따를 수 있으나 오직 진제(賑濟)

한 가지 일만은, 의창(義倉)이란 본래 백성을 위해 설치한 것이니 경내(境內)에 주린 백성이 있으면 먼저 창고를 열어서 진휼하고 곧바로 감사(監司)에게 보고하는 것이 좋을 것이다."

정부(政府)에서 다시 아뢰어 말했다.

"우리 동방(東方)은 땅이 작아서 도성으로부터 변방에 이르기까지 그 길이 멀지 않으니 만일 주린 백성이 있으면 조정의 명령을 기다려도 늦지 않습니다. 만일 임의로 창고를 열라[發](발)는 영(令)이 있게 되면 어리석은 아전[愚吏](우리)이 사정을 살피지도 않고 함부로 소비해 그 조치가 절도가 없어 창름(倉廩-창고)이 텅 비게 될까 두렵습니다."

그것을 따랐다.

을사일(乙巳日-9일)에 사헌부에서 소(疏)를 올렸다. 소는 대략 이러했다.

'가만히 생각건대 세자는 임금의 다음[副=次](무 차)이어서 신민(臣民)의 목숨이 달려 있으니 사람을 잘 골라서 세자를 보도(輔導)하지 않을 수 없습니다. 어째서이겠습니까[何者](하자)? 바른 사람[正人](정인)과 함께 있으면 바르게 되지 않을 수 없으니 이는 마치 제(齊)나라에서 나고 자라면 제나라 말을 하지 않을 수 없는 것과 같고, 바르지 못한 사람과 함께 있으면 바르게 될 수 없으니 이는 마치 초(楚)나라에서 나고 자라면 초나라 말을 하지 않을 수 없는 것과 같습니다.[30] 그 훈도(薰

---

30 이는 『맹자(孟子)』「등문공장구(滕文公章句)」에 나오는 일화를 끌어들인 것이다. 맹자가 대불승(戴不勝)에게 물었다. "그대는 그대의 임금이 임금 노릇을 잘하기를 바라는가? 내가 그대에게 분명하게 일러주겠다. 여기에 초(楚)나라 대부가 있다고 하자. 그런데 그의

陶)[31]해 점차로 물들여가며[漸染 점염] 기질(氣質)을 변화시킴에 있어 그 기틀은 바로 이와 같습니다. 그래서 주(周)나라에서 소공(召公)[32] 주공(周公)[33]을 성왕(成王)의 사부(師傅)로 삼아 부(傅)는 덕의(德義)로 돕고 사(師)는 교훈(敎訓)으로 인도해 간사한 사람을 쫓아버려 악한 말을 듣지 못하게 했기 때문에 성왕은 능히 영성(盈盛)한 기품(氣稟)을 가지고 수성(守成)하는 임금이 됐고, 진(秦)나라는 형인(刑人)[34] 조고(趙高)[35]를 써서 호해(胡亥)의 스승으로 삼아 옥(獄)으로 가르쳐서 그 익히는 것이 사람을 베는 것이 아니면 사람의 삼족(三族)을 멸하는 것이었기 때문에 호해가 즉위하자 사람 죽이기를 풀 베듯이 했으

아들이 제(齊)나라 말을 잘할 수 있기를 바란다면 제나라 사람으로 하여금 아들을 가르치도록 하겠는가, 초나라 사람으로 하여금 아들을 가르치도록 하겠는가?" 대불승이 답했다. "(그야 당연히) 제나라 사람으로 하여금 가르치게 하겠지요."

"한 명의 제나라 선생이 가르친다고 해도 (주위에서) 수많은 초나라 사람들이 시끄럽게 초나라 말로 떠들어대면 비록 매일매일 종아리를 회초리로 때려가며 제나라 말을 하라고 요구하더라도 그 말을 할 수 없을 것이다. 그러나 만일 그 아들을 끌어다가 제나라 수도 임치(臨淄)에 있는 번화가인 장가(莊街)나 악리(嶽里)에서 여러 해 동안 살게 한다면 비록 매일매일 종아리를 회초리로 때려가며 초나라 말을 하라고 요구하더라도 또한 그 말을 할 수 없을 것이다."

31 덕(德)으로써 사람의 품성이나 도덕 따위를 가르치고 길러 선으로 나아가게 하는 것을 말한다.

32 주(周)나라의 정치가로 이름은 석(奭)이며 주나라 무왕(武王)의 아우인데 성왕(成王)을 도와 주나라의 기초를 만들고 산둥반도[山東半島 산동반도]의 이족(夷族)을 정벌해 동방(東方) 경로(經路)의 사업을 성취시켰다.

33 문왕(文王)의 아들이며 무왕(武王)의 동생으로 이름은 단(旦)이다. 무왕을 도와 은(殷)을 멸망시키고 무왕이 죽자 성왕(成王)을 도와 주 왕실의 기초를 튼튼히 했다.

34 형벌을 당한 사람이라는 말로 환관을 가리킨다.

35 진(秦)나라의 환관(宦官)이다. 시황제(始皇帝)가 죽자 조서(詔書)를 거짓으로 꾸며 시황제의 장자(長子) 부소(扶蘇)를 죽이고 우둔한 호해(胡亥)를 2세 황제로 즉위시켰고 뒤에 승상(丞相) 이사(李斯)를 죽이고 스스로 승상이 돼 온갖 횡포한 짓을 많이 해 진나라 멸망을 촉진했다.

니 이것이 어찌 성왕의 성품만 유독 착하고, 호해의 성품만 유독 악한 것이겠습니까?[36] 보도(輔導)하는 사람이 바르냐 바르지 않느냐의 여하(如何)에 달려 있는 것입니다.

전하께서 주(周)나라를 본받고 진(秦)나라를 거울로 삼아[法周鑑秦] 서연(書筵)을 설치해 '부(傅)' '사(師)' '빈객(賓客)'이라 칭하고, 보덕(輔德)·필선(弼善)·문학(文學)·사경(司經)의 관속들이 좋은 일은 진술하고, 그릇된 일은 차단하고 막음으로써 세자를 교도(敎導)하셨기 때문에 시청언동(視聽言動)이 바른 예[正禮]가 아닌 것이 없으니[37] (세자를) 보도(輔導)하는 방법은 갖춰졌다고 할 것입니다.

그러나 하늘과 땅의 크기에 대해 말할 때도 사람들은 오히려 (말

---

36 『한서(漢書)』「가의전(賈誼傳)」에서 가의가 문제에게 올린 글에 나오는 표현을 가져왔다. "진나라의 풍속은 진실로 사양하는 다움을 귀하게 여기지 않았고 윗사람이 남의 잘못을 고발하는 것을 숭상했습니다. 또 진실로 예의(禮義)를 귀하게 여기지 않았고 윗사람은 형벌을 숭상했습니다. 조고(趙高)로 하여금 호해(胡亥)의 태부가 돼 그에게 벌주는 방법만 가르쳤으니 그가 배운 것이라고는 사람의 목을 베거나 코를 자르는 일이 아니면 사람들의 삼족을 멸하는 것밖에 없었습니다. 그래서 호해는 오늘 즉위하자 내일부터 당장 사람을 쏘아 죽였던 것입니다. 충성스러운 간언[忠諫]을 비방한다고 하고 사려 깊은 계책을 요망한 말이라고 했으며 사람 죽이기를 마치 풀베기 정도로 간주했습니다. 그렇다고 어찌 호해의 본성이 악해서였겠습니까? 그를 그렇게 인도한 조고의 가르침이 제대로 된 이치가 아니었기 때문입니다."

37 이는 『논어(論語)』「안연(顔淵)」편을 끌어온 것이다. 안연이 어짊[仁]에 관해 묻자 공자는 말했다. "자기(의 사사로운 바)를 이겨내고 예로 돌아가는 것[克己復禮]이 곧 어짊(을 행하는 것)이니 단 하루라도 극기복례를 행한다면 천하도 그런 사람을 어질다고 인정해 줄 것이다. 어짊을 행하는 것은 자기 자신에서 비롯되는 것이지 어찌 남에게서 비롯되겠는가?"
안연은 이 점에 대해 보다 구체적인 사항들을 쉽게 설명해줄 것을 정중하게 청한다. 이에 공자는 다음과 같이 말했다. "예가 아니면 '절대' 보지도[視] 말고 듣지도[聽] 말며 말하지도[言] 말고 움직여서도[動] 안 된다." 이에 안연이 말했다. "회(回-안연)가 비록 불민하지만 그 말씀을 따르도록 노력하겠습니다."

로 다 담아내지 못해) 안타깝게 생각하는 바가 있으니[38] 신들은 좌우에 있는 사람 중에 간혹 적격자[其人(기인)]가 아닌 것에 안타까움이 있습니다. 좌빈객(左賓客) 정탁(鄭擢, 1363~1423년)[39]은 일찍이 살인죄를 저질러 두 번이나 유배를 갔었는데 어찌 보도(輔導)의 좋은 점이 있겠습니까? 하물며 탁(擢)의 사람됨은 성품이 본래 재물(財物)을 좋아해 다투고 송사하기를 꺼리지 않아서 요란스럽게[紛紜(분운)=紛紛(분분)] 첩소(牒訴-소장)를 올려 여러 번 배척을 당했는데 조금도 부끄러워하는 기색이 없습니다. 탁의 족인(族人) 중에 후사가 없이 죽은 사람이 있는데 탁이 직접 그 재산을 차지했으니 이는 나라 사람들이 다 아는 바입니다. 염치(廉恥)를 이미 잃었으니 그 나머지를 어찌 보겠습니까? 저군(儲君-세자)을 보도하는 직임에 대해서는 신 등의 의혹됨이 더욱 심합니다[滋甚(자심)]. 또 세자가 나이 어려 뜻과 기운[志氣(지기)]이 아직

---

38 이는 『중용(中庸)』에서 끌어온 것이다. "군자의 도(道)는 널리 영향을 미치면서도 (본체는) 숨어 있다. 필부필부의 우매함으로써도 가히 함께하여 알 수 있는 것이지만 그 지극함에 이르러서는 비록 성인이라도 역시 알지 못하는 바가 있는 것이다. 하늘과 땅의 크기에 대해 말할 때도 사람들은 오히려 (말로 다 담아내지 못해) 안타깝게 생각하는 바가 있다. 그래서 군자가 큰 것(大)을 말하게 되면 천하는 그것을 능히 싣지 못하고 군자가 작은 것을 말하게 되면 천하가 능히 그것을 깨뜨리지 못한다."

39 1382년(우왕 8년) 문과에 급제했고 1392년(태조 1년) 사헌부지평과 성균관사예를 거쳐 대장군이 됐으며 이성계의 추대를 제일 먼저 발의한 공로로 개국공신 1등에 책록됐다. 1396년 중추원우승지로 있을 때 전년부터 조선과 명나라의 현안문제로 대두된 표전문제(表箋問題)의 찬표인(撰表人)으로 명나라에 압송됐고, 귀환해 좌승지에 서용됐으며, 다음해 중추원부사에 승진하면서 청성군(淸城君)에 봉해졌다. 1398년(정종 즉위년) 10월 방간(芳幹)의 난 평정에 대한 공로로 정사공신(定社功臣) 2등에 책록, 곧 첨서중추원사(簽書中樞院事)가 됐다. 이어 예문관·춘추관의 대학사, 정당문학을 거쳐 지의정부사(知議政府事)·삼사우사(三司右使)를 지냈다. 1403년(태종 3년) 판한성부사가 됐으며, 1405년 살인죄로 직첩을 몰수당하고 영해로 유배됐으나 공신이라 해 곧 사면됐다. 1408년 태조가 죽자 고부청시사(告訃請諡使)가 돼 명나라에 다녀왔다. 1415년 청성부원군(淸城府院君)에 진봉됐고 1421년 진하사(進賀使)로 명나라에 다녀온 뒤 이듬해 우의정에 올랐다.

정해지지 않았으니 선악(善惡)의 나뉨은 바로 오늘날에 있습니다. 그러므로 보도의 임무를 잘 선택하지 않을 수 없습니다. 바라건대 전하께서는 탁을 빈객의 직(職)에서 해임하심으로써 군부(君副-세자)를 바로잡고 국본(國本-세자)을 반듯하게 하셔야 할 것입니다.'

소(疏)를 궁중(宮中)에 머물러두었다.

○ 우사간대부(右司諫大夫) 김지(金摯)[40]가 전(箋)을 올려 사직을 빌었다.

병오일(丙午日-10일)에 상이 친히 문소전(文昭殿)에 제사를 지냈다.

○ 옥천군(玉川君) 유창(劉敞)을 의정부참찬사, 연사종(延嗣宗)을 길주도찰리사로 삼았다. 청성군(淸城君) 정탁(鄭擢)은 세자빈객에서 해임하고 설칭(薛偁)을 공안부윤(恭安府尹)으로 삼아 빈객을 대신 맡게 했다. 검교한성부판사 조용(趙庸)으로 하여금 성균대사성(成均大司成)을 겸하게 하고 김지(金摯)를 예조우참의(禮曹右參議)로 삼았다. 창(敞)은 건원릉(健元陵)을 지킨 지 장차 두 돌이 되므로 그 노고를 보답한 것이다. 상이 지(摯)의 사전(辭箋-사직서)을 보고 말했다.

"이 사람은 이미 늙었으니 물러가기를 비는 것이 마땅하다."

검교한성윤(檢校漢城尹)에 제수할 것을 명했다. 조금 있다가[既而 기이] 지신사 안등(安騰)에게 일러 말했다.

---

40 1370년(공민왕 19년) 문과에 급제하고 한림원학사(翰林院學士)를 거쳐 사의대부(司義大夫), 좌사간(左司諫)을 지냈으며, 고려가 망하고 조선이 개국하자 태종이 가선대부(嘉善大夫)로 예조참의(禮曹參議)를 제수(除授)해 그를 불렀으나 벼슬길에 나가지 않고 충절을 지켰다.

"내가 (고려 때) 성균정록소(成均正錄所)에서 벼슬할 적에 동료들은 모두 흩어지고 나만 혼자 있었는데 지(摯)가 그때 헌납(獻納)으로 있으면서 정록청에 왔길래 내가 술을 사서[沽酒=酤酒] 대접한 일이 있다. 술이 취하자 자리를 앞으로 당겨[前席] 내 손을 잡고 말하기를 '그대[君]는 반드시 큰 사람[大人]이 될 것이니 바라건대 자신을 아껴라[自愛]'라고 했다. 내가 지금까지 잊지 않고 있다. 이 사람을 실행참의(實行參議)에 제수한 연후에 전장(田庄-별장)에 돌아가서 노후를 보내도록 하는 것이 좋겠다."

○ 탁(擢)이 이미 세자빈객에서 파면되자 그 분(忿)을 이기지 못해 글을 올려 당시의 (사헌부) 장령(掌令) 김효손(金孝孫, 1373~1429년)[41]과 대질할 것을 청했다. 그 글을 정부에 내렸다. 정부에서 아뢰어 말했다.

"헌사(憲司)에서 소를 올린 것은 죄를 청한 것이 아니고 다만[直=但] 탁이 빈객(賓客)에 마땅치 않다 하여 파면하기를 청한 것일 뿐입니다."

---

41 1402년(태종 2년) 문과에 급제했으나 환관(宦官)과의 반목으로 파직됐다가 1410년(태종 10년) 38세에 사헌부장령(司憲府掌令)에 발탁됐고 이어 의정부사인(議政府舍人)을 거쳐 사헌부집의(司憲府執義)에 올랐다. 1412년 대간(臺諫)의 고신서경법(告身署經法)을 부활시켰고, 함흥에 있는 환왕비문(桓王碑文)의 개찬을 주장했다. 이어서 충청도 도체찰사 박자청(朴子晴)의 부사(副使)가 돼 조운(漕運)의 불편 지역인 태안 일대의 지형을 답사하고 지형도를 작성해 제출했다. 이어서 지형조사(知刑曹事), 좌대언(左代言)을 지냈으나 세종 즉위 때 비위사건에 연루돼 진천에 위리안치됐다. 7년 만에 석방돼 1426년(세종 8년) 병조참의에 제수됐다. 함경도 일대의 진보(鎭堡) 설치 상황을 현장답사했고, 1427년 우군동지총제를 거쳐 경기 관찰사를 지냈다. 이듬해 형조·예조의 참판을 지냈고, 특히 외교에 많은 공을 세웠다. 1429년 대사헌에 제수돼 국가 기강을 확립하고 상벌제도의 공정한 실시를 시도하는 등 많은 업적을 남기고 그해 말에 죽었다.

상이 명해 논(論)하지 말라고 했다.

○사간원에서 소를 올렸는데 대략 이러했다.

'탁(擢)이 헌부(憲府)에서 탄핵한 장소(章疏)로 인해 세자빈객에서 파면되자 말을 꾸며 신정(申呈)해 김효손과 대질하기를 청했으니 이는 심히 잘못입니다.'

상이 (환관) 노희봉(盧希鳳)을 시켜 (사간원) 정언(正言)· 장진(張晉)을 질책해 말했다.

"소(疏) 가운데 탁(擢)을 비교해 형벌이 남은[刑餘] 사람이라 한 것은 무엇인가? 또 어찌 효손과 서로 힐난했다 하여 갑자기 공신대상(功臣大相)을 직첩(職牒)을 거두고 그 죄를 국문(鞫問)할 수 있는가?"

진(晉)이 대답해 말했다.

"탁이 일찍이 살인을 저질렀으니 그 죄가 마땅히 형벌을 받아야 하는데 요행히 성은(聖恩)을 입어 오늘에 이르렀으니 이 때문에 신 등이 형벌이 남은 사람이라고 말한 것입니다. 대간(臺諫)은 직책이 언로(言路)에 있으니 사람의 과실을 들으면 곧바로[輒] 규탄(糾彈)을 행해야 합니다. 만일 벼슬을 옮긴 뒤에 탄핵을 당한 사람이 원망을 품고 추소(追訴)한다면 뒤에 대간(臺諫)이 된 자가 어찌 사람을 책(責)하려 하겠습니까? 비록 공신대상이라 하더라도 죄가 이와 같은 데에 이르면 무엇을 꺼려서 묻지 않겠습니까?"

상이 말했다.

"내가 헌사의 소를 비밀에 부쳐 내리지 아니한 것을 내 스스로 처리를 잘했다고 생각하는데 네가 어째서 또다시 말을 하는가?"

정미일(丁未日-11일)에 사간원에서 소(疏)를 올려 이지성(李之誠)의 죄를 청했다. 소는 이러했다.

'헌사(憲司)에서 지성(之誠)의 죄를 물을 것을 청하니 전하께서는 문죄(問罪)를 허락하지 않으시고 홀로 결단하시어 종으로 삼으셨습니다. 신 등은 잘 모르겠지만 지성이 종이 된 것이 과연 그 죄에 합당합니까[中 중]? 그래서 신 등은 감히 천위(天威-임금의 분노)를 무릅쓰는 것입니다. 가만히 생각건대[竊謂 절위=竊惟 절유] 전하께서 헌부(憲府)의 청(請)이 따를 만하지 못하다고 여기시는 것입니까? 아니면 지성의 죄가 물을 만하지 못하다고 여기시는 것입니까? 지성의 죄가 물을 만하지 못하다면 그를 적몰(籍沒)해 종으로 삼아서는 안 될 것이고, 지성이 종이 되는 것이 진실로 법에 합당하면 헌사(憲司)의 청을 따르지 않을 수 없습니다. 바라건대 전하께서는 헌부의 청을 따르시어 지성의 죄에 대해 유사(攸司)로 하여금 국문해 시행하셔야 할 것입니다.'

상이 소(疏)를 읽어보고 말했다.

"지성의 죄는 많은 사람이 아는 바이니 다시 논하지 말라."

헌납(獻納) 권선(權繕)이 아뢰어 말했다.

"비록 태장(笞杖)의 죄라 하더라도 반드시 문안(文案)을 세워서 시행해야 하고, 나라 사람들이 모두 미워하는 사람은 모름지기 국문을 해야 합니다. 또 적몰해 종을 만들고도 한 번도 문죄하지 않고 문안을 만들지 않는 것은 법에 어긋난 일입니다. 바라건대 유사에 내려 일의 실상[事情 사정]을 국문(鞫問)하셔야 할 것입니다."

상이 허락지 않고 말했다.

"이미 결단한 일이니 이에 거론(擧論)하지 말라."

○ 중군호군(中軍護軍) 전흥(田興)이 길주(吉州)에서 돌아왔다. 흥(興)이 아뢰어 말했다.

"이달 초5일에 동맹가첩목아(童猛哥帖木兒)가 그 관할에 있는 천호(千戶) 이대두(李大豆)를 시켜 청주(靑州-북청)에 이르러 찰리사(察理使) 연사종(延嗣宗)에게 이르기를 '만일 사로잡은 남녀(男女)를 돌려보낸다면 내가 장차 본토(本土-고향)로 돌려보내 각기 제 고장에 편안히 살게 하고, 그 연후에 조선(朝鮮)에 나아가 숙배(肅拜)하겠습니다. 만일 내가 무슨 일이 있을 것 같으면[有故] 내 자식을 보내 사례하겠습니다'라고 했기에 사종(嗣宗)이 그 말대로 모두 돌려보냈습니다."

이에 앞서 조연(趙涓)이 최야오내(崔也吾乃)를 시켜 사로잡은 사람들을 돌려보내려고 했는데 야오내(也吾乃)가 출발하기 전에 대두(大豆)가 마침 이르렀기에 야오내는 출발하지 않았다. 사종이 대두에게 적정(敵情)을 물으니 대두가 말했다.

"애초에 수주(愁州)에 사는 착화(着和)의 아우 지대록시(之大祿時)가 와서 동지휘(童指揮)에게 고하기를 '착화가 두문(豆門)의 아고거(阿古車)와 벌시온(伐時溫)의 파아손(把兒遜) 등과 더불어 상의하기를 "우리가 각기 휘하(麾下) 군사를 거느리고 거짓으로[佯=陽] 찰리사(察理使)를 따라가서 구주(具州)를 치는 체하고 시응건(時應巾)의 고리보리(高里寶里)와 가하라(加下羅)의 가라(加羅) 청포(靑浦)의 아란(阿亂), 동건(童巾)의 하을주(下乙主), 동량북(東良北)의 타시(他時), 아지랑귀(阿之郎貴)의 벌을소(伐乙所) 등을 시켜 각기 그 군사를 거느리고 뒤에 이르게 하고, 조선이 김문내(金文乃)와 갈다개(葛多介) 비내모(非乃毛) 당개장로(當介將老)를 공격할 때 우리를 선봉(先鋒)으로 삼거든 우리가 창을 거꾸로 해 문내 등과 함께 군사를 합쳐 앞을 치고 고리보리로 하여금 뒤를 끊게 하면 조선 군사가 앞뒤로 적(敵)을 받아 반드시 패하게 될 것이다"라고 했는데, 찰리사가 거사하기 전에 먼저 엄습(掩襲)해 크게 살획(殺獲)했으니 이것이 하늘이 시킨 것인가? 조선의 위령(威靈)이 눈과 귀가 있어 안 것인가?'라고 하고는 드디어 크게 통곡했습니다."

대두가 또 말했다.

"착화 등이 토벌을 당한 상황을 동지휘가 이때껏 주문(奏聞)하지 않았습니다."

전흥이 말했다.

"내가 듣건대 동지휘의 아들이 파아손의 아들과 함께 경사(京師)에 갔다 하는데 네가 어찌하여 숨기는가?"

대두가 말했다.

"파아손의 아들이 아직 그 아비의 시체를 거두어 장사 지내지 못했는데 어느 겨를에 경사에 조회(朝會)해 주문하겠습니까?"

○ 전흥이 또 말했다.

"곽승우(郭承祐)가 올적합(兀狄哈)을 칠 때 몸이 피로해 옷을 벗었다가 바람을 쐬어 병을 얻었습니다."

상이 의원(醫員) 원학(元鶴)을 보내 치료하게 했다.

○ 내시위행사직(內侍衛行司直) 안성만(安成萬)을 순금사에 내렸다. 의흥부판사 이천우(李天祐) 등이 대궐에 나아와 아뢰어 말했다.

"성만(成萬)이 상중에 지방에 있으면서 녹봉을 속여 받았는데 광흥창(廣興倉)에서 이를 알아차리고 성만에게 도로 추징하니[還徵](환징) 성만이 본부(本府-의흥부)에 고하기를 '왜 광흥창에 관문(關文-공문서)을 보내 녹(祿)을 추징하지 못하게 하지 않는가?'라고 하며 처음에는 진무(鎭撫)를 능욕하더니 나중에는 신 등에까지 미쳐 그 말이 패만(悖慢) 무례해 이루 다 진달할 수가 없습니다. 신 등이 군대를 담당하는[掌軍](장군) 지위에 있으면서 사졸(士卒)에게 욕을 당했으니 장차 어떻게 천만인을 호령하겠습니까? 비록 이 한 사람의 군사가 없더라도 시위(侍衛)에 빠지는 것이 없습니다. 또 이 사람의 가족관계가 양인(良人)인지 천인(賤人)인지 분간할 수 없으니 근시(近侍)로서 곤란합니다."

상이 말했다.

"이 사람은 본래부터 광증(狂症)이 있어 도리를 알지 못한다."

가두라고 명했다. 병조판서 이귀령(李貴齡)이 아뢰어 말했다.

"신이 지난번에[向=向者](향 향자) 동북면을 순문(巡問)할 때 성만이 마침 진(鎭)에 왔었는데 음식을 맡은 자[典饋者](전궤 자)가 마음에 맞지 않는다 하여 화를 내어 그 사람을 달아나게 하고 좇아가면서 쏘았습니다. 신이 이 말을 듣고 놀라서 아전을 보내 붙잡으니 성만이 또 활을 당겨[彎弓=張弓](만궁 장궁) 쏘고 마침내 임의로 진(鎭)을 떠나 서울로 왔습니다. 이 사람은 성질이 시랑(豺狼-승냥이와 이리)과 같아서 근시할 수 없으니 바라건대 내쫓아야 할 것입니다."

상이 말했다.

"내가 원래 이 사람이 광망(狂妄)해 가까이해서는 안 된다는 것을 알지만 혹시 불우(不虞)의 변(變)이 있으면 미련하고 용맹한 자가 선봉이 될 수 있기 때문에 시위하게 한 것이다. 그때 사람을 쏠 적에 경(卿)이 도순문사로서 왜 징치(懲治)하지 못했는가? 이것은 경의 허물이다. 이 사람이 비록 독기(毒氣)를 부린다 하더라도 다만 일개 군사에 지나지 않으니 법으로 처치하는 것이 무엇이 어려운가?"

귀령이 대답했다.

"활을 당겨 사람을 쏘아대니 사람들이 감히 가까이하지 못해 징치할 수 없었습니다."

상이 웃으며 말했다.

"이 사람이 술을 마시면 사람 같지도 않지만[不類人] 나는 다만 그 용맹을 취한 것뿐이다."

기유일(己酉日-13일)에 대를 이을 자식이 없는[無後] 사람의 전지(田地)를 체수(遞受)하는 법(法)을 토의했다. 의정부참지사 윤사수(尹思修)가 아뢰어 말했다.

"사망한 사람의 과전(科田)의 경우 대를 이을 자식[繼嗣]이 있으면 대신 받게 하고[遞受] 대를 이을 자식도 없고 주상(主喪)하는 사람도 없으면 다음 해를 기다려서 체수(遞受)하게 하는데, 주상(主喪)하는 사람이 있으면 3년 뒤에 다른 사람이 진고(陳告)하는 것을 허락해 그 사람이 체수하게 하는 것이 어떻겠습니까? 이 법은 이미 『속육전(續六典)』에 실렸고 정부(政府)에서도 같은 의견[同議]입니다."

상이 말했다.

"예전 사람이 떠나가서 3년 동안 돌아오지 않은 연후에야 그 전리

(田里)를 회수한 것은 산 사람[生者]을 기다리는 뜻이었다. 죽은 사람의 전지 또한 3년 뒤에 체수하게 한다면 진고(陳告)한 지 3년이 되도록 항상 현임(見任)에 있는 자는 적을 것이다. 지금 만일 죽는 해[死年]에 체수하게 한다면 가끔 죽지도 않았을 때 신고하는 자가 있을 것이니 풍속이 아름답지 못해 이 또한 불가하다. 만일 다음 해에 다른 사람이 체수하는 것을 허락한다면 두 가지 폐단이 없을 것이다."

○ 동북면 조전절제사(東北面助戰節制使) 신유정(辛有定)과 김중보(金重寶)가 복명(復命)했다.

○ 올적합(兀狄哈)이 경원부(慶源府)에 침입하니[寇=入寇] 병마사 곽승우(郭承祐)가 맞서 싸우다가 패했다[敗績].[42] 정미일(丁未日-12일)에 적(賊) 30여 기(騎)가 경원부의 아오지(阿吾知) 남산(南山)에 올라가 우리 군사에게 과시했고, 무신일(戊申日-13일)에 적의 보기(步騎) 50여 명이 여화산(汝火山) 꼭대기에 올라가 성안을 굽어보며[俯瞰] 서성대고 내려오지 않으며 관군(官軍)을 유인했다. 기유일(己酉日-14일) 새벽에 도천호(都千戶) 안을귀(安乙貴)가 50여 기를 거느리고 적(賊)을 엿보았는데 신시(申時)쯤 돼 나졸(邏卒-순찰병)이 와서 고했다.

"적 수십 기가 아오지동(阿吾知洞) 속에 잠깐 출현했다가 도로 산을 탔다."

병마사 곽승우가 곧 수백 기를 거느리고 쫓으니 적 두어 기가 관

42 아군의 패전을 패적(敗績)이라 한다.

군을 만나 거짓으로[佯] 패해 달아나는 척했다. 승우가 이를 쫓아 아오지동에 들어가니 복병(伏兵)이 사방에서 합세해 기습적으로 공격했다[猝擊]. 이리하여 관군이 크게 패해 죽은 자가 73인, 부상한 자가 52인이며, 전마(戰馬) 120필과 병갑(兵甲) 24부(部)를 모두 적에게 빼앗기고 승우 또한 화살에 맞았다[中矢]. 이에 30여 기를 거느리고 포위망을 뚫고 나와 아오지 목책(木栅)에 들어와 보전했다. 을귀(乙貴)도 적을 만나 역시 패배해 다만 10여 기를 거느리고 성으로 들어왔다. 적의 무리 수백 명이 따라와 성을 포위하고 동맹가첩목아(童猛哥帖木兒) 또한 이르러 승우의 생사 여부[存沒]를 묻고 또 말했다.

"오도리지휘(吾都里指揮)를 죽인 것은 무슨 죄 때문인가?"

승우가 나서서 그에게 말했다.

"그가 국은(國恩)을 저버리고 와서 한흥보(韓興寶)를 죽였기 때문이다. 우리 전하께서 너를 믿을 만하다고 하셨는데 네가 어째서 함께 와서 도적질을 하는가?"

편전(片箭)으로 쏘니 적은 그제야 포위를 풀고 물러갔다. 거민(居民) 중에 죽은 자가 29인이고, 사로잡힌 자가 12인이었다. 적이 모두 부모·처자의 원한이 있어 죽음을 무릅쓰고 와서 싸웠는데 승우는 용맹만 믿고 지모(智謀)가 없었기 때문에 패한 것이다. 적(賊)이 물러간 뒤에 사람을 보내 뒤밟아 보니 적이 전사한 시체를 불태운 곳이 48군데나 되었다. 야인(野人)의 풍속에 전사한 자가 있으면 반드시 불에 태워 그 뼈를 부모·처자에게 돌려준다고 한다[云].

경술일(庚戌日-14일)에 사직(司直) 박화(朴和)가 일본에서 돌아왔는데 지좌전(志佐殿) 원추고(源秋高)가 형부대랑(刑部大郎)을 보내 호송하면서 예물을 바쳤다. 기축년(己丑年-1409년) 2월에 화(和)를 지좌전에 사신으로 보낸 것은 붙잡혀 간[俘擄](부로) 남녀를 구하기 위함이었다. 원추고는 우리나라에서 보낸 물건이 제 뜻에 차지 않자 문득[輒](첩) 화를 억류하고서 말을 꾸며[假辭](가사) 정부(政府)에 글을 보내 말했다.

'6월 초하루[初吉](초길)에 배가 도착해 「대반야」(대반야) 1경(經)은 삼가 받았고[拜受](배수) 토의(土宜)[43]는 별폭(別幅)에 기록한 바와 같이 영납(領納-수령)했으니 즐겁고 기쁘기 이를 데 없습니다. 이달 하순에 나라에 적국(敵國)의 난(難)이 있어 멀리 전진(戰陣)에 나아갔다가 100일 만에 돌아오니 그 배가 지좌진(志佐津)에 정박해 있었습니다. 이에 사람을 시켜 배를 맡아보게 했는데 뜻밖에 배를 맡은 사람이 방자한 짓을 자행했으므로 즉시 국문해 목을 베고 장물(贓物) 약간을 관인(官人)에게 주었으니 나의 정(情)이 이처럼 두터운데 어찌 사람들이 숨길 수 있겠습니까?[44] 하물며[矧=況](신 황) 도적을 금하는 계약을 감히 저버리지 못하는 것이겠습니까? 관인의 배가 11월 9일에 바다에 떴다가 곧 역풍(逆風)을 만나 노[橈](요)를 잡은 사람이 방소(方所-가야 할 방향)를 알지 못하다가 배가 홀연히 부서져 다시 지좌(志佐)에 의지했습니다. (그래서) 내가 작은 배를 갖춰 뱃사공에게 명해 50여 인을 실어 건네주고 붙잡힌 사람[俘擄](부로) 29명까지 아울러 관인이 영솔(領率)했습

43 그 지역의 기후 풍토에 가장 알맞은 농산물을 말한다.

44 자신의 정이 두텁다는 것을 강조하기 위한 상투적인 표현이다.

니다. 이듬해 봄[明春](명춘)에 큰 배가 우리나라에 이르면 부로인(俘擄人)을 전부 보내드리겠습니다. 바라는 바는 조미(造米) 500석(石), 유분(鍮盆) 4척(隻), 매 한 쌍(雙), 사냥개[獵犬](엽견) 한 쌍이니 윤허(允許)하는 명령을 엎드려 청합니다.'

이것이 곧 기축(己丑-기축년) 11월의 서간(書簡)이다. 의정부사인(議政府舍人) 신개(申槪)가 답서를 보내니 원추고가 그 편지를 받고 화를 보내주어 돌아왔다. 그러면서[仍=因](잉 인) (원추고가) 의정부에 글을 보내 말했다.

'2월 그믐날에 배가 이르러 태후(台候)가 만복(萬福)하심을 엎드려 아뢰었나이다. 회례관(回禮官)이 가는데 그를 실은 배가 위험했기에 머물러두었습니다. 지금 넓적한 배[扁舟](편주)를 갖춰 호송하니 이 뜻을 잘 받아들여 주시기 바랍니다. 도적을 금하는 약속은 감히 어기지 않을 것이고 오로지 교제하는 의리[交義=交誼](교의 교의)를 두텁게 하겠습니다.'

신해일(辛亥日-15일)에 상이 친히 문소전(文昭殿)에 망제(望祭)를 거행했다.

○ 길주찰리사 연사종(延嗣宗)이 (동북면) 청주(靑州-북청) 군사 300명을 출병시켜 경원부(慶源府)를 구원하려고 용성기(龍城岐)에 머물렀다.

○ 조연(趙涓)이 길주(吉州)에서 돌아와 알현(謁見)하니 상이 말했다.

"올량합(兀良哈) 등이 또 우리 변방을 침략해 사람을 살해하니 마땅히 정상(情狀)을 갖춰 조정(朝廷)에 주문(奏聞)하라."

그 기회에 대신들에게 물었다.

"이렇게 하면 황제(皇帝)가 무어라 대답할지 모르겠다. 장차 (황제가) 말하기를 '짐(朕)이 장차 제지하겠다'라고 할 것인가, 아니면 '너희 나라에서 잘 알아서 처치하라'라고 할 것인가? 만일 '잘 알아서 처치하라'라고 한다면 이는 황제의 마음이 좋아하지 않으면서 (이것을) 칭탁해 말해 우리가 어떻게 하는지를 엿보자는 것이다. 지금 주본(奏本)에 사상(事狀)만 갖춰 기록하고 보복(報復)을 행하려 한다고 말할 것도 아니며 또 조정(朝廷)의 명령을 기다린다고 말할 것도 아니다. 혹 적(賊)이 또 와서 침략한다면 문정(門庭)의 도적은 황제의 명을 기다리지 말고 우리가 알아서 막아야 한다."

하륜(河崙), 성석린(成石璘), 조영무(趙英茂)가 모두 말했다.

"옳습니다! 신 등이 제의 뜻은 알지 못하지만 제(帝)가 어찌 '짐이 장차 제지하겠다'라고 하겠습니까?"

상이 말했다.

"마땅히 빨리 주문(奏聞)하라. 이현(李玄)이 벌써 전에 주문했고, 또 사람을 보내 계속해서 뒤에 아뢴다면 제도 역시 적당(賊黨)들이 계속 침략한다는 사실을 믿을 것이다."

이응(李膺)이 나아와 말했다.

"황제가 만약 '너희가 보복하지 말라. 짐이 장차 제지하겠다'라고 하면 우리나라로서는 매우 곤란합니다. 보복하겠다는 뜻으로 바로 아뢰어야 하지 않겠습니까?"

상이 말했다.

"안 된다. 지난번에도 주문하지 않고 군사를 움직였는데 지금 또 이같이 주청(奏請)해서야 되겠는가?"

상이 또 말했다.

"길주의 비보(飛報)에 '어허리(於虛里)란 자가 함께 왔는데, 이것이 곧 동지휘(童指揮)의 아우입니다'라는 말이 있었다. 그렇다면 동지휘의 무리가 함께 와서 도적질을 한 것이 확실하다. 누가 어허리를 분명히 보았는가?"

영무(英茂)가 대답했다.

"연사종의 보고가 어찌 거짓이겠습니까? 동지휘가 음모에 가담한 것이 분명합니다."

조연이 말했다.

"적병(賊兵)의 수가 150~160명에 이르렀다면 파아손(把兒遜)의 유종(遺種)은 이렇게 많지 않습니다. 반드시 동지휘와 파아손 등의 휘하 세력이 모두 온 것이 분명합니다."

상이 말했다.

"그렇지!"

또 말했다.

"경원(慶源)에 부(府)를 둔 것은 능실(陵室) 때문인데 저들 도적이 반드시 대대로 변방의 근심거리[<ruby>邊警<rt>변경</rt></ruby>]가 될 것이다. 내가 능(陵)을 옮기고 부(府)를 옮기려 한다. 그러면 저 적(賊)이 무엇 때문에 오겠는가?"

여러 신하가 모두 말했다.

"옳습니다! 옳습니다!"

응(膺)이 말했다.

"그렇다면 저들은 누에처럼 우리 땅을 점점 먹어 들어와[蠶食之漸(잠식 지 점)] 우리는 땅을 깎이는 치욕[削土之恥(삭토 지 치)]이 있지 않겠습니까?"

상이 말했다.

"그렇지 않다! 매 봄과 가을이 될 때마다 가서 쫓으면 저들이 경작을 하지 못할 것이니 어찌 땅을 깎일 우려가 있겠는가?"

응이 대답해 말했다.

"능(陵)을 옮기고 부(府)를 옮기고서 매년 가서 쫓는 것보다는 굳게 지켜 막는 것이 낫습니다."

상이 말했다.

"그렇지 않다. 염려하지 말라!"

정사에 의견을 내는 자[議者(의자)]들은 모두 응이 틀렸다고 여겼으나 오직 김한로(金漢老)의 의견만 응과 같았다. 석린(石璘)이 또 아뢰어 말했다.

"만일 장오십륙(張五十六) 등을 두텁게 대우해 돌려보낸다면 그 마음을 얻어 저 적(賊)의 악함을 천총(天聰-천자의 귀)에 주달(奏達)할 수 있을 것입니다."

상이 옳게 여겼다.

계축일(癸丑日-17일)에 세자에게 명해 백관을 거느리고 시좌궁(時坐宮)에서 성절(聖節)을 하례(賀禮)하게 했다. 상은 상중[衰絰(최질)=喪中(상중)]이라 나오지 않았다.

○ 예원군(預原郡) 사람 이일(李釖)의 죄를 줄였다. 동북면 도순문사 임정(林整)이 아뢰어 말했다.

'예원 사람 이일이 이양생(李陽生)과 전지(田地)를 다투다가 양생(陽生)을 두들겨 패 죽였습니다[歐殺 구살]. 일(釰)의 아들 우(祐)가 아비의 죄를 대신 받겠다고 청하니 그 실상이 불쌍합니다. 빌건대 일의 사죄(死罪)를 용서해[貸=赦 대사] 처벌을 낮춰[降 강] 과오(過誤)로 죽인 가벼운 법률[輕典 경전]을 따르소서.'

그것을 따랐다.

○ 해온정(解慍亭)에 나아가 종친(宗親)을 불러 활쏘기를 구경했다.

갑인일(甲寅日-18일)에 조영무(趙英茂), 이천우(李天祐), 황희(黃喜) 등을 불러 편전(便殿)에 이르게 해 도적을 막을 대책을 토의했다. 임정(林整)이 곽승우(郭承祐)가 패전한 상황을 보고한 때문이었다.

○ 구사전(球沙殿)의 왜객인(倭客人)이 토산물을 바쳤다. 의정부에서 아뢰어 말했다.

"구사전에 대한 보례(報禮)는 마땅히 흑마포(黑麻布) 10필, 자리[席子 석자] 10엽(葉), 백자(栢子) 1석(石)을 써야 합니다."

상이 옳게 여겨 말했다.

"그 사자(使者)들에게도 또한 차등 있게 물건을 내려주도록 하라. 이 객인은 사사로운 무역도 없고 또 그 말에 예도(禮度)가 있다. 구사전도 아비의 상(喪)을 당했으니 보례를 평상시에 비해 더함이 있게 하라."

병진일(丙辰日-20일)에 유배형을 받은 죄인[流人 유인] 중에 가벼운 죄에 해당하는 사람은 사면해주었다. 순금사에서 도류인(徒流人-도형이나 유배형을 받은 사람)의 계목(啓目)을 올리니 상이 읽어보고서 말했다.

"도년(徒年)[45]이란 것은 기한이 지나면 석방되지만 유폄(流貶-유배)의 경우에는 기한이 없으니 혹 화기(和氣)를 상하게 할 수 있다. 경중(輕重)을 상고해 가벼운 자는 모두 석방하라."

유인(流人) 강위빈(姜渭濱) 등 세 사람은 서울과 외방에 종편(從便)하게 하고 손흥종(孫興宗),[46] 손윤조(孫閏祖),[47] 조말통(趙末通), 윤희이(尹希夷) 등 36인은 외방에 종편하도록 명했다. 의정부에서 사인(舍人) 조계생(趙啓生)을 시켜 아뢰어 말했다.

"무식한 사람은 책임을 물을 것이 못 되니 용서해주는 것이 좋지만 흥종(興宗) 같은 사람은 공신으로서 벼슬이 재상(宰相)에 이르렀고, 조말통과 손윤조는 근신(近臣)으로서 날마다 좌우에 모시고 있었으면서 역신(逆臣)이 숨은 것을 알고도 (자신과) 족친인 까닭으로 고하지 않았으니 조금도 남의 신하된 자[人臣(인신)]로서의 의리가 없습니다. 마땅히 다른 사람과 같이 논해 용서해서는 안 될 것입니다."

상이 말했다.

"만일 속으로 사의(私意)를 끼고 나라에 고하지 않았다면 진실로 그 죄가 있으니 정부의 청(請)이 마땅할 것이다. 그러나 이 사람들이 죄인에 대해 먼 일가(一家)가 아니고 친족(親族)을 위해 숨겼기 때문

---

45 도형(徒刑-일종의 징역형)의 햇수를 말한다.

46 군호는 이천군(伊川君)이다. 조선 개국에 참여해 개국공신 3등에 녹훈됐다. 거제도에서 왕씨들을 바다에 빠뜨릴 때 참가했다. 1409년 동생 손효종(孫孝宗)의 반역죄에 연루돼 황해도 신은(新恩)에 부처됐는데, 이때 이숭인(李崇仁)과 이종학(李種學)을 죽인 혐의로 폐서인되고 가산이 적몰되고 녹권을 추탈당했다.

47 손흥종의 아들이다.

에 내가 용서한 것이지 죄가 없다는 것이 아니다."

정부에서 다시 아뢰어 말했다.

"이 세 사람은 머리를 보전하는 것으로 충분하니 다시 사유(赦宥-사면)를 가할 것이 아닙니다."

상이 그것을 따랐다. 의정부에서 죄인과 연좌(連坐)된 자를 각 고을에 이배(移配)할 것을 계청(啓請)했다. 이무(李茂)의 아들 간(衎)은 기장(機張)에, 승조(承祚)는 장기(長鬐)에, 공효(公孝)는 풍주(豐州)에, 공유(公柔)는 옥구(沃溝)에, 공지(公祗)는 남포(藍浦)에, 탁(托)은 평해(平海)에, 강사덕(姜思德)의 아들 대(待)는 순천(順天)에, 유기(柳沂)의 아비 후(厚)는 광주(光州)에, 그 아들 방선(方善)은 영주(永州)에, 방경(方敬)은 울주(蔚州)에, 선로(善老)는 순흥(順興)에, 효복(孝僕) 막동(莫同)은 온수(溫水)에, 조희민(趙希閔)의 아들 금동(今同)은 여흥(驪興)에, 효순(孝順)은 서주(瑞州)에, 윤목(尹穆)의 아들 소남(召南)은 대흥(大興)에, 주남(周南)은 신창(新昌)에, 조호(趙瑚)의 아들 수(須)는 회양(淮陽)에, 아(雅)는 원주(原州)에, 윤목(尹穆)의 조카 희이(希夷)는 해진(海珍)에, 희제(希齊)는 광주(光州)에 옮겼다.

정사일(丁巳日-21일)에 사간원에서 소(疏)를 올려 갑사(甲士)를 시험을 통해 뽑는 것[試取-시취]을 폐지할 것을 청했다. 이때 원속(元屬) 갑사(甲士)가 2,000명이었는데 상이 의견을 말했다[議-의].

"1,000명을 더 정해 2번(番)으로 나눠 1년 만에 서로 교대하면 나라에는 시위(侍衛)의 허술함이 없고 집안에는 농사를 망친다는 탄식이 없을 것이며, 사람들 사이에는 부모·처자와 여러 해 동안 떨어져 있는 원망이 없을 것이다."

이에 병조(兵曹)에 명해 의흥부(義興府) 훈련관(訓鍊觀)과 함께 갑사 1,000명을 시험하게 했는데 정월부터 이때에 이르도록 아직 끝나지 않았다. 사간원에서 말씀을 올렸다.

'지금 갑사의 정원을 늘려 1번(番)은 시위하고 1번은 귀농하게 하려고 하시니 전하께서 백성을 생각하는 마음과 농사를 중하게 여기는 뜻이 지극하다 하겠습니다. 그러나 때가 이미 농사철이 됐으니 농사가 때를 잃어서는 안 됩니다. 지금까지 갑사 시험을 마치지 못했기 때문에 재주가 없는 자가 모두 농사꾼 두세 사람씩을 거느리고 기다리고 있습니다. 바라건대 전하께서는 시위를 제외한 신구(新舊) 갑사를 하루 속히 귀농하게 해야 할 것입니다.'

상이 소를 읽어보고 말했다.

"간원(諫院)의 말이 옳으니 나는 정말로 잊지 않겠다."

헌부(憲府)에서 또 소(疏)를 올려 아뢰었다.

'지금 갑사를 뽑을 때 조계(祖係-족보)를 묻지 않고 오직 궁시(弓矢)와 여력(膂力)의 능력만을 보다 보니 상공(商工) 천례(賤隸)도 관직(官職)을 받아 진신(搢紳-사대부)의 자제와 더불어 어깨를 비겨 나란히 서게 돼 진신의 자제들이 동류(同類)가 되기를 부끄럽게 여깁니다. 바라건대 병조로 하여금 그 사조(四祖)를 상고하고 다른 사람에게 보거(保擧-천거를 보증함)를 책임지게 해 사람을 뽑도록 해야 할 것입니다. 또 내금위(內禁衛)는 가장 앞에서 가까이 모시는 자이니 잘 고르지 않을 수 없습니다. 만일 본래부터 조정(朝廷)에 이름이 드러난 자라면 좋겠지만 갑자기 신진(新進)의 무리로 그 정원을 채우는 것은 심히 불합리합니다. 이 또한 병조로 하여금 조계(祖係)를 상고하고 보거(保擧)를 책임지게 한 뒤에 근시(近侍)하도록 해야 할 것입니다.'

소(疏)를 정부에 내리니 모두 우활(迂闊-황당)하다 해 일은 마침내 시행되지 않았다[寢=不行].
침 불행

○ 전 (경상도) 보주지사(甫州知事-옛 예천) 신이충(愼以衷)[48]이 죄가 있는데 이를 사면했다[原=貸]. 사헌부에서 말씀을 올렸다.
원 대

"이충(以衷)은 아비의 상중(喪中)에 있으면서 사사로운 분노로 인해 종 석이(石伊)와 양민 황달충(黃達忠)[49]을 몽둥이로 때려죽였습니다. 또 거창현(居昌縣) 아전 유습(劉習)이 감무(監務)의 명을 받고 이충의 아비의 관곽(棺槨)을 감독해 만드는데 이충이 어떤 일로 인해 습(習)에게 노해 (이충이) 얼음을 파고 구멍을 만들어 그 속에 (습을) 집어넣고 하루 종일 매질을 가해 거의 죽게 만들었습니다. 또 일찍이 양주(梁州)에 재임할 때에 사객(使客)의 지응(支應)이 결여됐다고 해 호장(戶長) 정춘(鄭春)에게 곤장을 때려 죽게 만들었고 또 거창에 전원(田園)을 넓게 두고 백성(들의 땅)을 점령해 국법을 두려워

---

48 1377년(우왕 3년) 연방시(蓮榜試)에 급제했다. 그에 앞서 집권자인 신돈(辛旽)의 전횡(專橫)을 비판하면서 태학의 여러 생도와 연맹 상소를 올리기도 했다. 조선 개국 후 1397년(태조 6년) 황해도 감찰을 지냈으며 이때인 1410년(태종 10년)에는 지방관으로 재직 당시 아버지 상중에 종과 양민을 때려죽인 일과 아전을 때려죽인 일로 사헌부의 탄핵을 받았으나 고의로 한 일이 아니라는 점이 참작돼 용서를 받았다. 한편 1420년(세종 2년) 이천현판사(利川縣判事)로 재직하면서 양녕대군의 비위를 고발하기도 했다. 이후 세종 때 경상도 도사와 형조판서를 역임했다. 그의 손자 신승선(愼承善)은 훗날 연산군의 장인이 된다.

49 원문에서는 한 번은 황달충(黃達忠)으로 돼 있고 한 번은 황달충(黃達衷)으로 돼 있다. 어느 것이 옳은지는 알 수가 없다

하지 않았습니다. 청컨대 유사(攸司)에 내려 그 죄를 밝게 바로잡아 뒤에 오는 자를 경계시켜야 할 것입니다."

상은 이충의 범한 것이 모두 사면령 이전에 있었던 일이라 해 허락하지 않았다. 지평(持平) 강종덕(姜宗德)이 대궐에 나아와 청해 말했다.

"이충이 갑신년(甲申年-1404년) 10월 11일에 양주(梁州)의 공수호장(公須戶長) 정춘(鄭春)이 사객(使客)의 대접을 더디게 했다 해 곤장을 때렸는데 그달 20일에 죽었으니 그 죽음은 고한(辜限)[50] 내에 있었던 일입니다. 그리고 그때를 상고하면 사면령이 그해 8월에 있었는데 정춘이 죽은 것은 10월이었으니 어찌 사면령이 있기 이전이라고 말할 수 있겠습니까? 그 뒤에 또 아비의 상중에 있으면서 종 석이와 귀련(貴連)을 죽이고 황달충을 죽였으며 또 유습을 얼음 구멍에 넣어두고 구타해 거의 죽게 했습니다. 그 까닭을 물었더니 '내가 한 것이 아니라 매부 박동문(朴同文)이 했다'라고 하면서 그 죄를 면하려고 꾀합니다. 그러나 이충은 사람을 죽인 것이 한 번이 아니고 또 아비의 상중에 있으면서 잔학한 일을 자행했기 때문에 신 등이 소를 올려 죄를 논할 것을 청한 지가 여러 날이 됐습니다. 청컨대 옥(獄)에 내려 그 죄를 심문해야 할 것입니다[按罪(안죄)]."

상이 말했다.

"이충의 포학함이 이와 같은데 내 어찌 그를 아끼겠는가? 그러나 기왕에 지난 일을 가지고 어찌 끝까지 근원을 추궁해 죄주겠는가?

---

50 보고기한(保辜期限)의 약어(略語)다. 보고(保辜)란 얻어맞은 사람의 사생(死生)이 판명될 때까지 때린 범인(犯人)을 유치(留置)하는 일인데 일정한 기한 안에 얻어맞은 사람이 죽으면 범인을 중죄(重罪)에 처했다.

내버려두어 묻지 말고 외방에 유배를 보내는 것이 좋겠다."

헌부에서 또 (죄줄 것을) 논하니 의정부에 내려 토의하게 했다. 정부가 아뢰어 말했다.

"신이충이 바야흐로 아비의 상중에 사람을 죽였는데 이는 곧 싸우다 죽인 것이지[鬪殺(투살)] 고의로 죽인 것[故殺(고살)]이 아니며 또 그 범한 것이 사전(赦前-사면령 이전)에 있었습니다. 그리고 양주(梁州)에서 아전을 죽인 것도 사후(赦後)에 있었다고는 하나 그것 역시 예전의 일로 인해 발각된 것이니 (죄를) 논(論)하지 않아도 괜찮습니다."

그것을 따랐다.

기미일(己未日-23일)에 전 대호군 유혜강(柳惠康)을 외방에 부처(付處)했다. 사헌부에서 말씀을 올렸다.

"무릇 사람이라면 대역(大逆)의 말이 있을 경우 그것을 들은 자는 듣는 즉시 고발해야 흉악한 괴수를 급히 잡을 수 있는 것입니다. 혜강(惠康)이 조호(趙瑚)의 말을 묘음(妙音)에게서 들은 날이 비록 이무(李茂)가 복주(伏誅)된 뒤에 있었다고는 하나 조호의 말을 빨리 (관(官)에) 고했어야 할 일입니다. 그런데 이를 지체하고 우물쭈물하다가 4개월이 지난 뒤에 성석인(成石因)의 말을 듣고서야 바야흐로 비로소 관에 고했습니다. 청컨대 그 죄를 다스려서 정상을 알고도 늦게 고발하는[晩首(만수)=晩告(만고)] 자의 경계로 삼아야 할 것입니다."

그래서 이런 명이 있었다. 혜강이 병을 얻어 (부처(付處)를) 시행하지 못했는데 묘음과 같은 날에 죽으니 사람들이 괴이하게 여겼다.

○ 첨총제(僉摠制) 노원식(盧原湜)을 명해 경원조전병마사(慶源助戰

兵馬使)로 삼아 경원(慶源), 경성(鏡城), 길주(吉州), 단주(端州), 청주(靑州) 사람 중에서 갑사가 된 자 150인을 거느리고 방어에 나서게 했다. 원식(原湜)에게 구마(廐馬)와 궁시(弓矢)를 내려주어 보냈다. 애초에 상이 대신들에게 일러 말했다.

"경원의 일이 어째서 다시 보고가 없는가? 결국 함몰(陷沒)된 것이 아닌가?"

대답했다.

"성(城)은 반드시 함락되지 않았을 것입니다. 그 적(賊)들이 전에 한흥보(韓興寶)를 공격할 때 다만[祇=只](기지) 나무화살[木箭](목전)에 불을 붙여 성안으로 쏘았으므로 성안 사람들이 그것을 주우면 줍는 대로 꺼버려 함락되지 않았었습니다. 그들의 기술이 이것뿐이니 어떻게 성을 함락시키겠습니까?"

상이 말했다.

"이 적들이 활과 화살만 믿고 다른 기술이 없으니 여러 경(卿)들의 의견이 그럴듯하다. 만일 성이 함락됐다면 비보(飛報)가 반드시 빨리 왔을 것이다."

또 말했다.

"내가 듣건대 경성병마사(鏡城兵馬使) 김을화(金乙和)가 성보(城堡-성채)를 잘 수리하고 또 군사를 잘 훈련시켜 성보를 보전해 지킬 만하다고 한다."

유량(柳亮)이 대답했다.

"신이 그의 사람됨을 아는데 부지런하고 검소해 쓸 만합니다[可用](가용)."

상이 또 을화(乙和)의 재주에 대해 물으니 량(亮)이 말했다.

"말을 타고 활 쏘는 것은 능하나 글자를 알지 못하고 또 고지식합니다[戇=愚直]."
당 우직

상이 말했다.

"곽승우(郭承祐)가 패배한 것도 재주는 있는데 문자(文字)를 알지 못해 고사(故事)를 익히지 못한 탓이다."

이때에 이르러 도순문사(都巡問使) 임정(林整)이 아뢰었다.

'지난번에 적병(賊兵)이 경원에 침입했을 때 적병이 나와서 성(城)을 포위했다가 밤이 되니 물러가고 이튿날 또 성을 포위했다가 이기지 못하고 물러가서 산골짜기에 복병(伏兵)했습니다. 그러므로 적의 꾀가 두려워 군마(軍馬)가 감히 성 밖에 나가지 못하는 바람에 (말이 먹을) 꼴과 콩이 모두 다 떨어졌습니다. 빌건대 군사를 더 보내 구원(救援)해주십시오.'

그래서 이런 명이 있었다.

○ 의정부(議政府)에 명해 전사한[戰亡=戰死] 사람에게 부의(賻儀)를 내려주고 그 집의 부역을 면제해주었다[復]. 한흥보(韓興寶)가 죽은 뒤에 경원(慶源) 백성들이 적을 두려워해 생업을 편안히 하지 못했다. 곽승우(郭承祐)가 백성들을 거느리고 소다로성(蘇多老城)을 버리고 물러나 아오지(阿吾知) 목책(木柵)에 들어가 굳게 지켰었다. 승우(承祐)가 패한 뒤에 백성들은 더욱 두려워해 감히 들판에 나가 목축(牧畜)과 농사[耕稼]를 짓지 못하고 모두 적을 피해 용성(龍城) 땅으로 가기를 원했다. 임정(林整)과 연사종(延嗣宗)이 그대로 아뢰니 의정부에서 아뢰어 말했다.

"경원의 거주민들을 경성(鏡城)으로 옮겨두면 형세가 겁약(怯弱)한 것 같아 적이 더욱 일어날 것입니다. 하물며 애초에 부(府)를 설치한 것은 오로지 능실(陵室)을 수호하고 또 국가를 병풍처럼 막자[屛捍](병한)는 것이었습니다. (그런데) 지금 백성들을 점점 뒤로 물리면 후일에 장차 어떻게 도로 들어가겠습니까? 또 지도(地圖)를 상고해보니 소다로(蘇多老)는 두 능(陵)까지의 거리가 90리이며 아오지에서는 30여 리이니 능실을 수호하기에 매우 합당합니다. 그리고 그 지품(地品-지질)이 소다로보다는 비옥하지 못하나 그다음은 됩니다. 또 적을 방어하는 것으로 말하자면 소다로는 사면으로 적의 침공을 받고 구원(救援)하는 군사도 쉽게 이르지 못하나 아오지는 험난해 의지할 만하고 앞뒤의 구원하는 군사가 서로 미칠 만한 형세이며 군사와 백성이 죽을힘을 다할 이치가 있습니다. 그 백성들을 그대로 두고 노원식(盧原湜)으로 하여금 군사를 거느리고 그곳에 웅거(雄據)하게 해 곽승우와 함께 굳게 지키게 해야 할 것입니다. 길주(吉州)의 백성에 대한 일은 권도(權道-임시방편)로 판관(判官)으로 하여금 맡게 하고, 연사종이 경성에 들어가 병마사 김을화(金乙和)와 함께 지킨다면 경원의 백성들은 어느 정도 숨통이 트이고 농업이 비록 착실하지는 못하나 늦은 조와 늦은 콩은 심을 수 있습니다. 경원을 위한 계책으로는 이 밖에 다른 도리가 없습니다. 곽승우가 비록 군사적으로 패하기는 했으나 전(傳)에 이르기를 '적은 것이 많은 것을 대적(對敵)할 수 없다'[51]라고 했습니다. 승우가 아니었다면 누가 이렇게 몸이 상하고

---

51 『맹자(孟子)』「양혜왕장구(梁惠王章句)」에 나오는 말이다.

말이 죽었는데 포위망을 무너뜨리고 나올 수 있었겠습니까? 신 등이 생각건대 선온(宣醞-왕실의 술)과 마필(馬匹)을 보내 위로하는 것이 좋다고 생각합니다."

상이 말했다.

"경원의 계책은 정부에서 아뢴 것이 옳다[得矣](득의). 승우의 공로는 정부에서 말하지 않더라도 내가 알고 있으니 전마(戰馬)를 주려고 한다. 장군이 말이 죽었으면 말을 주고 몸이 상했으면 술로 구료(救療)함이 좋다. 그러나 명목(名目)이 패전(敗戰)했다고 하는데 특별히 선온(宣醞)을 주는 것이 법에 어떠할지? 다시 토의해 아뢰라."

정부에서 김효손(金孝孫)을 시켜 아뢰었다.

"상의 가르침[上敎](상교)이 진실로 합당합니다[允合](윤합)."

상이 말했다.

"마땅히 빨리 사람을 보내 뜻을 전하라."

의정부지인(知印) 한종회(韓宗會)를 시켜 곽승우에게 술과 약을 내려주고 또 말했다.

"말은 길이 멀어서 네게 주어 달려가게 할 수 없으니 내일 노원식에게 주어 보내겠다. 그러니 너는 밤을 가리지 말고[不分星夜](불분 성야) 치달려 가서 내 뜻을 일러라."

의정부에서 아뢰어 말했다.

"경원의 장수와 군사가 올적합(兀狄哈)과 접전해 패했으니 그간의 일과 사정[事狀](사상)을 다 믿을 수 없습니다. 청컨대 조사(朝士) 한 사람을 보내 군졸의 사상(死傷)과 병기의 빼앗긴 수효를 조사하고 인민의 경종(耕種)에 대한 편부(便否)를 자세히 조사해 돌아오게 해야 할 것입니다."

상이 말했다.

"그렇다."

마침내 상호군 윤하(尹夏)를 동북면 경차관으로 삼고 그 성(城)은 비우고[52] 다만 군사만 머무르게 했다.

신유일(辛酉日-25일)에 사역원직장(司譯院直長) 김유진(金有珍)을 보내 장오십륙(張五十六) 등을 이끌고[管押(관압)=押領(압령)] 요동(遼東)으로 가게 했다. 애초에 장오십륙 등이 도착하자 명해 각각 의복(衣服)과 신발 갓을 주니 오십륙 등이 함께 대궐에 나와 은혜에 감사했다. 상이 안등(安騰)을 시켜 뜻을 전했다.

"왕인(王人)이 객지(客地)에 와서 하는 고생을 전혀 몰랐었소. 내가 삼년상을 마치지 못해 배신(陪臣)의 조하(朝賀)도 받지 못하는데 하물며 왕인에게 어찌 절을 받겠소?"

(오륙십 등이) 대답했다.

"우리가 은혜를 입은 것이 지극히 무거우니 진실로 구두(扣頭)하고자 했으나 명대로 따르겠습니다."

이에 호조참의 오진(吳眞)과 중관(中官)을 시켜 서상상(西上廂)에 술자리를 베풀어 위로하게 했다. 이때에 이르러 또 대궐에 나와 배사(拜辭)하려고 하니 상이 사양하고 또 말했다.

"내가 면대(面對)해 이야기하고 싶으나 상중(喪中)이라 빈객(賓客)

---

52 일반 백성들을 다 소개시켰다는 말이다.

을 만날 수 없기 때문에 감히 못 하오."

오십륙 등이 말했다.

"우리가 적(賊)에게 죽지 않고 돌아가게 된 것은 전하의 은혜입니다. 어찌 감히 구두(扣頭)하지 않겠습니까?"

안등이 그만두게 했다.

○ 상이 해온정(解慍亭)에 나아가 뿔나팔을 불게 했다[吹角](취각). 의흥부(義興府)에 명해 추우기(騶虞旗)를 궐문(闕門) 밖에 세우게 하고 뜰 앞에서 뿔나팔을 불게 하니 의흥부가 또한 기(旗) 아래에서 나팔을 불어 호응했다. 출번(出番)한 위사(衛士)가 갑주(甲胄)와 병기(兵器)를 갖추고 영(令)에 따라 달려오니 삼군(三軍)이 차례에 따라 서립(序立)해 궐문(闕門)에서 종루(鍾樓)까지 이르렀다. 의흥부가 아뢰었다.

"삼군(三軍)이 이미 다 모였습니다."

상이 말했다.

"때가 아닌데 나팔을 부니 어느 누가 놀라 듣고 달려오지 않겠는가? 비록 병(病)이 급한 자가 궐문 앞에 와서 죽더라도 오히려 가하다 할 것인데, 하물며 조금 병(病)이 있는 자이겠는가? 영(令)을 어긴 자는 서반(西班-무반)은 의흥부가, 동반(東班-문반)은 사헌부가 고찰해 뒤에 오는 자들을 징계시켜야 할 것이다."

또 오매패(烏梅牌)로 병조판사(兵曹判事) 조영무(趙英茂)를 불러 중군주작기(中軍朱雀旗)를, 의흥부판사(義興府判事) 이천우(李天祐)를 불러 좌군청룡기(左軍靑龍旗)를, 병조판서(兵曹判書) 이귀령(李貴齡)을 불러 우군백호기(右軍白虎旗)를 주고서 말했다.

"오늘 기(旗)를 세우고 나팔을 분 것은 진실로 여러 사람의 귀를 놀라게 했을 것이나 법(法)이 세워졌는데도 시행하지 않는 것은 불가하다. 내일 장차 진(陣)을 연습하겠으니 마땅히 이번 거행(擧行)을 시금석으로 삼아야 할 것이다."

임술일(壬戌日-26일)에 삼군(三軍)이 동교(東郊)에서 진(陣)을 연습할 것[習陣]을 명했다. 상이 좌우(左右)에 일러 말했다.
습진

"주(周)나라 유왕(幽王)[53]이 포사(褒姒)를 웃기고자 해 봉화(烽火)를 들어 제후(諸侯)를 모이게 했는데 제후들이 다 모이니 포사가 마침내 웃었고 이렇게 하기를 세 번이나 했다. 그 뒤에 신후(申侯)가 견융(犬戎)을 데리고 주나라를 공격했을 때 유왕이 또 봉화를 들었으나 제후들이 장난이라 여겨 오지 않아서 주나라는 마침내 멸망하게 됐다. 그러나 내가 하는 일은 이와 같지 않으니 비록 날마다 나팔을 불더라도 문무관(文武官)은 이르지 않을 수 없다. 금후로는 정부(政府)에서 다시 영(令)을 내고 신문(申聞)해 법을 세우라."

---

53 선왕(宣王)의 아들이며 성격이 난폭하고 주색을 좋아했다. 그의 어머니 강후(姜后)가 죽자 그의 전횡은 더욱 심해졌다. 어느 날 포사(褒姒)라는 여인을 만나면서 여색에 빠져 정사를 돌보지 않았다. 유왕은 웃지 않는 포사를 웃기기 위해 온갖 횡포를 저질렀다. 매일 비단 100필을 찢기도 했지만 포사가 웃지 않자 거짓으로 봉화(烽火)를 올리게 해 제후들을 모이도록 했다. 전시 상황인 줄 알고 허겁지겁 모여든 제후들을 보고 포사가 미소 짓자 유왕은 수시로 거짓 봉화를 올려 포사를 즐겁게 했다. 결국 유왕은 왕비인 신후(申后)와 태자 의구(宜臼)를 폐하고 포사와 아들 백복(伯服)을 왕비와 태자로 책봉했다. 이에 격분한 신후(申后)의 아버지 신후(申侯)는 서쪽 이민족인 견융(犬戎)을 끌어들여 주나라를 침공했다. 수도 호경이 포위되자 유왕은 이때 위급함을 알리는 봉화를 올렸으나 제후들 중 아무도 출동하지 않았으며 유왕은 아들 백복과 함께 여산(驪山) 기슭에서 살해되고 포사는 납치돼 견융의 여자가 됐다. 그가 살해됨으로써 폐위되었던 아들 의구가 태자로 복위했고 평왕(平王)이 되었다. 이후 견융이 수도 호경으로 자주 침범하자 수도를 낙양(洛陽)으로 옮기게 됐고 결국 서주(西周)시대는 끝이 났다.

김한로(金漢老)가 말했다.

"유왕의 일은 말할 것도 없습니다. 오늘 나팔 소리를 들은 자가 어찌 일의 완급(緩急-중대함)을 알고 달려오지 않겠습니까?"

이튿날 의흥부판사 이천우(李天祐) 등이 아뢰었다.

"어제 동교(東郊)에서 습진(習陣)했는데 사졸(士卒)들이 모두 좌작진퇴(坐作進退)의 절차와 적(敵)을 공격하고 변(變)에 응하는 법을 알고 있어 한 사람도 영(令)을 어기는 자가 없었으니 참으로 전고(前古)에 없던 일입니다. 바라건대 한번 친림(親臨)하소서."

상이 허락했다. 또 아뢰었다.

"외방(外方) 시위군(侍衛軍)이 매월 교대로 번상(番上)하니 빌건대 습진소(習陣所)에서 미리 연습하게 해 군사들로 하여금 영(令)을 알지 못하는 자가 없게 하소서."

상이 말했다.

"경의 말은 과연 내 뜻에 부합한다."

의정부에서 말씀을 올렸다.

"삼가 본부(本府)에서 수판(受判)한 취각령(吹角令)을 상고해보건대 위급한 때에 의흥부에서 친히 왕지(王旨)를 받아서 왕부(王府)에 간직한 직문추우기(織紋騶虞旗)를 받아 궐문(闕門)에 세우고, 각(角)을 불며 입번(入番)한 총제(摠制)와 각위(各衛)의 상호군·대호군으로 하여금 (궐문에) 둔주(屯駐)해 영(令)을 기다리게 했는데, 동반(東班) 각사(各司)는 일찍이 정한 법이 없어 대소 신료가 국중(國中-도성 안)에 나팔 소리가 있음을 듣고도 편안히 자기 집에 앉아 있으니 신자(臣子)의 의리에 어긋남이 있습니다. 바라건대 이제부터 나팔을 불면 동반 각

사도 궐문 의막(依幕)에 나아와 명령을 기다리게 해야 할 것입니다."

그것을 따랐다.

○ (동북면) 함주목사(咸州牧使) 이운실(李云實)과 정선군지사(旌善郡知事) 최항(崔沆)에게 부의(賻儀)를 내려주었다. 상이 말했다.

"운실(云實)과 항(沆)이 임소(任所-임지)에서 죽었으니 전례(前例)에 의거해 부의를 보내라. 그리고 내자시판사(內資寺判事) 변처후(邊處厚, 1373~1437년)[54]가 지금 모친상을 당했는데 이는 원래 부의를 보내는 전례가 없으나 족속(族屬)이니 적당히 부의하라."

조금 뒤에 또 말했다.

"이 두어 사람만 부의하고 권정(權定)에게 부의하지 않으면 어찌 구천(九泉) 아래서 한(恨)스러움이 없겠는가? 아울러 부의를 보내라."

정(定)이 지난해에 김해(金海) 임소(任所)에서 죽었기 때문이다.

○ 옻칠한 부채[漆扇(칠선)]를 금지했다. 사헌부에서 말씀을 올렸다.

"순수한 옻만 칠하는 것[全漆(전칠)]은 계속 공급하기에 어려운 물건입니다. (그런데) 각전(各殿)에 해마다 바치는 접선(摺扇-쥘부채)에 모두 칠(漆)을 써서 국가의 용도를 허비하고 있습니다. 금후로는 진상(進上) 이외에는 모두 백질(白質)을 사용해 국가의 용도를 절약해야 할

---

54 1393년(태조 2년) 문과에 급제해 벼슬이 참판에 이르렀다. 노비소송을 잘못 판결한 탓으로 1414년(태종 14년)에 파직됐고, 그 이듬해에 상서사소윤(尙瑞司少尹)으로 있다가 다시 파직됐다. 1421년(세종 3년)에 정주목판사(定州牧判事)가 됐으나 그 이듬해에는 양양부사(襄陽府使) 때에 뇌물을 받은 혐의로 사헌부의 규탄을 받았다. 그 뒤에 훈련관제조(訓練觀提調)를 거쳐 1433년 중추원동지사가 되고, 1436년에는 중추원부사가 됐다. 이성계의 이복형 이원계(李元桂)의 딸을 아내로 맞았으나 원래 홍로(洪魯)가 버린 아내이므로 사람들이 그를 가리켜 세력에 기대 벼슬에 나아가 직임을 게을리한다고 비웃었다.

것입니다."

그것을 따랐다.

계해일(癸亥日-27일)에 (대마도의) 종정무(宗貞茂)가 사자(使者)를 보내 토산물을 바쳤다.

○ 동북면(東北面) 백성의 호급둔전(戶給屯田)을 면제했다. 의정부에서 말씀을 올렸다.

"동북면이 병란이 일어남으로 인해 소요(搔擾)하니 청컨대 연호둔전(煙戶屯田)을 면제해 변방 백성에게 혜택을 주어야 할 것입니다."

허락했다.

○ 완성군(完城君) 이지숭(李之崇)에게 노비 10구(口)와 전지(田地) 50결(結)을 내려주었다. 윤목(尹穆)의 말을 고한 것에 대해 상을 준 것이다.

갑자일(甲子日-28일)에 전 풍해도경력(豐海道經歷) 신보안(辛保安)을 외방(外方)에 부처(付處)할 것을 명했다. 사헌부에서 아뢰었다.

"보안(保安)이 일찍이 동북면 경차관이 됐는데 그때 받은 인신(印信)을 복명(復命)한 뒤에 넉 달이 지나도록 관(官)에 바치지 않았으니 율(律)에 의거하면 마땅히 장(杖) 80대에 해당합니다."

그래서 이런 명이 있었다.

○ 경원부(慶源府)를 경성(鏡城)으로 옮기라고 명했다. 연사종(延嗣宗)이 글을 올려 말했다.

'이달 24일에 경원 천호(慶源千戶) 안을귀(安乙貴)가 첩정(牒呈)해 말하기를 "통사(通事) 최용수(崔龍守)를 보내 적(賊)의 형세를 엿보니 오도리(吾都里)가 군사를 거느리고 구로가(仇老家) 근처에 주둔해 방패(防牌)를 만들고 또 은밀히 군마들을 깊은 곳[深處]에 모이게 했는데, 혹은 100여 인 혹은 50여 인이었습니다. 보야(甫也)의 아들 토온(土穩)은 50여 인을 거느리고 옹구참(雍丘站)의 요충지인 회현(檜峴) 등지를 휘젓고 다녔는데 초마(哨馬)와 연기(煙氣)가 서로 바라보이니 경원이 사방으로 적에게 포위됐고 성안에는 저축한 양식이 모두 다 소비돼 군민(軍民)이 먹을 것이 떨어졌고 초목(樵牧)을 못 해 우마(牛馬)가 몹시 주립니다"라고 했습니다. 바라건대 경성(鏡城)으로 이배(移排)해 인명(人命)을 살리셔야 할 것입니다.'

상이 읽어보고 지신사(知申事) 안등(安騰), 좌대언(左代言) 김여지(金汝知)에게 일러 말했다.

"경원(慶源)(부)을 옮기는 것은 내 계책이 이미 정해졌는데 어째서 여러 말을 하며 지금까지 미루는가? 급히 명(命)해 옮기라."

○ 사알(司謁)[55]을 순금사에 가두라고 명했다. 사관(史官) 최사유(崔士柔)가 대언(代言)을 따라 들어와 편전(便殿) 뜰에 이르니 상이 물었다.

"이는 뭐 하는 사람이냐?"

---

55 사알은 내시부에 소속된 정7품, 정원 1인의 관직이었고, 고려 우왕 때에 내시부의 혁파로 폐지됐다가 공양왕 때에 내시부의 복구와 함께 부설됐다. 조선의 사알은 개국과 함께 고려의 사알이 계승된 것이었으나 고려와는 달리 내시부가 환관직(宦官職)의 내시부와 내수직(內豎職)의 액정서로 분립될 때에 액정서 소속이 됐고 또 직질이 정6품으로 상승되면서 액정서의 최고위 관직이 됐다. 국왕의 알현 등을 담당했다.

대언이 대답했다.

"사관입니다."

사유(士柔)가 마침내 종종걸음을 쳐[趨=趨蹌] 나가니 상이 (환관) 노희봉(盧希鳳)을 시켜 사유에게 말했다.

"내가 만일 잘못이 있으면 네가 비록 쓰지 않더라도 대언 중에 춘추관(春秋館)에 충원(充員)돼 있는 자가 모두 쓸 것이다."

드디어 승정원(承政院)과 의흥부(義興府)에 명해 말했다.

"지금 이후로는 정전(正殿)의 조계(朝啓)를 제외하고 경연청(經筵廳)이나 광연루(廣延樓) 같은 곳에는 사관이 들어오지 못하게 하라."

다시 사관(史官) 김고(金顧)를 불러 일렀다. 이날 순금사호군(巡禁司護軍) 이승직(李繩直), 형조정랑 김자서(金自西)가 제주(濟州)에서 돌아와 복명(復命)하니 상과 중궁(中宮)이 모두 마음이 불안정했다[動念]. 또 경원(慶源)의 급보(急報)가 이르니 상이 특별히 안등(安騰)과 김여지(金汝知)를 불러 그 일을 토의했는데 사유가 또 따라 들어왔다. 상이 노(怒)해 문지기 환관[閽寺]에게 곤장을 때리려 하다가 그만두었다. 드디어 사알을 가두었다.

○ 전 공안부윤(恭安府尹) 박돈지(朴惇之)를 보내 경사(京師)에 가게 했다. 주본(奏本)은 이러했다.

'의정부(議政府) 장계(狀啓)에 따르면 동북면 도순문사(東北面都巡問使) 임정(林整)의 정문(呈文-보고)에 의거해 길주도찰리사(吉州道察理使) 연사종(延嗣宗)의 첩정(牒呈)을 갖췄는데 말하기를 "영락(永樂) 8년 4월 초9일 경원진무(慶源鎭撫) 왕정(王庭)의 장정(狀呈)에 의거하면 '본월 초4일에 소주(蘇州) 적인(賊人) 소흘라(所訖剌)가 친아

우[親弟]친제 가을토(加乙土) 등 50여 명과 더불어 산골짜기에서 몰래 본부(本府) 지역에 들어와 겁탈·노략질을 해 민호(民戶)의 남녀 5명과 농우(農牛) 2척(隻)을 쏘아 죽이고, 말 3필을 빼앗아 갔으며, 본월 초5일에는 오도리(吾都里) 동맹가첩목아(童猛哥帖木兒)의 친아우 어허리(於虛里)가 구로(仇老), 남자(男者), 나로(剌老) 등 150여 명과 더불어 몰래 본부(本府) 옹구참(雍丘站)에 들어와 겁탈·노략질을 해 불을 놓아 가옥을 불사르고, 남녀 17명과 소 8두를 쏘아 죽였고, 또 남녀 5명과 말 10필을 약탈해 갔다'라고 했고, 본월 12일에 길주(吉州)에 사는 김첨우(金添祐)가 고하기를 '본월 초10일에 친조카[親姪]친질 경원유방군(慶源留防軍) 김순(金洵)을 만나보기 위해 경원(慶源)에 가는데 일행이 부진정(富珍汀)을 지날 때에 적군(賊軍) 20여 명이 길가에 잠복했다가 활을 쏘아 동행하던 진무(鎭撫) 권을생(權乙生)과 군인(軍人) 등 15명을 쏘아 죽였으니 이를 고(告)해 시행하기를 빕니다'라고 했고, 본월 17일 경원 천호 안을귀(安乙貴)의 장정(狀呈)에 '본월 13일 진시(辰時)에 오도리(吾都里)의 구로(仇老)·보야(甫也)·실가보리(失家甫里)·합라(哈剌)·말을(末乙)·언구리(彦仇里)·노달(老達)·음반(音般)·노야(老也)·시독(厮禿)·김문내(金文乃)·갈다개(葛多介) 등이 군사 1,000명을 거느리고 본부(本府) 아오지성(阿吾知城) 북쪽에 와서 소동을 일으키고 난(亂)을 꾸며 병마사(兵馬使) 곽승우(郭承祐)의 좌편 허벅지를 쏘아 부상시키고, 진무(鎭撫) 김옥(金玉)·정현(鄭賢) 등과 반당(伴儻) 군인(軍人) 모두 73명이 피살되고, 또 진무(鎭撫) 김려생(金呂生)·박언귀(朴彦貴) 등 군인 52명이 중상(中傷)을 입어 살지 죽을지를 알지 못합니다. 저쪽 군사가 혹은 싸우다, 혹은 퇴각하다 하여 적(賊)의 꾀를 헤아리기 어렵습니다'라고 했다"고 했습니다. 참조(參照)하면 올량합(兀良哈)·오도리(吾都里)·올적합(兀狄哈) 등의 종류가 소방(小邦-조선)과 인접(隣接)해 있어 계속해서 당(黨)을 지어 변경을 침범해 군민(軍民)을 살해하고 재물을 겁략(劫掠)하고 우마(牛馬)를 약탈합니다. 먼저 사람을 보내 주달(奏達)한 외에 지금 더 소요(搔擾)해 변방을 편안치 못하게 하므로 이 때문에 삼가 갖춰 주문(奏聞)합니다.'

○사헌부에서 소(疏)를 올려 한평군(漢平君) 조연(趙涓)의 죄를 청했다. 소에서 연(涓)이 올적합(兀狄哈)을 칠 때에 주장(主將)으로서 처치(處置)함에 있어 마땅함을 잃고 가볍게 적봉(賊鋒)을 범해 역습을 부른 죄를 논하니 상이 말했다.

"연에게 무슨 죄가 있는가?"

마침내 그 소(疏)를 불태웠다.

○송충이를 잡도록 명했다.

○일본(日本) 초야뢰영(草野賴永)과 축주태수(筑州太守) 장친가(藏親家)가 사람을 보내 토산물을 바치고 일기지주(一岐知主) 원양희(源良喜)는 사람을 보내 장경(藏經)을 구했다.

원문

丁酉朔 上親祭于文昭殿. 先是 祝文書初一日朔某甲子 役朔
정유 삭 상 친제 우 문소전 선시 축문 서 초 일일 삭 모 갑자 역삭

校書校勘李賴 只書朔字 不書初一日三字 蓋疑其言之重複也. 上
교서 교감 이뢰 지 서 삭자 불서 초 일일 삼자 개 의 기언 지 중복 야 상

奠爵 大祝讀祝文訖 上還至拜位 乃曰: “予嘗疑其朔與日疊書 今
전작 대축 독 축문 흘 상 환지 배위 내왈 여 상 의 기 삭 여 일 첩서 금

不書日 固當.” 禮畢 上謂代言曰: “宗廟之祭 太尉 司徒 司空
불서 일 고당 예필 상 위 대언 왈 종묘 지 제 태위 사도 사공

太常 光祿卿 皆天子之官也. 今以諸侯之國 用此官名 豈禮也哉?
태상 광록경 개 천자 지 관 야 금 이 제후 지 국 용 차 관명 기 예야 재

又宗廟行祭之日 若値雨雪 庭中無庇雨之所 霑服失容 恐誠敬
우 종묘 행제 지 일 약 치 우설 정중 무 비우 지 소 점복 실용 공 성경

不至 神人不能安也. 宜考諸侯祭儀. 予昔者奉使天朝 親見高皇帝
부지 신인 불능 안 야 의 고 제후 제의 여 석자 봉사 천조 친견 고황제

廟制 宮內有廟 午門外亦有之. 豈其無據? 亦稽古制以聞.”
묘제 궁내 유 묘 오문 외 역 유지 기 기 무거 역 계 고제 이문

乃召禮曹正郎郭存中諭旨. 於是 河崙請改太尉爲初獻官
내 소 예조정랑 곽존중 유지 어시 하륜 청개 태위 위 초헌관

太常光祿卿爲亞終獻官 司徒爲奉俎官 司空爲行掃官. 崙又言:
태상 광록경 위 아 종헌관 사도 위 봉조관 사공 위 행소관 륜 우언

“朱文公家禮 有階下以屋覆之之文 宜作庇雨之所.” 上然之. 禮曹
주문공가례 유 계하 이 옥 복 지 지 문 의 작 비우 지 소 상 연지 예조

啓: “謹稽古文 家禮祠堂註云: ‘階下以屋覆之 令可容家衆.’” 上
계 근계 고문 가례 사당 주 운 계하 이 옥 복 지 영 가용 가중 상

曰: “此乃家衆序立之地 非拜位也. 更詳定以聞.” 上又曰: “吾觀
왈 차 내 가중 서립 지 지 비 배위 야 갱 상정 이문 상 우왈 오 관

禮曹詳定祝版書法 初一日則不書一日 但書某月朔某甲子 十五日
예조 상정 축판 서법 초일일 즉 불서 일일 단 서 모월 삭 모 갑자 십오일

則下不曰某月十五日某甲子 乃書某月朔某甲子十五日某甲子
즉 하 불왈 모월 십오일 모 갑자 내 서 모월 삭 모 갑자 십오일 모 갑자

也?” 左右對曰: “朔日之後 必原朔日以書 擧其月也.” 上曰: “若
야 좌우 대왈 삭일 지 후 필 원 삭일 이서 거 기월 야 상왈 약

謂擧其月 則旣稱某月 何必書朔? 且祭法 有朔望 初一日則書朔
위 거 기월 즉 기칭 모월 하필 서 삭 차 제법 유 삭망 초일일 즉 서 삭
十五日則不書望 又何歟?" 命禮曹更考舊制以聞.
십오일 즉 불서 망 우 하여 명 예조 갱고 구제 이문

上謂大臣曰: "禫祭卜日 稽諸家禮 一月內歷二旬而卜 皆不吉
상 위 대신 왈 담제 복일 계 저 가례 일월 내 역 이순 이 복 개 불길
則從下旬而行. 此雖古法 而有所未便也. 始而卜日 終焉不卜可乎?
즉 종 하순 이 행 차 수 고법 이 유 소미편 야 시 이 복일 종언 불복 가호
豈可以古法而盡從乎? 酌古準今而損益 合一朔而卜之 三旬內 或
기가 이 고법 이 진종 호 작고 준금 이 손익 합 일삭 이 복지 삼순 내 혹
竝無吉日 然後 擲珓定日可也."
병 무 길일 연후 척교 정일 가야

遣軍器少監權韜于東北面. 上謂近臣曰: "外方飢民 監司守令
견 군기 소감 권초 우 동북면 상 위 근신 왈 외방 기민 감사 수령
豈能周知? 予欲令人分往各道賑恤." 河崙 成石璘等啓: "若特遣
기능 주지 여 욕령 인 분왕 각도 진휼 하륜 성석린 등 계 약 특 견
使臣 急迫考察 雖有飢民 恐守令隱匿不報 奉使者亦或不能遍觀
사신 급박 고찰 수 유 기민 공 수령 은닉 불보 봉사자 역 혹 불능 편관
而盡行賑恤. 宜奉旨移文 申戒監司守令周恤 俾無餓莩 然後馳
이 진행 진휼 의 봉지 이문 신계 감사 수령 주휼 비무 아부 연후 치
單騎巡審 驗其稱旨與否." 上曰: "可." 唯東北面飢困尤甚 乃遣韜
단기 순심 험 기 칭지 여부 상 왈 가 유 동북면 기곤 우심 내 견 초
爲敬差官.
위 경차관

罷議政府舍人申槪職. 司憲府劾啓: "申槪承傳遺忘 未卽施行
파 의정부 사인 신개 직 사헌부 핵계 신개 승전 유망 미즉 시행
規免己罪 飾辭强辨 不唯其心奸僞 絶無敬承王命之意 又違政府
규면 기죄 식사 강변 불유 기심 간위 절무 경승 왕명 지 의 우 위 정부
首領之任. 請收職牒依律論罪." 乃命罷職 以司憲掌令金孝孫
수령 지 임 청수 직첩 의율 논죄 내 명 파직 이 사헌장령 김효손
代之.
대지

禮曹佐郎李該免. 該爲稽制司當該官 移關戶曹令史 誤書上押
예조좌랑 이해 면 해 위 계제사 당해관 이관 호조 영사 오서 상압
二字於常行. 司憲府覈其失覺察 有乖臣子敬上之意也.
이자 어 상행 사헌부 핵 기실 각찰 유괴 신자 경상 지 의 야

命李之誠籍沒爲奴. 司憲府上疏曰:
명 이지성 적몰 위노 사헌부 상소 왈

'臣等聞知善非賢 用善爲賢; 知惡非難 去惡爲難. 善善而不能
신등 문 지선 비현 용선 위현 지악 비난 거악 위난 선선 이 불능

用 惡惡而不能去 此郭君之見戒於春秋者. 之誠之罪 路人所知
용 오악 이 불능 거 차 곽군 지 견계 어 춘추 자 지성 지 죄 노인 소지

也 殿下捨而不討 其不幾於知惡而不能去歟? 臣等爲殿下惜也.
야 전하 사 이 불토 기 불 기어 지악 이 불능 거 여 신등 위 전하 석야

曩日政府臺諫 連章累牘 再請其罪 亦未蒙允. 柰何庇一之誠而遂
낭일 정부 대간 연장누독 재청 기죄 역 미 몽윤 내하 비 일 지성 이 수

使臣僚咸懷缺望? 凡秉筆者日侍左右 君擧必書 書而不法 後嗣
사 신료 함 회 결망 범 병필 자 일 시 좌우 군거 필서 서 이 불법 후사

何觀! 此臣等所以爲殿下 言至再而不已者也. 願殿下 命攸司鞫
하관 차 신등 소이 위 전하 언 지 재 이 불이 자 야 원 전하 명 유사 국

之誠之罪 依律施行 以慰臣民之望.'
지성 지 죄 의율 시행 이위 신민 지 망

上謂諸代言曰: "今者所司請之誠之罪 所犯 本與世子言 '無咎
상 위 제 대언 왈 금자 소사 청 지성 지 죄 소범 본 여 세자 언 무구

等 有何罪焉?' 其心將求媚於世子也. 世子回告于予 予乃潛遣
등 유 하죄 언 기심 장 구미 어 세자 야 세자 회고 우 여 여 내 잠견

于外 中外莫知所犯. 前年 李茂超授其職 故安置于外耳. 之誠
우외 중외 막지 소범 전년 이무 초수 기직 고 안치 우외 이 지성

河崙之妻族 若推所言 必延及於崙矣. 崙多質少文 忠意懇至者也.
하륜 지 처족 약 추 소언 필 연급 어 륜 의 륜 다질 소문 충의 간지 자 야

國無此人可乎? 予每遇災變 心自警省曰: '予雖薄德 尙賴二三
국 무 차인 가호 여 매 우 재변 심 자 경성 왈 여 수 박덕 상 뢰 이삼

大臣輔我耳.' 憲司何汲汲哉? 汝等毋洩于外."
대신 보아 이 헌사 하 급급 재 여등 무설 우외

乃命之誠籍沒爲奴.
내 명 지성 적몰 위노

戊戌 召趙源還. 先是 源入濟州 差出品馬 而一船敗沒 馬死者
무술 소 조원 환 선시 원 입 제주 차출 품마 이 일선 패몰 마 사자

五十匹. 全羅道都觀察使許周 但啓馬匹數 而不及人口 其後一隻
오십 필 전라도 도관찰사 허주 단 계 마필 수 이 불급 인구 기후 일척

又敗沒 周啓亦如前. 金汝知以啓 上驚曰: "載馬船又敗乎? 前沒
우 패몰 주 계 역 여전 김여지 이계 상 경왈 재마선 우 패 호 전몰

之船 不報人口 是重馬而輕人命也. 若源參酌馬數 量宜載船 卜日
지 선 불보 인구 시 중마 이 경 인명 야 약 원 참작 마수 양의 재선 복일

順風 一時俱發 則無此變矣. 是不能見幾善圖 使人馬多損. 且
순풍 일시 구발 즉 무 차변 의 시 불능 견기 선도 사 인마 다 손 차

上賦于下 下豈不厭! 今遣源索馬匹 猶上國之有求于我也. 宜速
상 부 우하 하 기 불염 금 견 원 색 마필 유 상국 지 유 구 우 아 야 의속

召還."
소환

命漢城府賑城內飢民. 上曰: "或有飢民行乞者 漢城府宜存恤
명 한성부 진 성내 기민 상 왈 혹 유 기민 행걸 자 한성부 의 존휼

之. 我之廣儲蓄 果何爲哉? 又有病死于道 爲禽獸所吃者.① 國家
지 아 지 광 저축 과 하위 재 우 유 병사 우도 위 금수 소흘 자 국가

本置東西活人院 亦何爲哉? 宜令攸司考察." 又命五部令曰:
본 치 동서활인원 역 하위 재 의령 유사 고찰 우 명 오부 령 왈

"都城內 多有飢饉乞食者. 爾等爲令 何其默然! 自今如有飢者
도성 내 다 유 기근 걸식 자 이등 위 령 하 기 묵연 자금 여유 기자

具名以聞."
구명 이문

命義興府 免臺諫員衣甲點考. 司憲府司諫院詣闕啓曰:
명 의흥부 면 대간 원 의갑 점고 사헌부 사간원 예궐 계왈

"今義興府點考朝官軍士衣甲 令臣等亦穿着甲胄逢點. 臣等
금 의흥부 점고 조관 군사 의갑 영 신등 역 천착 갑주 봉점 신등

備員耳目 若國有急難 則固當先驅 時方無事 而以糾察百官之司
비원 이목 약 국유 급난 즉 고당 선구 시방 무사 이 이 규찰 백관 지 사

躬齎甲胄反受點考 似無臺諫風采 乞免親點."
궁 재 갑주 반 수 점고 사 무 대간 풍채 걸면 친점

從之.
종지

罷戶曹正郎許盤石 柳謹 佐郎金熙 李文幹 李明保等職. 以方
파 호조정랑 허반석 유근 좌랑 김희 이문간 이명보 등 직 이 방

在國喪三年之內 召娼妓會飮於公廨也.
재 국상 삼년 지 내 소 창기 회음 어 공해 야

己亥 三軍隊長擊申聞鼓申呈曰: "古例 隊長於隊副受祿 加
기해 삼군 대장 격 신문고 신정 왈 고례 대장 어 대부 수록 가

米豆各一石 正布一匹. 今歲頒祿 與隊副無差 乞依前例." 上然之.
미두 각 일석 정포 일필 금세 반록 여 대부 무차 걸의 전례 상 연지

戶曹判書李膺 參知議政府事尹思修等啓曰: "如有勞役 或可別賜
호조판서 이응 참지 의정부 사 윤사수 등 계왈 여유 노역 혹 가 별사

頒祿之制 豈宜輕改!" 乃下議政府議之 政府請從膺等之言.
반록 지 제 기 의 경개 내 하 의정부 의지 정부 청종 응 등 지 언

庚子 命誅慶源千戶不救主將者. 義禁府啓: "先潰而走者四人."
경자 명주 경원 천호 불구 주장 자 의금부 계 선궤 이 주자 사인

上曰: "四人 不可盡誅 誅其尤重者一人 亦足以懲②千百人矣."
상 왈 사인 불가 진주 주 기 우중 자 일인 역 족이 징 천백 인 의

大臣對曰: "誠如上敎. 有一人中箭 至傷甲之二札者 其非潰走也
대신 대왈 성 여 상교 유 일인 중전 지 상 갑 지 이찰 자 기 비 궤주 야

的矣. 四人之罪 豈無輕重!" 因啓: "韓興寶之弟興貴 隨兄力戰 又
적 의 사인 지 죄 기 무 경중 인 계 한흥보 지 제 흥귀 수형 역전 우

有武才 宜於武職敍用.” 又啓: “興寶有四女 皆未嫁 其長以父死
유 무재 의 어 무직 서용 우계 흥보 유 사녀 개 미가 기장 이 부사

家貧 欲爲尼. 願賜資粧以嫁.” 上從之.
가빈 욕위 니 원사 자장 이가 상 종지

轘趙瑚之屍于惠民局街上. 上問趙瑚之事 李膺 柳廷顯等陳
환 조호 지 시 우 혜민국 가상 상 문 조호 지 사 이응 유정현 등 진

訊問取辭之意 上曰: “瑚未盡輸情而死 哲莊之辭 刑官先發其端
신문 취사 지 의 상 왈 호 미진 수정 이 사 철장 지 사 형관 선발 기단

而取辭 豈可以是爲斷! 若論瑚罪 必至大逆 以未盡輸情之人
이 취사 기가 이시 위단 약 논 호 죄 필지 대역 이 미진 수정 지 인

置之極刑 夷其族 果合於人情乎?” 膺等對曰: “瑚雖不輸情 證佐
치지 극형 이 기족 과 합어 인정 호 응 등 대왈 호 수 불 수정 증좌

明白 可依律施行. 赦此不罪 後之犯大逆者 必效之 雖至於死
명백 가 의율 시행 사 차 부죄 후 지 범 대역 자 필 효지 수 지어 사

不盡輸情而規免矣.” 退與委官臺諫刑曹 共立于庭 進訊瑚啓本
부진 수정 이 규면 의 퇴 여 위관 대간 형조 공립 우정 진 신 호 계본

且啓曰: “瑚之罪已露 請依律施行.” 從之. 巡禁司啓:
차 계왈 호 지 죄 이로 청 의율 시행 종지 순금사 계

“趙瑚之罪準律 當凌遲處死. 父子年十六以上皆絞 十五以下及
조호 지 죄 준율 당 능지처사 부자 연 십육 이상 개 교 십오 이하 급

母女妻妾 給付功臣之家爲奴; 財産竝入官; 若女許嫁已定 歸其夫
모녀 처첩 급부 공신 지 가 위노 재산 병 입관 약 녀 허가 이정 귀 기부

者 不坐. 趙瑚之妻 名例云: ‘親屬相爲容隱者 勿論 若犯謀反
자 부좌 조호 지 처 명례 운 친속 상위 용은 자 물론 약 범 모반

以上者 不用此律.’ 干名犯義條云: ‘凡妻妾告夫 其告謀反大逆
이상 자 불용 차율 간명범의 조 운 범 처첩 고 부 기고 모반 대역

應自理訴者 竝聽. 干名犯義之限 知而不首者 杖一百流三千里.’
응 자 이소 자 병청 간명범의 지 한 지 이 불수 자 장 일백 유 삼천리

婦人犯罪條云: ‘婦人若犯徒流者 決杖一百 餘罪收贖.”
부인 범죄 조 운 부인 약 범 도류 자 결장 일백 여죄 수속

上只以瑚依律施行 會百官監刑 徇于境內 其妻及子女 籍沒爲
상 지 이 호 의율 시행 회 백관 감형 순 우 경내 기처 급 자녀 적몰 위

官奴婢. 巡禁司請趙須 趙雅 李衎還屬本處 上曰: “各令母子相見
관노비 순금사 청 조수 조아 이간 환속 본처 상 왈 각 영 모자 상견

然後遣之 毋致感傷.” 瑚妻盧氏在獄中欲縊死 守者見而解之
연후 견지 무치 감상 호 처 노씨 재 옥중 욕 액사 수자 견 이 해지

問之則曰: “婦人爲獄卒所執 不死何爲?” 獄官問其夫不軌之言
문지 즉 왈 부인 위 옥졸 소집 불사 하위 옥관 문 기부 불궤 지 언

則對以未嘗聞. 嚴刑以問 遂呼曰: “諸公誰無夫婦! 夫婦之間 雖
즉 대이 미상 문 엄형 이문 수 호왈 제공 수 무 부부 부부지간 수

犯實罪 相爲容隱 情理也. 況夫未嘗有是言乎? 妾若不勝箠楚 證
범 실죄 상위 용은 정리 야 황 부 미상 유 시언 호 첩 약 불승 수초 증

虛爲實 死者有知 妾至黃泉 夫問妾曰: ‘予實不言 汝何證成.’ 則
허 위실 사자 유지 첩 지 황천 부 문첩 왈 여 실 불언 여 하 증성 즉

妾何以對?” 獄官又問: “何以曰其口其口” 則對曰: “安有妻爲夫
첩 하이 대 옥관 우 문 하이 왈 기구 기구 즉 대왈 안유 처 위 부

發如此庸言哉? 今問事諸宰臣 皆有室家 孰有如是者哉? 妾家門
발 여차 용언 재 금 문사 제 재신 개 유 실가 숙유 여시 자 재 첩 가문

未嘗如此.” 獄官愧而止 聞者憐之.
미상 여차 옥관 괴 이 지 문자 연지

辛丑 流前江陵大都護府使朴仁幹于外方. 歲丁亥仁幹在江陵
신축 유 전 강릉대도호부사 박인간 우 외방 세 정해 인간 재 강릉

抑借府人前判事崔云寶大馬納于品馬 後受馬價綃子七匹 綿布
억차 부인 전 판사 최운보 대마 납 우 품마 후 수 마가 초자 칠필 면포

三匹 又剋減綃二匹不給. 云寶訴于觀察使 仁幹乃將小馬給云寶.
삼필 우 극감 초 이필 불급 운보 소우 관찰사 인간 내 장 소마 급 운보

江原道敬差官至平昌 郡事徐宗俊發其事 憲府論其貪汚不廉
강원도경차관 지 평창 군사 서종준 발 기사 헌부 논 기 탐오 불렴

汚染士風之罪也.
오염 사풍 지 죄 야

童猛哥帖木兒寇北邊. 帖木兒弟 於虛里與吾都里仇老甫也等
동맹가첩목아 구 북변 첩목아 제 어허리 여 오도리 구로보야 등

結毛憐遺種 合步騎百五十餘人 至慶源甕丘站 殺擄男女二十二名
결 모련 유종 합 보기 백 오십 여인 지 경원 옹구 참 살로 남녀 이십 이 명

馬十四 牛八頭而去. 是後 又有賊二十餘名 隱於鏡城富珍汀 邀殺
마 십 필 우 팔 두 이 거 시후 우 유 적 이십 여명 은어 경성 부진정 요살

慶源鎭撫權乙生等十五名 又有一百餘名侵時原站. 林整飛報:
경원진무 권을생 등 십오 명 우 유 일백 여명 침 시원 참 임정 비보

‘賊兵爲寇不止 時原等處人 皆騎山避寇 道路不通. 慶源兩陵
적병 위구 부지 시원 등처 인 개 기산 피구 도로 불통 경원 량릉

朔望奠物與兵馬使廩給 未及輸送. 賊人相續侵掠 故富家站以北
삭망 전물 여 병마사 늠급 미급 수송 적인 상속 침략 고 부가참 이북

人物 不耕一畝 皆有離心.’
인물 불경 일무 개 유 이심

禮曹詳定鋪馬起發之制. 議政府移文兵曹 兵曹給起馬文字
예조 상정 포마 기발 지 제 의정부 이문 병조 병조 급 기마 문자

出使人員進承政院 受馬牌 舊例也. 若有紫門起馬緊急事 則入直
출사 인원 진 승정원 수 마패 구례 야 약유 자문 기마 긴급 사 즉 입직

代言親稟王旨 下兵曹 兵曹給馬 然後報政府 以爲恒式.
대언 침품 왕지 하 병조 병조 급마 연후 보 정부 이위 항식

兵曹啓: "今改造馬牌 不可仍用供驛署印. 若刻王旨二字 亦非
병조 계 금 개조 마패 불가 잉 용 공역서 인 약 각 왕지 이자 역 비
驛吏所當佩. 若用主掌兵曹印信爲驗 似爲得宜." 從之.
역리 소당 패 약 용 주장 병조 인신 위험 사 위 득의 종지

壬寅 衍慶寺成. 上以私帑具法衣法鉢 設蓮華經法會以落之. 資
임인 연경사 성 상 이 사탕 구 법의 법발 설 연화경 법회 이 낙지 자
母后冥福也. 使靑原君沈淙 淸平君李伯剛爲獻香使 又賜赴役
모후 명복 야 사 청원군 심종 청평군 이백강 위 헌향 사 우 사 부역
隊副米各一石.
대부 미 각 일석

流書雲觀丞柳塘生于寧州. 塘生爲述者 推步今歲曆日 以甲子
유 서운관 승 유당생 우 영주 당생 위 술자 추보 금세 역일 이 갑자
爲十二月朔日 及朝廷頒降大統曆至 則乃癸亥日也. 下司憲府
위 십이월 삭일 급 조정 반강 대통력 지 즉 내 계해 일 야 하 사헌부
劾問塘生推步差誤之實 塘生辭以 "十一月朔大小 與前算例不同
핵문 당생 추보 차오 지 실 당생 사 이 십일월 삭 대소 여 전 산례 부동
故質疑於判事李齊茂 正艾純 副正林乙材 定以甲子日爲朔 出草
고 질의 어 판사 이제무 정 애순 부정 임을재 정 이 갑자 일 위삭 출초
以告兼正崔德義 德義手自校正 然後投進." 憲府論塘生及齊茂
이고 겸정 최덕의 덕의 수자 교정 연후 투진 헌부 논 당생 급 제무
等五人之罪 請收職牒 鞫問其罪 上下唐生等五人于巡禁司覈之.
등 오인 지 죄 청수 직첩 국문 기죄 상 하 당생 등 오인 우 순금사 핵지
巡禁司啓: "塘生旣不能自定 質疑於四人 四人皆以從明文爲對 更
순금사 계 당생 기 불능 자정 질의 어 사인 사인 개 이 종 명문 위대 갱
不推算 以致錯誤 厥罪惟鈞." 上曰: "失誤天時 罪固不小 然不可
불 추산 이치 착오 궐죄 유 균 상 왈 실오 천시 죄 고 부소 연 불가
盡貶." 只流塘生于外 餘皆三日而釋之.
진 폄 지 유 당생 우외 여개 삼일 이 석지

遣人于慶源府 迎朝廷公差張小旗等五人以來. 東北面都巡問使
견인 우 경원부 영 조정 공차 장 소기 등 오인 이래 동북면 도순문사
林整啓:
임정 계

'據慶源兵馬使呈 本年三月二十二日 有大明公差小旗
거 경원 병마사 정 본년 삼월 이십 이일 유 대명 공차 소기
張五十六 羅仁保等五人連名狀稱: "去戊子年三月十四日 皇帝遣
장오십륙 나인보 등 오인 연명 장 칭 거 무자년 삼월 십사일 황제 견
摠旗楊失里吉及我等六人 齎勑諭 招安朝鮮近境海邊 兀里因接
총기 양실리길 급 아등 육인 재 칙유 초안 조선 근경 해변 올리 인접
骨看兀狄哈 甫彼 劉明可河 毛憐接 亏末應巨等. 十一月十三日
골간 올적합 보피 유명가하 모련 접 우말응거 등 십일월 십삼일

到希剌溫衛 逢見兀狄哈指揮豆稱介 問前頭甫彼等人去處 時
도 희자온위 봉견 올적합 지휘 두칭개 문 전두 보피 등 인 거처 시

有曾入朝病死 阿知亐羅等人 親弟趙籠介等疑其兄死 乃射殺
유 증 입조 병사 아지우라 등 인 친제 조롱개 등 의 기형 사 내 사살

楊失里吉 次欲害及我等. 我等騎山到來府東村 朱毛端里 乞食
양실리길 차 욕해 급 아등 아등 기산 도래 부 동촌 주모단리 걸식

資生. 前年十二月二十九日 豆稱介等跡至 欲加害 奪我騎馬三匹.
자생 전년 십이월 이십구일 두칭개 등 적 지 욕 가해 탈 아 기마 삼필

上項吾都里 兀良哈 旣背大明 亦侵貴國 作賊遮路 至使我等不得
상항 오도리 올량합 기 배 대명 역 침 귀국 작적 차로 지 사 아등 부득

還朝 衣食乏絶 無可柰何. 願轉聞殿下 使還本國."'
환조 의식 핍절 무가 내하 원 전문 전하 사환 본국

上覽之 卽遣議政府知印柳盤 給雙馬倍道馳至 謂小旗等曰:
상 함지 즉견 의정부 지인 유반 급 쌍마 배도 치지 위 소기 등 왈

"我國未知官人到境上 寄食民戶. 今都巡問使以聞 殿下驚恐
아국 미지 관인 도 경상 기식 민호 금 도순문사 이문 전하 경공

卽命我往迎 敬此不分晝夜而來." 又命沿途各官 精備供億. 上曰:
즉명 아 왕영 경차 불분 주야 이 래 우 명 연도 각관 정비 공억 상 왈

"今聞 張五十六等六人奉聖旨 招安兀良哈 至其境 則射殺上官人
금문 장오십륙 등 육인 봉 성지 초안 올량합 지 기경 즉 사살 상 관인

其餘五人無所歸 來投我境. 此賊旣反上國 又侵我疆 今之往伐
기여 오인 무 소귀 내투 아경 차적 기 반 상국 우 침 아강 금 지 왕벌

上國有何辭焉! 待五人至 賞賜厚待 送還上國可也."
상국 유 하사 언 대 오인 지 상사 후대 송환 상국 가야

甲辰 命移海豐郡興教寺塔於衍慶寺 松林縣禪興寺塔於
갑진 명이 해풍군 흥교사 탑 어 연경사 송림현 선흥사 탑 어

開慶寺. 令工曹判書朴子靑董其役 役丁用衛兵.
개경사 영 공조판서 박자청 동 기역 역정 용 위병

司諫院條陳時務八事 下議政府擬議以聞:
사간원 조진 시무 팔사 하 의정부 의의 이문

'其一曰 風俗 國家之元氣; 敎化 國家之急務. 敎化修 則風俗厚
기일 왈 풍속 국가 지 원기 교화 국가 지 급무 교화 수 즉 풍속 후

而國家治矣. 堯舜之時 畫衣冠而民不犯; 三代之盛 誰毁誰譽 直道
이 국가 치 의 요순 지 시 화 의관 이 민 불범 삼대 지 성 수 훼 수 예 직도

而行. 漢之文景 移風易俗 黎民淳厚; 唐之太宗 外戶不閉 行旅
이 행 한 지 문경 이풍역속 여민 순후 당 지 태종 외호 불폐 행려

不齎糧. 以此觀之 致治之升降 關乎風俗之厚薄. 惟我東方 前朝
부 재량 이차 관지 치치 지 승강 관호 풍속 지 후박 유 아 동방 전조

盛時 民淳俗美 至于衰季 風俗日薄. 恭惟我太祖 應天順人 肇造
성시 민순 속미 지우 쇠계 풍속 일박 공유 아 태조 응천 순인 조조

邦家 殿下纘承丕緖 敦尙經術 開廣學校 典章文物 煥然大備
방가 전하 찬승 비서 돈상 경술 개광 학교 전장 문물 환연 대비

敎化行矣. 然積習未除 人心澆薄 其於風俗 猶有嫌焉. 向聞外有
교화 행의 연 적습 미제 인심 요박 기어 풍속 유 유 혐 언 향문 외 유

一人牽馬入京 適値日暮 冒雨寒甚 行至一家 閉門不納 終夜呼寒
일인 견마 입경 적 치 일모 모우 한심 행지 일가 폐문 불납 종야 호한

伏地而死. 京城 風俗之樞機 四方之瞻仰 何人心之薄 至此極乎?
복지 이 사 경성 풍속 지 추기 사방 지 첨앙 하 인심 지 박 지 차극 호

臣等爲明時而憾焉. 又告訐之風盛行 欲害人而掛無名狀者有之
신등 위 명시 이 감 언 우 고우 지 풍 성행 욕해 인 이 괘 무명장 자 유지

欲逞忿而擊申聞鼓者亦有之 至於讒訴守令者 亦多蜂起. 蓋守令
욕 영분 이 격 신문고 자 역 유지 지어 참소 수령 자 역 다 봉기 개 수령

受命九重 出宰百里 十室之邑 尙有君臣之禮 雖有愆違 爲其民者
수명 구중 출재 백리 십실 지 읍 상 유 군신 지 례 수 유 건위 위 기민 자

諱而隱之可也 諷而警之可也. 況居是邦 不非其大夫乎? 彼土豪
휘 이 은지 가야 풍 이 경지 가야 황 거 시방 불비 기 대부 호 피 토호

鄕愿 猾吏奸民 或被笞杖 或迫賦役 反爲私讎 日夜孜孜 陰中傷
향원 활리 간민 혹 피 태장 혹 박 부역 반 위 사수 일야 자자 음 중상

之. 國家以其讒言 盡法於守令 不論奸民訴守令之罪 爲下賊上之
지 국가 이 기 참언 진 법 어 수령 불론 간민 소 수령 지 죄 위하 적상 지

風興焉. 臣等謂興一州 則遍於一道 興一道 則遍於一國. 如此則
풍 흥언 신등 위 흥 일주 즉 편어 일도 흥 일도 즉 편어 일국 여차즉

入孝出悌之美士 親上死長之善俗 何自而出乎? 且守令無私至公
입효 출제 지 미사 친상 사장 지 선속 하자 이 출호 차 수령 무사 지공

者 則見讒於豪猾 其柔軟劫弱則畏讒而斂手. 政令之不行 賦役
자 즉 견참 어 호활 기 유연 겁약 즉 외참 이 염수 정령 지 불행 부역

之不均 良以此也. 臣等願疾人之奸惡而慷慨直告者 惡守令貪暴
지 불균 양 이차 야 신등 원 질 인지간악 이 강개 직고 자 오 수령 탐포

而無私陳告者 皆不坐; 其事關宗社外 以怨而訴平民者 挾私而讒
이 무사 진고 자 개 부좌 기사 관 종사 외 이원 이 소 평민 자 협사 이 참

守令者 竝坐挾私害人 爲下賊上之罪 移澆薄之風 成忠厚之俗.’
수령 자 병좌 협사 해인 위하 적상 지 죄 이 요박 지 풍 성 충후 지 속

政府議得: “守令汎濫事 若一於以部民而使不得現告 則奸暴之
정부 의득 수령 범람 사 약 일어 이 부민 이 사 부득 현고 즉 간포 지

徒 懲惡無門. 只將誣告者 痛理如何?”
도 징악 무문 지 장 무고 자 통리 여하

‘其二曰 禮義廉恥 國之四維 不可一日而無者也. 今我國家 旣
기이 왈 예의염치 국 지 사유 불가 일일 이 무자 야 금 아 국가 기

給科田 又優祿俸 待士之道 可謂厚矣 然給田一事 似有未便.
급 과전 우 우 녹봉 대사 지 도 가위 후의 연 급전 일사 사 유 미편

今也 不計受田多少 以其陳告者給之. 是以 廉恥無求者 不得
금야 불계 수전 다소 이 기 진고자 급지 시이 염치 무구 자 부득

一結; 孜孜爲利者 多至百結. 不均之嘆 於是而生焉. 甚者 窺覘
일결 자자 위리 자 다 지 백결 불균 지 탄 어시 이 생 언 심자 규점

生死 至有陳告於未死之前者 於廉恥何 於士風何? 願自今 不許
생사 지 유 진고 어 미사 지 전 자 어 염치 하 어 사풍 하 원 자금 불허

陳告 以其犯罪人及無後死人所受之田 京中漢城府 外方觀察使
진고 이 기 범죄인 급 무후 사인 소수 지 전 경중 한성부 외방 관찰사

報于戶曹 戶曹考其朝士受與不受 又考受田之多少 以無者少者
보우 호조 호조 고 기 조사 수 여 불수 우 고 수전 지 다소 이 무자 소자

爲先折給 則不均之嘆息 而廉恥之風興矣.'
위선 절급 즉 불균 지 탄 식 이 염치 지 풍 흥의

議得: "一依司憲府受判 以其前受田地多少 陳告田地之數相考
의득 일의 사헌부 수판 이 기 전 수전지 다소 진고 전지 지 수 상고

前受少者 爲先折給何如?"
전수 소자 위선 절급 하여

'其三曰 世道升降 係乎人材之盛衰 人材之盛衰 係乎師道之
기삼 왈 세도 승강 계호 인재 지 성쇠 인재 지 성쇠 계호 사도 지

得失. 今我國家 內而成均 外而鄕學 皆置敎官 以養人材 可謂
득실 금 아 국가 내이 성균 외이 향학 개 치 교관 이양 인재 가위

盛矣. 然成均 一國學者所聚之地 師表之選 不可不重. 故卒
성의 연 성균 일국 학자 소취 지 지 사표 지 선 불가 부중 고 졸

宰臣權近 李詹 相繼爲兼大司成 敎養人材 人材輩出 今則其職
재신 권근 이첨 상계 위 겸대사성 교양 인재 인재 배출 금즉 기직

闕焉. 臣等竊謂才不借於異代 用何患於無人! 檢校判漢城府事
궐언 신등 절위 재 불차 어 이대 용 하환 어 무인 검교 판한성부사

世子賓客趙庸 學術之精 才德之備 一時學者素所心服. 伏惟殿下
세자빈객 조용 학술 지 정 재덕 지 비 일시 학자 소 소심복 복유 전하

以趙庸除兼大司成 使之書筵進講之餘 仕於成均 以訓學者 則
이 조용 제 겸대사성 사지 서연 진강 지 여 사 어 성균 이훈 학자 즉

師表立而敎養得矣. 又郡縣學長供億之廩 今皆停罷 於殿下崇學
사표 립 이 교양 득의 우 군현 학장 공억 지 름 금 개 정파 어 전하 숭학

之意 有所嫌矣. 伏惟殿下 復學長之廩 以示盛朝勸學之意.'
지 의 유 소혐 의 복유 전하 복 학장 지 름 이시 성조 권학 지 의

議得: "依所申施行 但學長之廩 除居其郡者外 皆給之何如?"
의득 의 소신 시행 단 학장 지 름 제 거 기군 자 외 개 급지 하여

'其四曰 倭寇之於我國 自庚寅以來 侵掠郡縣 殺戮生民 爲患
기사 왈 왜구 지어 아국 자 경인 이래 침략 군현 살육 생민 위환

極矣. 惟我盛朝 武以禦侮 文以致治 然倭之爲人 性狠反覆難信
극의 유 아 성조 무이 어모 문이 치치 연 왜 지 위인 성 한 반복 난신

今乃授之官職 宿衛宮庭 買爲奴婢 布列州郡 甚爲未便. 且以
금 내 수지 관직 숙위 궁정 매 위 노비 포열 주군 심 위 미편 차 이

慶尙一道觀之 其數幾至二千 或劫家長之妻 或殺隣里之人 此足
경상 일도 관지 기수 기 지 이천 혹 겁 가장 지 처 혹 살 인리 지 인 차 족

爲履霜之戒也. 自古外夷之人 初若至微 而終必難制 臣等恐此輩
위 이상 지 계 야 자고 외이 지 인 초 약 지미 이 종 필 난제 신등 공 차배

一朝蜂起 則亦强敵也. 若其父兄寇我邊鄙 果爲我攻其父兄乎?
일조 봉기 즉 역 강적 야 약 기 부형 구 아 변비 과 위아 공 기 부형 호

赴戰倒戈 未可知也. 又托以求賣其子弟 爲我奴婢 置我州郡 其心
부전 도과 미 가지 야 우 탁 이 구매 기 자제 위아 노비 치 아 주군 기심

亦未可知也. 以前日多殺我民言之 雖盡殺之可也. 願自今買得
역 미 가지 야 이 전일 다 살 아민 언지 수 진살 지 가야 원 자금 매득

倭人 以爲奴婢 一皆痛禁 以杜禍萌.'
왜인 이위 노비 일개 통금 이두 화맹

議得: "依所申施行何如?"
의득 의 소신 시행 하여

'其五曰 城中之死人 或棄之街路 或置之溝巷 誠不可忍見也.
기오 왈 성중 지 사인 혹 기지 가로 혹 치지 구항 성 불가 인견 야

漢城府令五部隨卽埋置 肅淸王都 六典所載盛朝之良法 今徒爲
한성부 영 오부 수즉 매치 숙청 왕도 육전 소재 성조 지 양법 금 도 위

文具 可謂痛心. 願別立一官 名之曰埋置院 專掌其事 周行城中
문구 가위 통심 원 별립 일관 명지 왈 매치원 전장 기사 주행 성중

如有死而棄者 限相距十家 推其所從 得之則徵主家錢 以供埋置
여유 사 이 기 자 한 상거 십가 추 기 소종 득지 즉 징 주가 전 이공 매치

之資; 不得則出十家人 以埋其屍; 或家貧人死 不能葬者 許令
지 자 부득 즉 출 십가 인 이매 기시 혹 가빈 인 사 불능 장 자 허령

陳告而埋之 以厚風俗 以淸王道.'
진고 이 매지 이후 풍속 이청 왕도

議得: "依六典施行 其中不用心考察 則憲司糾理何如?"
의득 의 육전 시행 기중 불 용심 고찰 즉 헌사 규리 하여

'其六曰 人之所賴以生者 衣食而已. 吾東方始知桑麻 而不知
기육 왈 인 지 소뢰 이 생 자 의식 이이 오 동방 시 지 상마 이 부지

木綿之爲何物也. 諫議大夫文益漸奉使中原 得種而還 以惠吾民.
목면 지 위 하물 야 간의대부 문익점 봉사 중원 득종 이 환 이혜 오민

上自卿士 下至庶人 上衣下裳 皆以此爲之 其有功於民 可謂大矣.
산자 경사 하지 서인 상의 하상 개 이차 위지 기 유공 어 민 가위 대의

故國家已擧褒賞之典 追崇爵秩 可謂稱矣. 然稽之於古 凡有功於
고 국가 이거 포상 지 전 추숭 작질 가위 칭의 연 계 지어 고 범 유공 어

一道者 皆設祠堂而祀之. 況有功於一國者乎? 願構祠堂於貫鄕
일도 자 개 설 사당 이 사지 황 유공 어 일국 자 호 원구 사당 어 관향

給祭田而祀之 以示盛朝崇德報功之意.'
급 제전 이 사지 이시 성조 숭덕 보공 지 의

議得: "已曾褒賞 其構祠堂給祭田 姑且停之."
의득 이증 포상 기 구 사당 급 제전 고 차 정지

'其七 經曰: "生事之以禮 死葬之以禮." 故喪貴致哀 禮存寧儉.
기칠 경 왈 생 사지 이례 사 장지 이례 고 상 귀 치애 예 존 영검
恭惟太祖卽位之初 立經陳紀 喪葬之禮 具載六典 惟葬墳之制
공유 태조 즉위 지 초 입경진기 상장 지 례 구재 육전 유 장분 지 제
未有定焉. 世之爲葬者 其棺槨衣衾石室石門石人石床 富者僭擬
미유 정 언 세 지 위장 자 기 관곽 의금 석실 석문 석인 석상 부자 참의
公侯 貧者殫盡財力 此豈祖考之意乎? 以人子之心觀之 則猶可也
공후 빈자 탄진 재력 차 기 조고 지 의 호 이 인자 지 심 관지 즉 유 가야
於名分之僭 何如? 臣等願令攸司 定士大夫葬墳之制 以禁奢侈.'
어 명분 지 참 하여 신등 원령 유사 정 사대부 장분 지 제 이금 사치

議得: "依所申施行何如?"
의득 의 소신 시행 하여

'其八曰 國以民爲本 民以食爲命. 今國家慮糧餉之備 督納民庶
기팔 왈 국 이 민 위본 민 이 식 위명 금 국가 여 양향 지 비 독납 민서
往年之糶 歲前絶食者 頗多有之. 監司待國家之命 然後發倉賑貸
왕년 지 조 세전 절식 자 파다 유지 감사 대 국가 지 명 연후 발창 진대
臣等恐飢饉之民 不能及救也. 願自今民有絶食者 監司卽令守令
신등 공 기근 지 민 불능 급구 야 원 자금 민 유 절식 자 감사 즉 령 수령
發倉賑貸 然後報國家 以固邦本.'
발창 진대 연후 보 국가 이고 방본

議得: "依前例施行何如?" 上曰: "他條 可從議得 惟賑濟一事
의득 의 전례 시행 하여 상 왈 타조 가종 의득 유 진제 일사
則義倉本爲民而設也. 境有飢民 先發倉而賑之 隨報監司可也."
즉 의창 본 위민 이 설 야 경 유 기민 선 발창 이 진지 수 보 감사 가야
政府更啓曰: "吾東方壤地褊小 自都至邊 道途不遠 儻有飢民 待
정부 갱계 왈 오 동방 양지 편소 자 도 지 변 도도 불원 당 유 기민 대
朝廷之命 未爲晩也. 若有擅發之令 則恐愚吏不察濫費 調度無節
조정 지 명 미 위만 야 약유 천발 지 령 즉 공 우리 불찰 남비 조도 무절
而倉廩虛矣."
이 창름 허의

從之.
종지

乙巳 司憲府上疏. 疏略曰:
을사 사헌부 상소 소 약왈

'竊謂世子 君之副也 臣民之命係焉 不可不擇人以輔導之.
절위 세자 군 지 부 야 신민 지 명 계언 불가불 택인 이 보도 지

何者? 與正人居 則不能不正 猶生長於齊 而不能不齊言也; 與
하자 여 정인 거 즉 불능 부정 유 생장 어 제 이 불능 불 제언 야 여
不正人居 則不能以正 猶生長於楚 而不能不楚言也. 其薰陶漸染
부정인 거 즉 불능 이 정 유 생장 어 초 이 불능 불 초언 야 기 훈도 점염
變化氣質 其機如此. 是以周以召公 周公爲成王之師傅 而傅則
변화 기질 기기 여차 시이 주 이 소공 주공 위 성왕 지 사부 이 부 즉
輔之以德義 師則導之以敎訓 逐去邪人 不聞惡言 故成王能爲
보지 이 덕의 사 즉 도지 이 교훈 축거 사인 불문 악언 고 성왕 능위
持盈守成之君. 秦用刑人趙高 傅胡亥而敎之以獄 所習者非斬劓
지영 수성 지 군 진 용 형인 조고 부 호해 이 교지 이 옥 소습 자 비 참 의
人 則夷人之三族 故胡亥卽位殺人 如刈草菅. 是豈成王之性獨善
인 즉 이 인 지 삼족 고 호해 즉위 살인 여 예 초관 시 기 성왕 지 성 독선
胡亥之性獨惡哉? 在輔導之人正不正如何耳.
호해 지 성 독악 재 재 보도 지 인 정 부정 여하 이

殿下法周鑑秦 設置書筵 曰傅曰師曰賓客 而輔德弼善文學司經
전하 법주 감진 설치 서연 왈 부 왈 사 왈 빈객 이 보덕 필선 문학 사경
之屬 陳善閉邪 以詔世子 視聽言動 無非正禮 其輔導之方 可謂
지 속 진선 폐사 이조 세자 시청 언동 무비 정례 기 보도 지 방 가위
備矣.
비의

然天地之大也 人猶有所憾 故臣等竊有憾於左右之或非其人也.
연 천지 지 대 야 인 유 유 소감 고 신등 절 유감 어 좌우 지 혹 비 기인 야
左賓客鄭擢 曾犯殺人 再經流放 安有輔導之善乎? 況擢之爲人
좌빈객 정탁 증 범 살인 재경 유방 안유 보도 지 선 호 황 탁 지 위인
性本愛財 爭訟不憚 牒訴紛紜 屢見斥非而無恥. 擢之族人 有
성 본 애재 쟁송 불탄 첩소 분운 누 견척 비 이 무치 탁 지 족인 유
絶嗣而亡者 擢親執其財 此皆國人所知也. 廉恥旣喪 其餘何觀!
절사 이 망자 탁 친집 기재 차 개 국인 소지 야 염치 기 상 기여 하관
輔導儲君之任 臣等之惑滋甚. 且世子年幼 志氣未定 善惡之分 正
보도 저군 지 임 신등 지 혹 자심 차 세자 연유 지기 미정 선악 지 분 정
在今日 輔導之任 不可不擇. 願殿下解擢賓客之職 以正君副 以端
재 금일 보도 지 임 불가불 택 원 전하 해 탁 빈객 지 직 이정 군부 이단
國本.'
국본

疏留中.
소 유중

右司諫大夫金摯上箋乞辭.
우사간대부 김지 상전 걸사

丙午 上親祭于文昭殿.
병오 상 친제 우 문소전

以玉川君劉敞參贊議政府事 延嗣宗爲吉州道察理使. 清城君
이 옥천군 유창 참찬 의정부 사 연사종 위 길주도 찰리사 청성군

鄭擢解世子賓客 以薛偁爲恭安府尹 代之. 以檢校判漢城府事
정탁 해 세자빈객 이 설칭 위 공안부 윤 대지 이 검교 판한성부사

趙庸兼成均大司成 金摯爲禮曹右參議. 敞守健元陵將再朞 故
조용 겸 성균 대사성 김지 위 예조 우참의 창 수 건원릉 장 재기 고

酬其勞也. 上覽摯辭箋曰: “斯人已老 宜乞退.” 命除檢校漢城尹.
수 기로 야 상 람 지 사전 왈 사인 이로 의 걸 퇴 명제 검교 한성윤

旣而 謂知申事安騰曰: “予之仕成均正錄所也 同僚皆散 予獨在
기이 위 지신사 안등 왈 여 지 사 성균 정록소 야 동료 개 산 여 독재

摯時爲獻納 來正錄廳 予沽酒以饋 飮酣 前席執予手曰: ‘君必爲
지 시 위 헌납 내 정록청 여 고주 이궤 음감 전석 집 여수 왈 군 필 위

大人 願自愛.’ 予至今不忘也 斯人可授實行參議 然後使之歸老
대인 원 자애 여 지금 불망 야 사인 가 수 실행 참의 연후 사지 귀로

田庄可也.”
전장 가야

擢旣罷世子賓客 不勝其忿 上書請與當時掌令金孝孫對辨 下
탁 기 파 세자 빈객 불승 기분 상서 청 여 당시 장령 김효손 대변 하

其書于政府. 政府啓曰: “憲司上疏 非請罪也 直以擢不宜賓客 故
기서 우 정부 정부 계왈 헌사 상소 비 청죄 야 직 이 탁 불의 빈객 고

請罷之耳.” 上命勿論.
청파 지 이 상 명 물론

司諫院上疏 略曰: ‘擢以憲府彈章 罷世子賓客 飾辭申呈 請與
사간원 상소 약왈 탁 이 헌부 탄장 파 세자빈객 식사 신정 청 여

金孝孫對辨 甚爲不可.” 上使盧希鳳詰正言張晋曰: “疏中比擢爲
김효손 대변 심 위 불가 상 사 노희봉 힐 정언 장진 왈 소중 비 탁 위

刑餘之人 何歟? 又豈可以與孝孫相詰之故 遽將功臣大相 收職牒
형여 지 인 하여 우 기 가이 여 효손 상힐 지 고 거 장 공신 대상 수 직첩

鞫其罪乎?” 晋對曰: “擢曾犯殺人 其罪當刑 幸蒙聖恩 得至今日
국 기죄 호 진 대왈 탁 증 범 살인 기죄 당형 행몽 성은 득지 금일

此臣等所謂刑餘之人也. 臺諫職在言路 聞人過失 輒行彈糾 若
차 신등 소위 형여 지 인 야 대간 직 재 언로 문 인 과실 첩 행 탄규 약

遷官之後 被劾之人 含怨追訴 則後之爲臺諫者 其將責人乎? 雖
천관 지 후 피핵 지 인 함원 추소 즉 후 지 위 대간 자 기 장 책인 호 수

功臣大相 罪至如此 何憚而不問乎?” 上曰: “予於憲司之疏 秘而
공신 대상 죄 지 여차 하탄 이 불문 호 상 왈 여 어 헌사 지 소 비 이

不下 自謂處置得宜 汝又何意復有言也?”
불하 자위 처치 득의 여 우 하의 부 유언 야

丁未 司諫院上疏請李之誠罪. 疏曰:
정미 사간원 상소 청 이지성 죄 소왈

‘憲司請問之誠之罪 殿下不許問罪 斷以爲奴. 臣等未知之誠
헌사 청문 지성 지 죄 전하 불허 문죄 단 이 위노 신등 미지 지성

爲奴 果中其罪歟? 故臣等敢冒天威. 竊謂殿下以憲府之請爲不足
위노 과 중 기죄 여 고 신등 감모 천위 절위 전하 이 헌부 지 청 위 부족

從歟? 以之誠之罪爲不足問歟?③ 以之誠之罪爲不足問 則籍沒
종 여 이 지성 지 죄 위 부족 문 여 이 지성 지 죄 위 부족 문 즉 적몰

爲奴不可也 之誠爲奴 實合於法 則憲司之請 不可不從也. 伏惟
위노 불가 야 지성 위노 실 합어 법 즉 헌사 지 청 불가 부종 야 복유

殿下 從憲府之請 將之誠之罪 令攸司鞫問施行.’
전하 종 헌부 지 청 장 지성 지 죄 영 유사 국문 시행

上覽疏曰: "之誠之罪 衆人所知 更勿論." 獻納權繕啓曰: "雖
상 람소 왈 지성 지 죄 중인 소지 갱 물론 헌납 권선 계왈 수

笞杖之罪 必立文案而施行. 國人共惡之人 須當鞫問 且籍沒爲奴
태장 지 죄 필 입 문안 이 시행 국인 공오 지 인 수당 국문 차 적몰 위노

而一不問罪 未成文案 於法有乖. 願下攸司 鞫問事情." 上不許曰:
이 일불 문죄 미성 문안 어법 유괴 원하 유사 국문 사정 상 불허 왈

"已決之事 其勿擧論."
이결 지 사 기 물 거론

中軍護軍田興 回自吉州. 興啓曰: "今月初五日 童猛哥帖木兒
중군 호군 전흥 회자 길주 흥 계왈 금월 초 오일 동맹가첩목아

使其管下千戶李大豆至青州 謂察理使延嗣宗曰: ‘若還所擄男女
사 기 관하 천호 이대두 지 청주 위 찰리사 연사종 왈 약 환 소로 남녀

則吾將俾還本土 各安其所 然後詣朝鮮肅拜. 儻予有故 遣子
즉 오장 비환 본토 각 안 기소 연후 예 조선 숙배 당 여 유고 견자

以謝.’ 嗣宗如其言 皆遣還."
이사 사종 여 기언 개 견환

先是 趙涓欲使崔也吾乃遣還俘口 也吾乃未發而大豆適
선시 조연 욕사 최야오내 견환 부구 야오내 미발 이 대두 적

至 故也吾乃不行. 嗣宗問大豆以敵情 大豆曰: "初 愁州着和
지 고 야오내 불행 사종 문 대두 이 적정 대두 왈 초 수주 착화

弟 之大祿時來告於童指揮曰: ‘着和與豆門接阿古車 伐時溫接
제 지대록시 내고 어 동 지휘 왈 착화 여 두문 접 아고거 벌시온 접

把兒遜等相議曰: "我等各率麾下兵 佯從察理使 往征具州 使
파아손 등 상의 왈 아등 각 솔 휘하 병 양 종 찰리사 왕정 구주 사

時應巾接高里寶里 加下羅接加羅 青浦接阿亂 童巾接下乙主
시응건 접 고리보리 가하라 접 가라 청포 접 아란 동건 접 하을주

東良北接他時 阿之郎貴接伐乙所等 各率其軍而後至. 當朝鮮攻
동량북 접 타시 아지랑귀 접 벌을소 등 각 솔 기군 이 후 지 당 조선 공

金文乃 葛多介 非乃毛 當介將老之時 使我爲先鋒. 吾若倒戈 與
김문내 갈다개 비내모 당개장로 지 시 사 아 위 선봉 오 약 도과 여

金文乃等 合兵攻其前 使高里寶里截其後 則朝鮮之軍 腹背受敵
김문내 등 합병 공 기전 사 고리보리 절 기후 즉 조선 지 군 복배 수적
必至於敗矣. 察理使先事掩擊 大有殺獲 此天之使然歟? 抑朝鮮
필 지어 패 의 찰리사 선사 엄격 대유 살획 차 천 지 사연 여 억 조선
之威靈 有所見聞而知歟?'" 遂大痛哭." 大豆又言: "着和等見伐
지 위령 유 소견문 이 지 여 수 대 통곡 대두 우언 착화 등 견벌
之狀 指揮時未奏聞." 田興曰: "吾聞 童指揮之子 與把兒遜子偕
지 상 지휘 시 미 주문 전흥 왈 오문 동 지휘 지 자 여 파아손 자 해
如京師 汝何諱之?" 大豆曰: "把兒遜之子 尙未收葬其父屍 何暇
여 경사 여 하 휘지 대두 왈 파아손 지 자 상 미 수장 기부 시 하가
朝京奏聞乎?"
조경 주문 호

田興又言: "郭承祐伐兀狄哈之時 身勞脫衣 中風得病." 上遣
전흥 우언 곽승우 벌 올적합 지 시 신 로 탈의 중풍 득병 상 견
醫員元鶴救療.
의원 원학 구료

下內侍衛行司直安成萬于巡禁司. 判義興府事李天祐等詣闕
하 내시위 행사직 안성만 우 순금사 판의흥부사 이천우 등 예궐
啓曰: "成萬居喪在外 冒受祿俸 廣興倉覺察還徵 成萬告本府曰:
계왈 성만 거상 재외 모수 녹봉 광흥창 각찰 환징 성만 고 본부 왈
'何不移關廣興倉 勿令徵祿乎?' 始而凌辱鎭撫 終及臣等 其言
하불 이관 광흥창 물령 징록 호 시 이 능욕 진무 종급 신등 기언
悖慢無禮 不可盡陳. 臣等身居掌軍之位 受辱於士卒 將何以號令
패만 무례 불가 진진 신등 신 거 장군 지 위 수욕 어 사졸 장 하이 호령
千萬人乎? 雖無此一卒 其於侍衛無闕. 且此人族係 未辨良賤
천만 인 호 수 무 차 일졸 기어 시위 무궐 차 차인 족계 미변 양천
不可近侍." 上曰: "此人 本顚狂不道." 命囚之. 兵曹判書李貴齡
불가 근시 상 왈 차인 본 전광 부도 명 수지 병조판서 이귀령
啓曰: "臣向巡問東北面 成萬適赴鎭 怒典饋者不如意 使之走而
계왈 신 향 순문 동북면 성만 적 부진 노 전궤 자 불여의 사지 주 이
追射之. 臣聞而驚恐 發吏執之 成萬又彎弓射之 遂擅離鎭所如京.
추 사지 신 문 이 경공 발리 집지 성만 우 만궁 사지 수 천리 진소 여경
此人性類豺狼 不可近侍 願黜之." 上曰: "吾固知此人狂妄不可近
차인 성 유 시랑 불가 근시 원 출지 상 왈 오 고지 차인 광망 불가 근
然儻有不虞之變 則愚而勇者 可爲前鋒 故使之侍位也. 方其射人
연 당유 불우 지 변 즉 우 이 용자 가위 전봉 고 사지 시위 야 방 기 사 인
卿爲都巡問使 何不懲之? 此則卿之過也. 此人雖發毒 但一卒耳
경 위 도순문사 하불 징지 차즉 경 지 과 야 차인 수 발독 단 일졸 이
何難於處之以法!" 貴齡對曰: "張弓射人 人不敢近 無以懲之."
하난 어 처지 이법 귀령 대왈 장궁 사 인 인 불감 근 무이 징지

上笑曰: "此人飮酒則不類人 予但取其勇耳."
상 소왈 차인 음주 즉불 유인 여단취 기용 이

己酉 議無後者之田遞受法. 參知議政府事尹思修啓曰: "死亡人
기유 의 무후 자지전 체수 법 참지 의정부 사 윤사수 계왈 사망인

科田 有繼嗣 則當遞受 其無繼嗣而又無主喪者 則待翼年遞受
과전 유 계사 즉당 체수 기무 계사 이우무 주상 자 즉대 익년 체수

若有主喪者 則三年後許人陳告遞受 何如? 此法已載 續六典
약유 주상 자 즉 삼년 후허인 진고 체수 하여 차법 이재 속육전

政府所同議也." 上曰: "古之人 去三年不返 然後收其田里者
정부 소동의 야 상 왈 고지인 거 삼년 불반 연후 수기 전리 자

所以待生者之意也. 死人之田 亦於三年後遞受 則陳告 而三年
소이 대 생자 지의 야 사인 지전 역어 삼년 후 체수 즉 진고 이 삼년

恒在見任者寡矣. 今若死年遞受 則往往未死而告者有之 風俗
항재 현임 자 과의 금 약 사년 체수 즉 왕왕 미사 이 고자 유지 풍속

不美 是亦不可. 若翼年許人遞受 則無二者之弊矣."
불미 시역 불가 약 익년 허인 체수 즉무 이자 지폐의

東北面助戰節制使辛有定 金重寶復命.
동북면 조전 절제사 신유정 김중보 복명

兀狄哈寇慶源府 兵馬使郭承祐與戰敗績. 丁未 有賊三十餘騎
올적합 구 경원부 병마사 곽승우 여전 패적 정미 유적 삼십 여기

登慶源阿吾知南山 以示我軍 戊申 賊步騎五十餘 登於汝火山上
등 경원 아오지 남산 이시 아군 무신 적 보기 오십 여 등어 여화산 상

俯瞰城中 倘佯不下 欲致官軍. 己酉昧爽 都千戶安乙貴 率五十
부감 성중 당양 불하 욕치 관군 기유 매상 도천호 안을귀 솔 오십

騎覘賊 晡時 邏卒來告曰: "賊數十騎 於阿吾知洞裏乍出 還騎山
기 점적 포시 나졸 내고 왈 적 수십 기 어 아오지 동리 사출 환 기산

矣." 兵馬使郭承祐 卽率數百騎追之 賊數騎遇官軍佯北 承祐
의 병마사 곽승우 즉 솔 수백 기 추지 적 수기 우 관군 양배 승우

逐之. 旣入洞 賊伏兵四合猝擊 官軍大敗 死者七十三人 傷者
축지 기 입동 적 복병 사합 졸격 관군 대패 사자 칠십 삼인 상자

五十二人 戰馬百二十匹及兵甲二十四部 皆爲賊所奪. 承祐亦中矢
오십 이인 전마 백 이십 필 급 병갑 이십사 부 개 위 적 소탈 승우 역 중시

率三十餘騎 潰圍而出 入保阿吾知木柵; 乙貴遇賊亦敗 只以十餘
솔 삼십 여기 궤위 이 출 입보 아오지 목책 을귀 우적 역 패 지 이 십여

騎入城. 賊衆數百 隨至而圍之 童猛哥帖木兒亦至 問承祐存沒
기 입성 적중 수백 수지 이 위지 동맹가첩목아 역 지 문 승우 존몰

且曰: "吾都里指揮殺之 何罪?" 承祐出語之曰: "彼負國恩 來殺
차왈 오도리 지휘 살지 하죄 승우 출 어지 왈 피 부 국은 내살

興寶故也. 我殿下謂汝可信 汝何同來作賊乎? 以片箭射之 賊乃
흥보 고야 아 전하 위 여 가신 여 하 동래 작적 호 이 편전 사지 적 내

解去. 居民死者二十九人 被擄者十二人. 賊皆有父母妻子之讎
해거 거민 사자 이십 구인 피로 자 십이 인 적 개 유 부모 처자 지 수
冒死來戰 而承祐恃勇無謀 故敗. 賊退之後 遣人跡之 賊燒戰死
모사 내전 이 승우 시용 무모 고 패 적 퇴지 후 견인 적지 적 소 전사
之屍者四十八處. 野人之俗 凡有戰死者 必燒之 歸其骨於父母
지 시자 사십팔 처 야인 지 속 범 유 전사자 필 소지 귀 기골 어 부모
妻子云.
처자 운

庚戌 司直朴和還自日本 志佐殿源秋高遣刑部大郎 護送獻
경술 사직 박화 환자 일본 지좌전 원추고 견 형부 대랑 호송 헌
禮物. 己丑二月 遣和使于志佐殿 求俘擄男女也. 源秋高以所遺
예물 기축 이월 견 화 사 우 지좌전 구 부로 남녀 야 원추고 이 소유
未滿其意 輒拘留和 假辭通書于政府曰:
미만 기의 첩 구류 화 가사 통서 우 정부 왈

'六月初吉船至 大般若一經拜受 土宜如別幅所記以納 懽喜
육월 초길 선 지 대반야 일경 배수 토의 여 별폭 소기 이납 환희
有餘. 是月下旬 國有敵國之難 遠向戰陣 及百日而歸. 以故船滯留
유여 시월 하순 국 유 적국 지 난 원향 전진 급 백일 이 귀 이 고 선 체류
于志佐津 就中敎人司船 不意司船之人致狼藉 便鞫誅之 贓物
우 지좌 진 취중 교인 사선 불의 사선 지 인 치 낭자 편 국 주지 장물
小分 附之官人. 我情厚如此 人焉度哉! 矧禁賊契約 不敢辜負?
소분 부지 관인 아정 후 여차 인 언 수 재 신 금적 계약 불감 고부
官人之船 於十一月九日浮洋 須臾風逆 執橈之人 不知方所 船
관인 지 선 어 십일월 구일 부양 수유 풍 역 집요 지 인 부지 방소 선
忽敗毁 復依志佐. 予具小舟 命棹子載五十餘人而渡之 幷俘擄人
홀 패훼 부 의 지좌 여 구 소주 명 도자 재 오십 여인 이 도지 병 부로 인
二十九名 官人得而領之 明春大船到來吾國 則俘擄人 盡數可獻.
이십 구명 관인 득이 영지 명춘 대선 도래 오국 즉 부로 인 진 수 가헌
所望造米五百石 鍮盆四隻 鷹一雙 獵犬一雙 伏請允命.'
소망 조미 오백 석 유분 사 척 응 일쌍 엽견 일쌍 복청 윤명

乃己丑十一月書也. 議政府舍人申槪答書 源秋高得書 乃遣和
내 기축 십일월 서 야 의정부 사인 신개 답서 원추고 득서 내 견 화
還 仍奉書議政府曰: '二月晦日 船到來 伏承台候萬福. 回禮官去
환 잉 봉서 의정부 왈 이월 회일 선 도래 복승 태후 만복 회례 관 거
載船危 故留之 今具扁舟而相送 宜領此意. 禁賊之約 不敢違背
재선 위 고 유지 금 구 편주 이 상송 의령 차의 금적 지 약 불감 위배
專篤交義.'
전독 교의

辛亥 上親行望祭于文昭殿.
신해 상 친행 망제 우 문소전

吉州察理使延嗣宗 發青州兵三百 救慶源府 次于龍城岐.
길주 찰리사 연사종 발 청주 병 삼백 구 경원부 차우 용성 기

趙涓還自吉州 入見 上曰: “兀良哈等又侵我邊鄙 殺害人物 宜
조연 환자 길주 입현 상 왈 올량합 등 우 침 아 변비 살해 인물 의

具情狀 奏于朝廷.” 仍問大臣曰: “若此則未知皇帝對之如何? 將
구 정상 주우 조정 잉 문 대신 왈 약차 즉 미지 황제 대지 여하 장

曰朕將制之乎? 汝國便宜處置乎? 若曰便宜制置 則是帝心不肯
왈 짐 장 제지 호 여국 편의 처치 호 약왈 편의 제치 즉 시 제심 불긍

託言以觀吾所爲如何耳. 今奏本但具錄事狀 不可謂欲行報復 又
탁언 이관 오 소위 여하 이 금 주본 단 구록 사상 불 가위 욕행 보복 우

不可謂待朝廷之命也. 或賊又來侵 門庭之寇 當不待帝命 利用
불 가위 대 조정 지 명 야 혹 적 우 내침 문정 지 구 당 부대 제명 이용

禦之.” 河崙 成石璘 趙英茂等皆曰: “唯唯. 臣等未知帝意 然帝
어지 하륜 성석린 조영무 등 개 왈 유유 신등 미지 제의 연 제

豈曰朕將制之乎?” 上曰: “宜速奏聞. 李玄既奏聞於前 又遣人
기 왈 짐 장 제지 호 상 왈 의속 주문 이현 기 주문 어전 우 견인

繼奏於後 則帝亦信其賊黨相繼而侵也.” 李膺進曰: “皇帝若曰汝
계주 어후 즉 제 역 신 기 적당 상계 이 침 야 이응 진왈 황제 약왈 여

勿報復 朕將制之 則於我國實爲未便. 無乃直啓以報復之意?” 上
물 보복 짐 장 제지 즉 어 아국 실 위 미편 무내 직계 이 보복 지 의 상

曰: “未可. 前此既不奏聞而行兵 今又奏請如此可乎?” 上又曰:
왈 미가 전차 기 부 주문 이 행병 금 우 주청 여차 가호 상 우왈

“吉州飛報有於虛里者同來 卽童指揮之弟也. 然則童指揮之黨 必
길주 비보 유 어허리 자 동래 즉 동 지휘 지 제 야 연즉 동 지휘 지 당 필

同來作賊矣. 伊誰明見於虛里乎?” 英茂對曰: “延嗣宗報 豈不實
동래 작적 의 이 수 명견 어허리 호 영무 대왈 연사종 보 기 부실

哉! 童指揮與謀明矣.” 趙涓曰: “賊兵數至百五六十 則把兒遜之
재 동 지휘 여모 명의 조연 왈 적병 수지 백 오륙 십 즉 파아손 지

遺種 不如是之多也. 必童指揮 把兒遜等之管下卷土而來也.” 上
유종 불여 시지다 야 필 동 지휘 파아손 등 지 관하 권토 이 래 야 상

曰: “然.” 又曰: “慶源置府 爲陵室也. 彼賊必世爲邊警 予欲遷陵
왈 연 우왈 경원 치부 위 능실 야 피적 필 세 위 변경 여 욕 천릉

而移府. 然則彼賊胡爲來哉?” 群臣皆唯唯. 膺曰: “然則無乃彼有
이 이부 연즉 피적 호위 래 재 군신 개 유유 응 왈 연즉 무내 피 유

蠶食之漸 我有削土之恥哉?” 上曰: “不然. 每於春秋往逐之 則
잠식 지 점 아 유 삭토 지 치 재 상 왈 불연 매어 춘추 왕 축지 즉

彼自不得耕穫矣 何憂乎削土!” 膺對曰: “與其遷陵移府而每歲
피 자 부득 경확 의 하우 호 삭토 응 대왈 여기 천릉 이부 이 매세

往逐 不若固守而禦之.④” 上曰: “不然. 毋以爲慮.” 議者皆非膺
왕축 불약 고수 이 어지 상 왈 불연 무이 위려 의자 개 비 응

獨金漢老議與膺同. 石璘又啓曰: "若厚待張五十六等遣還 可得
독 김한로 의 여 응 동 석린 우 계왈 약 후대 장오십륙 등 견환 가득

其心 而因可以達彼賊之惡于天聰矣." 上然之.
기심 이 인 가이 달 피적 지 악 우 천총 의 상 연지

癸丑 命世子率百官賀聖節于時坐宮. 上以衰絰不出.
계축 명 세자 솔 백관 하 성절 우 시좌궁 상 이 최질 불출

減預原郡人李釰罪. 東北面都巡問使林整啓曰: '預原人李釰與
감 예원군 인 이일 죄 동북면 도순문사 임정 계왈 예원 인 이일 여

李陽生爭田 歐殺陽生. 釰之子祐 請代父罪 其情可哀. 乞貸釰死
이양생 쟁전 구살 양생 일 지 자 우 청대 부죄 기정 가애 걸대 일 사

降從誤殺輕典.' 從之.
강종 오살 경전 종지

御解慍亭 召宗親觀射.
어 해온정 소 종친 관사

甲寅 召趙英茂 李天祐 黃喜等至便殿 議禦賊之策. 以林整報
갑인 소 조영무 이천우 황희 등 지 편전 의 어적 지 책 이 임정 보

郭承祐敗狀也.
곽승우 패상 야

球沙殿倭客人獻土物. 議政府啓曰: "球沙殿報禮 宜用黑麻布
구사전 왜 객인 헌 토물 의정부 계왈 구사전 보례 의용 흑마포

十匹 席子十葉 柏子一石." 上然之曰: "其使价等 亦以次賜給. 此
십 필 석자 십 엽 백자 일석 상 연지 왈 기 사개 등 역 이차 사급 차

客人 無私貿易 且其言有禮. 球沙殿亦遭父喪 報禮比常有加."
객인 무 사무역 차 기언 유례 구사전 역 조 부상 부례 비상 유가

丙辰 宥流人輕罪. 刑曹巡禁司上徒流人啓目 上覽之曰: "徒年
병진 유 유인 경죄 형조 순금사 상 도류인 계목 상 람지 왈 도년

者 過限則放之 若流貶者 無期限 或致感傷和氣. 可考輕重
자 과한 즉 방지 약 유폄 자 무 기한 혹 치 감상 화기 가 고 경중

輕者皆釋之." 乃命流人姜渭濱等三人京外從便 孫興宗 孫閏祖
경자 개 석지 내 명 유인 강위빈 등 삼인 경외종편 손흥종 손윤조

趙末通 尹希夷等三十六人外方從便. 議政府使舍人趙啓生啓曰:
조말통 윤희이 등 삼십 육인 외방 종편 의정부 사 사인 조계생 계왈

"無識之人 不足責也 宥之可也 若興宗 以功臣 位至宰相; 趙末通
무식 지 인 부족 책 야 유지 가야 약 흥종 이 공신 위 지 재상 조말통

孫閏祖 以近臣 日侍左右 知逆臣之潛匿 以族親之故而不告 殊無
손윤조 이 근신 일시 좌우 지 역신 지 잠닉 이 족친 지 고 이 불고 수 무

人臣之義 不可以他人竝論而宥之也." 上曰: "若內挾私意 不告
인신 지 의 불가이 타인 병론 이 유지 야 상 왈 약 내협 사의 불고

於國 則誠有其罪 政府之請宜矣. 然此人等 其於罪人 非遠族
어 국 즉 성 유 기죄 정부 지 청 의의 연 차인 등 기어 죄인 비 원족

也 爲親容隱 故予恕之耳 非以爲無罪也.” 政府復啓曰: “此三人
야 위친 용은 고 여 서지 이 비 이위 무죄 야 정부 부 계왈 차 삼인

得保首領足矣. 不宜更加赦宥.” 上從之. 議政府啓請罪人連坐者
득보 수령 족의 불의 갱가 사유 상 종지 의정부 계청 죄인 연좌 자

移配各官. 李茂子 衎于機張 承祚長鬐 公孝豐州 公柔沃溝 公祗
이배 각관 이무 자 간 우 기장 승조 장기 공효 풍주 공유 옥구 공지

藍浦 托平海 姜思德子 待于順天 柳沂父 厚于光州 子方善永州
남포 탁 평해 강사덕 자 대 우 순천 유기 부 후 우 광주 자 방선 영주

方敬蔚州 善老順興 孝僕 莫同溫水 趙希閔子 今同驪興 孝順
방경 울주 선로 순흥 효복 막동 온수 조희민 자 금동 여흥 효순

瑞州 尹穆子 召南大興 周南新昌 趙瑚子須淮陽 雅原州 尹穆姪
서주 윤목 자 소남 대흥 주남 신창 조호 자 수 회양 아 원주 윤목 질

希夷海珍 希齊光州.
희이 해진 희제 광주

丁巳 司諫院上疏請罷試甲士. 時元屬甲士二千人 上議: “加定
정사 사간원 상소 청파 시 갑사 시 원속 갑사 이천 인 상 의 가정

一千 分爲二番 一年相遞 則國無侍衛之疎 家無廢農之嘆 人無
일천 분 위 이번 일년 상체 즉 국 무 시위 지 소 가 무 폐농 지 탄 인 무

父母妻子曠年違離之怨.” 乃命兵曹同義興府訓鍊觀試甲士一千
부모 처자 광년 위리 지 원 내 명 병조 동 의흥부 훈련관 시 갑사 일천

自正月至是猶未畢. 司諫院上言曰:
자 정월 지시 유 미필 사간원 상언 왈

‘今欲加定甲士 一番侍衛 一番歸農 殿下慮民之心 重農之意
금 욕 가정 갑사 일번 시위 일번 귀농 전하 여민 지 심 중농 지 의

可謂至矣. 然時已農月 而農不可失時. 迨今未畢其試 故不才者
가위 지의 연 시 이 농월 이 농 불가 실시 태금 미필 기시 고 부재 자

皆率農人二三以待. 願殿下侍衛外新舊甲士 速令歸農.’
개 솔 농인 이삼 이대 원 전하 시위 외 신구 갑사 속령 귀농

上覽疏曰: “諫院之言 然矣 予亦不忘也.”
상 람소 왈 간원 지 언 연의 여 역 불망 야

憲府又疏曰:
헌부 우 소왈

‘今甲士取才之際 不問祖係 唯取弓矢膂力之能 工商賤隷 亦
금 갑사 취재 지 제 불문 조계 유 취 궁시 여력 지 능 공상 천례 역

得受職 與縉紳子弟 比肩竝立 縉紳子弟羞與爲齒. 乞令兵曹 考
득 수직 여 진신 자제 비견 병립 진신 자제 수 여 위치 걸령 병조 고

其四祖 責人保擧 乃許取才. 又內禁衛最爲近前 不可不擇. 如素
기 사조 책인 보거 내 허 취재 우 내금위 최 위 근전 불가 불택 여 소

顯名于朝者則可矣 遽以新進之徒 輒充其額 殊爲未便. 亦令兵曹
현명 우 조 자 즉 가의 거 이 신진 지 도 첩 충 기액 수 위 미편 역 령 병조

考祖係責保擧 方許近侍.'
고 조계 책 보거 방허 근시

疏下政府 皆謂迂闊 事遂寢.
소하 정부 개위 우활 사수침

前知甫州事愼以衷有罪 原之. 司憲府上言:
전 지보주사 신이충 유죄 원지 사헌부 상언

"以衷居父喪 以私憤杖殺奴石伊及良民黃達忠. 又居昌縣吏
이충 거 부상 이 사분 장살 노 석이 급 양민 황달충 우 거창현 리

劉習 以監務之命 董治以衷父棺槨 以衷因事怒習 鑿氷爲穴 納諸
우습 이 감무 지 명 동치 이충 부 관곽 이충 인사 노 습 착빙 위혈 납저

其中 終日捶撻 瀕於死. 又嘗任梁州 以使客支應有闕 杖殺戶長
기중 종일 추달 빈어사 우 상 임 양주 이 사객 지응 유궐 장살 호장

鄭春 又於居昌 廣置田園 影占百姓 不畏國法. 請下攸司 明正
정춘 우어 거창 광치 전원 영점 백성 불외 국법 청하 유사 명정

其罪 以戒後來."
기죄 이계 후래

上以以衷所犯 皆在宥前 不許. 持平姜宗德詣闕請曰:
상이 이충 소범 개재 유전 불허 지평 강종덕 예궐 청왈

"以衷 甲申十月十一日 怒梁州 公須戶長鄭春使客遲晩支應
이충 갑신 십월 십일 일 노 양주 공수 호장 정춘 사객 지만 지응

杖之 至其月二十日乃死 則死在辜內. 以其時考之則赦在其年八月
장지 지 기월 이십 일 내사 즉 사 재 고내 이 기시 고지 즉 사 재 기년 팔월

而鄭春之死在十月 則豈得謂之赦前乎? 厥後居父之喪 殺其奴
이 정춘 지 사 재 십월 즉 기득 위지 사전 호 궐후 거 부지상 살 기노

石伊與貴連 又殺黃達忠 又將劉習 穴氷以置 從而打傷 幾至於死.
석이 여 귀련 우 살 황달충 우 장 유습 혈빙 이치 종이 타상 기지 어사

問其故則曰: '非吾所爲 乃妹夫朴同文也.' 規免其罪 然以衷殺人
문 기고 즉 왈 비오 소위 내 매부 박동문 야 규면 기죄 연 이충 살인

非一. 且在父喪 恣行殘虐 故臣等上疏論請有日矣. 請下獄按罪."
비일 차 재 부상 자행 잔학 고 신등 상소 논청 유일 의 청 하옥 안죄

上曰: "以衷之暴虐如此 予何惜之! 然旣往之事 豈可窮源而
상 왈 이충 지 포학 여차 여 하 석지 연 기왕지사 기 가 궁원 이

罪之乎? 置而勿問 流于外方可也." 憲府又論之 下議政府議之.
죄지 호 치 이 물문 유 우 외방 가야 헌부 우 논지 하 의정부 의지

政府啓曰: "愼以衷方父喪殺人 乃鬪殺 非故殺也. 且犯在赦前.
정부 계왈 신이충 방 부상 살인 내 투살 비 고살 야 차 범 재 사전

梁州殺吏 雖在赦後 亦因前事而發 可以勿論." 從之.
양주 살 리 수 재 사후 역 인 전사 이 발 가이 물론 종지

己未 前大護軍柳惠康 外方付處. 司憲府上言: "凡人有大逆
기미 전 대호군 유혜강 외방부처 사헌부 상언 범 인 유 대역

之言 則聞者登時發告 乃可急捕. 兇渠惠康聞趙瑚之言於妙音之
지언 즉 문자 등시 발고 내 가 급포 흉거 혜강 문 조호 지 언 어 묘음 지

日 雖在李茂既誅之後 然趙瑚固在 所宜速告 顧乃遲留四閱月 及
일 수 재 이무 기 주 지 후 연 조호 고 재 소의 속고 고 내 지류 사 열월 급

聞成石因之語 方始告官. 請治其罪 以爲知情晩首者之戒." 故有
문 성석인 지 어 방 시 고관 청치 기죄 이위 지정 만수 자 지 계 고 유

是命. 惠康得病未行 與妙音同日而死 人怪之.
시명 혜강 득병 미행 여 묘음 동일 이 사 인 괴지

命僉摠制盧原湜爲慶源助戰兵馬使 率慶源 鏡城 吉州 端州
명 첨총제 노원식 위 경원 조전 병마사 솔 경원 경성 길주 단주

青州人爲甲士者百五十人赴防. 賜原湜廏馬弓矢以遣之. 初上謂
청주 인 위 갑사 자 백 오십 인 부방 사 원식 구마 궁시 이 견지 초 상 위

大臣曰: "慶源之事 何更無報歟? 無乃陷沒乎?" 對曰: "城必不陷.
대신 왈 경원 지 사 하 갱 무보 여 무내 함몰 호 대왈 성 필 불함

此賊前攻韓興寶之時 祇以木箭燭火射城中 城中人隨拾隨滅 得
차적 전 공 한흥보 지 시 지 이 목전 촉화 사 성중 성중 인 수습 수멸 득

以不陷. 其技止此耳 安能陷城!" 上曰: "此賊但恃弓矢 而無他術
이 불함 기기 지 차 이 안능 함성 상 왈 차적 단 시 궁시 이 무 타술

諸卿之議或然矣. 若城陷 則飛報必速." 且曰: "予聞 鏡城兵馬使
제경 지 의 혹 연의 약 성 함 즉 비보 필 속 차 왈 여 문 경성 병마사

金乙和善修城堡 且治軍士 可以保守." 柳亮對曰: "臣知其爲人
김을화 선수 성보 차 치 군사 가이 보수 유량 대왈 신 지 기 위인

勤儉可用." 上又問乙和才藝 亮曰: "能於騎射 但不識字 且戇."
근검 가용 상 우문 을화 재예 량 왈 능 어 기사 단 불 식자 차 당

上曰: "郭承祐見敗者 亦以有才而不識文字 未嘗諳練故事也."
상 왈 곽승우 견패 자 역 이 유재 이 불식 문자 미상 암련 고사 야

至是 都巡問使林整啓: '向者賊兵入寇慶源 進而圍城 至夜乃還.
지시 도순문사 임정 계 향자 적병 입구 경원 진 이 위성 지야 내 환

翼日 又圍城不克而退. 伏兵山谷 賊謀可畏 軍馬不敢出城外 芻豆
익일 우 위성 불극 이 퇴 복병 산곡 적모 가외 군마 불감 출 성외 추두

俱盡 乞加發軍兵救援.' 故有是命.
구진 걸가 발 군병 구원 고 유 시명

命議政府賜賻戰亡人 復其戶. 韓興寶既死 慶源之民 畏賊不能
명 의정부 사부 전망인 복 기호 한흥보 기사 경원 지 민 외적 불능

安業. 郭承祐率其民 去蘇多老城 退保阿吾知木柵自固. 及承祐
안업 곽승우 솔 기민 거 소다로 성 퇴 보 아오지 목책 자고 급 승우

敗北 民益畏懼 未敢出原野畜牧耕稼 咸願避敵于龍城之地 林整
패배 민 익 외구 미감 출 원야 축목 경가 함 원 피적 우 용성 지 지 임정

延嗣宗以啓. 議政府啓曰:
연사종 이계 의정부 계왈

“慶源居民移置鏡城 則勢若怯懦 賊益興矣. 況初設府 專爲守
경원 거민 이치 경성 즉 세 약 겁나 적 익흥 의 황 초 설부 전 위 수
陵室 而亦屛捍國家也. 今乃漸退其民 則後日將何以還入乎? 且
능실 이 역 병한 국가 야 금 내 점퇴 기민 즉 후일 장 하이 환입 호 차
以地圖考之 蘇多老去二陵九十里 阿吾知三十餘里 其於守護
이 지도 고지 소다로 거 이릉 구십 리 아오지 삼십 여리 기어 수호
陵室甚合; 其地品雖不及蘇多老之沃饒 抑又次焉. 以待敵言之
능실 심합 기 지품 수 불급 소다로 지 옥요 억 우 차언 이 대적 언지
則蘇多老四面受敵 救兵亦不易至 若阿吾知則有險阻可依 前後
즉 소다로 사면 수적 구병 역 불 이지 약 아오지 즉 유 험조 가의 전후
救兵 有相及之勢 軍民將有效死之理. 仍置其民 使盧原湜率兵
구병 유 상급 지 세 군민 장 유 효사 지 리 잉 치 기민 사 노원식 솔병
據此 與郭承祐固守. 吉州民事則權令判官掌之 延嗣宗入鏡城 同
거차 여 곽승우 고수 길주 민사 즉 권 영 판관 장지 연사종 입 경성 동
兵馬使金乙和守之 則慶源之民 頗得蘇息 雖農業不實 猶可及種
병마사 김을화 수지 즉 경원 지 민 파 득 소식 수 농업 부실 유 가급 종
晩粟大豆. 爲慶源計 不出乎此. 郭承祐雖敗軍 傳曰: ‘寡固不可以
만속 대두 위 경원 계 불출 호차 곽승우 수 패군 전 왈 과고 불가이
敵衆.’ 非承祐 孰能如此身傷馬斃 潰圍而出! 臣等以爲送宣醞
적중 비 승우 숙 능 여차 신 상 마 폐 궤위 이 출 신등 이위 송 선온
馬匹 慰之可矣.”
마필 위지 가의

上曰: “慶源之計 政府之啓得矣. 承祐之功則雖政府不言 予固
상 왈 경원 지 계 정부 지 계 득의 승우 지 공 즉 수 정부 불언 여 고
知之 欲賜以戰馬. 將軍馬死而賜之馬 身傷而送酒救療可矣. 然名
지지 욕사 이 전마 장군 마 사 이 사지 마 신 상 이 송주 구료 가의 연 명
爲敗績 而特賜宣醞 於法何如? 更議以聞.” 政府使金孝孫啓曰:
위 패적 이 특사 선온 어법 하여 갱의 이문 정부 사 김효손 계왈
“上敎允合.” 上曰: “宜速差人傳旨.” 乃令議政府知印韓宗會賜
상교 윤합 상 왈 의속 차인 전지 내 영 의정부 지인 한종회 사
郭承祐酒及藥 且曰: “馬則路遠不可授 汝馳去 明日當授盧原湜
곽승우 주 급 약 차왈 마 즉 노원 불가 수 여 치거 명일 당 수 노원식
以遣. 汝其不分星夜馳往 諭以予意.” 議政府啓曰: “慶源將卒 與
이견 여 기 불분 성야 치왕 유 이 여의 의정부 계왈 경원 장졸 여
兀狄哈接戰敗績 其間事狀 不可盡信. 請遣朝士一人 軍卒死傷
올적합 접전 패적 기간 사상 불가 진신 청견 조사 일인 군졸 사상
兵器被奪之數 人民耕種便否 詳察而來.” 上曰: “然.” 遂以上護軍
병기 피탈 지 수 인민 경종 편부 상찰 이 래 상 왈 연 수 이 상호군
尹夏爲東北面敬差官 令空其城 只留軍士.
윤하 위 동북면 경차관 영 공 기성 지 류 군사

辛酉 遣司譯院直長金有珍 管押張五十六等如遼東. 張五十六
신유 견 사역원 직장 김유진 관압 장오십륙 등 여 요동 장오십륙
等初至 命各賜衣服靴笠 五十六等俱詣闕謝恩 上使安騰傳旨曰:
등 초지 명 각 사 의복 화립 오십륙 등 구 예궐 사은 상 사 안등 전지 왈
“王人羈旅之苦 殊不知也. 予三年未終制 陪臣朝賀猶不受. 況於
왕인 기려 지 고 수 부지 야 여 삼년 미 종제 배신 조하 유 불수 황 어
王人 敢受其拜?” 對曰: “某等蒙恩至重 誠欲扣頭 然惟命是從.”
왕인 감수 기배 대왈 모등 몽은 지중 성 욕 구두 연 유명 시 종
乃使戶曹參議吳眞與中官 置酒于西上廂慰之. 至是 又詣闕欲
내 사 호조참의 오진 여 중관 치주 우 서 상상 위지 지시 우 예궐 욕
拜辭 上辭 且曰: “予欲面話 當喪未可接賓客 故未敢耳.” 五十六
배사 상 사 차왈 여 욕 면화 당상 미가 접 빈객 고 미감 이 오십륙
等曰: “我等不死於賊而得還 殿下之恩也. 敢不扣頭!” 安騰止之.
등 왈 아등 불사 어 적 이 득환 전하 지 은 야 감 불 구두 안등 지지

上御解慍亭吹角 命義興府樹騶虞旗于闕門外 使吹角于庭前
상 어 해온정 취각 명 의흥부 수 추우기 우 궐문 외 사 취각 우 정전
義興府亦以角應之于旗下 出番衛士具甲兵趨令 三軍以次序立
의흥부 역 이각 응지 우 기하 출번 위사 구 갑병 추령 삼군 이차 서립
自闕門至鍾樓. 義興府啓曰: “三軍已畢會.” 上曰: “非時吹角 孰
자 궐문 지 종루 의흥부 계왈 삼군 이 필회 상 왈 비시 취각 숙
不驚聽而犇走乎? 雖疾革者 來斃於闕門前 猶云可也 況有微疾者
불 경청 이 분주 호 수 질혁 자 내 폐 어 궐문 전 유 운 가야 황 유 미질 자
乎? 其違令者 西班則義興府 東班則司憲府考察 以懲後來.” 又
호 기 위령 자 서반 즉 의흥부 동반 즉 사헌부 고찰 이징 후래 우
以烏梅牌 召判兵曹事趙英茂 授中軍朱雀旗 判義興府事李天祐
이 오매패 소 판병조사 조영무 수 중군 주작기 판의흥부사 이천우
左軍靑龍旗 兵曹判書李貴齡右軍白虎旗 乃曰: “今日建旗吹角
좌군 청룡기 병조판서 이귀령 우군 백호기 내왈 금일 건기 취각
誠駭衆聽 然法立而不行 未可也. 明日 將習陣 宜因此擧以試之.”
성 해 중청 연 법립 이 불행 미가 야 명일 장 습진 의 인 차거 이 시지

壬戌 命三軍習陣于東郊. 上謂左右曰: “周幽王欲褒姒之笑
임술 명 삼군 습진 우 동교 상 위 좌우 왈 주 유왕 욕 포사 지 소
擧燧以會諸侯 諸侯畢會 褒姒乃笑 如此者三. 厥後申侯以犬戎
거수 이회 제후 제후 필회 포사 내 소 여차 자 삼 궐후 신후 이 견융
攻周 幽王又擧燧 諸侯以爲戲而不至 周室遂滅. 予之所爲 不如
공 주 유왕 우 거수 제후 이위 희 이 부지 주실 수 멸 여 지 소위 불여
是也 雖日日吹角 文武官不可不至. 今後政府宜更出令申聞立法.”
시야 수 일일 취각 문무관 불가 부지 금후 정부 의 갱 출령 신문 입법
金漢老曰: “幽王之事 固不足道 今日聞角者 安知事之緩急而
김한로 왈 유왕 지 사 고 부족 도 금일 문각 자 안지 사 지 완급 이

不赴哉?" 翼日 判義興府事李天祐等啓: "昨日習陣東郊 士卒
불부 재 익일 판의흥부사 이천우 등 계 작일 습진 동교 사졸
皆知坐作進退之節 攻敵應變之法 無一人違令者 誠前古所未有
개지 좌작진퇴 지절 공적 응변 지법 무 일인 위령 자 성 전고 소미유
也. 願一親臨." 上許之. 又啓: "外方侍衛軍 每月更迭番上 乞令於
야 원일 친림 상 허지 우 계 외방 시위군 매월 경질 번상 걸령 어
習陣所預習 使軍士無不知令者." 上曰: "卿言果合予意." 議政府
습진 소 예습 사 군사 무불 지령 자 상 왈 경 언 과합 여의 의정부
上言: "謹按本府受判吹角令 危急之時 義興府親稟王旨 受王府
상언 근안 본부 수판 취각령 위급 지 시 의흥부 친품 왕지 수 왕부
所藏織紋騶虞旗 立於闕門吹角 令入番摠制及各衛上大護軍
소장 직문추우기 입어 궐문 취각 영 입번 총제 급 각위 상 대호군
屯駐待令 其東班各司 則曾無定法 大小臣僚 聞國中有角聲 安坐
둔주 대령 기 동반 각사 즉 증 무 정법 대소 신료 문 국중 유 각성 안좌
私第 有乖於臣子之義. 願自今吹角 東班各司 亦詣闕門 依幕
사제 유괴 어 신자 지 의 원 자금 취각 동반 각사 역 예 궐문 의막
聽候." 從之.
청후 종지

賜賻咸州牧使李云實 知旌善郡事崔沆. 上曰: "云實及沆 死于
사부 함주 목사 이운실 지 정선군 사 최항 상 왈 운실 급 항 사 우
任所 可依前例致賻. 判內資寺事邊處厚 今遭母喪 此固無致賻之
임소 가 의 전례 치부 판내자시사 변처후 금 조 모상 차 고 무 치부 지
例 然族屬也 隨宜賻之." 旣而曰: "賻此數人 而不賻權定 則獨
례 연 족속 야 수의 부지 기이 왈 부 차 수인 이 불부 권정 즉 독
不憾於九泉之下乎? 宜幷致賻." 定 去年卒於金海任所故也.
불감 어 구천 지 하 호 의 병 치부 정 거년 졸 어 김해 임소 고야

禁漆扇. 司憲府上言: "全漆 難繼之物. 各殿歲進摺扇 皆用漆
금 칠선 사헌부 상언 전칠 난계 지 물 각전 세진 접선 개 용 칠
虛費國用. 今後除進上外 皆用白質 以節國用." 從之.
허비 국용 금후 제 진상 외 개 용 백질 이절 국용 종지

癸亥 宗貞茂遣使獻土物.
계해 종정무 견사 헌 토물

免東北面民戶給屯田. 議政府上言: "東北面因兵興搔擾 請免
면 동북면 민호 급 둔전 의정부 상언 동북면 인 병흥 소요 청면
烟戶屯田 以惠邊民." 許之.
연호 둔전 이혜 변민 허지

賜完城君李之崇奴婢十口 田五十結. 賞其告尹穆之言也.
사 완성군 이지숭 노비 십구 전 오십 결 상 기고 윤목 지 언 야

甲子 命前豐海道經歷辛保安外方付處. 司憲府啓: "保安曾
갑자 명 전 풍해도 경력 신보안 외방부처 사헌부 계 보안 증

爲東北面敬差官 所受印信 復命之後 歷四朔不納官 準律應杖
위 동북면 경차관 소수 인신 복명 지 후 역 사 삭 불 납관 준율 응 장

八十." 故有是命.
팔십 고 유 시명

命移慶源府于鏡城. 延嗣宗上書曰:
명이 경원부 우 경성 연사종 상서 왈

'今月二十四日 慶源千戶安乙貴呈稱 遣通事崔龍守 覘賊形勢
금월 이십사 일 경원 천호 안을귀 정 칭 견 통사 최용수 첨 적 형세

吾都里則領兵於仇老家近地屯駐 造防牌 且潛使軍馬聚於深處
오도리 즉 영병 어 구로가 근지 둔주 조 방패 차 잠 사 군마 취 어 심처

或百餘人或五十餘人; 甫也之子 土穩則率五十餘人 橫行於雍丘站
혹 백여 인 혹 오십 여인 보야 지 자 토온 즉 솔 오십 여인 횡행 어 옹구 참

要路 檜峴等處哨馬煙氣相望. 慶源四面爲賊所圍 城中儲量 皆已
요로 회현 등처 초마 연기 상망 경원 사면 위 적 소위 성중 저량 개 이

虛竭 軍民乏食 不得樵牧 牛馬飢困. 願於鏡城移排 以活人命.'
허갈 군민 핍식 부득 초목 우마 기곤 원 어 경성 이배 이활 인명

上覽之 謂知申事安騰 左代言金汝知曰: "慶源移置 予計已定
상 람지 위 지신사 안등 좌대언 김여지 왈 경원 이치 여 계 이정

胡爲多談 至今猶豫乎? 亟命遷之."
호위 다담 지금 유예 호 극 명 천지

命囚司謁于巡禁司. 史官崔士柔隨代言入至便殿庭 上問曰: "是
명수 사알 우 순금사 사관 최사유 수 대언 입지 편전 정 상 문왈 시

何人也?" 代言對曰: "史官." 士柔遂趨出. 上使盧希鳳語士柔曰:
하인 야 대언 대왈 사관 사유 수 추출 상 사 노희봉 어 사유 왈

"予若有失 雖汝不書 代言充春秋者皆書之." 遂命承政院義興府
여 약 유실 수 여 불서 대언 충 춘추 자 개 서지 수 명 승정원 의흥부

曰: "自今以後 除正殿朝啓外 若經筵廳廣延樓 毋令史官得入."
왈 자금 이후 제 정전 조계 외 약 경연청 광연루 무령 사관 득입

復召史官金顧諭之. 是日 巡禁司護軍李繩直 刑曹正郎金自西
부소 사관 김고 유지 시일 순금사 호군 이승직 형조정랑 김자서

還自濟州復命 上及中宮皆動念. 又慶源急報至 上特召安騰
환자 제주 복명 상 급 중궁 개 동념 우 경원 급보 지 상 특소 안등

金汝知 議其事 士柔亦隨入 上怒 欲杖閽寺 乃止. 遂囚司謁.
김여지 의 기사 사유 역 수입 상 노 욕장 혼시 내 지 수 수 사알

遣前恭安府尹朴惇之如京師. 奏本曰:
견 전 공안부 윤 박돈지 여 경사 주본 왈

'議政府狀啓: "據東北面都巡問使林整呈備 吉州道察理使
의정부 장계 거 동북면 도순문사 임정 정비 길주도 찰리사

延嗣宗牒呈 永樂八年四月初九日 據慶源鎭撫王庭狀呈 本月
연사종 첩정 영락 팔 년 사월 초 구일 거 경원 진무 왕정 장정 본월

初四日 有蘇州賊人 所訖剌與親弟加乙土等五十餘名 於山谷
초 사일 유 소주 적인 소흘랄 여 친제 가을토 등 오십 여명 어 산곡
間 潛來本府地面劫掠 卽將民戶男女共五名耕牛二隻射殺 搶奪
간 잠래 본부 지면 겁략 즉 장 민호 남녀 공 오명 경우 이척 사살 창탈
馬三匹前去. 本月初五日 有吾都里童猛哥帖木兒親弟於虛里與
마 삼필 전거 본월 초 오일 유 오도리 동맹가첩목아 친제 어허리 여
仇老男者剌老等一百五十餘名 潛來本府 雍丘站 劫掠放火 燒毁
구로 남자 랄로 등 일백 오십 여명 잠래 본부 옹구 참 겁략 방화 소훼
房舍 射殺男女共一十七名及牛八隻. 又將男女五名 馬十匹 搶奪
방사 사살 남녀 공 일십 칠 명 급 우 팔 척 우 장 남녀 오명 마 십 필 창탈
前去." 得此. 本月十二日 有吉州居住金添祐告稱 本月初十日 因
전거 득차 본월 십이 일 유 길주 거주 김첨우 고칭 본월 초 십일 인
覰親姪 慶源留防軍金洵路經富珍汀 有賊軍二十餘名 潛伏路邊
처 친질 경원 유방군 김순 노경 부진정 유 적군 이십 여명 잠복 노변
放箭射死. 同行鎭撫權乙生及軍人等一十五名 告乞施行. 得此.
방전 사사 동행 진무 권을생 급 군인 등 일십 오명 고걸 시행 득차
本月十七日 慶源千戶安乙貴狀呈 本月十三日辰時 有吾都里仇老
본월 십칠 일 경원 천호 안을귀 장정 본월 십삼일 진시 유 오도리 구로
甫也 失家甫里 哈剌 末乙 彥仇里 老達 音般 老也 厮禿 金文乃
보야 실가보리 합랄 말을 언구리 노달 음반 노야 시독 김문내
葛多介等率領一千餘兵 前來本府 阿吾知城北 鬨擾作亂 將
갈다개 등 솔령 일천 여 병 전래 본부 아오지 성북 홍요 작란 장
兵馬使郭承祐左腿射傷 鎭撫金玉 鄭賢等及伴倘軍人共七十三名
병마사 곽승우 좌퇴 사상 진무 김옥 정현 등 급 반당 군인 공 칠십 삼 명
盡被殺害. 又鎭撫金呂生 朴彥貴等軍人五十二名中傷 生死未知.
진 피 살해 우 진무 김여생 박언귀 등 군인 오십 이명 중상 생사 미지
彼軍或戰或退 賊謀難測. 參照 兀良哈 吾都里 兀狄哈等類 隣接
피 군 혹 전 혹 퇴 적모 난측 참조 올량합 오도리 올적합 등 류 인접
小邦 連連結黨 侵犯邊境 殺害軍民 劫掠財物 搶奪牛馬. 除先
소방 연련 결당 침범 변경 살해 군민 겁략 재물 창탈 우마 제 선
差人奏達外 今來益加搔擾 致使邊鄙不寧 爲此謹具奏聞.'
차인 주달 외 금래 익가 소요 치 사 변비 불녕 위차 근구 주문

司憲府上疏請漢平君趙涓之罪. 疏論涓伐兀狄哈之時 以主將
사헌부 상소 청 한평군 조연 지 죄 소론 연 벌 올적합 지 시 이 주장
處置失宜 輕犯賊鋒 以致侵暴之罪. 上曰: "涓何罪之有!" 遂火
처치 실의 경범 적봉 이치 침포 지 죄 상 왈 연 하죄 지 유 수 화
其疏.
기소

命捕松蟲.
명포 송충

日本草野賴永及筑州太守藏親家 各使人獻土物 一岐知主
일본 초야 뢰영 급 축주 태수 장친가 각 사인 헌 토물 일기 지주

源良喜使人求藏經.
원량희 사인 구 장경

| 원문 읽기를 위한 도움말 |

① 爲禽獸所吃者. '爲~所~'의 구문으로 '~에게 ~당하다'라는 뜻이다. 그리
위 금수 소흘 자 위 소

고 吃은 '먹다[食]'이므로 所吃은 '먹히다'가 된다.
흘 식 소흘

② 懲, 원문에는 徵으로 돼 있는데 오류가 분명해 懲으로 고쳤다.
징 징 징

③ 以憲府之請爲不足從歟? 以之誠之罪爲不足問歟? 여기 두 곳의 '以~爲
이 헌부 지 청 위 부족 종 여 이 지성 지 죄 위 부족 문 여 이 위

~'는 모두 '~를 ~라고 간주하다'라는 뜻의 구문이다.

④ 與其遷陵移府而每歲往逐 不若固守而禦之. 여기서는 '與其~不若~'의
여기 천릉 이부 이 매세 왕축 불약 고수 이 어지 여기 불약

구문으로 '~하기보다는 ~가 낫다'라는 뜻이다. 비슷한 구문으로는 與其
여기

~寧~이 있다.
녕

태종 10년 경인년
5월

五月

정묘일(丁卯日-1일) 초하루에 구름도 없는데 천둥이 쳤다.

○ 상(上)이 친히 문소전(文昭殿)에 제사를 지냈다.

○ 대호군 박미(朴楣)를 보내 김을화(金乙和)로 하여금 군사 700명을 거느리고 경원(慶源)에 내달려 가 능실(陵室)을 숙위(宿衛)하게 하고 드디어 두칭개(豆稱介)가 있는 곳으로 가서 그들을 불러 안정시키고[招安 초안] 돌아오게 했다. 동북면 도순문사 연사종(延嗣宗)이 아뢰어 말했다.

'경원병마사(慶源兵馬使) 곽승우(郭承祐)가 먼저 배를 타고 홍도(紅島)로 들어가고 4월 23일에는 도천호(都千戶) 안을귀(安乙貴)가 노약자들로 하여금 먼저 출발하게 하고 유방군(留防軍)을 거느리고 그 뒤를 따랐습니다. 승우(承祐)를 옹구포(雍丘浦)에서 만나 말을 타고 함께 오려고 하다가 종창(腫瘡)이 심해 함께 오지 못하고 이에 도로 배를 탔습니다. 을귀(乙貴)는 인민과 사졸들을 거느리고 경성(鏡城)으로 왔고 신은 이미 인민을 나눠 용성(龍城)에 거처하게 하고 노는 땅[閑曠地 한광지]을 지급해 종자(種子)와 양식(糧食)을 주어 진휼하고 농사일을 권유했습니다. 청컨대 을귀와 좌우익(左右翼) 천호(千戶)를 경성(鏡城) 옥에 가둬 제 마음대로 성(城)을 버린 죄를 국문(鞫問)하게 해야 할 것입니다.'

의정부에서 아뢰어 말했다.

"경원은 능실이 있으므로 지체할 수 없으니 급히 경성병마사(鏡城

兵馬使) 김을화에게 명해 가서 방수(防戍)하게 해 저 적(賊)이 내침하지 못하게 해야 할 것입니다."

상이 말했다.

"경원의 사졸들이 지쳤으니 다시 보낼 수 없다. 다른 군사들에게 2~3개월의 요(料-급료)를 주어 가서 방수하게 하라."

또 대언(代言) 등에게 일러 말했다.

"백성들 중에서 노약자들이 아무 탈 없이 돌아온 것을 내가 매우 기뻐한다."

안등(安騰)이 대답했다.

"신도 역시 매우 기쁩니다. 다만 을귀(乙貴)가 조정 명령을 기다리지 않고 마음대로 변방의 성을 버렸으니 몹시 잘못됐습니다."

상이 급히 성석린(成石璘), 조영무(趙英茂)를 불러 토의하고 또 말했다.

"길주찰리사(吉州察理使)는 반드시 군진(軍鎭)에 영(令)을 베풀지 못할 것이다."

이에 박미(朴楣)를 명해 보낸 것이다.

○ 의정부에서 아뢰어 말했다.

"안을귀(安乙貴)가 성(城)을 버리고 물러왔으니 이것은 비록 백성들이 주리고 피곤한[飢困] 때문이라고는 하나 옛날에 해골을 빠개어 불을 때고[析骸而爨][1] 죽기를 다해 버리지 않는 뜻이 아닙니다. 또

---

1 옛날 중국의 춘추전국시대(春秋戰國時代) 때에 초인(楚人)이 송(宋)나라를 포위했으나 송인(宋人)들이 역자이식(易子而食)하고 석해이찬(析骸而爨)하면서도 항복하지 않았다고 한 고사다.

왕명(王命)이 없이 마음대로 백성을 옮겼으니 법에 마땅히 죄를 물어야 합니다. 청컨대 윤하(尹夏)로 하여금 그 형세(形勢)를 보게 한 연후에 결단(決斷)하셔야 할 것입니다."

상이 말했다.

"윤하가 이미 명을 전해[將命 장명] 노원식(盧原湜)과 안을귀로 하여금 군사를 거느리고 돌아가 방수(防戍)하게 했으니 생각건대[想 상] 이미 출발했을 것이다."

대답했다.

"비록 이미 방수하러 들어갔다 하더라도 지금 이 명을 내리면 잡아 와서 가두는 것[牢囚 뇌수]이 무엇이 어려울 것이 있습니까?"

그것을 따랐다.

○ 동맹가첩목아(童猛哥帖木兒)가 이대두(李大豆)를 보내 말했다.

"착화(着和)와 파아손(把兒遜)의 부하들이 경원을 침략할 때 나도 함께 갔던 것은 그들에게 핍박을 받아 형세상으로 어쩔 수 없어서였을 뿐 나의 본심은 아니었습니다. 지금 예전 땅을 버리고 먼 지역[遐域 하역]에 종사하니 사람은 많고 땅은 좁아 살아가는 방법이 심히 곤란합니다. 바라건대 전하께서 언어(言語)를 잘 통하는 김동개(金同介) 같은 사람을 보내 타이르시면 내가 마땅히 자식을 보내 입조(入朝)하고 나의 예전 땅으로 돌아가겠습니다."

상이 말했다.

"대두(大豆)를 두텁게 대접하라."

동북면 찰리사(東北面察理使)가 또 아뢰었다.

'골간올적합(骨看兀狄哈) 두칭개(豆稱介)는 적과 동모(同謀)하지 않고 바다의 섬으로 들어가 가끔 사람을 경원(慶源)에 보내 사정을 통했습니다. 김동개는 본래 골간올적합의 족속이니 청컨대 그를 보내 초안(招安)하소서.'

상이 허락했다. 맹가첩목아(猛哥帖木兒)가 길주찰리사 연사종(延嗣宗)에게 편지를 보내 말했다.

'오랫동안 격조(隔阻)해 뵙지 못했는데 지금 들어보니 와서 진무(鎭撫)한다 하시니 매우 기쁩니다. 전(前) 찰리사가 국가의 대군(大軍)을 거느리고 야인(野人) 올적합(兀狄哈)의 김문내(金文乃)·갈다개(葛多介) 등 도적질한 사람을 제재해 그 죄를 바로잡으려고 왔었는데, 길이 먼 것을 핑계로 바로 그곳으로 가려 하지 않고 중로(中路)에서 모련위(毛憐衛)의 장인관원(掌印官員)과 백성들을 모두 살해했습니다. 지금 살해된 사람의 부형과 자제들 중에서 남아 있는 자들이 나를 핍박해 말하기를 "지휘(指揮)가 지금 조선(朝鮮)을 향해 가지 않는다면 반드시 조선과 편지를 통해 계책을 정해 우리를 협공(挾攻)하려는 것이 분명하오"라고 하므로 나도 더 물러서지 못하고 군사를 끌고 맞서 머물렀습니다. 상항(上項)의 모련위(毛憐衛) 중에서 사망(死亡)한 유종(遺種)들이 먼저 아오지(阿吾知) 지역에 이르렀으므로 내가 군사를 거느리고 따라가 그들의 침략을 막고 영솔(領率)해 돌아오려고 했는데, 경원(慶源)의 군마(軍馬)가 이르러 접전(接戰)해 쌍방이 서로 살해(殺害)했습니다. 모련위의 유종들이 경원(慶源) 관가(官家)를 파괴하고 가속(家屬)·전물(錢物)·우마(牛馬)를 모두 약탈해 그 분(忿)을 풀려고 하므로 내가 달래어 말하기를 "내가 이미 사람을 시켜 조선에 보내 포로로 잡아간 사람들을 돌려보내 달라고 청했으니 군사를 퇴각시켜 각기 예전 살던 곳으로 돌아가는 것만 같지 못하다"라고 했는데 대두가 돌아와서 말하기를 "전(前) 찰리사는 국가에서 죄를 논해 잡아가고 지금 좋은 찰리사가 변경에 이르러 옛날의 화호(和好)를 닦고자 한다"라고 하므로 다시 대두를 시켜 앞으로 가게 하니 만일 잡아간 사람들을 모두 돌려보내 저쪽과 우리의 사람들로 하여금 예전과 같이 편안히 살게 하면 이는 진실로 영공(令公)의 명예에 관계되는 아름다운 일입니다. 내가 생각건대 이 일을 침식(寢息)시키는 것보다 더 좋은 것이 없다고 여깁니다. 만일 흔단(釁端-갈등)을 계속해 그치지 않으면 수많은 종류(種類)가 도적질을 자행해 변방(邊方)을 소요하게 할 것이니 보고 듣는 것이 상서롭지 못할 것입니다. 바라건대 깊이 헤아려[斟酌 짐작] 시행해 대두가 돌아오는 편에 자세히 알려주십시오.'

어허리(於虛里)도 사종(嗣宗)에게 편지를 보냈는데 대략 대두의 말과 같았고, 또 오도리(吾都里)의 사로잡힌 자 38명과 보을오(甫乙吾) 휘하의 사로잡힌 자 7인의 이름을 나열하고 말했다.

'만일 사망하지 않았거든 방환(放還)해주시기 바랍니다.'

또 처제의 아들 도호(都好)·구로(仇老) 등을 구하니 사종이 그 편지를 아뢰었다. 상이 대언에게 일러 말했다.

"대두가 어째서 왔는가? 동맹가첩목아가 스스로 말하기를 '경원의 전역(戰役-전투)에 내가 비록 참여했으나 본의(本意)는 아니다'라고 했는데 과연 그러할까? 이것을 칭탁해 우리를 달래서 자신을 안정시키려는[自安 자안] 계책으로 삼으려는 것이 아닌가? 겉으로는 화호(和好-화해)를 구하는 척하고 마음속으로는 우리를 달래 우리나라 일의 변동을 엿보러 온 것이 아닌가?”

대답했다.

“경원을 침공한 것이 본심(本心)이 아니라고 말한 것은 전적으로 거짓일 뿐입니다. 신 등이 생각건대 우리를 엿보아 자신을 안정시키려는 계책으로 삼으려는 것이 틀림없습니다. 적의 꾀가 그윽하고 깊으니[幽深] 알 수가 없습니다.”

○ 의정부에서 아뢰어 말했다.

“동맹가첩목아(童猛哥帖木兒)가 이대두(李大豆)를 보내 화친을 청하고 또 말하기를 ‘대두(大豆)가 돌아오면 자제를 보내 입시(入侍)하겠다’라고 했는데 이는 분명 거짓입니다. 그러나 그것을 거짓이라고 지레 짐작할 수는 없으니 대두에게 의대(衣襨)를 주어 보내 그것이 진실인지 아닌지를 살펴보아야 할 것입니다.”

상이 말했다.

“상국(上國)에서 우리 사신을 대접하는 데도 반드시 두텁게 할 만한 일이 있은 연후에야 의대(衣襨)를 주었다. 지금 동맹가첩목아가 군사를 거느리고 도둑질을 자행해 경원(慶源)을 파괴하고 사람과 가축을 죽이고 사로잡아 가 그 마음을 통쾌하게 하고 또 자신을 안정시키려는 계책을 꾀해 대두를 보내 화친을 구하는데, 지금 우리가 죄를 성토(聲討)하는 거사(擧事)가 없고 도리어 의대를 주게 되면 겁약한 것이 아니겠는가?”

허락하지 않았다.

○ 여산군(麗山君) 김승주(金承霔)를 동북면 도체찰사(東北面都體察使)로 삼았다. 광흥창주부(廣興倉注簿) 이감(李鑑)을 불러 안성만

(安成萬)이 더 받은 녹봉(祿俸)을 징수하지 말게 했다. 성만(成萬)이 다시 승주(承霔)를 따라 정토(征討)에 나갔기 때문이다.

무진일(戊辰日-2일)에 한성윤(漢城尹) 이귀산(李貴山)을 보내 경사(京師)에 가게 했다. 천추절(千秋節)을 하례하기 위함이었다.

○ 강원도 수군첨절제사(水軍僉節制使) 김장(金漳) 등에게 곤장을 때릴 것을 명했다. 도관찰사(都觀察使) 송인(宋因)이 아뢰었다.

'도내(道內)의 병선 4척이 동북면에 쌀을 운반하려고 동산현(洞山縣) 정진(井津)에 이르러 역풍을 만나 배가 깨져 쌀과 콩 925석을 잃었고 운반하던 군사[漕卒 조졸]는 모두 해안에 의지해 살았습니다.'

상이 말했다.

"해안에 의지했다 하니 바다 가운데는 아니다. 풍세(風勢)의 변화를 살피지 못하고 마음을 써서 구호하지 않았기 때문이니 압령(押領)해 운반하던 만호(萬戶)와 천호(千戶)에 대해 마땅히 그 죄를 다스리라."

의정부에서 아뢰었다.

"첨절제사 김장(金漳)은 조운선척(漕運船隻)을 친히 점검하지 않고 관기(官妓)를 싣고 육로(陸路)를 경유해 갔는데, 배 안에 있는 물건[陸物 육물]을 도둑질해 기생에게 주고 또 군인 7~8명을 시켜 기생을 집까지 호송하게 했습니다. 만호 이천언(李天彦)과 천호 배원려(裵元呂) 등 네 사람은 모두 압령관(押領官)이 돼 힘을 쓰지 못하고 배를 깨뜨렸으니 청컨대 율(律)에 의거해 시행해야 할 것입니다."

상이 말했다.

"장(漳) 같은 자는 마땅히 머리를 베어 여러 도(道)에 조리돌림[傳示=徇]을 해야 되겠으나 율(律) 밖의 형벌을 행할 수가 없으니 천언(天彦) 등과 함께 곤장을 때리도록 하라."

기사일(己巳日-3일)에 동북면(東北面) 갑주(甲州)에 우박이 떨어져 벼를 상하게 했다[傷稼].

○ 서북면(西北面) 백성의 호급둔전(戶給屯田)을 면제해주었다. 서북면 도순문사(西北面都巡問使) 박은(朴訔)이 말씀을 올렸다.

'도내(道內) 인민이 지난해 봄과 가을에 평양성(平壤城)을 쌓고 금년 봄에 의주(義州) 등 여러 고을의 산성(山城)을 수축(修築)해 그 힘든 고생이 대단히 심합니다. 또 지난해 동짓달[仲冬]부터 역환마(易換馬) 각운(各運)의 압송관(押送官)과 호송군(護送軍) 813명, 취반군(炊飯軍) 70명, 기복마(騎卜馬) 408필, 몰이꾼[驅人] 408명 및 각 견마군(牽馬軍) 5,000명이 요동(遼東)에 왕래하느라고 길에 사람들이 끊어지질 않아[絡繹不絶] 굶주리고 피곤한 괴로움이 실로 다른 해의 배(倍)나 됩니다. 햇곡식이 나기 전에 민생(民生)이 가엾으니 평양성을 만일 가을을 기다려 다 쌓게 하시려면, 빌건대 호급둔전을 면제해주어 민폐[民瘼]를 구휼해야 할 것입니다.'

그것을 따랐다.

○ 태조(太祖) 부묘도감(祔廟都監)[2]을 설치하고 성산군(星山君) 이직(李稷)과 예조판서 서유(徐愈)를 제조(提調)로 삼았다.

---

2 돌아가신 임금의 신주를 모시는 일을 맡은 임시기관이다.

경오일(庚午日-4일)에 종친(宗親), 대신(大臣)과 근신(近臣)들에게 말을 나눠 주었다. 제주안무사(濟州安撫使) 고봉례(高鳳禮)와 경차관(敬差官) 조원(趙源)이 말 100필을 바쳤기 때문에 마침내 이런 하사(下賜)가 있었다. 봉례(鳳禮)는 제주성주(濟州星主)의 후손이다.

○ 형조판서 유정현(柳廷顯)을 면직하고 함부림(咸傅霖)으로 바꿨다. 애초에 의정부가 형조에 이첩(移牒)해 사노(私奴) 김용(金龍)이 저쪽 땅[彼土]으로 도망간 죄를 국문하게 했다. (그런데) 형조에서 열흘이 지나도 묻지 않았고 전(前) 사역원지사(司譯院知事) 이자영(李子瑛)이 남성군(南城君) 홍서(洪恕)와 소송이 있었는데 형조에서 오랫동안 그 득실(得失)을 판단하지 않자 자영(子瑛)이 공공연하게[公=公然] 욕을 했다. 형조에서 그 가노(家奴) 3명을 가뒀다. 자영이 당시 박돈지(朴惇之)를 따라 경사(京師)에 가게 됐으므로 정부에서 이첩해 그 종을 석방하게 했는데 형조에서 따르지 않았다. 정부에서 노해 장무좌랑(掌務佐郎) 이유상(李有常)이 옥사(獄事)를 지체하고 벼슬을 내팽개친 죄를 탄핵해 아뢰니 유상(有常)을 파직하고 정현(廷顯)도 면직한 것이다.

신미일(辛未日-5일)에 상이 친히 문소전(文昭殿)에 제사를 지냈다. 단오(端午)였기 때문이다.

○ 척석희(擲石戱)를 금지했다. 상이 대언(代言)에게 일러 말했다.

"돌 던지는 놀이[石擲之戱]를 너희는 어찌 금하지 않는가?"

곧장 순금사사직(巡禁司司直) 송치(宋寘)에게 명해 가서 금하게 하니 치(寘)가 29명을 잡아 옥에 가뒀다.

계유일(癸酉日-7일)에 강원도(江原道)에 우박이 내렸다. 춘주(春州), 고성(高城), 홍천(洪川)에는 큰 것이 탄환(彈丸)만 했고 정선(旌善)에는 큰 것이 주먹만 해 3일이 지나도 녹지 않았다.

○ 제용감(濟用監)[3] 판사(判事) 최원준(崔原濬), 제용감 이질(李晊)을 파직하고 전(前) 중랑장(中郎將) 김인부(金仁富)를 외방에 유배 보냈다. 질(晊)과 원준(原濬)은 외방에서 고만(考滿)[4]이 돼 소환되고 인부(仁富)는 역환마(易換馬)의 압송관(押送官)으로 요동(遼東)에서 돌아왔는데 모두 문자(文字-문서 규정) 외에 제 마음대로 기마(騎馬) 역리(驛吏)를 거느리고 왔으므로 사헌부에서 탄핵해 아뢰었다[劾啓(핵계)].

○ 뿔나팔을 불었을 때 영(令)에 따라 달려오지 않은 자를 관직에서 파면하라고 명했다. 의흥부(義興府)에서 아뢰었다.

"나팔을 불던 날 도총제(都摠制) 이화영(李和英), 연성군(延城君) 김로(金輅), 의원군(義原君) 황거정(黃居正), 총제(摠制) 조질(趙秩)·하구(河久),[5] 전(前) 한성부판사 박가실(朴可實), 전(前) 도총제 심인봉(沈仁鳳) 등과 상호군·대호군·호군에서부터 갑사(甲士)에 이르기까지 영에 따라 달려오지 않은 자가 150여 인입니다. 이것은 군법(軍法)이 엄하지 않을 뿐 아니라 급난(急難)의 경우에 신하된 자로서 빨리 다다르는 예(禮)에 어긋난 일입니다. 청컨대 모두 율(律)에 의거해

---

3 왕실에서 쓰는 각종 직물 인삼의 진상과 국왕이 사여하는 의복 및 사(紗), 나(羅), 능(綾), 단(緞), 포화(布貨), 채색입염(彩色入染-색을 입히고 물감을 들임), 직조 등에 관한 업무를 관장했다. 조선 초기에는 고려 공양왕 때의 제용고(濟用庫)를 답습했으나 1409년(태종 9년) 관제개혁 때 제용감이라 개칭해 1904년까지 존속됐다.

4 벼슬의 임기(任期)가 다 된 것을 말한다.

5 조질은 조영무, 하구는 하륜의 아들이다.

논죄(論罪)해야 할 것입니다."

상이 말했다.

"현직[時職](시직)에 있는 인원은 정직(停職)하고 산관(散官)은 순금사에 가두고 공신(功臣)은 그 종을 가두라."

대언(代言)에게 물었다.

"조질과 하구는 공신의 아들이니 어떻게 처치할까?"

모두 대답했다.

"법을 세운 초창기에 가볍게 용서할 수 없습니다. 청컨대 아울러 파면해 후인(後人)을 징계하소서."

이리하여 상이 그것을 따랐는데 오직 (이지란의 아들) 화영만은 특별히 죄를 방면(放免)하게 했다. 김로와 황거정 등이 대궐에 나아와 아뢰었다.

"신 등은 나팔 소리를 듣고 즉시 궐문(闕門)에 나아와 첨명단자(僉名單子)를 바쳤으니 의흥부당상(義興府堂上)도 신 등을 본 자가 있습니다."

노희봉(盧希鳳)도 말했다.

"두 공(公)의 명단(名單)을 소인도 보고 아뢰었습니다."

상이 곧장 명해 가뒀던 종을 풀어주게 했다. 이는 의흥부에서 고핵(考覈-조사)을 잘못한 때문이었다.

○ 일본(日本) 장촌전(長村殿)이 보낸 객인(客人)을 서울에 올려 보내도록 명했다. 전라도 도관찰사(全羅道都觀察使)가 말씀을 올렸다.

'일본 장촌(長村)이 보낸 사람으로 굶어 죽은 자가 네 사람입니다.'

애초에 일본 사람이 끊이지 않고 이르므로 조정에서 토의하기를

"만일 각 도(各道)에 산재(散在)해 정박(碇泊)하면 산천(山川)의 험조(險阻)를 알지 못함이 없을 것이다"라고 해 모두 경상도(慶尙道) 길을 경유하게 했다. 이리하여 장촌(長村)의 사인(使人)이 나주(羅州)에 배를 댔기 때문에 감사(監司)가 요(料)를 주지 않았다. 이 일이 상에게 보고되자 상이 말했다.

"객인이 굶어 죽는 것은 나라의 수치다."

드디어 이런 명이 있었다.

○순금사에 명해 박가실(朴可實) 등을 풀어주고 가르쳐 말했다.

"내가 가볍게 용서하는 것은 처음으로 범했기 때문이다. 뒤에 다시 영(令)을 어기면 마땅히 군법(軍法)으로 바로잡을 것이다."

상이 승정원(承政院)에 일러 말했다.

"내취라치(內吹螺赤)[6]를 항상 궐문(闕門) 밖에 있게 하다가 출령(出令)이 있은 연후에 불러들인다면 일의 기본틀[事機](사기)이 완만(緩晩)할 뿐 아니라 사람들이 모두 미리 알 것이니 번(番)을 나눠 내속고치(內速告赤)[7] 방(房)에 입직(入直)하게 하라."

병자일(丙子日-10일)에 좌군(左軍)의 금주(衿州)[8] 목장(牧場)을 폐지

---

6 궁중에서 임금이 교령을 내릴 때와 입직 볼 때 등의 통신과, 노부(鹵簿)와 전좌(殿座)의 시위 때 궁중에서 각(角)을 연주한 군영 소속 연주자다. 내취각인(內吹角人)이라고도 한다. 내취라치는 궁중에서 근무한다는 점에서 병조에서 근무하는 외취라치(外吹螺赤)와 구분된다. 취라치는 '각(角) 연주자'란 뜻으로, 몽골어의 영향을 받아 쥬라치-츄라치에서 발전한 용어다. 쥬라는 각(角)의 고어(古語)이고, 치(赤)는 사람을 의미한다.

7 궁중에서 임금의 옷을 맡은 숙위(宿衛)의 신하를 말한다.

8 지금의 서울 금천구 일대다. 이곳은 원래 금천 강씨(衿川姜氏) 시조(始祖)인 강궁진(姜弓珍)의 근거지였다. 강궁진은 고려 전기에 이 지역의 유력한 호족으로 태조(太祖) 왕건(王

해 백성들이 경작(耕作)할 수 있도록 허락했다.

○ 행사직(行司直) 김동개(金同介)를 보내 골간올적합(骨看兀狄哈)을 초안(招安)하게 했다. 두칭개(豆稱介) 등이 경원(慶源)에 사는데 북쪽 변방의 바닷가여서 농사(農事)는 일삼지 않고 고기잡이와 사냥질을 업(業)으로 삼기 때문에 상이 (그들이) 올량합(兀良哈)과 꾀를 통해 변방을 요란하게 할까 염려했다. 동개(同介)는 두칭개의 족인(族人)이기 때문에 가서 초안하게 한 것이다.

무인일(戊寅日-12일)에 갑사(甲士)의 숙위법(宿衛法)과 하번법(下番法)을 정했다. 병조(兵曹)에서 아뢰어 말했다.

"본조(本曹)에서 의흥부와 함께 신갑사(新甲士) 1,000명을 뽑았는데 만약 신갑사 1,000명만 벼슬을 내려주고[差下 차하] 구갑사(舊甲士) 1,000명은 빈 자리가 생겨 하번(下番)으로 삼는다면 (지금) 숙위(宿衛)하는 사졸(士卒)들의 사기가 꺾일 뿐 아니라 체번(遞番)할 때를 맞아 임무를 교대하는 것이 번잡할 것입니다. 그리고 만일 때가 돼 합번(合番)하란 명령이 있을 것 같으면 하번 갑사(下番甲士)는 통속(統屬)이 없어서 각 군(各軍)의 위령(衛領)에 수행(隨行)하기가 어려운 것입니다. 바라건대 2,000의 액수(額數)에 1,000을 더 두어 종전의 10사(司) 50령(領)에 1령(領)마다 사직(司直) 5, 부사직(副司直) 8, 사

建)이 후삼국을 통일하는 데 큰 공을 세워 삼한벽상공신(三韓壁上功臣)에 임명됐다. 강궁진의 활약에 힘입어 성종(成宗) 때에는 시흥(始興)이라는 별호를 갖게 되었다. 1019년(현종10년) 요(遼)나라 소배압(蕭排押)의 10만 대군을 물리친 귀주대첩(龜州大捷)의 주인공 강감찬(姜邯贊)이 강궁진의 아들이다.

정(司正) 11, 부사정(副司正) 16으로 하고, 지금 더 뽑은 신갑사도 매 1령(領)에 사직 1, 부사직 4, 사정 7, 부사정 8로 해 신구(新舊) 합계 3,000 가운데 2,000은 머물러 숙위(宿衛)하게 하고 1,000은 하번(下番)하게 하소서. 그리고 하번에 해당하는 자는 의흥부가 관장하되 매 령(每領)에 사직 2, 부사직 2, 사정 6, 부사정 8로 해 총 1,000으로 하소서. 이와 같이 윤차(輪次)로 하번하게 해 항구한 법을 삼으면 당번(當番)한 자는 녹봉(祿俸)이 떨어지지 않고 예기치 못한 일이 있게 되면 하번한 자도 격문(檄文)을 전(傳)해 명령하면 달려올 수 있을 것입니다."

병조정랑(兵曹正郎) 신장(申檣)을 불러 말했다.

"더 설치할 갑사와 궐을 메울 자[塡闕者]를, 본조(本曹)가 마련(磨鍊)해 비판(批判)[9]을 써서 올리면 내 장차 인(印)을 찍어 내리겠다."

병조판사(兵曹判事) 조영무(趙英茂)가 아뢰어 말했다.

"옛 법(法)을 가볍게 고칠 수 없고 군정(軍政)을 마음대로 토의할 수 없습니다. 갑사(甲士)의 직책이 비록 낮으나 어찌 가볍게 밖에서 토의해 후일(後日)의 폐단을 열어놓겠습니까? 빌건대 예전 예(例)에 의거해 길일(吉日)을 잘 골라 정방(政房)에 들어가 제수(除授)해야 할 것입니다."

그것을 따랐다.

○ 명해 (서북면) 영녕현(永寧縣) 사람 노귀택(盧貴澤)의 처(妻) 장귀(庄貴)의 문(門)을 정표(旌表)했다. 서북면 도순문사 박은(朴訔)이 말

9 인물을 가려 벼슬을 제수하는 명단을 가리킨다.

씀을 올렸다.

'영녕현 백성 노귀택이 죽었는데 그 아내 장귀가 몹시 슬퍼했으나 집안이 가난해 예(禮)를 갖추지 못하자 길쌈을 하고 품팔이를 해 마음을 다해 매장(埋葬)하고 또 산신재(山神齋)를 베풀었습니다. 집으로 돌아올 때에 (자기가) 따라 죽지 못한 것을 스스로 한(恨)해 독한 풀[毒草]을 캐어 먹었으나 죽지 않으므로 마침내 목을 매 죽었습니다. 자식 네 사람이 있는데 모두 어립니다. 청컨대 문려(門閭)를 정표(旌表)하소서.'

그것을 따랐다.

기묘일(己卯日-13일)에 사간원에서 소(疏)를 올려 서반(西班) 5품(品) 이하의 정종(正從) 계급법을 바로잡을 것을 청했다. 소는 대략 이러했다.

'선왕(先王)[10]께서는 재주[才]에 따라 벼슬을 맡기고 다움[德]에 따라 직(職)을 주었습니다. 재주가 많고 적음이 있으면 벼슬에 경중(輕重)의 차이가 있고, 다움이 깊고 얕음이 있으면 작(爵)에 위아래의 다름이 있어 한 계(階) 한 급(級)이 모두 임금이 명해주는 것입니다. 그러므로 신하의 직책은 오직 사람을 천거하는 것을 일로 삼을 뿐 사람을 벼슬시키는 데는 참여하지 못하는 것입니다. 전조(前朝-고려) 관제(官制)에 따르면 동반(東班) 7품(品) 이하, 서반(西班) 5품(品) 이하의 정종 계급을 문하부(門下府)로 하여금 주장(主掌)하게 했습니다.

---

10 이때의 선왕이란 제도를 정한 고대 중국의 빼어난 임금을 가리킨다.

당연히 종계(從階)에 있어야 할 사람을 함부로 정계(正階)에 올렸으니 이것은 녹봉(祿俸)의 허비뿐만 아니라 사람을 벼슬시키는 데 참여한 것이니 참람(僭濫)된 일입니다. 우리 성조(盛朝)에서 문무관제(文武官制)를 일절 모두 새롭게 했으나 오직 이 계급의 제수(除授)만은 그대로 인습해 고치지 않았습니다. 바라건대 이제부터 매 령(每領) 매 품(每品)의 정종 계급을 일시에 판하(判下)해 녹봉의 비용을 절약하고 참례(僭禮-예의 정도를 넘어서는 것)하는 잘못을 바로잡아야 할 것입니다.'

그것을 따랐다.

○ 일본(日本) 강주수(江州守) 판창만가(板窓滿家)가 사자(使者)를 보내와 토산물을 바치고 정부(政府)에 글을 올려 말했다.

'귀조(貴朝)에서 하사(下賜)하신 『대반야경(大般若經)』을 우리 우무위(右武衛)가 토포악발(吐哺握髮)[11]하고 나가 맞이했습니다. 감사함이 지극하기가 이루 말할 수 없습니다. 그러나 1부(部) 600축(軸)에서 태반이 탈간(脫簡)돼 법보(法寶)가 완전하지 못하오니 빠진 권축(卷軸)을 다시 사원(寺院)에 명해 채워주시기를 빕니다.'

○ 전(前) 호군(護軍) 이예(李藝, 1373~1445년)[12]를 보내 대마도(對馬

---

11 옛날에 주공(周公)은 손님이 오면 밥을 먹을 때는 밥을 뱉고 목욕할 때는 머리를 움켜쥐고 나가서 손님을 맞아들였다는 고사(故事)다. 원래는 누가 좋은 인재를 추천하면 이렇게 뛰어나갔다는 것인데 여기서는 그냥 반가움의 표현으로 사용되고 있다.

12 1400년(정종 2년) 어린 나이로 왜적에게 잡혀간 어머니를 찾기 위해 자청해 회례사(回禮使) 윤명(尹銘)을 따라 일본의 삼도(三島)에 갔으나 찾지 못하고 돌아왔다. 1401년(태종 1년) 처음으로 일기도(壹岐島)에 사신으로 가 포로 50명을 데려온 공으로 좌군부사직에 제수됐다. 그 뒤 1410년까지 해마다 통신사가 돼 삼도에 왕래하면서 포로 500여 명을 찾아오고, 벼슬도 여러 번 승진해 호군이 됐다. 1416년 유구국(琉球國)에 사신으로 다

島)에 가게 했다. 정부(政府)에서 종정무(宗貞茂)에게 다음과 같은 글을 보냈다.

'매번 들으니 수호(修好)에 뜻을 오로지하고 항상 도적을 금하게 한다 하니 어찌 감히 감사한 것을 알지 못하겠는가? 이에 조미(造米) 150석과 콩 150석을 배를 갖춰 실어 보내 믿음을 표(表)하는 바이다.'

이때에 종정무가 평도전(平道全)[13]에게 글을 통해 말했다.

"지금 조선에서 우리를 향한 정성(精誠)이 예전만 못하다. 예전에는 쌀 500 혹은 600석을 보냈는데 지금은 보내지 않는다. 너도 휴가(休暇)를 청해 나오는 것이 좋겠다."

녀오면서 포로 44명을 찾아왔고, 1419년(세종 1년) 중군병마부수사(中軍兵馬副帥使)가 돼 삼군도체찰사 이종무(李從茂)를 도와 왜구의 본거지인 대마도를 정벌하기도 했다. 조선 초기에 사명으로 일본에 다녀온 것이 모두 40여 차례나 됐다 한다.

13 대마도 도주 종정무(宗貞茂)의 부하였으며 장수를 지냈다. 대마도와 조선이 서로 사신을 보내 왕래할 때 조선을 여러 차례 방문했다. 조선과의 인연이 깊어지자 조선에서 살기를 원해 가족과 식솔을 데리고 태종 7년인 1407년 7월에 조선으로 귀화했다. 조선의 조정에서는 특별히 사재감소감(司宰監少監)이라는 벼슬을 내렸으며 당시 3품관에 이르는 관직이었다. 조선의 조정에서 그의 역할은 왜(倭)와 외교를 담당하는 것이었다. 태종의 명을 받아 대마도를 왕래했고 대마도 도주의 의중을 조선 조정에 전달했다. 또한 그는 조선의 병선(兵船) 제조에도 관여했는데 태종의 명을 받아 왜선(倭船)을 제작해 한강에서 조선의 군선과 성능을 비교했다. 이때 왜선이 속도가 훨씬 빨라 태종이 조선의 군선을 개선하라는 지시를 내렸다고 전한다. 세종 1년인 1419년 5월 왜구가 비인현(庇仁縣)을 공격해 그곳을 지키던 만호(萬戶-종4품 무관직)를 죽이고 양민 300여 명을 학살하며 곡물과 가축을 약탈했다. 이에 고무된 왜구는 배를 타고 계속 북상해 연평도와 백령도에 이르렀다. 이때 평도전은 아들 평망고(平望古)와 함께 출전했으나 싸움에 적극적이지 않고 소극적인 태도로 일관했다가 대마도와 내통한 일이 발각됐다. 당시 평도전은 '조선이 대마도를 박하게 대하니 대마도에서 조선을 위협하면 조선이 다시 대마도를 잘 대접할 것이다'라는 밀지를 전달했다. 그의 가족은 평안도에 유배(流配)돼 위리안치됐고 평망고는 반발해 달아났다가 체포돼 처형됐다. 평도전은 유배지에서 곤궁한 삶을 살다 사망했다.

상이 듣고 의정부에 내려 토의하게 해 이에 예(藝)를 보내 두텁게 내려준 것[厚賜]이다.

○ 의정부에 명해 종묘(宗廟)의 동서상(東西廂)을 짓는 것의 편부(便否)를 토의하게 했다. 상이 종묘에 나아가 비를 피할 공간을 지을 곳을 살펴보고서[相=觀] 마침내 말했다.

"만일 묘실(廟室) 앞에 보첨(補簷)[14]을 설치하게 되면 컴컴하게 가려서 불편할 듯하다. 동서(東西) 이방(耳房)[15] 앞뜰에 10척(尺)의 보첨을 달아 제사를 행하는 날에 비나 눈을 만나면 나와 향관(享官)은 동쪽에 있고 악관(樂官)은 서쪽에, 여러 집사관(執事官)은 묘실(廟室)의 영(楹-큰 기둥) 밖에 있으면 된다. 이렇게 하면 제사에 참여하는 사람이 모두 용의(容儀)를 잃는 일이 없어 거의 정성과 삼감[誠敬]을 다할 것이다."

대언(代言) 김여지(金汝知)가 앞으로 나아와 말했다.

"동서 이방에 허청(虛廳)을 짓는 것은 종묘의 제도가 아닙니다. 뒷날에 상국(上國)의 사신이 보게 되면 뭐라고 하겠습니까?"

상이 말했다.

"사신이 무엇 때문에 종묘에 오겠느냐? 혹시 본다 해도 조선의 법이 이러한가 보다 하겠지, 어찌 비난하고 웃겠느냐?"

상이 종묘의 담 바깥 서남쪽 모퉁이에 빈 당[虛堂]이 있는 것을 바라보고 말했다.

---

14 옥외에 설치하는 장막을 말한다.

15 이방이란 정방(正房-몸채)의 옆에 있는 작은 방을 말한다.

"저것은 장차 어디에 쓸 것인가?"

대답했다.

"만세(萬歲) 후에[16] 공신(功臣)을 배향(配享)[17]할 당(堂)입니다."

상이 탄식해 말했다.

"길옆에 휑하게 비어 있는 원락(院落)[18]보다 심하구나! 제작(制作)이 어찌 저렇게 소략한가? 저 향배(向背)를 보면 동서(東西)를 분변할 수도 없고 묘정(廟庭)과의 거리도 머니 불편할 것 같다. 그러나 애초에 반드시 옛 법(法)에 의거해 지었을 것이니 예조(禮曹)로 하여금 자세히 고제(古制)를 상고해 아뢰게 하라."

상이 말했다.

"의령군(宜寧君) 남재(南在)가 도읍(都邑)을 옮겨 경영(經營)하는 것을 모두 직접 챙겨 보았으니 그에게 물어보라."

이에 예조좌랑 정애연(鄭藹然)을 보내 물으니 재(在)가 대답했다.

"그때도 역시 예문(禮文)을 상고하려 했으나 제대로 하지 못하고 단지 전조(前朝)의 태묘제도(太廟制度)를 참고했을 뿐입니다."

---

16 '임금이 죽고 나서'라는 말을 이렇게 에둘러 말한 것이다.

17 주신(主神)의 제사에 다른 신을 병행해 제사하는 것을 말한다. 임금이 생전에 총애하던 신하나 공로가 있는 신하를 종묘(宗廟)에 부제(祔祭)하거나 학덕이 있는 사람을 문묘(文廟)나 서원에 부제했다. 그런데 국왕의 신주를 종묘에 봉안할 때 모든 배향공신이 택정(擇定)되는 것은 아니고, 그 국왕과 특별한 관계에 있었던 사람이 국왕보다 늦게 죽으면 사후에 선왕의 묘정에 배향됐다. 또한 후대에 특별히 추배(追配)되는 일도 있었으며, 정치적 상황의 변화에 따라 일단 배향됐던 사람이 추삭(追削)되는 일도 있었다. 이에 택정되는 것은 대단한 영예로 여겨졌으며, 그 후손들에게는 문음(門蔭) 등 여러 가지 특전이 베풀어졌다.

18 울타리에 둘러싸인 거실(居室)을 가리킨다.

성석린(成石璘)과 조영무(趙英茂)가 말했다.

"종묘를 세운 지가 이미 오래니 낭무(廊廡)를 보충해 짓는 것이 음양(陰陽)의 구기(拘忌-구애됨과 꺼림)[19]에 맞는지 맞지 않는지[便否 편부] 알 수가 없으며 또 사당 가운데 역사(役事)를 일으켜 신주(神主)를 놀라게 하는 것은 더욱 옳지 않으니[未便 미편] 다시 전조(前朝)의 종묘 제도와 공신을 배향하는 당(堂)의 원근(遠近)을 상고한 연후에 비로소 역사를 일으키는 것이 좋겠습니다. 신 등은 재력(財力)을 꺼려해서가 아니라 법 밖[法外 법외]의 뜻으로 하면 천루(淺陋)하게 될 염려가 없지 않기 때문입니다."

하륜(河崙)이 말했다.

"산 사람이나 죽은 사람이나 다를 것이 없는데, 산 사람도 오래된 집[舊家 구가]을 수리하는 일이 있는데 종묘(宗廟)에만 어찌 그렇지 않겠습니까? 전조(前朝)의 종묘가 태조(太祖), 혜종(惠宗), 정종(定宗), 광종(光宗)을 지나고 성종(成宗) 때에 이르러서야 세워졌으니 왕씨(王氏)의 초기에 법제(法制)가 갖춰지지 못해 그러했던 것입니다. 어찌 본받을 것이 있겠습니까?"

상이 말했다.

"음양(陰陽)의 구기(拘忌)를 어찌 따르지 않을 수 있겠는가? 점을 쳐서 길(吉)한 것을 따르는 것이 좋겠다. 그러나 공신의 당(堂)은 고치지 않을 수 없다. 하 정승(河政丞)의 말이 내 뜻과 꼭 맞는다. 『춘추(春秋)』에 '세실(世室)의 지붕이 무너졌다[世室屋壞 세실 옥 괴]'라고 기록

---

19 재앙이 올까 두려워하는 마음을 뜻한다.

을 해놓았으니 이는 오랫동안 수리하지 않은 것을 기롱(譏弄)한 것이다.[20] 어찌 종묘를 수리하는 도리가 없겠는가? 오늘날로 징험(徵驗)하더라도 제릉(齊陵)이 오래돼 크게 공역(工役)을 일으켜서 수축(修築)했는데 어찌 종묘에 대해서만 의혹을 갖겠는가?"

경진일(庚辰日-14일)에 전(前) 대호군 김천귀(金天貴), 전 호군 신구봉(辛龜奉), 사정(司正) 형탁(邢卓), 부사정(副司正) 곽림(郭臨)을 순금사에 내렸다[下=囚 하 수]. 어떤 사람이 궐문(闕門)에서 뿔나팔을 분다고 거짓으로 전하니 듣는 자들이 서로 전해 말해서 삼군갑사(三軍甲士)와 문무백관(文武百官), 한량(閑良), 기로(耆老)가 모두 궐 아래로 달려오니 의흥부에서 진무(鎭撫)를 보내 오랫동안 그들을 막았다. 한참 뒤에야[久之 구지] 거짓인 것을 깨닫고 마침내 모두 물러가 흩어졌다. 의

20 공자는 『춘추(春秋)』 문공(文公) 13년에 "세실의 지붕이 무너졌다"라고만 짧게 기록했다. 이에 대해 『춘추공양전(春秋公羊傳)』은 다음과 같이 풀이한다. "세실(世室)이란 무엇인가? 노공(魯公)의 사당이다. 주공(周公)은 태묘(太廟)라고 하고 노공은 세실이라고 한다. 여러 나머지 공들의 사당은 궁(宮)이라고 한다. 이 세실은 노공의 사당이다. 왜 세실(世室)이라고 부르는가? 대대로 제사를 지내는 사당과 같은 것이며 대대로 헐지 않는 것이다. 주공을 왜 노나라에서 태묘라고 부르는가? 노공이 봉해진 것은 주공의 공로 때문이었다. 주공은 앞에서 배알하게 하고 노공은 뒤에서 배알하게 했다. 대답하기를 '살아 있을 때는 주공을 봉양하고 죽어서도 주공을 주인으로 삼을 것이다'라고 했다. 그렇다면 주공의 노나라인가? 대답하기를 '노나라로 간 것이 아니다'라고 했다. 노공을 봉해 주공을 주인으로 삼은 것이다. 그렇다면 주공은 왜 노나라로 가지 않았는가? 주공이 천하를 주나라에서 하나가 되게 한 것이다. 노나라에서 주공을 제사 지낼 때는 어떤 희생으로 하는가? 주공에게는 흰 희생을 사용하고 노공에게는 붉은 송아지를 사용하고 여러 군주에게는 순색(純色)의 희생을 쓴다. 노나라에서 주공을 제사하는데 왜 성(盛)으로 하는 것인가? 주공은 성으로 하고 노공은 도(燾)로 하고 여러 군주는 늠(廩)으로 한다. 세실의 지붕이 무너졌다는 것을 (공자는) 왜 기록했는가? 기롱한 것이다. 왜 이를 기롱했는가? 오래도록 수리하지 않았기 때문이다." 태종의 말은 바로 이 『공양전』의 뜻과 닿아 있다.

정부에서 아뢰었다.

"만약 밤중에 이와 같이 도성 안[國中=國都中]을 소란시킨다면 인마(人馬)가 상하는 것이 반드시 많을 것입니다. 또 군사가 요란(擾亂)한 것은 가장 안 될 일이니 마땅히 처음에 망령된 말을 해 대중을 현혹시킨 자를 찾아내 후인(後人)을 징계해야 됩니다."

상이 말했다.

"옳다."

조금 뒤에 의흥부에서 아뢰어 말했다.

"신 등이 망령된 말을 한 자를 힐문(詰問)하니 5~6인이 말하기를 '오늘 반드시 취각령(吹角令)이 있을 것이다'라고 했다 합니다. 청컨대 순금사에 내려 국문해야 할 것입니다."

상이 그것을 따랐으니 곧 귀봉(龜奉) 등이었다.

○ 중외(中外)에 있는 경죄인(輕罪人) 신호(申浩), 박인간(朴仁幹), 김구경(金久冏) 등 8인을 사면해 경외(京外)에 종편(從便)하게 했다. 호(浩)는 직첩(職牒)을 돌려받았다.

○ 윤향(尹向, 1374~1418년)[21]을 경상좌도 병마도절제사(慶尙左道兵馬都節制使) 겸 계림부윤(雞林府尹)으로 삼았다. 의정부에서 아뢰어 말했다.

21 한때 윤향의 조카가 윤목(尹穆)의 죄에 연좌된 탓에 중요 관직에 임용될 수 없다는 탄핵을 받았으나 윤향이 먼저 윤목의 죄를 고발했기 때문에 태종이 중요 관직에 임명했다. 1412년 한성부윤을 거쳐 참지의정부사에 다시 임명됐다. 1413년 공조판서로 발탁되고, 1415년 형조판서를 거쳐 호조판서로 임명됐다. 그러나 위화도회군 공신들을 '자기 임금을 배신하고 한고조(漢高祖)를 도운 정공(丁公)의 일'에 비유해 논하고, 또 그들의 전지(田地)를 회수해야 한다는 소를 올렸다가 파직돼 적성으로 유배됐다.

“향(向)의 재주와 다움은 신 등이 아는 바입니다. 그러나 향의 형 곤(坤)은 비록 공신이기는 하지만 그 아들이 목(穆)의 죄에 연좌됐습니다[緣坐(연좌)]. 신 등은 생각건대 향이 비록 좋은 사람[善人(선인)]이긴 해도 또한 역모죄를 저지른 자의 친족이니 현달한 벼슬에 써서는 안 될 것이라 여깁니다.”

상이 말했다.

“경사(經史) 가운데 실려 있는 것 중에 형이 악해도 아우가 착하면 쓴 경우가 있고, 아우가 악해도 형이 착하면 쓴 경우가 있다. 부자간(父子間)에 이르러서도 또한 이와 같으니 경사 가운데 이와 같은 유(類)가 대단히 많다. 만일 족친(族親)이 악하다고 해서 공(功)이 있고 선(善)이 있는 자를 폐한다면 후일(後日)에 역적(逆賊)의 족친이 된 자가 어찌 장차 (그 역적을) 고(告)하려 하겠는가? 경 등은 그러니[其(기)] 의심하거나 염려하지 말라.”

향이 맨 먼저 목(穆)의 일을 고했기 때문에 이런 명이 있었다.

○ 고봉례(高鳳禮)가 양마(良馬) 6필을 바치니 명해 예전의 예(例)에 따라 쌀 100석을 내려주었다. 제주(濟州) 사람으로 봉례(鳳禮)를 따라 서울에 온 자에게도 차등 있게 쌀을 주게 했다.

○ 흥천사(興天寺)의 탑(塔)을 수리하라고 명했다. 상이 승정원(承政院)에 명해 말했다.

“『춘추(春秋)』에 천대(泉臺)[22]를 헌 것을 썼는데[23] 호씨(胡氏)의 전

22 춘추시대 때 노(魯)나라 장공(莊公)이 쌓은 대(臺)의 이름이다.

23 문공(文公) 16년의 일이다. 공자가 『춘추(春秋)』에서 “천대를 헐었다”라고 썼는데 『춘추곡

(傳)[24]이 매우 내 뜻과 합한다. 무릇 선군(先君)께서 경영(經營)한 것이 크게 의리에 해롭지 않다면 어찌 감히 경솔하게 헐어버려 선군의 잘못을 나타내겠는가? 흥천사는 태조(太祖)께서 지으신 것인데 평소에 내게 부탁하시기를 '보즙(補葺)·수치(修治)해 만세(萬世)에 전하게 하라'고 하신 그 말씀이 아직도 귀에 쟁쟁하다. 지금 형세가 장차 기울어져 무너지게 생겼으니 내 어찌 감히 앉아서 볼 수 있겠는가? 장마가 지기 전에 수즙(修葺)해 공역(功役)을 끝내는 것이 내 소망이다."

공조판서 박자청(朴子青)과 대언(代言) 박습(朴習)에게 명해 그 역사(役事)를 감독하게 했다.

상이 또 말했다.

"연종환원(年終還願)[25] 때에 각 사원(社院)이 공허(空虛)하고 퇴폐(頹廢)했다고 하니 이래가지고야 어찌 정성과 공경의 뜻이 있겠는가? 마땅히 승도(僧徒)로 하여금 수즙(修葺)하게 하라. 내가 어찌 부처를 좋아해서이겠느냐? 전조(前朝)의 성대했던 때로부터 지금에 이르기

량전(春秋穀梁傳)』에서는 이를 다음과 같이 풀이했다. "초상이 났을 때는 다른 일을 하지 않는다. 다른 일을 하면 상을 치르는 것이 태만해지기 때문이다. (공자가) 이를 기록한 것은 문공이 도리에 어긋나는 행동을 많이 했다고 여겼기 때문이다. 조상이 만든 것을 지금 허물었으니 애석한 일이다. 그곳에 거처하지 않으면 될 일이었다."

24 송(宋)나라 호안국(胡安國)이 지은 것이다. 『춘추호전(春秋胡傳)』, 『호씨춘추(胡氏春秋)』라고도 한다. 『춘추』 3전(傳), 즉 「좌전(左傳)」, 「공양전(公羊傳)」, 「곡량전(穀梁傳)」과 함께 별도로 전(傳)을 세워 오로지 논평을 주로 한 것이다. 이를 통해 태종의 학문 수준을 가늠해볼 수 있다.

25 해마다 연초에 임금의 복을 비는 원장(願狀)을 작성해 신불(神佛)에게 기도하고 연말에 이르러 다시 제사하고 나서 그 원장을 가져오는 일을 말한다.

까지 그 풍속이 그대로 남아 있고 또 나라에 크게 해롭지 않으니 너희는 그리 알라."

대언 등이 (의정부) 사인(舍人) 조계생(趙啓生)을 시켜 정부에 일렀다.

○ 완산(完山) 자제위(子弟衛)[26]를 나눠 3번(番)으로 만들어 세자전(世子殿)에 숙위(宿衛)하게 했다. 좌군도총제(左軍都摠制) 신유정(辛有定)을 절제사(節制使)로 삼았다.

○ 노한(盧閈)과 김과(金科)에게 외방종편(外方從便)시킬 것을 명했다. 상이 정부(政府)에 가르쳐 말했다[敎曰(교왈)].

"노한은 민가(閔家)에 본래 귀부(歸附)한 것이 아니라 다만 어리석고 미혹하기[愚惑(우혹)] 때문에 유배형을 당한 것[見流(견류)]이다. 김과는 어리석고 고집이 세기[愚戇(우당)] 때문에 내가 지방에 추방해 스스로 부끄러움이 있게 하자는 것이었다. 지금 듣건대 이 두 사람이 먹고살기가 어렵다 하니 외방(外方)에 종편(從便)시켜 그 삶을 영위하게 하라."

신사일(辛巳日-15일)에 상이 문소전(文昭殿)에 나아가 망제(望祭)를 거행했다.

○ 의흥부(義興府) 진무(鎭撫) 차지남(車指南)에게 출사(出仕)를 명했다. 사헌부에서 지남(指南)을 탄핵했다.

"궐내(闕內)에서 나팔을 부는 소리가 없었는데 군마(軍馬)가 별안간

---

26 청년(靑年)들을 뽑아 임금의 시중을 들게 하는 일을 맡아보던 관아로 1372년(고려 공민왕 21년)에 궁중에 설치했다.

궐문(闕門)에 모였으니 어째서 하지 못하도록 단속하지 않았습니까?"

이에 의흥부판사 이천우(李天祐) 이하가 모두 집으로 돌아가 처벌을 기다렸다[待罪 대죄]. 상이 지평(持平) 강종덕(姜宗德)을 불러 지남을 탄핵한 뜻을 물으니 대답해 말했다.

"의흥부에서 군령(軍令)을 전부 맡아[全掌 전장] 크고 작은 군사의 동정(動靜)과 진퇴(進退)가 모두 의흥부에 달려 있습니다. (그런데) 어제 궐내에서 나팔을 분 일이 없는데도 군사가 궐문 밖에 달려와 모였습니다. 그러므로 그 까닭을 탄핵해 물은 것일 뿐입니다."

상이 말했다.

"어제 일이라면 헌부(憲府)와 백관이 모두 와서 모였는데 이것도 의흥부의 영(令)이었던가?"

종덕(宗德)이 대답해 말했다.

"나팔 소리는 신이 듣지 못했습니다만 온 나라 군사가 갑옷을 입고 병기를 가지고 모두 궐문에 모이는데 신 등이 어찌 감히 이르지 않을 수 있습니까? 의흥부에서 만일 모이라는 명령이 없었다면 입직(入直) 부관(府官)이 어찌하여 길거리에서 금지해 궐문에 나오지 못하게 하지 않았단 말입니까?"

상이 말했다.

"의흥부는 하루도 자리를 비워서는 안 되는데 소사(所司)의 탄핵을 받으면 출사하지 못하게 되는 것을, 소사가 일찍이 알고 있는 바이다. 어찌하여 상량(商量)하지 않고 갑자기 여기에 이르렀는가? 너희가 일을 말하는 것이 사리(事理)에 맞지 않는 바[不中 부중]가 항상 이와 같다. 지금 이후로는 다시는 이렇게 하지 말라."

드디어 지남을 불러 출사하게 했다. 조금 뒤에 천우(天祐)와 윤저(尹柢) 등이 대궐에 나아와 아뢰어 말했다.

"소사(所司)가 지남을 탄핵하기를 '취각령(吹角令)이 없이 군마(軍馬)를 모이게 했다'라고 하므로 신 등이 집에서 처벌을 기다리고 있었는데 지금 지남에게 출사(出仕)를 명하시니 신 등은 매우 두렵습니다. 애초에 추우(騶虞)[27]의 영(令)을 세우기를 '사사로이 군마를 모이게 한 자는 마땅히 역(逆-역모)으로 논(論)한다'라고 했습니다. 신 등의 마음을 전하께서 반드시 알지 못하시고 의흥부 원리(員吏)의 수가 30여 인이나 되니 다른 사람의 마음가짐을 신 등이 어찌 다 알 수 있겠습니까? 또 소사가 어찌 근거도 없이 억측해서 핵문(劾問)했겠습니까? 바라건대 신 등을 유사(攸司)에 내려 사실을 가리소서."

상이 말했다.

"아무리 좋은 일도 아예 없는 것만은 못하다. 또 소사의 이번 일은 상량하지 못하고 졸지에 발동을 걸었으니 경 등은 피혐(避嫌)하지 말고 직사(職事)에 이바지하라."

천우와 박자청(朴子靑) 등이 다시 아뢰어 말했다.

"사실을 가리게 하지 않는다면 신 등이 이미 이러한 이름을 얻었으니 장차 의흥부의 일을 맡지 못할 것입니다. 의흥부는 만세(萬世)에 전할 관사(官司)이니 법령을 가볍게 고칠 수 없습니다. 어찌 법을 어겼는데 묻지 않을 수 있겠습니까? 바라건대 유사에 내려 사실을 가리셔야 할 것입니다."

---

27 직문추우기(織紋騶虞旗)를 가리킨다.

윤저(尹柢)가 아뢰어 말했다.

"지금 소사가 신 등에게 '사사로이 갑사(甲士)를 모았다'라고 하니 바라건대 유사(攸司)로 하여금 사실을 가리게 하셔야 할 것입니다. 만일 소사의 말이 사실이면 신 등을 모반죄(謀叛罪)로 좌죄(坐罪)하시고 무고(誣告)라면 율(律)에 의해 과단(科斷)하셔야 할 것입니다."

상이 말했다.

"소사가 애초에 의흥부 진무를 부른 것은 군사(軍士)가 흉동(洶動)한 이유를 묻고자 한 것이었는데 부관(府官)이 진무(鎭撫)를 보내지 않았기 때문에 핵문(劾問)한 것이다. 또 이미 실체가 없는 일[虛事]인 줄을 아는데 유사(攸司)에 내려 무슨 죄를 묻겠는가?"

○ 사헌부에서 말씀을 올렸다.

"추우기법(騶虞旗法)은 이미 드러난 영(令)이 있습니다. (그런데) 기(旗)를 세우고 나팔을 분 일이 없이 군사(軍士)들이 말을 달려 곧장 궐문(闕門)에 이르렀습니다. 의흥부는 군사들의 진퇴(進退)의 영(令)을 오로지 담당하고 있으니 이에 입직(入直)한 대소 장리(大小將吏)가 부랴부랴 서둘러 금하는 것이 직책입니다. (그런데) 앉아서 보기만 하고 금하지 않았으니 어모(禦侮-외부의 침입을 막음)의 뜻에 어떠합니까? 빌건대 그날 입직한 당상(堂上)과 진무(鎭撫)를 직첩을 거두고 율에 따라 논죄해야 할 것입니다."

상이 소(疏)를 읽어보고 말했다.

"지난날에 소사원(所司員)이 간사한 자들의 왕래하는 말을 듣고 망령되게 장소(章疏)를 올리면 내가 가끔 위엄(威嚴)을 가한 바 있으나 지금은 내가 허심탄회(虛心坦懷)하게 받아들이려고 한다. 어제 의흥부 진무(鎭撫)를 탄핵한 것이 너무 지나쳐 당상관(堂上官)을 격분(激憤)하게 했으므로 내가 조호(調護)하는 뜻으로 양쪽을 화해시켰는데 지금 또 죄를 청하는 것은 무엇 때문인가?"

집에 돌아가 처벌을 기다리라고 명했다. 조금 뒤에 그 소를 정부에 내려 깊이 토의해 아뢰게 했다.

○ 의정부에서 아뢰었다.

"추우기(騶虞旗)가 없이 사사로이 모인 갑사(甲士)는 곧 잡아들여 대궐에 이르도록 이미 정한 영갑(令甲)이 있습니다. 지금 망령되게 나팔을 분다고 전해 군사가 모여들었으니 입직(入直)한 의흥부 당상(義興府堂上)과 아래로 상호군·대호군에 이르기까지 그 이름이 '어모(禦侮)하는 선비'라 하니 먼저 이른 자가 만일 창(槍)을 가진 자는 찌르고 칼을 가진 자는 베고 혹은 결박해 크게 경동(驚動) 요란(擾亂)하지 않게 해야 할 것인데, 사기(事機)에 응(應)하지 못했으니 그날 입직한 이원(吏員)은 누구라 할 것도 없이 진실로 죄가 있습니다. 헌사(憲司)가 상소해 (죄) 청하는 것은 마땅합니다."

상이 대언(代言)에게 일러 말했다.

"대신(大臣)의 말이 진실로 옳지 않으냐? 너희는 나의 근신(近臣)이 돼 어찌 아뢰지 않았는가? 내가 전날에 헌사(憲司)를 책(責)한 것을 사관(史官)이 반드시 쓸 것이니 어찌 부끄럽지 않겠는가?"

대언 김여지(金汝知) 등이 대답해 말했다.

"허물을 후회한[悔過 회과] 말도 사관이 또한 쓸 것이니 어찌 해로울 것이 있겠습니까?"

이에 상이 헌사(憲司)로 하여금 다시 일을 보게 했다. 의흥부판사 이천우(李天祐) 등이 또한 스스로 피혐(避嫌)하고 출사하지 않으니 명해 아울러 일을 보게 했다.

○ 다시 저화(楮貨)를 쓸 것을 토의했다. 의정부에서 아뢰어 말했다.

"호조(戶曹) 첩정(牒呈-보고서)에 의거하면 '화폐(貨幣)를 쓰는 법이 시대마다 각각 같지 않습니다. 양한(兩漢) 때에는 동(銅)을 부어 전(錢)을 만들고, 가죽을 제조해 폐(幣)를 만들었으며, 당(唐)나라의 저권(楮券)과 송(宋)나라의 교자(交子-지폐의 일종)는 그 쓰인 바가 비록 다르나 백성을 이롭게 한 뜻에서는 한가지였습니다. 전조(前朝) 때에 능(綾)·나(羅)·병(甁)으로 화(貨-화폐)를 삼았는데 후세(後世)에 포화(布貨)로 대신했으니 이는 옛 법도에 어긋날 뿐 아니라 길쌈의 공력(功力)과 운반의 무거움을 어찌 생각지 않을 수 있습니까? 하물며 지금 상국(上國)에서는 바야흐로 초법(鈔法)을 행하고 있는데 오직 우리나라에서만 전조(前朝) 말류(末流)의 폐단에 구애돼 그대로 추포(麤布)를 사용하고 있으니 매우 불편합니다. 마땅히 상고(上古)를 모방하고 상국(上國)의 제도에 따라서 저화(楮貨)의 법을 통행(通行)하소서'라고 했습니다. 이에 본부(本府)에서 의득(議得)하기를 임오년(壬午年-1402년)에 처음으로 사섬서(司贍署)를 세우고 저화(楮貨)의 법을 맡게 해 서울과 지방에서 거의 성행(盛行)할 뻔했습니다. 그런데 습속(習俗)이 이미 오래돼 민심(民心)이 처음에 해괴(駭怪)하게 여기므로 마침내 중지하고 행하지 못했습니다. 빌건대 호조의 첩정 내용에 의거해 다시 거행(擧行)함으로써 국용(國用)을 넉넉하게 해야 할 것입니다."

그것을 따랐다.

○ 적(賊)이 (동북면) 경원(慶源)에 침입해 노원식(盧原湜)이 맞붙어 싸웠으나 패했다[敗績]. 원식(原湜)은 갑사를 거느리고 중축(中軸)이 되고 전(前) 판사(判事) 김성(金成), 전(前) 호군(護軍) 위신충(魏臣忠)은 길주(吉州)와 단주(端州)의 군사를 거느리고 좌우익(左右翼)이 돼 쫓았다. 적이 거짓으로[佯] 패주(敗走)해 1리(里)쯤 달아나다가 별안간 크게 소리 지르며 반격하니 좌우익이 먼저 무너지고 갑사 또한 쫓겼다. 사직(司直) 김가물(金加勿)이 창을 휘두르며 맞아 싸워 한 사람을 쏘아 죽이고 또 한 사람을 찌르니 적이 감히 가까이 오지 못했다. 조금 뒤에 원식도 화살을 맞고 적이 군사를 놓아 크게 이르니 원식은 군사와 더불어 달아나 신책(新柵)으로 들어가고 김성의 부하 군인이 2급(級)을 베었다. 보서(報書)가 이르니 상이 대신들을 불러 토의했다.

"적인(賊人)이 들에 있고, 때가 지금 장마철이며, 초목(草木)이 깊고 무성하니 공격할 수 없는 것을 잘 안다. 그런 적을 막는 방법은 군량(軍糧)을 저축하고 군사(軍士)를 주둔시키는 것보다는 빨리 이를 쳐서 이전의 치욕을 씻어야만 한다. 만일 가을 서늘한 때를 기다리면 적(賊)은 반드시 멀리 도망갈 것이다."

하륜(河崙)이 말했다.

"마땅히 도랑을 깊이 파고 성루(城壘)를 높이 쌓아 기다려야 되지 결코 가볍게 움직여서는 안 됩니다."

이에 중지했다.

임오일(壬午日-16일)에 풍해도 도절제사(豐海道都節制使) 유은지(柳殷之)가 무일도(無逸圖)를 올렸다. 은지(殷之)가 그림을 올린 것은 (상의) 탄신(誕辰) 때문인데 상이 아름답게 여겼다. 검교한성윤(檢校漢城尹) 최복하(崔卜河) 또한 하시(賀詩)를 올리니 쌀 10석과 콩 5석을 내려주었다.

○ 대호군(大護軍) 조정(趙定)을 동북면(東北面)에 보냈다. 여진(女眞) 자제(子弟) 중에 숙위(宿衛)할 만한 자를 뽑기 위함이었다.

계미일(癸未日-17일)에 원숭이[猿猴 원후]를 각진(各鎭)에 나눠 주었다. 그에 앞서 일본국 사람들이 잇달아 원숭이를 바치므로 사복시(司僕寺)에 그것들을 기르도록 명했는데 이때에 이르러 나눠 주었다.

○ 신유정(辛有定)을 풍해도 병마도절제사로 삼았다.

을유일(乙酉日-19일)에 『육백반야경(六百般若經)』을 흥덕사(興德寺)에서 전독(轉讀)했다. 태조(太祖)께서 일찍이 사시던 궁(宮)을 희사(喜捨)해 흥덕사를 만들고 또 명해 『육백반야경(六百般若經)』을 써서 이 절에 간직하게 했다. 이때에 이르러 태조의 기신(忌辰)이 장차 가까워오므로 그에 앞서 회(會)를 베풀고 승도(僧徒)로 하여금 경(經)을 전독하게 했다. 상왕(上王)과 상이 함께 절에 올라갔다.

○ 의흥부지사(義興府知事) 심구령(沈龜齡)을 파직했다. 의정부에서 말씀을 올렸다.

"이달 14일에 입직(入直)했던 의흥부 당상(堂上)과 진무(鎭撫) 등은 금병(禁兵)을 전장(專掌)하고 있습니다. (그런데) 남문(南門)을 파

수(把守)하던 갑사 패두(甲士牌頭) 한중덕(韓仲德)은 군사가 까닭 없이 갑옷을 입고 병기를 가지고 갑자기 궐문(闕門)에 이르는 것을 보고서 당연히 먼저 이른 사람을 붙잡아 자세히 조사하고 캐물었어야 할 것인데 조금도 수하(誰何)를 하지 않았으니 군령(軍令)이 엄하지 않을 뿐 아니라 장래가 염려됩니다. 청컨대 상항(上項) 인원(人員)을 율(律)에 따라 시행해 후래(後來)를 경계해야 할 것입니다. 또 그날 입직했던 총제(摠制) 이하 상호군·대호군에 이르기까지 모두 당연한 것처럼 앉아서 보기만 했으니 숙위(宿衛)의 책임에 매우 어긋납니다. 빌건대 아울러 그 죄를 다스리셔야 할 것입니다."

이에 구령(龜齡) 및 진무 대호군 목진공(睦進恭) 등 5인과 패두(牌頭) 한중덕 등을 파직하고 그 나머지는 모두 논하지 말게 했다. 순금사에서 아뢰었다.

"형탁(邢卓), 곽림(郭臨), 신구봉(辛龜奉), 김천귀(金天貴) 등은 나팔을 불었다고 거짓말을 해 경사(京師)를 깜짝 놀라게 했으니 청컨대 군법(軍法)에 의거해 시행해야 할 것입니다."

상이 말했다.

"탁(卓) 등은 거짓말을 전한 것뿐이고 다른 뜻을 가진 것은 없으니 자원(自願)에 의해 부처(付處)하도록 하라."

이에 김천귀는 충주(忠州), 형탁은 곡성(谷城), 곽림은 도강(道康), 신귀봉은 영흥부(永興府)에 부처했다.

병술일(丙戌日-20일)에 (서북면) 안변부(安邊府)에 황충(蝗蟲)이 일었다.

○ 편전(便殿)에 나아가 갑사(甲士)의 직(職)을 주었는데 상하번(上下番) 아울러 3,000명이었다.

정해일(丁亥日-21일)에 상호군 하경복(河敬復)을 길주도 조전지병마사(吉州道助戰知兵馬使)로 삼아 궁시(弓矢)를 내려주어 보냈다.

무자일(戊子日-22일)에 순금사사직(巡禁司司直) 송치(宋寘)를 동북면에 보내 연사종(延嗣宗)을 잡아 오게 했다. 동북면 도순문사 임정(林整)이 급히 아뢰었다[馳啓 치계].

'용성(龍城) 싸움에서 찰리사(察理使) 연사종이 군사를 끌고 길주(吉州)에 주둔하고 있으면서 나와 구원하지 않아 우리 군사가 패했는데 군관(軍官) 중에 죽은 자가 5명이며, 부상한 자가 20명이고, 전마(戰馬)가 사상(死傷)한 것이 30필이며, 그 밖에 평민(平民)의 마필을 빼앗긴 것도 많습니다. 적이 물러간 뒤에 적의 시체를 발견한 것은 네 곳뿐이며 경성(鏡城) 남쪽의 인민들이 모두 놀라 동요해 산에 올라가 농업을 일삼지 않고 길주의 거주민들도 모두 놀라 소란스러워 밭에 나가지 않습니다.'

마침 사종(嗣宗)의 반인(伴人-심부름꾼)이 서울에 왔으므로 그에게 물으니 그가 곧장 대답했다.

"저쪽 군사는 400명뿐이고, 우리 군사는 800명인데도 갑사들이 힘써 싸우지 않고 달아났기 때문에 결국 패했습니다."

상이 크게 놀라 사종에게 개인 말을 타고 상경할 것을 명했다. 우정승(右政丞) 조영무(趙英茂), 지의정(知議政-의정부지사) 황희(黃喜),

참지의정(參知議政) 이조(李慥) 등이 대궐에 나아와 아뢰었다.

"신 등이 재상(宰相)의 자리에 있으면서 상의 임금다움[上德]을 보익(輔翼)하지 못해 도적으로 하여금 군사를 몰아 변진(邊鎭)을 요란하게 만들었으니 진실로 마음이 아픕니다. 장수(將帥)가 된 자는 마땅히 새벽에 일찍 일어나 잠자리 위에서 식사를 하고 구릉(丘陵) 위에 군사를 모아 적의 형세를 살펴야 하며, 적이 이미 물러나면 척후(斥候)를 나눠 보내 고지(高地)를 점거한 연후에야 말의 안장을 벗기고 말을 먹이며 군사를 휴식시키는 것이 원칙입니다. (그런데) 지금 노원식(盧原湜) 등이 척후(斥候)를 삼가지 않고 있다가 적의 선봉이 갑자기 들이닥쳐 창졸간에 싸웠으니 어찌 패하지 않을 수 있겠습니까? 도총제(都摠制) 이화영(李和英)은 그 휘하(麾下) 군사가 모두 주장(主將)을 위해 죽고자 하니 만일 보낸다면 적을 제어할 수 있을 것입니다."

상이 말했다.

"사종이 만일 공신이 아니라면 마땅히 법으로 논하겠으나 다만 공신이기 때문에 개인 말로 돌아오게 한 것이다. 화영(和英)은 비록 공신은 아니지만 내가 공신의 예(例)로 대접하니 마땅히 평소에 위망(威望)이 있는 자를 골라서 보내는 것이 좋을 것이다."

영무(英茂)가 말했다.

"화영을 보내 사람을 잘 골라 비장(裨將)을 삼으면 좋을 것입니다. 만일 화영이 아니고서는 이전 사람과 다를 바가 없습니다."

황희가 말했다.

"사종의 일이 어찌 공론(公論)이 없겠습니까? 만일 화영이 잘못이 있게 된다면 전하께서도 비호(庇護)하실 수 없습니다."

상이 허락했다. 영무가 말했다.

"사종이 제군부(諸軍府)의 영사(令史)가 됐을 때부터 신과 함께 태조(太祖)의 휘하가 됐는데 서로 비호(庇護)하는 마음을 이루 말할 수 없습니다. 그러나 여러 사람이 보고 듣기[觀聽]에 공도(公道)로 보이지 않을 수 없으니 마땅히 결박을 짓고 차꼬를 채워 데려오게 하고 서울에 이르거든 너그러운 법으로 용서하는 것이 좋겠습니다."

상이 말했다.

"설사 결박해 오지 않더라도 사람을 시켜 잡아 오면 또한 법을 보일 수 있는 것이다."

이에 화영으로 하여금 사종을 대신하게 하고 그에게 가르쳐 말했다.

"지금 적세(賊勢)가 더욱 성대해 여러 장수가 수차례 패하는 바람에 정부에서 경(卿)을 찰리사(察理使)로 삼자고 청한다."

화영이 대답해 말했다.

"전하께서 신을 길러 벼슬을 높이고 녹(祿)을 두텁게 하셨으니 신 같은 소인(小人)을 장차 어디에 쓰겠습니까? 비록 물불에 들어가게 한들 어찌[其=豈] 감히 사양하겠습니까?"

얼마 뒤에 명이 있었으나 화영은 끝내 출발하지는 않았다. 원학(元鶴)에게 명해 그곳에 남아 전상(戰傷)한 군사를 치료하도록 했다.

○ 의정부에서 아뢰어 말했다.

"동북면의 군자(軍資-군량미)가 단지 6만 석뿐인데 지금 도적을 막는 수졸(戍卒)이 거의 800~900명이나 됩니다. 여름 석 달 경비와 환

상(還上)[28]을 나눠 줄 수량을 제외하면 나머지가 2만~3만 석에 지나지 않습니다. 도적을 막는 일이 지체될지 빨리 끝날지[遲速]를 알 수 없습니다. 청컨대 강원도의 군자를 동북면에 조운(漕運)하고 경상도 안강(安康) 이북의 군자를 강원도에 조운해야 할 것입니다. 가을이 와서 바람이 높아지면 곡식을 수운할 수 없으니 모름지기 이때에 회박(回泊)하게 하소서."

상이 말했다.

"내가 생각할 때 회박할 즈음에 배가 깨어지고 사람이 상할 근심이 있을까 두려우니 잘 토의해 시행하라."

○ 예조참의 박구(朴矩)와 상호군 최윤덕(崔閏德)을 동북면 조전지병마사(東北面助戰知兵馬使)로 삼아 궁시(弓矢)를 내려주어 보냈다. 동북면 도체찰사(東北面都體察使)가 아뢰었다.

"저 적은 병기를 더 준비했는데 지금 수어(戍禦-방어)하는 (우리쪽) 군사들은 모두 피로해 지치고 세 병마사(兵馬使)는 모두 화살에 맞아 싸울 수가 없습니다. 청컨대 다시 장수(將帥) 두세 사람과 정병(精兵) 1,000명을 보내주시어 방어에 대비할 수 있게 해주소서."

의정부에서 아뢰었다.

"적의 세력이 더욱 왕성한데 지금 하경복(河敬復)만 보내면 어떻게 혼자 다 당해낼 수 있겠습니까?"

그래서 이런 명이 있었다.

---

28 환곡(還穀) 혹은 환자(還子)라고도 하는데 흉년 또는 춘궁기에 곡식을 빈민에게 대여하고 풍년 추수기에 갚게 하는 구호제도를 말한다.

○ (대마도에서 귀화한) 평도전(平道全)이 정부에 말했다.

"조선(朝鮮)의 사람들은 아직 싸움이 시작하지도 않은 때에 먼저 집으로 돌아갈 생각부터 하니 어떻게 적을 이길 수 있겠습니까? 나는 이 몸을 잊고 나라에 몸을 바쳤습니다[委質]. 적과 싸우러 나가는 날에 마땅히 먼저 아내를 죽여 회환(回還)하지 않을 생각을 굳혔으니 어찌 이기지 못하겠습니까? 만일 나를 보낸다면 반드시 나라에 은혜를 갚을 것입니다."

정부에서 그대로 아뢰었다. 도전(道全)이 이때 작은 병이 있었는데 지신사(知申事) 안등(安騰)이 물었다.

"네 병은 어찌할 것인가?"

도전이 말했다.

"내가 바다 가운데서 나고 자라 산을 뛰어다니고 물에서 잠을 잤는데, 지금은 편안히 잠을 자고 마음을 놓아 잠시도 운동을 하지 않기 때문에 기운이 원활하지 못해 병이 생긴 것입니다. 지금 만약 명(命)을 받아 발행(發行)하면 병은 저절로 나을 것입니다. 만일 내가 전망(戰亡)해 돌아오지 않거든 나의 작록(爵祿)은 바라건대 내 자식에게 전해주소서."

상이 그를 장하게 여겨 그 무리 10여 명을 데리고 가도록 명했다.

○ 의정부에서 박구(朴矩)와 최윤덕(崔閏德)의 말을 아뢰었다.

"신 등이 홀로 가면 중과부적(衆寡不敵)인데 어찌하겠습니까? 청컨대 그 도(道)의 갑사(甲士) 중에 하번(下番)해 집에 있는 자 30~40인을 데리고 가게 해주소서."

상이 말했다.

"그것은 금병(禁兵)[29]이니 외방(外方)에서 방수(防戍)하게 할 수 없다. 갑사(甲士)로서 하번(下番)해 귀향(歸鄕)한 자가 모두 이미 실망하고 있는데 또 강제로 죽을 땅에 종군(從軍)하게 하는 것이 되겠는가? 그중에서 응모(應募)하는 자가 있다면 승전(勝戰)한 뒤에 포상(褒賞)하겠다는 뜻으로 이르고 만약 없다면 억지로 할 수는 없다."

○ 의정부에 명해 경원부(慶源府)에 사람을 보내 능침(陵寢)을 가서 살펴보게 했다.

기축일(己丑日-23일)에 밤에 크게 바람이 불며 비가 내리고 천둥과 번개가 쳤다. 도성 안에 물이 넘쳐 교량(橋梁)이 잠겼다[漂沒표몰].

○ 상이 친히 문소전(文昭殿)에 나아가 예고제(預告祭)를 행했으니 다음 날이 대상(大祥)[30]임을 고한 것이다. 예조(禮曹)에 명해 말했다.

"상제(祥祭)는 마땅히 신주(神主) 앞에서 행해야 하지만 건원릉(健元陵)에도 전(奠)을 빠뜨릴 수는 없다."

또 말했다.

"차라리 두텁게[厚후] 해 잘못되는 것이 나으니 대신(大臣)을 보내 제사를 행하는 것이 좋겠다."

○ 전(前) 선공감(繕工監) 김조(金租)가 글을 올렸다. 글은 이러했다.

---

29 조선시대에 금군청(禁軍廳) 또는 용호영(龍虎營)에 소속돼 왕궁을 수비하고, 왕이 거둥할 때 왕을 호위하고 경비하던 기마군대를 말한다.

30 두 번째 기일에 지내는 제사를 가리킨다.

'늙은 어미가 병(病)이 위독해[革(혁)=危篤(위독)] 여러 아들을 보고 싶어 하십니다. (그런데) 신의 형(兄) 김조(金稠)가 지금 평양교수관(平壤敎授官)으로 있으니 빌건대 그를 불러서 임종(臨終)하는 것을 보게 해주소서.'

상이 말했다.

"김과(金科)도 역시 그의 자식이다. 어미가 장차 죽으려 하는데 만약 만나보지 못하면 자식된 마음에 어찌 아프지 않겠는가?"

그러자 의정부(議政府)에서 "김과의 어미에게 자식이 하나뿐이 아니니 죄인을 어떻게 가볍게 부를 수 있습니까?" 하고 아뢰었다.

상이 말했다.

"비록 자식이 열 사람이 있다 하더라도 사람마다 각각 (보고 싶은) 마음이 있는 것이다. 또 과(科)는 일찍이 내게 친근(親近)한 자였으니 내 정(情)이 마지 못하는 바[不得已(부득이)]가 있다."

○ 의정부참찬사 유창(劉敞)과 내시부동판사(內侍府同判事) 문용부(文用富)에게 옷 한 벌, 사모(紗帽)와 나막신, 안마(鞍馬)를 내려주었다. 동부대언(同副代言) 박습(朴習)을 보내 대상제(大祥祭)의 향(香)과 축(祝)을 받들어 건원릉(健元陵)에 가게 하고 가는 김에 두 사람에게 주었는데 (두 사람은) 능(陵)을 지키는 일을 3년간 해왔기 때문이다.

○ 예조좌랑 정애연(鄭藹然)을 보내 영의정부사(領議政府事) 하륜(河崙)에게 물었다.

"탈상한[免喪(면상)=脫喪(탈상)=去喪(거상)] 뒤에 최질(衰絰)과 저장(苴杖-지팡이)을 어느 곳에 둘까?"

륜(崙)이 대답했다.

"지팡이는 『문공가례(文公家禮)』에 의거해 폐쇄된 곳[屛處]에 두고 최질(榱經)은 예전에 예문(禮文)이 없으나 불태우거나 묻을 수 없습니다. 탈상한 뒤에 문소전(文昭殿)을 전수(典守)하는 자에게 내려주는 것이 좋겠습니다."

경인일(庚寅日-24일)에 크게 비가 내리고 천둥이 쳤다.

○ 상이 문소전(文昭殿)에 나아가 대상제(大祥祭)를 거행했다. 상이 호관(縞冠-흰 비단으로 만든 관)에 현의(玄衣-검은 상의), 소상(素裳-흰 치마), 포과대(布裹帶-베로 짠 허리띠), 소리(素履) 차림으로 제사를 거행했는데 비가 내리기 때문에 백관(百官)의 배제(陪祭)는 임시방편으로[權=權道] 면제했다. 내자주부(內資主簿) 최자해(崔自海)는 폐백(幣帛)을 바치는 것을 빠뜨렸고 전사시판사(典祀寺判事) 홍섭(洪涉)은 친히 제사를 살피지 않았으며 직장(直長) 윤처경(尹處敬)은 감제관(監祭官)으로, 전농판관(典農判官) 송면(宋勉)은 혼전판관(魂殿判官)으로 함께 폐백의 있고 없는 것을 미리 살피지 않았다고 해서 형조에 내려서 핵문(覈問)해 모두 파직시켰다.

○ 서천군(西川君) 한상경(韓尙敬)을 보내 경사(京師)에 가게 했다. 주본(奏本)은 이러했다.

'배신(陪臣) 김정경(金定卿)이 베이징[北京]에서 돌아와 거가(車駕)가 북방(北方)을 순행(巡幸)하신단 말을 삼가 듣고서[欽聞] 배신(陪臣) 한상경(韓尙敬)을 시켜 진헌 예물(進獻禮物)을 싸 가지고 행재소(行在所)에 나아가게 해 기거(起居)를 흠문(欽問)하는 바입니다."

(그에 앞서) 의정부에서 아뢰었다.

"동북면(東北面)의 적변(賊變)을 상경(尙敬) 편에 덧붙여 아뢰는 [附奏]부주 것이 어떻겠습니까?"

상이 말했다.

"이번에 가는 것은 오로지 문안(問安)을 위한 것이니 다른 일을 겸할 수 없다. 만약 편의에 따라 상달(上達)하는 것은 가능하다."

신묘일(辛卯日-25일)에 한성부판사 박가실(朴可實)이 졸(卒)했다.

○ 일본국(日本國) 우구전(瑀球殿)이 사자(使者)를 보내와서 토산물을 바쳤다.

임진일(壬辰日-26일)에 경상도 선주(善州) 사노(私奴) 화상(和尙)이 벼락에 맞았다[震]진.

○ 강원도(江原道)에 큰비가 내려 원주(原州)와 횡천(橫川)에는 산이 무너졌다. 의정부에 뜻을 전해 말했다.

"지금 장마가 진 지 이미 오래이니 정부에서는 어떻게 하면 능히 비를 그치게 할 수 있는가?"

정부에서 아뢰었다.

"이것은 월령(月令)에 큰비를 시행하는 때이고 또 과도(過度)한 데에 이르지 않았습니다. 3~4일 더 기다려봐서 그치지 않으면 상하(上下) 신기(神祇)에게 제사해 빌기를 청합니다. 그러나 이것은 신 등이 섭리(燮理-일처리)를 잘하지 못한 소치입니다."

안등(安騰)이 말했다.

"상의 뜻은 아마 기도[禱祀]를 위한 것이 아닌 것 같다."

결국 아뢰지 않았다.

○ 비로소[始] 종묘(宗廟)의 동서상(東西廂)을 짓고 공신당(功臣堂)을 종묘 담 안 동계(東階) 아래로 옮겼다.

을미일(乙未日-29일)에 주문사(奏聞使) 이현(李玄)과 유겸(柳謙)이 베이징[北京]에서 돌아왔다. 이때에 제(帝)가 북정(北征)으로 인해 오랑캐 땅에 깊숙이 들어가고 황손(皇孫)으로 하여금 국사(國事)를 대신하게 했는데[監國] 도성에 머물러 있는 관원[留都官]이 행재소(行在所)에 가는 것을 허락하지 않으므로 마침내 그냥 돌아왔다.

○ 동북면 경차관(東北面敬差官) 윤하(尹夏)와 박미(朴楣)가 (한양으로 돌아와) 복명(復命)했다. 하(夏) 등이 아뢰었다.

"이달 15일에 신(臣) 등이 경성군(鏡城郡)에 있었습니다. 진시(辰時) 초(初)에 어떤 사람이 와서 고하기를 '도적이 용성(龍城)을 침입했습니다'라고 했습니다. 신 등이 곧장 김을화(金乙和)와 함께 20여 기(騎)를 거느리고 급히 용성으로 달려가니 적은 이미 신책(新柵)을 두어 겹으로 포위하고 3기(騎)가 고책(古柵) 다리를 점거하고서 앞으로 나아가지 못하게 했습니다. 이윽고 적의 무리가 더욱 많이 몰려와 김을화가 화살에 맞았습니다. 제가 길을 막고 있는 한 사람을 쏘아 맞혔고 미(楣) 또한 두 사람을 쏘아 맞혔습니다. 제가 마침내 다리를 빼앗아 앞으로 나아갔고 을화(乙和)가 먼저 책(柵)으로 들어갔습니다. 미가 고책 문에 이르러 '군사를 내어 지원하라'고 외치고 또 '갑사(甲士)가 어디 있느냐?'고 물으니 곽승우(郭承祐)가 '갑사가 반은 적에게 죽고 반은 신책으로 들어갔으니 내보낼 군사가 없다. 빨리 책으로 들어와서 살기를 도모하라'라고 답했습니다. 미가 말하기를 '어째서 책으로 들어오라 하는가?'라고 하고 돌아와 저와 함께 적에 맞섰는데 적이 떼로 이르렀습니다. 우리도 또 쫓기어 군사들로 하여금 모두 고책으로 들어가게 하고, 저는 성문을 등지고 미는 성(城) 위에 서서 함께 편전(片箭) 4~5개를 쏘니 적이 차츰 퇴각해 신책을 에워쌌습니다. 마침 청주(青州)의 대수병(代戍兵)[31] 200기(騎)가 이르니 적이 바라보고 '원병(援兵)'이라 여겨 포위망을 풀고 물러갔습니다. 이날 저물 무렵에 4기(騎)를 보내 적을 엿보다가 3기는 적에게 사로잡히고 1기는 겨우 탈출해 돌아왔는데, 그가 말하기를 '적이 두 책(柵)에서 10리도 못 되는 거리에서 군사를 쉬게 하고서 물러갔다'라고 했습니다."

하 등이 또 말했다.

"적이 물러간 뒤에 죽은 자를 점검해봤더니 한 부인이 두 아이를 겨드랑이에 끼고 죽어 있었습니다. 적이 성(城)을 포위했을 때 (이 부인은) 하늘을 가리키고 땅을 가리키면서 가슴을 두드리며 통곡하기를 '죄가 있는 자는 죽여야 하지만 부인과 어린아이가 무슨 죄가 있는가? 비록 잡아가서 종을 삼으면 그게 낫지!'라고 말했다 합니다."

또 말했다.

"곽승우 등 세 장수가 모두 화살에 맞아 한 책(柵)에 와서 누워 있으니 상서롭지 못할 것 같습니다."

---

31 교대하는 수병(戍兵)을 말한다.

하가 또 아뢰어 말했다.

"지난 4월에 올량합(兀良哈) 등이 와서 경원과 아오지(阿吾知)를 침략해 전망(戰亡)한 군사가 89인이고 빼앗긴 말이 120필이며, 철갑(鐵甲) 24부(部), 엄심(掩心) 60부, 지갑(紙甲) 18부, 철주(鐵胄) 67개, 백주(帛胄) 47개, 철호항(鐵護項) 13개, 창(槍) 97자루, 장도(長刀) 20자루, 각궁(角弓) 63정(丁), 가달전(加達箭) 2,600여 매(枚)를 잃었고, 웅구(雄丘) 보을(甫乙) 가퇴(加退)가 두 길로 들어와 침략해 남녀 12인, 소 2척(隻), 말 13필을 죽이고 남녀 12명, 소 20척을 사로잡아 갔습니다."

김승주(金承霔)가 또 아뢰었다.

"5월 15일에 올량합(兀良哈)이 용성을 침략해 남녀 24명, 말 2필을 살해하고, 남녀 69명, 말 57필, 소 69두를 사로잡아 갔으며 봉졸(烽卒) 3명, 점기(覘騎)[32] 3인이 또한 적에게 죽었습니다."

○ 강원도 통천(通川)과 흡곡(歙谷)[33]에 황충이 일었다.

---

32 척후기(斥候騎)를 가리킨다.

33 통천 쪽의 금강산 주변에 있던 옛 지명이다. 뒤에 통천에 흡수됐다. 총석정으로 가는 길이 험난한 데서 온 이름이다.

丁卯朔 無雲而雷.
정묘 삭 무운 이 뢰

上親祭于文昭殿.
상 친제 우 문소전

遣大護軍朴楣 令金乙和率兵七百 馳至慶源 宿衛陵室 遂如
견 대호군 박미 영 김을화 솔병 칠백 치지 경원 숙위 능실 수 여
豆稱介處 招安而來. 東北面都巡問使延嗣宗啓曰:
두칭개 처 초안 이 래 동북면 도순문사 연사종 계왈

'慶源兵馬使郭承祐先騎船入于紅島 四月二十三日 都千戶
경원 병마사 곽승우 선 기선 입우 홍도 사월 이십 삼일 도천호
安乙貴使老弱先行 率留防軍殿後. 承祐遇於雍丘浦 欲騎馬偕來
안을귀 사 노약 선행 솔 유방군 전후 승우 우 어 옹구포 욕 기마 해래
瘡甚不能 乃還騎船. 乙貴率其人民士卒 來于鏡城 臣旣部分人民
창 심 불능 내 환 기선 을귀 솔 기 인민 사졸 래 우 경성 신 기 부분 인민
處之龍城 給閑曠地賑貸種子口食 以勸農業. 請將乙貴及左右翼
처지 용성 급 한광 지 진대 종자 구식 이권 농업 청장 을귀 급 좌우익
千戶 囚鏡城獄 鞫問擅自棄城之罪.'
천호 수 경성 옥 국문 천자 기성 지 죄

議政府啓曰: "慶源陵室在焉 不可緩也. 宜亟命鏡城兵馬使
의정부 계왈 경원 능실 재언 불가 완 야 의 극명 경성 병마사
金乙和往戍 毋使彼賊來侵." 上曰: "慶源士卒勞憊 不可復遣 可
김을화 왕수 무사 피적 내침 상 왈 경원 사졸 노비 불가 부견 가
以他兵給二三朔料往戍." 又謂代言等曰: "予甚喜民人老弱無事
이 타병 급 이삼삭 료 왕수 우 위 대언 등 왈 여 심희 민인 노약 무사
而來也." 安騰對曰: "臣亦甚喜. 但乙貴不待朝命 擅棄邊城 最爲
이 래 야 안등 대왈 신 역 심희 단 을귀 부대 조명 천기 변성 최 위
不可." 上急召成石璘 趙英茂議之 且曰: "吉州察理使不能施令
불가 상 급소 성석린 조영무 의지 차왈 길주 찰리사 불능 시령
於軍鎭必矣." 乃命朴楣遣之.
어 군진 필의 내 명 박미 견지

議政府啓曰: "安乙貴棄城而退 雖以民之飢困 然非古者析骸而
의정부 계왈 안을귀 기성 이 퇴 수 이 민 지 기곤 연 비 고자 석해 이

爨 效死不去之意也. 又無王命 擅自移民 法固當問. 請使尹夏觀
찬 효사 불거 지의야 우무 왕명 천자 이민 법고 당문 청사 윤하 관

其形勢 然後斷之." 上曰: "尹夏旣將命 使盧原湜與乙貴領兵還戍
기 형세 연후 단지 상 왈 윤하 기 장명 사 노원식 여 을귀 영병 환수

想已行矣." 對曰: "雖已入戍 今下此命 則捕還牢囚 何難之有!"
상 이행 의 대왈 수 이 입수 금하 차명 즉 포환 뇌수 하난 지 유

從之.
종지

童猛哥帖木兒遣李大豆來曰: "着和 把兒遜管下侵慶源之時 予
동맹가첩목아 견 이대두 내왈 착화 파아손 관하 침 경원 지 시 여

亦同來者 爲其所逼 勢不得已耳 非予本心. 今棄舊土而從遐域 人
역 동래 자 위 기 소핍 세 부득이 이 비 여 본심 금 기 구토 이 종 하역 인

多地窄 生理良艱. 願殿下使通曉言語若金同介者來諭 予當遣子
다 지 착 생리 양간 원 전하 사 통효 언어 약 김동개 자 내유 여 당 견자

入朝 還我舊土矣." 上曰: "大豆且厚待之." 東北面察理使亦啓:
입조 환 아 구토 의 상 왈 대두 차 후대 지 동북면 찰리사 역 계

'骨看兀狄哈豆稱介 不與賊同謀 而入于海島 往往使人于慶源
골간 올적합 두칭개 불여 적 동모 이 입우 해도 왕왕 사인 우 경원

以通其情. 金同介 本骨看兀狄哈之種也 請遣之招安." 上許之.
이통 기정 김동개 본 골간 올적합 지 종 야 청 견지 초안 상 허지

猛哥帖木兒貽書 吉州察理使延嗣宗曰:
맹가첩목아 이서 길주 찰리사 연사종 왈

'久隔未見 今聞來鎭 喜甚. 前察理使率國家大軍 本爲制正
구격 미견 금문 내진 희심 전 찰리사 솔 국가 대군 본 위 제정

野人 兀狄哈金文乃 葛多介等作賊人 托以道遠 不肯直指其地 却
야인 올적합 김문내 갈다개 등 작적 인 탁 이 도원 불긍 직지 기지 각

於中路 將毛憐衛掌印官員百姓 盡行殺害. 今被殺害人父兄子弟
어 중로 장 모련위 장인관 원 백성 진행 살해 금 피 살해 인 부형 자제

之遺在者逼迫我云: "指揮今若不去向朝鮮 則指揮必與朝鮮通書
지 유재 자 핍박 아 운 지휘 금 약 불거 향 조선 즉 지휘 필 여 조선 통서

定計 欲挾攻我輩審矣." 予亦不得退避 且提兵迎留. 上項毛憐衛
정계 욕 협공 아배 심의 여 역 부득 퇴피 차 제병 영류 상항 모련위

死亡遺種 已先至阿吾知地面 予乃領兵隨至 禁其侵掠 本欲率領
사망 유종 이 선지 아오지 지면 여 내 영병 수지 금 기 침략 본 욕 솔령

還歸 慶源軍馬到來接戰 兩相殺害 毛憐遺種欲將慶源官家破毁
환귀 경원 군마 도래 접전 양상 살해 모련 유종 욕장 경원 관가 파훼

家屬錢物牛馬 竝皆奪取 以快其忿. 予誘之曰: "予已使人詣朝鮮
가속 전물 우마 병개 탈취 이쾌 기분 여 유지 왈 여 이 사인 예 조선

請將擄掠人口放還 莫如退軍 各還舊居." 及李大豆還言: "前
청장 노략 인구 방환 막여 퇴군 각 환 구거 급 이대두 환언 전

察理使 國家議罪拿歸. 今好察理使到界 欲修舊好." 更使李大豆
찰리사 국가 의죄 나귀 금 호 찰리사 도계 욕수 구호 갱 사 이대두

前往 若盡還擄掠人口 使彼我人口依舊居生 則此實係令公聲譽
전왕 약 진환 노략 인구 사 피아 인구 의 구 거생 즉 차 실 계 영공 성예

美事. 予謂此事 莫如寢息 儻連釁不已 數多種類作賊擾邊 視聽
미사 여 위 차사 막여 침식 당 연흔 불이 수다 종류 작적 요변 시청

非祥 惟斟酌施行. 李大豆之還 仔細報道.'
비상 유 짐작 시행 이대두 지 환 자세 보도

於虛里亦移書嗣宗 大略如大豆之言 且列書吾都里被擄者
어허리 역 이서 사종 대략 여 대두 지 언 차 열서 오도리 피로 자

三十八名 甫乙吾管下被擄者七人之名曰: "儻不死亡 乞賜放還."
삼십 팔명 보을오 관하 피로 자 칠인 지 명 왈 당 불 사망 걸사 방환

且求妻弟之子 都好 仇老等. 嗣宗以其書聞 上謂代言曰: "大豆
차 구 처제 지 자 도호 구로 등 사종 이 기서 문 상 위 대언 왈 대두

何爲而來哉? 童猛哥帖木兒自言: '慶源之役 予雖與焉 非本意
하위 이 래 재 동맹가첩목아 자언 경원 지 역 여 수 여 언 비 본의

也.' 其果然歟? 無乃托此誘我 以爲自安之計乎? 外似求和 心欲
야 기 과연 여 무내 탁 차 유아 이위 자안 지 계 호 외 사 구화 심 욕

誘我 因來覘我國事變乎?" 對曰: "其言攻慶源 非本心 特詐耳.
유아 인 래 첨 아국 사변 호 대왈 기언 공 경원 비 본심 특 사 이

臣等意其欲覘我而爲自安之計也. 賊謀幽深 未可知也."
신등 의 기 욕 점 아 이 위 자안 지 계 야 적모 유심 미 가지 야

議政府啓曰: "童猛哥帖木兒遣李大豆請和 且曰: '大豆之還
의정부 계왈 동맹가첩목아 견 이대두 청화 차왈 대두 지 환

遣子弟入侍.' 此必詐也. 然不逆其詐 且賜大豆衣襨以遣 觀其
견 자제 입시 차 필 사 야 연 불역 기사 차 사 대두 의대 이견 관 기

誠否." 上曰: "上國待我使臣 必有可厚之事 然後賜以衣襨. 今
성부 상 왈 상국 대 아 사신 필유 가후 지 사 연후 사 이 의대 금

童猛哥帖木兒領兵作賊 殘破慶源 殺擄人畜 以快其心 又謀自安
동맹가첩목아 영병 작적 잔파 경원 살로 인축 이쾌 기심 우 모 자안

之計 乃遣大豆求和. 今我旣無聲罪之擧 反賜衣襨 則無乃怯懦
지 계 내 견 대두 구화 금 아 기 무 성죄 지 거 반 사 의대 즉 무내 겁나

歟?" 遂不許.
여 수 불허

以麗山君金承霔爲東北面都體察使. 召廣興倉注簿李鑑 命
이 여산군 김승주 위 동북면 도체찰사 소 광흥창 주부 이감 명

勿徵安成萬濫受祿俸. 以成萬復從承霔赴征也.
물징 안성만 남수 녹봉 이 성만 부종 승주 부정 야

戊辰 遣漢城尹李貴山如京師. 賀千秋節也.
무진 견 한성윤 이귀산 여 경사 하 천추절 야

命杖江原道水軍僉節制使金漳等. 都觀察使宋因啓: '道內
명장 강원도 수군첨절제사 김장 등 도관찰사 송인 계 도내

兵船四隻 運米于東北面 至洞山縣 井津 因逆風敗船 失米豆
병선 사척 운미 우 동북면 지 동산현 정진 인 역풍 패선 실 미두

九百二十五石 漕卒皆依岸而生.' 上曰: "旣云依岸則非海中也.
구백 이십오 석 조졸 개 의 안 이 생 상 왈 기 운 의 안 즉 비 해중 야

不審風變 且不用心救護 押運萬戶千戶 宜治其罪." 議政府啓:
불심 풍변 차 불 용심 구호 압운 만호 천호 의치 기죄 의정부 계

"僉節制使金漳漕運船隻 不親點考 載官妓由陸路行 盜船中陸物
첨절제사 김장 조운선 척 불친 점고 재 관기 유 육로 행 도 선중 육물

與妓 且以軍人七八名 送妓于家; 萬戶李天彦 千戶裵元呂等四人
여 기 차 이 군인 칠팔 명 송 기 우가 만호 이천언 천호 배원려 등 사인

俱爲押領官 不能用力 以致敗船 請依律施行." 上曰: "若漳者 宜
구 위 압령관 불능 용력 이치 패선 청 의율 시행 상 왈 약 장 자 의

斬首傳示諸道 然不可律外行刑 幷天彦等杖之."
참수 전시 제도 연 불가 율외 행형 병 천언 등 장지

己巳 東北面甲州 雨雹傷稼.
기사 동북면 갑주 우박 상가

免西北面民戶給屯田. 西北面都巡問使朴訔上言:
면 서북면 민 호급둔전 서북면 도순문사 박은 상언

'道內人民 去年春秋築平壤城 今春修義州等諸州山城 艱苦
도내 인민 거년 춘추 축 평양성 금춘 수 의주 등 제주 산성 간고

殊甚. 又自去年仲冬 易換馬各運押送官護送軍八百十三名 炊飯
수심 우 자 거년 중동 역환 마 각운 압송 관 호송군 팔백 십삼 명 취반

軍七十名 騎卜馬四百八匹 驅人四百八名 各牽馬軍五千名 往來
군 칠십 명 기복마 사백 팔 필 구인 사백 팔명 각 견마 군 오천 명 왕래

遼東 絡繹于途 飢困之苦 實倍他年. 新穀未登之前 民生可惜.
요동 낙역 우도 기곤 지 고 실 배 타년 신곡 미등 지 전 민생 가석

平壤城子 若使待秋畢築 則乞免戶給屯田 以恤民瘼.'
평양 성자 약 사 대추 필축 즉 걸면 호급둔전 이휼 민막

從之.
종지

置太祖祔廟都監 以星山君李稷 禮曹判書徐愈爲提調.
치 태조 부묘도감 이 성산군 이직 예조판서 서유 위 제조

庚午 分賜馬于宗親大臣及近臣. 濟州按撫使高鳳禮 敬差官
경오 분사 마 우 종친 대신 급 근신 제주 안무사 고봉례 경차관

趙源進馬一百匹 乃有是賜. 鳳禮 濟州星主之後也.
조원 진마 일백 필 내 유 시사 봉례 제주 성주 지 후 야

刑曹判書柳廷顯免 以咸傅霖代之. 初 議政府移牒刑曹 令鞫
형조판서 유정현 면 이 함부림 대지 초 의정부 이첩 형조 영 국

私奴金龍逃往彼土之罪. 刑曹歷旬不問 前知司譯院事李子瑛與
사노 김룡 도왕 피토 지 죄 형조 역순 불문 전 지사역원사 이자영 여

南城君洪恕有訟 刑曹久不斷其得失 子瑛公辱之. 刑曹囚其家奴
남성군 홍서 유송 형조 구 부단 기 득실 자영 공 욕지 형조 수 기 가노

三名. 子瑛時方從朴惇之赴京. 政府移牒放其奴 刑曹不從 政府怒
삼명 자영 시방 종 박돈지 부경 정부 이첩 방 기노 형조 부종 정부 노

劾啓掌務佐郎李有常滯獄曠官之罪. 於是罷有常職 廷顯亦免.
핵계 장무 좌랑 이유상 체옥 광관 지 죄 어시 파 유상 직 정현 역 면

辛未 上親祭于文昭殿. 以端午也.
신미 상 친제 우 문소전 이 단오 야

禁擲石戲. 上謂代言曰: "石擲之戲 汝等何不禁乎?" 卽命
금 척석희 상 위 대언 왈 석척 지 희 여등 하 불금 호 즉명

巡禁司司直宋寘往禁之. 寘捕二十九名 囚于獄.
순금사 사직 송치 왕 금지 치 포 이십 구명 수 우옥

癸酉 江原道雨雹. 春州 高城 洪川 大者如彈丸; 旌善 大者如
계유 강원도 우박 춘주 고성 홍천 대자 여 탄환 정선 대자 여

拳 歷三日不消.
권 역 삼일 부소

罷判濟用監事崔原濬 濟用監李晊職 流前中郎將金仁富于外方.
파 판제용감사 최원준 제용감 이질 직 유 전 중랑장 김인부 우 외방

晊與原濬 自外考滿召還 仁富以易換馬押送官 回自遼東 皆於
질 여 원준 자외 고만 소환 인부 이 역환마 압송관 회자 요동 개 어

文字外 擅率騎馬驛吏 司憲府劾啓也.
문자 외 천솔 기마 역리 사헌부 핵계 야

命罷吹角時不及趨令者職. 義興府啓: "吹角之日 都摠制李和英
명파 취각 시 불급 추령 자 직 의흥부 계 취각 지 일 도총제 이화영

延城君金輅 義原君黃居正 摠制趙秩 河久 前判漢城府事朴可實
연성군 김로 의원군 황거정 총제 조질 하구 전 판한성부사 박가실

前都摠制沈仁鳳等及上大護軍 護軍 至甲士不趨令者 一百五十
전 도총제 심인봉 등 급 상 대호군 호군 지 갑사 불 추령 자 일백 오십

餘人. 非唯軍法不嚴 有乖人臣赴急之禮 請皆依律論罪." 上曰:
여인 비유 군법 불엄 유괴 인신 부급 지 례 청 개 의율 논죄 상 왈

"時職人員 停職; 散官 囚巡禁司; 功臣 囚其家奴." 問代言曰:
시직 인원 정직 산관 수 순금사 공신 수 기 가노 문 대언 왈

"趙秩 河久 功臣之子 處之何如?" 皆對曰: "立法之初 不可輕宥
조질 하구 공신 지 자 처지 하여 개 대왈 입법 지 초 불가 경유

請幷罷之 以懲後人." 上從之 唯和英 特令放罪. 金輅 黃居正等
청 병 파지 이징 후인 상 종지 유 화영 특령 방죄 김로 황거정 등

詣闕啓曰: "臣等聞角聲 卽詣闕門 將僉名單子呈義興府 堂上亦
예궐 계왈 신등 문 각성 즉 예 궐문 장 첨명 단자 정 의흥부 당상 역

有見臣等者." 盧希鳳亦曰: "兩公名單 奴亦見而啓之." 上卽命
유 견 신등 자 노희봉 역 왈 양공 명단 노 역 견 이 계지 상 즉명

放出囚奴 是義興府失於考覈也.
방출 수노 시 의흥부 실어 고핵 야

命日本長村殿使送客人至京. 全羅道都觀察使上言: "日本長村
명 일본 장촌전 사송 객인 지경 전라도 도관찰사 상언 일본 장촌

所送人餓死者四人." 初 日本人絡繹而至 朝議以爲若散泊各道
소송 인 아사자 사인 초 일본인 낙역 이 지 조의 이위 약 산박 각도

則山川險阻 靡不周知 皆令路由慶尙道. 長村使人泊于羅州 故
즉 산천 험조 미불 주지 개 영 로 유 경상도 장촌 사인 박우 나주 고

監司不給料也. 事聞 上曰: "客人飢死 國之恥也." 遂有是命.
감사 불 급료 야 사문 상 왈 객인 기사 국지치 야 수 유 시명

命巡禁司釋朴可實等 敎之曰: "予所以輕宥者 爲初犯故也. 後
명 순금사 석 박가실 등 교지 왈 여 소이 경유 자 위 초범 고야 후

復違令 當正軍法." 上謂承政院曰: "內吹螺赤若常在闕門外 遇
부 위령 당정 군법 상 위 승정원 왈 내취라치 약 상재 궐문 외 우

有出令 然後召入 非惟事機之緩 人皆預知 可使分番入直于
유 출령 연후 소입 비유 사기 지 완 인 개 예지 가 사 분번 입직 우

內速古赤房."
내속고치 방

丙子 罷左軍衿州牧場 聽民耕稼.
병자 파 좌군 금주 목장 청 민 경가

遣行司直金同介 招安骨看兀狄哈. 豆稱介等居慶源塞北海濱
견 행사직 김동개 초안 골간 올적합 두칭개 등 거 경원 새북 해빈

不事耕稼 以漁獵爲業 上慮其與兀良哈通謀擾邊 以同介乃
불사 경가 이 어렵 위업 상 려 기 여 올량합 통모 요변 이 동개 내

豆稱介之族人 故使往招之.
두칭개 지 족인 고 사왕 초지

戊寅 定甲士宿衛下番之法. 兵曹啓曰:
무인 정 갑사 숙위 하번 지 법 병조 계왈

"本曹同義興府取才新甲士一千 若獨差下 將舊甲士一千作闕
본조 동 의흥부 취재 신 갑사 일천 약 독 차하 장 구 갑사 일천 작궐

下番 則非唯宿衛士卒心氣摧挫 當遞番之時 換差煩雜; 萬一有及
하번 즉 비유 숙위 사졸 심기 최좌 당 체번 지 시 환차 번잡 만일 유급

時合番之令 則下番甲士 無所統屬於各軍衛領 難以隨行. 願因
시 합번 지 령 즉 하번 갑사 무 소통속 어 각군 위령 난 이 수행 원 인

二千之額 加置一千. 在前十司五十領 每一領司直五 副司直八
이천 지 액 가치 일천 재전 십사 오십 령 매 일령 사직 오 부사직 팔

司正十一 副司正十六 今加差新甲士 亦於每一領 司直一 副司直
사정 십일 부사정 십육 금 가차 신 갑사 역 어 매 일령 사직 일 부사직

四 司正七 副司正八. 新舊合計三千 留二千宿衛 一千下番. 當
사 사정 칠 부사정 팔 신구 합계 삼천 유 이천 숙위 일천 하번 당

下番者 義興府掌之. 每領司直二 副司直二 司正六副司正八. 摠
하번 자 의흥부 장지 매 령 사직 이 부사직 이 사정 육 부사정 팔 총

一千輪次下番 以爲恒式 則當番者 祿俸不乏 如有不虞 則下番者
일천 윤차 하번 이위 항식 즉 당번 자 녹봉 불핍 여유 불우 즉 하번 자

亦可傳檄而趨令矣."
역 가 전격 이 추령 의

召兵曹正郎申檣曰: "加設甲士與塡闕者 本曹磨鍊 書批判以進
소 병조정랑 신장 왈 가설 갑사 여 전궐 자 본조 마련 서 비판 이진

則予將安印以下." 判兵曹事趙英茂啓曰: "古法不可輕改 軍政
즉 여 장 안인 이하 판병조사 조영무 계왈 고법 불가 경개 군정

不可擅議. 甲士之職雖微 豈可輕議於外 以開後弊! 乞依古例 擇
불가 천의 갑사 지 직 수 미 기가 경의 어외 이개 후폐 걸의 고례 택

吉日入政房除授." 從之.
길일 입 정방 제수 종지

命旌表永寧縣人盧貴澤妻庄貴之門. 西北面都巡問使朴訔上言:
명 정표 영녕현 인 노귀택 처 장귀 지 문 서북면 도순문사 박은 상언

'永寧縣民盧貴澤死 妻庄貴慟傷 以家貧不能爲禮 績紡傭力
영녕현 민 노귀택 사 처 장귀 통상 이 가빈 불능 위례 적방 용력

盡心埋葬 又設山神齋. 還家之時 自恨未亡 採食毒草 尙不死 遂
진심 매장 우 설 산신 재 환가 지 시 자한 미망 채 식 독초 상 불사 수

自縊. 有子四人 皆幼. 請旌表門閭.'
자액 유자 사인 개 유 청 정표 문려

從之.
종지

己卯 司諫院上疏請正西班五品以下正從階級之法. 疏略曰:
기묘 사간원 상소 청정 서반 오품 이하 정종 계급 지 법 소 약왈

'先王因才以任官 因德以詔職. 才有大小 則官有輕重之差; 德
선왕 인재 이 임관 인덕 이 조직 재 유 대소 즉 관 유 경중 지 차 덕

有淺深 則爵有上下之異 一階一級 皆人君之命也. 人臣之職 唯以
유 천심 즉 작 유 상하 지 이 일계 일급 개 인군 지 명 야 인신 지 직 유 이

薦人爲務 而不得與於官人也. 前朝官制 東班七品以下 西班五品
천인 위무 이 부득 여어 관인 야 전조 관제 동반 칠품 이하 서반 오품

以下正從階級 使門下府主之. 當居從階 而濫陞正階 是非惟祿俸
이하 정종 계급 사 문하부 주지 당거 종개 이 남승 정계 시 비유 녹봉

之費 其與於官人僭矣. 惟我盛朝 文武官制 一皆新之 而獨此階級
지 비 기 여어 관인 참의 유 아 성조 문무 관제 일개 신지 이 독 차 계급

之除 因循未革. 願自今每領每品正從階級 一時判下 節祿俸之費
지 제 인순 미혁 원 자금 매 령 매 품 정종 계급 일시 판하 절 녹봉 지 비

正僭禮之失.'
정 참례 지 실

從之.
종지

日本江州守 板窓滿家 遣使來獻土物 奉書政府曰: '恭惟貴朝
일본 강주 수 판창만가 견사 내헌 토물 봉서 정부 왈 공유 귀조

賜大般若經 吾右武衛 吐握出迎 感荷之至 莫大焉. 雖然一部
사 대반야경 오 우무 위 토악 출영 감하 지 지 막대 언 수연 일부

六百軸 太半簡脫 法寶不完. 乞其所闕卷軸 復命寺院以補.'
육백 축 태반 간탈 법보 불완 걸 기 소궐 권축 부명 사원 이보

遣前護軍李藝如對馬島. 政府遺宗貞茂書曰: '每聞專意修好
견 전 호군 이예 여 대마도 정부 유 종정무 서 왈 매 문 전의 수호

常令禁賊 敢不知感! 玆將造米一百五十石 黃豆一百五十石 具船
상령 금적 감 부지 감 자 장 조미 일백 오십 석 황두 일백 오십 석 구 선

載送 聊以表信.' 時宗貞茂通書平道全曰: "朝鮮向我之誠 今不如
재송 료 이 표신 시 종정무 통서 평도전 왈 조선 향 아 지 성 금 불여

古. 古者送米五六百石 今不送矣. 汝亦乞暇出來可也." 上聞之 下
고 고자 송 미 오륙 백석 금 불송 의 여 역 걸가 출래 가야 상 문지 하

議政府議之 遂遣藝以厚賜之.
의정부 의지 수 견 예 이 후사 지

命議政府議構宗廟東西廂便否. 上詣宗廟 相置備雨之處 乃曰:
명 의정부 의 구 종묘 동 서상 편부 상 예 종묘 상 치 비우 지 처 내왈

"若於廟室前作補簷 則恐暗蔽未便. 東西耳房前階 作十尺補簷
약 어 묘실 전 작 보첨 즉 공 암폐 미편 동서 이방 전 계 작 십척 보첨

行祭日若値雨雪 則予與享官在東 樂官在西 諸執事官在廟室
행제일 약 치 우설 즉 여 여 향관 재동 악관 재서 제 집사관 재 묘실

楹外. 如此則與祭之人 皆無失容 庶盡誠敬." 代言金汝知進曰:
영 외 여차즉 여제 지 인 개 무 실용 서진 성경 대언 김여지 진왈

"東西耳房作虛廳 非廟制也. 後日上國使臣儻見之 以爲如何?"
동서 이방 작 허청 비 묘제 야 후일 상국 사신 당 견지 이위 여하

上曰: "使臣何爲而來宗廟乎? 雖或見之 謂爲朝鮮之法如此爾 豈
상 왈 사신 하위 이 래 종묘 호 수혹 견지 위 위 조선 지 법 여차 이 기

肯詆笑乎?"
긍 저소 호

上望見廟垣外西南隅有虛堂曰: "彼將何用?" 對曰: "萬歲之後
상 망견 묘원 외 서남 우 유 허당 왈 피 장 하용 대왈 만세 지 후

配享功臣之堂也." 上嘆曰: "甚於道傍廓落之院落 制作何如此其
배향공신 지 당 야 상 탄왈 심어 도방 곽락 지 원락 제작 하 여차 기

疏略乎? 觀其向背 則未辨東西 去廟庭亦遠 似爲未便. 然其初必
소략 호 관 기 향배 즉 미변 동서 거 묘정 역원 사 위 미편 연 기초 필

依古法而作之 可令禮曹詳稽古制以聞." 上曰: "宜寧君南在 遷都
의 고법 이 작지 가 영 예조 상계 고제 이문 상 왈 의령군 남재 천도

經營 皆所親見 可使問之." 乃遣禮曹佐郎鄭藹然問之 在對曰:
경영 개 소친견 가 사 문지 내 견 예조좌랑 정애연 문지 재 대왈

"其時亦考禮文而未得 唯倣前朝太廟之制而已." 成石璘 趙英茂
기시 역 고 예문 이 미득 유 방 전조 태묘 지 제 이이 성석린 조영무

以爲: "建宗廟已久 補作廊廡 於陰陽拘忌 未知便否. 且廟中起役
이위 건 종묘 이구 보작 낭무 어 음양 구기 미지 편부 차 묘중 기역

驚動神主 尤爲未便. 更考前朝宗廟之制與配享功臣堂遠近 然後
경동 신주 우위 미편 갱고 전조 종묘 지 제 여 배향공신 당 원근 연후

始可起役. 臣等非憚其財力也 以法外之意 而不能無淺陋之慮
시 가 기역 신등 비 탄 기 재력 야 이 법외 지 의 이 불능 무 천루 지 려

耳." 河崙曰: "生亡無異. 生者猶有修葺舊家 其於宗廟 獨不然乎?
이 하륜 왈 생망 무이 생자 유 유 수즙 구가 기어 종묘 독 불연 호

前朝宗廟 歷太 惠 定 光 而至成宗乃立焉 則王氏之初 法制未備
전조 종묘 역 태 혜 정 광 이지 성종 내 입언 즉 왕씨 지 초 법제 미비

然也 何足取法!" 上曰: "陰陽拘忌 豈可不從! 卜之從吉可也. 然
연야 하족 취법 상 왈 음양 구기 기가 부종 복지 종길 가야 연

功臣之堂 不可不改. 河政丞之言 甚合予意. 春秋書世室屋壞 譏
공신 지 당 불가 불개 하 정승 지 언 심합 여의 춘추 서 세실 옥 괴 기

久不修也. 豈無修宗廟之道乎? 以今驗之 齊陵久矣 大興工役以
구 불수 야 기무 수 종묘 지 도 호 이금 험지 제릉 구의 대흥 공역 이

修之. 何獨疑於宗廟乎?"
수지 하독 의어 종묘 호

庚辰 下前大護軍金天貴 前護軍辛龜奉 司正邢卓 副司正
경진 하 전 대호군 김천귀 전 호군 신구봉 사정 형탁 부사정

郭臨于巡禁司. 有人妄傳闕門吹角 聞者轉相告語 三軍甲士及
곽림 우 순금사 유인 망전 궐문 취각 문자 전상 고어 삼군갑사 급

文武百官 閑良 耆老 悉趨赴闕下 義興府遣鎭撫禁之. 久之覺
문무백관 한량 기로 실 추부 궐하 의흥부 견 진무 금지 구지 각

其妄 乃皆退散. 議政府啓曰: "儻於夜半 如此驚擾國中 則人馬
기망 내 개 퇴산 의정부 계왈 당 어 야반 여차 경요 국중 즉 인마

之傷必多. 且軍士擾亂 最爲不可. 宜尋其始爲妄說惑衆者 以懲
지 상 필 다 차 군사 요란 최 위 불가 의 심 기 시위 망설 혹중 자 이징

後人." 上曰: "然." 旣而 義興府啓曰: "臣等詰問妄說者有五六人
후인 상 왈 연 기이 의흥부 계왈 신등 힐문 망설 자 유 오륙 인

云: '今日必有吹角令.' 請下巡禁司鞫之." 上從之 乃龜奉等也.
운 금일 필유 취각령 청하 순금사 국지 상 종지 내 구봉 등 야

宥中外輕罪申浩 朴仁幹 金久冏等八人 京外從便. 浩還受
유 중외 경죄 신호 박인간 김구경 등 팔인 경외종편 호 환수

職牒.
직첩

以尹向爲慶尙左道兵馬都節制使兼鷄林府尹. 議政府啓曰: "向
이 윤향 위 경상좌도 병마도절제사 겸 계림부윤 의정부 계왈 향
之才德 臣等所知也. 然向之兄坤 雖功臣 其子緣坐穆之罪. 臣等
지 재덕 신등 소지 야 연 향 지 형 곤 수 공신 기자 연좌 목 지 죄 신등
以爲 向雖善人 亦罪逆之親 不宜用於顯仕." 上曰: "經史中所載
이위 향 수 선인 역 죄역 지 친 불의 용 어 현사 상 왈 경사 중 소재
有兄惡而弟善 則用之者① 有弟惡而兄善 則用之者 至於父子 亦
유 형 악 이 제 선 즉 용지 자 유 제 악 이 형 선 즉 용지 자 지어 부자 역
如此 經史中此類甚多. 若以族親之惡 廢其有功有善者 則後日儻
여차 경사 중 차류 심다 약 이 족친 지 악 폐 기 유공 유선 자 즉 후일 당
有爲逆賊之族親者 其將告之乎? 卿等其勿疑慮." 向首告穆之事
유 위 역적 지 족친 자 기 장 고지 호 경 등 기 물 의려 향 수고 목 지 사
故有是命也.
고 유 시명 야

高鳳禮獻良馬六匹 命依舊例賜米一百石. 濟州人從鳳禮來京者
고봉례 헌 양마 육필 명의 구례 사미 일백 석 제주인 종 봉례 내경 자
亦命賜米有差.
역 명 사미 유차

命修興天寺塔. 上命承政院曰: "春秋書毁泉臺 胡氏之傳 甚合
명수 홍천사 탑 상 명 승정원 왈 춘추 서 훼 천대 호씨 지 전 심합
予意. 夫先君之所營 若不甚害於義 則 何敢輕毁 以著先君之失
여의 부 선군 지 소영 약 불 심해 어의 즉 하감 경훼 이저 선군 지 실
乎? 興天寺 太祖之所營也. 平日囑予曰: '補葺修治 使傳於萬世'
호 홍천사 태조 지 소영 야 평일 촉 여 왈 보즙 수치 사 전어 만세
言猶在耳. 今勢將傾頹 予何敢坐視乎? 可於霾雨前修葺 以訖
언 유 재이 금 세 장 경퇴 여 하감 좌시 호 가 어 매우 전 수즙 이흘
功役 予之望也." 乃命工曹判書朴子靑 代言朴習董其役. 上又曰:
공역 여 지 망 야 내 명 공조판서 박자청 대언 박습 동 기역 상 우왈
"年終還願各社空虛頹廢 豈有誠敬之意乎? 宜令僧徒修葺. 予豈
연종환원 각사 공허 퇴폐 기 유 성경 지 의 호 의령 승도 수즙 여 기
好佛也哉! 自前朝盛時至于今 其風尙存 亦不甚害於國也 汝等其
호불 야재 자 전조 성시 지우 금 기풍 상존 역 불 심해 어 국 야 여등 기
知之." 代言等使舍人趙啓生以諭政府.
지지 대언 등 사 사인 조계생 이유 정부

分完山子弟衛爲三番 令宿衛世子殿. 以左軍都摠制辛有定爲
분 완산 자제위 위 삼번 영 숙위 세자전 이 좌군 도총제 신유정 위
節制使.
절제사

命盧閈 金科外方從便. 上敎政府曰: "盧閈於閔家 本非得衆 但
명 노한 김과 외방 종편 상 교 정부 왈 노한 어 민가 본 비 득중 단

以愚惑見流. 金科愚戇 予放之于外 欲其自愧也. 今聞二人艱食
이 우혹 견류 김과 우당 여 방지 우외 욕 기 자괴 야 금문 이인 간식

可使外方從便 以養其生."
가 사 외방 종편 이양 기생

辛巳 上詣文昭殿行望祭.
신사 상 예 문소전 행 망제

命義興府鎭撫車指南出仕. 司憲府劾指南以爲: "闕內無吹角聲
명 의흥부 진무 차지남 출사 사헌부 핵 지남 이위 궐내 무 취각성

軍馬輒會闕門 何不禁約?" 於是 判義興府事李天祐以下皆還家
군마 첩 회 궐문 하불 금약 어시 판의흥부사 이천우 이하 개 환가

待罪. 上召持平姜宗德 問劾指南之意 對曰: "義興府全掌軍令
대죄 상 소 지평 강종덕 문 핵 지남 지 의 대왈 의흥부 전장 군령

大小軍士動靜進退係焉. 昨日闕內無吹角 而在外軍士馳聚門外
대소 군사 동정 진퇴 계언 작일 궐내 무 취각 이 재외 군사 치취 문외

故劾問其故耳." 上曰: "昨日之事 憲府與百官 皆來會矣. 是亦
고 핵문 기고 이 상 왈 작일 지 사 헌부 여 백관 개 내회 의 시 역

義興府之令歟?" 宗德對曰: "角聲則臣所未聞. 擧國軍士被甲執兵
의흥부 지 령 여 종덕 대왈 각성 즉 신 소미문 거국 군사 피갑 집병

皆聚闕門 臣等安敢不至義興府? 若本無聚會之令 則入直府官何
개 취 궐문 신등 안감 부지 의흥부 약 본 무 취회 지 령 즉 입직 부관 하

不禁之於路街 而使不得進闕門也?" 上曰: "義興府不可一日闕位
불금 지 어 노가 이 사 부득 진 궐문 야 상 왈 의흥부 불가 일일 궐위

被所司彈劾 不得出仕 所司之所曾知也. 何不商量 遽至於此?
피 소사 탄핵 부득 출사 소사 지 소증지 야 하불 상량 거 지어 차

汝等言事不中 常類此. 自今以後 毋復如是." 遂召指南出仕. 旣而
여등 언사 부중 상 유차 자금 이후 무부 여시 수 소 지남 출사 기이

天祐與尹柢等詣闕啓曰: "所司劾指南以無吹角令而聚會軍馬
천우 여 윤저 등 예궐 계왈 소사 핵 지남 이 무 취각령 이 취회 군마

臣等居家待罪 今命指南出仕 臣等恐懼殊深. 初 立騶虞之令曰:
신등 거가 대죄 금 명 지남 출사 신등 공구 수심 초 입 추우 지 령 왈

'私聚軍馬者 當以逆論.' 臣等之心 殿下或未必知也. 義興府員吏
사취 군마 자 당 이역 논 신등 지 심 전하 혹 미필 지 야 의흥부 원리

多至三十餘人 他人有心 臣等豈能盡知乎? 且所司豈無據而臆度
다 지 삼십 여인 타인 유심 신등 기능 진지 호 차 소사 기 무거 이 억탁

劾問乎? 望下臣等于攸司覈實." 上曰: "好事不若無. 且所司此擧
핵문 호 망 하 신등 우 유사 핵실 상 왈 호사 불약 무 차 소사 차거

不能商量而卒發 卿等毋避嫌供職." 天祐 朴子青等更啓曰: "不令
불능 상량 이 졸발 경 등 무 피혐 공직 천우 박자청 등 갱 계왈 불령

劾實 則臣等既得如是之名 將不得任義興之事. 義興府 萬世相傳
핵실 즉 신등 기득 여시 지 명 장 부득 임 의흥 지 사 의흥부 만세 상전

之司 法令不可輕改也. 安有犯法而不問哉? 願下攸司覈實.”
지 사 법령 불가 경개 야 안유 범법 이 불문 재 원하 유사 핵실

尹柢啓曰: “今所司以臣等私聚甲士 願使攸司覈實. 若所司之言
윤저 계왈 금 소사 이 신등 사취 갑사 원 사 유사 핵실 약 소사 지 언

實 則坐臣等以謀叛之罪 誣則依律科斷.” 上曰: “所司初招義興府
실 즉 좌 신등 이 모반 지 죄 무 즉 의율 과단 상 왈 소사 초 초 의흥부

鎭撫者 欲問軍士洶動之由 府官不送鎭撫 故問之耳. 且已知虛事
진무 자 욕문 군사 흉동 지 유 부관 불송 진무 고 문지 이 차 이지 허사

而下攸司問何罪乎?”
이 하 유사 문 하죄 호

司憲府上言:
사헌부 상언

“騶虞旗法 已有著令. 無建旗吹角 而軍士馳馬 直到闕門.
추우기 법 이유 저령 무 건기 취각 이 군사 치마 직도 궐문

義興府專掌軍士進退之令 其入直大小將吏顚倒禁之 職也. 坐視
의흥부 전장 군사 진퇴 지 령 기 입직 대소 장리 전도 금지 직 야 좌시

不禁 其於禦侮之義何如? 乞將其日入直堂上及鎭撫 收其職牒
불금 기어 어모 지 의 하여 걸장 기일 입직 당상 급 진무 수 기 직첩

依律論罪.”
의율 논죄

上覽疏曰: “向者所司員聞奸人往來之言 妄有章疏 予往往加之
상 람소 왈 향자 소사 원 문 간인 왕래 지 언 망 유 장소 여 왕왕 가지

以威 今則予欲虛懷聽納. 昨日劾義興府鎭撫過當 使堂上官發憤
이위 금즉 여 욕 허 회 청납 작일 핵 의흥부 진무 과당 사 당상관 발분

予以調護之意 兩解之 今又請罪 何哉?” 命歸家待罪. 既而 下
여 이 조호 지 의 양 해지 금 우 청죄 하재 명 귀가 대죄 기이 하

其疏于政府 擬議以聞.
기소 우 정부 의의 이문

議政府啓:
의정부 계

“無騶虞旗 而私聚甲士 即拿赴闕 已有定令 今妄傳吹角 軍士
무 추우기 이 사취 갑사 즉 나 부궐 이유 정령 금 망전 취각 군사

聚會. 入直義興府堂上 下至上大護軍 名曰禦侮之士. 其先至者
취회 입직 의흥부 당상 하지 상 대호군 명 왈 어모 지 사 기 선지 자

若持槍者則刺之 持劍者則斬之或縛之 不至大致驚擾 不能應機
약 지창 자 즉 자지 지검 자 즉 참지 혹 박지 부지 대치 경요 불능 응기

其日入直吏員 莫之誰何 信有罪矣. 憲司上疏請之 固宜.”
기일 입직 이원 막지 수하 신 유죄 의 헌사 상소 청지 고 의

上謂代言曰: “大臣之言 不亦然乎! 汝輩爲我近臣 何不啓乎?
상 위 대언 왈 대신 지 언 불역 연호 여배 위아 근신 하 불계 호

予之前日責憲司 史官必書之 能無愧乎?” 代言金汝知等對曰:
여 지 전일 책 헌사 사관 필 서지 능 무괴 호 대언 김여지 등 대왈

“悔過之言 史亦書之 何害!” 上乃令憲府復視事. 判義興府事
회과 지 언 사 역 서지 하해 상 내 영 헌부 부 시사 판의흥부사

李天祐等 亦自避嫌不仕 命竝令視事.
이천우 등 역 자 피혐 불사 명 병령 시사

議復用楮貨. 議政府啓曰:
의 부용 저화 의정부 계왈

“據戶曹呈: ‘用貨之法 代各不同. 兩漢鑄銅爲錢 造皮爲幣; 唐
거 호조 정 용화 지 법 대 각 부동 양한 주동 위전 조피 위폐 당

之楮券 宋之交子 其用雖異 利民之義則一也. 前朝貨以綾羅甁
지 저권 송 지 교자 기용 수 이 이민 지 의 즉 일야 전조 화 이 능 라 병

後世代以布貨 非特有違於古 其紡績之功 轉輸之重 豈可恝哉!
후세 대 이 포화 비특 유위 어 고 기 방적 지 공 전수 지 중 기가 괄 재

況今上國方行鈔法 惟我國家 泥於前朝末流之弊 仍用麤布 深爲
황 금 상국 병행 초법 유 아 국가 이어 전조 말류 지 폐 잉용 추포 심 위

未便. 宜倣上古 遵上國之制 通行楮貨之法.’ 本府議得 歲在壬午
미편 의 방 상고 준 상국 지 제 통행 저화 지 법 본부 의득 세 재 임오

始立司贍署 以掌楮貨之法 中外幾於盛行 以其習俗已久 民心初
시 립 사섬서 이장 저화 지 법 중외 기어 성행 이 기 습속 이구 민심 초

駭 遂止不行. 乞依戶曹呈內 復令擧行 以贍國用.”
해 수 지 불행 걸의 호조 정 내 부령 거행 이섬 국용

從之.
종지

賊寇慶源 盧原湜與戰敗績. 原湜率甲士爲中軸 前判事金成 前
적 구 경원 노원식 여전 패적 원식 솔 갑사 위 중축 전 판사 김성 전

護軍魏臣忠率吉州端州兵 爲左右翼追之. 賊佯走至一里許 大呼
호군 위신충 솔 길주 단주 병 위 좌우익 추지 적 양 주 지 일리 허 대호

反攻 左右翼先潰 甲士亦北. 有司直金加勿奮槊逆戰 射殺一人
반공 좌우익 선궤 갑사 역 배 유 사직 김가물 분삭 역전 사살 일인

又刺一人 賊頗不敢近. 俄而 原湜亦中矢 賊縱兵大至. 原湜與軍士
우 자 일인 적 파 불감 근 아이 원식 역 중시 적 종병 대지 원식 여 군사

奔入新柵 金成等所管軍人斬二級. 報書至 上召大臣議曰: “賊人
분 입 신책 김성 등 소관 군인 참 이급 보서 지 상 소 대신 의왈 적인

野處 天方霾雨 草木深茂 固知其不可攻也. 然禦賊之術 與其
야처 천 방 매우 초목 심무 고 지 기 불가 공 야 연 어적 지 술 여기

裹糧坐甲 宜亟伐之 以雪前恥. 若待秋涼 賊必遠遁矣.” 河崙對曰:
과량 좌갑 의 극 벌지 이설 전치 약 대 추량 적 필 원둔 의 하륜 대왈

“宜深溝高壘以待之 不宜輕動.” 乃止.
의 심구 고루 이 대지 불의 경동 내 지

壬午 豐海道都節制使柳殷之進無逸圖. 殷之進圖 以誕辰也 上
임오 풍해도 도절제사 유은지 진 무일도 은지 진도 이 탄신 야 상

嘉之. 檢校漢城尹崔卜河亦進賀詩 賜米十石 豆五石.
가지 검교 한성윤 최복하 역 진 하시 사미 십석 두 오석

遣大護軍趙定于東北面. 以選女眞子弟可備宿衛者也.
견 대호군 조정 우 동북면 이 선 여진 자제 가비 숙위 자 야

癸未 分賜猿猴于各鎭. 先是 日本國人連獻猿猴 命畜于司僕寺
계미 분사 원후 우 각진 선시 일본국 인 연 헌 원후 명축 우 사복시

至是分賜.
지시 분사

以辛有定爲豐海道兵馬都節制使.
이 신유정 위 풍해도 병마도절제사

乙酉 轉六百般若經于興德寺. 太祖嘗捨所居宮爲興德寺 又
을유 전 육백반야경 우 흥덕사 태조 상 사 소거 궁 위 흥덕사 우

命書六百般若經 藏于寺. 至是以太祖忌辰將近 前期設會 令僧徒
명서 육백반야경 장 우 사 지시 이 태조 기신 장근 전기 설회 영 승도

轉經 上王及上偕上寺.
전경 상왕 급 상 해 상사

罷知義興府事沈龜齡職. 議政府上言:
파 지의흥부사 심구령 직 의정부 상언

“今月十四日 入直義興府堂上及鎭撫等 專掌禁兵. 南門把直
금월 십사일 입직 의흥부 당상 급 진무 등 전장 금병 남문 파직

甲士牌頭韓仲德 見軍士無故被堅執銳 突至闕門 所當卽捕先至
갑사 패두 한중덕 견 군사 무고 피견 집예 돌 지 궐문 소당 즉 포 선지

之人 盤詰究問 而略不誰何 非唯軍令不嚴 將來可慮. 乞將上項
지 인 반힐 구문 이 약 불 수하 비유 군령 불엄 장래 가려 걸장 상항

人員 依律施行 以戒後來. 且其日入直摠制以下至上大護軍 亦
인원 의율 시행 이계 후래 차 기일 입직 총제 이하 지 상 대호군 역

任然坐視 殊乖宿衛之任. 乞幷治其罪.”
임연 좌시 수 괴 숙위 지 임 걸 병치 기죄

於是 罷龜齡及鎭撫大護軍睦進恭等人五人 牌頭韓仲德等
어시 파 구령 급 진무 대호군 목진공 등 인 오인 패두 한중덕 등

職 餘皆勿論. 巡禁司啓: “邢卓 郭臨 辛龜奉 金天貴等訛言吹角
직 여개 물론 순금사 계 형탁 곽림 신구봉 김천귀 등 와언 취각

驚動京師 請依軍法施行.” 上曰: “卓等但傳訛耳 更無所挾 可
경동 경사 청의 군법 시행 상 왈 탁 등 단 전와 이 갱 무 소협 가

令自願付處.” 於是 金天貴忠州 邢卓谷城 郭臨道康 辛龜奉
영 자원부처 어시 김천귀 충주 형탁 곡성 곽림 도강 신구봉

永興府.
영흥부

丙戌 安邊府蝗.
병술 안변부 황

御便殿授甲士職 上下番幷三千人.
어 편전 수 갑사 직 상 하번 병 삼천 인

丁亥 以上護軍河敬復爲吉州道助戰知兵馬使 賜弓矢遣之.
정해 이 상호군 하경복 위 길주도 조전 지병마사 사 궁시 견지

戊子 遣巡禁司司直宋寘于東北面 執延嗣宗以來. 東北面
무자 견 순금사 사직 송치 우 동북면 집 연사종 이래 동북면

都巡問使林整馳啓:
도순문사 임정 치계

'龍城之戰 察理使延嗣宗 提兵駐吉州不進救 我師敗績 軍官
용성 지 전 찰리사 연사종 제병 주 길주 불 진구 아사 패적 군관

死者五人 傷者二十人 戰馬死傷者三十匹 餘平民馬匹被奪者亦
사자 오인 상자 이십 인 전마 사상자 삼십 필 여 평민 마필 피탈 자 역

多. 賊退之後 得賊屍惟四處而已. 鏡城以南人民 驚動登山 不事
다 적 퇴 지 후 득 적시 유 사처 이이 경성 이남 인민 경동 등산 불사

農業; 吉州居民 亦皆驚擾 不卽田畝.'
농업 길주 거민 역 개 경요 부즉 전무

適有嗣宗伴人至京 問之 卽曰: "彼軍但四百 我軍八百 以
적 유 사종 반인 지경 문지 즉 왈 피군 단 사백 아군 팔백 이

甲士不力戰而走 遂敗." 上大驚命嗣宗私馬上京. 右政丞趙英茂
갑사 불 역전 이 주 수 패 상 대경 명 사종 사마 상경 우정승 조영무

知議政黃喜 參知議政李慥等詣闕啓曰: "臣等備位宰相 不能
지의정 황희 참지 의정 이조 등 예궐 계왈 신등 비위 재상 불능

輔翼上德 至使盜賊縱兵 邊鎭擾亂 誠可痛心. 爲將帥者 固宜
보익 상덕 치 사 도적 종병 변진 요란 성 가 통심 위 장수 자 고의

晨起蓐食 聚兵丘陵 顧望賊勢 賊已退息 則分遣斥候 據高岡
신기 욕식 취병 구릉 고망 적세 적 이 퇴식 즉 분견 척후 거 고강

而後 解鞍秣馬 以休軍士可也. 今原湜等不謹斥候 賊鋒奄至 而
이후 해안 말마 이휴 군사 가야 금 원식 등 불근 척후 적봉 엄지 이

倉卒與戰 其能不敗乎? 都摠制李和英 其麾下士 皆欲爲主將死
창졸 여전 기 능 불패 호 도총제 이화영 기 휘하 사 개 욕 위주 장사

若遣之 賊可制矣." 上曰: "嗣宗若非功臣 當以法論 但以功臣 只
약 견지 적 가제 의 상 왈 사종 약비 공신 당 이법 논 단 이 공신 지

令私馬而還. 和英雖非功臣 予待之以功臣之例 宜別擇素有威望
령 사마 이 환 화영 수 비 공신 여 대지 이 공신 지 례 의 별택 소유 위망

者遣之." 英茂曰: "遣和英擇人爲褊裨 則可矣. 若非和英 無異
자 견지 영무 왈 견 화영 택인 위 편비 즉 가의 약비 화영 무이

前人.” 黃喜曰: “嗣宗之事 豈無公論! 若和英有失 則殿下亦不得
전인 황희 왈 사종 지 사 기 무 공론 약 화영 유실 즉 전하 역 부득

庇之.” 上許之. 英茂曰: “嗣宗自爲諸軍府令史時 與臣俱爲太祖
비지 상 허지 영무 왈 사종 자위 제 군부 영사 시 여 신 구 위 태조

麾下 相庇之心 不可勝言. 然於觀聽 不可不示以公道. 宜使縛鎖
휘하 상비 지 심 불가 승언 연 어 관청 불가 불시 이 공도 의 사 박쇄

以來 至京貸以寬典可也.” 上曰: “雖不縛致 使人執來 亦可以
이래 지경 대 이 관전 가야 상 왈 수 불박 치 사인 집래 역 가이

示法.” 於是 以和英代嗣宗敎之曰: “今賊勢益熾 諸將屢敗 政府
시법 어시 이 화영 대 사종 교지 왈 금 적세 익치 제장 누 패 정부

請以卿爲察理使.” 和英對曰: “殿下畜臣崇爵厚祿 如臣小人 將
청 이 경 위 찰리사 화영 대왈 전하 축 신 숭작 후록 여 신 소인 장

何用之! 雖使之入水火 其敢辭乎!” 旣而有命 和英竟不行. 命
하용 지 수 사지 입 수화 기 감사 호 기이 유명 화영 경 불행 명

元鶴留治戰傷軍士.
원학 유 치 전상 군사

議政府啓曰: “東北面軍資 唯六萬石 今防寇戍卒 幾八九百. 除
의정부 계왈 동북면 군자 유 육만 석 금 방구 수졸 기 팔구 백 제

夏三月經費與還上分給之數 則其餘不過二三萬石 防寇之遲速
하 삼월 경비 여 환상 분급 지 수 즉 기여 불과 이삼 만석 방구 지 지속

未可知也. 請漕江原道軍資于東北面 慶尙道安康以北軍資于
미 가지 야 청조 강원도 군자 우 동북면 경상도 안강 이북 군자 우

江原道. 秋來風高 不可運粟 須以此時回泊.” 上曰: “予恐回泊之
강원도 추래 풍고 불가 운속 수 이 차시 회박 상 왈 여 공 회박 지

際 或有敗船傷人之患 可熟議施行.”
제 혹 유 패선 상인 지 환 가 숙의 시행

以禮曹參議朴矩 上護軍崔潤德爲東北面助戰知兵馬使 賜弓矢
이 예조참의 박구 상호군 최윤덕 위 동북면 조전 지병마사 사 궁시

遣之. 東北面都體察使啓: ‘彼賊加備兵器 今戍禦之卒 皆疲困;
견지 동북면 도체찰사 계 피적 가비 병기 금 수어 지 졸 개 피곤

三兵馬使 皆中箭不堪與戰. 請更遣將帥二三人 精兵一千備禦.’
삼 병마사 개 중전 불감 여전 청 갱 견 장수 이삼 인 정병 일천 비어

議政府啓: “賊勢益張 今遣河敬復 豈能獨當哉?” 故有是命.
의정부 계 적세 익장 금 견 하경복 기능 독당 재 고 유 시명

平道全言於政府曰: “朝鮮之人 未戰之時 先有還家之念 豈能
평도전 언어 정부 왈 조선 지 인 미전 지 시 선유 환가 지 념 기능

勝敵乎? 予則忘身委質 赴敵之日 當先殺妻 以固其無回還之念
승적 호 여 즉 망신 위질 부적 지 일 당선 살처 이고 기 무 회환 지 념

胡爲不勝哉? 若遣我 則必有以報國矣.” 政府以啓. 道全時有小疾
호위 불승 재 약 견 아 즉 필유 이 보국 의 정부 이계 도전 시 유 소질

知申事安騰問曰: "若汝疾何?" 道全曰: "吾生長海中 山行水宿
지신사 안등 문왈 약여질하 도전 왈 오 생장 해중 산행 수숙

今安枕肆志 暫不運動 故致氣澁而疾作. 今若受命發行 則疾當
금 안침 사지 잠 불 운동 고 치 기삽 이 질 작 금 약 수명 발행 즉 질 당

自愈. 若予戰亡而不還 則予之爵祿 願以傳之吾子." 上壯之 命率
자유 약 여 전망 이 불환 즉 여 지 작록 원 이 전지 오자 상 장지 명 솔

其徒十餘人以往.
기도 십여 인 이왕

議政府以朴矩 崔潤德之言啓曰: "臣等獨往 其於衆寡不敵
의정부 이 박구 최윤덕 지 언 계왈 신등 독왕 기어 중과부적

何哉? 請率其道甲士下番家居者三四十人以往." 上曰: "此禁兵
하재 청 솔 기도 갑사 하번 가거 자 삼사 십인 이왕 상 왈 차 금병

不可戍於外也. 甲士下番歸鄕 皆已缺望 又强令從戎於死地可乎?
불가 수 어외 야 갑사 하번 귀향 개 이 결망 우 강령 종융 어 사지 가호

其中有應募者 諭以戰勝之後褒賞之意 無則不可强也.
기중 유 응모 자 유 이 전승 지 후 포상 지 의 무즉 불가 강 야

命議政府遣人于慶源府 就審陵寢.
명 의정부 견인 우 경원부 취심 능침

己丑 夜 大風雨震電. 城中水漲 漂沒橋梁.
기축 야 대풍우 진전 성중 수 창 표몰 교량

上親詣文昭殿 行預告祭 告明日大祥也. 命禮曹曰: "祥祭雖
상 친예 문소전 행 예고제 고 명일 대상 야 명 예조 왈 상제 수

當行於神主之前 然於健元陵不可闕奠." 且曰: "寧失於厚② 可遣
당행 어 신주 지 전 연 어 건원릉 불가 궐전 차왈 영 실어 후 가 견

大臣行祭."
대신 행제

前繕工監金租上書. 書曰: '老母疾革 欲見諸子. 臣兄稠今爲
전 선공감 김조 상서 서왈 노모 질혁 욕견 제자 신 형 조 금 위

平壤教授官 乞召之 使及見終.' 上曰: "金科亦其子也. 母將死而
평양 교수관 걸 소지 사 급 견종 상 왈 김과 역 기자 야 모 장사 이

不得見 於人子之心 能無痛乎?" 議政府啓曰: "金科之母 非一子
부득 견 어 인자 지 심 능 무통 호 의정부 계왈 김과 지 모 비 일자

也. 罪人豈可輕召!" 上曰: "雖有子十人 人各有心. 且科嘗親近於
야 죄인 기가 경소 상 왈 수 유자 십인 인 각 유심 차 과 상 친근 어

予 予情有不得已焉."
여 여정 유 부득이 언

賜參贊議政府事劉敞 同判內侍府事文用富衣一襲 帽靴鞍馬.
사 참찬 의정부 사 유창 동판 내시부 사 문용부 의 일습 모화 안마

遣同副代言朴習 奉大祥祭香祝如健元陵 仍賜二人 以守陵經
견 동부대언 박습 봉 대상제 향축 여 건원릉 잉 사 이인 이 수릉 경

三年也.
삼년 야

遣禮曹佐郞鄭藹然 問領議政府事河崙曰: "免喪之後 衰絰及
견 예조좌랑 정애연 문 영의정부사 하륜 왈 면상 지 후 최질 급

苴杖 置之何處?" 崙對曰: "杖則可依文公家禮 置之屛處 衰絰則
저장 치지 하처 륜 대왈 장 즉 가 의 문공 가례 치지 병처 최질 즉

古無禮文 然不可燒且埋. 旣免喪 賜文昭殿典守者可也."
고 무 예문 연 불가 소 차 매 기 면상 사 문소전 전수 자 가야

庚寅 大雨雷震.
경인 대우 뇌진

上詣文昭殿 行大祥祭. 上以縞冠玄衣素裳布裹帶素履行祭
상 예 문소전 행 대상제 상 이 호관 현의 소상 포과대 소리 행제

以雨權免百官陪祭. 內資注簿崔自河闕供幣帛. 判典祀寺事洪涉
이우 권면 백관 배제 내자 주부 최자하 궐공 폐백 판 전사시 사 홍섭

不親監祭 直長尹處敬以監祭官 典農判官宋勉以魂殿判官 俱不
불친 감제 직장 윤처경 이 감제관 전농 판관 송면 이 혼전 판관 구 불

預察幣帛有無 下刑曹覈問 皆罷之.
예찰 폐백 유무 하 형조 핵문 개 파지

遣西川君韓尙敬如京師. 奏本曰:
견 서천군 한상경 여 경사 주본 왈

'陪臣金定卿回自北京 欽聞車駕巡幸北方 謹差陪臣韓尙敬
배신 김정경 회자 북경 흠문 거가 순행 북방 근차 배신 한상경

齎擎進獻禮物 前赴行在 欽問起居.'
재경 진헌 예물 전 부 행재 흠문 기거

議政府啓曰: "東北面賊變 因尙敬之行 附奏如何?" 上曰:
의정부 계왈 동북면 적변 인 상경 지 행 부주 여하 상 왈

"此行專爲問安也 不可兼以他事 若使之因便上達 則可也."
차행 전위 문안 야 불가 겸 이 타사 약 사지 인편 상달 즉 가야

辛卯 判漢城府事朴可實卒.
신묘 판한성부사 박가실 졸

日本國瑀球殿 遣使來獻土物.
일본국 우구전 견사 내헌 토물

壬辰 震慶尙道善州私奴和尙.
임진 진 경상도 선주 사노 화상

江原道大雨 原州 橫川山崩. 傳旨議政府曰: "今霾雨已久 政府
강원도 대우 원주 횡천 산붕 전지 의정부 왈 금 매우 이구 정부

何以能止雨?" 政府啓曰: "此月令大雨施行之時 亦不至於過度.
하이 능 지우 정부 계왈 차 월령 대우 시행 지 시 역 부지 어 과도

待三四日不止 則請祀上下神祇以禱之 然此實臣等不能燮理之
대 삼사 일 부지 즉 청사 상하 신기 이 도지 연 차 실 신등 불능 섭리 지

所致也.” 安騰曰: “上敎似非爲禱祀也.” 遂不以啓.
소치 야 안등 왈 상교 사 비 위 도사 야 수 불 이계

始構宗廟東西廂 移功臣堂於廟垣之內東階下.
시 구 종묘 동서 상 이 공신당 어 묘원 지 내 동계 하

乙未 奏聞使李玄 柳謙回自北京. 時 帝北征 深入虜地 皇孫
을미 주문사 이현 유겸 회자 북경 시 제 북정 심입 노지 황손
監國 留都官不許赴行在 乃還.
감국 유도관 불허 부 행재 내 환

東北面敬差官尹夏 朴楣復命. 夏等啓: “月十五日 臣等在
동북면 경차관 윤하 박미 복명 하 등 계 월 십오일 신등 재
鏡城郡. 辰初 有人來告賊寇龍城 臣等卽與金乙和 率二十餘騎
경성군 진초 유인 내고 적 구 용성 신등 즉 여 김을화 솔 이십 여기
急趨龍城 賊已圍新柵數重 三騎據古柵橋 使不得進. 旣而 賊衆
급추 용성 적 이 위 신책 수중 삼기 거 고책 교 사 부득 진 기이 적중
益至 金乙和中矢. 夏射中當路一人 楣又中其二人. 夏乃奪橋而
익지 김을화 중시 하 사중 당로 일인 미 우 중 기 이인 하 내 탈교 이
進 乙和先入柵 楣到古柵呼曰: ‘可出兵應援.’ 且問: ‘甲士安在?’
진 을화 선입 책 미 도 고책 호왈 가 출병 응원 차문 갑사 안재
承祐應曰: ‘甲士半爲賊所殺 半入新柵 無兵可出 速入柵以圖生.’
승우 응왈 갑사 반 위 적 소살 반 입 신책 무 병 가출 속 입책 이 도생
楣曰: ‘何謂入柵?’ 還與夏逆賊 賊群至 夏等亦爲所逐 令軍士盡入
미 왈 하위 입책 환 여 하 역적 적 군 지 하 등 역 위 소축 영 군사 진 입
古柵. 夏背城門 楣立城上 俱發片箭四五 賊稍却圍新柵. 適靑州
고책 하 배 성문 미 입 성상 구발 편전 사오 적 초 각 위 신책 적 청주
代戍兵二百騎至 賊望見以謂援兵 解圍而去. 是暮 遣四騎覘賊
대수병 이백기 지 적 망견 이위 원병 해위 이 거 시모 견 사기 점적
三騎爲賊所擄 一騎僅脫還言: ‘賊去兩柵未十里休兵乃退.’”
삼기 위 적 소로 일기 근 탈환 언 적 거 양책 미 십리 휴병 내 퇴

夏等又言: “賊退之後 循視死者 有一婦人挾兩兒於腋而死. 賊
하 등 우언 적 퇴지후 순시 사자 유 일 부인 협 양아 어 액 이 사 적
圍城 指天指地 撫膺痛哭曰: ‘有罪者可殺 如婦人小兒 有何罪乎?
위성 지천 지지 무응 통곡 왈 유죄 자 가살 여 부인 소아 유 하죄 호
雖擄去以爲僕妾可矣.’” 又言: “郭承祐等三將 皆中矢 來臥一柵
수 노거 이위 복첩 가의 우언 곽승우 등 삼장 개 중시 내와 일책
似爲不祥.” 夏又啓: “去四月 兀良哈等來侵 慶源 阿吾知 軍士
사 위 불상 하 우계 거 사월 올량합 등 내침 경원 아오지 군사
戰亡者八十九人 馬被奪者一百二十匹 失鐵甲二十四部 掩心六十
전망 자 팔십 구인 마 피탈 자 일백 이십 필 실 철갑 이십사 부 엄심 육십
部 紙甲十八部 鐵冑六十七 帛冑四十七 鐵護項十三 槍九十七柄
부 지갑 십팔 부 철주 육십 칠 백주 사십 칠 철호항 십삼 창 구십 칠 병

長刀二十柄 角弓六十三丁 加達箭二千六百餘枚. 雄丘 甫乙 加退
장도 이십 병 각궁 육십 삼 정 가달 전 이천 육백 여매 웅구 보을 가퇴

兩道入侵 殺男女十二人 牛二隻 馬十三匹 擒男女十二名 牛二十
양도 입침 살 남녀 십이 인 우 이 척 마 십삼 필 금 남녀 십이 명 우 이십

隻." 金承霔亦啓: "五月十五日 兀良哈寇龍城 殺害男女二十四名
척 김승주 역 계 오월 십오일 올량합 구 용성 살해 남녀 이십사 명

馬二匹 擒男女六十九名 馬五十七匹 牛六十九頭. 烽卒三名 覘騎
마 이필 금 남녀 육십 구 명 마 오십 칠 필 우 육십 구 두 봉졸 삼명 첨기

三人 亦皆爲賊所殺."
삼인 역 개 위 적 소살

江原道 通川 歙谷蝗.
강원도 통천 흡곡 황

| 원문 읽기를 위한 도움말 |

① 有兄惡而弟善 則用之者. 이는 '~하는 경우[者]가 있다[有]'라는 구문이다.
유 형 악 이 제 선 즉 용지 자 / 자 / 유

② 寧失於厚. 이때의 寧은 원래 '與其~寧~'의 寧이다. 즉 '~하기보다는 차라리 ~하는 것이 낫다'라는 구문 중에서 與其 부분이 생략된 것이다.
영 실어 후 / 영 / 여기 녕 / 영 / 여기

태종 10년 경인년
6월

六月

병신일(丙申日-1일) 초하루에 상(上)이 문소전(文昭殿)에 나아가 삭제(朔祭)를 거행했다.

○ 유정현(柳廷顯)을 공안부판사(恭安府判事) 겸 의용순금사판사(義勇巡禁司判事)로 삼아 곧장 명해 동북면 도선무처치사(東北面都宣撫處置使)로 삼고, 김남수(金南秀)를 길주도 도안무찰리사(吉州道都安撫察理使)로, 하경복(河敬復)을 경원병마사(慶源兵馬使)로, 최윤덕(崔閏德)을 경성병마사(鏡城兵馬使)로, 김가물(金加勿)을 호군(護軍)으로 삼았다. 정현(廷顯)에게 부월(斧鉞)[1]과 교서(敎書)[2]를 내려주어 보냈다. 교서는 이러했다.

'변진(邊鎭)은 나라를 지키는 보호막[保障 보장]이니 어찌 감히 힘을 믿고 침범하도록 내버려둘 수 있으랴? 상신(相臣)은 임금의 고굉(股肱)[3]이니 이에 처치(處置)를 전적으로 알아서 하게 한다. 꿈틀거리는

---

1 출정하는 대장에게 임금이 주살(誅殺)을 허락하는 뜻으로 주는 도끼를 가리킨다.

2 국왕이 내리는 명령서, 훈유서(訓諭書), 선포문(宣布文)의 성격을 가진 문서를 가리킨다. 황제가 내릴 경우에는 조서(詔書) 또는 칙서(勅書)라고 한다. 한편 왕의 대리청정 시 왕세자가 내리는 유훈을 영서(令書)라고 하는데 이것은 왕의 교서와 같은 효력을 가진다. 원나라의 지배하에 들어가기 전의 고려와 대한제국 시대에는 조서라 했다. 교서를 내리는 경우는 매우 다양하다. 예를 들면 즉위교서(卽位敎書), 구언교서(求言敎書), 공신녹훈교서(功臣錄勳敎書), 배향교서(配享敎書), 문묘종사교서(文廟從祀敎書), 반사교서(頒赦敎書) 등이 있다.

3 다리와 팔, 곧 '임금이 믿고 의지할 수 있는 신하'라는 뜻이다.

작은 추물[蠢爾小醜]이 감히 완흉(頑凶)을 자행해 우리 강토를 침략해서 성읍(城邑)이 수호(守護)를 잃고 사민(士民)이 유망(流亡)하게 됐는데, 장신(將臣)과 수신(帥臣)이 곧바로 포획(捕獲)하고 안집(安集-편안히 모여 살게 함)하지 못해 한 방면(方面)이 어지러워진 지가 이미 두어 달이 지났으나 아직도 이렇다 할 공효(功效)가 없다. 내가 이에 마음이 아파 사람을 얻어 보내 상벌(賞罰)을 행하려고 생각해 조정의 여러 신하에게 물으니 모두 말하기를 "경(卿)이라야 한다"라고 했다. 생각건대 경은 마음가짐[秉心]이 굳고 단단하며[堅確] 위엄과 명성이 일찍이 드러났다. 경을 명해 동북면 도선무처치사(東北面都宣撫處置使)를 삼으니 장사(將士)가 만일 공격하고 수비함에 있어 어긋남이 있든지, 수령(守令)이 만일 안집하는 것이 지극하지 못한 경우가 있으면 가선(嘉善-종2품) 이상은 가두어놓고 신청(申請)하고 통정(通政-정3품 당상) 이하는 율(律)을 들어 곧 처단하라. 아아! 위엄이 아니면 적(敵)을 제어할 수 없고 은혜가 아니면 백성을 안집할 수 없으니 오직 위엄과 오직 은혜로써[用=以] 그 공(功)을 성취하라.'

○ 의정부에서 아뢰었다.

"동북면 도순문사 임정(林整)은 한 도의 책임자[主]가 돼 상벌(賞罰)의 권한을 맡았으면서 여러 장수가 여러 번 패해도 앉아서 보기만 하고 구휼하지 않았으며 능히 신문(申問)해 과죄(科罪)하지도 못했습니다. 찰리사 연사종(延嗣宗)은 몸이 주장(主將)이 돼 경원(慶源) 싸움에 곽승우(郭承祐)가 패군(敗軍)해 퇴각했어도 군사를 주둔시켜 구원하지 않았고 용성(龍城) 싸움에 여러 장수가 패해 쫓기고 있는데, 방물(方物)을 봉과(封裹)한다고 칭탁해 길주(吉州)에 물러가 주둔했습니다. 곽승우(郭承祐)는 애초에 경원(慶源)을 지킬 때 적의 많고 적음을 헤아리지 않고 적을 가볍게 여겨 군율(軍律)을 잃어서 의갑(衣甲)·창검(槍劍)이 모두 적의 차지가 되게 해 적세(賊勢)로 하여금 더욱 강성하게 했고, 또 성(城)을 굳게 지키지 못하고 배를 타고 도망쳤으며, 용성 싸움에 적을 두려워해 감히 나오지 못했으니 진실로 너무도 심합니다.

윤하(尹夏)와 박미(朴楣)가 외로운 군사[孤軍](고군)로 적과 싸울 때[赴敵](부적) 책(柵)을 두드리며 군사를 내 함께 싸우자고 급히 외쳤으나 능히 그렇게 하지 못했을 뿐만 아니라 도리어 높은 소리로 부르짖기를 '갑사(甲士)가 다 죽고 출전할 자가 없다'라고 해 군중(軍衆)을 현혹(眩惑)시켰으니 그 죄가 목을 베어도 용서할 수 없습니다.

안을귀(安乙貴)는 승우(承祐)와 죄가 같습니다[同罪](동죄). 노원식(盧原湜)은 금병(禁兵)을 많이 거느리고도 적을 막지 못하고 먼저 달아나 책으로 들어갔으며 윤하 등이 적과 싸울 때에도 나와서 돕지 아니했고 김성(金成)과 위신충(魏臣忠)은 좌우익(左右翼)이 돼 또한 모두 먼저 무너졌으니 청컨대 모두 율(律)에 의거해 논죄(論罪)해야 할 것입니다."

또 비밀리에 아뢰었다.

"상항(上項)의 사람들은 죄가 마땅히 죽어야 하나 연사종(延嗣宗)만은 공신이니 그 죄를 면제해줄 것을 청합니다. 을귀(乙貴)는 승우의 부장(副將)이므로 그 죄가 승우보다는 조금[稍=少](초 소) 가벼우니 곤장 100대를 때려 산군(散軍)으로 방어하게 함이 좋을 것이고, 김성

(金成)은 비록 (이번 전투에서) 실적(實績)은 없으나 성안의 군사를 몰아 출전했다는 이름이 있고 또 부하[管下(관하)]가 적을 죽였다는 이름이 있으니 그 죄를 용서할 만합니다."

상이 말했다.

"아직은[且(차)] 다 죽이지 말고 후일에 공로를 세우기[樹功(수공)=立功(입공)]를 기다리는 것이 좋겠다."

유정현(柳廷顯)이 하직하려 하자 내전(內殿)으로 불러들여 친히 지획(指劃)을 주고 그 기회에 이 말씀을 내려주었다. 또 연사종의 도진무(都鎭撫)는 군법에 의거해 시행하라고 명했는데 (이때는 상이) 그가 누구인지는 알지 못했다. 뒤에 (그 도진무가) 전(前) 충주목사(忠州牧使) 이중배(李中培)라는 것을 상이 알고는 의정부에 명해 말했다.

"이 사람은 평일에 마음 가지는 바가 간사하지 않고[不奸(불간)] 일에 종사하는 것이 부지런했으니 참으로 아깝다. 급히 지인(知印) 이도(李道)를 보내 정현(廷顯)에게 죽이지 말라고 일러라."

정현이 길주(吉州)에 이르러 연사종을 차꼬를 채워 평포역승(平浦驛丞)을 시켜 서울로 압송(押送)하게 했다. 이튿날 정현이 돌아와 청주(青州)에 이르렀더니 사종은 아직도 출발하지 않았기에 마침내 역승(驛丞)에게 곤장 50대를 때렸다.

○ 성석린(成石璘) 등이 아뢰어 말했다.

"지난번에 김승주(金承霔)에게 명해 경원(慶源)·고성(古城)에 들어가 능실(陵室)을 수호(守護)하게 했는데, 승주(承霔)가 반드시 많은 군사를 거느리고 경원에 들어갔을 때 적(賊)이 만일 경성을 내침(來侵)하게 되면 승주가 반드시 군사를 돌이켜 구원하지 못할 것이니 경성의 방수(防戍)가 더욱 위태로울 것입니다. 다만 경원은 능실이 있는 곳이므로 방수하지 않을 수 없으니 신 등은 계책을 정하지 못하겠습니다."

조영무(趙英茂)가 아뢰어 말했다.

"신의 어리석은 생각으로는 동맹가첩목아(童猛哥帖木兒)가 평소에[平日](평일) 상의 은혜를 두텁게 입어서 극심하게 침릉(侵陵)하지는 않았으니 어찌 전하의 조종(祖宗)의 능실(陵室)을 향해 악한 짓을 하겠습니까[肆惡](사악)? 또 물길이 평온하지 못해 군량을 운반하기가 더욱 어렵습니다."

상이 말했다.

"지난번에 내가 사람을 보내 능실(陵室)을 살펴보게 했으니 그 사람이 만약 능실을 살펴보고 돌아오면 승주가 마땅히 경성(鏡城)에 주둔해야 하고, 만약 길이 막혀 들어갈 수 없다면 승주는 마땅히 전군(全軍)을 거느리고 경원(慶源)에 들어가 10여 일 동안 머물러 있어야 한다. 만약 장차 그 땅에 오래 있게 된다면 밤을 틈타 사람을 보내 적(賊)의 동향[所向](소향)을 살펴서 오는 것이 좋을 것이다. 그러나 이 모책(謀策)을 부디 군중(軍中)에 누설하지 말라. 만약 적으로 하여금 알게 한다면 이것은 잠자는 호랑이의 꼬리를 밟는 격이다."

얼마 안 있어[未幾](미기) 승주가 급히 아뢰어[馳啓](치계) 말했다.

'신이 낭장 용언(龍彦)을 보내 두 능(陵)을 살펴보게 했는데 능을 지키는 인호(人戶)와 비석(碑石)이 모두 예전 그대로였다고 합니다.'

○ 윤사수(尹思修)가 아뢰어 말했다.

"정벌에 나간[赴征] 갑사(甲士)를 모두 산군(散軍)[4]이 되게 해 방어하게 한다면 날카로운 마음이 꺾일 것이니 임시방편으로[姑] 전교(傳敎)하기를 '너희는 모두 금군(禁軍)이니 내가 일찍이 너희는 조아(爪牙)[5]로 생각했다. 지금 너희의 죄는 마땅히 베어 죽여야 하나 후일에 공로를 세우면 너희의 죄를 면제하겠다'라고 하신다면 모두 마음을 다해 적(敵)을 꺾을 것입니다."

상이 말했다.

"여러 장수(將帥)의 죄를 정부(政府)에서는 죽이려고 하는데 나는 살리려고 하고, 갑사(甲士)의 경우에는 나는 죄를 주려고 하는데 정부에서는 석방하려고 하니 어찌하여 상벌(賞罰)이 다른가? 이 무리들이 일찍이 금군(禁軍)이 됐으니 마땅히 힘을 다해 적(敵)을 이겨야만 할 텐데 지금 모두 먼저 달아났으니 어찌 다시 금병(禁兵)이 될 수 있겠는가? 내가 산군(散軍)을 만들어 방어하게 한 것이 이 때문이다."

사수(思修)가 다시 아뢰어 말했다.

"여러 장수는 우두머리였으니 그 죄가 마땅히 죽어야 합니다. 갑사는 솔행(率行)하던 자로 노원식(盧原湜)이 수죄(首罪)를 당했고, 또 처치사(處置使)가 반드시 경중(輕重)에 따라 처단할 것이오니 그중에서 조금 가벼운 자는 너그럽게 하는 것이 좋을 것입니다."

---

4 전투에서 패배한 군인들로 편성한 부대를 말한다. 죄를 지은 군인에 대한 형벌의 한 가지로 군적(軍籍)에서 제명하고 변방 방어에 종사하게 했다.

5 '손톱과 어금니'라는 뜻으로 임금을 호위하는 무사(武士)를 말하는데 여기서는 금병이 바로 그들이다.

○ 의정부에서 아뢰었다.

"올적합(兀狄哈) 소을호(所乙好)의 처 보배(寶背)가 그 남편의 종을 데리고 만호(萬戶) 안천검(安天儉)의 집에 와서 투항했습니다. (그런데) 천검(天儉)의 아들 수(壽)가 보배의 안마(鞍馬)와 전물(錢物-돈과 재물)을 차지하고 그 종을 죽여 입을 막고[滅口 멸구] 마침내 보배를 간음(奸淫)했습니다. 율(律)에 따르면 수는 마땅히 참형(斬刑)에 처해야 하고 보배는 마땅히 교형(絞刑)에 처해야 하는데, 적(敵)에게 임(臨)할 때에 한 명의 용맹한 군사라도 얻기 어려우니 일단은 석방하면서 명하기를 '네가 만약 적에게 나아가 공로를 세우면 그 죄를 면할 수 있지만 그렇지 않으면 베겠다'라고 하는 것이 어떻겠습니까?"

상은 그것을 허락했다.

무술일(戊戌日-3일)에 각 도(各道) 도관찰사에게 명해 사람을 천거하게 했다. 각 도에서 여러 벼슬을 지내 명성과 실적이 있는 자, 문무(文武)의 재략(才略)이 있는 자, 노성(老成)하고 유일(遺逸)로 있는 자가 있으면 관찰사가 조사해 찾아내서[搜訪 수방] 조정으로 우대해 보내라고 했다.

○ 승정원(承政院)에 명해 사장(辭狀-사직서)을 돌려주지[還給 환급] 못하게 했다. 이전에는 무릇 근친(覲親-부모 방문)이나 혼가(婚嫁)가 있는 자는 으레[例 예] 대부분 장신(狀申)해 사직(辭職)을 했었는데 (이럴 경우) 그 사람이 돌아오면 그 사장을 돌려주었다. 간혹 칭탁(稱託)해 사직하는 자도 있었다. 이날 승정원에 명했다.

"금후로는 각사(各司) 원리(員吏)의 사장을 아뢰어 보고하고[啓聞 계문]

돌려주지 말라."

기해일(己亥日-4일)에 처음으로 삼군(三軍)을 입직(入直)시키고 총제(摠制)로 하여금 조계(朝啓)[6]에 참여하게 했다.

○사간원에서 소(疏)를 올려 연사종(延嗣宗), 곽승우(郭承祐), 노원식(盧原湜)의 죄를 청했다. 소는 대략 이러했다.

'사종(嗣宗)은 적(賊)이 경원(慶源)에 들어올 때를 맞아 3일간의 노정(路程)에 물러가 있었고, 또 경성(鏡城)을 침략할 때 길주(吉州)에 물러가 있어 한 번도 싸움에 참여하지 않았습니다. 승우(承祐)는 적을 가볍게 여겨서 패한 뒤에 물러가 움츠리고 있어 싸우지 않았습니다. 원식(原湜)은 금병(禁兵)을 거느리고 정벌에 나섰는데도 싸우지 않고 달아났으니 죄가 모두 큽니다. 청컨대 그 죄를 논해 뒤에 오는 자들을 징계해야 할 것입니다.'

상이 말했다.

"소(疏)의 뜻이 좋으니 내가 장차 면대해 명하도록 하겠다."

경자일(庚子日-5일)에 윤하(尹夏)와 박미(朴楣)를 순금사에 내렸다[下=囚](하 수). 의정부에서 아뢰어 말했다.

"하(夏)가 동북면(東北面)에 사자의 명을 받들[奉使](봉사) 때 '전망(戰亡)

6 매일 아침 문무백관이 상복(常服) 차림으로 임금을 조알하는 상참(常參)을 마친 후에 조신(朝臣)들이 임금에게 국사(國事)를 아뢰는 정규 회의다. 상참 의식이 끝나면 계사(啓事)할 관원들은 사관(史官)과 함께 전내(殿內)에 들어가 부복(俯伏)하고 차례로 용건을 계문(啓聞)했다.

한 사람의 수와 접전(接戰)의 능하고 능하지 못한 것을 살펴 죽일 자는 가두어놓고 신청(申請)하고 가벼운 자는 곤장을 때려라'라고 했습니다. 하는 이미 명을 받고 가서 하나도 시행하지 않았고 또 용성(龍城) 싸움 때의 일도 역시 제대로 살펴 논죄(論罪)하지 않았습니다. 또 하에게 돌아올 때까지 변(變)을 들으면 (알아서) 처치하라는 명이 있었는데도 거의 한 달이나 지체했습니다. 박미는 두칭개(豆稱介)가 사는 곳에 가서 상사(賞賜)의 물건을 주고 변(變)을 관찰하고 오게 했습니다. 그런데 미(楣)는 길이 막혔다고 해 가지 않았고 상사의 물건을 드디어 찰리사(察理使)에게 전하고 (그냥) 왔습니다. 신 등은 상 앞에 이미 계달(啓達)했는지도 알지 못하겠습니다. 도당(都堂)에 친히 고(告)하지도 않고 또 정장(呈狀)도 없으니 하와 미 두 사람은 모두 위임한 뜻을 잃었습니다. 청컨대 옥(獄)에 내려 국문함으로써 뒷날의 거울[後鑑]로 삼아야 할 것입니다."

그것을 따랐다.

○ (의정부의) 좌정승 성석린(成石璘)이 다시 지신사 안등(安騰)과 더불어 말했다.

"동북면 고을들에 저축한 잡곡이 5~6만 석에 지나지 않소. (이 때문에) 강원도 군자(軍資)를 (그곳으로) 조운(漕運)하자고 말하는 자도 있고, 그 토성(土姓)에서 사환(仕宦)하는 자의 곡식과 교환하자고 말하는 자도 있어 의논(議論)[7]이 한결같지 않소. 그러나 조운을 하자면 수로(水路)가 몹시 나빠서 사람의 목숨을 상하게 할까 두

7 원문도 의논(議論)으로 돼 있다. 이는 곧 의견과 그에 대한 논을 함께 말하는 것이다.

렵고, 만일 교환하자면 많아야 수천 곡(斛)에 지나지 못하니 이 의논이 결단하기 어렵소. 또 김남수(金南秀)를 길주찰리사로 삼아 들여보내면 군사는 적고 장수는 많아서 공로가 반드시 이뤄지지 못할 것이라고 말하는 자도 있고, 이 사람이 강하고 용맹해 성공할 수 있다고 말하는 자도 있어 의논이 어지럽소. 청컨대 왕지(王旨)를 받아서 시행하시오."

이에 조영무(趙英茂)가 말했다.

"동북면의 일은 언제 끝날지 헤아릴 수 없으니 강원도 군자(軍資)를 조운하는 것이 좋을 것이오. 조운의 이해(利害)는 비록 알 수 없으나 어찌 백성의 생명을 아껴서 국가의 대체(大體)를 돌보지 않을 수 있겠소?"

지부사(知府事-의정부지사) 황희(黃喜)가 말했다.

"교환하면 공사(公私)가 모두 편리하고 그 폐단이 백성에게는 미치지 않소."

○ (상이) 정부에 뜻을 전해 말했다.

"지금 의흥부 진무(鎭撫) 목진공(睦進恭) 등에 대해 헌사(憲司)에서 죄를 청했기 때문에 정직(停職)됐는데, 일찍이 진무가 돼 노고가 심히 많았다. 녹(祿)을 나워 줄 날이 가까우니 복직(復職)을 시켜 녹을 받게 하고자 하는데 어떠한가?"

조영무(趙英茂)가 대답해 말했다.

"이는 스스로 저지른[自作](자작) 죄가 아닙니다. 뛰어난지 불초(不肖)한지를 물론하고 모두 진무(鎭撫)의 임(任)을 그대로 뒀으니 이 무리들은 마침내 버릴 수 없습니다. 상의 가르침[上教](상교)이 진실로 옳습니다."

성석린(成石璘)이 말했다.

"이 무리들은 다만 정직(停職)만 시키고 그대로 진무(鎭撫)로 삼았으니 그 처벌이 이미 경(輕)합니다. 그런데 한 달이 못 돼 그 작(爵-벼슬)을 회복한다면 더욱 가벼운 듯합니다. 명령(命令)이 내려갔는데 마땅함을 잃은 것[失當]이 있다면 신자(臣子)로서 어찌 규정(糾正)하지 않을 수 있습니까? 하물며 이것이 싹트면 관계되는 바가 심히 무거운 것이야 어쩌겠습니까? 상벌(賞罰)은 임금의 큰 칼자루[大柄]이니 그것을 행하고 행하지 않는 것은 상의 뜻에 있으시나 신은 안 될 일이라고 생각합니다."

지부사(知府事) 황희(黃喜), 참지부사(參知府事) 윤사수(尹思修) 등도 이렇게 말했다.

"지난번에 뿔나팔을 불었을 때 미처 영(令)에 달려 나오지 못한 사람은 스스로 저지른[自作] 죄이고,[8] 지금 진무 등은 법을 그르친 자이니 이 두 가지를 비교하면 법을 그르친 자가 중복됩니다. 이들 무리가 비록 한 번 녹(祿)을 받지 못한다 하더라도 진실로 무방합니다."

상이 옳게 여겼다.[9]

신축일(辛丑日-6일)에 유정현(柳廷顯)을 예조판서(禮曹判書)로, 김남수(金南秀)를 공안부판사(恭安府判事)로, 조질(趙秩)을 동북면 도순

---

8 조영무의 말을 정면으로 비판한 것이다.

9 이 사례는 태종이 의정부 재신들의 의견을 어떻게 수렴하는지를 보여준다.

문사(東北面都巡問使)로, 김을화(金乙和)를 길주도 도안무찰리사(吉州道都安撫察理使)로 삼았다.

계묘일(癸卯日-8일)에 저화(楮貨)에 인(印)을 고쳐 찍었다. 호조(戶曹)에서 아뢰었다. "건문연간(建文年間)에 만든 저화를 영락(永樂) 연호(年號)로 개인(改印)해 반행(頒行)할 것을 청합니다." 그것을 허락했다.

○ 윤하(尹夏)와 박미(朴楣)를 옥에서 풀어주어 직사(職事)에 나오게 했다.

병오일(丙午日-11일)에 각사(各司) 소속의 공장(工匠) 중에 나이 70이 된 자를 모두 제적(除籍)해 사역시키지 말게 했다.

정미일(丁未日-12일)에 굶주린 백성을 진휼(賑恤)할 것을 명했다. 상이 대언(代言)에게 일러 말했다.

"나라에 창고(倉庫)가 있는 것은 백성을 위해서다. 옛날에 간혹 창고가 충실하면서도 진휼(賑恤)할 줄 모르는 자가 있었으니 이것은 진실로 무슨 마음인가? 지금 도성(都城) 안팎의 굶주린 백성을 조사해 진휼 구제토록 하라."

무신일(戊申日-13일)에 의정부참찬사 유량(柳亮)이 대궐에 나아와 동북면 여러 장수의 죄를 청했다. 량(亮)이 (환관) 노희봉(盧希鳳)에게 일러 말했다.

"신이 친히 천안(天顏)을 뵙고 동북면 여러 장수의 죄를 극력 진달하고 싶다."

희봉(希鳳)이 안으로 들어가서 오랫동안 나오지 않으니 량이 큰 소리로 말했다.

"내가 어찌 여러 장수를 미워하는 자이겠습니까? 다만 국가의 계책을 위해서입니다. 이 두어 사람을 아껴서 베지 않으면 장차 적병(賊兵)으로 하여금 침략해 청주(青州)와 길주(吉州)에 이르게 할 것이니 내가 장차 무슨 얼굴로 재상(宰相)이라 칭하며 조정(朝廷)에 서겠습니까?"

지신사 안등(安騰)을 노려보며[目(목)] 말했다.

"공(公)이 마땅히 해야 하는 말인데도 제대로 말을 하지 못하면서 어찌 사직(辭職)하고 물러가지 않는가? 그렇지 않고서야 어찌 신의 말을 계달(啓達)해 품은 바를 펴게 하지 못하는가? 공이 내 말을 믿지 않는 것이 아닌가? 승전색(承傳色)은 오로지 출납(出納)을 맡은 것이 그 직책인데 지금 신이 상부(相府)에 비원(備員)돼 있어 국사를 진달하려고 하는데, 이를 피하고 아뢰지 않으니 내가 만일 크게 부르짖어 전하를 뵙게 된다면 저지하고 억제한 죄를 어찌 면할 수 있겠는가?"

희봉이 마침내 나와서 말했다.

"마침 수라를 드시기 때문에 아뢰지 못했습니다."

량이 말했다.

"인정(人情)이란 살기를 좋아하고 죽기를 싫어하지 않는 이가 없는데 신이 어찌 홀로 죽기를 좋아해 이 광언(狂言)을 말하겠는가? 신이 전하를 버리고 어디로 가겠는가? 그러므로 이렇게 하지 않을 수 없는 것[不得不(부득불)]일 뿐이다."

희봉이 말했다.

"공께서는 어찌 정부에서 토의하지 않고 홀로 아룁니까?"

량이 말했다.

"곽승우(郭承祐)가 처음 패했을 때 주장(主將)을 죄주자고 청했으나 정부에서 들어주지 않아 결국 두 번째로 패한 데에 이르렀다. 정부의 논(論)이 모두 내가 그르다고 하니 누구와 더불어 가부를 토의한 연후에 계달하겠는가?"

희봉이 들어가 아뢰니 상이 말했다.

"내가 더위로 인해 설사[水痢(수리)]를 하기 때문에 접견하지 못하지만 경의 뜻은 내가 이미 알고 있다."

○ 형조판서 함부림(咸傅霖)을 파직했다. 정랑(正郎) 김자서(金自西)를 (충청도) 청주(淸州)에, 양윤관(梁允寬)을 (전라도) 곡성(谷城)에, 좌랑(佐郎) 이맹진(李孟畛)을 (강원도) 원주(原州)에 유배 보냈다. 또 검률(檢律) 배약(裵爚) 등에게 곤장을 때렸는데 모두 예문관제학(藝文館提學) 변계량(卞季良)의 죄를 잘못 청한[誤請(오청)] 죄에 걸려든 것이다. 애초에 변계량의 누이 박충언(朴沖彦)의 처(妻)가 종과 간통을 하고 '그 남편이 모반(謀反)한다'라고 무고(誣告)했다가 반좌(反坐)돼 주살 당했다.[10] 그 딸 소비(小婢)라는 것이 있는데 음란하고 방종하기

10 이 일은 1399년(정종 1년) 8월 19일자 실록에 자초지종이 상세하게 실려 있는데 다음과 같다.

'박원길(朴元吉)의 아내 변씨(卞氏)를 주살했다. 변씨가 죽은 남편 박충언(朴沖彦)의 종 포

가 그 어미와 같았다[類(유)=倣(방)]. 밀양(密陽) 사람 구의덕(仇宜德)에게 시집갔는데 별군(別軍) 김인덕(金仁德)이 그와 간통했다.

의덕(宜德)이 제재하지 못하니 계량(季良)이 이를 더럽게 여겨 일가 사람 양승지(梁勝智)를 시켜 시골로 잡아 보내 의덕에게 돌려보내게 했다. 소비가 듣지 않으니 승지(勝智)를 시켜 때려주게 했는데 승지가 집안에 가뒀더니[幽(유)=軟禁(연금)] 소비가 스스로 목매[自縊(자액)] 죽었다.

대(包大)와 사안(沙顔)과 사통(私通)했는데 이때에 이르러 박원길에게 재가(再嫁)했다가 박원길이 그 실상을 알게 되니 변씨가 두려워해 그 아우 변계량(卞季良)에게 말했다.

"내 남편이 성질이 사나워서 더불어 해로(偕老)하기가 어렵다."

변계량이 대답하지 않으니 변씨가 드디어 변계량을 미워해 포대(包大)와 더불어 모의하고, 정안공(靖安公-이방원)의 집 사인(寺人) 김귀천(金貴千)과 결탁해 양자(養子)로 삼아 노비(奴婢) 4구(口)를 주고, 포대를 시켜 김귀천을 인연하여 정안공(靖安公)에게 고했다.

"내가 박원길(朴元吉)에게로 시집가기 전인데, 금년 정월에 이양몽(李養蒙)이 그의 형 이양중(李養中)을 위해 내게 중매하며 말하기를 '내가 일찍이 재인(才人) 수백 명을 거느리고 있고, 우리 주장(主將) 의안공(義安公-이화)이 또한 휘하(麾下)에 군사 수천 명이 있으니 하루아침에 난을 일으키면 어찌 대장군(大將軍)이 되지 않을지 아느냐?'라고 했습니다. 박원길에게 시집가서 그에게 얘기했더니 박원길이 말하기를 '나도 역시 어느 날 의안공(義安公)을 뵈오니 공이 말하기를 "나의 기상(氣象)이 어떠하냐? 내가 대위(大位)를 얻더라도 또한 무엇이 어렵겠느냐?"라고 했다'고 했습니다. 지금 박원길과 변계량이 이양몽, 이양중 등과 더불어 몰래 난을 일으킬 것을 꾀합니다. 일이 장차 터질 것인데 왜 일찍 도모하지 않습니까?"

정안공이 임금에게 계문(啓聞)하니 이에 여러 공후(公侯)와 여러 절제사(節制使)가 함께 궐하(闕下)에 모여 대장군(大將軍) 심구령(沈龜齡)을 시켜 박원길을 잡아 국문했다. 박원길이 말했다.

"그런 일이 없습니다."

변씨는 도망쳤으나 청원후(青原侯)가 잡아서 포대와 함께 가두고 박원길·이양몽과 같이 심문했다. 변씨가 말했다.

"이양몽은 의안공(義安公) 휘하의 패두(牌頭)입니다. 내 남편과 함께 의안공을 세우기를 도모해 장차 거사하려고 했습니다."

의안공 부자가 듣고 두려워하여 떨며 통곡했다. 박원길과 사안(沙顔)은 모두 곤장을 맞아 병사(病死)했다. 이양몽 등을 국문하니 모두 혐의가 없었다. 포대가 말했다.

"우리 형제가 주인 마님과 사통했는데 박원길이 그 일을 알게 됐으므로 거짓말을 꾸며 사지(死地)에 빠뜨리고자 한 것이요, 실상은 이런 일이 없습니다."

이에 이양몽 등은 모두 석방하고 변씨와 포대는 처참(處斬)했다.

형조에서 위력제박률(威力制縛律)[11]에 의거해 승지에게 곤장 70대를 때리고 계량을 주모자(主謀者)라 해 그 죄를 계청(啓請)했다. 이에 계량이 봉장(封狀)을 올려 형조에서 조율(照律)한 것이 타당하지 않다고 진달했다. 상이 승정원(承政院)에 일러 말했다.

"실봉(實封)은 남에게 보일 수 없으니 너희가 계량을 불러서 실봉의 뜻을 갖춰 물어보도록 하라."

변계량이 대궐에 나아와 아뢰어 말했다.

"율(律)에 이르기를 '존장(尊長-집안 어른)이 비유(卑幼)[12]를 구타한 경우 부러지고 상[折傷]한 것이 아니면 논하지 말라'라고 했습니다. 존장이란 한 집안의 백부(伯父)·숙부(叔父)·고모(姑母)이며 모구(母舅)·이모들입니다. 주(註)에 이르기를 '모구(母舅)는 어미의 형제다'라고 했습니다. 검률(檢律)이 이것을 돌보지 않고 오직 동성(同姓)이 아니라는 것 때문으로 인해 '일반 사람이 위력(威力)으로 사람을 제박(制縛)한 것'으로 논했으니 그 잘못된 것이 한 가지입니다. 설사 일반 사람으로 조율(照律)한다 하더라도 만일 사람을 구타하여 부러지거나 상했거나 했으면 그 수모자(首謀者)는 장(杖) 70대이고, 하수자(下手者)는 장 80대이며, 그 여자가 비록 죽었으나 그것은 스스로 목

---

11 조선시대에 사용하던 『대명률(大明律)』「형률(刑律) 투구(鬪毆)」편에서는 위력제박인조(威力制縛人條)를 규정하고 있다. 관사(官司)에 고소해 사리(事理)를 다투지 않고 위력(威力)으로 다른 사람을 제압·속박하거나 사가(私家)에서 고문·구타·감금한 자에 대한 처벌 규정으로, 형벌은 상해(傷害)의 정도에 따라 장(杖) 80대부터 교형(絞刑)까지 정해두고 있다. 또한 주모(主謀)하여 시킨 자를 수범(首犯)으로 논하고, 실행한 자는 종범(從犯)으로 해 1등(等)을 감하도록 했다.

12 항렬이 낮은 사람과 나이가 어린 사람을 가리킨다.

맨 것이고 구타해 죽게 한 것이 아닌데 신을 수모자라 했으니 그 잘못된 것이 두 가지입니다. 만일 이성 삼촌숙(異姓三寸叔)이 질녀(姪女)에 대해 복(服-상복)이 없다고 해도 질녀는 이성 삼촌숙에게 소공복(小功服)이 있으니 어찌 무복지친(無服之親-상복을 입지 않아도 되는 먼 친척)이라 할 수 있겠습니까? 율(律)이 신의 몸에 그친다면 그만이지만 만일 후일에 이와 같이 조율한다면 아무것도 모르는 사람은 어떻게 스스로 밝히겠습니까?"

여러 대언(大言)이 모두 말했다.

"진실로 그렇다."

검률(檢律)을 불러 힐문하니 모두 대답하지 못했다. 대언이 이것을 갖고 아뢰니 상이 말했다.

"내가 말하지 않았느냐?"

마침내 계량에게 일러 말했다.

"경이 기묘년(己卯年-1299년)에 누이의 일로 인해 옥리(獄吏)에게 잡혀 왔을 때 내가 매우 마음이 아팠다. 친족 중에 이와 같은 사람이 있으면 누(累)가 자기 몸에 미치는 것은 참으로 흔한 일이니 경은 너무 한스럽게 여기지 말라."

기유일(己酉日-14일)에 전(前) 장흥고사(長興庫使) 홍자(洪咨)의 직첩(職牒)을 거두고 외방에 부처(付處)했다. 여종의 남편 장두언(張豆彦)을 때려 두언(豆彦)이 물러가 스스로 목매달아 죽은 일에 연루됐기 때문이다. 사간원에서 소를 올려 홍자의 죄를 청했다.

'신 등이 가만히 생각건대 형조(刑曹)에서 아뢴 학생(學生) 장두언

의 죽음은 옥사(獄事)에서도 중대한 것이므로 밝게 분별하지 않을 수 없습니다. 형조에서 국문한 두언의 어미 구슬(俱瑟)과 그 아우 오을(吾乙), 죽은 사노(私奴) 이보(李寶)·김록(金祿)이 모두 목을 맨 상황을 말하기를 "목에 상처도 없고, 자국 난 흔적도 없으며, 또 노끈[葛索](갈삭)으로 두 손을 한데 묶어 배꼽 아래에서 잡아매었다"라고 했습니다. 검시인(檢屍人) 원평(原平)과 교하(交河)의 아전이 증험한 것도 상항(上項)의 4인의 말과 다름이 없으니 이는 스스로 목을 맨 것이 아닌 것으로 의심이 듭니다. 홍자가 지난해 8월에 두언을 매질할 때에 그 아내가 (홍자의 집을) 지나다가 자의 집에서 남자 종이 매를 맞는 소리를 들었으나 누구인지는 알지 못했는데 밤이 깊어서 집에 돌아와 보니 그 남편은 돌아오지 않았습니다. (그러고는) 이튿날 두언이 목을 매 소나무에 달려 있었다 하니 그 죽은 과정이 더욱 의심스럽습니다. 비록 혹시 스스로 목을 매었다 하더라도 이 또한 홍자가 위력(威力)으로 핍박(逼迫)해 죽게 만든 것입니다. 그 아우 언(彥)이 자기 형이 죄 없이 죽은 것을 애석하게 여겨 관(官)에 고(告)해 복수하려 한 것은 천리(天理)로 보나 인정(人情)으로 보나 잘못이 아닌데 도리어 부처(付處)를 당했습니다. 바라건대 전하께서는 형조(刑曹)의 아뢴 바에 따라 홍자를 국문해 밝게 그 죄를 바로잡아야 할 것입니다. 또 사헌지평(司憲持平) 강종덕(姜宗德)은 상항(上項)의 조건(條件)을 마음을 써서 헤아려 밝히지[推明](추명) 못했으니 또한 책임이 없을 수 없습니다. 엎드려 바라옵건대 상(上)께서 재가(裁可)해 시행하셔야 할 것입니다.'

상이 소(疏)를 읽어보고 장언의 죄를 용서했다. 승정원에 전해 말했다.

"내가 홍자를 아끼는 것이 아니라 다만 두언의 죽음이 이미 헌부(憲府)와 형조를 거쳤으나 그 사실을 알아내지 못했고, 장언은 그 형의 죽음을 알지 못하고 갑자기 홍자가 죽인 것으로 관(官)에 고했으니, 그러므로 내가 의옥(疑獄)으로 처리한 것이다. 지금 이 상소의 뜻은 어떻게 처리하자는 것이냐?"

대언(代言)을 시켜 상소 속의 (본래) 뜻을 헌납(獻納) 권선(權繕)에게 갖춰 물으니 선(繕)이 대답했다.

"바라건대 형조에서 아뢴 바에 따라 홍자가 살인한 사유를 국문해야 할 것입니다."

안등(安騰)이 말했다.

"홍자가 살인한 것이 정말 개연성이 있다면[的然(적연)] 설사 국문하는 것도 가능할 것이오. (그러나) 형조가 이미 두언(豆彥)의 어미와 딸을 국문해 두언이 죽은 연유를 물었으나 모두 홍자가 죽였다고는 말하지 않았소. 그런 데다 지금 다시 국문하면 이같이 심한 더위에 어찌 살 수 있겠소? 매[箠楚(추초)] 밑에 무엇을 구(求)한들 얻지 못하겠소? 홍자가 만일 매의 괴로움을 참지 못해 살인죄(殺人罪)에 걸려든다면 두언의 죽음으로 세 사람이 또한 죽는 것이니 불가하지 않겠소?"

선이 대답했다.

"무거운 옥사[重獄(중옥)]를 결단하자면 서둘러 해서는 아니 됩니다. 지금 문자(文字)로 홍자에게 갖춰 물어서 만일 사실대로 대답하면 마땅히 그 죄에 따라 처벌해야 합니다. 어찌 몸이 편안하고서 사실대로 토설(吐說)하는 자가 있겠습니까? 그러므로 형조(刑曹)의 장신(狀

申)에 따르기를 청한 것입니다.”

상이 말했다.

“소사(所司)의 청을 내가 어찌 따르지 않겠는가? 천재(天災) 지괴(地怪)가 정령(政令)의 잘못에 말미암지 않음이 없다.”

간원(諫院)에 사실을 조사해 아뢰라고 명했다. 조금 뒤에 사간원이 자문(紫門)에 나아와 아뢰었다.

“오늘의 청(請)은 전하께서 형조의 장신(狀申)에 따르실 것을 원한 것뿐입니다. 지금 본원(本院)에 사실을 조사해 아뢰라고 명하셨는데 본원에는 형벌하는 물건[刑物]이 없으니 어떻게 사실을 조사하겠습니까? 청컨대 다시 유사(攸司)로 하여금 밝게 그 죄를 바로잡게 해야 할 것입니다.”

상이 말했다.

“어떻게 곤장을 때려서 묻겠는가? 사리(事理)를 가지고 헤아려 밝히는 것[推明]이 좋을 것이다.”

○ 사헌부에서 아뢰어 말했다.

“간원(諫院)에서 홍자(洪咨)의 옥사를 토의해 신 등에 대해 분명치 못하게 신문(申聞)했다고 했으니 신 등이 스스로 밝히고자 합니다.”

상이 말했다.

“이는 작은 일이니 일단은 내버려두는 것이 좋겠다. 경들이 스스로 밝히고자 하는 것은 실로 보복(報復)하고자 하는 것이다.”

이에 모두 물러가 사직했다. 상이 정부(政府)에 일러 말했다.

“전일에 내가 간원의 말을 따라서 장언(張彦)의 유배형을 면제하고 헌부(憲府)에 일을 보라고 명했는데 헌부가 사직했으니 이에 깊이 토의해 아뢰라."

정부에서 아뢰어 말했다.

"장언과 홍자는 양쪽이 뚜렷한 증거가 없습니다. 따라서 설사 의옥(疑獄)이라고 말할 수 있지만 (그러나) 만일 위력(威力)으로 사람을 핍박해 죽게 했다면 면할 수 없는 것입니다. 홍자를 다만[止=但] 외방에 부처했기 때문에 간원에서 형조의 장신에 의거해 다시 국문할 것을 청한 것인데 어찌 그르겠습니까? 헌사(憲司)의 사직은 마땅합니다."

상이 양쪽을 화해(和解)시켰다. 사간원에서 그 옥사를 복심(覆審)했으나 끝내 실상을 밝혀내지 못했다.

계축일(癸丑日-18일)에 대마도(對馬島) 종정무(宗貞茂)가 사람을 보내 토산물을 바쳤다.

갑인일(甲寅日-19일)에 명해 제주(濟州)의 자제(子弟) 중에서 (중앙 조정에) 종사(從仕)한 자에게 천호(千戶)·백호(百戶)를 차정(差定-임명)하게 했다. 조원(趙源)이 아뢰어 말했다.

"제주의 백호·천호는 그 수령이 차정하는데 (중앙 조정의) 사직(司直)·부사직(副司直)이 앞으로 지나가도 상(床)에 걸터앉아 예(禮)를 행하지 않는 일이 있습니다. 그러므로 토인(土人)이 왕작(王爵)을 가볍게 여기고 토관(土官)을 무겁게 여깁니다. 이리하여 제주의 자제(子弟)가 조정에 종사(從仕)하기를 원하는 자가 없습니다. 만일 일찍이 조정에 종사한 자로 백호·천호를 차정하면 위아래의 분수가 정해져서 자제가 종사하고자 하는 자가 많을 것입니다.”

상이 그것을 따랐다.

○ 일본 일향주(日向州)가 사자를 보내 예물(禮物)을 바쳤다.

○ 예문관제학 변계량(卞季良)에게 직(職)에 나올 것을 명했다. 계량(季良)이 아뢰어 말했다.

“형조(刑曹)의 원리(員吏)가 신의 연고로 인해 죄를 얻어 유폄(流貶)됐으니 석방해주시기를 바랍니다.”

답하지 않았다.

○ 상이 하륜(河崙), 성석린(成石璘)과 더불어 태조(太祖) 부묘(祔廟)[13]의 예(禮)를 토의했다. 상이 말했다.

“태조 부묘의 예를 장마철[霾雨(매우)]에 거행할 수 없으니 8~9월을 기다려 거행하면 진용(眞容-어진)의 모사(摸寫)를 성취할 수 있고 비를 방비할 근심도 없을 것이다.”

륜(崙)이 대답했다.

“진실로 상(上)의 가르침대로입니다.”

석린(石璘)이 대답했다.

“부묘는 큰일이니 늦출 수 없습니다. 담사(禫祀) 뒤에 곧 부묘하고 혈식(血食)으로 천향(薦享)하는 것이 예(禮)입니다. 만일 이와 같이 하지 않고 권도(權道-임시방편)로 문소전(文昭殿)에 봉안해 소선(素膳)으로 제사한다면 안 될 일입니다. 만일 이것을 사책(史册)에 쓴다면 후손(後孫)이 무엇을 보겠습니까?”

---

13 삼년상을 끝낸 뒤에 임금이나 왕비의 신주(神主)를 종묘에 모시는 일을 말한다.

상이 예문(禮文)에 의거해 시행하라고 명했다.

○ 의정부에서 아뢰어 말했다.

"전조(前朝-고려)의 성대한 시절[盛時]에는 효사관(孝思觀)[14]이 있었습니다. 지금 태조(太祖)를 부묘(祔廟)한 뒤에 문소전(文昭殿)을 효사관의 구제(舊制)에 따라 하는 것이 심히 사람의 정이나 예문[情文]에 부합할 듯합니다. 경흥전(慶興殿) 같은 것은 예전에는 없었던 것이지만 이를 헐자면 백성의 힘을 써야 하니 그냥 있더라도 의리에 해로울 것은 없습니다."

상이 말했다.

"내가 경들의 말대로 이 전(殿)을 헐지는 않겠지만 끝내 여기에 진용(眞容)을 두지는 않겠다."

이보다 앞서 이안우(李安愚)가 (동북면) 함주목사(咸州牧使)로 있을 때 상(上)이 탄생한 땅에 전각(殿閣)을 짓고 '경흥(慶興)'이라 이름 지었었다. 의정부에서 아뢰어 말했다.

"상께서 경흥전을 헐려고 하시는 것은 '창업(創業)한 임금이 아닌데 어찌 진용(眞容)을 여기에 두랴?' 하시는 것인데, 신 등이 생각건대 태조(太祖)께서 창업하셨다고는 하나 예악(禮樂)과 문장(文章)은 전하 때 이르러 크게 갖췄으니 만세(萬歲) 후에[15] 진용을 이 전각(殿閣)에 봉안해 사람들로 하여금 탄생하신 땅인 줄을 알게 하

---

14 고려시대 태조의 진영(眞影-어진)을 보관하던 전각을 말한다. 951년(광종 2년) 태조의 원당(願堂)으로 개성에 봉은사(奉恩寺)를 창건하고 봉은사 경내에 효사관을 별도로 두어 태조의 진영을 보관했다.

15 임금이 죽은 후라는 말을 할 수가 없어 이렇게 에둘러 말한 것이다.

려고 합니다."

○ 유정현(柳廷顯)이 동북면의 진무(鎭撫) 왕정(王庭)과 패두(牌頭) 최철생(崔哲生)을 베었다. 정(庭)은 경원진무(慶源鎭撫)로 패군(敗軍)해 성을 버리고 배를 타고 바다로 들어가 군민(軍民)들이 유망(流亡)하게 했고, 철생(哲生)은 경성패두(鏡城牌頭)로 용성(龍城) 싸움에서 먼저 달아나 군중(軍衆)을 현혹시킨 때문이었다. 곽승우(郭承祐) 이하는 곤장 100대를 때려 산군(散軍) 방어를 하게 했다. 정현(廷顯)이 비밀리에 아뢰었다.

'동북면은 전벌(戰伐)이 잦아 이미 지쳤고 또 사명(使命)이 빈번해 이를 괴롭게 여깁니다.'

상이 정부(政府)와 토의해 마침내 정현을 불러들였다.

병진일(丙辰日-21일)에 상이 백관(百官)을 거느리고 문소전(文昭殿)에 나아가 배교(环珓)[16]를 던져 담사일(禫祀日)을 점쳤다. 예조(禮曹)에서 아뢰었다.

"예전에는 배교(环珓)에 옥(玉)을 사용했는데 지금은 상국(上國-중국)에서 소나 양의 뿔을 사용하니 이는 (모두) 불결(不潔)한 물건입니다. 이번 태조(太祖)의 담사일(禫祀日)을 점치는 데는 황양목(黃楊木-회양목)을 사용할 것을 청합니다."

그것을 따랐다. 이에 7월 15일 경진(庚辰) 길한 날을 점쳐서 얻었다. 예조(禮曹)에 명해 말했다.

---

16 길흉(吉凶)을 점치는 데 사용하는 옥(玉)을 말한다.

"초상(初喪)으로부터 종제(終制)에 이르기까지 무릇 상사(喪事)에 관계된 것은 밝게 문안(文案)을 작성해 뒷사람들에게 전하라[貽=傳]."

정사일(丁巳日-22일)에 예문관제학(藝文館提學) 변계량(卞季良)이 전(箋)을 올려 사직(辭職)을 청했으나 윤허하지 않았다. 그 전(箋)은 이러했다.

'몸에 질병이 얽혔으니[纏] 책임을 감당할 수 없고 구차스럽게 형벌(刑罰)이나 면하는 것은 유자(儒者)가 마음속으로 편안히 여길 바[所安]가 아닙니다.[17] 작은 그릇은 차기가 쉬운데 지나치게 성은(聖恩)을 입었습니다."

상이 다 보고 나서 전을 승정원에 내리며 말했다.

"나는 요령(要領)을 알지 못하겠는데 경들은 어떻게 생각하는가?"

여러 대언(代言)이 아뢰었다.

"이 전에는 세 가지 뜻이 있습니다. 질병에 대한 것은 신 등이 모두 아는 바이고, 형벌은 구차하게 면한 것이 아니라 바른 도리에 따라서 결단(決斷)한 것이니 이번에 전(箋)을 올린 것은 의리에 합하지

---

17 구차스럽게 형벌을 면하는 것은 소인의 행태다. 그리고 소안(所安)은 자신의 진심을 뜻한다. 이는 『논어(論語)』「위정」편에 각각 나오는 두 구절을 염두에 둔 표현이다. 공자는 말했다. "백성을 법령으로써 인도하고 형벌로써 가지런히 하면 백성이 (구차스럽게) 법망을 면하려고만 하고 부끄러움이 없게 된다. 백성을 빼어남으로 인도하고 예로써 가지런히 하면 부끄러움을 알게 되고 또 감화될 것이다." 또 말했다. "(사람을 알고 싶을 경우) 먼저 그 사람이 행하는 바[所以=所行]를 잘 보고, 이어 그렇게 하는 까닭이나 이유[所由]를 잘 살피며, 그 사람이 편안해하는 것[所安]을 꼼꼼히 들여다본다면 사람들이 어찌 그 자신을 숨기겠는가? 사람들이 어찌 그 자신을 숨기겠는가?"

않습니다. 또 외로운 뿌리[孤根]가 서기 어렵다는 말이 있는데 어찌 성대한 조정에서 말할 수 있는 것이겠습니까?"

상이 말했다.

"나도 또한 그렇게 생각하니 경들은 많은 말을 하지 말라."

그 전을 돌려보냈다.

○ 가벼운 죄수를 풀어주었다. 상이 말했다.

"근래에 가뭄 기운[旱氣]이 있는데 어째서 그것을 걱정하는 자가 아무도 없는가?"

복사(卜師)에게 비 올 시기를 점치도록 명하고 또 『문헌통고(文獻通考)』를 꺼내 대언(代言)들에게 보이며 말했다.

"서운관(書雲觀)으로 하여금 구름 기운[雲氣]을 살피게 하라."

이에 술을 올리지 못하게 하고 밤새도록 잠자지 아니하며 구름 기운을 살폈다. 상이 근신(近臣)들에게 일러 말했다.

"원통한 옥사[冤獄]를 바르게 다스리는 것도 재앙을 없애는 방법[弭災之道]이다. 임오년(壬午年-1402년)의 난(亂)[18] 때 가벼운 법전[輕典]을 많이 따랐고 이무(李茂)의 지당(支黨)도 모두 다 스스로 자초한 것인데, 지금 이 천변(天變)은 무엇 때문에 생기는 것인가?"

대답해 말했다.

"형벌을 쓰는 것은 본래 빼어난 임금[聖人]이 어쩔 수 없어서 쓰는 것이니 전하께서는 더욱이 가벼운 법전을 따르시고 근심하고 부지런하신 것이 이와 같으신데 하늘이 어찌 감동하지 않겠습니까?"

---

18 조사의의 난을 말한다.

상이 의정부에 일러 말했다.

"도성(都城) 북산(北山)의 돌이 5월 장맛비[霖雨(임우)] 때에 많이 무너졌는데 한 달이 지난 뒤에야 고했고, 벌레가 소나무 잎을 먹어 거의 다 없어졌는데 일찍이 잡아 없애지 않았으니 이것은 재상(宰相)의 허물이다. 무심(無心)한 것이 아닌가?"

또 대언(代言)에게 말했다.

"산이 무너지고 물이 솟는 것을, 복서(卜書)에는 모두 허물이 임금에게 있다고 했는데 나는 개의치 않는다. 내가 매번 수한(水旱)의 재앙을 만나게 되면 오직 백성들이 재앙을 받을까만 근심할 뿐이다."

기미일(己未日-24일)에 평포역승(平浦驛丞)이 연사종(延嗣宗)을 이끌고 서울에 이르니 명해 차꼬를 풀어 그 집에 두게 했다.

○ 중과 무당을 모아 3일 동안 비를 빌고 그만뒀다. 예조(禮曹)에서 무당을 모아 뜰 안에서 비를 비니 구경하는 사람들이 구름처럼 모였다[雲集(운집)]. 예조(禮曹) 안에서 비를 비는 것은 예전 법이 아니므로 이때 사람들이 이를 비난했다[譏(기)].

경신일(庚申日-25일)에 의정부지사 황희(黃喜)를 보내 원단(圓壇)에 비를 빌게 했다. 희(喜)가 원단에 이르러 향(香)과 축(祝)을 점검해보니 호천상제(昊天上帝)의 제문(祭文)만 있고 오제(五帝)의 제문은 없었다. 희가 사람을 달려 보내 아뢰니 상이 노해 여러 대언(代言)을 꾸짖어 말했다.

"어찌하여 불경(不敬)스러움이 이 지경에 이르렀는가? 이 따위 임금과 신하의 재덕(才德)을 갖고서, 또 직사(職事)를 공경하고 조심하지 못했으니 어찌 하늘의 응험(應驗)을 받겠는가? 역삭교서정자(役朔校書正字) 최덕지(崔德之, 1384~1455년)[19]가 그 직사를 삼가지 못했으니 마땅히 삼관(三館)에다 내쳐야 하겠으나 남의 전정(前程-앞길)을 폐하고 싶지는 않다. 만일 하옥(下獄)하게 하면 3일이 지나면 으레 석방해야 하는데 장차 어떻게 처리할 것인가?"

이윽고 말했다.

"제사 일이 지나지 않았으니 지금 잠시 놓아두라."

○좌정승 성석린(成石璘)이 사직하며 말했다.

"음(陰)과 양(陽)이 화합하지 못하고 수재(水災)와 한재(旱災)가 서로 겹치는 것은 모두 (신이) 늙어서 섭리(燮理)를 하지 못하고 뛰어난 이를 방해하고 나라를 병들게 하는 까닭으로 말미암은 것입니다."

상이 말했다.

"수한(水旱)의 재앙은 실로 나의 부덕(否德)한 소치다. 옛날에 하륜

---

19 1405년(태종 5년) 식년문과에 급제한 뒤 추천을 받아 사관이 되었고, 이때 교서관 정자로서 원구단(圜丘壇)에서 기우제를 지낼 때 오제제문(五帝祭文)을 준비 못 해 한때 투옥됐다. 뒤에 감찰 등 삼사(三司)의 청요직(淸要職)을 거쳐 외관으로 김제군수·남원부사 등 여러 주·군을 다스렸다. 남원부사를 사퇴한 뒤 영암의 영보촌(永保村)에 내려가 학문 연구에 몰두했는데 이때 존양(存養)이라는 호를 사용했다. 문종이 즉위하자 그를 불러 예문관직제학에 임명, 그의 학문을 높이 평가했으나 그는 아직 치사할 나이가 안 됐는데도 연로함을 이유로 사직하고 고향으로 내려갔다. 당시 풍습으로 볼 때 명예로운 직책을 사임하고 귀향하는 경우가 드물었으므로 동료들은 그의 높은 덕과 행동을 칭송하며, 다투어 시부를 지어주고 노자를 마련해주었다. 72세에 죽으니 영암의 주민들이 사당을 세워 제사하고 존양사(存養祠)라 이름 지었다.

(河崙)이 수상(首相)이 돼 법령(法令)을 개수했는데 그 당시 수한(水旱)의 재앙이 있자 사람들이 그를 가리켜 비방했었다. 그 뒤에 조준(趙浚)·김사형(金士衡)·이서(李舒)로 하여금 연이어 정승(政丞)을 삼았는데, 수한의 재앙이 없는 해가 없었으니 이것이 그 증험이다. 내가 부덕(否德)해 천심(天心)에 답하지 못해 수한이 여러 번 이른 것이다. 그러나 나는 진퇴(進退)가 어려워서 오랫동안 이 자리에 처하여 근심하고 부지런하고 두렵게 생각해 광구(匡救)하는 덕(德)을 힘입어 끝을 도모하기를 생각한다. 경의 몸이 비록 늙었으나 나의 지극한 뜻을 체득(體得)해 물러가 쉬지 말라."

○ 전라도 도관찰사 허주(許周)가 나주판관(羅州判官) 최직지(崔直之)를 파면시켰다. 만경현령(萬頃縣令) 윤강(尹江)이 어떤 일로 나주에 이르렀는데 관기(官妓) 명화(名花)가 수청(守廳)을 들지 않는다고 노하자 직지(直之)가 매를 때려 3일 만에 죽었다. 이리하여 그 집에서 원통함을 호소했기 때문이다.

신유일(辛酉日-26일)에 동북면(東北面) 갑주(甲州)에 서리가 내려 곡식이 상했다.

○ 소격전(昭格殿)에서 비를 내려줄 것을 빌었다.

○ 의정부에서 아뢰어 동북면(東北面) 부방갑사(赴防甲士)의 공름(公廩)[20]을 정지했다. 아뢰어 말했다.

"갑사(甲士) 125인이 적(敵)을 맞아 먼저 무너져 한 사람도 마음을

---

20 나라에서 주는 녹봉을 말한다.

다해 공(功)을 세워 양육한 은혜[卵翼之恩]를 갚는 자가 없습니다.
난익 지 은

(그런데) 지금 유정현(柳廷顯)이 이미 과죄(科罪)하지 않았고 저 적(賊)도 또한 오지 않는데, 다만 금병(禁兵)인 까닭으로 해서 그 복종(僕從) 250인까지 합해 항상 공름을 허비하니 심히 미편(未便)합니다. 이 무리들은 집이 그 도(道)에 있어서 수병(戍兵)과 다름이 없으니 빌건대 자비(自備)하게 해야 할 것입니다."

그것을 따랐다.

임술일(壬戌日-27일)에 선자기(宣字旗)를 만들었다. 상이 추우기(騶虞旗)가 백호기(白虎旗)와 서로 비슷하다 해 하륜(河崙)에게 물어서 고쳐 선자기(宣字旗)로 하고, 청룡(青龍)·주작(朱雀)·백호(白虎)를 그 옆에 짰다.

계해일(癸亥日-28일)에 유정현이 (동북면에서) 돌아왔다. 상이 동북면의 가뭄 기운[旱氣]을 물으니 대답했다.
한기

"대단히 심하지는 않습니다. 그 지역 인민들이 모두 말하기를 '이 지방은 조금 가뭄 기운이 있어야 화곡(禾穀)이 잘 된다'라고 했습니다."

대언(代言) 등이 아뢰어 말했다.

"서울에는 비가 내리지 않았지만 외방에는 비가 내려 가뭄의 재앙이 없습니다."

상이 말했다.

"너희는 반드시 초목(草木)이 타고 말라붙어야만 가뭄으로 생각하느냐?"

○ 전 (경상도) 선주지사(善州知事) 이사이(李士彝)를 순금사(巡禁司)에 내렸다. 사이(士彝)가 전(前) 별장(別將) 최균(崔均)과 김포현(金浦縣)에서 송사(訟事)하는데 균(均)이 현령(縣令) 이하(李賀)에게 일러 말했다.

"사이(士彝)가 정해년(丁亥年-1407년) 12월에 민무구(閔無咎)를 가리켜 말하기를 '그분은 권왕(權王-임시 임금)이다. 만일 국사(國事)를 섭행(攝行)하게 되면 내가 마땅히 좌대언(左代言)이 될 것이다'라고 했소."

하(賀)가 두 사람을 체포해 아뢰니 명해 가두고 대간(臺諫) 형조(刑曹)로 하여금 함께 국문하게 했다. 상이 대언(代言)에게 일러 말했다.

"사이와 최균의 말은 반드시 억지로 물을 것이 없다. 비록 다시 국문(鞫問)하더라도 죄가 대역(大逆)에는 들지 않는다. 또 '권왕(權王)'이란 말은 아무것도 모르는 사람이 득세(得勢)한 사람을 가리켜 말하는 상칭(常稱)이니 족히 죄줄 것이 없다. 정부(政府)와 토의해 석방하라."

조영무(趙英茂)가 대답했다.

"상교(上敎)가 옳습니다."

성석린(成石璘)이 말했다.

"볼기를 때려서 석방하는 것이 좋겠습니다."

상이 말했다.

"신장(訊杖)을 맞은 것이 이미 많은데 무얼 반드시 볼기를 때릴 필요가 있겠는가?"

드디어 풀어주었다.

○ 청주부사(靑州府使) 이추(李推)가 모친상을 당하니 조전지병마사(助戰知兵馬使) 박구(朴矩)로 하여금 대신하게 했다.

갑자일(甲子日-29일)에 비가 내렸다.

○ 의흥부(義興府)에서 갑사(甲士)에게 휴가를 주는[給暇 급가] 법을 아뢰어 말했다.

"지금 정한 제도에 갑사(甲士) 1,000은 하번(下番)하고 2,000은 시위(侍衛)하는데, 만일 부모(父母)의 영장(永葬)·천장(遷葬)·소분(掃墳) 등의 일을 칭탁해 전과 같이 말미를 주면[給由 급유] 시위(侍衛)가 허술해질 것입니다. 금후로는 부모의 질병(疾病)에 대한 신성장(申省狀)[21]이 도착한 경우를 제외하고는 말미를 주는 것을 허락하지 말아야 할 것입니다. 또 각 도(各道) 관찰사(觀察使)·절제사(節制使)가 갑사를 데리고 다니는 것[率行 솔행]을 청할 수 없는 것은 이미 나타난 영갑(令甲)이 있는데, 하물며 내시위(內侍衛)·내금위(內禁衛)는 사사로이 사람을 따를 수 없는 것이겠습니까? 금후로는 왕지(王旨)를 받들어 솔행(率行)하는 것도 모두 다 금지해 숙위(宿衛)를 엄격하게 해야 할 것입니다."

그것을 따랐다.

○ 의정부에 명해 저화(楮貨)(의 통용 문제)를 토의하게 했다. 상이

---

21 지방 관아에서 중앙에 올리는 보고서를 말한다.

하륜(河崙)의 헌의(獻議-건의)로 말미암아 이응(李膺), 황희(黃喜) 및 여러 대언(代言)을 불러 말했다.

"저폐(楮幣)의 이익을 내가 지난번에 성급하게 중지시켰다. 정부로 하여금 다시 의논하게 하라."

김여지(金汝知)가 아뢰어 말했다.

"신이 계미년(癸未年-1403년)에 일찍이 대원(臺員-사헌부 관원)이 돼 대사헌(大司憲) 이첨(李詹) 등과 함께 저폐(楮幣)를 행하기를 청하는 글을 다섯 번이나 올렸으나 유윤(兪允)을 받지 못했습니다. 무릇 저폐의 법은 동전(銅錢), 피폐(皮幣), 화패(貨貝), 교자(交子)가 왕조[代]마다 각각 같지 않으나 그 요점은 대개 사람마다 이병(利柄-이권)을 잡지 않게 하려고 한 것입니다. 전하께서 일찍이 상국(上國)에 조회하시어 저화의 법을 밝게 아셨으니 지금 만약 사용하지 않으면 뒤에 반드시 행하기 어려울 것입니다."

상이 옳게 여겼다.

을축일(乙丑日-30일)에 의정부(議政府), 육조(六曹), 대간(臺諫), 예문관(藝文館)에 명해 사람을 천거하도록 하면서 묘당(廟堂-의정부)에서 실무를 맡을 만한 자, 대간(臺諫)이 될 만한 자, 결송(決訟)을 맡아서 할 만한 자를 천거하게 했다.

○ 이중배(李中培)를 (충청도) 홍주(洪州)에 유배 보냈다. 유정현(柳廷顯)이 중배(中培)를 차꼬에 채워 오니 순금옥(巡禁獄)에 내린 다음 유배 보냈다.

○ 회암사(檜巖寺)의 요역을 면제해주었다.

○사간원에서 소(疏)를 올려 연사종(延嗣宗), 곽승우(郭承祐), 노원식(盧原湜)의 죄를 청했다. 소는 이러했다.

'장수(將帥)는 임금의 간성(干城)이요, 백성의 사명(司命)이어서 국가의 안위(安危)가 달려 있습니다. 명을 받은 날에 죽을 마음만 있고 살 계획은 없어 공을 이루면 상을 주고, 패전하면 벌(罰)을 주는 것이 고금(古今)의 일정한 법도입니다. 지금 길주도찰리사(吉州道察理使) 연사종(延嗣宗)은 한미(寒微)한 데서 일어나 벼슬이 장상(將相)에 이르렀으니 전하께서 내려주신 바가 큽니다. (그렇다면) 마땅히 마음을 다하고 힘을 다해 외모(外侮-외침)를 막아서 아래로는 신하 된 절개를 저버리지 않고 위로는 전하의 은혜를 저버리지 않아야 할 것인데, 이를 돌아보지 않고 산융(山戎)이 우리 변병(邊兵)을 두 번씩이나 패(敗)하게 했는데도 한 번도 싸우지 않고 물러가 3일 노정(路程)이나 되는 곳에 주둔해 스스로 편안한 계책을 도모했으니 그 죄가 이보다 더 클 수 없습니다. 경원부사(慶源府使) 곽승우(郭承祐)는 일찍이 재주와 공로도 없이 오로지 무재(武才)로 인해 오랫동안 두터운 녹(祿)을 받고 있었는데, 지금 적(敵)을 막으라고 해 질(秩)을 높여 보냈으니 이는 진실로 전하를 위해 힘을 다하고 몸을 바칠 때입니다. 그런데 전에는 경거망동(輕擧妄動)으로 적(敵)에게 패했고, 뒤에는 성(城)을 버리고 멀리 도망쳐 싸우지도 않았습니다. 조전병마사(助戰兵馬使) 노원식(盧原湜)은 군사를 거느리고 성(城)으로 들어가서 적에 맞서 싸우지 않았으니 이것들은 모두 용서할 수 없는 죄입니다. 신 등이 듣건대 전(傳)에 이르기를 "공(功)이 있어도 상을 주지 않고, 죄가 있어도 벌을 주지 않으면 비록 당우(唐虞-요순)라도 천하를 교화할 수 없다"[22]라고 했고 또 『육전(六典)』에 이르기를 "하나의 성보(城堡)를 잃고 하나의 주현(州縣)을 잃으면 군법(軍法)으로 일을 처리한다"라고 했는데, 하물며 경원(慶源)은 능침(陵寢)이 있는 곳이어서 다른 고을과 비교할 바가 아닙니다. 바라건대 전하께서는 사종(嗣宗), 승우(承祐), 원식(原湜) 등을 법에 의해 시행하시어 뒷 사람들을 경계시켜야 할 것입니다.'

소(疏)를 궁중에 머물러두었다.

○ 이달에 비전주(肥前州) 송포우구(松浦宇久)의 원예(源銳)와 토관(土官) 등만통(藤滿通)이 각각 사람을 보내 우리의 붙잡혀 갔던 사람들을 돌려보내고 토산물을 바쳤다.

22 『한서(漢書)』에 나오는 말로 선제(宣帝)가 왕성(王成)에게 작질을 내려주는 조서에 나온다.

원문

丙申朔 上詣文昭殿 行朔祭.
병신 삭 상 예 문소전 행 삭제

以柳廷顯判恭安府事兼判義勇巡禁司事 仍命爲東北面
이 유정현 판공안부사 겸 판의용순금사사 잉 명 위 동북면
都宣撫處置使 金南秀吉州道都安撫察理使 河敬復慶源兵馬使
도선무처치사 김남수 길주도 도안무 찰리사 하경복 경원 병마사
崔潤德鏡城兵馬使 金加勿爲護軍. 賜廷顯斧鉞敎書以遣之. 敎曰:
최윤덕 경성 병마사 김가물 위 호군 사 정현 부월 교서 이 견지 교왈
'邊鎭 國之保障 豈敢致爲憑陵? 相臣 君之股肱 玆令得專處置.
변진 국 지 보장 기감 치 위 빙릉 상신 군 지 고굉 자 령 득전 처치
蠢爾小醜 敢肆頑兇 犯我封疆 以致城邑失守 士民流亡 而將臣
준이 소추 감사 완흉 범 아 봉강 이치 성읍 실수 사민 유망 이 장신
率臣 不卽捕獲安集 一方搔動者 已經數月 尙未有成效. 予玆軫心
수신 부즉 포획 안집 일방 소동 자 이경 수월 상 미유 성효 여 자 진심
思欲得人 往行賞罰 疇咨在庭 咸曰卿哉. 惟卿秉心堅確 威聲夙著
사욕 득인 왕행 상벌 주자 재정 함 왈 경 재 유 경 병심 견확 위성 숙저
命卿爲東北面都宣撫處置使. 將士如有攻守有違者 守令如有
명 경 위 동북면 도선무처치사 장사 여유 공수 유위 자 수령 여유
安集未至者 嘉善以上 監囚申請; 通政以下 擧律直斷. 於戲! 非
안집 미지 자 가선 이상 감수 신청 통정 이하 거율 직단 어희 비
威無以制敵 非惠無以輯民 惟威惟惠 用集厥功.'
위 무이 제적 비 혜 무이 집민 유 위 유 혜 용 집 궐공

議政府啓曰: "東北面都巡問使林整 爲一道之主 司賞罰之
의정부 계왈 동북면 도순문사 임정 위 일도 지 주 사 상벌 지
權 諸將屢敗 坐視不恤 不能申問科罪. 察理使延嗣宗 身爲主將
권 제장 누 패 좌시 불휼 불능 신문 과죄 찰리사 연사종 신 위 주장
慶源之役 郭承祐敗軍而退 屯兵不救; 龍城之役 諸將敗北 乃托
경원 지 역 곽승우 패군 이 퇴 둔병 불구 용성 지 역 제장 패배 내 탁
以方物封裹 退駐吉州. 郭承祐初守慶源 不度賊之多少 輕敵失律
이 방물 봉과 퇴주 길주 곽승우 초 수 경원 불탁 적 지 다소 경적 실률
衣甲槍劍 盡爲賊有 使賊勢益熾 又不能固守城子 乘舟逃命;
의갑 창검 진 위 적 유 사 적세 익치 우 불능 고수 성자 승주 도명

龍城之戰 畏懶不出 固已甚矣. 及尹夏 朴楣以孤軍赴敵 扣柵
용성 지 전 외라 불출 고 이심 의 급 윤하 박미 이 고군 부적 구책

急呼 出軍與戰 非徒不能 反高聲叫號 甲士盡死 無出戰者 眩惑
급호 출군 여전 비도 불능 반 고성 규호 갑사 진사 무 출전자 현혹

衆聽 罪不容誅. 安乙貴與承祐同罪. 盧原湜多率禁兵 不能禦敵
중청 죄 불용 주 안을귀 여 승우 동죄 노원식 다솔 금병 불능 어적

先走入柵 及尹夏等赴敵 又不出助. 金成 魏臣忠爲左右翼 亦皆
선 주 입책 급 윤하 등 부적 우 불 출조 김성 위신충 위 좌우익 역 개

先潰 請皆依律論罪.” 又密啓曰: “上項人等 罪當死 惟嗣宗功臣
선 궤 청 개 의율 논죄 우 밀계 왈 상항 인 등 죄 당사 유 사종 공신

請免其罪. 乙貴爲承祐副將 稍輕於承祐 決杖一百 散軍防禦可也.
청면 기죄 을귀 위 승우 부장 초 경어 승우 결장 일백 산군 방어 가야

金成雖無實績 有驅城中軍出戰之名 又有管下殺敵之名 可貸
김성 수 무 실적 유 구 성중 군 출전 지 명 우 유 관하 살적 지 명 가 대

其罪.”
기죄

上曰: “且皆勿殺 以待後日樹功可也.” 及廷顯辭 召入內殿 親授
상 왈 차 개 물살 이대 후일 수공 가야 급 정현 사 소입 내전 친수

指畫 因以是啓授之 且命延嗣宗都鎭撫 (命)依軍法施行 而不知
지획 인 이 시계 수지 차 명 연사종 도진무 명 의 군법 시행 이 부지

其爲誰 後上乃知爲前忠州牧使李中培 命議政府曰: “是人平日
기 위수 후 상 내 지 위 전 충주목사 이중배 명 의정부 왈 시인 평일

處心不奸 從事惟勤 誠可惜也. 亟遣知印李道 諭廷顯勿殺.” 廷顯
처심 불간 종사 유 근 성 가석 야 극 견 지인 이도 유 정현 물살 정현

至吉州 鎖延嗣宗 使平浦驛丞押送于京. 翼日 廷顯還至靑州
지 길주 쇄 연사종 사 평포역 승 압송 우경 익일 정현 환지 청주

嗣宗猶不發 遂杖驛丞五十.
사종 유 불발 수 장 역승 오십

成石璘等啓曰: “前日 命金承霔入慶源古城 以守陵室 承霔必
성석린 등 계왈 전일 명 김승주 입 경원 고성 이수 능실 승주 필

多率軍士 以入慶源 賊若來侵鏡城 必不及回兵救之 鏡城之戍
다솔 군사 이입 경원 적 약 내침 경성 필 불급 회병 구지 경성 지 수

益危. 但慶源陵室所在 不可不戍 臣等未能定計.” 趙英茂啓曰:
익위 단 경원 능실 소재 불가 불수 신등 미능 정계 조영무 계왈

“臣愚以謂 童猛哥帖木兒平日厚蒙上恩 不至於侵凌之已甚 豈向
신우 이위 동맹가첩목아 평일 후몽 상은 부 지어 침릉 지 이심 기 향

殿下祖宗之陵室 肆其惡乎? 且水路不平 運糧尤難.” 上曰: “前日
전하 조종 지 능실 사 기악 호 차 수로 불평 운량 우난 상 왈 전일

余已遣人 省視陵室. 其人若旣省視而來 則承霔宜屯留鏡城 若以
여 이 견인 성시 능실 기인 약 기 성시 이 래 즉 승주 의 둔류 경성 약 이

路塞 不敢入者 則承霔當領全軍 入慶源留十數日 若將久居其地
노 불감 입 자 즉 승주 당령 전군 입 경원 유 십수 일 약장 구거 기지

者 犯夜遣人 審賊所向而來可也. 然此謀愼勿洩於軍中 若使彼賊
자 범야 견인 심 적 소향 이 래 가야 연 차모 신 물설 어 군중 약 사 피적

知之 是履睡虎之尾也." 未幾 承霔馳啓曰: '臣遣郎將龍彥 往審
지지 시 이 수호 지 미 야 미기 승주 치계 왈 신 견 낭장 용언 왕심

二陵 守陵人戶及碑石 皆依舊.'
이릉 수릉 인호 급 비석 개 의구

尹思修啓曰: "赴征甲士 皆令散軍防禦 則心鋒摧折. 姑使傳敎
윤사수 계왈 부정 갑사 개 영 산군방어 즉 심봉 최절 고 사 전교

曰: '汝等皆禁軍 予嘗謂汝爲爪牙. 顧今爾罪當誅死 後日樹功 則
왈 여등 개 금군 여 상 위 여 위 조아 고금 이죄 당 주사 후일 수공 즉

免汝罪' 云爾則皆盡心克敵矣." 上曰: "諸將之罪 政府欲殺之
면 요죄 운 이 즉 개 진심 극적 의 상 왈 제장 지 죄 정부 욕 살지

予則欲生之 至於甲士則予欲罪之 政府欲釋之 何賞罰有異歟?
여 즉 욕 생지 지어 갑사 즉 여 욕 죄지 정부 욕 석지 하 상벌 유이 여

此等嘗爲禁軍 當盡力克敵 今皆先走 豈可復以爲禁兵乎? 予之令
차등 상 위 금군 당 진력 극적 금 개 선주 기가 부 이위 금병 호 여 지 영

散軍防禦者爲此也." 思修復啓曰: "諸將爲首罪當死 甲士則率行
산군방어 자 위차 야 사수 부 계왈 제장 위 수죄 당사 갑사 즉 솔행

者 盧原湜當首罪矣. 且處置使必將以輕重科斷矣 其中稍輕者
자 노원식 당 수죄 의 차 처치사 필 장 이 경중 과단 의 기중 초 경자

寬之可也."
관지 가야

議政府啓: "兀狄哈所乙好之妻寶背 率其夫之奴 來投萬戶
의정부 계 올적합 소을호 지 처 보배 솔 기부 지 노 내투 만호

安天儉家. 天儉之子 安壽 取寶背鞍馬錢物 殺其奴以滅口 遂奸
안천검 가 천검 지 자 안수 취 보배 안마 전물 살 기노 이 멸구 수 간

寶背. 按律 安壽宜斬 寶背宜絞 然臨敵之時 難得一猛卒 姑釋而
보배 안율 안수 의참 보배 의교 연 임적 지 시 난득 일 맹졸 고 석 이

命之曰: '汝若赴敵樹功 則可以免罪 不爾則斬.' 如何?" 上許之.
명지 왈 여 약 부적 수공 즉 가이 면죄 불이 즉 참 여하 상 허지

戊戌 命各道都觀察使薦人. 各道歷仕有名績者 有文武才略者
무술 명 각도 도관찰사 천인 각도 역사 유 명적 자 유 문무 재략 자

有老成遺逸者 觀察使搜訪 敦遣于朝.
유 노성 유일 자 관찰사 수방 돈견 우 조

命承政院 毋得還給辭狀. 先是 凡有覲親婚嫁者 例多狀申辭職
명 승정원 무득 환급 사장 선시 범 유 근친 혼가 자 예 다 장신 사직

及還給其辭狀 或有托辭者. 是日 命承政院曰: "今後各司員吏
급 환급 기 사장 혹 유 탁사 자 시일 명 승정원 왈 금후 각사 원리

辭狀 毋得啓聞還給.”
사장 무득 계문 환급

己亥 初令三軍入直摠制參朝啓.
기해 초 영 삼군 입직 총제 참 조계

司諫院上疏請延嗣宗 郭承祐 盧原湜罪. 疏略曰:
사간원 상소 청 연사종 곽승우 노원식 죄 소 약왈

‘嗣宗當賊入慶源之時 退舍三日之程 又侵鏡城退在吉州 一不
사종 당 적 입 경원 지 시 퇴사 삼일 지 정 우 침 경성 퇴재 길주 일불

與戰; 承祐以輕敵敗後 乃退縮不戰; 原湜率禁兵赴征 不戰而走
여전 승우 이 경적 패 후 내 퇴축 부전 원식 솔 금병 부정 부전 이 주

罪皆大矣. 請論其罪 以懲後來.’
죄 개 대의 청론 기죄 이징 후래

上曰: “疏義善矣 予將面命之.”
상 왈 소 의 선의 여 장 면 명지

庚子 下尹夏 朴楣于巡禁司. 議政府啓曰:
경자 하 윤하 박미 우 순금사 의정부 계왈

“夏之奉使東北面也 察戰亡人數與接戰能否 其可殺者 監囚
하 지 봉사 동북면 야 찰 전망인 수 여 접전 능부 기 가살 자 감수

申請 輕者杖之. 夏旣受命而行 一不施行 且龍城戰時事 亦不
신청 경자 장지 하 기 수명 이 행 일불 시행 차 용성 전시 사 역 불

致察論罪. 又有待夏之還 聞變處置之命 而遲留幾一月. 朴楣則
치찰 논죄 우 유 대 하 지 환 문변 처치 지 명 이 지류 기 일월 박미 즉

令往豆稱介居處 授以賞賜物件 觀變而來. 楣乃以塞路未去 遂
영 왕 두칭개 거처 수 이 상사 물건 관변 이 래 미 내 이 색로 미거 수

傳賜物于察理使而來. 臣等未知於上前已啓達否. 若於都堂則旣
전 사물 우 찰리사 이 래 신등 미지 어 상전 이 계달 부 약 어 도당 즉 기

不親告 又無呈狀 夏 楣二人 俱失委任之意. 請下獄鞫問 以爲
불 친고 우 무 정장 하 미 이인 구 실 위임 지 의 청 하옥 국문 이위

後鑑.” 從之.
후감 종지

左政丞成石璘 又與知申事安騰言曰: “東北面州郡所蓄雜穀
좌정승 성석린 우 여 지신사 안등 언왈 동북면 주군 소축 잡곡

不過五六萬石. 有以漕運江原道軍資爲言者① 有以其土姓仕宦
불과 오륙 만석 유 이 조운 강원도 군자 위언 자 유 이 기 토성 사환

者回換爲言者 議論不一. 然欲漕運 則水路甚惡 恐傷人命 若
자 회환 위언 자 의논 불일 연 욕 조운 즉 수로 심악 공상 인명 약

回換 則多不過數千斛 此議難斷. 且以金南秀爲吉州察理使入送
회환 즉 다 불과 수천 곡 차의 난단 차 이 김남수 위 길주 찰리사 입송

則有以兵少將多 功必不成爲言者 有以此人强勇 可以成功爲言
즉 유 이 병소장다 공 필 불성 위언 자 유 이 차인 강용 가이 성공 위언

者 議論紛紜. 請取旨施行." 於是 趙英茂以爲: "東北面事 其終
자 의론 분운 청 취지 시행 어시 조영무 이위 동북면 사 기종
不可測 宜漕運江原道軍資可也. 漕運利害 雖不可知 何惜民命
불가측 의 조운 강원도 군자 가야 조운 이해 수 불가지 하 석 민명
而不顧國家大體乎?" 知府事黃喜曰: "回換則公私俱便 而弊
이 불고 국가 대체 호 지부사 황희 왈 회환 즉 공사 구편 이 폐
不及民."
불급 민

傳旨政府曰: "今義興府鎭撫睦進恭等 以憲司請罪停職 然嘗
전지 정부 왈 금 의흥부 진무 목진공 등 이 헌사 청죄 정직 연 상
爲鎭撫 勞苦甚矣. 頒祿日近 令欲復其職使之受祿 如何?" 英茂
위 진무 노고 심의 반록 일 근 영 욕복 기직 사지 수록 여하 영무
對曰: "此非自作之罪 勿論賢不肖 皆仍鎭撫之任 此輩終不可棄
대왈 차 비 자작 지 죄 물론 현불초 개 잉 진무 지 임 차배 종 불가 기
也. 上敎誠然." 成石璘以爲: "此輩但停職而仍爲鎭撫 其罰已輕
야 상교 성 연 성석린 이위 차배 단 정직 이 잉 위 진무 기벌 이경
不月而復其爵 則似乎益輕. 命令之出有失當 則臣子豈可不糾正之
불월 이 복 기작 즉 사 호 익경 명령 지 출 유 실당 즉 신자 기가 불 규정 지
乎? 況此萌芽所係甚重乎? 賞罰 人主之大柄 行之與否 在上意耳
호 황 차 맹아 소계 심중 호 상벌 인주 지 대병 행지 여부 재 상의 이
臣則以爲不可." 知府事黃喜 參知府事尹思修等亦曰: "前日吹角
신 즉 이위 불가 지부사 황희 참지부사 윤사수 등 역 왈 전일 취각
不及趨令之人 自作之罪也 今鎭撫等 乃誤法者. 較此二者 誤法者
불급 추령 지 인 자작 지 죄 야 금 진무 등 내 오법 자 교 차 이자 오법 자
重. 此輩雖不受一番祿 亦可矣." 上然之.
중 차배 수 불수 일번 녹 역 가의 상 연지

辛丑 以柳廷顯爲禮曹判書 金南秀判恭安府事 趙秩東北面
신축 이 유정현 위 예조판서 김남수 판공안부사 조질 동북면
都巡問使 金乙和吉州道都安撫察理使.
도순문사 김을화 길주도 도안무 찰리사

癸卯 改印楮貨. 戶曹啓: "請將建文年間所造楮貨 改印永樂
계묘 개인 저화 호조 계 청장 건문 연간 소조 저화 개인 영락
年號頒行." 許之.
연호 반행 허지

釋尹夏 朴楣囚 就職.
석 윤하 박미 수 취직

丙午 命各司屬工匠年七十者 皆令除籍勿役.
병오 명 각사 속 공장 연 칠십 자 개 영 제적 물역

丁未 命賑飢民. 上謂代言曰: "國之有倉廩 爲民也. 古者 或有
정미 명진 기민 상 위 대언 왈 국 지 유 창름 위민 야 고자 혹 유

倉廩實 而不知賑恤者 是誠何心? 今都城內外飢民 訪問賑濟."
창름 실 이 부지 진휼 자 시 성 하심 금 도성 내외 기민 방문 진제

戊申 參贊議政府事柳亮 詣闕請東北面諸將之罪. 亮謂盧希鳳
무신 참찬 의정부사 유량 예궐 청 동북면 제장 지 죄 량 위 노희봉
曰: "臣欲親對天顔 極陳東北面諸將之罪." 希鳳入內 久不出 亮
왈 신 욕 친대 천안 극진 동북면 제장 지 죄 희봉 입내 구 불출 량
大言曰: "予豈憎諸將者乎? 但爲國家計耳. 惜此數人而不誅 則
대언 왈 여 기 증 제장 자 호 단 위 국가 계 이 석 차 수인 이 부주 즉
將使賊兵侵至青州 吉州 予將何顔稱爲宰相 立於朝廷乎?" 目
장 사 적병 침지 청주 길주 여 장 하안 칭 위 재상 입어 조정 호 목
知申事安騰曰: "公宜言 不能言 何不辭職而去? 不然 何不啓達
지신사 안등 왈 공 의언 불능 언 하불 사직 이 거 불연 하불 계달
臣言 使展所蘊? 無乃公不信予言乎? 承傳色專掌出納 今臣備員
신언 사전 소온 무내 공 불신 여언 호 승전색 전장 출납 금 신 비원
相府 欲達國事 避而不啓 予若大呼 得見殿下 則其能免沮抑之罪
상부 욕달 국사 피 이 불계 여 약 대호 득견 전하 즉 기 능면 저억 지 죄
乎?" 希鳳乃出曰: "適當進膳 未得啓也." 亮曰: "人情莫不好生
호 희봉 내 출 왈 적 당 진선 미득 계 야 량 왈 인정 막불 호생
而惡死 臣何獨好死 發此狂言! 但臣捨殿下 何適? 故不得不爾."
이 오사 신 하 독 호사 발 차 광언 단 신 사 전하 하적 고 부득불 이
希鳳曰: "公何不議諸政府而獨啓?" 亮曰: "當承祐初敗之時 請罪
희봉 왈 공 하불 의 저 정부 이 독계 량 왈 당 승우 초 패 지 시 청죄
主將 政府不聽 遂至再敗. 政府之論 皆非予 誰與議其可否 然後
주장 정부 불청 수 지 재패 정부 지 론 개 비 여 수여 의 기 가부 연후
啓達乎?" 希鳳乃入啓 上曰: "予因熱得水痢 故未得接見 然卿意
계달 호 희봉 내 입계 상 왈 여 인 열 득 수리 고 미득 접견 연 경의
予已知之."
여 이 지지

罷刑曹判書咸傅霖職. 流正郎金自西于清州 梁允寬于谷城
파 형조판서 함부림 직 유 정랑 김자서 우 청주 양윤관 우 곡성
佐郎李孟畛于原州. 且杖檢律裵爚等 皆坐誤請藝文館提學卞季良
좌랑 이맹진 우 원주 차 장 검률 배약 등 개 좌 오청 예문관 제학 변계량
之罪也. 初季良姊朴冲彦之妻 與奴奸 誣告其夫謀反 反坐誅死.
지 죄 야 초 계량 자 박충언 지 처 여 노 간 무고 기부 모반 반좌 주사
有女曰小婢 淫縱類其母 嫁密陽人仇宜德. 別軍金仁德奸焉 宜德
유녀 왈 소비 음종 유 기모 가 밀양 인 구의덕 별군 김인덕 간언 의덕
不能制 季良醜之 使族人梁勝智執送于鄉 歸之宜德 小婢不從.
불능 제 계량 추지 사 족인 양승지 집송 우향 귀지 의덕 소비 부종
使勝智撻之 勝智幽之于家 小婢自縊而死. 刑曹以威力制縛律 杖
사 승지 달지 승지 유지 우가 소비 자액 이 사 형조 이 위력 제박 률 장

勝智七十 謂季良爲主謀 啓請其罪. 季良上封以陳刑曹照律失當
승지 칠십 위 계량 위 주모 계청 기죄 계량 상봉 이진 형조 조율 실당

上謂承政院曰: "實封不可示人 爾等可召季良 備問實封之意."
상 위 승정원 왈 실봉 불가 시인 이등 가 소 계량 비문 실봉 지 의

於是 季良詣闕啓曰: "律云: '尊長歐卑幼 非折傷勿論. 尊長 若同
어시 계량 예궐 계왈 율 운 존장 구 비유 비 절상 물론 존장 약 동

堂伯叔父 姑若母舅 母姨之類.' 註曰: '母舅 是母之兄弟.' 檢律
당 백 숙부 고 약 모구 모이 지 류 주왈 모구 시 모 지 형제 검률

不此之顧 唯以非同姓之故 以凡人威力制縛人論 其非一也. 雖以
불 차 지 고 유 이 비 동성 지 고 이 범인 위력 제박 인 론 기비 일야 수 이

凡人照律 若歐人折傷 則首謀者杖七十; 下手者杖八十. 其女雖
범인 조율 약 구인 절상 즉 수모자 장 칠십 하수 자 장 팔십 기녀 수

死 是自縊 非歐打致死也. 以臣爲首 其非二也. 若曰異姓三寸叔
사 시 자액 비 구타 치사 야 이 신 위수 기비 이야 약왈 이성 삼촌숙

於姪女無服 則姪女之於異姓三寸叔 有小功服 豈曰無服之親乎?
어 질녀 무복 즉 질녀 지어 이성 삼촌숙 유 소공복 기 왈 무복 지 친 호

律止於臣身則已矣 若後日如此比律 則無知之人 何以自明?"
율 지어 신 신 즉 이의 약 후일 여차 비율 즉 무지 지 인 하이 자명

諸代言皆曰: "信然." 召檢律詰之 皆不能對. 代言以是啓 上曰:
제 대언 개 왈 신 연 소 검률 힐지 개 불능 대 대언 이시 계 상 왈

"予不言乎?" 遂謂季良曰: "卿於己卯年 以姊之故 爲獄吏所執而
여 불언 호 수 위 계량 왈 경 어 기묘년 이 자지고 위 옥리 소집 이

來 予頗傷心. 族內有如此人 累及乎己 亦常事也 卿勿恨焉."
래 여 파 상심 족내 유 여차 인 누 급호 기 역 상사 야 경 물한 언

己酉 收前長興庫使洪咨職牒 外方付處. 坐杖婢夫張豆彦 豆彦
기유 수 전 장흥고 사 홍자 직첩 외방 부처 좌장 비부 장두언 두언

退而自縊也. 司諫院上疏請洪咨之罪曰:
퇴 이 자액 야 사간원 상소 청 홍자 지 죄 왈

'臣等竊謂刑曹所申學生張豆彦之死 獄之重者 不可不明辨
신등 절위 형조 소신 학생 장두언 지 사 옥 지 증자 불가 불 명변

也. 刑曹所鞫豆彦之母俱瑟 其弟吾乙 亡私奴李寶 金祿皆言結項
야 형조 소국 두언 지 모 구슬 기제 오을 망 사노 이보 김록 개 언 결항

之狀曰: "項無傷處 亦無盈縮 又以葛索 合結兩手 繫於臍下."
지 상 왈 항 무 상처 역 무 영축 우 이 갈삭 합 결 양수 계어 제하

檢屍人元平 交河之吏所驗 與上項四人之言無異 是固可疑於非
검시 인 원평 교하 지 리 소험 여 상항 사인 지 언 무이 시 고 가의 어 비

自縊也. 洪咨於前年八月 鞭豆彦. 其妻往聞 咨家有男僕被杖之
자액 야 홍자 어 전년 팔월 편 두언 기처 왕문 자 가 유 남복 피장 지

聲 不知其爲誰也 夜深還家 其夫不至. 翼日 豆彦結項縣於松木
성 부지 기 위수 야 야심 환가 기부 부지 익일 두언 결항 현어 송목

其死尤可疑也. 雖或自縊 是亦 咨威逼而使之死也. 其弟張彦惜
기사 우 가의 야 수 혹 자액 시역 자 위핍 이 사지 사 야 기제 장언 석
其兄無罪而死 告官復讎 於天理人情 未爲過也 反見付處.② 伏望
기형 무죄 이 사 고관 복수 어 천리 인정 미 위과 야 반 견 부처 복망
殿下 從刑曹所申 鞫問洪咨 明正其罪. 又司憲持平姜宗德 將
전하 종 형조 소신 국문 홍자 명정 기죄 우 사헌 지평 강종덕 장
上項條件 不能用心推明 亦不得無責矣 伏望上裁施行.'
상항 조건 불능 용심 추명 역 부득 무책 의 복망 상 재 시행

上覽疏 釋張彦之罪. 傳於承政院曰: "予非愛洪咨 但豆彦之死
상 람소 석 장언 지 죄 전어 승정원 왈 여 비 애 홍자 단 두언 지 사
已經憲府刑曹 未得其實 張彦未知其兄之死 遽以洪咨殺之告官.
이경 헌부 형조 미득 기실 장언 미지 기형 지 사 거 이 홍자 살 지 고관
是故予以疑獄處之. 今此疏意 欲處之如何乎?" 令代言備問疏中
시고 여 이 의옥 처지 금 차 소의 욕 처지 여하 호 영 대언 비문 소중
之意於獻納權繕 繕對曰: "願從刑曹所申鞫問洪咨殺人之由."
지 의 어 헌납 권선 선 대왈 원종 형조 소신 국문 홍자 살인 지 유
安騰曰: "咨之殺人的然 則雖鞫問可也. 刑曹已鞫豆彦母女 問
안등 왈 자 지 살인 적연 즉 수 국문 가야 형조 이 국 두언 모녀 문
豆彦之死之由 皆不言洪咨殺人之故 今更鞫問 如此苦熱 其能生
두언 지 사 지 유 개 불언 홍자 살인 지 고 금 갱 국문 여차 고열 기 능생
乎? 箠楚之下 何求不得! 咨若不忍鞭撻之苦 坐殺人之罪 則以
호 추초 지 하 하구 부득 자 약 불인 편달 지 고 좌 살인 지 죄 즉 이
豆彦之死而三人亦死 無乃不可乎?" 繕對曰: "決重獄 不可速. 今
두언 지 사 이 삼인 역 사 무내 불가 호 선 대왈 결 중옥 불가 속 금
以文字備問 咨若以實對 則當坐其罪. 安有身安而吐實者乎? 故
이 문자 비문 자 약 이실 대 즉 당좌 기죄 안유 신 안 이 토실 자 호 고
乞從刑曹所申耳." 上曰: "所司之請 予何不從? 天災地怪 莫不由
걸 종 형조 소신 이 상 왈 소사 지 청 여 하 부종 천재 지괴 막불 유
政令之失." 乃命諫院閱實以聞. 俄而 司諫院進紫門啓曰: "今日
정령 지 실 내 명 간원 열실 이문 아이 사간원 진 자문 계왈 금일
之請 願殿下從刑曹狀申而已 今命本院閱實以聞. 本院則無刑物
지 청 원 전하 종 형조 장신 이이 금 명 본원 열실 이문 본원 즉 무 형물
何以閱實! 請更令攸司明正其罪." 上曰: "何可杖訊! 以事理推明
하이 열실 청 갱 령 유사 명정 기죄 상 왈 하가 장신 이 사리 추명
可矣."
가의

司憲府啓曰: "諫院議洪咨之獄 以臣等爲曚曨申聞 臣等欲
사헌부 계왈 간원 의 홍자 지 옥 이 신등 위 몽롱 신문 신등 욕
自明." 上曰: "此小事也 姑置之可也. 卿等之欲自明 實欲報復也."
자명 상 왈 차 소사 야 고치 지 가야 경 등 지 욕 자명 실 욕 보복 야

於是 皆退而辭職. 上謂政府曰: "前日 予從諫院之言 除張彥付處
어시 개 퇴 이 사직 상 위 정부 왈 전일 여 종 간원 지 언 제 장언 부처
命憲府視事 憲府乃辭職. 其擬議以聞." 政府啓曰: "張彥 洪咨 兩
명 헌부 시사 헌부 내 사직 기 의의 이문 정부 계왈 장언 홍자 양
無見證. 雖曰疑獄 若威逼人致死 則固不獲免. 止流洪咨於外 故
무 견증 수왈 의옥 약 위핍 인 치사 즉 고 불 획면 지 유 홍자 어외 고
諫院請依刑曹狀申更鞫之 豈爲非哉? 憲司之辭職宜矣." 上兩
간원 청의 형조 장신 갱 국지 기 위비 재 헌사 지 사직 의의 상 양
解之. 司諫院覆其獄 竟不得實.
해지 사간원 복 기옥 경 부득 실

癸丑 對馬島宗貞茂遣人獻土物.
계축 대마도 종정무 견인 헌 토물

甲寅 命以濟州子弟從仕者 差千戶百戶. 趙源啓曰: "濟州百戶
갑인 명 이 제주 자제 종사 자 차 천호 백호 조원 계왈 제주 백호
千戶 從其守令差定 至有司直副司直趨過于前 踞床不爲禮 故
천호 종 기 수령 차정 지 유 사직 부사직 추과 우전 거상 불 위례 고
土人輕王爵重土官. 是以 無子弟願從仕于朝者. 若以嘗從仕于朝
토인 경 왕작 중 토관 시이 무 자제 원 종사 우조 자 약 이 상 종사 우조
者 差百戶千戶 則上下之分定 而子弟多欲從仕者矣." 上從之.
자 차 백호 천호 즉 상하 지 분 정 이 자제 다욕 종사 자 의 상 종지

日本日向州 遣使獻禮物.
일본 일향주 견사 헌 예물

命藝文館提學卞季良就職. 季良啓曰: "刑曹員吏 以臣之故
명 예문관제학 변계량 취직 계량 계왈 형조 원리 이 신지고
得罪流貶 願釋之." 不報.
득죄 유폄 원 석지 불보

上與河崙 成石璘 議太祖祔廟之禮. 上曰: "太祖祔廟之禮 不可
상 여 하륜 성석린 의 태조 부묘 지 례 상 왈 태조 부묘 지 례 불가
行於霾雨 俟八九月而行之 則摸畫眞容可就 亦無備雨之患矣."
행 어 매우 사 팔구월 이 행지 즉 모화 진용 가취 역 무 비우 지 환 의
河崙對曰: "誠如上敎." 石璘對曰: "祔廟大事 不可緩也. 禫後卽
하륜 대왈 성 여 상교 석린 대왈 부묘 대사 불가 완 야 담 후 즉
祔於廟 薦以血食 禮也. 若不如是 權安於文昭殿 祭以素膳 未可
부어 묘 천 이 혈식 예야 약 불여 시 권안 어 문소전 제 이 소선 미가
也. 書之史册 後嗣何觀!" 上命依禮文 施行.
야 서지 사책 후사 하관 상 명의 예문 시행

議政府啓曰: "前朝盛時 有孝思觀. 今於太祖祔廟之後 以
의정부 계왈 전조 성시 유 효사관 금 어 태조 부묘 지후 이
文昭殿 依孝思觀舊制 甚協情文. 若慶興殿 古昔所無 然毁之則
문소전 의 효사관 구제 심협 정문 약 경흥전 고석 소무 연 훼지 즉

須用民力 雖有之 無害於義." 上曰: "予以卿等之言 勿毁此殿 然
수용 민력 수 유지 무해 어의 상 왈 여 이 경 등 지 언 물훼 차전 연
終不置眞容於此矣." 先是李安愚牧咸州③ 作殿於上誕生之地
종 불치 진용 어차 의 선시 이안우 목 함주 작전 어 상 탄생 지 지
名之曰慶興. 議政府啓曰: "上之欲毁慶興殿者 殆以爲非創業之
명지 왈 경흥 의정부 계왈 상 지 욕훼 경흥전 자 태 이위 비 창업 지
主 安用置眞容於此乎? 臣等以爲太祖創業 而禮樂文章 至殿下
주 안 용 치 진용 어차 호 신등 이위 태조 창업 이 예악 문장 지 전하
大備 萬歲之後 欲安眞容於此殿 使人知其爲誕生之地也.④"
대비 만세 지 후 욕안 진용 어 차전 사인 지 기 위 탄생 지 지 야

柳廷顯誅東北面鎭撫王庭 牌頭崔哲生. 庭以慶源鎭撫 敗軍
유정현 주 동북면 진무 왕정 패두 최철생 정 이 경원 진무 패군
棄城 乘舟入海 以致軍民流亡; 哲生以鏡城牌頭 龍城之戰
기성 승주 입해 이치 군민 유망 철생 이 경성 패두 용성 지 전
先走惑衆故也. 郭承祐以下 決杖一百 散軍防禦. 廷顯密啓曰:
선주 혹중 고야 곽승우 이하 결장 일백 산군방어 정현 밀계 왈
"東北面旣困戰伐之數 又苦使命之繁." 上議諸政府 乃召廷顯還.
동북면 기곤 전벌 지 삭 우 고 사명 지 번 상 의 저 정부 내 소 정현 환

丙辰 上率百官 詣文昭殿 擲杯珓卜禫日. 禮曹啓: "古者 杯珓
병진 상 솔 백관 예 문소전 척 배교 복 담일 예조 계 고자 배교
用玉. 今上國用牛羊角 是不潔之物. 今卜太祖禫日 請用黃楊木."
용 옥 금 상국 용 우양 각 시 불결 지 물 금 복 태조 담일 청용 황양 목
從之. 卜得七月十五日庚辰吉. 命禮曹曰: "自初喪至終制凡干
종지 복득 칠월 십오일 경진 길 명 예조 왈 자 초상 지 종제 범 간
喪事 明著文案 以貽後人."
상사 명저 문안 이이 후인

丁巳 藝文館提學卞季良上箋請辭職 不允. 其箋以爲: "身纏
정사 예문관제학 변계량 상전 청 사직 불윤 기전 이위 신 전
疾病 不能當任 苟免刑罰 非儒者所安. 小器易滿 過蒙聖恩." 上
질병 불능 당임 구면 형벌 비 유자 소안 소기 이만 과몽 성은 상
覽訖 下箋承政院曰: "予未知要領 卿等以爲如何?" 諸代言啓曰:
람 흘 하 전 승정원 왈 여 미지 요령 경 등 이위 여하 제 대언 계왈
"此箋有三意 疾病則臣等所共知也 刑罰則非苟免 乃從正而決也
차전 유 삼의 질병 즉 신등 소공지 야 형벌 즉 비 구면 내 종정 이 결 야
今之上箋 不合於義. 又有孤根難立之語 豈可言於盛朝也哉?" 上
금 지 상전 불합 어의 우 유 고근 난립 지 어 기가 언 어 성조 야재 상
曰: "予亦以謂如此 卿等毋多言." 乃還其箋.
왈 여 역 이위 여차 경 등 무 다언 내 환 기전

釋輕囚. 上曰: "近有旱氣 何無慮之者乎?" 命卜師雨期 又出
석 경수 상 왈 근 유 한기 하무 여지 자 호 명 복사 우기 우 출

文獻通考 示代言曰: "可令書雲觀察雲氣." 於是不令進酒 徹夜
문헌통고 시 대언 왈 가 영 서운관 찰 운기 어시 불령 진주 철야
不寢 以察雲氣. 上謂近臣曰: "理冤獄 亦弭災之道也. 壬午之亂
불침 이찰 운기 상 위 근신 왈 이 원옥 역 미재 지 도 야 임오 지 란
多從輕典; 李茂支黨 亦皆自取 今茲天變 何自而生也?" 對曰:
다종 경전 이무 지당 역 개 자취 금자 천변 하자 이 생 야 대왈
"用刑 本聖人之所不得已也 而殿下尤從輕典 憂勤若是 天其不格
용형 본 성인 지 소부득이 야 이 전하 우 종 경전 우근 약시 천 기 불격
乎?" 上謂議政府曰: "都城北山石 五月霖雨之時 崩頹頗多 至
호 상 위 의정부 왈 도성 북산 석 오월 임우 지 시 붕퇴 파다 지
經月乃告 蟲食松葉殆盡 曾不拾去 是宰相之過也. 無乃恝然乎?"
경월 내 고 충 식 송엽 태진 증 불 습거 시 재상 지 과 야 무내 괄연 호
又謂代言曰: "山崩水湧 卜書皆曰: '咎在乎君.' 予則不以爲意
우 위 대언 왈 산붕 수용 복서 개 왈 구 재호 군 여 즉 불 이위 의
每遇水旱之災 但以民受其災爲憂耳.⑤"
매우 수한 지 재 단 이 민 수 기재 위 우 이

己未 平浦驛丞 以延嗣宗至京 命解其鎖 置于其家.
기미 평포역 승 이 연사종 지경 명해 기쇄 치우 기가

聚僧巫禱雨三日而止. 禮曹聚巫禱於庭中 觀者雲集. 曹中禱雨
취 승무 도우 삼일 이 지 예조 취무 도 어 정중 관자 운집 조중 도우
非古也 時人譏之.
비 고 야 시인 기지

庚申 遣知議政府事黃喜 禱雨于圓壇. 喜至圓壇 點視香祝 只
경신 견 지의정부사 황희 도우 우 원단 희 지 원단 점시 향축 지
有昊天上帝祭文 而闕五帝祭文. 喜馳遣人以啓 上怒 責諸代言曰:
유 호천 상제 제문 이 궐 오제 제문 희 치 견인 이계 상 노 책 제 대언 왈
"何不敬 至於若是歟? 以如此君臣才德 又不敬謹職事 其蒙天應
하 불경 지어 약시 여 이 여차 군신 재덕 우 불 경근 직사 기 몽 천응
乎? 役朔校書正字崔德之 不謹其職 宜黜諸三館 然不欲廢人
호 역삭 교서 정자 최덕지 불근 기직 의 출 저 삼관 연 불욕 폐 인
前程. 若令下獄 過三日例當放 將何以處之?" 既而曰: "祀事未過
전정 약령 하옥 과 삼일 예 당방 장 하이 처지 기이 왈 사사 미과
今姑釋之."
금 고 석지

左政丞成石璘辭職. 辭曰: "陰陽不和 水旱相仍 皆由老耄不能
좌정승 성석린 사직 사왈 음양 불화 수한 상잉 개 유 노모 불능
燮理 妨賢病國之故." 上曰: "水旱之災 實予否德之所致也. 昔
섭리 방현 병국 지 고 상 왈 수한 지 재 실 여 부덕 지 소치 야 석
河崙爲首相 修改法令 時有水旱之災 人指以爲謗. 其後以趙浚
하륜 위 수상 수개 법령 시 유 수한 지 재 인 지 이위 방 기후 이 조준

金士衡 李舒 相繼爲政丞 水旱之災 亦無歲無之 此其驗也. 予以
김사형 이서 상계 위 정승 수한 지 재 역 무세 무지 차 기험 야 여 이
否德 不見答於天心 水旱屢至 然予則進退惟艱 久居厥位 憂勤
부덕 불 견답 어 천심 수한 누지 연 여 즉 진퇴 유 간 구거 궐위 우근
惕慮 欲賴匡救之德 圖惟厥終. 卿身雖老 體予至意 毋容退休."
척려 욕뢰 광구 지 덕 도 유 궐종 경 신 수로 체 여 지의 무용 퇴휴

全羅道都觀察使許周罷羅州判官崔直之. 萬頃縣令尹江以事至
전라도 도관찰사 허주 파 나주판관 최직지 만경현령 윤강 이사 지
羅州 怒官妓名花見羞不從 直之撻之 三日而死 其家訴冤故也.
나주 노 관기 명화 견수 부종 직지 달지 삼일 이 사 기가 소원 고야

辛酉 東北面甲州隕霜傷穀.
신유 동북면 갑주 운상 상곡

祈雨于昭格殿.
기우 우 소격전

議政府啓停東北面赴防甲士公廩. 啓曰: "甲士百二十五人 臨敵
의정부 계 정 동북면 부방 갑사 공름 계왈 갑사 백 이십오 인 임적
先潰 無一人盡心樹功 以報卵翼之恩者. 今柳廷顯旣不科罪 彼賊
선궤 무일 인 진심 수공 이보 난익 지 은 자 금 유정현 기 불 과죄 피적
亦且不來 但以禁兵之故 幷其僕從二百五十人 常費公廩 甚爲
역 차 불래 단 이 금병 지 고 병 기 복종 이백 오십 인 상비 공름 심 위
未便. 此輩家在其道 與戍兵無異 乞使之自備." 從之.
미편 차배 가 재 기도 여 수병 무이 걸 사지 자비 종지

壬戌 製宣字旗. 上以騶虞旗與白虎旗相類 訪于河崙 改爲
임술 제 선자기 상 이 추우기 여 백호기 상류 방우 하륜 개위
宣字旗 織靑龍朱雀白虎于其傍.
선자기 직 청룡 주작 백호 우 기방

癸亥 柳廷顯還 上問以東北面旱氣 對曰: "不至太甚. 其界人民
계해 유정현 환 상 문 이 동북면 한기 대왈 부지 태심 기계 인민
皆曰: '此方少有旱氣 禾穀乃登.'" 代言等啓曰: "京中雖不雨 外方
개 왈 차방 소 유 한기 화곡 내 등 대언 등 계왈 경중 수 불우 외방
則有雨 旱不爲災." 上曰: "爾等必待草木焦枯 然後以爲旱乎?"
즉 유우 한 불위 재 상 왈 이등 필대 초목 초고 연후 이위 한 호

下前知善州事李士彛于巡禁司. 士彛與前別將崔均訟于金浦縣.
하 전 지선주사 이사이 우 순금사 사이 여 전 별장 최균 송 우 김포현
均謂縣令李賀曰: "士彛在丁亥十二月 指無咎曰: '此權王也. 若攝
균 위 현령 이하 왈 사이 재 정해 십이월 지 무구 왈 차 권왕 야 약 섭
國事 我當得左代言.'" 賀捕二人以聞 命囚之 使臺諫刑曹共鞫之.
국사 아 당득 좌대언 하 포 이인 이문 명 수지 사 대간 형조 공 국지
上謂代言曰: "士彛 崔均之言 不必强問. 雖更鞫 罪不入於大逆.
상 위 대언 왈 사이 최균 지 언 불필 강문 수 갱 국 죄 불입 어 대역

且權王之言 無知之人 指得勢者之常稱 不足罪也. 可議於政府而
차 권왕 지 언 무지 지 인 지 득세 자 지 상칭 부족 죄 야 가 의 어 정부 이

放之." 趙英茂對曰: "上敎然矣." 成石璘曰: "笞而放之可也." 上
방지 조영무 대왈 상교 연의 성석린 왈 태 이 방지 가야 상

曰: "受訊杖旣多 何必笞之!" 遂釋之.
왈 수 신장 기다 하필 태지 수 석지

靑州府使李推遭母喪 以助戰知兵馬使朴矩代之.
청주부 사 이추 조 모상 이 조전 지병마사 박구 대지

甲子 雨.
갑자 우

義興府啓甲士給暇之法. 啓曰: "今定制甲士一千下番 二千
의흥부 계 갑사 급가 지 법 계왈 금 정제 갑사 일천 하번 이천

侍衛. 若托父母永葬 遷葬 掃墳等事 依前給由 則侍衛虛疎. 今後
시위 약 탁 부모 영장 천장 소분 등사 의전 급유 즉 시위 허소 금후

除父母疾病申省到付外 勿許給由. 又各道觀察使節制使 毋得
제 부모 질병 신성 도부 외 물허 급유 우 각도 관찰사 절제사 무득

請以甲士率行 已有著令. 況內侍衛內禁衛 不可私從於人? 今後
청 이 갑사 솔행 이유 저령 황 내시위 내금위 불가 사종 어인 금후

奉旨率行 亦皆禁之 以嚴宿衛." 從之.
봉지 솔행 역 개 금지 이엄 숙위 종지

命議政府議楮貨. 上以河崙獻議 召李膺 黃喜及諸代言曰:
명 의정부 의 저화 상 이 하륜 헌의 소 이응 황희 급 제 대언 왈

"楮幣之利 予曾輕止之 可令政府更議." 金汝知啓曰: "臣於
저폐 지 리 여 증 경 지지 가 영 정부 갱의 김여지 계왈 신 어

癸未年 嘗爲臺員 與大司憲李詹等 請行楮幣 書五上而未蒙兪允.
계미년 상 위 대원 여 대사헌 이첨 등 청행 저폐 서 오 상 이 미몽 유윤

夫楮幣之法 銅錢皮幣貨貝交子 代各不同 其要蓋欲不令人操利柄
부 저폐 지 법 동전 피폐 화패 교자 대 각 부동 기요 개 욕 불령 인 조 이병

也. 殿下曾朝上國 明知楮貨之法. 今若不用 後必難行." 上然之.
야 전하 증 조 상국 명지 저화 지 법 금 약 불용 후 필 난행 상 연지

乙丑 命議政府六曹臺諫藝文館擧人 擧可處廟堂者 可爲臺諫者
을축 명 의정부 육조 대간 예문관 거인 거 가처 묘당 자 가위 대간 자

可爲決訟者.
가위 결송 자

流李中培于洪州. 柳廷顯鎖中培以來 下巡禁獄流之.
유 이중배 우 홍주 유정현 쇄 중배 이래 하 순금옥 유지

免檜巖寺徭役.
면 회암사 요역

司諫院上疏請延嗣宗 郭承祐 盧原湜罪. 疏曰:
사간원 상소 청 연사종 곽승우 노원식 죄 소왈

‘將帥 人主之干城 生民之司命 國之安危係焉. 受命之日 有
장수 인주 지 간성 생민 지 사명 국 지 안위 계언 수명 지 일 유

死之心 無生之計. 成功則賞之 敗績則罰之 此古今之常典也. 今
사지심 무 생지계 성공 즉 상지 패적 즉 벌지 차 고금 지 상전 야 금

吉州道察理使延嗣宗 起自寒微 位至將相 殿下之賜大矣. 固當
길주도 찰리사 연사종 기자 한미 위 지 장상 전하 지 사 대의 고당

盡心竭力 以禦外侮 下不負爲臣之節 上不負殿下之恩. 不此之
진심 갈력 이어 외모 하 불부 위신 지 절 상 불부 전하 지 은 불 차 지

顧 山戎敗我邊兵者至再 而一不與戰 退舍三日之程 以爲自安之
고 산융 패 아 변병 자 지재 이 일불 여전 퇴사 삼일 지 정 이위 자안 지

計 罪莫大焉. 慶源府使郭承祐 曾無才功 專以武才 長享厚祿. 今
계 죄 막대 언 경원부사 곽승우 증 무 재공 전 이 무재 장향 후록 금

以禦賊增秩遣之 此固爲殿下盡力致身之時也 前以輕擧 見敗於
이 어적 증질 견지 차 고 위 전하 진력 치신 지 시 야 전 이 경거 견패 어

敵 後乃棄城 遠遁不戰. 助戰兵馬使盧原湜 率兵入城 臨敵不戰
적 후 내 기성 원둔 부전 조전 병마사 노원식 솔병 입성 임적 부전

是皆不赦之罪也. 臣等聞 傳曰: “有功不賞 有罪不罰 雖唐虞 不能
시 개 불사 지 죄 야 신등 문 전왈 유공 불상 유죄 불벌 수 당우 불능

以化天下.” 又六典曰: “失一城堡 亡一州縣 軍法從事.” 況慶源
이화 천하 우 육전 왈 실 일 성보 망 일 주현 군법 종사 황 경원

陵寢所在 非他郡比乎? 願殿下將嗣宗 承祐 原湜等 依法施行
능침 소재 비 타군 비 호 원 전하 장 사종 승우 원식 등 의법 시행

以戒後來.’
이계 후래

疏留中.
소 유중

是月 肥前州松浦宇久源銳及土官藤滿通 各使人歸我被擄人口
시월 비전주 송포 우구 원예 급 토관 등만통 각 사인 귀 아 피로 인구

獻土物.
헌 토물

| 원문 읽기를 위한 도움말 |

① 有以漕運江原道軍資爲言者. 이는 ‘以~爲~’의 구문이 살짝 변형된 것
유 이 조운 강원도 군자 위언 자 이 위
이다. 즉 ‘~해야 한다고 말하는 자가 있다’라는 뜻인데 그냥 말하는 것이 아니라 강조해서 반드시 그렇게 해야 한다는 의미가 포함돼 있다. 이

런 표현은 여기서 여러 차례 반복돼 나온다.

② 反見付處(반견부처). 見(견)은 수동형을 만드는 조동사다. '유배를 당하다'라는 뜻이다.

③ 先是李安愚牧咸州(선시 이안우 목 함주). 牧(목)은 동사로 '~의 목사 노릇을 하다'라는 뜻이다. 이는 王天下(왕 천하)라고 했을 때 王(왕)이 천하의 '왕 노릇을 하다'라는 용례와 똑같다.

④ 使人知其爲誕生之地也(사인 지 기 위 탄생 지 지 야). 여기서 爲(위)는 '~이다'라는 뜻이다.

⑤ 但以民受其災爲憂耳(단 이 민 수 기재 위 우 이). '但(단)~耳(이)'는 '다만 ~할 뿐이다'라는 구문이다. 또 이는 '以(이)~爲(위)~'의 구문이 안에 들어 있는데 '~를 ~로 여기다'라는 뜻이다. 여기서는 民受其災(민 수 기재), 즉 백성들이 그 재앙을 받게 되는 것을 근심으로 여긴다는 말이다.

태종 10년 경인년
7월

七月

병인일(丙寅日-1일) 초하루에 상(上)이 친히 문소전(文昭殿)에 제사를 지냈다.

○ 저화(楮貨)를 유통시키는[通行] 법을 회복했다. 의정부사인(議政府舍人) 김효손(金孝孫)에게 뜻을 전해 말했다.

"저화는 옛날의 아름다운 법인데 중간에 폐기하고 시행하지 않은 것은 나의 잘못이다. 사섬고(司贍庫)로 하여금 전적으로 출입(出入)을 맡게 하고 양부(兩府-의정부와 중추부)를 제조관감찰(提調官監察)로 삼아 이를 감독하라." 또 영을 내려 인쇄해 유통하게 했다.

○ 호조(戶曹)에서 추포(麤布)[1]를 (저화(楮貨)와) 함께 유통시킬 것을 계청(啓請)하니 (상이) 허락했다.

○ 강원도(江原道) 대령산(大嶺山)의 대나무에 열매가 열렸다[實]. 관찰사 송인(宋因)이 아뢰었다.

'강릉부 대령산의 대나무에 열매가 열려 보리와 함께 익었는데, 이삭은 기장과 같고 열매는 보리와 같고 끈끈하기[粘]는 율무[薏苡]와 같고 그 맛은 당서(唐黍)와 같습니다. 백성들이 이것을 따서 식량으로 삼고 혹은 술을 만드는데 오곡(五穀)과 다름이 없습니다. 한 사람

---

1 옛날 시전(市廛)에서 유통(流通)의 수단으로 사용한 포화(布貨)의 하나다. 발이 굵고 거칠게 짠 베다.

이 하루에 5~6두(斗) 혹은 10두를 수확해 백성들이 모두 7~8석(石)씩 비축해 조석(朝夕)의 끼니[資]를 마련했습니다.'

정묘일(丁卯日-2일)에 상이 문소전(文昭殿)에 나아가 추향제(秋享祭)를 지냈다.

○ (명나라) 절강(浙江) 처주위(處州衛) 백호(百戶) 서경(徐慶)이 표류해[漂] 인주(仁州-인천)에 이르렀다. 경(慶)은 양곡을 베이징[北京]으로 운반하다가 바람을 만난 것이었다. 호조참의 오진(吳眞)을 보내 위문하고 급히 선척(船隻)을 보수할 물자를 주었다. 이튿날 바람이 순해지니 경은 닻줄을 풀고[解纜=出帆] 떠나갔다.

무진일(戊辰日-3일)에 의정부에서 이중배(李中培)의 죄를 청해 아뢰었다.

"곽승우(郭承祐) 등은 모두 연사종(延嗣宗)의 휘하로서 용서할 수 없는 죄를 범했는데 두텁게 상의 은혜를 입어 다만 장(杖) 100대에 처해 산군방어(散軍防禦)[2]하게 했습니다. 왕정(王庭)은 승우(承祐)의 진무(鎭撫)로서 중형을 당했으니 모두 그에 맞는 처벌입니다. 사종(嗣宗)은 상께서 공신이라 해 차마 죄를 가하지 못하시니 신 등이 감히 의견을 낼 수가 없습니다. (그렇지만) 이중배의 경우는 비록 중전(重典)에 처하지 않더라도 승우의 죄와 같게 과단(科斷)하시기

---

2 무릇 장수(將帥)로서 죄를 지은 자는 군적(軍籍)에 기록하지 않고 제명(除名)해 부방(赴防)시키는데 이것을 산군방어라 한다.

청합니다."

상이 말했다.

"지금 중배(中培)가 이미 서울에 이르렀으니 어떻게 죄를 주겠는가! 내가 이미 알았다."

이윽고 마침내 노희봉(盧希鳳)에게 일러 말했다.

"내가 이미 결단(決斷)하지 않기로 했는데 아랫사람들이 장차 어찌하자는 것인가!"

희봉(希鳳)이 이미 사인(舍人) 김효손(金孝孫)에게 선전(宣傳)하고 또 효손(孝孫)에게 일러 말했다.

"상께서 일찍이 말씀하시기를 '사종과 중배의 일은 반드시 말하는 사람이 있을 것이다'라고 하셨습니다."

기사일(己巳日-4일)에 정인수(鄭仁壽)와 한룡(韓龍)을 목 베었다. 인수(仁壽)가 일찍이 꿈을 꿨는데 이무(李茂)가 왕이 돼 자기 집으로부터 의장(儀仗)을 갖추고 시조(市朝)를 지나가는 것이었다. 이 말을 마을 사람 한룡에게 하니 룡(龍)이 말했다.

"왕위(王位)를 바꿀 길한 꿈이다."

뒤에 룡이 인수와 서로 싸우다가 그 말을 고하니 상이 말했다.

"꿈에 하는 짓은 혹은 하늘에도 오르고, 혹은 공중에도 날고 하여 탄환허망(誕幻虛妄)해 믿을 수 없는 것이다. 다만 꿈에 큰일[大事]을 보고 다른 사람과 말을 했으니 이는 그의 죄다."

순금사에 명해 곤장을 때려 석방하게 했다. 의정부에서 아뢰어 말했다.

“옛사람이 이르기를 ‘낮에 한 일을 밤에 꿈꾸는 것이다’[3]라고 했습니다. 인수가 평소에 이러한 마음이 없었다면 어찌 이러한 꿈을 꿨겠습니까? 비록 실지로 꿈을 꾸었다 하더라도 깨어난 뒤에는 마땅히 두려워해 감히 말을 발설하지 않았어야 할 것인데 의심치 않고 발설했으니 그 마음을 헤아릴 수 없습니다.”

상이 말했다.

“어찌 꿈속의 일을 가지고 실형(實刑)으로 처단할 수 있겠는가?”

다시 아뢰어 말했다.

“꿈이 비록 허탄(虛誕)한 것이나 인수가 이무가 전성(全盛)했던 시절에 다른 사람에게 이야기했다는 것과 룡이 그것을 해몽한[占夢] 말은 모두 부도(不道)한 것입니다. 청컨대 큰 말을 발설한 율[說大言語律]에 의해 시행해야 할 것입니다.”

신미일(辛未日-6일)에 다시 이저(李佇, 1363~1414년)[4]를 분충장의정란정사좌명공신(奮忠仗義靖亂定社佐命功臣) 숭록대부(崇祿大夫) 상당군(上黨君)으로 삼고 중사(中使-환관)를 보내 불러들였다. 상이 말했다.

“모형(母兄-동모형) 회안군(懷安君)은 그 잘못이 지극히 현저해 많

3 『시경(詩經)』「소아(小雅) 사간(斯干)」편 풀이에 나오는 말이다.

4 초명은 이백경(李伯卿)이었으나 이름의 음(音)이 정종의 휘(諱) 경(曔)과 비슷하다 해 이저(李佇)로 개명했다. 그 뒤에 그 이름 또한 세자(양녕대군)의 휘 제(禔)와 음이 비슷해 또다시 이애(李薆)로 개명했다. 영의정이며 개국정사공신(開國定社功臣)인 이거이(李居易)의 아들이다. 태조의 맏딸인 경신공주(慶愼公主)의 남편이다.

은 사람이 다 아는 바이니 우우(友于)[5]의 사랑을 두텁게 할 수 없다. 저(佇)는 매부로서 아직 용서를 받지 못해 오래 외방에 머물러 있어 (내가) 보지 못한 지가 이미 7년이다. 만일 이거이(李居易)와의 연고 때문이라 한다면 나의 사위 청평군(淸平君-이백강)도 서울에 있다."

○ 이숙번(李叔蕃)을 기복(起復)[6]시켜 안성군(安城君) 겸 의흥부지사(義興府知事)로 삼고, 정홍(鄭洪)을 의정부지사(議政府知事)로, 박자청(朴子靑)을 공조판서 겸 의흥부동지사(義興府同知事)로, 임정(林整)을 형조판서로, 김한로(金漢老)를 공안부판사(恭安府判事)로, 황희(黃喜)를 사헌부대사헌으로 삼았다. 일찍이 폄척(貶斥)을 당한 안속(安束), 허조(許稠), 유사눌(柳思訥), 탁신(卓愼), 정수홍(鄭守弘), 조서로(趙瑞老)도 모두 서용(敍用)해 복직(復職)시켰다.

○ 공조서(供造署)[7]를 없애 공조(工曹)에 병합하고 전농시(典農寺)의 부정(副正)·주부(注簿) 각각 1인을 태거(汰去-폐지)하고, 사섬고(司贍庫)의 사(使)·부사(副使)·승(丞) 각각 1인과 주부(注簿) 2인을 두었다.

임신일(壬申日-7일)에 달이 심성(心星)을 범하니 김한로(金漢老)를 보내 소격전(昭格殿)에서 태음독초제(太陰獨醮祭)를 거행했다.

○ 전라도(全羅道) 김제(金堤)와 부령(扶寧) 등 일곱 고을에 6월부

---

5 형제지간을 말한다. 『논어(論語)』「위정(爲政)」편에 나오는 말이다.

6 '탈정기복(奪情起復)'이라고도 하는데 중국 남북조시대(南北朝時代)에 비롯됐다. 나라에 전쟁이나 반란 같은 위급한 일이 있을 때 장수나 대신직에 유능한 인물을 동원해 활용하기 위한 방편이었다.

7 고려 때 중상서(中尙署)를 고친 이름으로, 어용(御用)의 기완(器玩)을 맡은 관아를 가리킨다.

터 비가 오지 않아 화곡(禾穀)이 타고 메말랐다. 관찰사가 보고하니 상이 놀라서 말했다.

"내가 평소에 외방(外方)으로부터 오는 자가 있으면 반드시 수한(水旱)의 재앙을 묻는데 한 사람도 가뭄 기운이 있다고 말한 자가 없었으니 이는 나를 속인 것이다. 또 관찰사가 그 당시에 어찌하여 장계(狀啓)하지 않고 한 달이 지난 뒤에야 계문(啓聞)하는가?"

상이 정부(政府)에 명해 군량(軍糧)을 준비하고 백성들의 굶주림을 진휼하게 했다.

계유일(癸酉日-8일)에 의흥부(義興府)에서 수전(受田)[8]한 각 품(品)을 나눠 18패(牌)를 만들고 각각 2품(二品) 이상 두 사람을 절제사(節制使)[9]로 삼아 거느리게 했다.

○ 충청도 도관찰사(忠淸道都觀察使) 한옹(韓雍)이 백성을 편하게 할[便民] 열 가지 일을 진달했다.
편민

8 과전(科田)이나 직전(職田) 따위를 받는 일을 말한다.

9 고려 말의 원수 가운데에는 계수관(界首官)으로 파견돼 수령을 겸하면서 도순문사의 휘하에서 국방을 담당하는 직책도 있었는데, 이들은 1389년(공양왕 1년) 절제사로 개칭된 뒤 예컨대 '광주등처병마절제사(廣州等處兵馬節制使)'와 같이 계속 계수관을 중심으로 국방에 임했다. 조선 초기에도 2품 이상의 장수로서 지방에 파견되는 경우 일반적으로 절제사라 호칭했으며, 병마도절제사와 수군도절제사 역시 흔히 절제사로 불렸다. 도절제사가 아닌 경우에는 단절제사(單節制使)로 구분하기도 했는데 병마도절제사는 1466년(세조 12년) 병마절도사로, 수군도절제사는 1420년(세종 2년) 수군도안무처치사(水軍都安撫處置使)로 직함이 바뀌었다가 1466년 수군절도사로 각각 개칭됐다. 2품 수장(守將)으로서 변방에 파견되던 병마절제사는 1455년 전국을 군익도(軍翼道)로 편성한 이후로는 소멸되고 정3품의 거진장(巨鎭將)으로 수령이 겸하는 병마절제사·병마수군절제사만이 남게 됐다.

'1. 각역(各驛)을 안무(安撫)할 것. 2. 향리(鄕吏)의 봉족(奉足)을 쇄출(刷出)해 충군(充軍)하는 데 폐단이 있음. 3. 공아(公衙)의 구종(丘從)[10]을 예전대로 해야 함. 4. 각 고을의 기인(其人)[11]의 수를 감할 것. 5. 연례(年例) 별례(別例)의 재목을 감할 것. 6. 임내(任內)의 속현(屬縣)을 파할 것. 7. 관사(館舍)를 수즙(修葺-손질)할 것. 8. 혁거(革去)한 사사 노비(寺社奴婢)의 둔전세(屯田稅)를 감할 것. 9. 연호미(烟戶米)를 면제할 것. 10. 승도(僧徒)가 누락된 노비(奴婢)를 진고(陳告)해 환수(換受)하는 것을 금할 것.'

이 글을 정부에 내렸으나 시의(時宜)에 맞지 않다고 해 머물러두고

---

10 관원을 모시고 따라다니는 하인 혹은 말을 탈 때 고삐를 잡거나 뒤에 따라다니는 하인을 가리킨다. 노비는 아니지만 사령(使令)보다는 낮은 신분층이라고 보아야 한다.

11 고려시대부터 조선 중기까지 지방세력을 견제하기 위해 토호세력의 자제를 인질로 서울에 머물러 있게 한 제도다. 조선 태조는 즉위하자 민심을 수습하기 위해 기인제도를 혁파하려 했으나 실현되지 못했다. 정종은 즉위교서(卽位敎書)에서 기인을 파하는 것보다 합리적으로 이용하고자 해 향리의 수를 참작해 액수를 정하고 향읍에 고르게 배정하도록 했다. 이처럼 기인이 신량역천(身良役賤)으로 전락된 뒤에도 그것의 혁파 문제가 자주 논의됐던 것은 그들이 어디까지나 양인(良人)이라는 계급의식에서 나온 것이었다. 그러나 그들은 현실적으로 긴요한 노동력의 공급원이었으므로 봉건적 국가 체제에서는 이율배반의 모순을 가지면서도 좀처럼 혁파될 수 없었다. 조선시대에 들어오면 기인의 사역이 고려 말보다는 효과적으로 이용됐다. 1416년(태종 16년) 기인의 수를 490인으로 책정하고, 매년 정월 1일을 기준으로 1년 단위로 사역하되 네 번으로 나눠 번상(番上)시켰다. 1422년(세종 4년)에는 기인수 490인 중 100인을 노자(奴子)로 대역(代役)하게 함으로써 그 수를 390인으로 줄였다. 1429년 향읍의 쇠잔과 성함에 따라 기인의 수를 다시 정했는데, 경기는 향리 50인 중에서 2인, 경상·전라·충청·황해·강원 등에서는 30인에서 1인을 뽑도록 했다. 조선 초기 기인의 역종(役種)은 고려 말과 같이 궁사의 잡역 등이 있었는데, 그 뒤 기인역(其人役)도 변질돼 기인을 각 도에 나눠 정해 소목(燒木)을 상공(上供)하게 했다. 이것이 기인의 전업(專業)이 돼 기인역이라 하면 으레 소목의 상공을 일컫게 됐다. 그때는 향리의 사회적 지위가 고려 때보다 더 떨어져 과거에도 각종 제한이 가해져서 응시할 수도 없는 처지까지 전락하게 됐다. 그러한 기인제도는 1609년(광해군 1년) 대동법(大同法)이 실시됨과 함께 폐지됐다.

[寢] 시행하지 않았다.
침

을해일(乙亥日-10일)에 대사헌 황희(黃喜)에게 이저(李佇)의 녹권(錄券)[12]을 바치라고 명했다. 희(喜)가 대궐에 나아오니 상이 상당군(上黨君)의 녹권을 가져와 바치라고 명하자 희가 대답해 말했다.

"마땅히 각위(各位)가 제좌(齊坐)[13]하는 것을 기다려야 합니다."

상이 말했다.

"어째서 제좌를 기다릴 것이 있는가? 경은 진실로 나의 뜻을 알지 않는가?"

대답해 말했다.

"비록 신이 상의 뜻을 알기는 하오나 이 일을 어떻게 신의 뜻대로 독단할 수 있겠습니까? 바라건대 입대(入對)해 면전에서 진달하고자 합니다."

상이 편전(便殿)으로 불러들였다. 희가 나간 뒤에 상은 마침내 뜻을 전했다.

"내일 배표례(拜表禮)[14]에는 예도감감찰(禮度監監察)[15]만 보내고, 대

12 공신도감(功臣都監)이 왕명을 받아 각 공신에게 발급한 공신임을 증명하는 문서다.

13 사헌부나 사간원의 관원이 중대한 안건을 처리할 때 가지런히 모여 앉아 일을 의논하는 것을 말한다.

14 중국에 표문(表文)을 보낼 때 임금 이하 문무백관(文武百官)이 배송(拜送)하는 예(禮)를 말한다.

15 나라의 큰 의식(儀式)이 있을 때 관원의 예의와 법도를 규찰하는 임무를 맡은 사헌부의 감찰을 말한다.

장(臺長)[16]은 본부(本府)에 앉아서 각 품(品)의 제수한 고신(告身)을 서출(署出)하라."

사헌부 장무지평(掌務持平) 홍여방(洪汝方)이 출근해 대궐에 나아오니 명해 말했다.

"상당군의 공신녹권(功臣錄券)을 내일 가지고 오라!"

여방(汝方)이 아뢰어 말했다.

"저(佇)가 죄로 폄출된 지가 오래됐습니다. (그런데) 이미 그 작(爵)을 회복하고 또 녹권을 주고자 하시니 신이 비록 동료(同僚)와 의논하지는 않았으나 마음에 미편(未便)하게 생각됩니다. 만일 말하기를 '아비가 죄가 있는 것을 그 자식이 어떻게 아느냐?'라고 한다면 자식이 아비의 죄에 연좌되는 것이 율문(律文)에 명문화되어 있습니다. 만일 공이 있다고 한다면 이미 목숨을 보전하게 하셨으니 상께서 공을 갚으신 것은 충분합니다. 녹권의 경우에 어찌 다시 줄 수 있겠습니까?"

상이 말했다.

"내가 망령되게 처리하는 것이 아니니 너는 많은 말을 하지 말라!"

○ 갈대발[葦簾 위렴]을 바치도록 명했다. 상이 승정원(承政院)에 뜻을 전해 말했다.

"내가 베로 발을 꾸미지 않는 것은 인색해서가 아니라 긴요치 않기 때문일 뿐이다. (그런데) 지금 선공감(繕工監)에 명해 발을 바치라

16 사헌부(司憲府)의 장령(掌令)이나 지평(持平)의 이칭(異稱)이다.

고 한 것은 다만 정완(正薍)[17]이 없기 때문이다. 이 같은 일에 대해 어찌 내가 화를 낸 뒤에 살피느냐?"

○ 명을 내려 균름(囷廩)[18]을 넓히고 또 사고(瀉庫)[19]를 짓게 했는데 서울과 외방에 저축이 많기 때문이었다.

병자일(丙子日-11일)에 평양군(平壤君) 조대림(趙大臨), 의정부참지사(議政府參知事) 윤사수(尹思修)를 보내 베이징[北京]에 가게 했다. 한상경(韓尙敬)이 요동(遼東)에 이르러 5월 20일에 반강(頒降)한 조서(詔書)를 기록해 (먼저) 보냈는데 조서는 이러했다.

'원(元)나라 운조(運祚-천명)가 끝난 뒤로 사해(四海)가 모두 어지러워졌다. 하늘이 우리 태조 고황제(太祖高皇帝)에게 명해 중화(中華)와 이적(夷狄)[華夷]을 통일하게 했으니 넓은 하늘 아래 온 천하가 신첩(臣妾)이 아닌 것이 없었건만 오직 호구(胡寇-오랑캐)의 남은 무리가 사막(沙漠)으로 나눠 도망쳐[分竄] 구차하게 살기를 도모해 살육(殺戮)과 역치(易置-말바꾸기)를 손바닥 뒤집듯이 했다. 짐(朕)이 대통(大統)을 이어받아 환구(寰區)[20]를 쓰다듬고 다스리며 뜻이 백성을 편안히 하는 데에 있어 오직 미치지 못할까만[不及] 생각했다. 이

17 가을철에 베어낸 억새다. 봄철에 베어낸 억새는 초완(草薍)이라 이른다.

18 중국의 고제(古制)에 각 지방의 곡물(穀物)을 저장하기 위해 만들었던 창고(倉庫)다. 1401년(태종 원년)에 안노생(安魯生)이 경상도 주현(州縣)에 이 제도를 처음으로 실시했다.

19 쥐의 침입을 막기 위해 주위에 물을 빙 두른 창고를 말한다. 경상도에서 처음 실시하고 다른 도에도 권장했으나 곡식을 운반하는 데 폐단이 많았다고 한다.

20 하늘과 땅, 곧 나라를 가리킨다.

리하여 마음을 다하고 생각을 다 쏟아 그 편안하게 할 방도를 강구했다. 무릇 길러주는 가운데 있는 것은 모두 교화(敎化) 안에 들었으나 오직 이 잔호(殘胡)만이 흉악을 부려 교화를 거부했다. 여러 번 사신(使臣)을 보내 무마했으나 문득 (그들을) 붙잡아 죽였다. 지난날에 변장(邊將)이 그 부속(部屬)을 잡았으나 그 부모·처자가 있는 것을 생각해 모두 석방하여 고향으로 돌려보내고 사신을 시켜 호송하게 해주었는데 저들의 늑대[猰](알) 같은 근성이 변하지 않아 다시 신사(信使)를 죽였다. 음흉한 것을 쌓고 포학한 짓을 자행해 더욱 도둑질을 마구 행했다. 그리하여 신인(神人)에게 원망을 샀으니 실로 (이는 짐이 죽이는 것이 아니라) 하늘이 죽이는 것이다.

포학을 막는 군사가 혜소(傒蘇)를 위로했고 드디어 친히 육군(六軍)을 거느리고 가서 정벌해 곤란에 빠진 사람을 구제하고 항복해 복종하는 자를 편안히 했다. 5월 13일에 군사가 알난하(斡難河)에 이르러 호구(胡寇) 본아실리(本雅失里)[21]와 만나 싸워 곧 이를 패퇴(敗退)시켰다. 달아나는 것을 쫓고 패퇴하는 것을 쫓아 번개처럼 쓸고 우레처럼 내몰았다. 본아실리가 도망하기에 여념이 없어 겨우 7기(騎)만으로 도망쳤다. 말·낙타·소·염소 산 사람을 수없이 얻고, 그 나머지 항복해 복종하는 자가 서로 잇달아 이르므로 마침내 안무(安撫)하고 양과 말과 양식을 주어 각각 생업(生業)에 편안케 했다. 수백년의 싹[孽芽](얼아)이 하루아침에 없어지고 천만리의 더러운 비린내

---

21 명대(明代) 초기에 몽골의 타타르부(部) 출신의 가한(可汗)이다. 영락연간(永樂年間)에 명(明)에 침입했다가 성조(成祖) 영락제(永樂帝)에게 패퇴(敗退)했다. 그 후 오이라트부(部)에게 피살됐다.

[腥膻]가 이로 말미암아 씻어졌다. 이에 산천(山川)에 봉(封)하고 군사를 떨쳐 회군했다. 아아! 외방(外方)이 없이 모두 포용(包容)해 널리 일시(一視)의 인(仁)[22]을 베풀고 무집(撫輯)하는 것이 방도(方道)가 있으니 길이 만년의 다스림을 즐기리라.'

이에 대림 등을 보내 표전(表箋)을 받들어 진하(進賀)하게 했다.

○ 제주(濟州)에서 말 600필을 바치니 명해 전라도(全羅道)에 머물러두고서 기르게 하고 반값으로 낮춰 백성들에게 파는 것을 들어주었다[聽=許].

정축일(丁丑日-12일)에 큰비가 내렸다.

○ 이조정랑(吏曹正郞) 박희중(朴熙中)을 (전라도) 순천부(順天府)에, 예조정랑 최진성(崔進誠)을 영암군(靈巖郡)에 유배 보내고 모두 직첩을 거뒀다. 사역원부사(司譯院副使) 최운(崔雲)은 외방부처(外方付處)했다. 유겸(柳謙)이 베이징[北京]에서 돌아와 말했다.

"박희중과 최진성이 점마별감(點馬別監)으로 의주(義州)에 이르러 서로 교환하는 마필(馬匹)을 점검해 보내는데 의주 등지의 군민(軍民)의 요구에 따라 임의로 진헌할 좋은 말과 군민의 나쁜 말을 바꿔 해송(解送)했습니다. 운(雲)은 압송관(押送官)으로 요동(遼東)에 가서 또 말 1필을 의주 백호(百戶)에게 바꿔주었는데 요동도사(遼東都司)에 이르러 일기군(一旗軍)에게 발각돼 뇌물을 주고 처벌을 면했습니다."

---

22 내외 차별 없이 대하는 어짊을 말한다.

이 일을 순금사에 내려 사실을 조사하게 하니 희중(熙中)이 바꾼 말은 24필이고 진성(進誠)이 바꾼 말은 22필이었는데 장물(贓物)로 계산하면 참형(斬刑)에 해당됐다. 운은 장물을 계산하면 장(杖) 80대에, 도(徒) 2년에 해당됐는데 상이 모두 가벼운 율에 따라 시행하라고 명했다.

○ 예조(禮曹)에 명해 고(故) 왕사(王師) 묘엄존자(妙嚴尊者)에게 시호를 더해주고 또 예문관제학(藝文館提學) 변계량(卞季良)에게 명해 비명(碑銘)을 짓게 했다. 묘엄(妙嚴)은 곧 무학(無學, 1327~1405년)[23] 이다. 상왕(上王)이 존경하고 신뢰해 힘써 청했기 때문에 상의 이런 명이 있었다.

○ 태조(太祖)의 배향공신(配享功臣)[24]을 정했다. 의정부에서 의견을 모아[集議 집의] 태조의 배향공신으로 조준(趙浚), 남은(南誾), 조인옥

23 법명은 자초(自超), 속성은 박(朴)씨이며 호는 무학(無學) 당호는 계월헌(溪月軒)이다. 경상남도 합천군 삼가면에서 출생했다. 1344년 18세에 출가해 소지선사(小止禪師)의 제자로 승려가 돼 구족계를 받고, 혜명국사(慧明國師)에게서 불법을 배웠다. 진주(鎭州) 길상사(吉祥寺), 묘향산 금강굴(金剛窟) 등에서 수도하다가 1353년(공민왕 2년) 원(元)나라 연경(燕京)에 유학해 그때 원에 와 있던 혜근(惠勤)과 인도승 지공(指空)으로부터 가르침을 받았다. 1356년 귀국해 1373년에 왕사(王師)가 된 혜근의 법을 이어받았는데, 1376년 혜근이 회암사(檜巖寺)에서 낙성회(落成會)를 열 때 수좌(首座)로 초청했으나 사양했다. 고려 말 퇴락하는 불교를 비판했고 이성계를 만나 그가 새로운 왕이 될 것이라 예견했다. 1392년 이성계의 역성혁명으로 조선이 개국하자 왕사가 돼 묘엄존자(妙嚴尊者)의 호를 받고 회암사에서 지냈다. 이듬해 태조를 따라 계룡산과 한양(漢陽)을 오가며 지상(地相)을 보고 도읍을 한양으로 옮기는 데 찬성했으며 조선 건국 초기 나라가 안정하고 정착하는 데 헌신했다. 유교의 바탕에서 건국된 조선에서 독특하게 불교인으로 주도적인 역할을 맡았으며 기득권에 안주하지 않았던 유일한 인물로 평가된다.

24 국왕이 죽으면 종묘에 신주(神主)를 봉안하고 선왕들과 합사(合祠)했는데, 이때 국왕 생전의 총신(寵臣)이나 보익(補翊)에 큰 공로가 있는 사람을 택정해 묘정에 배향하고 부제(祔祭)를 지냈다.

(趙仁沃)이 마땅하다고 하니 상이 말했다.

"의안대군(義安大君) 이화(李和)는 태조에게 공이 있는 사람이고 청해백(靑海伯) 이지란(李之蘭)은 젊었을 때부터 수종(隨從)하고 또 공도 있으니 이 두 사람도 배향하게 하는 것이 어떻겠는가?"

성석린(成石璘)이 아뢰어 말했다.

"개국(開國)할 때 공이 있고 없는 것은 상께서 친히 보신 바입니다. 신은 실로 알지 못하겠으니 어찌 감히 의견이 같거나 다르거나[異同](이동) 할 수 있겠습니까?"

조영무(趙英茂)가 대답했다.

"화(和)는 왕친(王親)이고 지란(之蘭)은 원종(原從-원종공신)인데 모두 공이 있습니다. 그러나 개국의 공으로 논한다면 두 사람의 배식(配食-배향)이 어떠할까 합니다."

하륜(河崙)이 대답했다.

"두 사람 모두 배향에 참여하는 것이 마땅합니다."

상이 륜(崙)의 의견을 따랐다. 또 김사형(金士衡)을 배향하는 것이 마땅하다고 말하는 자가 있자 상이 륜에게 물으니 륜이 말했다.

"임금이 신하에게 물으면 신하는 감히 바른 것[正](정)으로 대답하지 않을 수 없습니다. 사형(士衡)은 공이 없으니 배향함이 마땅치 않습니다."

정부에서도 또한 아뢰었다.

"사형은 가문이 귀하고 현달했으며 심지(心地)가 깨끗하고 높았기[淸高](청고) 때문에 태조께서 중히 여기셨습니다. 그러나 본래 개국의 모획(謀劃)에는 참여하지 않았고 또 모든 일처리를 한결같이 조준(趙

浚)만 따르고 가(可)타부(否)타 하는 일이 없었으니 배향할 수 없습니다."

마침내 (배향에) 참여하지 못했다. 의정부에서 아뢰었다.

"남은(南誾)은 비록 개국한 큰 공이 있으나 서얼(庶孽-이방석)을 끼고 적장(嫡長)을 해치려고 했으니 이 사람은 전하의 자손만대의 원수입니다. 어찌하여 종묘(宗廟)에 배향해 혈식(血食)하게 하려 하십니까?"

상이 옳게 여겨 은(誾)의 배향을 정지했다. 하륜이 아뢰었다.

"조박(趙璞)은 개국의 토의에 참여했고 뒤에도 공이 있었으니 배향하는 것이 어떻겠습니까?"

상이 말했다.

"네 사람이면 족하지 어찌 반드시 다섯 사람이어야 하는가! 박(璞) 같은 자를 어찌 배향하겠는가?"

상이 말했다.

"부묘(祔廟)한 뒤에 건원릉(健元陵)에 아침저녁으로 올리는 전(奠)은 마땅히 예문(禮文)을 따라야 할 것이다."

또 대언(代言)에게 일러 말했다.

"예전 사람이 말하기를 '사(赦-사면)라는 것은 소인(小人)에겐 다행이요, 양민(良民)에겐 손해가 심한 것이다'[25]라고 했다. 그러나 경사(慶事) 중에서 부묘(祔廟)보다 더 큰 것이 없으니 내가 유지(宥旨)를 내리고자 한다. 사유(赦宥)의 은전(恩典)을 어찌 폐할 수 있겠는가?"

상이 말했다.

---

25 오긍의 『정관정요(貞觀政要)』에 나오는 말이다.

"산대나례(山臺儺禮)는 신주(神主)를 위하는 것이라면 괜찮으나 만일 과인(寡人)을 위하는 것이라면 이에[其] 없애라."

의정부에서 아뢰어 말했다.

"부묘(祔廟)의 의절(義節)은 만세의 법이고 길례(吉禮)의 성대함 중에 이와 같은 것이 없사오니 폐할 수 없습니다."

상이 옳게 여겼다. 상이 근신(近臣)에게 일러 말했다.

"내일 부묘를 할 터인데 만일 상당군(上黨君)을 논핵하는 자가 있으면 비록 경사(慶事) 중에 있다 하더라도 내가 반드시 용서하지 않겠다."

무인일(戊寅日-13일)에 김동개(金同介)가 골간올적합(骨看兀狄哈)[26] 지휘(指揮) 두칭개(豆稱介) 등 7인을 데리고 왔다. 내신(內臣)에게 명해 서상상(西上廂)에서 음식을 대접하게 했다. 두칭개 등이 모두 토산물을 바쳤다.

경진일(庚辰日-15일)에 비가 내렸다.

○상이 백관을 거느리고 담복(禫服) 차림으로 문소전(文昭殿)에 나아가 담제(禫祭)를 거행했다. 상이 일찍이 정부(政府)에 명해 말했다.

"무릇 대소 제향(大小祭享)에 만일 한 가지 일이라도 가지런하지

---

26 여진(女眞)의 한 부족이다. 두만강(豆滿江) 하류와 동해(東海) 연안 일대에 살며 고기를 잡아 생활하던 족속이다. 수올적합(水兀狄哈)이라고도 했다.

못하거나 또 혹시 깨끗하지 못하면 마음이 매우 불편하다. 이제부터 행향사(行香使)가 제사 전에 진설(陳設)한 것을 점검해보아서 혹시 잘못된 것이 있으면 소사(所司)에게 말해 고찰하게 하는 것이 좋겠다. 정부는 마땅히 가르침을 받아 시행하라."

제사가 끝나자 궁으로 돌아왔다. 의정부에서 백관을 거느리고 조복(朝服)을 갖추고서 진하(陳賀)하기를 청하니 상은 남은 슬픔[餘哀(여애)]이 다하지 않았다고 해 허락하지 않았다. 정부에서 아뢰어 말했다.

"상(喪)이 끝나면 조하(朝賀)를 받는 것은 예 중에서도 큰 것이니 폐할 수 없습니다."

상이 끝내 허락하지 않자 이에 허좌(虛座)[27]를 베풀고 행례한 다음에 물러갔다. 공주판관(公州判官) 정주(鄭賙)가 충청도 도관찰사(都觀察使)·도절제사(都節制使)·수령(守令)의 담제예성(禫祭禮成)을 하례하는 전(箋)을 받들고 기일(期日)에 앞서 서울에 이르러 예궐해 숙배(肅拜)하니 상이 대언(代言)에게 일러 말했다.

"부묘(祔廟)한 뒤의 하전(賀箋)이 태조(太祖)를 위한 것이라면 폐할 수 없지만, 이 예(禮)는 나에게만 있는 것이니 때가 바야흐로[時方(시방)] 농사 달이라 마땅히 일단은[權(권)=權道(권도)] 정지하게 해야 한다. 내가 근래에 수한(水旱)을 근심하느라 명하지 못했다만 너희가 왜 자세히 그 폐단을 진달하지 않고 수령이 올라오게까지 했느냐?"

신사일(辛巳日-16일)에 큰비가 내렸다.

---

27 행례시(行禮時)에 임금이 궐(闕)하게 될 때 그 대신 설치하던 빈 어좌(御座)를 말한다.

○ 두칭개(豆稱介) 등이 다시 대궐에 나오니 명해 서상상(西上廂)에서 음식을 대접했다.

○ (도성의) 사문(四門)에 비가 개기를 빌었다[祈晴]기청.

임오일(壬午日-17일)에 폭풍이 불고 큰비가 내렸다. 지난달에는 오래 가물었고 이달에는 음우(陰雨-궂은비)가 연일 계속됐는데 이날에는 특히 심했고 도성(都城)에 물이 넘쳐 종루(鍾樓) 동쪽에서부터 흥인문(興仁門)에 이르기까지 사람이 통행하지 못했다. 상이 말했다.

"음려(陰沴)의 재앙이 심하다. 신(神)이 행하지 않는 것이 없으니 재앙을 그치게 하는 방도[弭災之道]미재 지 도가 무엇이 있겠는가? 내가 실로 염려한다."

○ 전 길주도찰리사(吉州道察理使) 연사종(延嗣宗)을 (동북면) 함주(咸州-함흥)에 유배 보냈다. 대사헌 황희(黃喜) 등이 말씀을 올렸다.

"전 길주도찰리사 연사종은 직책이 한 방면(方面)을 전적으로 맡아 적(敵)을 제어하고 도적을 토벌하는 것을 임무로 삼는 자입니다. 지난번에 야인(野人)이 변경을 침략해 수신(守臣)을 죽이고, 두 번씩이나 도량(跳梁)을 자행해 경원(慶源)을 포위 공격해 그 형세가 장차 함몰될 지경에 이르렀습니다. 사종으로서는 마땅히 길을 배(倍)로 달려 군사를 전진시켜 토벌해야 할 것인데, 일찍이 그럴 생각은 하지 않고 핑계를 끌어대 머물러 있으면서[逗遛]두류 성명(性命)을 보존하기를 도모했으니 위태로움을 보면 목숨을 바치는[見危授命]견위수명[28] 마땅함에 있

---

28 『논어(論語)』「헌문(憲問)」편에 나오는 공자의 말의 일부다. "오늘날 성인(成人)이라는 것

어 어떻다 하겠습니까? 하물며 경원(慶源)은 능침(陵寢)이 있는 곳이므로 더욱 중히 하지 않을 수 없습니다. 비록 구원(救援)에는 미치지 못했다 하더라도 적이 물러간 뒤에 역시 마땅히 많은 군사를 이끌고 들어가 위신(威信)을 보이고 민심을 안정시키는 것이 중요한데, 경성에 물러가 주둔하고 끝내 군사를 전진시키지 않아 적세(賊勢)가 더욱 떨치게 했으니 임금에게 충성하고 나라를 사랑하는 도리가 어디에 있습니까? 경원이 포위되면 경성에 머물러 곧 구원하지 않았고, 용성(龍城)이 침략당하면 길주(吉州)에 물러가 주둔해 적의 예봉(銳鋒)을 피했으니 이는 마땅히 밝게 법에 의해 처치해야 할 것입니다. 전하께서 특별히 훈신(勳臣)이라는 이유로 이를 내버려두고 묻지 않아서 상벌(賞罰)이 적중한 도리[中道]를 잃었으니 신 등이 마음 아파하는 까닭입니다. 청컨대 밝게 그 죄를 바로잡아 뒤에 오는 사람들을 징계해야 할 것입니다.

전 경원병마사(慶源兵馬使) 곽승우(郭承祐)는 그 직책이 중대한 번진(藩鎭)을 담당했으니 적이 오면 죽기로써 지키고 힘껏 싸워 성읍(城邑)을 보전하는 것이 직책인데, 도리어 이를 버리고 해도(海島)로 들어가 먼저 겁약(怯弱)을 보이고 민심을 동요시켜 백성들로 하여금 멀리서 바라보고 흩어져 달아나게 만들어 군량과 기계가 적의 침략을 받아 경원 한 읍(邑)이 소연(蕭然)해 빈 터가 되고 능침까지도 지키는 사람이 없게 만들었습니다. 승우의 죄는 죽어도 남는 죄가 있

이 어찌 반드시 그런 정도의 인물이어야겠는가? 이익을 보면 의리를 생각하고 위태로움을 보면 목숨을 바치며 오랜 약속에 평소의 말을 잊지 않는다면 이 또한 성인이라 할 수 있을 것이다."

는데 지금 관대한 법전에 처치하셨으니 상벌이 또한 맞지 않았다고 하겠습니다. 바라건대 전하께서는 밝게 법대로 처치해 후세에 남의 신하된 자에게 경계를 남기셔야 할 것입니다."

이에 명하기를 연사종은 부처(付處-유배)하고, 승우는 논하지 말라고 했다. 희(喜) 등이 다시 말했다.

"승우가 야인(野人)을 칠 때 부인과 어린아이를 함부로 죽이고 또 탐하는 행실이 있었으니 비록 법대로 처치하지 않더라도 직첩을 거두고 가재(家財)를 관가에 몰수하는 것이 좋겠습니다."

상이 말했다.

"이 사람은 이미 장(杖) 100대를 때리고 산군방어(散軍防禦)하게 했으니 족히 그 죄에 합당하다. 이제부터 다시 청하지 말라."

○사헌부에서 이저(李佇)에게 녹권(錄券)을 주지 말 것을 청했다. 헌부에서 대궐에 나아와 아뢰어 말했다.

"지난번에 이저의 녹권을 싸서 바치라고 명하셨습니다. 그러나 그 아비가 용서하지 못할 죄가 있기 때문에 온 나라 신민이 마음 아파해 그 죄를 청하는데 상께서 용서해 묻지 않고 그 부자를 외방에 안치하게 하시고, 지금 갑자기 작(爵)을 명하고 소환해 그 녹권을 주시니 의리에 맞지 않습니다. 신 등은 직책이 임금과 더불어 시비를 다투는 직임에 있으니 어찌 감히 말하지 않겠습니까?"

상이 말했다.

"아비가 비록 죄가 있더라도 그 자식이 무슨 관계가 있는가? 녹권은 내가 준 것이니 너희가 비록 바치지 않더라도 내가 어찌 새로 써서 다시 주지 못하겠느냐?"

다시 아뢰어 말했다.

"그 아비가 살아 있는 것도 의리에 불편한데 그 자식이 어찌 죄가 없겠습니까?"

상이 몸이 편치 못하다[不豫=不寧]고 해 사절했다. 헌신(憲臣-사헌부 신하)이 물러가서 소를 올리고 사간원(司諫院)이 또 소를 올려 논했으나 상은 모두 펴보지도[開拆=開坼] 않고 돌려보냈다.

갑신일(甲申日-19일)에 궂은비가 내렸다.

○사간원(司諫院)에서 이저(李佇)의 죄를 청했다. 아뢰어 말했다.

"전일에 소를 올려 이저의 죄를 청했는데 전하께서는 살펴보지도 않으시고 그 소를 도로 본원(本院)에 내리셨습니다. 신 등이 생각건대 소를 보지 않고 물리치시면 언로(言路)가 이로부터 열리지 않게 될까[不開] 두렵습니다. 또 천인(天人)이 감응(感應)하는 이치가 있으니 저(佇)가 서울에 들어온 이후로 음려(陰沴)가 대단히 심합니다. 예로부터 뛰어난 사람을 쓰면[用賢] 길(吉)하고 불초한 사람을 쓰면 흉(凶)한 것이니 이것은 자연의 이치입니다. 청컨대 그를 내쳐 신민의 분하게 여기는 정에 답하셔야 할 것입니다."

상이 말했다.

"이저 이외에는 온 나라 사람이 모두 빼어나거나 뛰어나냐[聖賢]? 지금 저를 복관(復官)한 지 이미 10일이 지났는데 왜 즉시 죄를 청하지 않고 재상(宰相)의 말을 듣고서야 사헌부가 하는 짓을 본받으려 하느냐? 지금 수재(水災)와 한재(旱災)가 너무 심한데 간신(諫臣)이 좋은 계책은 진달하지 않고 사람을 해치려는 것만 급히 서두르니 더욱 화기(和氣)를 상하는 것이 아니냐? 지금 수재(水災)가 온 것은 저와 과인이 당하겠으니 지금 이후로는 다시 탄핵해 아뢰지 말라!"

대사헌 황희(黃喜) 등이 대궐에 나아와 아뢰어 말했다.

"3공신(三功臣)이 두 번째 맹세하던 때와 건원릉(健元陵) 비음기(碑陰記)에 이저의 성명을 기록하지 않았으니 비록 녹권을 도로 준다 하더라도 어찌 공신(功臣)이라 이름할 수 있겠습니까?"

상이 말했다.

"맹세하는 족자[盟簇]맹족와 비음기(碑陰記)는 모두 내가 한 것이니 어찌 고쳐 만들지 못하겠는가? 지금 음려(陰沴)가 너무 심해 하늘의 견고(譴告)가 지극한데 경 등이 좋은 계책을 진달해 재변을 없애지는 아니하고 한갓 사람을 해치고자 하니 화기(和氣)를 상한 것이 이 때문이 아닌가?"

희(喜)가 대답해 말했다.

"하늘이 감응하는 이치가 있어 저가 서울에 들어온 이래로 수재가 너무 심하니 하늘이 감응한 것 같습니다. 만일 두 마음을 가진 신하를 내친다면 재앙이 저절로 사라질 것입니다."

상이 말했다.

"내가 저를 부른 것은 대개 그 전록(田祿)을 먹으며 서울과 외방 사이에 편안히 살게 해 자주자주 오게 하려는 것뿐이다. 대사헌은 나라를 근심하고 집을 잊는 자인데 어째서 이와 같이 번독(煩瀆)하게 사람을 해치려고 꾀하는가?"

희가 대답해 말했다.

"신이 비록 재주가 없이 헌부(憲府)의 장이 됐으나 오늘의 청은 사직(社稷)의 계책을 위한 것입니다."

상이 지평(持平) 홍여방(洪汝方)에게 일러 말했다.

"네가 내 말을 굳이 거역하고 저의 녹권을 바치지 않으니 네가 과연 충성스러운 마음이 있느냐?"

여방(汝方)이 대답해 말했다.

"죄 있는 사람을 상께서 가벼이 석방하려 하시는데 지금 신은 죄를 청하기를 그치지 않으니 스스로 충성스럽다고 생각합니다."

상이 말했다.

"그렇게 고집할 것이 아니다. 너희가 하는 것을 보니 반드시 사필(史筆)에 빛을 내고자 하는 것일 뿐이다."

여방이 물러나와 드디어 저의 녹권 2축(軸), 교서(敎書) 2축, 사패(賜牌) 2장(張)을 봉해 바쳤다.

헌사(憲司)가 또 소를 올려 굳게 다투니 상이 그 소를 물리쳤다. 희 등이 다시 아뢰어 말했다.

"신 등이 여러 번 소를 올렸는데 모두 읽어보지 않으시니 신은 두렵건대 언로(言路)가 이로부터 막혀서 빼어난 다움[聖德]성덕에 누가 될까 염려됩니다. 바라건대 소를 보시고 가부(可否)를 말씀해주십시오."

상이 말했다.

"만일 다른 일을 말한 것이라면 내가 언로를 막지 않겠지만 저의 일은 들어줄 수 없다."

희 등이 굳게 청하니 상이 소를 가져다 보았다. 의정부에서도 참찬(參贊) 유량(柳亮)을 시켜 대궐에 나아와 저의 죄를 청했으나 상이 모두 따르지 않았다. 여방을 불러 물었다.

"죄 있는 사람에게서 회수한 녹권은 모두 사헌부에서 간직하느냐?"

대답해 말했다.

"그렇습니다."

상이 모두 불태우라고 명했다.

○ 지인(知印)을 경기(京畿)에 나눠 보내 수재(水災)를 살펴보았다. 중관(中官)을 보내 성 밖의 침수한 벼 한 줌을 가져다 보고 이것을 근심스럽게 생각해 승정원(承政院)에 보이고 또 의정부에 명해 지인(知印)을 나눠 보내게 한 것이다.

○ 일본(日本) 살주(薩州) 시래우진(市來寓鎭) 장친가(藏親家)가 사람을 보내 예물(禮物)을 바치고 잡혀갔던 사람들을 돌려보냈다.

을유일(乙酉日-20일)에 비가 개기를 빌었는데 장차 부묘(祔廟)하기 때문이었다. 상이 대언(代言)에게 일러 말했다.

"호천상제(昊天上帝)에겐 만민(萬民)을 위해 비는 것은 오히려 괜찮지만 이와 같은 일에 이르러서는 불가하지 않겠는가?"

대언이 대답했다.

"이는 큰일이니 상제께 비는 것이 가능합니다."

의정부에서도 빌기를 청하니 그것을 따랐다.

○ 응패(鷹牌)[29]를 종친(宗親), 부마(駙馬), 공신(功臣) 및 무관대신(武官大臣)에게 나눠 주었다. 이에 앞서 국상(國喪)으로 인해 모두 회

29 나라에서 매를 기르고 사냥하는 것을 허락해 종친, 부마, 공신, 무관대신에게 나눠 주는 패(牌)다. 이것이 없는 매를 무패응자(無牌鷹子)라고 했다.

수했는데 이때에 이르러 명해 '수환사(收還賜)' 세 글자를 새겨 지신사(知申事) 안등(安騰)으로 하여금 서명(署名)하게 하고 나머지 39개는 모두 불태웠다. 병조(兵曹)에 일러 말했다.

"상중(喪中)에 있는 자나 출사(出使)한 자의 응패(鷹牌)는 모두 환수(還收)했다가 그 상이 끝나거나 서울에 돌아오기를 기다려서 주고, 물고(物故-사망)한 자가 있으면 그 패를 환수해 불태우고 다른 사람에게 대신 주지 말라. 이와 같이 하면 응패가 자연히 끊어질 것이다."

병술일(丙戌日-21일)에 두칭개(豆稱介) 등이 대궐에 나아와 하직하니 상이 말했다.

"너희가 길의 험한 것을 꺼리지 않고 의로움을 사모해[慕義 모의] 왔으니 내가 친히 보고자 했으나 마침 몸이 편치 못해 그대로 하지 못했다. 너희는 마땅히 잘 가거라."

의관(衣冠)을 주어 두텁게 위로해 보냈다. 두칭개가 자제(子弟) 3명을 머물러두어 수위(守衛)하게 하기를 청하니 허락했다.

○ 오도리(吾都里) 천호(千戶) 장권자(張權子) 등 5인이 와서 조현(朝見)하고 아뢰어 말했다.

"신 등은 일찍이 도적질하는 모의(謀議)에 참여하지 않았습니다."

○ 사헌부와 사간원에서 이저(李佇)의 죄를 청했다. 황희(黃喜)와 유백순(柳伯淳) 등이 다시 소를 올려 이저를 논하니 상이 말했다.

"그러면 저(佇)를 마땅히 죽여야 하는가? 수재(水災)가 과연 저 때문인가?"

"백순(伯淳)이 대답했다.

"옛날에 주공(周公)이 유언(流言)을 만나 동쪽에 거(居)했는데 성왕(成王)이 뉘우쳐 깨닫고 교외에 나아가 맞이하니[30] 하늘이 바람을 돌이켜 크게 풍년이 들었고, 송(宋)나라 장천각(張天覺)이 정승이 되니 혜성(彗星)이 자취를 감추고 오래 가물다가 비가 내렸으니 하늘과 사람이 서로 감응하는 이치가 지극합니다. 지금 저가 오자 재이(災異)가 여러 번 일어났으니 하늘의 뜻을 헤아리긴 어려우나 인사(人事)로 본다면 그가 부른 것이 아닌가 의심스럽습니다. 신 등이 청하는 것은 죽이자는 것이 아니라 내치자는 것입니다."

상이 말했다.

"내가 이저를 부른 것은 위로 도당(都堂-의정부)의 일을 다스리고 또 순금사(巡禁司)의 일을 맡기려고 한 것이다. 대간(臺諫)에서 장소(章疏)를 연속해서 논렬(論列)하고, 정부(政府)에서도 말을 하니 내가 일단은 천천히 하겠으나 나의 이 처사가 지극히 마땅하니 바꿀 수는 없다."

정해일(丁亥日-22일)에 전사판관(典祀判官) 안도(安堵)를 파직했다. 건원릉(健元陵)의 제주(祭酒) 맛이 연했기 때문이다.

신묘일(辛卯日-26일)에 태조강헌대왕(太祖康獻大王) 신의왕후(神懿

30 주공은 주(周)나라 무왕(武王)의 아우인 단(旦)이다. 무왕이 죽자 성왕(成王)이 어린 까닭에 그가 섭정(攝政)을 행했는데 이에 불만을 품은 무경(武庚-은(殷)나라 주(紂)왕의 아들)과 관숙(管叔-주공의 형), 그리고 채숙(蔡叔-주공의 아우)이 주공이 천자가 되려 한다고 유언비어를 퍼뜨리며 회이(淮夷)에서 반란을 일으키자 주공이 직접 군대를 거느리고 그들을 정벌해 관숙은 주살됐고 무경은 살해됐으며 채숙은 추방됐다.

王后)의 신주(神主)를 종묘(宗廟)에 부제(祔祭)하고 경내(境內-나라 안)에 사유(赦宥)를 내렸다. 상이 곤룡포(袞龍袍)와 면류관(冕旒冠) 차림으로 백관을 거느리고 문소전(文昭殿)에 나아가 신주(神主)의 동가제(動駕祭)를 거행하고 상로(象輅)를 베풀어 의장(儀仗)을 갖추고 신주를 받들어 종묘(宗廟)에 나아갔는데 배향공신의 신주는 태조(太祖)(의 신주)의 뒤에 있게 했다. 드디어 제5실(第五室)에 부(祔)하고 제의(祭儀)는 사시대향(四時大享)의 예(例)에 의거했다. 그리고 팔음(八音)[31]의 악(樂)을 연주했는데 그 악장(樂章)은 이러했다.

"아아! 황고(皇考)시여, 명(命)을 하늘에서 도왔도다. 문모(文謨)와 무열(武烈)이 뒤를 잇고 앞을 빛내었도다. 빛나게 종묘(宗廟)에 있어 비로소 제사하기를 정성스럽게 하도다. 아름답게 흠향하기를 천만년이나 하소서."

공신(功臣)은 의안대군(義安大君) 양소공(襄昭公) 이화(李和), 평양부원군(平壤府院君) 문충공(文忠公) 조준(趙浚), 청해백(靑海伯) 양렬공(襄烈公) 이지란(李之蘭), 한산군(漢山君) 충정공(忠靖公) 조인옥(趙仁沃)이다. 애초에 상이 내시별감(內侍別監)을 화(和) 등의 사당(祠堂)에 나눠 보내 사제(賜祭)하고 그 자손(子孫), 종족(宗族), 문생(門生)으로 하여금 각각 신주를 받들고 문소전(文昭殿) 가까운 땅에 나아와 기다리게 했는데 이때에 이르러 배향당(配享堂)에 들어왔다. 제의

---

31 동양 음악에 쓰이는 여덟 가지 종류의 악기(樂器)를 말한다. 종(種) 등의 금(金), 경(磬) 등의 석(石), 금(琴)·슬(瑟) 등의 사(絲), 적(笛) 등의 죽(竹), 생(笙)·간(竿) 등의 포(匏), 부(缶) 등의 토(土), 고(鼓) 등의 혁(革), 어(敔) 등의 목(木)을 말한다.

(祭儀)는 칠사의(七祀儀)[32]에 의거하고 교서(教書)가 있었다. 제사가 끝나자 강사포(絳紗袍) 차림으로 재전(齋殿)에 나아가 중외(中外)의 조하(朝賀)를 받고 난가(鑾駕)를 타고 환궁했는데, 백희(百戲)가 앞에서 베풀어지고 성균생원(成均生員) 200여 인과 상기(上妓) 등이 모두 가요(歌謠)를 올렸다. 들어와 정전(正殿)에 좌정해 가르침을 내렸다 [下教].
하교

"왕은 이렇듯이 말하노라! 생각건대 우리 황고(皇考) 태조(太祖) 강헌대왕(康獻大王)께서는 신무(神武)하신 자품(資品)과 인후(仁厚)하신 다움으로 하늘의 밝은 명을 받아 방가(邦家-국가)를 창건해 우리 조종(祖宗)의 적루(積累)한 공(功)을 잇고 우리 자손이 지수(持守)할 업(業)을 열어주시었으니, 아! 지극하도다. 내가 큰 통서(統緒-법통)를 이어받아 이른 아침부터 밤늦게까지 조심하고 두려워하면서 공경히 받들고 영양(榮養-봉양)하여 백세(百歲)에 이를 것을 바랐더니 어찌하여 하늘이 불쌍히 여기지 않고 조금도 연장(延長)하지 않았는가? 내가 애통하고 사모함이 하루하루 더하다. 돌아보건대 상제(喪制)가 기한이 있어 상사(祥事) 담제(禫祭)가 이미 끝났으나 마음은 오히려 측연(惻然)해 감히 편안할 수 없다. 고전(古典)에 상고하니 마땅히 부의(祔儀)를 거행해야 하므로 영락(永樂) 8년 7월 26일 신묘(辛卯)에 친히 태조 강헌대왕(康獻大王)의 신주와 신의왕후(神懿王后)의 신주를 받들어 태실(太室)에 부(祔)하고, 공경히 곤면(袞冕)을 갖춰 예로

---

32 봄에 사명(司命)과 호(戶), 여름에 조(竈), 가을에 문(門)과 여(厲), 겨울에 행(行), 그리고 계하(季夏)와 토왕일(土旺日)에 중류(中霤)에 지내는 일곱 가지 제사의식을 말한다.

써 강신(降神) 헌작(獻酌)하니 중외(中外)의 신료가 서로 거느리고 하례했도다. 생각건대 태조 강헌대왕의 높으신 공(功)과 성대한 다움이 천인(天人)에 이르렀고 나 소자(小子) 또한 이뤄진 공렬을 이었으니 조선(朝鮮) 억만년의 무강(無疆)한 아름다움을 맞이할 것이 분명 오늘에 있다. 하물며 성대한 예를 거행함에 마땅히 비상한 은택을 내려야 하겠다. 금월 26일 새벽 이전의 모반대역(謀叛大逆), 조부모·부모를 죽인 것, 처첩이 남편을 죽인 것, 노비(奴婢)가 주인을 죽인 것, 고독(蠱毒)이나 염매(魘魅), 모고살인(謀故殺人), 강도(强盜)를 범한 것을 제외하고 이미 발각됐거나 아직 발각되지 않은 것, 이미 결정(結正)됐거나 아직 결정되지 않은 것을 모두 다 용서해 면제한다. 아아! 이미 황고(皇考)를 높여 극향(克享)의 의례를 베풀었으니 아름답게 신민(臣民)과 더불어 크게 유신(維新)의 교화(敎化)를 펴노라."

예가 끝나고 (상이) 안으로 들어가니 의정부의 여러 대신이 대례(大禮)가 경사 속에 이뤄진 것[慶成]을 하례했다. 상이 대언(代言) 김여지(金汝知)에게 일러 말했다.

"우리 부왕(父王)은 조선(朝鮮)의 시조가 됐으니 부묘(祔廟)하는 것이 당연한 일이지만 모후(母后)를 아울러 부묘(祔廟)한 것은 하늘의 뜻이다. 옛날 재신(宰臣) 최유경(崔有慶)이 조정에서 말하기를 '제릉(齊陵)은 제사할 것이 없다'라고 했으니 이는 간인(奸人)의 꾀임에 빠진 것일 뿐이다. 오늘 천기(天氣)가 청명하고 예의(禮儀)가 잘못됨이 없는 것은 실로 여러 재상의 힘에 의한 것이다. 네가 마땅히 내 말을 (대신에게) 이르도록 하라."

성석린(成石璘) 등이 대답했다.

“모후(母后)의 일은 비록 나라 사람들이 함께 분하게 여기는 것이나 오늘의 부묘(祔廟)는 실로 성자(聖子)의 공(功)이십니다.”

○ 혼전도감(魂殿都監)을 없앴다.

○ 의정부에서 이저(李佇)의 죄를 청했다. 아뢰어 말했다.

“저(佇)의 불충(不忠)은 나라 사람들이 함께 분하게 여기는 바입니다. 근래에 대간(臺諫)에서 연일 굳게 청했으나 신 등은 부묘(祔廟) 일자(日字)가 다가왔기 때문에 감히 청할 겨를이 없었습니다. 만일 대간에서 다시 청하고 공신(功臣)·장상(將相)이 합사(合辭)해 함께 청한다면 무릇 보고 듣는 데에 있어 어찌 상서롭지 않지 않겠습니까? 만일 전하께서 잘 처리하신다면 저의 거취(去就) 또한 여유가 있을 것입니다.”

상이 대언(代言)에게 일러 말했다.

“이는 정부가 서로 부추겨서 나를 협박하는 것이다. 내가 생각건대 진안(鎭安)과 익안(益安)은 이미 다 죽었고 상왕(上王)은 형제로 따질 수 없다. 그리고 회안(懷安)은 나 때문에 외방에 나가 있고 또 무인년의 변(變)을 만나 여러 아우가 다 죽고, 오직 이저(李佇)만이 남아 있다. 그런데 아직도 세상에 용납되지 않는단 말인가? 천명(天命)과 인심(人心)은 한가지니 지금 내가 저를 부른 것이 인심을 거스른 것이라면 어찌 또한 하늘에 부합하겠는가? 내가 부묘(祔廟)를 기다린 지 또한 오랜데 지금 이미 부묘를 했으니 나의 거취(去就)가 어찌 어려우랴! 점치는 자[卜者]가 말하기를 ‘금년에 나라에 장차 재앙이 있을 것이다’라고 해 내가 지난해에 왕위(王位)를 사퇴하려 했으나 마침내 여러 신하에게 저지되었다. 내가 지금에서야 그것을 알겠다.”

대신들이 듣고서 황공해 말할 바를 알지 못했다.

갑오일(甲午日-29일)에 태조(太祖) 강헌대왕(康獻大王)과 신의왕후(神懿王后)의 진용(眞容-어진)을 문소전(文昭殿)에 봉안하고 친히 제사했다. 문소전의 조석(朝夕) 헌관(獻官)은 입번(入番)한 환관(宦官)과 내시관(內侍官)으로 삼았다.

○ 광연루(廣延樓)에 나아가니 종친(宗親) 의정부(議政府) 공신(功臣)이 수(壽)를 올렸다. 상이 의막(依幕)에서 각사(各司)에게 술과 과일을 주었다. 처음에 상이 말했다.

"금년에 수재(水災)가 대단히 심하고 또 상(喪)을 겨우 마쳤으니 어찌 상왕(上王)보다 먼저 풍악을 들을 수 있겠느냐?"

굳게 청하니 오랜 뒤에야 마침내 허락했다. 상이 대신과 더불어 모후(母后)의 부묘(祔廟)에 대한 일을 말하고 마침내 울었다. 이는 대개 모후가 먼저 훙서(薨逝)한 것을 슬퍼한 것이다.

원문

丙寅朔 上親祭于文昭殿.
병인 삭 상 친제 우 문소전

復楮貨通行之法. 傳旨議政府舍人金孝孫曰:“楮貨 古昔美法
복 저화 통행 지 법 전지 의정부사인 김효손 왈 저화 고석 미법
中廢而不行 予之過也. 令司贍庫專掌出入 以兩府爲提調官監察
중폐 이 불행 여 지 과 야 영 사섬고 전장 출입 이 양부 위 제조관 감찰
監之.” 又令印出頒行.
감지 우 영 인출 반행

戶曹啓請與麤布通行 許之.
호조 계청 여 추포 통행 허지

江原道大嶺山竹實. 觀察使宋因啓曰:‘江陵府大嶺山竹實 與
강원도 대령산 죽실 관찰사 종인 계왈 강릉부 대령산 죽실 여
麥同熟 穗如黍 實如麥 粘如薏苡 味如唐黍. 人民摘取爲食 或
맥 동숙 수 여 서 실 여 맥 점 여 의이 미 여 당서 인민 적취 위식 혹
造酒 無異五穀. 一夫日收五六斗或十斗 民皆畜七八石 以備朝夕
조주 무이 오곡 일부 일 수 오륙 두 혹 십두 민 개 축 칠팔 석 이비 조석
之資.’
지 자

丁卯 上詣文昭殿 行秋享祭.
정묘 상 예 문소전 행 추향 제

浙江處州衛百戶徐慶 漂到仁州. 慶運糧北京而遭風也. 遣
절강 처주위 백호 서경 표도 인주 경 운량 북경 이 조풍 야 견
戶曹參議吳眞慰問之 趣給粧補船隻物料. 翼日風順 慶解纜而去.
호조참의 오진 위문 지 촉급 장보 선척 물료 익일 풍순 경 해람 이 거

戊辰 議政府請李中培罪. 啓曰:
무진 의정부 청 이중배 죄 계왈

“郭承祐等 俱以延嗣宗麾下 犯不赦之罪 厚蒙上恩 只杖一百
곽승우 등 구 이 연사종 휘하 범 불사 지 죄 후몽 상은 지 장 일백
散軍防禦 王庭以承祐鎭撫 服重刑 皆其罪也. 嗣宗 上以功臣
산군방어 왕정 이 승우 진무 복 중형 개 기죄 야 사종 상 이 공신
未忍加罪 臣等不敢議也 若李中培則①雖未能處之重典 請同承祐
미인 가죄 신등 불감 의 야 약 이중배 즉 수 미능 처지 중전 청동 승우

之罪而科斷.”
지 죄 이 과단

上曰: “今中培已至京 何以罪之 予已知之矣.” 旣而 乃謂
상 왈 금 중배 이 지경 하이 죄지 여 이 지지 의 기이 내 위

盧希鳳曰: “予旣不決 則下之人 其將何?” 希鳳旣以宣傳於舍人
노희봉 왈 여 기 불결 즉 하지인 기 장하 희봉 기 이 선전 어 사인

金孝孫 又謂孝孫曰: “上嘗曰: ‘嗣宗 中培之事 必有言者矣.’”
김효손 우 위 효손 왈 상 상왈 사종 중배 지 사 필유 언 자 의

己巳 斬鄭仁壽及韓龍. 仁壽嘗夢李茂爲王 自其家具儀仗 過
기사 참 정인수 급 한룡 인수 상 몽 이무 위왕 자 기가 구 의장 과

市朝. 以語里人韓龍 龍曰: “遞位 吉夢也.” 後龍與仁壽相鬪 告
시조 이어 이인 한룡 룡 왈 체위 길몽 야 후 룡 여 인수 상투 고

其語 上曰: “夢之所爲 或升天或飛空 誕幻虛妄 不可信也. 但夢
기어 상 왈 몽 지 소위 혹 승천 혹 비공 탄환 허망 불가 신 야 단 몽

見大事而與人發言 是其罪也.” 命巡禁司杖而釋之. 議政府啓曰:
견 대사 이 여인 발언 시 기죄 야 명 순금사 장 이 석지 의정부 계왈

“古人云: ‘晝之所爲 夜之所夢.’ 仁壽平日無此心 則焉有此夢
고인 운 주 지 소위 야 지 소몽 인수 평일 무 차심 즉 언유 차몽

乎? 雖實夢之 覺來當恐懼不敢發言 發而不疑 其心未可測也.”
호 수 실 몽지 각래 당 공구 불감 발언 발 이 불의 기심 미가 측 야

上曰: “豈以夢中之事 斷以實刑哉?” 復啓曰: “夢雖虛誕 仁壽當
상 왈 기 이 몽중 지 사 단 이 실형 재 부계 왈 몽 수 허탄 인수 당

李茂全盛之時 與人說之 韓龍占夢之言 皆不道. 請依說大言語律
이무 전성 지 시 여인 설지 한룡 점몽 지 언 개 부도 청의 설 대언어 율

施行.”
시행

辛未 復以李佇爲奮忠仗義靖亂定社佐命功臣 崇祿大夫 上黨君
신미 부 이 이저 위 분충 장의 정란 정사 좌명 공신 숭록대부 상당군

遣中使召還. 上曰: “母兄懷安君 其失極著 衆人所知 難以篤友于
견 중사 소환 상 왈 모형 회안군 기실 극저 중인 소지 난 이독 우우

之愛. 佇以妹夫 尙不見容 久留于外 不見已七年矣. 若以居易之故
지 애 저 이 매부 상 불 견용 구류 우외 불견 이 칠년 의 약 이 거이 지 고

則予之女壻淸平君 亦在京矣.
즉 여 지 여서 청평군 역 재경 의

起復李叔蕃爲安城君兼知義興府事 鄭洪知議政府事 朴子靑
기복 이숙번 위 안성군 겸 지의흥부사 정홍 지의정부사 박자청

工曹判書同知義興府事 林整刑曹判書 金漢老判恭安府事 黃喜
공조판서 동지의흥부사 임정 형조판서 김한로 판공안부사 황희

司憲府大司憲. 曾遭貶斥者安束 許稠 柳思訥 卓愼 鄭守弘
사헌부대사헌 증 조 폄척 자 안속 허조 유사눌 탁신 정수홍

趙瑞老 亦皆敍復.
조서로 역 개 서복

革供造署 幷於工曹. 汰典農副正注簿各一人 置司贍庫使副使丞
혁 공조서 병 어 공조 태 전농 부정 주부 각 일인 치 사섬고 사 부사 승

各一人 注簿二人.
각 일인 주부 이인

壬申 月犯心. 遣金漢老 行太陰獨醮于昭格殿.
임신 월 범심 견 김한로 행 태음 독초 우 소격전

全羅道金堤 扶寧等七邑 自六月不雨 禾穀焦枯. 觀察使以報
전라도 김제 부령 등 칠 읍 자 유월 불우 화곡 초고 관찰사 이보

上驚曰: "予平日有自外方來者 必問水旱之災 無一人言有旱氣
상 경왈 여 평일 유 자외 방 래 자 필문 수한 지 재 무 일인 언 유 한기

者 是誑我也. 且觀察使當其時 何不啓 至經月而後 啓聞乎?" 命
자 시 광아 야 차 관찰사 당 기시 하 불계 지 경월 이후 계문 호 명

政府備軍糧賑民飢.
정부 비 군량 진 민기

癸酉 義興府分受田各品 作十八牌 各以二品以上二員 爲
계유 의흥부 분 수전 각품 작 십팔 패 각 이 이품 이상 이원 위

節制使領之.
절제사 영지

忠淸道都觀察使韓雍 陳便民十事.
충청도 도관찰사 한옹 진 편민 십사

'一 安撫各驛. 二 鄕吏奉足 刷出充軍有弊. 三 公衙丘從仍舊.
일 안무 각역 이 향리 봉족 쇄출 충군 유폐 삼 공아 구종 잉구

四 減各官其人數. 五 減年例別例材木. 六 罷任內屬縣. 七 修葺
사 감 각관 기인 수 오 감 연례 별례 재목 육 파 임내 속현 칠 수즙

館舍. 八 減革去寺社奴婢屯田稅. 九 除烟戶米. 十 禁僧徒漏落
관사 팔 감 혁거 사사 노비 둔전 세 구 제 연호미 십 금 승도 누락

奴婢陳告換受.'
노비 진고 환수

下其書于政府 以不合時宜 寢不行.
하 기서 우 정부 이 불합 시의 침 불행

乙亥 命大司憲黃喜 進李佇錄券. 喜詣闕 上命齎進上黨君錄券
을해 명 대사헌 황희 진 이저 녹권 희 예궐 상 명 재진 상당군 녹권

喜對曰: "當待各位齊坐." 上曰: "何待齊坐! 卿固知予意矣."
희 대왈 당대 각위 제좌 상 왈 하대 제좌 경 고지 여의 의

對曰: "雖臣知上意 然此事豈可以臣意獨斷! 願入對面陳." 上乃
대왈 수 신 지 상의 연 차사 기가 이 신의 독단 원 입대 면진 상 내

召入便殿. 喜出 上乃傳旨曰: "明日拜表禮 只遣禮度監監察 臺長
소입 편전 희 출 상 내 전지 왈 명일 배표례 지 견 예도감감찰 대장

則可坐本府 署出各品除授告身." 司憲府掌務持平洪汝方上官
즉 가 좌 본부 서출 각품 제수 고신 사헌부 장무 지평 홍여방 상관
詣闕 命曰: "上黨功臣錄券 明日持來." 汝方啓曰: "佇以罪貶黜
예궐 명왈 상당 공신녹권 명일 지래 여방 계왈 저 이죄 폄출
久矣. 旣復其爵 又欲賜錄券 臣雖不與同僚議 心竊以爲未便. 儻
구의 기 복 기작 우 욕사 녹권 신 수 불여 동료 의 심 절 이위 미편 당
曰父雖有罪 其子何知 則 子坐父罪 律有其文; 若曰有功則旣得
왈 부 수 유죄 기자 하지 즉 자 좌 부죄 율 유 기문 약왈 유공 즉 기득
保全 上之報功足矣. 至於錄券 豈可復賜!" 上曰: "予非妄處 汝勿
보전 상 지 보공 족의 지어 녹권 기가 부사 상 왈 여 비 망처 여 물
多言."
다언

命進葦簾. 上傳旨承政院曰: "予不以布緣簾者 非吝也 以不緊
명진 위렴 상 전지 승정원 왈 여 불 이포 연렴 자 비 인 야 이 불긴
故耳. 今命繕工監進簾 乃以無正薍. 對如此事 何待予發怒而後
고이 금 명 선공감 진렴 내 이 무 정완 대 여차 사 하대 여 발노 이후
考察乎?"
고찰 호

命廣囷廩 又令作瀉庫 以京外多畜積也.
명광 균름 우 영작 사고 이 경외 다 축적 야

丙子 遣平壤君趙大臨 參知議政府事尹思修如北京. 韓尙敬到
병자 견 평양군 조대림 참지 의정부 사 윤사수 여 북경 한상경 도
遼東 欽錄五月二十日頒降詔書以送. 詔曰:
요동 흠록 오월 이십 일 반강 조서 이송 조왈

'自元祚旣終 四海鼎沸. 天命我太祖高皇帝 統一華夷 普天
자 원조 기종 사해 정비 천명 아 태조고황제 통일 화이 보천
率土 靡不臣妾 惟胡寇遺孽 分竄沙漠 呰窳偸生 殺戮易置 有
솔토 미불 신첩 유 호구 유얼 분찬 사막 자유 투생 살륙 역치 유
如反掌. 朕承大統 撫治寰區 志在安民 惟懷不及 盡心殫慮 以求
여반장 짐 승 대통 무치 환구 지 재 안민 유 회 불급 진심 탄려 이구
其寧. 凡居覆燾之中 擧納甄陶之內 獨此殘胡 騁兇梗化 屢使撫循
기녕 범 거 부도 지 중 거납 견도 지 내 독 차 잔호 빙흉 경화 누 사 무순
輒見拘殺. 往者邊將 獲其部屬 念其有父母妻子 盡釋還鄕 遣使
첩 견 구살 왕자 변장 획 기 부속 념 기유 부모 처자 진 석 환향 견사
送之. 彼猰性不移 復殺信使 積慝恣虐 益肆寇攘. 怨懟神人 實
송지 피 알성 불이 부살 신사 적특 자학 익사 구양 원대 신인 실
天所殛 遏虐之旅 以慰徯蘇 遂親率六軍往征之 用拯顚連 綏寧
천 소극 알학 지 려 이위 혜소 수 친솔 육군 왕정 지 용증 전련 수녕
降附. 五月十三日 師至斡難河 遇胡寇本雅失里來戰 卽摧敗之
항부 오월 십삼일 사 지 알난하 우 호구 본아실리 내전 즉 최 패지

追奔逐北 電掃霆驅 本雅失里奔命不暇 以七騎奔遁. 獲馬駝牛羔
추분 축북 전소 정구 본아실리 분명 불가 이 칠기 분둔 획 마 타 우 고

生口無算 其餘降附者 相繼而至 遂撫安之 給與羊馬糧廩 令各
생구 무산 기여 항부 자 상계 이 지 수 무안 지 급여 양마 양름 영 각

安生業. 數百年之孽芽 一旦蕩除; 千萬里之腥羶 由玆灑滌. 乃封
안 생업 수 백년 지 얼아 일단 탕제 천만리 지 성전 유자 쇄척 내 봉

于山川 振旅班師. 於虖 包擧無外 弘施一視之仁; 撫輯有方 永樂
우 산천 진려 반사 어호 포거 무외 홍시 일시 지 인 무집 유방 영락

萬年之治.'
만년 지 치

乃遣大臨等 奉表箋進賀.
내 견 대림 등 봉 표전 진하

濟州進馬六百匹 命留養于全羅道 減半價 聽民貿易.
제주 진마 육백 필 명 류 양 우 전라도 감 반가 청 민 무역

丁丑 大雨.
정축 대우

流吏曹正郎朴熙中于順天府 禮曹正郎崔進誠于靈巖郡 皆收
유 이조정랑 박희중 우 순천부 예조정랑 최진성 우 영암군 개 수

職牒; 司譯院副使崔雲外方付處. 柳謙回自北京言: "熙中 進誠
직첩 사역원 부사 최운 외방부처 유겸 회자 북경 언 희중 진성

以點馬別監到義州 點送易換馬匹 循義州等處軍民之欲 擅以
이 점마별감 도 의주 점송 역환 마필 순 의주 등처 군민 지 욕 천 이

進獻馬之良者 易換軍民之駑馬而解送. 雲以押送官赴遼東 亦
진 헌마 지 양자 역환 군민 지 노마 이 해송 운 이 압송관 부 요동 역

以一匹換給 義州百戶 至都司爲一旗軍所覺 賂而得免." 事下
이 일필 환급 의주 백호 지 도사 위 일기군 소각 뇌 이 득면 사 하

巡禁司覈實. 熙中所換二十四匹 進誠所換二十二匹 計贓當斬 雲
순금사 핵실 희중 소환 이십사 필 진성 소환 이십이 필 계장 당참 운

計贓 杖八十徒二年 上皆命從輕施行.
계장 장 팔십 도 이년 상 개 명 종경 시행

命禮曹加謚故王師妙嚴尊者 又命藝文館提學卞季良製碑銘.
명 예조 가시 고 왕사 묘엄 존자 우 명 예문관제학 변계량 제 비명

妙嚴 卽無學也. 上以上王尊信而力請 故有是命.
묘엄 즉 무학 야 상 이 상왕 존신 이 역청 고 유 시명

定太祖配享功臣. 議政府集議太祖配享功臣 以趙浚 南誾
정 태조 배향공신 의정부 집의 태조 배향공신 이 조준 남은

趙仁沃爲宜 上曰: "義安大君和 有功於太祖者也. 青海伯李之蘭
조인옥 위의 상 왈 의안대군 화 유공 어 태조 자 야 청해백 이지란

自少隨從 且有功. 此二人亦令配享如何?" 成石璘啓曰: "開國
자소 수종 차 유공 차 이인 역 영 배향 여하 성석린 계왈 개국

之時 有功與否 上之所親見也. 臣實不知 豈敢有異同!" 趙英茂
지 시 유공 여부 상 지 소친견 야 신 실 부지 기감 유 이동 조영무
對曰: "和則王親 之蘭原從 且皆有功 然以開國之功論之 則二人
대왈 화 즉 왕친 지란 원종 차 개 유공 연 이 개국 지 공 논지 즉 이인
之配食如何?" 倫對曰: "二人皆與配食宜矣." 上從崙議. 又有言
지 배식 여하 륜 대왈 이인 개 여 배식 의의 상 종 륜 의 우 유언
金士衡宜配享者 上問於崙 崙曰: "君問臣 臣不敢不以正對. 士衡
김사형 의 배향 자 상 문어 륜 륜 왈 군 문 신 신 불감 불 이정 대 사형
無功 不宜配享." 政府亦啓: "士衡家門貴顯 心地清高 故太祖
무공 불의 배향 정부 역 계 사형 가문 귀현 심지 청고 고 태조
重之 然本不與開國之謀. 又凡處置 一從趙浚 無所可否 不可
중지 연 본 불여 개국 지 모 우 범 처치 일종 조준 무 소가부 불가
配享." 遂不與焉.
배향 수 불여 언

議政府啓曰: "南誾雖有開國大功 然挾庶孽 欲害嫡長 此殿下
의정부 계왈 남은 수 유 개국 대공 연 협 서얼 욕해 적장 차 전하
子孫萬世之讎也. 奈何欲以配享宗廟而血食乎?" 上然之 停誾
자손 만세 지 수 야 내하 욕 이 배향 종묘 이 혈식 호 상 연지 정 은
配享. 河崙啓: "趙璞與開國之議 後亦有勳 配享何如?" 上曰:
배향 하륜 계 조박 여 개국 지 의 후 역 유훈 배향 하여 상 왈
"四人足矣 何必五人! 如璞者 豈可配享乎?" 上曰: "祔廟之後
사인 족의 하필 오인 여 박 자 기가 배향 호 상 왈 부묘 지 후
健元陵朝夕之奠 宜從禮文." 又謂代言曰: "古人云: '赦者 小人之
건원릉 조석 지 전 의종 예문 우 위 대언 왈 고인 운 사 자 소인 지
幸 賊良民之甚.' 然慶事莫大於祔廟 吾欲下宥旨 赦宥之典 豈可
행 적 양민 지 심 연 경사 막대 어 부묘 오 욕하 유지 사유 지 전 기가
廢也?" 上曰: "山臺儺禮 若爲神主則可 若爲寡人則其除之."
폐 야 상 왈 산대나례 약 위 신주 즉 가 약 위 과인 즉 기 제지
議政府啓曰: "祔廟之儀 萬世之法 吉禮之盛 莫此若也. 不可廢
의정부 계왈 부묘 지 의 만세 지 법 길례 지 성 막 차약 야 불가 폐
也." 上然之. 上謂近臣曰: "明當祔廟. 若有論劾上黨君者 雖在
야 상 연지 상 위 근신 왈 명당 부묘 약유 논핵 상당군 자 수 재
慶事之中 吾必不宥."
경사 지 중 오 필 불유

戊寅 金同介 以骨看兀狄哈指揮豆稱介等七人來 命內臣饋之
무인 김동개 이 골간올적합 지휘 두칭개 등 칠인 래 명 내신 궤지
于西上廂. 豆稱介等皆獻土物.
우 서상상 두칭개 등 개 헌 토물

庚辰 雨.
경진 우

上率百官 以禫服詣文昭殿 行禫祭. 上嘗命政府曰: "凡大小
상 솔 백관 이 담복 예 문소전 행 담제 상 상 명 정부 왈 범 대소
祭享 若一事不齊 且或不潔 則心甚未便. 自今行香使 祭前點視
제향 약 일사 부제 차 혹 불결 즉 심 심 미편 자금 행향사 제전 점시
陳設 或有差失 則言於所司 令考察可也. 政府宜受教施行." 祭
진설 혹 유 차실 즉 언어 소사 영 고찰 가야 정부 의 수교 시행 제
畢還宮. 議政府率百官具朝服請陳賀 上以餘哀未盡 不許. 政府
필 환궁 의정부 솔 백관 구 조복 청 진하 상 이 여애 미진 불허 정부
啓曰: "喪畢受朝 禮之大者 不可廢也." 上竟不許 乃設虛座行禮
계왈 상필 수조 예 지 대자 불가 폐 야 상 경 불허 내 설 허좌 행례
而退. 公州判官鄭賙 奉忠清道都觀察使都節制使守令賀禫祭
이 퇴 공주판관 정주 봉 충청도 도관찰사 도절제사 수령 하 담제
禮成箋 先期至京 詣闕肅拜. 上謂代言曰: "祔廟後賀箋 爲太祖也
예성 전 선기 지경 예궐 숙배 상 위 대언 왈 부묘 후 하전 위 태조 야
則不可廢也 若此禮則止在於予 時方農月 合令權停. 予近憂水旱
즉 불가 폐 야 약 차례 즉 지 재어 여 시방 농월 합령 권정 여 근 우 수한
未之命也 汝等何不細陳其弊 至使守令上來乎?"
미지 명 야 여등 하 불 세진 기폐 지 사 수령 상래 호

辛巳 大雨.
신사 대우

豆稱介等復詣闕 命饋于西上廂.
두칭개 등 부 예궐 명궤 우 서상상

祈晴于四門.
기청 우 사문

壬午 暴風大雨. 前月久旱 及是月陰雨連日 至是日太甚 都城
임오 폭풍 대우 전월 구한 급 시월 음우 연일 지 시일 태심 도성
水溢 自鍾樓以東至興仁門 人不能通. 上曰: "陰沴之災至矣. 靡神
수일 자 종루 이동 지 흥인문 인 불능 통 상 왈 음려 지 재 지의 미 신
不擧 弭災之道安在? 予實慮焉."
불거 미재 지 도 안재 여 실 여언

流前吉州道察理使延嗣宗于咸州. 大司憲黃喜等上言曰:
유 전 길주도 찰리사 연사종 우 함주 대사헌 황희 등 상언 왈

"前吉州察理使延嗣宗 職專方面 以制敵討賊爲任者也. 往者
전 길주 찰리사 연사종 직 전 방면 이 제적 토적 위임 자 야 왕자
野人 侵邊境而殺守臣 再肆陸梁 圍逼慶源 勢將陷沒. 爲嗣宗
야인 침 변경 이 살 수신 재사 육량 위핍 경원 세 장 함몰 위 사종
者 當倍日兼行 進兵討之 曾不爲慮 托辭逗遛 圖存性命 其於
자 당 배일 겸행 진병 토지 증 불 위려 탁사 두류 도 존 성명 기어
見危授命之義何如? 況慶源陵寢所在 尤不可不重也. 雖不及救援
견위수명 지 의 하여 황 경원 능침 소재 우 불가 부중 야 수 불급 구원

及賊退之後 亦當以重兵臨之 宜示威信 鎭安民心可也 退駐鏡城
급적퇴지후 역당이 중병 임지 의시 위신 진안 민심 가야 퇴주 경성
終不進兵 使賊勢益張 其於忠君愛國之道 又安在哉? 慶源見圍
종불 진병 사 적세 익장 기어 충군 애국 지도 우 안재 재 경원 견위
則逗遛鏡城 不卽救援; 龍城見侵 則退駐吉州 以避賊鋒 是宜明
즉 두류 경성 부즉 구원 용성 견침 즉 퇴주 길주 이피 적봉 시의명
置於法. 殿下特以勳臣之故 置而不問 賞罰失中 臣等所以痛心者
치어 법 전하 특이 훈신 지고 치이 불문 상벌 실중 신등 소이 통심 자
也. 請明正其罪 以懲後來.
야 청 명정 기죄 이징 후래

前慶源兵馬使郭承祐 職當重藩 賊來則守死力戰 以全城邑 職
전 경원 병마사 곽승우 직당 중번 적래즉 수사 역전 이전 성읍 직
也. 顧乃棄入海島 先示怯弱 以撓民心 使民望風奔潰 糧儲器械
야 고내기입 해도 선시 겁약 이요 민심 사민 망풍 분궤 양저 기계
爲賊所掠 慶源一邑 蕭然爲墟 至於陵寢 無人守之 承祐之罪 死
위적 소략 경원 일읍 소연 위허 지어 능침 무인 수지 승우 지죄 사
有餘辜 而今乃置之寬典 賞罰亦可謂不中矣. 伏惟殿下 明置於法
유 여고 이 금내 치지 관전 상벌 역 가위 부중 의 복유 전하 명 치어 법
以垂後來人臣之戒."
이수 후래 인신 지계

乃命嗣宗付處 承祐勿論. 喜等復言: "承祐之伐野人 濫殺婦人
내명 사종 부처 승우 물론 희등 부언 승우 지벌 야인 남살 부인
嬰孩 又有貪婪之行. 雖不置於法 收其職牒 家財沒官可矣." 上曰:
영해 우유 탐람 지행 수불 치어 법 수기 직첩 가재 몰관 가의 상왈
"此人已杖一百 散軍防禦 足以當其罪矣. 自今毋得再請."
차인 이장 일백 산군방어 족이 당 기죄 의 자금 무득 재청

司憲府請勿給李佇錄券. 憲府詣闕啓曰: "前者命賫進李佇錄券
사헌부 청 물급 이저 녹권 헌부 예궐 계왈 전자 명 재진 이저 녹권
然其父有不赦之罪 故擧國臣民 痛心請罪 上赦而不問 令其父子
연 기부 유 불사 지죄 고 거국 신민 통심 청죄 상사이 불문 영기 부자
安置于外 今遽命爵召還 賜其錄券 於義未安. 臣等職在與人主
안치 우외 금 거명 작 소환 사기 녹권 어의 미안 신등 직재 여 인주
爭是非之任 何敢不言!" 上曰: "父雖有罪 其子何與焉! 錄券 我
쟁 시비 지임 하감 불언 상왈 부수 유죄 기자 하여 언 녹권 아
所賜也. 汝雖不進 我豈不能追寫而復賜乎?" 復啓曰: "其父之生
소사 야 여수 부진 아기 불능 추사 이 부사 호 부계 왈 기부 지생
不便於義 其子豈無罪乎?" 上以不豫辭. 憲臣乃退上疏 司諫院亦
불편 어의 기자 기 무죄 호 상 이 불예 사 헌신 내퇴 상소 사간원 역
上疏論之 上皆不開拆而還之.
상소 논지 상 개 불 개탁 이 환지

甲申 陰雨.
갑신 음우

司諫院請李佇之罪. 啓曰: "前日上疏請李佇之罪 殿下不賜省覽
사간원 청 이저 지 죄 계왈 전일 상소 청 이저 지 죄 전하 불사 성람
還下其疏于本院 臣等以謂不覽疏而却之 恐言路自此而不開. 且
환하 기소 우 본원 신등 이위 불 람소 이 각지 공 언로 자차 이 불개 차
天人有感應之理 自佇入京以後 陰沴太甚. 自古用賢則吉 用不肖
천인 유 감응 지 리 자 저 입경 이후 음려 태심 자고 용현 즉 길 용 불초
則凶 此自然之理也. 請黜之 以答臣民憤憤之情." 上曰: "李佇之
즉 흉 차 자연 지 리 야 청 출지 이답 신민 분분 지 정 상 왈 이저 지
外 擧國之人 皆聖賢乎? 今佇復官 已過十日 不卽請罪 乃聽宰相
외 거국 지 인 개 성현 호 금 저 복관 이과 십일 부즉 청죄 내 청 재상
之言 欲效司憲府之所爲哉? 今水旱太甚 諫臣不陳善謀 而害人
지 언 욕효 사헌부 지 소위 재 금 수한 태심 간신 부진 선모 이 해인
是急 無乃益傷和氣歟? 今水災之致 佇與寡人當之 自今以後
시급 무내 익상 화기 여 금 수재 지 치 저 여 과인 당지 자금 이후
勿復彈啓."
물부 탄계

大司憲黃喜等詣闕啓曰: "三功臣再盟之時 與健元陵碑陰 不錄
대사헌 황희 등 예궐 계왈 3공신 재맹 지 시 여 건원릉 비음 불록
李佇名氏 雖還賜錄券 其可名爲功臣乎?" 上曰: "盟簇碑陰 皆我
이저 명씨 수 환사 녹권 기 가 명 위 공신 호 상 왈 맹족 비음 개 아
所爲也 豈不可改作乎? 今也陰沴太甚 天之譴告極矣. 無乃卿等
소위 야 기 불가 개작 호 금야 음려 태심 천 지 견고 극의 무내 경 등
不陳善謀 以弭災變 徒欲害人 以傷和氣乎?" 喜對曰: "天有感應
부진 선모 이미 재변 도 욕 해인 이상 화기 호 희 대왈 천 유 감응
之理. 自佇入京以來 水災太甚 有若天應之. 若黜二心之臣 則
지 리 자 저 입경 이래 수재 태심 유약 천 응지 약 출 이심 지 신 즉
災可消矣." 上曰: "予之召佇 蓋欲食其田祿 優游京外之間 源源
재 가소 의 상 왈 여 지 소 저 개 욕식 기 전록 우유 경외 지 간 원원
而來耳. 大司憲 憂國忘家者也 乃何煩瀆若是 謀欲害人乎?" 喜
이 래 이 대사헌 우국 망가 자 야 내 하 번독 약시 모 욕해 인 호 희
對曰: "臣雖不才 長于憲府. 今日之請 爲社稷計也." 上謂持平
대왈 신 수 부재 장 우 헌부 금일 지 청 위 사직 계 야 상 위 지평
洪汝方曰: "汝固拒予言 不進佇錄券 汝果有忠心乎?" 汝方對曰:
홍여방 왈 여 고 거 여언 부진 저 녹권 여 과 유 충심 호 여방 대왈
"有罪之人 上欲輕釋之 今臣請罪不已 自以爲忠也." 上曰: "不須
유죄 지 인 상 욕 경 석지 금 신 청죄 불이 자 이위 충 야 상 왈 불수
如此固執. 觀汝所爲 特欲有光于史筆耳." 汝方退 遂以佇錄券
여차 고집 관 여 소위 특 욕유 광 우 사필 이 여방 퇴 수 이저 녹권

二軸 敎書二軸 賜牌二張封進.
이축 교서 이축 사패 이장 봉진

憲司又上疏固爭 上却其疏. 喜等更啓曰: "臣等累上疏 俱不
헌사 우 상소 고쟁 상 각 기소 희 등 갱 계왈 신등 누 상소 구 불
省覽 臣恐言路自此閉塞 以累聖德. 願賜覽而可否之." 上曰: "若
성람 신 공 언로 자차 폐색 이누 성덕 원 사람 이 가부 지 상 왈 약
言他事者 予固不閉言路 若李佇之事 不可聽從." 喜等固請 上
언 타사 자 여 고 불폐 언로 약 이저 지 사 불가 청종 희 등 고청 상
乃取疏而觀之. 議政府亦使參贊柳亮詣闕請佇罪 上皆不從. 召
내 취소 이 관지 의정부 역 사 참찬 유량 예궐 청 저 죄 상 개 부종 소
汝方問曰: "被罪之人收取錄券 皆藏於府歟?" 對曰: "然." 上命盡
여방 문왈 피죄 지 인 수취 녹권 개 장어 부 여 대왈 연 상 명 진
焚之.
분지

分遣知印于京畿 審視水災. 遣中官取城外沈水禾一握 見之
분견 지인 우 경기 심시 수재 견 중관 취 성외 침수 화 일악 견지
軫慮 以示承政院 又命議政府 分遣知印.
진려 이시 승정원 우 명 의정부 분견 지인

日本 薩州市來寓鎭藏親家 使人獻禮物 發還被擄人口.
일본 살주 시래우진 장친가 사인 헌 예물 발환 피로 인구

乙酉 祈晴 以將祔廟也. 上謂代言曰: "若昊天上帝 則爲萬民而
을유 기청 이 장 부묘 야 상 위 대언 왈 약 호천 상제 즉 위 만민 이
禱之 猶之可也 至如此事 無乃不可乎?" 代言對曰: "此大事 禱
도지 유 지 가야 지 여차 사 무내 불가 호 대언 대왈 차 대사 도
上帝可矣." 議政府亦請禱 從之.
상제 가의 의정부 역 청도 종지

分賜鷹牌于宗親駙馬功臣及武官大臣. 先是 以國喪皆還收
분사 응패 우 종친 부마 공신 급 무관 대신 선시 이 국상 개 환수
至是 命刻收還賜三字 使知申事安騰署名 餘三十九箇悉焚之. 謂
지시 명 각 수환사 삼자 사 지신사 안등 서명 여 삼십 구 개 실 분지 위
兵曹曰: "若在喪者 出使者 鷹牌收還 待其喪畢還京 而後賜之
병조 왈 약 재상 자 출사 자 응패 수환 대 기상 필 환경 이후 사지
若有物故者 收還其牌燒焚 毋得遞給他人. 如此則鷹牌自然絶矣.
약유 물고 자 수환 기패 소분 무득 체급 타인 여차즉 응패 자연 절의

丙戌 豆稱介等詣闕辭 上曰: "汝等不憚道途之險 慕義而來 予
병술 두칭개 등 예궐 사 상 왈 여등 불탄 도도 지 험 모의 이래 여
欲親見 適不豫而未果. 汝等宜好去." 賜衣冠厚慰而遣之. 豆稱介
욕 친견 적 불예 이 미과 여등 의 호거 사 의관 후위 이 견지 두칭개
請留子弟三人 備守衛 許之.
청류 자제 삼인 비 수위 허지

吾都里千戶張權子等五人 來朝啓曰:“臣等未嘗與謀作賊.”
오도리 천호 장권자 등 오인 내조 계왈 신등 미상 여모 작적

司憲府司諫院請李佇罪. 黃喜 柳伯淳等復上疏論李佇 上曰:
사헌부 사간원 청 이저 죄 황희 유백순 등 부 상소 논 이저 상 왈

“然則 佇當殺耶? 水災果佇致之耶?”伯淳對曰:“昔周公遭流言
연즉 저 당살 야 수재 과 저 치지 야 백순 대왈 석 주공 조 유언

居東 成王悔悟郊迎 天乃反風 歲則大熟; 宋張天覺爲相而彗星沒
거동 성왕 회오 교영 천 내 반 풍 세 즉 대숙 송 장천각 위 상 이 혜성 몰

久旱而雨 天人相感之理至矣. 今佇之來 災異屢作. 天意難忱 以
구한 이 우 천인 상감 지 리 지의 금 저 지 래 재이 누 작 천의 난침 이

人事觀之 疑其致之也. 臣等之請 非殺之 乃黜之也.”上曰:“予召
인사 관지 의 기 치지 야 신등 지 청 비 살지 내 출지 야 상 왈 여 소

李佇者 欲使上治都堂之事 又判巡禁司也. 臺諫連章論列 政府亦
이저 자 욕사 상 치 도당 지 사 우 판 순금사 야 대간 연장 논열 정부 역

以爲言 予姑徐之 予之處此至當 不可易也.”
이 위언 여 고 서지 여 지 처차 지당 불가 역 야

丁亥 罷典祀判官安堵職. 以健元陵祭酒味薄故也.
정해 파 전사 판관 안도 직 이 건원릉 제주 미 박 고야

辛卯 祔太祖康獻大王 神懿王后神主于宗廟 宥境內. 上以袞冕
신묘 부 태조강헌대왕 신의왕후 신주 우 종묘 유 경내 상 이 곤면

率百官 詣文昭殿 行神主動駕祭 陳象輅備儀仗 奉神主詣宗廟
솔 백관 예 문소전 행 신주 동가 제 진 상로 비 의장 봉 신주 예 종묘

配享功臣神主 在太祖之後. 遂祔于第五室 祭儀依四時大享例 奏
배향공신 신주 재 태조 지 후 수 부 우 제오 실 제의 의 사시 대향 예 주

八音之樂. 其樂章曰:
팔음 지 악 기 악장 왈

“嗟嗟皇考 佑命自天 文謨武烈 繼後光前. 於赫在廟 肇祀惟虔.
차차 황고 우명 자천 문모 무열 계후 광전 어 혁 재 묘 조 사 유 건

是皇是享 于千萬年.”
시 황 시 향 우 천만년

功臣義安大君襄昭公李和 平讓府院君文忠公趙浚 青海伯
공신 의안대군 양소공 이화 평양부원군 문충공 조준 청해백

襄烈公李之蘭 漢山君忠靖公趙仁沃. 初 上分遣內侍別監 賜祭和
양렬공 이지란 한산군 충정공 조인옥 초 상 분견 내시별감 사제 화

等之祠堂 使其子孫宗族門生 各奉神主 詣文昭殿 近地以候 至是
등 지 사당 사 기 자손 종족 문생 각 봉 신주 예 문소전 근지 이후 지시

入于配享堂. 祭儀依七祀儀 有教書. 祭畢 以絳紗袍御齋殿 受
입우 배향 당 제의 의 칠사의 유 교서 제 필 이 강사포 어 재전 수

中外朝賀 乘鑾駕還宮. 百戲陳于前 成均生員二百餘人及上妓等
중외 조하 승 난가 환궁 백희 진 우전 성균 생원 이백 여인 급 상기 등

皆進歌謠. 入御正殿下教:
개 진 가요 입어 정전 하교

"王若曰 洪惟我皇考太祖康獻大王 以神武之資 仁厚之德 受天
왕 약왈 홍 유 아 황고 태조강헌대왕 이 신무 지 자 인후 지 덕 수 천
明命 肇造邦家 以承我祖宗積累之功 以啓我子孫持守之業 嗚呼
명명 조조 방가 이승 아 조종 적루 지 공 이계 아 자손 지수 지 업 오호
至哉! 予纘丕緒 夙夜兢惕 庶幾祗奉榮養 至于期頤 何天不弔而
지재 여 찬 비서 숙야 긍척 서기 지봉 영양 지우 기이 하 천 부조 이
不少延! 惟予痛慕 日深一日 顧以喪制有期 祥禫已畢 心猶惻然
불 소연 유 여 통모 일심 일일 고 이 상제 유기 상담 이필 심 유 측연
罔敢或寧 載稽古典 當擧祔儀. 乃以永樂八年七月二十六日辛卯
망감 혹 녕 재계 고전 당거 부의 내 이 영락 팔년 칠월 이십 육일 신묘
親奉太祖康獻大王神主及神懿王后神主 祔于太室 祗服袞冕
친봉 태조강헌대왕 신주 급 신의왕후 신주 부 우 태실 지복 곤면
祼獻以禮 中外臣僚 相率以賀. 仰惟太祖康獻大王 隆功盛德 格
관헌 이례 중외 신료 상솔 이하 앙 유 태조강헌대왕 융공 성덕 격
于天人 予小子亦惟成烈是承 以迓朝鮮萬億年無疆之休 正在
우 천인 여 소자 역 유 성렬 시 승 이아 조선 만억년 무강 지 휴 정 재
今日. 矧當縟禮之擧 宜降非常之澤. 自今月二十六日昧爽以前 除
금일 신 당 욕례 지 거 의강 비상 지 택 자 금월 이십 육일 매상 이전 제
謀叛大逆 殺祖父母父母 妻妾殺夫 奴婢殺主 蠱毒魘魅 謀故
모반 대역 살 조부모 부모 처첩 살부 노비 살주 고독 염매 모고
殺人 但犯强盜外 已發覺未發覺 已結正未結正 竝皆原免. 於戲!
살인 단 범 강도 외 이발각 미발각 이결정 미결정 병개 원면 어희
旣尊皇考 式陳克享之儀; 嘉與臣民 誕布惟新之化."
기 존 황고 식 진 극향 지 의 가 여 신민 탄포 유신 지 화

禮畢入內 議政府諸大臣賀大禮慶成. 上謂代言金汝知曰: "我
예필 입내 의정부 제 대신 하 대례 경성 상 위 대언 김여지 왈 아
父王爲朝鮮始祖 其祔廟 常也 若母后之幷祔 天也. 昔宰臣崔有慶
부왕 위 조선 시조 기 부묘 상야 약 모후 지 병 부 천 야 석 재신 최유경
言於朝曰: '齊陵不宜祭.' 此乃爲奸人所誘耳. 今日天氣清朗 禮儀
언어 조 왈 제릉 불의 제 차 내 위 간인 소유 이 금일 천기 청랑 예의
罔愆 實賴諸相之力也. 爾可以予言諭之." 成石璘等對曰: "母后之
망건 실 뢰 제상 지 력 야 이 가 이 여언 유지 성석린 등 대왈 모후 지
事 雖國人之所共憤 然今日之祔 實聖子之功也."
사 수 국인 지 소공분 연 금일 지 부 실 성자 지 공 야

罷魂殿都監.
파 혼전도감

議政府請李佇之罪. 啓曰: "佇之不忠 國人所共憤也. 近者臺諫
의정부 청 이저 지 죄 계왈 저 지 불충 국인 소공분 야 근자 대간

連日固請 臣等以祔祭日逼 故未暇進請. 若臺諫更請 而功臣將相
연일 고청 신등 이 부제 일핍 고 미가 진청 약 대간 갱청 이 공신 장상

合辭共請 則凡在視聽 豈非不祥! 若殿下善處之 則佇之去就 亦
합사 공청 즉 범 재 시청 기비 불상 약 전하 선처 지 즉 저 지 거취 역

裕如矣." 上謂代言曰: "是政府相率而脅我也. 予惟鎭安 益安 皆
유여 의 상 위 대언 왈 시 정부 상솔 이 협 아 야 여 유 진안 익안 개

已逝矣; 上王不可以兄弟齒; 懷安 以我之故在外; 又値戊寅之變
이 서 의 상왕 불가 이 형제 치 회안 이 아 지 고 재외 우 치 무인 지 변

諸弟皆歿; 唯李佇在 而尙不見容於世乎? 天命人心一也 今予之
제제 개 몰 유 이저 재 이 상 불 견용 어 세 호 천명 인심 일야 금 여 지

召佇 是逆人心也 則亦豈合於天哉? 予之待祔祭 亦久矣 今已祔
소 저 시 역 인심 야 즉 역 기 합어 천 재 여 지 대 부제 역 구의 금 이 부

矣. 予之去就 夫豈難哉! 卜者云: '今年 國將有災.' 予於往歲 乃
의 여 지 거취 부 기난 재 복자 운 금년 국 장 유재 여 어 왕세 내

欲辭位 竟爲群臣所沮. 吾今而後知之." 大臣聞之惶懼 不知所言.
욕 사위 경 위 군신 소저 오 금 이후 지지 대신 문지 황구 부지 소언

甲午 奉安太祖康獻大王及神懿王后之眞于文昭殿 親祭之.
갑오 봉안 태조강헌대왕 급 신의왕후 지 진 우 문소전 친제 지

文昭殿朝夕獻官 以入番宦官及內侍官爲之.
문소전 조석 헌관 이 입번 환관 급 내시관 위지

御廣延樓 宗親議政府功臣上壽 賜各司酒菓于依幕. 初 上曰:
어 광연루 종친 의정부 공신 상수 사 각사 주과 우 의막 초 상 왈

"今年水災太甚 且喪畢 豈宜先上王而聽樂!" 固請 久乃許之. 上
금년 수재 태심 차 상필 기 의 선 상왕 이 청악 고청 구 내 허지 상

與大臣言母后祔廟之事 遂泣下. 蓋傷母后之先逝也.
여 대신 언 모후 부묘 지 사 수 읍하 개 상 모후 지 선서 야

| 원문 읽기를 위한 도움말 |

① 若李中培則. '若~則'은 '~의 경우에는'이라는 뜻이다.
약 이중배 즉 약 즉

태종 10년 경인년
8월

八月

을미일(乙未日-1일) 초하루에 완성군(完城君) 이지숭(李之崇), 성산군(星山君) 이직(李稷)을 동북면 천릉사(東北面遷陵使)로 삼고, 중군 도총제(中軍都總制) 이화영(李和英)을 천릉시위사(遷陵侍衛使)로 삼았으며, 또 동북면 도체찰사(東北面都體察使)와 동북면 도순문사(東北面都巡問使)에게 명해 군사로 호위하게 했다. 상(上)이 천릉(遷陵) 역사를 계기로 야인(野人)을 기습하고자 하니 정부에서 굳게 간언했다.

"산수(山水)가 몹시 험하니 얼음이 어는 때를 기다려 도모해도 늦지 않습니다."

이에 호군(護軍) 전흥(田興)을 맹가첩목아(猛哥帖木兒)의 부락(部落)에 보내 살펴보게 했다.

정유일(丁酉日-3일)에 상이 건원릉(健元陵)에 친히 제사를 올렸다. 면상(免喪-탈상)을 고하기 위해서였다.

○ 성상(星像-도교의 별자리 그림)을 소격전(昭格殿)에 옮겨서 안치했다. 애초에 궐내(闕內)에 별전(別殿)을 짓고 성상을 안치했었는데 [安](안) 이때에 이르러 옮겼다.

무술일(戊戌日-4일)에 상이 인덕궁(仁德宮)에 나아가 음악을 베풀고 [張樂](장악) 헌수(獻壽)했다.

○ 사응(私鷹)[1]의 금지를 거듭 엄하게 했다.

기해일(己亥日-5일)에 의정부에 명해 기복(起復)[2]의 법을 토의해 보고하게 했다. 사헌장령(司憲掌令) 최순(崔洵)을 불러 물었다.

"어찌하여 안성군(安城君) 이숙번(李叔蕃)과 남포진병마사(藍浦鎭兵馬使) 박실(朴實, ?~1431년)[3]을 기복하는 의첩(依貼)[4]을 서명해 제출하지[署出] 않느냐?"
서출

순(洵)이 대답했다.

"이숙번의 의첩은 아직 부(府)에 오지 않았고 박실의 의첩은 이미 도착했습니다. 그러나 삼년상 중에 기복(起復)하는 것이 『육전(六典)』에 실려 있는데 오직 재상(宰相)뿐입니다. 지금 실(實)의 의첩은 서출(署出)할 수가 없습니다."

---

1 나라에서 허락을 받지 않은 민간의 매, 곧 패(牌)가 없는 매를 말한다. 무패응자(無牌鷹子)라고 한다.

2 '탈정기복(奪情起復)'이라고도 하는데 중국 남북조시대에 비롯됐다. 나라에 전쟁이나 반란 같은 위급한 일이 있을 때 장수대신 직에 유능한 인물을 동원해 활용하기 위한 방편이었다.

3 아버지는 좌군도총제(左軍都摠制) 자안(子安)이다. 1402년(태종 2년) 전농시정(典農寺正)이 되고 남포진병마사를 거쳐 1414년 예조참의가 됐는데, 그해 왕의 특명으로 전라도 진포(鎭浦)로부터 고만량(高巒梁)까지 수로의 험저 여부와 황곡포(黃谷浦) 등지의 조운(漕運) 가능 여부 그리고 전라도 용안에서 충청도 내포(內浦)로 육운이 쉬운지의 여부를 면밀히 살피고 돌아왔다. 1417년 경상도 수군도절제사, 이듬해 좌군동지총제·중군총제를 역임하고, 이어서 대마도 정벌에 좌군도절제사로 참가했다. 1424년(세종 6년) 도총제가 돼 그해 하정사(賀正使)로 명나라에 다녀왔다. 본래 그는 학술이나 무예에 뛰어나지 않았으나 참형(斬刑)을 당하게 된 아버지의 구명운동을 극진하게 전개하자 이를 가상하게 여긴 태종이 금려(禁旅)로 채용해 벼슬길에 올랐다.

4 관원을 임용할 때 서경(署經)을 받기 위해 해조(該曹)에서 대간(臺諫)에 보내던 공첩(公牒)을 말한다.

상이 말했다.

"남포(藍浦)는 거진(巨鎭-큰 진)이니 지키는 것을 빠뜨릴 수가 없다. 만일 의리에 부합하지 않는다면 왜 일찍이 아뢰지 않았느냐? 동료들과 토의해 아뢰라."

순이 다시 대궐에 나아와 아뢰어 말했다.

"장상대신(將相大臣)으로서 국가의 안위(安危)에 관계된다면 탈정기복(奪情起復)하는 것이 권도(權道)입니다. (그런데) 지금 실은 직질(職秩)이 3품인데 만약 이를 기복한다면 신은 두렵건대 후일에 실의 뒤를 따르는 자가 많아 풍속이 엷어질 것입니다."

상이 말했다.

"만약 일이 있을 때에는 마땅히 효용(驍勇)한 무사(武士)에게 맡겨야 하는데 옛 예(禮)에 얽매어 재상(宰相)만 기복하게 한다면 어찌 사람을 임용하는 법이냐?"

마침내 이런 명이 있었다.

○사헌부가 모두 사직했다. 이저(李佇)의 죄를 청해도 윤허하지 않았기 때문이다. 집의(執義) 민설(閔渫)을 불러 명해 말했다.

"동서북면(東西北面)은 본래 매가 산출되는 땅이니 비록 사응(私鷹)이라도 금할 수가 없다. 그러나 그 나머지 각 도에서 진상(進上)을 빙자해 사응을 기르는 자는 본부(本府)에서 오로지 금지해 감사(監司), 수령(守令)에서 읍리(邑吏)의 장(長)에 이르기까지 능히 고찰하지 못하는 자는 일일이 추핵(推劾)하라."

또 설(渫)에게 일러 말했다.

"박실을 기복하는 의첩(依貼)을 여러 달이 돼도 서출(署出)하지 않고 있다. 소사(所司)의 의논이 비록 의리에 부합한다 하더라도 이 또한 왕명이다. 이 사람이 변진(邊鎭)의 임명을 받아놓고서 구관(舊官) 황상(黃象)이 지금까지 교대하지 못하고 있으니 빨리 서출하라."

설이 대답했다.

"실이 허물이 있다는 것이 아니라 다만 공도(公道)에 의거해 감히 서출하지 못한 것입니다. 지금 상교(上敎)가 이와 같으시니 어찌 감히 명대로 하지 않겠습니까? 그러나 동료(同僚)가 모두 사직하고 신만 있으니 어찌 혼자 본부에 앉아서 서출할 수 있겠습니까?"

신축일(辛丑日-7일)에 의정부와 3공신(三功臣)이 장소(章疏)를 연명해 이저(李佇)의 죄를 청하고, 철성군(鐵城君) 이원(李原)과 의정부지사 설미수(偰眉壽)를 시켜 대궐에 나아가 소(疏)를 올리게 하니 상이 뜯어보지도 않고[不拆] 승정원에 내리며 말했다.

"분명 이저의 일 때문일 것이다."

원(原) 등이 아뢰어 말했다.

"이거이(李居易)의 불충(不忠)은 마땅히 대벽(大辟-사형)에 처해야 할 것인데 그 머리를 보전했으니 다행입니다. 지금 또 저(佇)의 작(爵)을 회복하시니 신민(臣民)이 실망합니다."

상이 말했다.

"과인은 진실로 뛰어난 이를 나아오게 하고 불초(不肖)한 사람을 물리치지 못한다. 공신(功臣)과 정부(政府)에서 과인을 힘으로 하려고 하는가? 다시는 말하지 말라."

○사간원(司諫院)에서도 소를 올려 논청(論請)하니 상이 보지도

않고 돌려보내자 간원(諫院)이 모두 사직했다.

○ 정승 조영무(趙英茂) 등이 대궐에 나아와 이저의 죄를 청했으나 윤허하지 않았다.

○ 의정부와 3공신이 다시 이원(李原)과 설미수(偰眉壽) 등으로 하여금 대궐에 나아와 전일의 소를 읽어보고 밝게 가부(可否)를 내려주기를 아뢰어 청하게 했다. 노희봉(盧希鳳)이 전달해 아뢰니[將命 장명] 상이 꾸짖어 말했다.

"다시는 이 일로 입계(入啓)하지 말라."

또 외정(外庭)에 나가지 말라고 명했다. 이에 하륜(河崙)과 조영무(趙英茂) 등이 정부 공신을 거느리고 대궐에 나아와 다시 청했으나 노희봉이 감히 아뢰지 못하니 마침내 물러갔다.

○ 하륜과 조영무 등이 정부 공신을 거느리고 다시 대궐에 나아와 이저의 죄를 청하고자 하니 희봉이 말했다.

"이저의 일은 어제 왕지(王旨)가 있으시기를 '입계(入啓)하지 말라'고 하셨습니다."[5]

이에 물러갔다.

○ 공신유사(功臣有司) 이원(李原)을 불러 말했다.

"저의 죄는 나만이 안다. 무구(無咎)와는 비할 바가 아니니 부디[愼 신] 다시 모여 죄를 청하지 말라."

성석린(成石璘)이 바야흐로 병으로 휴가 중에 있었는데[在告 재고] 상이 그 아들 총제(摠制) 발도(發道)를 불러 그 아비에게 고하게 해 저

5 이로 미뤄 헤아려보면 앞의 기사 다음 날의 일로 보인다.

의 일을 다시 청하지 말게 하니 이에 석린(石璘)이 말했다.

"예전에 대신이 계사(啓事)하기 위해 대궐에 나아가 당(堂)에 올라 앉으면 별감(別監)이 급히 나와 그 말을 전달해 군왕(君王)이 그 말을 듣고 속히 결단했습니다. 지금 대신이 여러 번 궐정(闕庭)에 섰으나 진실로 그 뜻을 전달하지 못했습니다. 대간(臺諫)과 같이 언책(言責)에 있는 자는 그 말을 들어주지 않으면 사직할 수 있지만 대신의 진퇴(進退)는 어떻게 처리하실 것입니까?"

임인일(壬寅日-8일)에 큰비가 내려 물이 넘쳐 백성들 가운데 빠져 죽은 자가 있었다. 의정부에서 아뢰었다.

"광통교(廣通橋)의 흙다리[土橋](토교)가 비만 오면 곧 무너집니다. 청컨대 정릉(貞陵) 구기(舊基)의 돌로 돌다리[石橋](석교)를 만들어야 할 것입니다."

그것을 따랐다.

계묘일(癸卯日-9일)에 의정부참찬사(議政府參贊事) 유창(劉敞), 내시부동판사(內侍府同判事) 문용부(文用富)에게 해온정(解慍亭)에서 잔치를 베풀었다. 수릉(守陵)해 삼년상을 마친 것을 위로한 것이다. 종친에게 명해 시연(侍宴)하게 했는데 이저도 참여했다. 상이 술이 취하자 이천우(李天祐) 등에게 울며 일러 말했다.

"공신들이 나더러 오래 살라고 하니 장차 천년을 살게 될 것인가? 만일 그렇지 못하다면 반드시 내 뜻을 거스를 것이 무엇인가? 이저의 아비 거이(居易)가 벼슬이 상상(上相-영의정)이 되고 공로가 첫 번째에 있었으나 지금은 폐해 서인(庶人)으로 만든 것은 그 말이 불충하기 때문이었다. 그러나 이미 삼족(三族)을 멸하지 않았으니 저가 외방에 유배 간 지 7년 만에 돌아오게 한 나의 처치(處置)가 잘못은 아니다. 저는 본래 불충한 뜻이 없었는데 어찌 그리 심하게 제거하고자 하는가?"

건원릉(健元陵) 역사에 이바지한 9명에게 부역을 면제할 것을 명하고 또 문소전(文昭殿)에 역사한 사람 60명에게 3년에 한해 부역을 면제할 것을 명했는데 모두 각 사찰의 종이었다.

갑진일(甲辰日-10일)에 죄수를 사면했다[宥(유)=赦(사)=原(원)]. 상이 사헌부, 형조, 순금사에서 올린 경외(京外) 죄수의 계본(啓本-명단)을 가져다가 사직(社稷)에 관계되는 것을 제외하고는 일죄(一罪)[6] 이하를 모두 점(點)을 찍어 방유(放宥)했다. 이는 대개 유지별감(宥旨別監)[7]이 용서할 만한 죄를 석방하지 못할까 염려한 때문이었다. 연사종(延嗣宗)·이중배(李中培)·유당생(柳塘生)·박희중(朴熙中) 등 30인은 외방종편(外方從便)[8]하고, 전온(全穩)·권수기(權守紀)·이목(李牧)·이지(李地) 등 36인은 경외종편(京外從便)[9]하고, 맹사성(孟思誠)·유용생(柳龍

6 나라의 사직(社稷)에 관계되는 중한 죄를 가리킨다.

7 나라에서 사유(赦宥)를 내릴 때 죄수를 조사해 그 죄에 따라 방유(放宥)하는 일을 맡은 별감(別監)을 말한다.

8 죄수로 하여금 서울 밖의 외방(外方)에서 그 편(便)한 곳을 택해 살게 하던 제도다. 유(流)보다 가벼운 것으로 대개 그 고향(故鄕)에서 살았다.

9 죄수로 하여금 서울이나 외방(外方) 등 어디든지 그 편한 곳을 택해 살게 하던 제도로, 외방종편(外方從便)보다 가벼운 것이었다.

生)·구성량(具成亮)·이숙명(李叔明) 등 10인은 직첩(職牒)을 도로 주어 경외종편하고, 이미 일찍이 종편(從便)한 김첨(金瞻) 등 18인은 직첩을 돌려주라고 명했다.

○신덕왕후(神德王后) 강씨(康氏)의 기신(忌晨-기일)에 조회를 정지하는 것[停朝 정조]을 없앴다. 예조(禮曹)에서 구례(舊例)에 의거해 신덕왕후 기신에 정조(停朝)할 것을 아뢰니 대언(代言) 등이 아뢰어 말했다.

"신의왕후(神懿王后)가 이미 부묘(祔廟)됐고 강씨는 정적(正嫡)이 아니오니 그 기신에 정조시(停朝市)[10]해 후세의 의심을 열어놓아서는 안 될 것입니다."

상이 정부에 토의하게 하니 모두 말했다.

"진실로 불가합니다."

이에 정조(停朝)를 없앴다. 그러나 태조(太祖)가 두텁게 대하던 왕비였으므로 기신재제(忌晨齋祭)를 두텁게 베풀도록 했다.

○호조정랑 정효복(鄭孝復)을 순금사에 내렸다. 예조에서 아뢰어 말했다.

"예(禮)에 따르면 종묘(宗廟)에 햅쌀을 천신(薦新)하는 것이 9월에 거행하도록 돼 있는데 절기가 너무 늦으니 이제부터 8월 삭망제(朔望祭) 중에 거행해야 할 것입니다."

승정원(承政院)에서 아뢰었다.

"지난해에 이미 예조에 명해 8월에 쓰게 했는데 이는 반드시 예조

---

10 나라에 큰 슬픔이 있거나 재변(災變)이 있을 때 모든 백성이 근신(謹愼)하는 뜻으로 조회(朝會)를 보지 않고 저자의 문을 닫던 일을 가리킨다.

에서 잊은 것일 것입니다."

상이 말했다.

"그때의 예조원(禮曹員)이 비록 관직을 옮겨 외방에 있다 해도 그를 나오게 해 (책임을) 묻도록 하라."

이에 효복(孝復)을 가뒀다.

을사일(乙巳日-11일)에 부묘(祔廟) 때의 혼전재도감(魂殿齋都監) 원리(員吏)를 경외(京外)에 서용(敍用)하라고 명했다.

○ 이저(李佇)에게 보국숭록대부(輔國崇祿大夫-정1품)를 더해주었다.

병오일(丙午日-12일)에 경원부(慶源府)가 월과(月課)[11]로 바치는 군기(軍器)를 면제하라고 명했다. 동북면 도순문사(東北面都巡問使)가 아뢰었다.

'경원부에 바야흐로 5월과 6월에 크게 가물어 벼와 곡식이 다 마르고 또 온역(瘟疫-전염병)이 많이 번져 온 집안이 다 죽은 자도 있습니다. 청컨대 월과로 바치는 군기를 면제하고 양민(養民)과 방어(防禦)에 전력하게 해주소서.'

그것을 따랐다.

정미일(丁未日-13일)에 정윤(正尹) 이흥제(李興濟)를 보내 신덕왕후

11 나라에서 지방 관아(官衙)에 매달 부과하는 세(稅)를 말한다.

(神德王后)의 기신재(忌晨齋)를 흥천사(興天社)에서 거행했다.

무신일(戊申日-14일)에 의주(義州)에는 충재(蟲災)·수재(水災)로, 벽동(碧潼)·창성(昌城)에는 수재로, 인주(麟州)에는 충재로, 용주(龍州)에는 풍재(風災)로 인해 벼가 피해를 입었다.

기유일(己酉日-15일)에 상이 문소전(文昭殿)에 나아가 추석제(秋夕祭)를 거행했는데 상당군(上黨君) 이저(李佇)로 하여금 건원릉(健元陵)에 나아가 대신 행사하게 했다. 이로부터 (이저에 대해) 말하는 것이 조금씩 그쳤다.

신해일(辛亥日-17일)에 정효복(鄭孝復)을 풀어주었다. 효복(孝復)이 옥중에 있으면서 순금사의 부관(府官)에게 글을 보냈다.

'『시경(詩經)』에 이르기를 '참소해 뜻을 얻은 사람은 좋아서 날뛰고 그로 인해 고생한 사람은 언제나 초초해한다[驕人好好 勞人草草]'[12]라고 했습니다. 신이 지난해 6월에 정랑(正郎)이 되었는데, 28일에 상지(上旨)를 받들어 '8월에 햅쌀을 천신하는 제사'를 분명히 문부(文簿)에 쓰고 각사(各司)에 이첩(移牒)해 착오(錯誤)가 없도록 했습니다. 그러고 나서 금년 7월 초7일에 벼슬을 옮겼으니 8월에 햅쌀을 천신하는 것은 여러 사람이 다 함께 아는 바입니다. 지금 정랑 한겸(韓謙), 좌랑 김자온(金自溫) 등이 그 책임을 삼가지 못해 마침내

---

12 「소아(小雅) 항백(巷伯)」편의 구절이다.

그 제사를 폐하고, 자기 죄를 면하기를 꾀해 감히 교묘한 계책으로 임금을 속이고 신에게 허물을 돌렸습니다. 전하께서 이것을 살피지 못하시고 신을 옥에 가뒀으니 성조(盛朝)에 이런 일이 있으리라고 어찌 일찍이 생각이나 했겠습니까? 신이 비록 옥에 갇혀 있으나 자책(自責)할 일이 없사옵니다. 바라건대 여러 상국(相國)은 상께 전문(轉聞)해 다시 사실을 조사해주소서.'

부관이 아뢰니 이에 겸(謙)과 자온(自溫)을 순금사에 내려 국문하고서 효복은 석방하고 겸은 파직했으며 자온은 다시 사진(仕進)할 것을 명했다.

계축일(癸丑日-19일)에 좌정언(左正言) 어변갑(魚變甲, 1381~1435년)[13] 에게 집에서 죄를 기다리라[待罪](대죄)고 명했다. 변갑(變甲)이 소를 올렸다.

'근래에 묘당(廟堂) 대간(臺諫) 대소 신료(大小臣僚)가 연장(連章) 누독(累牘)해 상당군(上黨君) 이저(李佇)의 죄를 청하기를 심히 부지런히 했으나 전하께서는 모두 굳게 물리치고 윤허하지 않으시니 신은 진실로[亦](역) 전하께서 하고자 하시는 바를 알지 못하겠습니다. 만

---

13 1399년(정종 1년)에 생원이 되고 1408년(태종 8년) 문과에 장원한 뒤에 교서관부교리(校書館副校理), 성균관주부를 거쳐 좌정언(左正言), 우헌납(右獻納) 등을 지냈다. 충주판관일 때 아버지 어연은 하양현감이었는데 부자의 직책을 바꿔달라 상소해 태종은 어연의 직급을 올려주었다. 1420년에 집현전이 발족되자 응교(應教)로서 지제교(知製教)·경연검토관(經筵檢討官)을 겸임하고 1424년에는 집현전 직제학이 됐다. 늙은 어머니 봉양을 위해 관직을 버리고 함안으로 돌아갔다. 조정에서 어변갑의 행동과 의리를 아껴 사간 등의 벼슬을 내렸으나 취임하지 않고 세상을 떠났다.

일 죄가 없다고 하신다면 어째서 전일에 폄출(貶黜)하기를 그같이 하셨으며 만일 죄가 있다고 하신다면 어째서 오늘날 총애하고 귀하게 하기를 또 이와 같이 하십니까? 그러나 신은 진실로 전하께서 친애하시고 차마 못 하시는[不忍(불인)] 정을 압니다.

(그런데) 전하께서 위대한 순임금[大舜(대순)]과 주공(周公)을 어떤 사람이라고 생각하십니까? (부모와 형제의) 나쁜 것을 숨겨준 이로 위대한 순임금 같은 이가 없지만 사흉(四凶)[14]의 죄악을 제거했고 (형제들을) 제 몸과 같이 여겨 아껴주기[親愛(친애)]로 주공(周公) 같은 이가 없지만 삼숙(三叔)[15]의 변을 처리했습니다. 그러나 천하가 모두 복종하고 후세에 간언(間言-비판하는 말)이 없는 것은 진실로 관계되는 것이 커서 사세가 그렇게 하지 않을 수 없었기 때문입니다. 근년 이래로 악한 싹이 틈을 타서 일어났다가 곧 주멸(誅滅)되고 폐출(廢黜)된 것은 모두 전하께서 명철하게 간사한 것을 보시고 기미(幾微)에 응해 사물에 대한 선견지명이 있으신 때문이었으나 또한 두세 사람의 대신[股肱(고굉)]이 충심으로 상을 보좌해 도모(圖謀)한 것이 윤허를 입은 효과입니다. 지금 말하는 것이 어찌 또한 공허하고 근거가 없이 하는 말이겠습니까? 전하께서 어찌하여 지난 일을 징계하고 후래(後來)를

---

14 요순시대(堯舜時代)의 네 사람의 악인(惡人)이라고 하는데 공공(共工), 환도(驩兜), 삼묘(三苗), 곤(鯀)을 말한다.

15 주나라 문왕(文王)의 아들이며 무왕(武王) 및 주공(周公)과 형제 사이인 관숙(管叔), 채숙(蔡叔), 곽숙(霍叔)을 가리킨다. 이들은 은(殷)나라를 멸망시킨 무왕이 주왕(紂王)의 아들인 무경(武庚)을 은의 고토(故土)에 봉(封)해 조상의 제사를 받들게 할 때에 함께 나아가 그를 감독했다. 그 후에 주공이 성왕의 자리를 차지할지 모른다고 유언비어를 퍼뜨리며 변란을 일으켰다가 주공의 단죄를 받았다.

경계해 조기(早期)에 분변하지 않으십니까?

신은 또 가만히 생각건대 예로부터 만기(萬機)의 결단을 엿보는 자가 지극히 많았습니다. (옆에서 그냥) 보고 듣고 한가로이 말하는 [遊談](유담) 자의 입장에서 본다면 반드시 말하기를 "죄가 있고 죄가 없는 것은 대개 임금의 마음에 있다. 이것은 아무개가 실로 죄가 없는데 여러 신하가 질투(嫉妬)해 죄를 꾸며 만들어[羅織](나직) 굳게 청하는 것이다"라고 할 것이고, 그렇지 않으면 반드시 말하기를 "큰 사람 작은 사람 할 것 없이 모두 '불가하다'라고 하니, 이것은 아무개가 실로 죄가 있는데 전하께서 우유부단(優游不斷)하고 고식적(姑息的)이어서 이를 덮어주고 차마 못 하는 것이다"라고 할 것입니다. 신은 두렵건대 우유(優游)나 고식(姑息)이란 이름이 어찌 문명(文明)한 성덕(盛德-성대한 다움)에 누가 되지 않겠으며 질투(嫉妬)나 나직(羅織)이란 이름이 어찌 간궤(奸軌)와 화란(禍亂)의 싹을 만들지 않겠습니까? 만일 불궤(不軌)한 사람이 이것을 빌미로 구실을 삼아 여러 불령(不逞)한 무리들을 꾀기를 "아무개가 죄가 없는 것은 주상께서 아시는 바인데, 두세 사람의 꺼리고 미워하는 사람이 이것을 꾸미고 속여 모함해 그러한 것이다"라고 하면 이들이 군사를 일으켜 난(亂)을 도와 "임금 곁을 숙청(肅淸)한다"고 이름해 원소(袁紹)[16]나 동탁(董卓)[17]

---

16 후한(後漢) 영제(靈帝) 때 좌군교위(佐軍校尉)다. 영제가 죽자 하진(何進)과 공모해 환관(宦官)을 주살(誅殺)하려다가 일이 누설돼 하진이 죽으니 곧 동탁의 군사를 끌어들여 환관을 주멸했다.

17 후한(後漢) 영제(靈帝) 때 전장군(前將軍)이다. 영제가 죽자 군대를 이끌고 들어가 소제(少帝)를 폐하고 헌제(獻帝)를 세워 전횡하다가 주살당했다.

같은 무리가 장차 이로부터 생기지 않는다고 어찌 장담할 수 있겠습니까?

신이 바라건대 전하께서 여러 신하가 주청(奏請)하는 때를 맞아 사실의 본말(本末)을 개진해 타이르시고, 여러 신하가 일을 말하는 것이 모두 옳은데 상의 마음에 결단하기 어려운 것이 있으시면 말씀하기를 '아무개가 비록 죄가 있으나 훈친(勳親)의 은혜로 감히 차마 할 수 없고, 익대(翊戴)의 노고를 잊을 수 없다'라고 하시어 예정(睿情)을 펴서 말씀해 감히 숨김이 없도록 하셔야 할 것입니다. 그러면 신 등도 공(功)이 죄를 상쇄할 수 있고, 사(私)가 의(義)를 멸할 수 있는 일을 알 것이오니 어찌 감히 공경스럽게 이어받지 않겠습니까? 만일 사가 의를 멸할 수 없어 자문(子文)[18]의 다스림으로도 구제하기 어렵고, 공이 죄를 상쇄할 수 없어 난염(欒黶)[19]의 악한 것이 이미 나타났다면 전하께서 비록 덮어두려고 하셔도 종사(宗社) 생령(生靈)이 어찌 용납하겠으며, 여러 신하가 아무 말 없이 어찌 그 변(變)을 앉아서 보기만 하고 근심하지 않겠습니까?

하물며 거이(居易) 같은 자의 마음은 길 가는 사람도 아는 바인데

---

18 춘추시대(春秋時代) 초(楚)나라 사람 투곡어토(鬪穀於菟)의 자(字)다. 성왕(成王) 때 영윤(令尹)이 돼 자기 집을 헐어 그 가재(家財)로 초나라의 어려운 재정을 구하고, 첫 새벽에 조정에 들고 밤늦게 귀가하며, 아침에 저녁 일을 생각하지 않아 그 집에는 끼니거리가 없었다. 세 번 벼슬했으나 기뻐하지 않고, 세 번 관(官)에서 물러났으나 언짢아하지 않았다고 한다.

19 춘추시대 진(晉)나라 사람이다. 공족대부(公族大夫)로서 하군수(下軍帥)가 되어 진(秦)을 칠 때 순언(荀偃)이 전횡하는 것을 미워해 군대를 버리고 돌아왔다. 그 아우 침(鍼)이 진군(秦軍)에게 죽은 것은 범앙(范鞅)이 소환(召還)한 때문이라고 여겨 범앙을 무고해 쫓아냈다. 뒤에 진(秦)에 망명했던 범앙이 돌아와 이를 멸망시켰다.

그 자식된 자가 뻔뻔스런 낯[靦面]전면으로 그 자리에 있으면 어찌 편안하겠습니까? 또 그 성명(姓名)이 이미 공신(功臣)의 재서(載書)에서 삭제됐고, 그 명호(名號)가 태조(太祖)의 비음기(碑陰記)에 오르지 않았으니 신명(神明)과 종사(宗社)가 밝게 포열(布列)해 계시어 속일 수가 없습니다. 바라건대 전하께서는 사은(私恩)을 버리시어 정법(正法)을 살리시고 대간(臺諫)에 명해 그 직임을 회복시켜 언로(言路)를 넓히심으로써 사람 사람으로 하여금 밝게 선악(善惡)이 있는 곳을 알게 해야 할 것입니다. 그리고 장소(章疏)를 물리쳐서 간당(姦黨)으로 하여금 옆에서 엿보고, 충언(忠言)으로 하여금 아래에서 울결(鬱結)하게 할 것이 아닙니다. 신은 천위(天威)를 범하오니 황송함을 이기지 못하겠습니다. 역린(逆鱗)[20]에 부닥치고 기휘(忌諱)에 저촉되는 것에 이르러서는 진실로 어리석은 신이 생각할 겨를이 없습니다. 엎드려 성재(聖裁)를 바랍니다.'

상이 소(疏)를 보고 기분이 나빠[不悅]불열 승정원을 시켜 변갑에게 힐문해 말했다.

"상소 가운데 말한 두세 사람의 질투하는[媢嫉]모질 자란 누구인가?"

대답해 말했다.

"가정해서 한 말이고 누구를 지적한 말은 아닙니다."

상이 말했다.

"네가 어찌 그 사람을 알지 못하고 문득 말했겠느냐? 또 네가 거이의 죄를 아느냐?"

---

20 임금의 노여움을 뜻한다.

변갑이 대답해 말했다.

"두셋[二三]이란 말은 세속에서 일정하지 않다는 뜻으로 쓰는 말입니다. 신이 만일 갖춰 안다면 어찌 감히 아뢰지 않겠습니까? 거이의 죄는 신이 비록 정확하게 알지는[的知] 못하지만 그를 폐해 방치하기를 저와 같이 하셨으니 어찌 그 연유가 없겠습니까?"

상이 말했다.

"네 상소에서 말하기를 '거이 같은 자의 죄는 길 가는 사람도 아는 바'라고 했으니 네가 어찌 알지 못하고 말했겠느냐? 상소 가운데에 끌어들인 원소(袁紹)와 동탁(董卓)은 어느 때 사람이냐? 그리고 임금의 옆을 숙청한다고 명분(名分)을 삼는다는 것은 무슨 일이냐?"

변갑이 대답해 말했다.

"원소와 동탁은 한(漢)나라 때 사람으로 임금의 곁을 숙청한다고 명분을 삼아 난을 꾸민 자입니다. 그 사실은 신이 제대로 알지는 못합니다."

상이 말했다.

"소(疏)에 이르기를 '여러 불령(不逞)한 무리를 모아 임금 곁을 숙청하기를 원소나 동탁과 같이 하는 자가 장차 이로부터 생기지 않겠느냐?'라고 했는데 너는 이저(李佇)가 누구에게 군사를 청하리라 생각하는가? 네가 장원급제(壯元及第)를 했으니 어찌 그 사람이 어느 황제 때 사람이며 그 일의 끝이 마침내 어떻게 되었는가를 알지 못하겠느냐?"

변갑이 대답해 말했다.

"신은 이저가 아무개에게 군사를 청해 난을 꾸민다고 말한 것이 아니라 장래를 염려한 말입니다. 원소와 동탁의 일은 신이 지난날 들은 것을 기억해 인용한 것일 뿐입니다."

상이 말했다.

"예전에 어떤 사람이 당태종(唐太宗)에게 간하기를 '만일 이 역사(役事)를 그치지 않는다면 걸(桀)·주(紂)[21]와 같이 될 뿐입니다'라고 했으나 태종은 끝내 죄주지 않았다. 너는 왜 분명히 말하지 못하는가? 그렇다면 이 소(疏)는 다른 사람이 초 잡은 것[所草](소초)이다. 만일 거이가 죄가 있다면 왜 함께 베기를 청하지 않느냐?"

변갑이 대답해 말했다.

"신이 비록 일을 생각하기를 자세히 하지는 못했으나 장소(狀疏)야 어찌 감히 남에게 붓을 빌렸겠습니까[借筆](차필)?"

상이 좌대언(左代言) 김여지(金汝知)에게 일러 말했다.

"원소가 한(漢)나라 말년에 하진(何進)과 더불어 환관(宦官)을 베려고 꾀하다가 그 일이 누설돼 하진이 죽임을 당하자 원소가 분하게 여겨 밖에서 동탁을 불러들여 환관을 모조리 죽이고, 적(嫡)을 폐하고 서(庶)를 세웠다. 그 일이 작은 것이 아니기 때문에 말하지 않겠다."

마침내 변갑을 집으로 돌아가라고 명했다.

○ 이튿날 일을 아뢰는[啓事](계사) 여러 신하에게 일러 말했다.

"거이(居易)는 민씨(閔氏)에게 미움을 받았기[見惡](견오) 때문에 그런 말

---

21 중국 하(夏)나라의 걸왕(桀王)과 은(殷)나라의 주왕(紂王)이다. 모두 폭군(暴君)으로 나라를 망친 자들이다.

을 한 것이지 내게 불충한 마음을 품은 것은 아니다. 그러나 그가 말한 것이 종사(宗社)에 관계되므로 그를 폐해 서인(庶人)을 만든 것이다. 저(佇)의 경우에는 일찍이 추호도 내게 다른 마음을 품은 바가 없었다. 비록 다른 마음을 품었다 하더라도 자기에게 다른 마음을 품었다 하여 이를 벤다면 아름다운 일이 아니다. 비록 100명의 대간(臺諫)이 말하더라도 어찌 끝내 폐할 수 있겠는가? 내가 즉위한 이래로 간신(諫臣)이 유폄(流貶)된 자도 있고 형을 받은 자도 있는데 만일 하나하나 그 실정을 찾는다면 모두 스스로의 잘못으로 인한[自取 자취] 것이다. 무릇 대간(臺諫)이 대신(大臣)의 의논을 두려워하고 혹은 여론의 비등(沸騰)으로 인해 그 사람이 죄가 없는 것을 분명히 알면서 오히려 간쟁하는 것은 대개 전조(前朝)의 폐단을 인습한 것이다. 내가 이를 금한 지가 이미 오래됐으나 아직도 그 폐단이 남아 있다. 어제 어변갑(魚變甲)이 글을 올려 저를 논했는데, 원소(袁紹)와 동탁(董卓)을 인용하기까지 했다. 내가 원소와 동탁의 일을 물으니 알지 못한다고 대답했다. 만일 알고서도 말하지 않았다면 이것은 임금을 속인 것이고, 만일 알지 못하고 말했다면 제가 지은 소(疏)가 아니라 반드시 남이 꾀고 부추긴 것이다. 내가 그 글을 의정부와 순금사에 내려 신문(訊問)하려 했으나 신료들에게 비난을 당할까[見非 견비] 염려해 그 때문에 행하지 않았을 뿐이다."

갑인일(甲寅日-20일)에 명해 다시 제군소(諸君所) 사헌부(司憲府), 사간원(司諫院)에 공해전(公廨田)을 주었다. 사무가 번잡한 각사(各司)에도 아울러 주었다. 의정부의 계청(啓請)에 따른 것이다.

○ 동북면(東北面)의 기민(飢民)을 진휼했다. 강원도(江原道) 회양(淮陽) 이북의 군자(軍資)는 동북면으로 운반하고 경기(京畿) 철원(鐵原) 이북의 군자는 회양으로 운반할 것을 명했다.

을묘일(乙卯日-21일)에 달이 오거성(五車星)을 범했다.

○ 환관(宦官) 황도(黃稻)를 보내 평양성(平壤城) 쌓는 것을 가서 보게 했다.

○ 방간(芳幹)을 (전라도) 완산(完山)에 안치하고 출입을 금지시켰다. 상이 전라도 관찰사에게 명해 말했다.

"성 밖 냇가에 나가 노는 것은 금하지 말라."

○ 정승 성석린(成石璘) 등이 대간(臺諫)으로 하여금 직사에 나오게 하기를 청했으나 윤허하지 않았다. 아뢰어 말했다.

"지금 대간(臺諫)이 일을 말하다가 윤허받지 못해 모두 사직했는데 오래 비워둘 수 없습니다."

(윤허하지 않다가) 지사간(知司諫) 김묘(金畝)가 말씀을 올렸다.

"대간은 오래 비워둘 수 없습니다."

상이 말했다.

"그렇다. 내가 장차 다시 일을 보게 하겠다."

병진일(丙辰日-22일)에 안성군(安城君) 이숙번(李叔蕃)이 대궐에 나아와 기복(起復)을 사은(謝恩)했다. 숙번(叔蕃)이 모상(母喪)을 당해[丁=當]
정 당 겨우 소상(小祥)이 지났는데 그 관직을 회복하라고 명했다. 이때에 이르러 숙번이 대궐에 나아와 기복을 사은하니 상이 친히 고

기를 주면서 말했다.

"경이 본래 병이 있으니 죽은 이로 해서 산 사람을 상해하지 말라는 것은 예로부터의 훈계다."

이어서 정사(政事)에 대해 물으니 숙번이 말했다.

"어떤 생각이나 어떤 일이고 간에 근태(勤怠)의 다름이 없어야 합니다. 부디 오늘의 부지런함을 잊지 마소서."

○ 백성들이 상오승포(常五升布) 짜는 것을 금지했다.

무오일(戊午日-24일)에 몰래 동교(東郊)에 행차해 매사냥[放鷹]을 구경했다. 의흥부진무(義興府鎭撫) 20여 인에게 도성(都城)의 동문(東門)을 파수시켜 조사(朝士)가 성을 나오는 것을 금하게 했다. 대언(代言)도 동문루(東門樓)에서 거가(車駕)를 기다렸는데 날이 저물어서 돌아왔다.

기미일(己未日-25일)에 개장(改葬)의 복(服)을 토의했다. 예조(禮曹)에서 아뢰었다.

"삼가 『문헌통고(文獻通考)』를 상고하니 송(宋)나라 건덕(乾德) 원년에 선조(宣祖)의 안릉(安陵)을 개장할 때 시신의 널[柩]을 가까이 하는 자는 시마(緦麻-3개월 상복)를 입었고 서울[京城]에서는 조회를 폐하고 음악을 금지했습니다. 그리고 위(魏)나라 효명제(孝明帝)가 문소황태후(文昭皇太后)를 개장(改葬)할 때는 최광(崔光)이 말씀을 올려 지존(至尊)과 태자(太子)와 여러 신하가 모두 시마(緦麻)를 입었다가 장사가 끝난 뒤에 제복(除服)하기를 청했습니다. 이것은 모두 부모의 장사를 옮기는 것이었습니다. 또 한문공(韓文公-당나라 한유)의 개장복의(改葬服議)를 상고하니 '경(經)에 이르기를 "개장(改葬)하는 데 시마를 입는다"[22]라고 한 것은 자식이 부모(父母)에 대한 것을 말한 것이고 기타는 복이 없다'라고 했습니다. 가만히 생각건대 덕릉(德陵)과 안릉(安陵)을 옮겨 안장(安葬)할 때에 전하께서 한문공(韓文公)의 개장복의(改葬服議)의 예(例)에 따르는 것이 예(禮)에 마땅하고, 시구(屍柩)를 가까이하는 자가 길복(吉服)을 입는 것은 예(禮)에 미편(未便)하니 소의(素衣), 사모(紗帽), 각대(角帶)로 시구를 받들면 거의 인정이나 예법[情禮]에 부합할 것 같습니다."

상이 그것을 따랐다. 영의정부사(領議政府事) 하륜(河崙)이 아뢰어 말했다.

"『문헌통고(文獻通考)』의 개장(改葬)하는 법은 자식이 부모를 위하고, 신하가 임금을 위하고, 아내가 남편을 위해 시마(緦麻)를 입는 것입니다. 지금 덕릉과 안릉 두 능이 세대(世代)는 비록 멀지만 종묘(宗廟)에 있는 조상이며, 개장(改葬)은 큰일인데 시마(緦麻)는 복중(服中)에 지극히 가벼운 것이니[23] 전하께서 종묘에 있는 신주를 위해 대사를 행하고자 하시면서 어찌 지극히 가벼운 복(服)을 입는 것이 안

---

22 『의례(儀禮)』에 나오는 말로 시마복은 가장 가벼운 상복이다.

23 시마(緦麻)란 상례(喪禮) 중 복제(服制)를 규정한 5복제도(五服制度)의 하나로, 시복(緦服)이라고도 한다. 죽은 사람에 대한 친소원근(親疎遠近) 관계와 사회적 신분에 따른 등급 차이의 표시인 5복은 크게 참최(斬衰)·자최(齋衰)의 최복(衰服)과 그 아래 대공(大功)·소공(小功)·시마로 나뉜다. 이는 삼베의 질로 구분해 가까운 관계일수록 질이 나쁜 옷을 입었는데 상제들은 죄인이라는 관념에서 비롯된 것이다. 시마는 5복 중 가장 낮은 등급이고 복상 기간은 3개월이다.

될 일이겠습니까? 비록 예문(禮文)에 없는 것이나 두텁게 하는 데에 잘못이 있으면 유감은 없는 법입니다. 빌건대 명일(明日)부터 시마(緦麻)를 입어 7일이 경과하면 제복(除服)하시되 장삿날에 이르러 도로 입으시고, 장사 지낸 뒤에 제복하시면 가할 것입니다."

(승정원) 지신사(知申事) 안등(安騰)이 말했다.

"이미 정조(停朝)하라는 장(狀)을 내리셨고 또 한문공(韓文公)이 개장(改葬)하는 법을 논하기를 '자식이 부모를 위해 시마(緦麻)를 입고 기타는 복(服)이 없다'라고 했는데 덕릉과 안릉 두 능은 먼 조상입니다. 만일 신하가 임금을 위해서라고 말한다면 태조(太祖)께서 창업하고 목조(穆祖)는 현조(玄祖)이니 임금이라고 이름할 수 없습니다. 만일 주상께서 시마복을 입으시면 온 조정이 모두 입어야 하니 실상에 지나치지[過情 과정] 않겠습니까?"

륜(崙)이 말했다.

"목조(穆祖)를 이미 왕으로 추존(追尊)하고 또 종묘(宗廟)의 일실(一室)에 봉사(奉祀)해 축문(祝文)에 사증손 신모(嗣曾孫臣某)라고 일컬었으니 임금이 아니고 무엇이겠는가?"

상이 듣고 말했다.

"경의 말이 대단히 좋으나 내가 시마복을 입으면 신하가 모두 그리 해야 하니 너무 무거운 것 같다. 명일에 능을 파묘할 때부터 정조(停朝)하고 3일 동안 재계(齋戒)하면 거의 예(禮)가 간단하고 정리에 맞을 것이다."

이에 륜이 물러갔다. 상이 대언들에게 일러 말했다.

"영의정이 와서 (내게) 헌언(獻言-건의)한 것이 어찌 아무런 뜻이 없겠느냐? 조정(朝廷)에서 말해도 되지 않으므로 마침내 와서 아뢰어 반드시 들어주길 바랐던 것일 것이다."

대언들이 대답했다.

"정부의 뜻은 한문공의 '자식이 부모를 위해서이고, 기타는 복이 없다'라는 예(例)에 의한 것이고 영의정(領議政)의 말은 다만 억측일 뿐입니다."

상이 말했다.

"영의정은 신하가 임금을 위하는 것으로 여긴 것이다. 너희가 어찌 억측이라고 말할 수 있느냐?"

드디어 안등과 김여지(金汝知)를 륜의 집에 보내 일러 말했다.

"목조(穆祖)는 현조(玄祖)다. 부모의 상에는 참최복(斬衰服)을 입고 개장(改葬)에는 시마복(緦麻復)을 입는 법이나, 현조(玄祖)는 복이 이미 다했으니 또 시마복을 입는 것은 가하지 않다. 또 명일부터 장삿날까지 온 조정이 시마복을 입으면 그사이에 만약 조정(朝廷-명나라 조정) 사신(使臣)에게 부득이한 연향(宴享)을 베풀고, 풍악을 울리는 폐할 수 없는 예(禮)가 있든지, 또 7일을 지나 제복(除服)하고 장삿날에 이르러 도로 입으면 이름과 실상이 서로 어긋나서 명예를 구하는 것 같으니 또한 할 수 없는 일이다."

륜은 감히 더 이상 말하지 못했다.

경신일(庚申日-26일)에 정조시(停朝市)를 3일 동안 했다. 이날 목조(穆祖)의 능을 파묘하기[啓(계)] 때문이었다.

신유일(辛酉日-27일)에 사복시판사(司僕寺判事) 고신부(高臣傅)를 순금사(巡禁司)에 내렸다. 내구마(內廐馬)를 잘못 치료해 다리를 절게 한 죄에 걸려든 때문이다. 조금 뒤에 풀어주어 대호군(大護軍)으로 좌천시켰다.

임술일(壬戌日-28일)에 의례상정소(儀禮詳定所)를 설치하고 영의정부사(領議政府事) 하륜(河崙), 예문관제학(藝文館提學) 변계량(卞季良), 의정부참지사(議政府參知事) 이조(李慥)를 제조(提調)로 삼았다.

○ 명하여 덕릉(德陵)과 안릉(安陵) 두 능을 개장(改葬)하는 제도를 토의하게 했다. 하륜(河崙)·성석린(成石璘)·조영무(趙英茂)는 말하기를 쌍분(雙墳)을 만들어 고비(考妣)가 지극하면서도 분별이 있는 뜻을 보이자 했고, 이숙번(李叔蕃)은 말하기를 한 혈(穴)에 함께 장사하여 안에는 회격(灰隔)을 두고 밖에는 한 능을 만드는 것이 예(禮)에도 진실로 마땅하다 하니 상이 말했다.

"두 말이 같지 않으니 다시 토의해 보고하라."

계해일(癸亥日-29일)에 검교판한성부사(檢校判漢城府事) 유한우(劉旱雨)를 산릉순심사(山陵巡審使)로 삼아 동북면(東北面)에 가게 했다.

○ 광주목사(廣州牧使)에게 명해 백성들을 독촉해 벼를 베게 했다. 이는 대개 그 땅에서 사냥하고자 함이었다. 광주목사가 말씀을 올렸다.

'금년에 수재(水災)와 한재(旱災)로 인해 때를 어기는 바람에 곡식이 익지 않아 일찍 수확하기가 어렵습니다.'

상이 이를 읽어보고서 권농(勸農)을 잘못했다고 힐책했다. 이숙번(李叔蕃)이 아뢰어 말했다.

"상께서 장차 송도(松都)에 순행하려 하시면서 어찌 반드시 광주(廣州)에서 사냥하려 하십니까? 군사와 말의 노고도 생각하지 않을 수 없습니다."

상이 말했다.

"내가 전일에 동교(東郊)에서 매를 놓고 채찍을 잡고 말을 달려 보니 예전 때와 같지 않기 때문에 다시 시험하고자 하는 것이다. 다른 일 같으면 경의 말을 감히 따르지 않을 수 없지만 이 일은 들을 수가 없다. 경은 다시 말하지 말라."

갑자일(甲子日-30일)에 천둥·벼락이 치고 우박이 쏟아졌는데 그 크기가 탄환(彈丸)만 했고 한 시간이 지나서[移時 이시]야 그쳤다.

원문

乙未朔 以完城君李之崇 星山君李稷爲東北面遷陵使 以中軍
을미 삭 이 완성군 이지숭 성산군 이직 위 동북면 천릉사 이 중군

都摠制李和英爲遷陵侍衛使 又命東北面都體察使 都巡問使
도총제 이화영 위 천릉 시위사 우 명 동북면 도체찰사 도순문사

以兵衛之. 上欲因遷陵之役 以襲野人 政府固諫曰: "山水艱險 待
이병 위지 상 욕 인 천릉 지 역 이습 야인 정부 고간 왈 산수 간험 대

氷合之時圖之 未晩." 乃遣護軍田興于猛哥帖木兒部以覘之.
빙합 지 시 도지 미만 내 견 호군 전흥 우 맹가첩목아 부 이 점지

丁酉 上親祭于健元陵. 告免喪也.
정유 상 친제 우 건원릉 고 면상 야

移置星像于昭格殿. 初 構別殿於闕內 以安星像 至是移之.
이치 성상 우 소격전 초 구 별전 어 궐내 이안 성상 지시 이지

戊戌 上詣仁德宮 張樂獻壽.
무술 상 예 인덕궁 장악 헌수

申嚴私鷹之禁.
진엄 사응 지 금

己亥 命議政府 議起復之法以聞. 召司憲掌令崔洵問曰: "何
기해 명 의정부 의 기복 지 법 이문 소 사헌장령 최순 문왈 하

不署安城君李叔蕃 藍浦鎭兵馬使朴實起復依貼?" 洵對曰:
부서 안성군 이숙번 남포진 병마사 박실 기복 의첩 순 대왈

"李叔蕃依貼 時未到府 若朴實依貼則已到. 然三年起復 載在
이숙번 의첩 시 미도 부 약 박실 의첩 즉 이도 연 삼년 기복 재재

六典 唯宰相耳 今實依貼 不宜署出." 上曰: "藍浦 巨鎭 不宜
육전 유 재상 이 금 실 의첩 불의 서출 상 왈 남포 거진 불의

闕守. 苟不合義 則胡不早啓? 可議諸同僚以聞." 洵復詣闕啓曰:
궐수 구 불 합의 즉 호 불 조계 가 의 저 동료 이문 순 부 예궐 계왈

"將相大臣 關國家安危 則奪情起復 權也. 今實秩三品而起復 則
장상 대신 관 국가 안위 즉 탈정기복 권 야 금 실 질 삼품 이 기복 즉

臣恐後日踵實者多 馴致風俗之薄." 上命: "若有事之時 當任驍勇
신 공 후일 종 실 자 다 순치 풍속 지 박 상 명 약 유사 지 시 당임 효용

武士 而拘於古禮 止令宰相起復 則豈任人之法乎!" 乃有是命.
무사 이 구어 고례 지 령 재상 기복 즉 기 임인 지 법 호 내 유 시명

司憲府皆辭職. 以請李佇之罪而不允也. 召執義閔渫命曰: "東
사헌부 개 사직 이 청 이저 지 죄 이 불윤 야 소 집의 민설 명왈 동
西北面 本産鷹之地 雖私鷹不可禁止 其餘各道 依憑進上 畜
서북면 본 산응 지 지 수 사응 불가 금지 기여 각도 의빙 진상 축
私鷹者 本府專掌禁止 監司守令 下及邑吏之長 不能考察者 一一
사응 자 본부 전장 금지 감사 수령 하 급 읍리 지 장 불능 고찰 자 일일
推劾." 又謂渫曰: "朴實起復依貼 累朔不署出. 所司之論 雖合於
추핵 우 위 설 왈 박실 기복 의첩 누삭 불 서출 소사 지 론 수 합어
義 是亦王命也. 此人受邊鎭之任. 舊官黃象 迨今未能交代 宜速
의 시역 왕명 야 차인 수 변진 지 임 구관 황상 태금 미능 교대 의속
署出." 渫對曰: "非以實爲有咎也 但依公道 不敢署出. 今上敎
서출 설 대왈 비 이 실 위 유구 야 단 의 공도 불감 서출 금 상교
如此 敢不從命! 然同僚皆辭職 惟臣在 豈可獨坐本府署出乎?"
여차 감 불 종명 연 동료 개 사직 유 신 재 기가 독좌 본부 서출 호

辛丑 議政府三功臣 連章請李佇之罪 使鐵城君李原
신축 의정부 3공신 연장 청 이저 지 죄 사 철성군 이원
知議政府事偰眉壽 詣闕進疏 上不拆 下承政院曰: "必爲李佇事
지의정부사 설미수 예궐 진소 상 불탁 하 승정원 왈 필 위 이저 사
也." 原等啓曰: "居易之不忠 宜加大辟 得保首領幸矣. 今又復佇
야 원 등 계왈 거이 지 불충 의가 대벽 득보 수령 행의 금 우 복 저
爵 臣庶缺望." 上曰: "寡人固不能進賢退不肖矣. 功臣政府欲强
작 신서 결망 상 왈 과인 고 불능 진현 퇴 불초 의 공신 정부 욕강
寡人乎? 毋更進言."
과인 호 무갱 진언

司諫院亦上疏論請 上不賜覽而還之 諫院皆辭職.
사간원 역 상소 논청 상 불 사람 이 환지 간원 개 사직

政丞趙英茂等 詣闕請李佇之罪 不允.
정승 조영무 등 예궐 청 이저 지 죄 불윤

議政府三功臣 復使李原 偰眉壽等 詣闕啓請覽前日之疏 明
의정부 3공신 부 사 이원 설미수 등 예궐 계청 람 전일 지 소 명
賜可否. 盧希鳳將命 上叱之曰: "毋得入啓此事." 又命不出外庭.
사 가부 노희봉 장명 상 질지 왈 무득 입계 차사 우 명 불출 외정
於是 河崙 趙英茂等 率政府功臣 詣闕復請 希鳳不敢啓 乃退.
어시 하륜 조영무 등 솔 정부 공신 예궐 부청 희봉 불감 계 내 퇴

河崙 趙英茂等 率政府功臣 復詣闕欲請李佇之罪 希鳳曰:
하륜 조영무 등 솔 정부 공신 부 예궐 욕청 이저 지 죄 희봉 왈
"李佇之事 前日有旨 毋得入啓." 乃退.
이저 지 사 전일 유지 무득 입계 내 퇴

召功臣有司李原曰: "佇之罪 予獨知之 非無咎之比 愼勿復會
소 공신 유사 이원 왈 저 지 죄 여 독 지지 비 무구 지 비 신 물부 회

請罪.” 成石璘方以疾在告 上召其子摠制發道 令告其父 毋得
청죄 성석린 방 이질 재고 상 소 기자 총제 발도 영고 기부 무득

復請佇事 石璘乃曰: “古者大臣啓事 詣闕陞堂而坐 別監急出
부청 저 사 석린 내왈 고자 대신 계사 예궐 승당 이 좌 별감 급 출

傳達其言 君王聞其言而速斷 今大臣累次庭立 亦不能達其意. 若
전달 기언 군왕 문 기언 이 속단 금 대신 누차 정립 역 불능 달 기의 약

臺諫有言責者 不得其言則辭 若大臣進退 如之何處之?”
대간 유 언책 자 부득 기언 즉 사 약 대신 진퇴 여지하 처지

壬寅 大雨水溢 民有溺死者. 議政府啓: “廣通土橋 雨輒圮毁.
임인 대우 수일 민 유 익사자 의정부 계 광통 토교 우 첩 비훼

請以貞陵舊基石 造石橋.” 從之.
청 이 정릉 구기 석 조 석교 종지

癸卯 宴參贊議政府事劉敞 同判內侍府事文用富于解慍亭. 慰
계묘 연 참찬 의정부 사 유창 동판 내시부 사 문용부 우 해온정 위

其守陵終制也. 命宗親侍宴 李佇與焉. 上酒酣 泣謂李天祐等曰:
기 수릉 종제 야 명 종친 시연 이저 여언 상 주감 읍 위 이천우 등 왈

“功臣謂我享壽 則將獻千年之壽乎? 若未能則何必逆吾志乎? 佇
공신 위 아 향수 즉 장 헌 천년 지 수 호 약 미능 즉 하필 역 오지 호 저

父居易 位爲上相 功居第一 今廢爲庶人者 以其言不忠也. 然旣不
부 거이 위 위 상상 공 거 제일 금 폐 위 서인 자 이 기언 불충 야 연 기 부

族誅矣 則佇流于外七年而返 吾之處置審矣. 佇本無不忠之意 何
족주 의 즉 저 유 우외 칠년 이 반 오 지 처치 심의 저 본 무 불충 지 의 하

其欲去之甚也?” 命健元陵供役人九名免役 又命文昭殿執役人
기 욕거 지 심 야 명 건원릉 공역 인 구명 면역 우 명 문소전 집역 인

六十名限三年免役 皆各寺奴也.
육십 명 한 삼년 면역 개 각사 노 야

甲辰 宥罪囚. 上取司憲府刑曹巡禁司京外罪囚啓本 除關係
갑진 유 죄수 상 취 사헌부 형조 순금사 경외 죄수 계본 제 관계

社稷外 一罪以下 皆親下點放宥. 蓋慮宥旨別監不敢釋其可宥之
사직 외 일죄 이하 개 친 하점 방유 개 려 유지별감 불감 석 기 가유 지

罪也. 命延嗣宗 李中培 柳塘生 朴熙中等三十人 外方從便; 全穩
죄 야 명 연사종 이중배 유당생 박희중 등 삼십 인 외방 종편 전온

權守紀 李牧 李地等三十六人 京外從便; 孟思誠 柳龍生 具成亮
권수기 이목 이지 등 삼십 육인 경외종편 맹사성 유용생 구성량

李叔明等十人 職牒還給 京外從便; 已曾從便金瞻等十八人 職牒
이숙명 등 십인 직첩 환급 경외종편 이증 종편 김첨 등 십팔 인 직첩

還給.
환급

罷神德王后康氏忌辰停朝. 禮曹以舊例 啓神德王后忌辰 停朝
파 신덕왕후 강씨 기신 정조 예조 이 구례 계 신덕왕후 기신 정조

代言等啓曰: “神懿王后祔廟 康氏非正嫡 其忌辰 不可停朝市
대언 등 계왈 신의왕후 부묘 강씨 비 정적 기 기신 불가 정조시
以開後世之疑.” 上命議諸政府 皆曰: “誠未可也.” 乃罷停朝. 然猶
이개 후세 지 의 상 명의 저 정부 개 왈 성 미가 야 내 파 정조 연 유
以太祖之所厚 令厚設忌晨齋祭.
이 태조 지 소후 영 후설 기신재 제

下戶曹正郎鄭孝復于巡禁司. 禮曹啓曰: “禮 宗廟薦新稻米 以
하 호조정랑 정효복 우 순금사 예조 계왈 예 종묘 천신 도미 이
九月行 節氣太晩. 自今請於八月朔望祭中行之.” 承政院啓曰:
구월 행 절기 태만 자금 청 어 팔월 삭망제 중 행지 승정원 계왈
“去年 已命禮曹用八月 必是禮曹遺忘也.” 上曰: “其時禮曹員 雖
거년 이명 예조 용 팔월 필시 예조 유망 야 상 왈 기시 예조 원 수
遷官在外 進而問之.” 乃囚孝復.
천관 재외 진 이 문지 내 수 효복

乙巳 命祔廟 魂殿齋都監員吏 京外敍用.
을사 명 부묘 혼전 재 도감 원리 경외 서용

加李佇輔國崇祿大夫.
가 이저 보국숭록대부

丙午 命除慶源府月課軍器. 東北面都巡問使啓: ‘慶源府方五六
병오 명제 경원부 월과 군기 동북면 도순문사 계 경원부 방 오륙
月大旱 禾穀盡枯 且多溫疫 或有合家皆死者. 請除月課進上軍器
월 대한 화곡 진고 차 다 온역 혹 유 합가 개 사자 청제 월과 진상 군기
專爲養民防禦.’ 從之.
전 위 양민 방어 종지

丁未 遣正尹興濟 行神德王后忌辰齋于興天寺.
정미 견 정윤 흥제 행 신덕왕후 기신재 우 흥천사

戊申 義州蟲水 碧潼 昌城水 麟州蟲 龍州風災損禾.
무신 의주 충수 벽동 창성 수 인주 충 용주 풍재 손화

己酉 上詣文昭殿 行秋夕祭 以上黨君李佇攝事于健元陵. 自是
기유 상 예 문소전 행 추석제 이 상당군 이저 섭사 우 건원릉 자시
言者稍止.
언자 초지

辛亥 釋鄭孝復. 孝復在獄中致書巡禁司府官曰:
신해 석 정효복 효복 재 옥중 치서 순금사 부관 왈

‘詩云: “驕人好好 勞人草草.” 臣於前年六月 曾任正郎
시 운 교인 호호 노인 초초 신 어 전년 육월 증 임 정랑
二十八日 承上旨 八月薦稻之祭 明書於簿 移牒各司 無所錯誤
이십팔일 승 상지 팔월 천도 지 제 명서 어 부 이첩 각사 무 소착오
及今年七月初七日遞遷 八月薦稻 衆所知也. 今正郎韓謙 佐郎
급 금년 칠월 초 칠일 체천 팔월 천도 중 소지 야 금 정랑 한겸 좌랑

金自溫等 不謹其任 遂廢其祭 規免己罪 敢以巧計欺君 歸咎於臣
김자온 등 불근 기임 수 폐 기제 규면 기죄 감 이 교계 기군 귀구 어 신

殿下不察 繫臣於獄. 曾謂盛朝而有如是之事哉? 臣雖繫獄 而無
전하 불찰 계 신 어 옥 증 위 성조 이 유 여시 지 사 재 신 수 계옥 이 무

所自責 願諸相國轉聞于上 更加閱實.'
소자책 원 제 상국 전문 우상 갱가 열실

府官以聞 乃下韓謙 金自溫于巡禁司鞫之 釋孝復 罷謙職 命
부관 이문 내 하 한겸 김자온 우 순금사 국지 석 효복 파 겸 직 명

自溫復仕.
자온 부사

癸丑 命左正言魚變甲待罪于家. 變甲上疏曰:
계축 명 좌정언 어변갑 대죄 우가 변갑 상소 왈

'近廟堂 臺諫 大小臣僚 連章累牘 請上黨君李佇之罪甚勤
근 묘당 대간 대소 신료 연장 누독 청 상당군 이저 지 죄 심근

殿下皆固却不允 臣亦不審殿下之所爲也. 若以爲無罪 何前日
전하 개 고각 불윤 신 역 불심 전하 지 소위 야 약 이위 무죄 하 전일

貶黜之若彼乎? 若以爲有罪 何今日寵貴之又如此乎?① 然臣固知
폄출 지 약피 호 약 이위 유죄 하 금일 총귀 지 우 여차 호 연 신 고지

殿下親愛不忍之情也.
전하 친애 불인 지 정 야

殿下以大舜 周公爲如何人哉? 隱惡莫如大舜 而去四凶之罪;
전하 이 대순 주공 위 여하 인 재 은악 막여 대순 이 거 사흉 지 죄

親愛莫如周公 而處三叔之變. 然天下咸服 後世無間言者 誠以其
친애 막여 주공 이 처 삼숙 지 변 연 천하 함복 후세 무 간언 자 성 이 기

所關者大 勢不得不爲之也. 比年以來 孽芽間興 隨卽誅夷廢黜
소관자 대 세 부득 불위 지 야 비년 이래 얼아 간 흥 수즉 주이 폐출

者 雖皆殿下明哲照奸 沈幾先物之所致 抑亦二三股肱赤心輔上
자 수 개 전하 명철 조간 침기 선물 지 소치 억 역 이삼 고굉 적심 보상

而圖謀見允之效也. 今之所言 亦豈空虛無據而云爾也? 殿下何不
이 도모 견윤 지 효 야 금 지 소언 역 기 공허 무거 이 운 이 야 전하 하 불

懲前戒後 辨之於早乎? 臣又竊念 自古萬幾之斷 窺伺者甚多. 自
징전 계후 변지 어조 호 신 우 절념 자고 만기 지 단 규사 자 심다 자

觀聽遊談者言之 必以爲有罪無罪 簡在上心 是某實無罪 群臣
관청 유담 자 언지 필 이위 유죄 무죄 간 재 상심 시 모 실 무죄 군신

嫉妬 羅織以固請之也. 不然 必曰無大無小 皆曰不可 是某實
질투 나직 이 고청 지 야 불연 필왈 무대 무소 개 왈 불가 시 모 실

有罪 殿下優游姑息 掩蓋而不忍也. 臣恐優游姑息之名 豈不有
유죄 전하 우유 고식 엄개 이 불인 야 신 공 우유 고식 지 명 기 불유

累於文明之盛德 而嫉妬羅織之名 豈不造奸軌禍亂之萌哉? 儻有
누어 문명 지 성덕 이 질투 나직 지 명 기 부조 간궤 화란 지 맹재 당유

不軌之人 因緣藉口 以邀群不逞之徒曰: "某之無罪 上心所迪知
불궤 지 인 인연 자구 이요 군 불령 지 도 왈 모 지 무죄 상심 소적지

二三媢嫉之人 矯誣以陷之爾" 則稱兵助亂 以淸君側爲名 如袁紹
이삼 모질 지 인 교무 이함 지 이 즉 칭병 조란 이청 군측 위명 여 원소

董卓之徒 將不啓於玆乎? 臣願殿下 當群臣奏請之時 開陳本末以
동탁 지 도 장 불계 어자 호 신 원 전하 당 군신 주청 지 시 개진 본말 이

告諭之. 群臣言事皆是 而上心有所難斷則曰: "某雖有罪 而勳親
고유 지 군신 언사 개 시 이 상심 유 소난단 즉 왈 모 수 유죄 이 훈친

之恩 不敢忍也 翊戴之勤 不能忘也". 開張睿情 無敢隱焉. 臣等亦
지 은 불감 인 야 익대 지 근 불능 망 야 개장 예정 무감 은 언 신등 역

知功可償罪 私可滅義之事 則敢不敬承? 苟私不可以滅義 而子文
지 공 가상 죄 사 가멸 의 지 사 즉 감 불 경승 구 사 불가이 멸의 이 자문

之治難救; 功不可以償罪 而欒黶之惡已彰 則殿下雖欲掩之 其
지 치 난구 공 불가이 상죄 이 난염 지 악 이창 즉 전하 수 욕 엄지 기

如宗社生靈何? 群臣其可拱黙不言 坐視其變而莫之恤乎? 況如
여 종사 생령 하 군신 기 가 공묵 불언 좌시 기변 이 막지 휼 호 황 여

居易之心 路人所知也. 爲其子者 靦面以居其位 豈可安乎? 且其
거이 지 심 노인 소지 야 위 기자 자 전면 이거 기위 기가 안 호 차 기

姓氏 已削於功臣之載書 名號不登於太祖之碑陰 神明宗社 昭布
성씨 이 삭 어 공신 지 재서 명호 부등 어 태조 지 비음 신명 종사 소포

森列 非可誣也. 誠願殿下 割私恩存正法 命臺諫復其任 以廣
삼렬 비 가무 야 성 원 전하 할 사은 존 정법 명 대간 복 기임 이광

言路 使人人曉然眞知善惡之所在 不宜擯却章疏 使姦黨覬覦於
언로 사 인인 효연 진지 선악 지 소재 불의 빈각 장소 사 간당 기유 어

傍 忠言鬱結於下也. 臣干冒天威 不勝隕越 至於批逆鱗觸忌諱者
방 충언 울결 어하 야 신 간모 천위 불승 운월 지어 비 역린 촉 기휘 자

誠愚臣所不暇慮也 伏惟聖裁.'
성 우신 소불가려 야 복유 성재

上覽疏不悅 使承政院詰變甲曰: "疏中所謂二三媢嫉者誰歟?"
상 람소 불열 사 승정원 힐 변갑 왈 소중 소위 이삼 모질 자 수여

對曰: "乃假設之辭 非的指之言也." 上曰: "汝豈不知其人 而輒
대왈 내 가설 지 사 비 적지 지 언 야 상 왈 여 기 부지 기인 이 첩

言之歟? 且爾知居易之罪乎?" 變甲對曰: "二三之言 乃鄕俚不定
언지 여 차 이 지 거이 지 죄 호 변갑 대왈 이삼 지 언 내 향리 부정

之辭也. 臣若備知 則何敢不啓居易之罪 臣雖不能的知 廢放如彼
지 사 야 신 약 비지 즉 하감 불계 거이 지 죄 신 수 불능 적지 폐방 여피

豈無其由?" 上曰: "汝疏云: '居易之罪 路人所知.' 汝豈不知而
기무 기유 상 왈 여소 운 거이 지 죄 노인 소지 여 기 부지 이

云然? 疏中所引袁紹 董卓 何時人耶? 欲淸君側爲名 何事歟?"
운연 소중 소인 원소 동탁 하시 인 야 욕청 군측 위명 하사 여

變甲對曰: "袁紹 董卓 漢時人也 以淸君側爲名 而構亂者也. 其
변갑 대왈 원소 동탁 한시 인 야 이청 군측 위명 이 구란 자 야 기

事實則臣未能周知." 上曰: "疏云: '聚群不逞 淸君側如紹 卓者
사실 즉 신 미능 주지 상 왈 소운 취군 불령 청 군측 여 소 탁 자

將不啓於玆乎?' 爾謂李佇請兵於誰乎? 汝壯元及第 豈不知其人
장 불계 어자 호 이 위 이저 청병 어수 호 여 장원급제 기 부지 기인

在何帝時 其事之終如何?" 變甲對曰: "臣非謂李佇請兵於某而
재 하제 시 기사 지 종 여하 변갑 대왈 신 비 위 이저 청병 어 모 이

爲亂 乃慮將來之辭也. 若紹 卓之事 臣記前日所聞 引用之耳." 上
위란 내 려 장래 지 사 야 약 소 탁 지 사 신 기 전일 소문 인용 지 이 상

曰: "昔有人諫唐太宗曰: '若此役不休 同歸桀紂耳.' 太宗終不罪
왈 석 유인 간 당태종 왈 약 차역 불휴 동귀 걸주 이 태종 종 부죄

之. 汝何不明言歟? 然則此疏乃他人之所草也. 若居易有罪 胡
지 여 하 불 명언 여 연즉 차소 내 타인 지 소초 야 약 거이 유죄 호

不共請誅之歟?" 變甲對曰: "臣雖慮事不詳 若狀疏則豈敢借筆
불공 청주 지 여 변갑 대왈 신 수 여 사 불상 약 장소 즉 기감 차필

於人哉?" 上謂左代言金汝知曰: "袁紹在漢末 與何進謀誅宦官
어인 재 상 위 좌대언 김여지 왈 원소 재 한말 여 하진 모주 환관

事洩 進見殺. 紹憤憤外召董卓 盡殺宦官 廢嫡立庶 其事不小 故
사설 진 견살 소 분분 외 소 동탁 진살 환관 폐적 입서 기사 불소 고

不欲言之耳." 乃命變甲歸家.
불욕 언지 이 내 명 변갑 귀가

翼日 謂啓事諸臣曰: "居易見惡於閔氏 故以發其言 非懷不忠於
익일 위 계사 제신 왈 거이 견오 어 민씨 고 이 발 기언 비 회 불충 어

我也. 然所言關於宗社 故廢爲庶人矣. 若佇則未嘗有一毫貳於我
아 야 연 소언 관어 종사 고 폐위 서인 의 약 저 즉 미상 유 일호 이어 아

也. 雖或有貳 以貳己而誅之 非美事也. 雖百臺諫言之 其終廢之
야 수혹 유이 이 이기 이 주지 비 미사 야 수 백 대간 언지 기 종 폐지

乎? 予自卽位以來 諫臣或有流貶者 或有受刑者 若一一而求其情
호 여 자 즉위 이래 간신 혹 유 유폄 자 혹 유 수형 자 약 일일 이 구 기정

則咸其自取之也. 凡臺諫之言 或畏大臣之議 或因物論之騰. 雖
즉 함 기 자취 지 야 범 대간 지 언 혹 외 대신 지 의 혹 인 물론 지 등 수

灼知其人之無辜 猶且諫諍之者 蓋襲前朝之弊也. 予之防閑已久
작지 기인 지 무고 유 차 간쟁 지 자 개 습 전조 지 폐 야 여 지 방한 이구

弊或猶在. 昨魚變甲上書論佇 至引紹 卓 予問以紹卓之事 對以
폐 혹 유 재 작 어변갑 상서 논 저 지 인 소 탁 여 문 이 소 탁 지 사 대이

不知. 若知而不言 則是欺君也 若不知而言之 則非其所製之疏也
부지 약 지 이 불언 즉 시 기군 야 약 부지 이 언지 즉 비 기 소제 지 소 야

必有人誘掖之者. 予將下其書于議政府巡禁司訊之 然慮反見非於
필유 인 유액 지 자 여 장하 기서 우 의정부 순금사 신지 연려 반 견비 어

臣僚 故不爲耳."
신료 고 불위 이

甲寅 命復給諸君所 司憲府 司諫院公廨田; 務劇各司 亦幷
갑인 명 부급 제군소 사헌부 사간원 공해전 무극 각사 역 병

給之. 從議政府之啓也.
급지 종 의정부 지 계 야

賑東北面飢民. 命輸江原道淮陽以北軍資于東北面 京畿鐵原
진 동북면 기민 명수 강원도 회양 이북 군자 우 동북면 경기 철원

以北軍資于淮陽.
이북 군자 우 회양

乙卯 月犯五車.
을묘 월 범 오거

遣宦官黃稻 往視平壤築城.
견 환관 황도 왕시 평양 축성

置芳幹于完山 禁其出入. 上命全羅道觀察使曰: "勿禁城外川邊
치 방간 우 완산 금 기 출입 상 명 전라도관찰사 왈 물금 성외 천변

出游."
출유

政丞成石璘等 請令臺諫就職 不允. 啓曰: "今臺諫以言事不允
정승 성석린 등 청령 대간 취직 불윤 계왈 금 대간 이 언사 불윤

皆呈辭 不宜久曠." 知司諫金畝上言: "臺諫不可久曠." 上曰: "諾.
개 정사 불의 구광 지사간 김묘 상언 대간 불가 구광 상 왈 낙

吾將令復視事矣."
오 장령 부 시사 의

丙辰 安城君李叔蕃 詣闕謝起復. 叔蕃丁母喪 纔過小祥 命復
병진 안성군 이숙번 예궐 사 기복 숙번 정 모상 재 과 소상 명복

其官. 至是 叔蕃詣闕謝起復. 上親自賜肉曰: "卿本有疾 無以死
기관 지시 숙번 예궐 사 기복 상 친자 사육 왈 경 본 유질 무 이사

傷生 古訓也." 因訪政事 叔蕃曰: "一念一事 毋有勤怠之殊 愼
상생 고훈 야 인 방 정사 숙번 왈 일념 일사 무유 근태 지 수 신

勿忘今日之勤."
물망 금일 지 근

禁民織常五升布.
금 민 직 상오승포

戊午 潛幸東郊 觀放鷹. 令義興府鎭撫二十餘人守把城東門 禁
무오 잠행 동교 관 방응 영 의흥부 진무 이십 여인 수파 성 동문 금

朝士出城 代言亦於東門樓候駕. 日暮乃還.
조사 출성 대언 역 어 동문 루 후가 일모 내 환

己未 議改葬之服. 禮曹啓:
기미 의 개장 지 복 예조 계

"謹按文獻通考 宋乾德元年 改葬宣祖安陵 親屍柩者服緦麻
근안 문헌통고 송 건덕 원년 개장 선조 안릉 친 시구 자 복 시마

京城廢朝 禁音樂; 魏孝明帝改葬文昭皇太后 崔光上言請至尊
경성 폐조 금 음악 위 효 명제 개장 문소 황태후 최광 상언 청 지존

太子群臣 幷服緦麻 旣葬而除. 此皆遷父母之葬也. 又按韓文公
태자 군신 병 복 시마 기장 이 제 차 개 천 부모 지 장 야 우 안 한문공

改葬服議: '經曰: "改葬 緦." 此謂子之於父母 其他則無服.' 竊謂
개장 복의 경 왈 개장 시 차 위 자 지어 부모 기타 즉 무복 절위

德陵 安陵遷安時 殿下依韓文公改葬服議例 於禮當然 親屍柩者
덕릉 안릉 천안 시 전하 의 한문공 개장 복의 예 어 예 당연 친 시구 자

吉服 於禮未便. 以素衣 紗帽 角帶 奉屍柩 庶合情禮."
길복 어 예 미편 이 소의 사모 각대 봉 시구 서합 정례

上從之. 領議政府事河崙啓曰: "文獻通考改葬之法 子爲父母
상 종지 영의정부사 하륜 계왈 문헌통고 개장 지 법 자 위 부모

臣爲君 妻爲夫 服緦麻. 今 德安二陵 世代雖遠 乃在廟之祖也.
신 위군 처 위부 복 시마 금 덕 안 이릉 세대 수 원 내 재묘 지 조 야

改葬大事 而緦麻 服之至輕者也. 殿下爲在廟之主 欲行大事 而其
개장 대사 이 시마 복 지 지경 자 야 전하 위 재묘 지 주 욕행 대사 이 기

不可服至輕之服乎? 雖禮文所無 失於厚則無憾矣. 乞自明日服緦
불가 복 지경 지 복 호 수 예문 소무 실어 후 즉 무감 의 걸 자 명일 복 시

經七日乃除 至葬日還服 旣葬而除 則可矣." 知申事安騰曰: "已下
경 칠일 내 제 지 장일 환복 기장 이 제 즉 가의 지신사 안등 왈 이 하

停朝之狀. 且韓文公論改葬之法曰: '子爲父母服緦 其他則無服.'
정조 지 장 차 한문공 논 개장 지 법 왈 자 위 부모 복 시 기타 즉 무복

德安 二陵 乃遠祖也. 如曰臣爲君 則太祖創業 而穆祖乃玄祖
덕 안 이릉 내 원조 야 여 왈 신 위군 즉 태조 창업 이 목조 내 현조

也 不可名爲君; 若主上服緦 則擧朝皆服矣 無乃過情乎?" 崙曰:
야 불가 명 위군 약 주상 복 시 즉 거조 개 복 의 무내 과정 호 륜 왈

"穆祖旣追王 且奉祀於宗廟一室 祝文稱嗣曾孫臣某 則非君而
목조 기 추왕 차 봉사 어 종묘 일실 축문 칭 사 증손 신 모 즉 비 군 이

何?" 上聞之曰: "卿言甚善 然予服緦 則臣下皆然 似乎太重. 自
하 상 문지 왈 경 언 심선 연 여 복 시 즉 신하 개 연 사 호 태중 자

明日啓陵停朝 三日齋戒 庶禮簡而稱情也." 崙乃退. 上謂代言曰:
명일 계릉 정조 삼일 재계 서 예 간 이 칭정 야 륜 내 퇴 상 위 대언 왈

"領議政爲來獻言 豈無意歟? 言於朝廷而未得 遂以來啓 期其必
영의정 위 래 헌언 기 무의 여 언어 조정 이 미득 수 이래 계 기 기필

聽也." 代言對曰: "政府之意 依韓文公子爲父母 其他則無服之例.
청 야 대언 대왈 정부 지 의 의 한문공 자 위 부모 기타 즉 무복 지 례

領議政之言 特億度耳." 上曰: "領議政以爲臣爲君也. 汝等何得
영의정 지 언 특 억탁 이 상 왈 영의정 이위 신 위군 야 여등 하득

以爲億度乎?" 遂遣安騰 金汝知于崙第 諭之曰: "穆祖乃玄祖也.
이위 억탁 호 수 견 안등 김여지 우 륜 제 유지 왈 목조 내 현조 야
父母之喪 服斬衰 而改葬卽緦. 玄祖服已盡而又緦未可也. 且自
부모 지 상 복 참최 이 개장 즉 시 현조 복 이진 이 우 시 미가 야 차 자
明日至于葬日 擧朝服緦 則其間如有朝廷使臣 不得已宴享動樂
명일 지우 장일 거조 복 시 즉 기간 여유 조정 사신 부득이 연향 동악
不可廢之禮 又經七日而除 至葬日還服 則名實相違 似求名譽 亦
불가 폐 지 례 우 경 칠일 이 제 지 장일 환복 즉 명실 상위 사 구 명예 역
不可爲也." 崙不敢復言.
불가위 야 륜 불감 부언

庚申 停朝市三日. 以是日啓穆祖之陵也.
경신 정 조시 삼일 이 시일 계 목조 지 릉 야

辛酉 下判司僕寺事高臣傅于巡禁司. 坐誤治內廏馬而致蹇也.
신유 하 판 사복시 사 고신부 우 순금사 좌 오치 내구마 이 치건 야
旣而釋之 左遷大護軍.
기이 석지 좌천 대호군

壬戌 置儀禮詳定所 以領議政府事河崙 藝文館提學卞季良
임술 치 의례상정소 이 영의정부사 하륜 예문관제학 변계량
參知議政府事李慥爲提調.
참지 의정부 사 이조 위 제조

命議德 安二陵改葬之制. 河崙 成石璘 趙英茂以謂: "作雙墳
명의 덕 안 이릉 개장 지 제 하륜 성석린 조영무 이위 작 쌍분
以示考妣摯而有別之義." 李叔蕃以謂: "同葬一穴 內置灰隔 外作
이시 고비 지 이 유별 지 의 이숙번 이위 동장 일혈 내치 회격 외작
一陵 於禮亦當." 上曰: "二說不同 更議以聞."
일릉 어 례 역 당 상 왈 이설 부동 갱의 이문

癸亥 以檢校判漢城府事劉旱雨 爲山陵巡審使 如東北面.
계해 이 검교 판한성부사 유한우 위 산릉 순심사 여 동북면

命廣州牧使督民刈禾. 蓋欲畋于其地也. 廣州牧使上言: '今年
명 광주목사 독민 예화 개 욕전 우 기지 야 광주목사 상언 금년
水旱不時 穀不早熟 難以早穫.' 上覽之 責其不能勸農. 李叔蕃
수한 불시 곡 불 조숙 난 이 조확 상 람지 책 기 불능 권농 이숙번
啓曰: "上將幸松都 何必畋于廣州乎? 士馬之勞 不可不慮." 上曰:
계왈 상 장 행 송도 하필 전 우 광주 호 사마 지 로 불가 불려 상 왈
"予於前日 放鷹于東郊 執鞭馳馬 不如昔時 故更欲試之. 若他事
여 어 전일 방응 우 동교 집편 치마 불여 석시 고 갱 욕시 지 약 타사
則卿言何敢不從? 此事則固不聽從 卿勿更言."
즉 경 언 하감 부종 차사 즉 고 불 청종 경 물 갱언

甲子 震雷雨雹 大如彈丸 移時乃止.
갑자 진뢰 우박 대 여 탄환 이시 내 지

| 원문 읽기를 위한 도움말 |

① 若以爲無罪 何前日貶黜之若彼乎? 若以爲有罪 何今日寵貴之又如此乎?
약 이위 무죄 하 전일 폄출 지 약피 호 약 이위 유죄 하 금일 총귀 지 우 여차 호
이 두 문장은 절묘한 대조를 이루고 있고, 특히 뒷문장에만 又(우)가 들어 있어 설득력의 효과가 더욱 두드러진다.

태종 10년 경인년
9월

九月

을축일(乙丑日-1일) 초하루에 (경기도) 광주(廣州)에서 매사냥[放鷹 방응]을 구경했다. 일찍이 어떤 소환(小宦-어린 환관)이 아뢰어 말했다.

"광주 들판에는 새와 짐승이 번식합니다."

상(上)이 이미 나와 보니 그 말과 같지 않았다. 상이 후회해 말했다.

"내가 이제 다시는 광주에서 사냥하지 않겠다."

병인일(丙寅日-2일)에 천둥과 번개가 치고 우박이 떨어졌다.

○ 상왕(上王)이 친히 건원릉(健元陵)에 제사하고 풍양(豐壤)들에 머물렀다. 이튿날 상이 광나루[廣津 광진]에 나가 맞이해 잔치를 베풀고 밤에 돌아왔다.

정묘일(丁卯日-3일)에 한상경(韓尙敬, 1360~1423년)[1]이 베이징[北京 북경]에서 돌아와 아뢰어 말했다.

"제(帝)가 봉천문(奉天門)의 아침 조회에 나아와 묻기를 '고려(高

---

1 1382년(우왕 8년) 문과에 급제해 예의좌랑, 우정언, 전리정랑(典理正郎), 예문응교, 공부총랑(工部摠郎)을 거쳐 1392년(공양왕 4년) 밀직사 우부대언에 승진했다. 이해 이성계(李成桂)를 추대하는 모의에 가담하고, 보새(寶璽)를 받들어 이성계에게 바쳤으며, 그 공으로 개국공신 3등에 추록됐다. 개국 후 중추원도승지가 되고 도평의사사사에 승진됐으며, 충청도 도관찰사가 돼 서원군(西原君)에 봉해졌다. 다시 경기좌도 도관찰사에 보직됐다가 태종 때 이조판서를 거쳐 서원부원군(西原府院君), 우의정, 영의정에 이르렀다.

麗) 북문(北門)에 어떤 사람들이 와서 사람들을 잡아갔느냐?'라고 했습니다. 상경 등이 갖춰[具=備] 그 연고를 아뢰었고 또 아뢰기를 '본국에서 이현(李玄)과 박돈지(朴惇之)를 보내 두 차례나 와서 주달했으나 마침 대가(大駕)가 북순(北巡) 중에 계시므로 현은 이미 본국으로 돌아갔고 돈지는 동궁(東宮)께 아뢰고자 해 난징[南京]으로 갔습니다'라고 했습니다. 제(帝)가 말씀하기를 '짐(朕)이 일찍이 그대 나라 문서(文書)를 보지 못했다. 저 올량합(兀良哈)이 참으로 그렇게 무례하다면 우리가 요동(遼東) 군마(軍馬)를 조발(調發)해 갈 것이니 그대들도 군마(軍馬)를 조발해 와서 저놈들을 깨끗이 잡아 죽이자'라고 했다. 제가 또 통사(通事) 원민생(元閔生)에게 이르기를 '저들 야인(野人)이 (우리) 조정(朝廷)의 무거운 상(賞)과 큰 관직을 받고 금대(金帶)와 은대(銀帶)를 주어서 이처럼 초안(招安)했는데, 우리의 은혜를 잊고 해청(海青)을 잡으러 간 지휘(指揮)를 붙잡아 노비(奴婢)나 사환(使喚)으로 만들고 또 일찍이 우리 변방(邊方)을 한 차례 내침(來侵)했다. 은혜가 있는데도 오히려 이와 같으니 그대들은 말할 것도 없다. 생각건대 그대 나라 열 사람이라야 저놈들 한 사람을 대적해 깨끗이 죽일 수 있을 것이다'라고 했습니다. 민생이 아뢰기를 '명령을 받지 못해서 감히 손을 쓰지 못하고 있습니다'라고 하니 제가 말하기를 '저놈들이 이후에도 다시 그렇게 무례하면 용서할 수 없고 두 번 다시 이후에 침노하지 않는다면 양쪽이 화친하라'라고 했습니다. 또 제가 봉천문(奉天門)에 나아와 선유(宣諭)하기를 '저 야인(野人)은 모양은 비록 사람 같으나 실상은 곰·이리·호랑이·표범의 마음을 품었으니 좋은 군마(軍馬)를 거느리고 일거에 죽여

버려야 한다. 그중에 만일 조정(朝廷)에 귀순(歸順)한 사람이 있으면 그것은 잡을 필요가 없다. 또 와서 난(難)을 고하면 결단하겠다'라고 했습니다."

기사일(己巳日-5일)에 달이 기성(箕星)을 범했다.

경오일(庚午日-6일)에 3공신(三功臣)이 헌수(獻壽)하고자 했으나 상이 몸이 편치 않다[違豫=不豫]고 해 받지 않았다.

신미일(辛未日-7일)에 사헌감찰(監察) 김도생(金道生)·이희약(李希若)·김효정(金孝貞)을 순금사에 내릴 것을 명했다. 애초에[初] 김묘(金畝)가 간관(諫官)으로서 함께 이저(李佇)의 죄를 청했고 얼마 뒤에 병으로 휴가 중에 있었다. 대간에서 여러 번 청해도 되지 않자 모두 사직했는데 이때에 이르러 묘(畝)가 병이 나았다고 칭하며 간원(諫院-사간원)에 나아와 공직(供職)하고 또 광흥창(廣興倉)에서 녹(祿)을 받고자 했다. 도생(道生)이 대감(臺監)[2]이 돼 방주(房主) 이희약과 유사(有司) 김효정에게 토의해 녹을 주지 않았다. 묘가 글을 올려 스스로의 책임을 묻고서 이어 사직을 청했다. 상이 노해 말했다.

"작록(爵祿-벼슬과 녹봉)은 신하가 감히 주고 빼앗는 것이 아닌데 감찰배(監察輩)가 위복(威福)을 짓고자 하느냐?"[3]

---

2 사헌감찰(司憲監察)을 가리킨다.

3 위엄과 복록을 짓는 것[作威福]은 신하를 처벌하거나 상을 내리는 임금의 고유 권한을 말

마침내 옥(獄)에 내려 국문할 것을 명했다. 의정부에서 구원해 조영무(趙英茂)는 눈물을 떨구기까지 했으나 상은 들어주지 않고 도생은 연일현(延日縣)에 유배 보내고 희약과 효정은 파직했다.

○ 동북면 도순문사에게 명해 잡아온[所擄 소로] 올량합(兀良哈)의 부녀(婦女)를 돌려보내게 했다.

○ 일본(日本) 기이도(紀伊島) 객인(客人)이 와서 토산물을 바쳤다.

임신일(壬申日-8일)에 평양성(平壤城) 쌓는 것을 토의했다. 애초에 황도(黃稻)가 평양부(平壤府)에서 돌아와 말했다.

"성을 쌓는 군정(軍丁)들이 돌을 3~4일이나 되는 노정(路程)에서 가져오느라 우마(牛馬)가 피곤하고, 부녀들까지 돌을 운반해 길에 죽 이어져 끊임이 없고 민간의 농기구는 모두 몽치와 못이 돼 그 폐단을 이루 말할 수 없습니다."

우정승 조영무(趙英茂) 등이 아뢰어 말했다.

"신 등은 매우 염려됩니다."

상이 마음에 놀라고 두려워해 지인(知印) 권돈(權惇)을 보내 평양성 쌓는 상황을 살펴보게 했는데 돈(惇)이 돌아와서 말했다.

"서북면(西北面) 각 고을이 배정받은 것은 그 공정이 아직 반도 끝

한다. 『서경(書經)』 「홍범(洪範)」에 나오는 말이다. "오직 임금만이 복을 내릴 수 있고 오직 임금만이 위엄을 지니며 오직 임금만이 진귀한 음식을 먹을 수 있습니다. 신하가 복을 내리고 위엄을 지니고 진귀한 음식을 먹는 일은 있을 수 없습니다. 신하가 복을 내리고 위엄을 지니며 진귀한 음식을 먹게 되면 자신의 집에는 해를 끼치고 나라는 흉하게 됩니다. 관리들이 기울어지고 비뚤어지고 치우친다면 백성들이 분수에 넘치고 못된 짓을 하게 됩니다."

나지 않았고, 풍해도(豊海道) 각 고을(이 배정받은 것)은 성의 기초만 을 쌓았으니 겨울 초에는 끝나지 못할 듯합니다."

좌정승 성석린(成石璘)이 말했다.

"전하께서 백성을 아끼심[愛民]이 지극하시지만 신이 남몰래 생각건대 무릇 해야 할 일은 하지 않으면 그만이지만 만약 하게 된다면 반드시 성취해야 합니다. 성을 쌓는 데 이르러서는 군정(軍丁)과 공장(工匠)을 모으고 기계(器械)를 모으는 것이 일의 반입니다. 평양은 지경이 중국(中國)과 붙어 있으니 쌓지 않을 수 없습니다. 지금 일이 반이나 됐는데 이를 중지하고 후년에 이르러 다시 시작하면 도리어 큰 폐단이 돼 백성들이 괴로움을 받는 것이 배나 될 것입니다. 또 민심(民心)의 관점에서 본다면 서북면(西北面)의 백성이나 풍해도(豊海道)의 백성이나 똑같습니다. 비록 다른 도(道)라고는 하지만 풍해도의 고을들은 평양에 가깝고 서북면의 깊은 고을은 평양까지의 거리가 풍해도보다 배나 멉니다. 만약 한쪽은 놓아두고 한쪽만 역사시킨다면 수고롭고 편안한 것이 고르지 못하며 국체(國體)에 있어서도 편안치 못합니다. 비록 유장(柳璋)은 말하기를 '풍해도 백성 중에 한 사람도 남은 사람이 없다'라고 하나 그 도의 감사(監司)가 어찌 백성의 노고를 살피지 못하고 또한 보고하지 않았겠습니까? 신은 다시 경차관(敬差官)을 보내 감사(監司)와 함께 그 편부(便否)를 토의했으면 합니다."

상이 그렇다고 여겨 마침내 한성소윤(漢城少尹) 안망지(安望之)를 경차관으로 삼아 명했다.

"네가 밤낮을 가리지 말고 어서 가서 보고 만일 이달 안에 거의 필역(畢役)할 만하면 그대로 역사시키고, 만일 마치지 못하겠거든 풍해도 백성은 모두 놓아 보내라."

망지(望之)가 그날로 길을 떠났다. 망지가 간 지 9일 만에 돌아와 아뢰었다.

"신이 갈 때에 길옆에는 남녀가 들판에 흩어져 있었는데 곡식을 수확하는 자가 없는 것이 아니었습니다. 평양에 이르러 관민(官民)에게 물어보니 모두 말하기를 '하지 않으면 그만이지만, 만일 봄을 기다려 다시 쌓는다면 기초가 이미 완성되고 돌을 가져온 것이 많으니 얼음이 얼기 전에 기한을 정해 (성을) 쌓는 것을 마치기를 원합니다'라고 했습니다."

(서북면) 도순문사(都巡問使) 박은(朴訔)이 망지의 말이 끝나자 이어 아뢰었다.

"추경(秋耕)한 밭에 백성들이 모두 종자를 심었는데 '백성들이 추경(秋耕)을 잃었다'라고 말하는 것은 잘못된 것입니다. 그리고 역사에 나온 백성들이 사사로이 교대해 집에 돌아가면 수령(守令)이 노인(路引)[4]을 주어 (대신) 가는 자가 심히 많을 테니 어찌 모두 다 부역(赴役)하는 것이겠습니까?"

상이 옳게 여겨 망지에게 일러 말했다.

"네가 살핀 것이 적중된 도리[中道]를 얻었으니[得中] 내가 심히 아름답게 여긴다."

4 여행증명서를 가리킨다.

계유일(癸酉日-9일)에 안평부원군(安平府院君) 이서(李舒)가 졸(卒)했다. 서(舒)는 (충청도) 홍주(洪州) 사람인데, 자(字)는 양백(陽伯)이요 자호(自號)는 당옹(戇翁)이며 고려(高麗) 시중(侍中) 연수(延壽)의 6세손이다. 과거에 급제해[登第=登科] 여러 벼슬을 거쳐 군부좌랑(軍簿佐郎)에 이르렀는데 고려 말년에 조정의 정치가 날로 문란해지자 서는 물러가 전리(田里)에서 머물렀다. 홍무(洪武) 병진(丙辰)에 우헌납(右獻納)을 제수하니 부모가 늙었다고 해 부름에 나오지 않았고 부모를 여의자 6년을 시묘(侍墓)했다. 무진(戊辰)에 내부소윤(內府少尹)을 제수하니 상(喪)을 마치지 못했다고 해 사양했다. 국가에서 그 효행을 높이 여겨 문려(門閭)를 정표(旌表)했다. 그해 겨울에 우리 태조(太祖)께서 나라를 맡자[當國][5] 노성(老成)한 이를 천거하고 유일(遺逸)을 물어서 불러다가 내서사인(內書舍人)을 삼으니 서가 다시 전(箋)을 올려 사양했으나 윤허하지 않았다. 임신(壬申)에 태조(太祖)께서 즉위하자 형조전서(刑曹典書)로 승진해 익대개국공신(翊戴開國功臣)의 호(號)를 내려주고 안평군(安平君)에 봉(封)했다. 갑술(甲戌)에 사헌부대사헌(司憲府大司憲)을 제수받고 어명을 받아 정릉(貞陵)을 3년 동안 지켰다. 무인(戊寅)에 참찬문하부사(參贊門下府事)를 제수하고, 신사(辛巳)에 시랑찬성사(侍郎贊成事)로 옮겼다가 조금 뒤에 우정승(右政丞)을 제수해 부원군(府院君)으로 진작(進爵)하고 동덕공신(同德功臣)의 호(號)를 가사(加賜)했다. 6월에 고명(誥命)을 사례하는 일로 표문(表文)을 받들고 경사(京師)에 입조(入朝)했고 7월에 영

---

5 이성계가 수시중이 돼 정권을 장악했다는 말이다.

의정부사(領議政府事)를 제수받아 임오(壬午)에 본관(本官)으로 치사(致仕)하니 나이 71세였다. 그해 겨울에 화엄도승통(華嚴都僧統) 설오(雪悟)와 더불어 태조(太祖)를 안주(安州)에서 맞아 행궁(行宮)에 이르러 알현(謁見)하니 태조께서 기뻐해 조용히 담소(談笑)했다. 갑신(甲申)에 다시 우정승을 제수받아 을유(乙酉)에 재차 치사(致仕)했고 기축(己丑)에 다시 우정승을 제수했는데, 스스로 몸이 쇠약하다고 진달해 간절히 파면하기를 구하니 달포가 지나서 영의정(領議政)을 제수하고 얼마 안 가서 군(君)으로 봉해 사제(私第)로 물러났다. 죽으니 나이 79세였다. 철조(輟朝)하기를 3일 동안 했으며 상이 대언(代言)을 보내 치제(致祭)하고 시호(諡號)를 문간(文簡)이라 했다. 이서는 정직(正直)하고 방엄(方嚴)하며 청백(淸白)하고 검소(儉素)해 스스로 분수를 지켰으며, 평소 거처할 때에도 단정히 앉아 나날을 보냈다. 일찍이 계사(啓事)로 인해 어좌(御座)에 황릉욕(黃綾褥)을 깐 것을 보고 서가 말했다.

"신이 욕빛을 보니 전하께서 까실 것이 아닙니다."

상이 부끄러워서 사례했다. 비록 늦게 귀하고 현달했으나 겸양하고 공손해 선비들에게 자기를 낮췄고[下士(하사)] 일찍이 세력과 지위로써 남에게 교만하지 않았으며, 이단(異端)에 혹하지 않아 죽을 때에 가족들에게 경계해 상제(喪制)를 한결같이 주자(朱子)의 가례(家禮)를 따르고 불사(佛事)를 짓지 말게 했다. 서자(庶子)가 두 사람이 있으니 신지(愼止), 신유(愼猷)다.

을해일(乙亥日-11일)에 (풍해도) 해주(海州)와 연풍현(延豐縣)에 우

레와 번개가 쳤고 우박이 떨어졌다.

○ 중군호군(中軍護軍) 전흥(田興)이 올량합(兀良哈) 지역에서 돌아왔다.

○ 사역원부사(司譯院副使) 최운(崔雲)을 보내 총기(摠旗) 김첩목아(金帖木兒)를 이끌고 요동(遼東)으로 가게 했다. (요동에 보내는) 자문(咨文)은 이러했다.

'전흥(田興)이 건주위(建州衛)에 이르니 동녕위총기(東寧衛摠旗) 김첩목아가 나와서 상견(相見)하고 고하기를 "영락(永樂) 6년에 성지(聖旨)를 흠봉(欽奉)해 야인(野人) 해적내(亥狄乃) 등을 초유(招諭)했는데, 해적내 등이 연고를 칭탁하고 경사(京師)에 가지 않기 때문에 건주위(建州衛)에 물러와 머무르고 있던 중이었는데 다행히 호군(護軍)이 온 것을 만났습니다. 조선(朝鮮)이 이미 조정(朝廷)과 일가(一家)가 됐으니 바라건대 호군을 따라 함께 조선국에 갔다가 경사(京師)로 돌아가려 합니다'라고 해 흥(興)이 이 말을 듣고 김첩목아를 데리고 함께 왔습니다. 생각건대 김 첩목아는 이미 조정에서 차견(差遣)한 총기(摠旗)이므로 사람을 시켜 반송(伴送)해 돌려보내는 바입니다.'

○ 시령(時令)을 조화(調和)시킬 태일초례(太一醮禮)를 소격전(昭格殿)에서 베풀었다.

병자일(丙子日-12일)에 다시 영을 내려 대간(臺諫)으로 하여금 직사(職事)에 나오게 했다. 애초에 상이 의정부참지사 이조(李慥)를 불러 말했다.

"대간(臺諫)이 오래 비어 있으니 다른 사람을 새로 제수할 것인가?

장차 다시 예전 사람을 시켜 일을 보게 할 것인가? 경이 정부에 토의하게 해 보고하는 것이 좋겠다."

성석린(成石璘)이 대답해 말했다.

"신하를 아는 것은 임금만 한 이가 없습니다. 다시 예전 대간(臺諫)을 시켜 일을 보게 하는 것은 다만[弟=但] 상의 뜻에 달려 있을 뿐입니다."

하륜(河崙)과 조영무(趙英茂)가 대답해 말했다.

"비록 다시 다른 사람을 제수하려고 해도 재주가 특출한 자가 없으니 예전 사람에게 도로 맡기는 것이 마땅합니다."

상이 말했다.

"설사 예전 사람을 다시 쓴다 해도 어변갑(魚變甲)은 안 된다."

이때에 이르러 다시 출사(出仕)하도록 명하고 오직 김묘(金畝)만 파면했다. 상이 대언(代言)에게 일러 말했다.

"전일에 어변갑이 올린 글에 대해 내가 말하기를 '반드시 꾀고 부추긴 사람이 있을 것'이라고 했는데 지금 듣자니 문성군(文城君) 유량(柳亮)이 스스로 의혹을 느낀다고 하니 참으로 괴이한 일이다."

상이 말했다.

"김도생(金道生) 등은 진실로 정식(程式)에 맞지 않고 묘(畝)도 또한 용렬한 무리[庸流]다."

○ 호조(戶曹)에 명해 이저(李佇)의 공신전(功臣田)과 과전(科田)을 도로 주었다. 저(佇)가 세자(世子)의 혐명(嫌名)[6]을 피해 고치기를 청

6 발음은 같은데 한자(漢字)의 의미가 다르거나 의미는 같지만 한자의 생김새와 발음이 다

하니 상이 말했다.

"혐명은 휘(諱)하지 않는다고 『춘추(春秋)』에 참으로 자세히 말했으나 청하기를 부지런히 하니 따르지 않을 수 없다."

이에 이름을 '애(薆)'라고 명했다.

정축일(丁丑日-13일)에 동교(東郊)에서 매사냥을 구경했다.

○ 일본(日本) 살마주(薩摩州) 등원뇌구(藤原賴久)와 그 아내 상희(常喜)가 사람을 보내 예물을 바치며 쌀과 포목(布木)을 청했고 우주(隅州) 또한 토산물을 바쳤다.

무인일(戊寅日-14일)에 의정부에 명해 이달을 기한으로 추포(麤布)를 쓰는 것을 금지했다. 저화(楮貨)와 포(布)의 시가(時價)가 한결같지 않았기 때문이다.

기묘일(己卯日-15일)에 상이 문소전(文昭殿)에 친히 제사를 지냈다. 신의왕태후(神懿王太后)의 새로 그린 진용(眞容)을 봉안(奉安)하기 때문이었다.

○ 전(前) 의흥삼군부지사(知事) 정남진(鄭南晉)[7]이 졸(卒)했다.

른, 서로 비슷한 이름을 가리킨다.

7 1381년(고려 우왕 7년) 안동병마사(安東兵馬使)로 있을 때 왜구가 임하현(臨河縣)으로 침입하자 격파했다. 1394년(태조 3년) 중추원부사(中樞院副使)로 왕명에 따라 삼척(三陟)에 있던 고려 공양왕(恭讓王)과 그의 두 아들을 교살했다. 그해 상의중추원사(商議中樞院事)로 명나라에 가서 물화를 교역하고 호송진무(護送鎭撫)와 싸우는 등 물의를 빚었다 해간관 장지화(張至和)가 탄핵했으나 원종공신이라는 이유로 태조는 죄를 묻지 않았다. 이

신사일(辛巳日-17일)에 상이 상왕전(上王殿)에 나아가 하직을 고했다. 하륜(河崙)과 조영무(趙英茂)가 아뢰었다.

"액막이[度厄(도액)]는 반드시 옛 서울에서 할 것이 아니라 이 땅에서 길(吉)한 날을 골라 하는 것이 마땅합니다. 또 조정(朝廷)의 사신이 장차 이를 것이니 참으로 옳지 않습니다."

상이 말했다.

"복서(卜筮)의 글은 성인(聖人)이 폐하지 않은 것이다. 복자(卜者)가 말하기를 '명년 운수가 신축일(辛丑日)이 되면 태세(太歲)에 임한다'라고 하기 때문에 장차 피방(避方)해 기도하려는 것이다."

이에 이조판서(吏曹判書) 윤저(尹柢), 찬성사(贊成事) 유량(柳亮), 지신사(知申事) 안등(安騰)을 보내 종묘에서 점을 쳐 동(動)하면 길하다는 점괘를 얻었다.

임오일(壬午日-18일)에 어가(御駕)가 유후사(留後司)로 행차하니 중궁(中宮)이 따랐다. 각사(各司)를 반으로 나눠 시위(侍衛)하게 하고, 오직 한성부(漢城府)·성균관(成均館)·전사시(典祀寺)·전농시(典農寺)·광흥창(廣興倉)·도염서(都染署)·혜민국(惠民局)·제생원(濟生院)·전옥서(典獄署)만 도성에 머물게 했다.

계미일(癸未日-19일)에 어가가 임진(臨津)나루에 머물렀는데 세자에

후 유후사부유후를 역임하고, 1399년(정종 1년) 날마다 정종(定宗)과 격구를 해 말 1필을 하사받았고 1408년(태종 8년) 사간원이 민무구(閔無咎)와 내통했다며 지속적으로 탄핵했으나 태종은 죄를 묻지 않았다.

게 도성으로 돌아가라고 명했다.

을유일(乙酉日-21일)에 어가가 유후사(留後司)에 이르러 경덕궁(敬德宮)에 임어(臨御)하고 각사(各司)에게 명해 중궁(中宮)을 따라 먼저 송도(松都)에 들어가게 했다. 상이 마침내 동강(東江)에서 사냥했다[田=畋].
전 전

○ 어가(御駕)를 따르는 대소인원(大小人員)의 부녀(婦女)들 가운데 행재(行在)에 오려고 하는 자는 금하지 말라고 명했다. 애초에 상이 말했다.

"지금의 이사(移徙)는 액막이를 위한 것뿐이니 여러 신하가 가족들을 끌고 가는 것[挈家]은 불가하다. 관진(關津)으로 하여금 부녀자
설가
가 강을 건너는 것을 들어주지 말게 하라."

(그런데) 이때에 이르러 이런 명이 있었다.

병술일(丙戌日-22일)에 천릉도감(遷陵都監)에서 덕릉(德陵)과 안릉(安陵)을 천장(遷葬)하는 제도를 아뢰었다. 계문(啓聞)은 이러했다.

'옛 제도를 참고해보니 『예기(禮記)』「단궁(檀弓)」 하편(下篇)에서 공자(孔子)가 말하기를 "위(衛)나라 사람은 부장(祔葬)하는 것을 분리하는데, 노(魯)나라 사람은 부장하는 것은 합하니 좋다"라고 했습니다. 진씨(陳氏)의 주(註)에 말하기를 "살아서 이미 실(室)을 함께했으니 죽어서도 마땅히 혈(穴)을 함께해야 하기 때문에 노나라를 좋게 여겼다"라고 했고, 소(疏)에 말하기를 "부(祔)는 합장(合葬)인데 이를 분리한다는 것은 곽(槨) 가운데에 한 가지 물건으로 두 관(棺) 사

이를 떼어놓는다는 말이고, 노(魯)나라 사람이 합한다는 것은 두 관(棺)을 아울러 곽(槨) 가운데에 놓고 딴 물건으로 간격을 두지 않는다는 것이다"라고 했습니다. 주자(朱子)는 말하기를 "곽(槨)은 여러 가지 재목(材木)을 합해 만들기 때문에 크고 작은 것을 사람에 따라 만들 수 있는데 지금은 통나무[專木](전목)를 쓰니 곽을 만들 만한 그렇게 큰 나무가 없다. 그러므로 합장하는 자가 다만 혈(穴)만 같이 하고 곽은 각각 쓴다"라고 했습니다. 지금 두 능의 천장은 마땅히 공자가 좋게 여긴 노(魯)나라 사람의 부합(祔合)하는 제도와 주자(朱子)가 말한 혈(穴)은 같이 하고 곽은 각각 쓴다는 설(設)을 받아들여 석인(石人)과 석수(石獸)는 한 능에 배치하는 수(數)를 쓰고 오직 석상(石床)과 장명등(長明燈)만은 각각 두어야 할 것입니다."

상이 그것을 따랐다.

무자일(戊子日-24일)에 각 도(各道)의 민호(民戶)에게 명해 저화(楮貨)로 세포(稅布)를 대신하도록 했다.

○사간원에서 소를 올려 말했다.

'거둥(擧動)은 임금의 대절(大節)이어서 삼가지 않을 수 없습니다. 신 등이 가만히 보건대 전하께서 면상(免喪)하신 뒤로 문밖에 거둥하실 때에 백관(百官)이 모두 송영(送迎)하지 못하고, 지금 유후사(留後司)에 행행(行幸)함에 있어서도 성(城)에 드시는 길과 연(輦)에서 내리시는 때에 모두 처음 즉위(卽位)하신 때[初服](초복)와 같지 않으시니 신 등은 유감(有憾)스럽습니다. 바라건대 지금부터 무릇 행행하실 때에 성안과 성 밖을 물론하고 모두 대간(臺諫)과 법관(法官)으로 하여금

수종(隨從)하게 하고, 영송(迎送)하게 해 만세에 법으로 남기셔야 할 것입니다.'

소(疏)를 궁중에 머물러두었다[留中=寢].

기축일(己丑日-25일)에 상이 친히 제릉(齊陵)에 제사하고 드디어 백마산(白馬山)에서 사냥하는 것을 구경했다[觀獵].

○ 광록소경(光祿少卿) 여귀진(呂貴眞)[8]이 졸(卒)했다.

경인일(庚寅日-26일)에 (상이) 새벽 무렵에[侵曉] 나가 열마파(閱馬坡)에서 사냥해 노루 33구(口)를 잡고 밤에 돌아오니 의정부에서 각사(各司)를 거느리고 선의문(宣義門) 밖에서 맞이했다. 상이 이를 싫어해 승제문(承制門)으로 들어와 의정부사인(議政府舍人)을 불러 꾸짖었다.

"오래 사냥하는 것도 아닌데 교외(郊外)에서 맞이하는 것은 부당하다."

상이 사옹방(司饔房)에서 사냥하는 사람을 공궤(供饋)하지 않은 것에 노해 반감(飯監) 3인에게 장(杖)을 때리고, 또 대언(代言)이 각사(各司)가 교영(郊迎)하는 것을 금하지 않았다고 꾸짖고 예조좌랑 심도원(沈道源)을 칼을 씌워 순금옥에 가뒀다가 조금 뒤에 풀어주었다.

---

8 1408년(태종 8년) 사직으로 재임할 때 명나라가 조선에 처녀의 진헌(進獻)을 요구해 여귀진의 딸이 5명 중에 간택돼 충좌시위사중령호군(忠佐侍衛司中領護軍)이 됐다. 1409년 명나라로부터 4품의 광록소경(光祿少卿)을 제수받았다. 여귀진이 죽자 명나라에서는 이듬해인 1411년에 태감(太監) 황엄(黃儼)을 사신으로 보내 조문했다.

신묘일(辛卯日-27일)에 이천우(李天祐)를 의정부찬성사 겸 의용순금사판사로, 이숙번(李叔蕃)을 의정부참찬사 겸 의흥부지사(知事)로, 민무휼(閔無恤)을 우군동지총제(右軍同知摠制)로, 민무회(閔無悔)를 한성윤(漢城尹)으로 삼았다.

임진일(壬辰日-28일)에 사간원에서 소(疏)를 올려 저화(楮貨)의 법을 엄격하게 할 것을 청했다. 소는 대략 이러했다.

'저화(楮貨)가 중국에서 시행된 지는 오랩니다. 우리 동방(東方)의 예악 문물이 한결같이 중국의 제도[華制(화제)]를 따르는데 오직 포화(布貨)의 사용만은 그대로 답습해 고치지 못했습니다. 우리 성조(盛朝)에서 임오년(壬午年-1402년)에 비로소 저화를 시행했으니 참으로 만세의 좋은 법입니다. (그런데) 이를 시행한 지 오래지 않아서 저화(楮貨)와 포(布)를 겸용(兼用)하라는 영(令)이 있어 저화의 법이 마침내 행해지지 못했으니 식자(識者)들이 한스럽게 여기다가 오늘날에 이르러 다시 저화를 행하니 좋은 일이라 하겠습니다. (그런데) 시정(市井)의 무리들이 몰래 서로 말하기를 "지난번 임오년에도 시행했으나 유통되지 않았으니 오늘의 영(令)도 또한 믿을 수 없다"라고 합니다.

대개 옛 습관에 얽매여 새 법을 꺼리는 것은 보통 사람의 정(情)이니 진실로 신의로 행하고 위엄으로 보이지 않으면 또 어찌 옛 습관을 버리고 새 법을 행할 수 있겠습니까? 『서경(書經)』에 말하기를 "영(令)이 나오면 행해야 한다"라고 했고, 공자(孔子)가 말하기를 "시작이 있으면 끝이 있어야 한다[有始有終]"라고 했습니다. 엎드려 바라옵건대 전하께서는 중외(中外)에 영을 반포해 민간의 포(布)를 거두어 일절 모두 나라에 들이시고, 그 포(布)의 수량에 따라 저화를 주시어 영(令)이 나온 뒤에 사사로이 포필(布匹)을 감춘 자는 율로 다스리면 오늘의 법이 만세(萬世)에 전할 것입니다. 그러나 포(布)가 없는 백성으로 하여금 저화(楮貨)의 이익을 얻어서 모두 성택(聖澤)을 받게 하기는 참으로 어렵습니다. 다행히 국가에서 전년에 군량(軍糧)의 비축(備蓄)을 염려해 인호(人戶)의 쌀을 거뒀으니 바라건대 그 쌀의 수량에 따라서 저화를 주시면 한 집도 저화를 얻어서 쓰지 않는 집이 없을 것입니다. 엎드려 바라옵건대 채택해 시행하소서.'

명해 의정부에 내려 깊이 토의해 시행하도록 하니 의정부에서 이런 결론을 얻었다.

"간원(諫院)에서 장신(狀申)한 일관(一款)에 '민간의 포(布)를 거둬 일절 모두 나라에 들이고 그 포의 수량에 따라 저화로 주자'라고 청했는데, 이 조목은 형세상 시행하기 어렵고 또 추포(麤布)를 일절 금하는 것은 이미 수판(受判)해 시행했습니다. 또 일관(一款)에 '지난해에 거둔 인호(人戶)의 쌀을 그 수량에 따라 저화로 주자'라고 했는데, 위의 조목은 장신(狀申)에 의거해 시행하는 것이 좋겠습니다."

그것을 따랐다.

○ 평성군(平城君) 조견(趙狷)을 보내 태조(太祖)의 진용(眞容)을 (전라도) 완산부(完山府)에 봉안했다.

계사일(癸巳日-29일)에 사간원에서 소(疏)를 올렸다. 소는 대략 이러했다.

'신 등이 근래에 풍해도(豐海道) 백성들이 근심하고 탄식하는 소리를 들어보건대 모르는 새에[不覺 불각] 장탄식(長嘆息)이 나옵니다. 남자 장정(壯丁)은 소와 말을 가지고 돌을 평양(平壤)으로 운반하고, 노약자와 부녀자는 밭에서 수확해 양식을 길에서 운반합니다. 또 그 도(道)의 감사(監司)가 널리 주군(州郡)으로 하여금 새로 사고(瀉庫)를 짓게 해 백성들이 그 괴로움을 견디지 못합니다. 또 추경(秋耕)하고 벼를 수확하는 때를 맞아 역사(役使)시키기를 이와 같이 하니 갈고 거두는 일을 어떻게 하며, 사신의 행차를 어떻게 대접하겠습니까? 전하께서 백성을 중히 여기시는 뜻에 어떻겠습니까? 또 사고는 쥐가 해악을 끼치는 것 한 가지 일을 가지고 말하면 괜찮은 것 같으나 운반하는 폐단과 주고받는 어려움을 가지고 말하면 짓지 않는 것만도 못합니다. 옛날에 일찍이 경상도(慶尙道)에서 시험해 쓸데없는 것임을 알고 헐었습니다. 상재(上裁)해 시행하시기 바랍니다."

의정부에 내려 깊이 토의해 보고하도록 했다.

○ 대간(臺諫)에서 대궐에 나아와 사냥하는 행차에 따라갈 것을 청했다. 아뢰어 말했다.

"강무(講武)하고 사냥하며, 가을에 교사(郊祀)하고 추수하는 것을 살피는 것은 모두 예전 법을 따른 것이고, 대간(臺諫)이 호종(扈從)하는 것도 예전 제도입니다. 지금 강무(講武)의 영을 내리셨는데 대간과 형조에서 호종하는 반열에 들지 않았으니 신 등은 법가(法駕)를 따라가기를 바랍니다."

상이 말했다.

"각사(各司)가 다 자리를 갖추지 못했고 조정 사신이 곧[垂 수] 올 것이니 아직 어가(御駕)를 따르지 말라."

○ 문묘(文廟)에 비(碑)를 세웠다. 비문(碑文)은 이러했다.

'영락(永樂) 7년(1409년) 기축년 가을 9월에 우리 국왕 전하께서 신(臣) 계량(季良)에게 명하셨습니다.

"우리 선고(先考) 태조(太祖)께서 하늘의 밝은 명(命)을 받아 비로소[肇=始] 방가(邦家)를 세워 한양(漢陽)에 도읍을 정하자 서둘러[亟] 종묘(宗廟)와 학교를 세웠으니 선성(先聖)을 높이고 문교(文敎)를 중하게 여긴 것이다. 내가 큰 통서(統緖)를 이어서 이뤄진 법을 따라 거듭 묘궁(廟宮)을 신축해 이미 완성됐다. 학관(學官) 최함(崔咸) 등이 돌에 글을 새겨 장래에 보이기를 청하니 너는 이것을 쓰도록 하라."

신 계량이 명을 받고 황공해서 물러와 그 시말(始末)을 물어보니 갑술년(甲戌年-1394년)에 태조(太祖)께서 이미 도읍을 세우고 종사(宗社), 조시(朝市), 성곽(城郭), 궁실(宮室)의 제도가 모두 적당하게 되자 곧 묘학(廟學-성균관)을 영건(營建)하기를 도모해 도성 동북 모퉁이에 땅을 정했는데 산이 그치고 땅이 넓고 물이 둘러 흘러 그 위치는 남쪽으로 향했다. 여흥부원군(驪興府院君) 민제(閔霽)에게 명해 주관하게 했는데 공인(工人)을 모으고 재목을 다듬어 정축년(丁丑年-1397년) 3월에 시작해 무인년(戊寅年-1398년) 7월에 일을 끝냈다. 성철(聖哲)은 높은 집이고 종사(從祀)한 이는 옆의 집이며, 학교는 사당 뒤에 있고 가운데는 명륜당(明倫堂)이며 좌우에는 협실(夾室)이 있고 두 협실 남쪽에는 긴 행랑으로 둘렀으며 좌협(左夾)의 동쪽에는 청(廳)과 낭(廊)이 있어 사생(師生)의 위치와 정록(正祿)의 거처(居處)가 완비되지 않음이 없고 규모가 굉대(宏大)하고 집을 지은 것이 견고해 무릇 집을 지은 것의 크고 작은 것을 간수(間數)로 계산하면 96간이었다. 밭을 두어 자성(粢盛)[9]에 이바지하고 생도(生徒)에게 식량을 주게 하며 부역을 면제한 사람으로 쇄소(灑掃)에 응하게 하고 사령(使令)을 넉넉하게 했으니 묘학(廟學)의 일을 다 갖췄다 할 수 있는데 경진년(庚辰年-1400년) 2월에 불에 탔다. 그해 11월에 전하께서 송경(松京)에서 즉위하니 학당(學堂)에 나아가 선성(先聖)께 참알(參謁)하고 장자[冑子(주자)]에게 명해 입학하게 했다. 을유년(1405년)에 한양(漢陽)으로 환도해 선성선사(先聖先師)께 친히 전(奠)을 드렸고 3년째인 정해년(1407년) 정월에 사당의 옛터에 신축할 것을 명하셨다.

성산군(星山君) 신(臣) 이직(李稷)과 중군동지총제(中軍同知摠制) 신(臣) 박자청(朴子青)이 역사를 감독해 이른 새벽부터 저녁 늦게까지 독려하고 마음을 다해 계획하고 손수 지휘하니 공사(工師)가 부지런히 일해 넉 달이 지나 사당이 이루어졌는데 높고 그윽하고 단정하고 큰 것이 옛날에 비해 더함이 있었다. 신주(神廚)를 사당 서쪽에, 동서문(東西門)을 양서(兩序)의 아래에 짓고, 전구(田口)를 더 주었으니 밭은 1만여 무(畝)에 이르고 노비는 300여 구(口)나 됐다. 의정부좌정승(議政府左政丞) 신(臣) 하륜(河崙)의 의견을 채택해 성(郕)[10]과

9 제사에 쓰는 음식물을 말한다.

10 증자(曾子)를 가리킨다. 이름은 삼(參), 자는 자여(子輿)이며, 증점(曾點)의 아들이다. 공자(孔子)의 고제(高弟)로 효심이 두텁고 내성궁행(內省躬行)에 힘썼으며, 노(魯)나라 지방에서 제자들의 교육에 주력했다. 공자가 제자들을 모아놓고 "나의 도리는 하나로써 일관한다"라고 말했을 때 다른 제자들은 그 말의 참뜻을 몰라 생각에 잠겼으나 증자는 선뜻 '부자(夫子-스승)의 도리는 충서(忠恕)뿐'이라고 해설하여 다른 제자들을 놀라게 했다는

기(沂)[11] 두 공(公)을 배향(配享)의 위(位)에 올리고, 자장(子張)[12]을 10철(十哲)[13]에 올렸으니 묘궁(廟宮)의 제도가 더욱 유감이 없다. 신이 생각건대 빼어난 이[聖人]의 도리는 커서 도저히 뭐라 찬양할 수 없다. 비록 억지로 말을 한다 해도 천지(天地)를 그리고 일월(日月)을 그리는 것과 거의 비슷하지 않다고 말할 수 없다. 우리 부자(夫子-공자)께서 주(周)나라 말년에 태어나시어 여러 빼어난 이들이 크게 이룬 바[大成]를 모아 절충(折衷)하고, 백왕(百王)을 위한 대전(大典)을 지어 가르침을 남겼으니 공로는 교화하는 처음[化初]에 극진하고 덕택은 무궁하게 흘러 백성이 생긴 이래로 이렇게 성대한 이가 있지 않았다. 재아(宰我)가 말한 '요(堯)·순(舜)보다 뛰어나다[賢]'[14]라는 것은 까닭이 있는 것이리라. 당(唐)나라 이래로 하늘에 닿고 땅에 서리어 사당의 면모가 서로 잇달아[15] 그 존숭하고 제사하는 것이 변하지

이야기는 유명하다.

11 자사(子思)를 가리킨다. 공자의 손자이자 증자(曾子)의 제자다. 공자의 학문을 전하고 성(誠)을 천지 자연의 법칙이라 하고 천인합일(天人合一)의 철학을 세웠다.

12 이름은 전손사(顓孫師)이고, 자는 자장이다. 공자(孔子)보다 48세 연하다. 『논어』에 공자가 그를 다른 제자들과 견주면서 독특한 성격을 말하는 것으로 볼 때 특수한 위치에 있었음을 알 수 있다. 공자가 죽은 뒤 공문(孔門)은 8개 유파로 갈렸는데 자장을 중심으로 한 학파는 다른 유가 학파보다 의협(義俠)의 성격을 크게 띠어 맹자(孟子) 이후부터는 정통 학파와는 거리가 멀어지게 됐다.

13 공자(孔子)의 문하(門下)의 열 사람의 고제(高弟)를 말한다. 곧 안회(顔回), 민자건(閔子騫), 염백우(冉伯牛), 중궁(仲弓), 재아(宰我), 자공(子貢), 염유(冉有), 자로(子路), 자유(子游), 자하(子夏)를 가리킨다. 여기에 자장은 포함되지 않으니 곧 자장을 10철의 대열에 포함시켰다는 말이다.

14 이 말은 『맹자(孟子)』「공손추장구(公孫丑章句)」에 실려 있다.

15 중국 당(唐)나라 현종(玄宗)이 개원(開元) 27년(739년)에 공자를 문선왕(文宣王)으로 추증(追贈)한 것을 말한다.

않았다. 하물며 우리 동방(東方)은 상고 적부터 풍속이 예의를 숭상하고 기자(箕子) 팔조(八條)의 가르침에 복종해 이륜(彝倫-떳떳한 인륜)이 펼쳐진 것과 전장문물(典章文物)이 갖춰진 것이 중국과 비길 만했고, 우리 부자(夫子)께서 일찍이 이 땅에 살고자 하신 뜻이 있었으니 묘학(廟學)을 영건(營建)해 문교(文敎)를 일으키고 높이는 것이 진실로 다른 나라에 비할 바가 아니다.

생각건대 태조(太祖) 강헌대왕(康獻大王)께서 천명(天命)에 부응하고 인심(人心)을 고분고분 따르시어 큰 기업을 창건해 동방(東方)을 차지하고 도읍을 정하던 처음에 곧 빼어난 이의 사당을 높이고 유술(儒術)을 일으키는 일을 먼저 했으니 대개 그 다움[德]을 높이고 그 도리를 좋아하는 정성이 천성(天性)에서 나온 것이고, 탁연(卓然)하게 치도(治道)를 내는 본원(本源)과 당무(當務)의 급한 것에 본 바가 있음이니 모책(謀策)을 남기고 유복(裕福)을 전해 인심(人心)을 화합하고 국맥(國脈)을 오래토록 가게 한 까닭이다. 아! 지극하도다. 우리 전하께서 인효(仁孝)·겸공(謙恭)하고 강건(剛健)·예철(睿哲)하시어 빛나게 선업(先業)을 이어받아 정사(政事)에 임하시는 여가에 경사(經史)를 즐겨 보아 매번 한밤중에 이르도록 책을 손에서 놓지 않고 격물(格物)·치지(致知)·성의(誠意)·정심(正心)의 배움[16]을 극진히 하시고, 지영(持盈)과 수성(守成)의 도리를 다하시니 전고(前古)에 찾아보아도 대개 정말로 거의 없고 어쩌다가 있는 것이다. 세도(世道)가 바야흐로 형통(亨通)하고 인문(人文)이 밝아져서 일시(一時)의 훈친(勳

16 『대학(大學)』, 즉 제왕학을 가리킨다.

親)·대신(大臣)·백료(百僚)·서부(庶府)에서 숙위(宿衛)하는 신하에 이르기까지 배움을 누리지 않는 사람이 없으니 우리 태조께서 학문을 높이고 교화를 일으켜 인재를 길러낸 것과 우리 전하께서 전왕(前王)의 공렬(功烈)을 더욱 넓혀 위에서 몸소 행해 많은 선비를 고무시키고, 이 백성을 진작시켜 이렇게 된 것이 아니겠는가? 업(業)을 익히려면 학교가 있어야 하고, 제사를 받들려면 사당이 있어야만 주선(周旋)해 오르내리고 추연(愀然)하게 신명(神明)을 다해 눈으로 보고 마음으로 느껴서[觀感 관감] 개발(開發)해 순서에 따라 힘을 써서 문(門)에서 당(堂)으로, 실(室)로 들어가는 것을 구해[17] 다움을 이루고 재능을 이루어 임금을 요순(堯舜)같이 만들고, 백성에게 혜택을 미치는 자가 서로 잇달아 나와 삼대(三代-하·은·주) 때의 인재를 배출한 성대함에 도달할 것을 기다릴 수 있을 것이니 어찌 보고 듣는 것만을 고치고 바꾸어 한때를 빛나게 할 뿐이겠는가? 실로 우리 조선(朝鮮) 종사(宗社) 만세의 복이라 할 것이다. 신(臣) 계량(季良)은 삼가 절하고 머리 조아려 명(銘)[18]을 올린다. 명은 다음과 같다.

---

17 학문의 수준을 나눈 것으로 입문(入門), 승당(升堂), 입실(入室)의 차례를 가리킨다. 『논어(論語)』「선진(先進)」편에 나오는 다음과 같은 공자의 말에서 비롯됐다. 공자가 말했다. "자로가 비파를 어찌 나의 문에서 연주하는가?" 다른 제자들이 자로를 존중하지 않기 시작했다. 이를 본 공자는 다시 말했다. "자로는 당에 올랐고 아직 방에 들어오지 못했을 뿐이다."

18 전통시대 한문체(漢文體)의 하나로 금석(金石)이나 기물(器物) 등에 새기거나 써서 사물의 내력을 말하거나 공적을 찬양·경계하는 글이다. 명(銘)은 명(明)과 통하는 글자로서 분명하게 밝힌다는 뜻이 있다. 보통 4자로 반복되는 문체로서 묘갈명, 묘비명, 좌우명, 정명 등이 명의 문체로 쓰인 것이다.

'아! 위대하신[穆](목) 선성(宣聖-공자)이 때에 응해 나셨도다.

복희씨(伏羲氏)에서 주공(周公)에 이르기까지 그 크게 이룬 것들을 모았도다[集大成](집대성).

백성이 생긴 이래로 성대함이 누가 이보다 크고 높으랴[京](경).

혁혁(赫赫)하다! 높은 사당이 온 천하에 둘러 있구나.

하물며 말하기를 기봉(箕封)은 예의(禮義)를 가장 중요하게 여겼도다.

읍양(揖讓)과 조두(俎豆-제기)는 예전부터 그러했다.

하늘이 태조(太祖)를 내려주시니 신성(神聖)하고 문무(文武)를 겸전했도다.

밝게 제명(帝命)을 받아 능히 큰 공업을 이루었다네.

번성한 신도(神都)여, 한수(漢水)의 근원이로다.

이에 학궁(學宮)을 조성하니 성묘(聖廟-공자 사당)가 가운데에 있다.

전(奠)하여 드리고 강(講)하여 익히니 많은 선비가 그림자처럼 따랐도다[景從](경종).

밝고 밝은 우리 임금이 통서(統緖)를 이어받아 공을 더했네.

(우리 임금의) 빛나는 성학(聖學)이 고금에 비교할 이가 드물도다.

높은 신궁(神宮)에 두 공(公)(-증자와 자사)을 올려 제사했다.

원량(元良-세자)이 입학(入學)하니 국본(國本)이 더욱 높아졌다.

내가 짓고 내가 따라 선성(先聖)을 높이는도다.

인재가 이에 육성되고 풍속이 이에 아름다워지리라.

누가 병이(秉彛)가 없기에 자포자기(自暴自棄)하겠는가?

사람은 날로 학문이 진보되고 세상은 날로 다스림에 나아가도다.

삼왕(三王)보다 낫고 오제(五帝)와 같게 되는 것을 날을 정해 기다릴 수 있다.

화산(華山-삼각산, 즉 북한산)은 높디 높고 한수(漢水)는 쉬지 않고 흐른다.

나라와 더불어 끝이 없는 것은 오직 빼어난 이의 사당이리라.

돌을 다듬어 말을 새기어 길이 보이는 바로다.'

예문관제학(藝文館提學) 변계량(卞季良)이 지은 것이다.

원문

乙丑朔 觀放鷹于廣州. 有小宦嘗啓曰: "廣州之野 禽獸蕃息."
을축 삭 관 방응 우 광주 유 소환 상 계왈 광주 지 야 금수 번식

上旣出而不如其言 上悔曰: "吾今不復畋于廣州矣."
상 기출 이 불여 기언 상 회왈 오 금 불부 전우 광주 의

丙寅 雷電雨雹.
병인 뇌전 우박

上王親祭于健元陵 次于豐壤之郊. 翼日 上出迎于廣津 設宴夜還.
상왕 친제 우 건원릉 차우 풍양 지 교 익일 상 출영 우 광진 설연 야 환

丁卯 韓尙敬回自北京 啓曰: "帝御奉天門 早朝宣問: '高麗
정묘 한상경 회자 북경 계왈 제 어 봉천문 조조 선문 고려

北門上 不知甚麽人來搶人口?' 尙敬等具奏其故 且奏: '本國
북문 상 부지 심마 인 래 창 인구 상경 등 구주 기고 차 주 본국

差李玄 朴惇之 二次來奏 適以大駕北巡 玄已還國 惇之欲啓
차 이현 박돈지 이차 내주 적 이 대가 북순 현 이 환국 돈지 욕계

于東宮如南京.' 帝曰: '朕不曾見爾國文書. 這兀良哈 眞箇這般
우 동궁 여 남경 제 왈 짐 부증 견 이국 문서 저 올량합 진 개 저반

無禮. 我調遼東軍馬去 爾也調軍馬來 把這廝殺得乾淨了.' 帝又
무례 아 조 요동 군마 거 이 야 조 군마 래 파 저 시 살 득 건정 료 제 우

謂通事元閔生曰: '這野人受朝廷重賞大職 賜以金帶銀帶. 招安
위 통사 원민생 왈 저 야인 수 조정 중상 대직 사 이 금대 은대 초안

如此 忘了我恩 打海靑去底指揮 拿做奴婢使喚 又嘗一來擾我邊.
여차 망 료 아 은 타 해청 거 저 지휘 나 주 노비 사환 우 상 일래 요 아변

有恩的 尙或如是 爾莫說了料着. 爾那裏十箇人敵他一箇人 要殺
유 은 적 상 혹 여시 이 막설 료 요 착 이 나리 십 개 인 적 타 일개 인 요살

乾淨.' 閔生奏曰: '未蒙明降 不敢下手.' 帝曰: '這已後還 這般
건정 민생 주왈 미몽 명강 불감 하수 제 왈 저 이 후환 저반

無禮 不要饒了 再後不來打攪兩箇和親.' 又帝御奉天門 宣諭曰:
무례 불요 요 료 재 후 불래 타교 양개 화친 우 제 어 봉천문 선유 왈

'這野人 貌雖似人 實懷熊狼虎豹之心 可着好軍馬一擧殺了. 其中
저 야인 모 수 사인 실 회 웅랑 호표 지 심 가착 호 군마 일거 살 료 기중

若有歸順朝廷的人 不要惹他 又來告難決斷.""
약유 귀순 조정 적 인 불요 야 타 우 내고 난 결단

己巳 月犯箕星.
기사 월 범 기성

庚午 三功臣欲獻壽 上以違豫不受.
경오 3공신 욕 헌수 상 이 위예 불수

辛未 命下司憲監察金道生 李希若 金孝貞于巡禁司. 初 金畝
신미 명하 사헌 감찰 김도생 이희약 김효정 우 순금사 초 김묘
以諫官 同請李佇之罪 旣而 以疾在告; 臺諫累請不得 皆辭職.
이 간관 동청 이저 지 죄 기이 이질 재고 대간 누청 부득 개 사직
至是 畝稱疾愈 赴諫院供職 且欲受祿於廣興倉. 道生爲臺監 議
지시 묘 칭 질유 부 간원 공직 차 욕 수록 어 광흥창 도생 위 대감 의
于房主李希若 有司金孝貞 不給祿 畝上書自訟 因乞辭 上怒曰:
우 방주 이희약 유사 김효정 불급 록 묘 상서 자송 인 걸사 상 노왈
"爵祿 非臣子所敢與奪 監察輩欲作威福耶?" 遂命下獄鞫問.
작록 비 신자 소감여탈 감찰 배 욕 작 위복 야 수 명하 옥 국문
議政府救之 趙英茂至於涕泣 上不聽 流道生於延日縣 罷希若
의정부 구지 조영무 지어 체읍 상 불청 유 도생 어 연일 현 파 희약
孝貞職.
효정 직

命東北面都巡問使 歸所擄兀良哈婦女.
명 동북면 도순문사 귀 소로 올량합 부녀

日本 紀伊島客人來獻土物.
일본 기이도 객인 내헌 토물

壬申 議築平壤城. 初 黃稻回自平壤府言: "築城軍丁取石于
임신 의축 평양성 초 황도 회자 평양부 언 축성 군정 취석 우
三四日程 牛馬疲困 至有婦女輸石 絡繹于道. 民間農器 盡爲
삼사 일 정 우마 피곤 지 유 부녀 수석 낙역 우도 민간 농기 진 위
椎釘 其弊不可勝言." 右政丞趙英茂啓曰: "臣等深慮." 上心驚懼
추정 기폐 불가 승언 우정승 조영무 계왈 신등 심려 상 심 경구
遣知印權惇往觀平壤築城之狀. 惇來言: "西北面各郡 所受 功尙
견 지인 권돈 왕관 평양 축성 지 상 돈 내언 서북면 각군 소수 공 상
未半 豐海各郡 但築城基 想冬初未能畢也." 左政丞成石璘曰:
미반 풍해 각군 단 축 성기 상 동초 미능 필 야 좌정승 성석린 왈
"殿下愛民至矣 然臣竊謂凡可爲之事 不爲則已 爲則必要其成.
전하 애민 지의 연 신 절위 범 가위 지 사 불위 즉 이 위 즉 필요 기성
至於功築 軍匠之聚 器械之集 事之半也. 平壤境連上國 不可
지어 공축 군장 지 취 기계 지 집 사지반 야 평양 경 련 상국 불가
不築. 今事半而中止 至後年復擧 則反爲巨弊 民受其苦倍矣. 又以
불축 금 사 반 이 중지 지 후년 부거 즉 반 위 거폐 민 수 기고 배의 우 이
民心觀之 則西北之民 亦猶豐海之民也. 雖曰他道 豐海州郡 則
민심 관지 즉 서북 지 민 역 유 풍해 지 민 야 수왈 타도 풍해 주군 즉

近於平壤 西北深郡之於平壤 倍遠於豐海. 放此而役彼 則勞逸
근어 평양 서북 심군 지어 평양 배원어 풍해 방차 이 역피 즉 노일

不均 亦於國體未便. 雖柳璋言: '豐海之民 未有孑遺' 然其道監司
불균 역어 국체 미편 수 유장 언 풍해 지 민 미유 혈유 연 기도 감사

豈不察民之勞苦乎 而亦未有報. 臣欲更遣敬差官 與監司同議
기 불찰 민 지 노고 호 이 역 미유 보 신 욕 갱 견 경차관 여 감사 동의

便否." 上然之 乃以漢城少尹安望之爲敬差官 命之曰: "汝不分
편부 상 연지 내 이 한성 소윤 안망지 위 경차관 명지 왈 여 불분

星夜而往視之 若於今朔 庶乎畢役 則因而役之 苟未能畢則豐海
성야 이 왕시 지 약 어 금삭 서호 필역 즉 인이 역지 구 미능 필 즉 풍해

之民 可盡放之." 望之卽日發行. 望之行九日乃還 啓曰: "臣之
지 민 가 진 방지 망지 즉일 발행 망지 행 구일 내 환 계왈 신 지

往也 道傍男女 布散在野 非無收穫者也. 至平壤詢之 官民皆曰:
왕 야 도방 남녀 포산 재야 비무 수확 자 야 지 평양 순지 관민 개 왈

'不爲則已 若待春復築 則基址已成 取石已多 氷凍之前 願刻期
불위 즉 이 약 대춘 부 축 즉 기지 이성 취석 이다 빙동 지 전 원 각기

畢築.'" 都巡問使朴訔 因望之啓曰: "秋耕之田 民皆付種 則曰謂
필축 도순문사 박은 인 망지 계왈 추경 지 전 민 개 부종 즉 왈 위

民失秋耕者誤矣. 赴役之民 私代還家 守令給路引而去者甚多 豈
민 실 추경 자 오의 부역 지 민 사대 환가 수령 급 노인 이 거자 심다 기

皆赴役者乎?" 上然之 謂望之曰: "汝審察得中 予甚嘉之."
개 부역 자 호 상 연지 위 망지 왈 여 심찰 득중 여 심 가지

癸酉 安平府院君李舒卒. 舒洪州人 字陽伯 自號戇翁 高麗
계유 안평 부원군 이서 졸 서 홍주 인 자 양백 자호 당옹 고려

侍中延壽六世孫也. 登第歷官至軍簿佐郎. 高麗之季 朝政日紊
시중 연수 육세 손 야 등제 역관 지 군부 좌랑 고려 지 계 조정 일문

舒屛居田里. 洪武丙辰 拜右獻納 以親老不就徵. 喪父母 廬墓
서 병거 전리 홍무 병진 배 우헌납 이 친로 불 취징 상 부모 여묘

六年. 戊辰 除內府少尹 以喪未終制辭 國家高其孝行 旌表門閭.
육년 무진 제 내부 소윤 이 상 미 종제 사 국가 고 기 효행 정표 문려

其年冬 我太祖當國 擧老成訪遺逸 徵爲內書舍人 舒又上箋辭
기년 동 아 태조 당국 거 노성 방 유일 징 위 내서사인 서 우 상전 사

不允. 壬申 太祖卽位 進刑曹典書 賜功臣號翊戴開國 封安平君.
불윤 임신 태조 즉위 진 형조전서 사 공신호 익대 개국 봉 안평군

甲戌拜司憲府大司憲 承命守貞陵三年. 戊寅 拜參贊門下府事
갑술 배 사헌부대사헌 승명 수 정릉 삼년 무인 배 참찬문하부사

辛巳 遷侍郎贊成事 尋拜右政丞 進爵府院君 加賜同德功臣之
신사 천 시랑찬성사 심 배 우정승 진작 부원군 가사 동덕 공신 지

號. 六月 以謝誥命 奉表朝京師 七月拜領議政府事. 壬午以本官
호 육월 이사 고명 봉표 조 경사 칠월 배 영의정부사 임오 이 본관

致仕 年七十一. 其冬 與華嚴都僧統雪悟 迎太祖于安州 至行宮
치사 연 칠십 일 기동 여 화엄 도승통 설오 영 태조 우 안주 지 행궁
謁見 太祖喜 從容談笑. 甲申 復拜右政丞 乙酉 再致仕. 己丑 又
알현 태조 희 종용 담소 갑신 부배 우정승 을유 재 치사 기축 우
拜右政丞 自陳衰憊 懇求罷免. 踰月 拜領議政 未幾 封君就第
배 우정승 자진 쇠비 간구 파면 유월 배 영의정 미기 봉군 취제
卒年七十九. 輟朝三日 上遣代言致祭 諡文簡. 舒正直方嚴 淸儉
졸 년 칠십 구 철조 삼일 상 견 대언 치제 시 문간 서 정직 방엄 청검
自守 平居危坐終日. 嘗因啓事 見御坐設黃綾褥 舒進曰: "臣觀褥
자수 평거 위좌 종일 상 인 계사 견 어좌 설 황릉 욕 서 진왈 신 관 욕
色 非殿下所宜用." 上愧謝之. 晩雖貴顯 謙恭下士 未嘗以勢位
색 비 전하 소의용 상 괴 사지 만 수 귀현 겸공 하사 미상 이 세위
驕人 不惑異端 臨終 誡家人喪制一遵朱子家禮 毋作佛事. 庶子
교인 불혹 이단 임종 계 가인 상제 일준 주자가례 무작 불사 서자
二 愼止 愼猷.
이 신지 신유

乙亥 雷電雨雹于海州及連豐縣.
을해 뇌전 우박 우 해주 급 연풍현

中軍護軍田興回自兀良哈地面.
중군 호군 전흥 회자 올량합 지면

遣司譯院副使崔雲 管押摠旗金帖木兒如遼東. 咨曰:
견 사역원 부사 최운 관압 총기 김 첩목아 여 요동 자왈

'田興到建州衛 有東寧衛摠旗金帖木兒出來相見 告稱: "永樂
전흥 도 건주위 유 동녕위 총기 김 첩목아 출래 상견 고칭 영락
六年 欽奉聖旨 招諭野人亥狄乃等 爲緣 亥狄乃等托故 不曾赴京
육년 흠봉 성지 초유 야인 해적내 등 위 연 해적내 등 탁고 부증 부경
却來建州衛住留 幸蒙護軍出來. 朝鮮旣與朝廷是一家 願隨護軍
각래 건주위 주류 행몽 호군 출래 조선 기 여 조정 시 일가 원수 호군
同赴朝鮮國 回還京師." 興聽此 就引帖木兒同來. 看詳帖木兒 旣
동부 조선국 회환 경사 흥 청차 취인 첩목아 동래 간상 첩목아 기
係朝廷差遣摠旗 理合差人伴送回還.'
계 조정 차견 총기 이합 차인 반송 회환

設時令調和太一醮禮于昭格殿.
설 시령 조화 태일 초례 우 소격전

丙子 復令臺諫就職. 初 上召參知議政府事李慥曰: "臺諫久闕
병자 부령 대간 취직 초 상 소 참지 의정부 사 이조 왈 대간 구궐
新除他人乎 將復令舊人視事乎? 卿可議諸政府以聞." 成石璘
신제 타인 호 장 부령 구인 시사 호 경 가 의 저 정부 이문 성석린
對曰: "知臣莫如君. 復令舊臺諫視事 第在上鑑耳." 河崙 趙英茂
대왈 지신 막여 군 부령 구 대간 시사 제 재 상감 이 하륜 조영무

對曰: "雖欲更除他人 才無特出者 還任舊人宜矣." 上曰: "雖
대왈 수 욕 갱제 타인 재 무 특출 자 환임 구인 의의 상 왈 수

復用舊人 若魚變甲則不可." 至是命復仕 惟金畝罷. 上謂代言曰:
부용 구인 약 어변갑 즉 불가 지시 명 부사 유 김묘 파 상 위 대언 왈

"前日魚變甲上書 予曰: '必有人誘掖者.' 今聞文城君柳亮自惑
전일 어변갑 상서 여 왈 필유 인 유액 자 금문 문성군 유량 자 혹

亦可怪也." 上曰: "道生等固不中程式 畝亦庸流也."
역 가괴 야 상 왈 도생 등 고 부중 정식 묘 역 용류 야

命戶曹還給李竚功臣田科田. 竚避世子嫌名 請改之 上曰:
명 호조 환급 이저 공신전 과전 저 피 세자 혐명 청 개지 상 왈

"嫌名不諱 春秋固詳言之 然請勤 不可不從." 乃命之曰薆.
혐명 불휘 춘추 고 상언 지 연 청 근 불가 부종 내 명지 왈 애

丁丑 觀放鷹于東郊.
정축 관 방응 우 동교

日本薩摩州藤原賴久及其妻常喜 使人獻禮物 請米布木. 隅州
일본 살마주 등원 뇌구 급 기처 상희 사인 헌 예물 청 미 포목 우주

亦獻土物.
역 헌 토물

戊寅 命議政府 限今朔禁用麤布. 以楮布時價不一也.
무인 명 의정부 한 금삭 금용 추포 이 저 포 시가 불일 야

己卯 上親祭于文昭殿. 奉安神懿王太后新畵眞也.
기묘 상 친제 우 문소전 봉안 신의 왕태후 신화 진 야

前知義興三軍府事鄭南晋卒.
전 지 의흥삼군부 사 정남진 졸

辛巳 上詣上王殿告辭. 河崙 趙英茂啓: "度厄不須舊京 宜於
신사 상 예 상왕 전 고사 하륜 조영무 계 도액 불수 구경 의 어

此地擇吉. 且朝廷使臣將至 誠爲未可." 上曰: "卜筮之書 聖人之
차지 택길 차 조정 사신 장 지 성 위 미가 상 왈 복서 지 서 성인 지

所不廢也. 卜者言: '明年運逢辛丑日臨太歲' 故將避方以禳之." 乃
소불폐 야 복자 언 명년 운 봉 신축 일 임 태세 고 장 피방 이 양지 내

遣吏曹判書尹柢 贊成事柳亮 知申事安騰 卜于宗廟 得動吉之兆.
견 이조판서 윤저 찬성사 유량 지신사 안등 복 우 종묘 득 동길 지 조

壬午 駕幸留後司 中宮隨之. 各司分半侍衛 唯漢城府 成均館
임오 가행 유후사 중궁 수지 각사 분반 시위 유 한성부 성균관

典祀典農寺 廣興倉 都染署 惠民局 濟生院 典獄署留都.
전사 전농시 광흥창 도염서 혜민국 제생원 전옥서 유도

癸未 駕次臨津渡 命世子還都.
계미 가 차 임진도 명 세자 환도

乙酉 駕至留後司 御敬德宮 命各司隨中宮先入松都 上遂田于
을유 가 지 유후사 어 경덕궁 명 각사 수 중궁 선입 송도 상 수 전 우

東江.
동강

命隨駕大小人員婦女欲赴行在者勿禁. 初 上曰: “今之移徙 欲
명 수가 대소인원 부녀 욕부 행재 자 물금 초 상왈 금지 이사 욕

度厄耳 群臣乃挈家而行 不可也. 其令關津 不聽婦女過涉.” 故
도액 이 군신 내 설가 이행 불가 야 기령 관진 불청 부녀 과섭 고

至是有是命.
지시 유 시명

丙戌 遷陵都監啓德安陵遷葬之制. 啓曰: ‘參商古制 禮記檀弓
병술 천릉도감 계덕 안릉 천장 지제 계왈 참상 고제 예기 단궁

下篇 孔子曰: “衛人之祔也 離之; 魯人之祔也 合之 善夫!” 陳氏
하편 공자 왈 위인 지부 야 이지 노인 지부 야 합지 선부 진씨

註曰: “生旣同室 死當同穴 故善.” 魯疏曰: “祔 合葬也. 離之 謂
주왈 생기 동실 사당 동혈 고선 노 소왈 부 합장 야 이지 위

以一物隔二棺之間於槨中也. 魯人則合幷兩棺置槨 無別物隔之.”
이 일물 격 이관 지간 어 곽중 야 노인 즉 합병 양관 치곽 무별 물 격지

朱子曰: “槨 合衆材爲之 故大小隨人所爲 今用專木 則無許大木
주자 왈 곽 합 중재 위지 고 대소 수인 소위 금용 전목 즉무허 대목

可以爲槨 故合葬者 只同穴而各用槨也.” 今二陵遷葬 宜倣孔子
가이 위곽 고 합장 자 지 동혈 이각용곽야 금 이릉 천장 의방 공자

所善魯人祔 合之制 朱子所云同穴而各用槨之說. 石人石獸 用
소선 노인 부 합지 제 주자 소운 동혈 이각용곽지설 석인 석수 용

一陵所排之數 唯石床 長明燈 各置之.’ 上從之.
일릉 소배 지수 유 석상 장명등 각 치지 상 종지

戊子 命各道民戶 以楮貨代稅布.
무자 명 각도 민호 이 저화 대 세포

司諫院上疏. 疏曰:
사간원 상소 소왈

‘擧動 人君之大節 不可不謹也. 臣等竊見殿下 免喪之後 行幸
거동 인군 지 대절 불가 불근 야 신등 절견 전하 면상 지후 행행

門外 百官皆不得送迎 今留後司行幸 入城之路 下輦之時 皆不如
문외 백관 개 부득 송영 금 유후사 행행 입성 지로 하연 지시 개 불여

初服 臣等竊有憾焉. 願自今凡行幸時 勿論城內城外 皆令臺諫
초복 신등 절 유감 언 원 자금 범 행행 시 물론 성내 성외 개 영 대간

法官隨從 使之迎送 垂法萬世.’
법관 수종 사지 영송 수법 만세

疏留中.
소 유중

己丑 上親祭于齊陵 遂觀獵于白馬山.
기축 상 친제 우 제릉 수 관렵 우 백마산

光祿少卿呂貴眞卒.
광록 소경 여귀진 졸

庚寅 侵曉 出獵于閱馬坡 獲獐三十三口 夜還. 議政府率各司
경인 침효 출렵 우 열마파 획 장 삼십삼 구 야환 의정부 솔 각사

迎于宣義門外 上惡之 入自承制門 召議政府舍人責之曰: "非
영우 선의문 외 상 오지 입 자 승제문 소 의정부 사인 책지 왈 비

久獵也 不當郊迎." 上怒司饔房不餉獵人 杖飯監三人 又責代言
구 렵 야 부당 교영 상 노 사옹 방 불향 엽인 장 반감 삼인 우 책 대언

不禁各司郊迎 枷禮曹佐郎沈道源于巡禁獄 旣而釋之.
불금 각사 교영 가 예조좌랑 심도원 우 순금옥 기이 석지

辛卯 以李天祐爲議政府贊成事兼判義勇巡禁司事 李叔蕃參贊
신묘 이 이천우 위 의정부찬성사 겸 판의용순금사사 이숙번 참찬

議政府事兼知義興府事 閔無恤右軍同知總制 閔無悔漢城尹.
의정부 사 겸 지의흥부사 민무휼 우군동지총제 민무회 한성윤

壬辰 司諫院上疏 請嚴楮貨之法. 疏略曰:
임진 사간원 상소 청엄 저화 지 법 소 약왈

'楮貨行乎中國尙矣. 吾東方禮樂文物 一遵華制 獨布貨之用
저화 행 호 중국 상의 오 동방 예악 문물 일준 화제 독 포화 지 용

因循未革. 惟我盛朝 歲在壬午 始行楮貨 誠萬世之良法也. 行之
인순 미혁 유 아 성조 세 재 임오 시 행 저화 성 만세 지 양법 야 행 지

未久 而有楮布兼用之令 楮貨之法 卒不能行 識者恨之 至於今日
미구 이 유 저포 겸용 지 령 저화 지 법 졸 불능 행 식자 한지 지어 금일

復行楮貨 可謂善矣. 然市井之徒 私相語曰: "曩在壬午 行之未克
부행 저화 가위 선의 연 시정 지 도 사상 어 왈 낭 재 임오 행지 미극

今日之令 亦未可信也." 夫狃於舊習 憚於新法 常人之情也. 苟非
금일 지 령 역 미가 신 야 부 뉴어 구습 탄어 신법 상인 지 정 야 구 비

行之以信 示之以威 則又安能移舊習而行新法乎? 書曰: "令出惟
행지 이신 시지 이위 즉 우 안능 이 구습 이 행 신법 호 서왈 영출 유

行." 孔子曰: "有始有終." 伏望殿下 布令中外 收民間之布 一皆
행 공자 왈 유시 유종 복망 전하 포령 중외 수 민간 지 포 일개

入公 隨其布數 給之楮貨 令出之後 私藏布匹者 繩之以律 則
입공 수 기 포수 급지 저화 영 출지 후 사장 포필 자 승지 이율 즉

今日之法 可以傳之萬世矣. 然而使無布之民 得楮貨之利 而咸蒙
금일 지 법 가이 전지 만세 의 연이 사 무포 지 민 득 저화 지리 이 함 몽

聖澤 其亦難矣. 幸國家於前年 慮糧餉之備 收人戶之米 願隨其
성택 기 역 난의 행 국가 어 전년 여 양향 지 비 수 인호 지 미 원 수 기

米數 給之楮貨 則無一家不得楮貨而爲用矣. 伏惟採擇施行.'
미수 급지 저화 즉 무일 가 부득 저화 이 위용 의 복유 채택 시행

命下議政府擬議施行. 議政府議得: "諫院狀申一款: '請收民間
명하 의정부 의의 시행 의정부 의득 간원 장신 일관 청 수 민간

之布 一皆入公 隨其數給以楮貨.' 右條行之勢難. 且麤布一禁 已
지포 일개 입공 수기수 급이 저화 우조 행지 세난 차 추포 일금 이

受判施行. 一款: '去年所收人戶米 願隨其數給以楮貨.'右條可依
수판 시행 일관 거년 소수 인호 미 원 수 기 수 급 이 저화 우조 가 의

狀申施行." 從之.
장신 시행 종지

遣平城君趙狷 奉安太祖眞于完山府.
견 평성군 조견 봉안 태조 진 우 완산부

癸巳 司諫院上疏. 疏略曰:
계사 사간원 상소 소 약왈

'臣等近聞豐海之民愁嘆之聲 不覺長太息也. 其男夫丁壯者 各
신등 근문 풍해 지 민 수탄 지 성 불각 장태식 야 기 남부 정장 자 각

持牛馬 輸石平壤 老弱婦女收穫田畝 輸糧於道路 又其道監司遍
지 우마 수석 평양 노약 부녀 수확 전묘 수량 어 도로 우 기도 감사 편

令州郡 新作瀉庫 民不堪其苦. 且當秋耕穫禾之時 役使之若是
령 주군 신작 사고 민 불감 기고 차 당 추경 확화 지 시 역사 지 약시

耕斂之事 何以爲之 使臣之行 何以待之? 其於殿下重民之意
경렴 지 사 하이 위지 사신 지 행 하이 대지 기어 전하 중민 지 의

何如? 且瀉庫以鼠竊一事言之 似乎可也 以轉輸之弊 受授之難
하여 차 사고 이 서절 일사 언지 사 호 가야 이 전수 지 폐 수수 지 난

言之 不如不成之爲愈也. 昔嘗試於慶尙道 知其無用而毁之 伏惟
언지 불여 불성 지 위 유야 석 상 시어 경상도 지 기 무용 이 훼지 복유

上裁施行.'
상재 시행

下議政府擬議以聞.
하 의정부 의의 이문

臺諫詣闕請從蒐狩之行. 啓曰: "講武蒐狩 秋郊省斂 皆倣古法
대간 예궐 청종 수수 지 행 계왈 강무 수수 추교 성렴 개 방 고법

也 臺諫扈從 亦舊制也. 今下講武之命 臺諫刑曹不在扈從之列
야 대간 호종 역 구제 야 금 하 강무 지 명 대간 형조 부재 호종 지 열

臣等願隨法駕以行." 上曰: "各司皆未具位 朝廷使臣垂至 且勿
신등 원수 법가 이행 상 왈 각사 개 미 구위 조정 사신 수 지 차 물

隨駕."
수가

樹碑于文廟. 碑文曰:
수비 우 문묘 비문 왈

'永樂七年歲在己丑秋九月 我國王殿下 命臣季良 若曰: "惟我
영락 칠년 세 재 기축 추 구월 아 국왕 전하 명 신 계량 약왈 유 아

先考太祖 受天明命 肇造家邦 定都漢陽 亟建廟學 所以尊先聖而
선고 태조 수 천 명명 조조 가방 정도 한양 극 건 묘학 소이 존 선성 이

重文敎也. 予承丕緖 聿遵成憲 重新廟宮 旣成矣. 學官崔咸等 請
중 문교 야 여 승 비서 율 준 성헌 중 신 묘궁 기성 의 학관 최함 등 청

文之石 垂示將來 汝其筆之."
문지석 수시 장래 여 기 필지

臣季良 承命隕越 退而徵其始末. 歲甲戌 太祖旣建都 其宗社
신 계량 승명 운월 퇴 이 징 기 시말 세 갑술 태조 기 건도 기 종사

朝市 城廓 宮室之制 咸底厥宜 卽謀營廟學 度地於都之東北隅
조시 성곽 궁실 지 제 함 저 궐의 즉 모영 묘학 탁지 어 도 지 동북 우

山止土衍 水環以流 厥位面陽. 命驪興府院君臣閔霽治之 鳩工
산 지 토 연 수 환 이류 궐위 면양 명 여흥부원군 신 민제 치지 구공

飭材 經始于丁丑之三月 蕆事於戊寅之七月. 聖哲崇宇 從祀旁序
칙재 경시 우 정축 지 삼월 천사 어 무인 지 칠월 성철 숭우 종사 방서

學在廟後 中明倫堂 左右有夾 引脩廊于兩夾之南 左夾之東 有廳
학 재 묘 후 중 명륜당 좌우 유 협 인 수랑 우 양협 지 남 좌 협 지 동 유청

有廊 師生之位 正錄所處 無一不完 規模宏敞 締築堅縝. 凡爲
유랑 사생 지 위 정록 소처 무일 불완 규모 굉창 체 축 견 진 범 위

屋大小 以間計者九十六. 置田以供粢盛廩生徒 復戶以應灑掃足
옥 대소 이간 계자 구십 육 치전 이공 자성 늠 생도 복 호 이응 쇄소 족

使令 廟學之事 可謂備矣 而火于庚辰二月. 其年十一月 殿下卽位
사령 묘학 지 사 가위 비의 이 화 우 경진 이월 기년 십일월 전하 즉위

于松京 詣學謁先聖 命冑子就學. 歲乙酉 還都 親奠于先聖先師;
우 송경 예학 알 선성 명 주자 취학 세 을유 환도 친전 우 선성 선사

越三年丁亥正月 命卽廟之舊基而新之. 星山君臣李稷曁中軍
월 삼년 정해 정월 명 즉 묘 지 구기 이 신지 성산군 신 이직 기 중군

同知摠制臣朴子靑董役 晨夕督視 心計指授 工師用勤 四閱月
동지총제 신 박자청 동역 신석 독시 심계 지수 공사 용근 사 열월

而廟成 崇深端大 比舊有加. 作神廚于廟之西 東西門于兩序之下
이 묘 성 숭심 단대 비구 유가 작 신주 우 묘 지 서 동서 문 우 양서 지 하

加給田口 田至萬餘畝 口以百計者三矣. 用議政府左政丞臣河崙
가급 전구 전 지 만 여 무 구 이 백 계자 삼의 용 의정부 좌정승 신 하륜

議 躋郕 沂二公於配位 陞子張於十哲 廟宮之制 益無憾焉. 臣
의 제 성 기 이공 어 배위 승 자장 어 십철 묘궁 지 제 익 무감 언 신

竊惟聖人之道大矣 不可得而讚也. 雖强有言 其不類於繪天地而
절유 성인 지 도 대의 불가득 이 찬 야 수 강 유언 기 불류 어 회 천지 이

畫日月者幾希. 吾夫子生於周末 集群聖之大成而折衷 作百王之
화 일월 자 기희 오 부자 생 어 주말 집 군성 지 대성 이 절충 작 백왕 지

大典而垂敎 功極於化初 澤流于無旣 生民以來 未有其盛. 宰我
대전 이 수교 공 극어 화초 택 유우 무기 생민 이래 미유 기성 재아

所謂賢於堯舜者 其有以夫! 自唐以來 際天蟠地 廟貌相望 崇祀
소위 현어 요순 자 기 유이 부 자 당 이래 제천 반지 묘 모 상망 숭사

不忒. 矧吾東邦 爰自古昔 俗尙禮義 服箕子八條之敎 彝倫之敍
불특 신오 동방 원자 고석 속상 예의 복 기자 팔조 지교 이륜 지서

典章文物之備 侔擬中國. 吾夫子蓋嘗有欲居之志矣 則營建廟學
전장 문물 지비 모의 중국 오 부자 개 상 유 욕거 지 지 의 즉 영건 묘학

興崇文敎 固非他邦之比也. 恭惟太祖康獻大王 應天順人 草創
흥숭 문교 고 비 타방 지 비 야 공유 태조강헌대왕 응천 순인 초창

鴻業 奄有東方 定都之初 卽以崇聖祀興儒術爲先 蓋其尊德樂道
홍업 엄 유 동방 정도 지 초 즉 이 숭 성사 흥 유술 위선 개 기 존덕 낙도

之誠 出乎天性 而卓然有見於出治之本源 當務之爲急矣. 所以
지 성 출호 천성 이 탁연 유 견어 출치 지 본원 당무 지 위급 의 소이

貽謀垂裕 淑人心而壽國脈者 嗚呼至哉! 我殿下 仁孝謙恭 剛健
이모 수유 숙 인심 이 수 국맥 자 오호 지재 아 전하 인효 겸공 강건

睿哲 光紹先業 臨政之暇 樂觀經史 每至夜分 卷不釋手 以極
예철 광 소 선업 임정 지 가 낙관 경사 매지 야분 권 불 석수 이극

格致誠正之學 以盡持盈守成之道焉 求之前古 蓋亦絶無而僅
격치성정 지 학 이진 지영 수성 지 도 언 구지 전고 개 역 절무 이 근

有矣. 世道方亨 人文宣朗 一時勳親大臣 百僚庶府 以至宿衛之
유의 세도 방 형 인문 선랑 일시 훈친 대신 백료 서부 이지 숙위 지

臣 莫不嚮學. 惟我太祖 右文興化 育養人材 而我殿下弘大前烈
신 막불 향학 유 아 태조 우문 흥화 육양 인재 이 아 전하 홍대 전열

躬行於上 以鼓舞多士 作新斯民之致然歟! 肄業有學 承祀有廟
궁행 어상 이 고무 다사 작 신 사민 지 치 연 여 이업 유학 승사 유묘

周旋登降 愀然對越 觀感開發 勉勉循循 由門而堂 以求其室
주선 등강 초연 대월 관감 개발 면면 순순 유 문 이 당 이구 기실

成德達材 致君澤民者 接踵而出 駸駸乎三代作人之盛 可竢也. 豈
성덕 달재 치군 택민 자 접종 이 출 침침 호 삼대 작 인 지 성 가사 야 기

唯改觀易聽 焜燿一時而已哉? 實我朝鮮宗社萬世之福也. 臣季良
유 개관 역청 혼요 일시 이 이재 실 아 조선 종사 만세 지 복 야 신 계량

謹拜手稽首而獻銘. 銘曰:
근 배수 계수 이 헌명 명왈

於穆宣聖 應時而生
어 목 선성 응시 이 생

包羲迄周 集厥大成
포희 흘 주 집 궐 대성

自生民來 孰盛與京
자 생민 래 숙성 여 경

赫哉崇祀 周于普天
혁재 숭사 주 우 보천

矧曰箕封 禮義惟先
신 왈 기봉 예의 유 선

揖讓俎豆 從古則然
읍양 조두 종고 즉 연

天錫太祖 神聖武文
천석 태조 신성 무문

昭受帝命 克集大勳
소수 제명 극 집 대훈

翼翼神都 惟漢之源
익익 신도 유 한 지 원

迺經學宮 聖廟在中
내 경 학궁 성묘 재중

奠薦講肄 多士景從
전 천 강 이 다사 경종

明明我王 纘緒增功
명명 아왕 찬서 증 공

緝熙聖學 今古罕同
즙희 성학 금고 한동

有卓新宮 躋祀二公
유 탁 신궁 제사 이공

元良入學 國本攸隆
원량 입학 국본 유륭

我作我述 先聖是崇
아 작 아 술 선성 시 숭

人材是育 風化是懿
인재 시 육 풍화 시 의

孰無秉彝 而自暴棄
숙무 병이 이 자 포기

人日進學 世日趨治
인 일 진학 세 일 추치

登三咸五 刻日以竢
등 삼 함 오 각일 이사

華山嶙嶙 漢水亹亹
화산 인린 한수 미미

與國無疆 惟聖之祀
여 국 무강 유 성 지 사

窮石琢辭 于永厥示'
궁석 탁사 우영 궐시

藝文館提學卞季良所撰也.
예문관 제학 변계량 소찬 야

태종 10년 경인년
10월

十月

갑오일(甲午日-1일) 초하루에 풍해도에서 강무(講武)하고 기탄(岐灘) 서쪽에 머물렀다. 이날이 입동(立冬)이라 상(上)이 『도경(道經)』의 삼원사립(三元四立)[1]의 설(說)에 따라 재계하고 감사와 수령들로 하여금 출영(出迎)·알현(謁見)하지 못하게 했다.

○ 상오승포(常五升布)를 쓰는 것을 금지하고 공사무역(公私貿易)에 모두 저화(楮貨)를 쓰게 했다. 포(布)를 쓰는 자는 판지(判旨)를 따르지 않는 것으로 (그 죄를) 논해 3일 동안 거리에 세워 여러 사람에게 보이고 장(杖) 100대를 때려 저화 30장(張)을 징수하게 했다. 이에 앞서 오승포와 저화를 통행(通行)하게 했는데 민간에서 저화를 쓰지 않고 포만을 써서 물가가 뛰어올라 마침내 이러한 명을 내렸다.

○ 결혼을 금지시켰다. 중국 사신이 오면 처녀를 구할까 염려해서다.

정유일(丁酉日-4일)에 밤에 번개빛이 있었다.

---

1 삼원(三元)은 정월 15일의 상원(上元), 7월 15일의 중원(中元), 10월 15일의 하원(下元)을 말하며, 사립(四立)은 입춘(立春)·입하(立夏)·입추(立秋)·입동(立冬)을 말한다.

무술일(戊戌日-5일)에 무지개가 건방(乾方)[2]에 보였다.

○ 저녁에 강음(江陰) 적포현(赤布峴) 언덕에 머물렀다. 밤 사고(四鼓)에 비로소 천둥과 번개가 쳤고 우박이 내렸는데 호종하는 사람의 말 두 필이 벼락을 맞았다.

기해일(己亥日-6일)에 우레와 비가 그치지 않자 상이 음식을 물렸다[輟膳(철선)]. 돌아오면서 목촌(木村)에 이르니 하늘이 마침내 활짝 개었다[開霽(개제)]. 상이 울면서 여러 신하에게 일러 말했다.

"내가 임금답지 못해 떠맡은 책임을 감당치 못하기 때문에 천변이 이와 같다."

그로 인해 손위(遜位)할 뜻을 언뜻[微(미)] 보이니 이숙번(李叔蕃)이 간언해 말했다.

"부모(父母)는 자식에 대해 항상 그 단점(短點)을 꾸짖는 것입니다. 하늘이 (상을) 인애(仁愛)하기 때문에 재이(災異)를 보인 것일 뿐입니다. 만약 재이의 변으로 이 만기(萬機)를 싫어하신다면 게으른 마음[怠心(태심)]이 생겨날 것입니다. 마땅히 부지런하고 잘 생각해 천심(天心)에 보답하셔야 할 것입니다."

○ 궁으로 돌아왔다.

○ 세자(世子)와 영의정부사(領議政府事) 하륜(河崙), 좌정승 성석린(成石璘)을 한경(漢京)으로부터 불러왔다. 사신을 영접하기 위

---

2 24방위의 하나로 정북쪽과 정서쪽 사이의 한가운데를 중심으로 한 15도 각도 안의 방위를 말한다.

함이었다.

임인일(壬寅日-9일)에 사헌부에 명해 예방대언(禮房代言) 윤규(尹珪), 예조좌랑 심도원(沈道源) 등을 힐문하고 얼마 뒤에[尋(심)=旣而(기이)] 풀어주었다. 상이 월령도(月令圖)[3]를 살펴보고 말했다.

"사냥해서 선조(先祖)에게 제사하는 것이 시월령(十月令)에 있는데 대언(代言)은 어째서 일찍 아뢰지 않았는가? 내가 만일 알았다면 마땅히 잡은 것을 먼저 종묘(宗廟)에 제사했을 것인데, 지금 그렇게 하지 못했으니 비록 월령(月令)을 그려 벽에 걸어놓았다 한들 무슨 소용이 있는가?"

드디어 장령(掌令) 최순(崔洵)을 불러 탄핵하게 하니 헌사(憲司)에서 윤규와 심도원 등을 핵실해 아뢰었다. 의정부에서 말씀을 올렸다.

"역대에 모두 축월(丑月)에 사냥한 것을 썼사오며 『예기(禮記)』에 실린 것은 주(周)나라의 10월입니다. 원컨대 축월(丑月)을 쓰소서."

상이 말했다.

"10월에는 금수(禽獸)가 모두 아름다우니 두 번 천신(薦新)하는 것도 가능하겠지만 일단은 월령(月令)을 따르라."

○ 내사태감(內史太監) 전가화(田嘉禾), 소감(少監) 해수(海壽)가 칙서(勅書)를 받들고 오니 상이 백관(百官)을 거느리고 맞이해 경덕궁(敬德宮)에 이르렀다. 칙서는 이러했다.

---

3 예조에서 『예경(禮經)』을 상고해 제사(祭祀)와 천신(薦新) 등 국가의 예전(禮典) 관계를 월(月)별로 적은 괘도(掛圖)를 가리킨다.

'오랑캐의 운수가 이미 끝나고 천명(天命)이 이미 갔다. 짐(朕)의 황고(皇考) 태조 고황제(太祖高皇帝)가 천명(天命)을 받아 중화(中華)와 이적(夷狄)을 통일하셨고 짐(朕)이 상천(上天)의 권고(眷顧)를 입어 내난(內難)을 평정하고 대통(大統)을 이어받아 사방 만국(萬國)이 신하로 순종하지 않음이 없는데, 오직 패잔(敗殘)한 오랑캐의 남은 무리만이 교화(敎化)를 거역하고 조회(朝會)하지 않아서 (우리의) 신사(信使)를 구류해 죽였기에 짐(朕)이 친히 육사(六師)[4]를 거느리고 가서 그 죄를 토벌했다. 그대가 말 1만 필을 보내 국용(國用)에 이바지하게 했으니 그대의 충성을 생각해 매우 아름답게 여기고 포장(褒奬)하는 바이다. 이제 특별히 정사(正使) 태감 전가화와 부사 소감 해수를 보내 채탕(彩帑), 은냥(銀兩), 마필(馬匹)을 그대에게 주노니 그대는 짐의 지극한 뜻을 생각하라. 저사(苧絲) 200필, 선라(線羅) 200필, 채견(彩絹) 500필, 은(銀) 1,000냥, 말 8필이다.'

상이 그들이 준 것을 받고 사은(謝恩)하기를 다하고서 태평관(太平館)에 이르러 잔치를 베풀었다. 전가화가 또 예부(禮部)의 자문(咨文)을 보였는데 자문은 이러했다.

'성지(聖旨)를 받자오니 "조선 국왕(朝鮮國王)이 말 1만 필을 보냈으니 너희 예부(禮部)와 병부(兵部)에서는 곧 값을 정해 운반해 보내되 요동도사(遼東都司)에서 이를 받아두었다가 문서(文書)를 작성해 국왕에게 주어 사람을 보내와 받아가게 하라"고 하셨다. 이리하여 말 매 필(每匹)에 견(絹) 3필, 면포(綿布) 2필을 주니 모두 합해 견(絹)

4 황제의 군대를 말한다.

3만 필, 면포(綿布) 2만 필이다.'

단자(段子)와 나견(羅絹)을 종친(宗親), 의정부(議政府), 의흥부(義興府), 대언(代言), 대간(臺諫)과 근신(近臣)들에게 차등 있게 나눠 주었다. 의정부에서 아뢰었다.

"말값이 장차 이르면 청컨대 사양함으로써 충심(忠心)을 보이셔야 할 것입니다."

상이 말했다.

"천자(天子)가 주는 것이 있으면 마땅히 받아야 하고, 뜻을 굽혀서까지[曲意 곡의] 정성을 나타낼 필요는 없다. 또 이것을 전례로 삼으면 반드시 후일의 근심이 있을 것이다."

의견이 드디어 중지됐다.

갑진일(甲辰日-11일)에 무지개가 동방(東方)에 보였다.

○ 상이 태평관(太平館)에 가서 잔치를 베풀었다.

○ 사헌부에서 소를 올렸다. 소는 이러했다.

'거실(巨室-왕실)은 한 나라가 사모하는 곳이요, 살던 땅을 생각하는 것은 모든 사람이나 사물[凡物 범물]의 상정(常情)입니다. 그러므로 거처를 옮기는 거둥(擧動)은 무겁게 하지 않을 수 없습니다. 지금 우리 전하께서 구도(舊都-개경)에 이어(移御)하신 것은 한때의 권도에 따른 마땅함[權宜 권의]이요, 참으로 어쩔 수 없었던 일[不獲已 불획이=不得已 부득이]입니다. 이어(移御)하신 처음에 시위(侍衛)하는 대소 신료(大小臣僚)로 하여금 간편(簡便)한 데 따라 분사(分司)하게 하고 갑사(甲士)에 이르러서도 번(番)을 갈아 숙위(宿衛)하게 하셨으니 신도(新都)를 위해 백성들의 여망(輿望)에 따라 진정해 편안하게 한 생각이 지극하셨습니다. 시종하는 신하가 이것을 생각지 않고 다투어 서로 가권(家眷-가족)을 끌고 오니 무지한 백성들이 고토(故土)를 그리는 정(情)으로 거실(巨室)을 본받아 여러 가지 방법으로 연고를 칭탁해 그 생업을 버리고 옮겨 길에 줄줄이 이어져 끊이질 않습니다[絡繹(낙역)=絡繹不絶(낙역부절)]. 신도(新都)의 가옥을 이웃이 헐어버려 만약 돌아가게 된다면 반드시 몸을 담을 곳이 없을 것이니 이를 차마 보고 생각하지 않을 수 있겠습니까? 단연코 이제부터 시종하는 대소 신료로 하여금 가권을 끌고 오지 못하게 하고, 어쩔 수 없이 이미 차비(差備)가 있어 일찍이 집을 비운 자는 한성부(漢城府)로 하여금 이웃에 보초를 세워 파괴하거나 헐지 못하게 해 본업(本業)에 돌아오기를 기다리게 하고, 만일 이웃에서 마음을 쓰지 않아 남에게 헐리는 때에는 그 이웃으로 하여금 즉시 수즙(修葺)하게 하고, 차비(差備)가 없이 집을 비운 자는 유후사(留後司)에 관문(關文)을 보내 강제로 되돌아와 살게 하면 민생이 심히 다행하겠습니다.'

상이 그것을 따라 대소인원(大小人員)의 부녀(婦女)가 옮기는 것을 금지하도록 명하고, 또 각사(各司)의 원리(員吏)와 시위군사(侍衛軍士)로 하여금 아울러 순차적으로 분사(分司)하게 했다.

병오일(丙午日-13일)에 세자(世子)에게 명해 내사(內史)를 태평관(太平館)에서 접대하게 했다.

○ 형조판서 임정(林整)과 중군동지총제(中軍同知摠制) 정역(鄭易)을 보내 경사(京師)에 가게 했다. 이듬해 정조(正朝)를 하례하기 위함

이었다. 또 이조참의(吏曹參議) 우홍강(禹洪康)을 보내 세공종마(歲貢種馬)를 바쳤다.

○ 경외(京外)의 창기(倡妓)를 없애라고 명했으나 일이 끝내 시행되지 않았다. 여러 신하가 모두 상의 뜻에 맞춰 창기를 없애자고 청했으나 하륜(河崙)이 홀로 불가하다고 하니 상이 웃으면서 그것을 따랐다.

무신일(戊申日-15일)에 목성(木星)이 상장(上將)을 범했다.

○ 명해 경기(京畿) 안에서 사사로이 사냥하는 것을 금하고 패 없는 매[無牌鷹子]를 금하는 것을 거듭 엄격하게 했다.

○ 평양성(平壤城)이 이뤄졌다. 도순문사(都巡問使) 박은(朴訔)이 아뢰어 말했다.

'역졸(役卒) 한 사람도 볼기를 때리지 않고 60여 일 만에 큰 역사가 끝났습니다.'

상호군(上護軍) 우박(禹博)을 보내 은(訔)에게 채폐(彩幣), 궁온(宮醞), 약물(藥物)을 주어 위로했다. 은이 전(箋)을 올려 사은(謝恩)하고 또 매를 바쳤다. 역졸 한 사람도 볼기를 치지 않았다는 말과 매를 바친 일을 식자(識者)들이 비난했다.

○ 세자를 신도(新都)로 돌려보냈다. 감국(監國)[5]을 위해서였다. 명해 영접도감사(迎接都監使) 장대유(張大有)와 판관(判官) 정용(鄭容)을 순금사(巡禁司)에 내렸다. 내사(內史)가 청구한 것이 완비되지 않

5 임금이 서울을 비울 때 왕세자(王世子)가 서울에 남아 일시적으로 대권(大權)을 대행(代行)하는 일을 가리킨다.

았다고 해서 영접 관리를 볼기를 때렸기 때문에 대유(大有) 등을 가둬 내사의 노여움을 풀고자 함이었다. 조금 뒤에 풀어주었다.

경술일(庚戌日-17일)에 내사(內史)가 황제의 뜻이라 해 처녀를 구하니 상이 내사와 함께 정원후(鄭元厚)의 집에 가서 봤다.

임자일(壬子日-19일)에 내사(內史)에게 경덕궁(敬德宮)에서 연회를 열어주었다. 상이 좌우를 물리치고[辟=屛] 내사에게 일러 말했다.
벽 병

"부왕(父王)께서 선후비(先後妃)가 계셨는데 어린 서자(庶子)를 세우고자 해 남은(南誾)과 정도전(鄭道傳)이 그 계획을 도와 이뤄서 우리 선비(先妃)의 아들을 해치고자 하다가 마침내 주륙(誅戮)을 당했소. 또 기묘년에 동모형(同母兄) 회안군(懷安君)이 난을 꾸미자 나라 사람들이 나를 세워 임금으로 삼은 지가 이미 10여 년이 됐소. 지금 내가 병이 있어 세자(世子)로 하여금 습위(襲位)하게 하려 하오."

역인(譯人) 이현(李玄)이 눈물을 흘리면서 발언(發言)하기를 어려워했다. 상이 꾸짖으니 현(玄)이 내사에게 (통역을 해) 고했다. 내사가 말했다.

"세자가 나이가 어리니 덕망이 있는 유자(儒者)로 하여금 보도(輔導)하게 해 나이 장성하기를 기다리면 전하께서 또한 늙으실 것입니다. 만일 세자가 일찍 습위(襲位)하면 군국(軍國)의 큰일이 혹 잘못되는 것이 있을 것이니 전하께서 가만히 앉아만 보고 계시겠습니까? 또 천자(天子)께서 전하를 지성(至誠)으로 대접해 동방 백성을 오로지 전하께 부탁하고, 전하의 춘추가 아직 늙지 않으셨는데 어찌 갑자

기 병으로 사양할 수 있습니까? 만일 병을 칭탁하신다면 중국에 훌륭한 의원이 어찌 없겠습니까? 내가 장차 천자께 아뢰어 약을 주시도록 하겠습니다. 전하께서 오늘이 있으신 것은 실로 하늘이 명하신 것이니 다시는 이와 같은 의논이 있어서는 안 됩니다."

조영무(趙英茂)가 현의 말을 듣고 현에게 말을 선물로 주었다. 조영무가 아뢰어 말했다.

"상께서 춘추가 바야흐로 한창이신데, 갑자기 병으로 세자에게 전위(傳位)하고자 하시니 신민(臣民)이 실망합니다. 지금 천사(天使)의 말을 듣자오니 심히 여정(輿情)에 부합합니다. 신이 2품 이상과 더불어 천사(天使)에게 감사하고자 합니다."

그것을 허락했다.

○ 유구국(琉球國) 중산왕(中山王) 사소(思紹)가 모도결제(模都結制)를 보내 조현(朝見)하고 또 잡혀갔던 사람 14명을 송환(送還)했다. 그 자문(咨文)은 이러했다.

'가만히 생각건대 이웃 나라는 의리가 마땅히 사신을 보내 왕래해야 합니다. 이것이 사해(四海)가 한 집이 되는 것이니 거의 진실로 마땅한 일[允當](윤당)입니다. 이를 위해 오로지 모도결제 등을 보내 해선(海船)을 타고[坐駕](좌가) 예물(禮物)을 싣고 국왕 전하(國王殿下)께 나아가 봉헌(奉獻)하게 해 조금이나마 작은 정성을 표하는 바입니다. 지금 가는 사람의 배에 의탁해 실어 보내는 물건을 매매하도록 허용하시어 일찍 출발시켜 나라에 돌아오게 하시길 빕니다.'

갑인일(甲寅日-21일)에 어두운 안개가 사방에 꼈다.

○ 유창(劉敞)을 공안부판사(恭安府判事)로, 김한로(金漢老)를 의정부참찬사(議政府參贊事)로, 권홍(權弘)을 의정부지사(議政府知事)로 삼았다.

을묘일(乙卯日-22일)에 짙은 안개가 꼈다.

○ 의정부지사 권홍(權弘)과 공안부윤(恭安府尹) 김미(金彌)를 보내 경사(京師)에 가서 사은(謝恩)하게 했다.

병진일(丙辰日-23일)에 평양군(平壤君) 조대림(趙大臨)과 의정부참지사 윤사수(尹思修)가 경사(京師)에서 돌아왔다. 대림(大臨) 등이 베이징[北京(북경)]에 이르니 천자(天子)가 더욱 잘 대접하고 예외로 대림에게 안장 1개, 말 3필을, 사수(思修)에게 말 1필을 내려주었다. 호부상서(戶部尙書) 하원길(夏原吉)이 대림 등에게 일러 말했다.

"황제께서 그대 나라의 표전(表箋)을 보시고 칭찬하기를 마지않았습니다[不已(불이)]."

정사일(丁巳日-24일)에 달이 태미(太微) 우집법(右執法)을 범했다.

○ 종친들을 불러 내정에서 격구를 했다.

○ 사헌부에서 소(疏)를 올렸다. 소는 이러했다.

'가만히 보건대 국가에서 다시 저화(楮貨)를 제조해 통행하게 했으나 무지한 백성들이 구습(舊習)에 얽매여 기꺼이 믿고 따르려[信從(신종)]하지 않고 몰래 상포(常布)를 사용해 국법을 어기는 자가 가끔 있습니다. 만약 국가에서 백성에게 신용을 보여 먼저 행하지 않는다면 비록 날마다 영(令)을 어긴 자를 때려 저화가 통행되기를 구한다 해도 되지 않을 것입니다. 지금 각사(各司) 회계(會計)에 붙여진 잡물(雜物) 중에 국용(國用)에 합당치 않고 민생(民生)에 수요되는 물건이 묵고 묵어서 그 썩은 것이 무려 만(萬) 단위로 계산할 정도입니다. 청컨대 화매소(和賣所)를 세워 호조(戶曹)로 하여금 국용(國用)에 맞지 않는 물건을 상고해 가려서 화매소(和賣所)에 붙여 넉넉하게 값을 정해 저화를 사들여 통행(通行)하는 신용을 보이면 국용에 손해될 것이 없고 입법(立法)에 이익됨이 있을 것입니다.'

상이 말했다.

"나도 또한 깊이 생각하는 중이다. 지금 수상(首相)이 마침 왔으니 마땅히 토의해 행하겠다."

○ 세자가 신도(新都)에서 왔다. 내사(內史)가 장차 돌아가려 하니 전별하기 위함이었다.

○ 명해 경기 수군도절제사(京畿水軍都節制使)의 서울 안의 영고(營庫)를 폐지하고 또 영(營)에 머물러 있는 진무(鎭撫)를 각각 본선(本船)으로 돌아가게 했다. 정부(政府)의 청에 따른 것이다.

무오일(戊午日-25일)에 상이 태평관(太平館)에 가서 내사(內史)를 전별했다.

○ 병조정랑 유장(柳暲)을 파직했다. (예전부터) 대전견룡(大殿牽龍)[6]

6 견룡이란 숙위를 담당하던 병사를 말한다.

등이 육아일(六衙日)[7]에 개배근장(蓋陪近仗)[8]으로 하여금 거안(擧案)을 병조(兵曹)에 바치게 해 서로 이어져 이것이 고사(故事)가 됐다. 장(暲)이 견룡(牽龍)을 잡아다가 때리며 말했다.

"왜 직접 와서 바치지 않느냐?"

견룡 등이 대가(大駕) 앞에서 호소하니 이에 장을 순금사(巡禁司)에 가두고 그 까닭을 물었는데 장이 자복해 이 때문에 파직된 것이다. 견룡 등도 또한 순서를 건너뛰어 신정(申呈)했다고 해 장(杖) 60대를 때렸다.

기미일(己未日-26일)에 세자에게 명해 내사(內史)를 태평관(太平館)에서 전별하게 했다.

○ 3일 동안 정조(停朝)했다. 덕릉(德陵)과 안릉(安陵)을 천장(遷葬)하기 때문이었다.

경신일(庚申日-27일)에 저화(楮貨)를 시행하는 법을 거듭 밝혔다. 의정부에 일깨워 말했다.

"내가 듣건대 시정(市井) 사람들이 저화(楮貨) 쓰기를 꺼려 저자에 앉아서 장사하지 않고, 대부분 상포(常布)를 가지고 외방에 다니며 장사한다고 한다. 이와 같이 하면 저화가 통행되기 어려울 것 같다.

---

7 매달 여섯 차례씩 백관이 조회(朝會)해 임금에게 계사(啓事)하던 제도로 1일, 6일, 11일, 16일, 21일, 26일이었다.

8 숙위병의 일종이다.

만일 외방의 잡공(雜貢)을 저화로 대신하게 하면 장사치와 평민(平民)이 반드시 저화를 쓸 것이니 마땅히 빨리 시행하라.

신유일(辛酉日-28일)에 덕릉(德陵)과 안릉(安陵) 두 능을 옮겨 함주(咸州) 달단동(韃靼洞) 언덕에 합장했다. 달단동은 함주(咸州) 북쪽 50리에 있다. 장사에 회격(灰隔)을 썼는데 덕릉은 서편에 있고 안릉은 동편에 있게 했다. 능(陵)을 8월 경신일(庚申日)에 파묘해[啓 계] 그날로 발인(發引)해서 9월에 함주(咸州)에 이르러 빈전(殯殿)에 봉안했다가 이때에 이르러 마침내 장사 지냈다.

○ 내사(內史) 전가화(田嘉禾)와 해수(海壽) 등이 정씨(鄭氏)를 데리고 경사(京師)로 돌아갔는데 그 아비 전(前) 지의주사(知宜州事) 정윤후(鄭允厚), 소환(小宦) 2인, 여사(女史) 4인이 따라갔다.

○ 상이 나가서 내사(內史)를 영빈관(迎賓館)에서 전송하고 세자 제(禔), 우의정 조영무(趙英茂), 지신사 안등(安騰)에게 명해 금교역(金郊驛)에서 전송하게 했다. 상이 환궁해 옥장교(玉粧橋) 가에 이르니 한 노구(老嫗-노파)가 상을 바라보고 손을 모아 축수했다. 상이 말했다.

"반드시 호소할 데가 없는 사람일 것이다."

명해 쌀 2섬, 장(醬) 1독을 주었다.

○ 하륜(河崙)과 성석린(成石璘)에게 명해 편전(便殿)에 입대(入對)해 저화(楮貨)를 오래도록 유통시킬 방법을 토의하고 또 각사(各司)로 하여금 그 계책을 진달하게 했다. 상이 말했다.

"저화의 설치는 역대의 좋은 법이다. 지금 행해 추포(麤布)를 대신하고자 하니 창름(倉廩)을 풀어 무역해 백성에게 신뢰를 보이라."

이에 신구도(新舊都)에다 각각 화매소(和賣所)를 설립하고 철성군(鐵城君) 이원(李原), 의원군(義原君) 황거정(黃居正)을 신경제조(新京提調)로 삼고, 좌군도총제(左軍都摠制) 신유정(辛有定), 의정부참지사 윤사수(尹思修)를 구도제조(舊都提調)로 삼았다.[9]

---

9 여기서 조선 초기의 저화 유통 문제를 정리할 필요가 있다. 1401년(태종 1년) 4월에 하륜(河崙)의 건의로 사섬서(司贍署)를 설치, 이듬해 1월에 저화 2,000장을 발행했다. 저화 발행 당시 저화 한 장의 가치를 상5승포(常五升布) 한 필, 쌀 두 말로 책정했다. 그리고 조신(朝臣)들의 녹봉 일부를 저화로 지급해 국가보유 현물과 민간의 잡물(雜物)을 상호 교역하도록 하며, 상거래에서의 저화 이용을 강제했다. 또한 저화의 지위를 확고히 하기 위해 그해 5월 공사(公私)의 5승포 사용을 일절 엄금했다. 저화는 저주지(楮注紙)와 저상지(楮常紙)의 두 종류가 있다. 저주지는 길이 1자 6치, 너비 4치이고, 저상지는 길이 1자 1치, 너비 1자 이상으로, 처음에는 삼사신판저화(三司申判楮貨)·건문연간소조저화(建文年間所造楮貨)라는 인문(印文)이, 뒤에는 호조신판저화(戶曹申判楮貨)·영락연간소조저화(永樂年間所造楮貨)로 개인(改印)됐다. 그러나 저화가 교환수단으로서의 지위를 상실해 민심의 동요와 민생을 불안하게 하자 1402년 9월 5승포와의 겸용을 명하고 이듬해 사섬서마저 혁파했다. 그 뒤에 이때인 1410년 저화의 재통용 방침이 결정되자 민간에서의 5승포 직조를 엄금하는 등 일련의 저화유통책을 펼쳤다. 그중 서울·개경에 화매소(和賣所)를 설치, 국가보유 현물과 저화의 교환을 도모하고, 장(杖) 100대 이하의 유죄자에 대한 저화수속법(楮貨收贖法)의 채택, 공장세(工匠稅)·행상세(行商稅)·노비신공(奴婢身貢) 등과 같은 일부 세목(稅目)의 금납화(金納化)를 꾀했다. 그러나 실질가치를 중시하는 일반민의 성향과 저화 자체의 크기·지질에 따른 사용상의 불편 그리고 소액거래에 도움을 줄 수 없는 명목가치의 책정, 아울러 국가 보유물과의 교역이 영속성을 띠지 못한 점 등으로 저화 가치는 계속 하락했다. 1419년(세종 1년)에 저화 한 장이 쌀 석 되, 1421년에 쌀 두 되, 1422년에는 저화 석 장이 쌀 한 되로 폭락했다. 이러한 상황에서 1423년에 동전과의 겸용이 강구되고, 1425년에는 동전만이 전용화폐(專用貨幣)로 인정되게 됐다. 그러나 동전인 조선통보(朝鮮通寶)도 교환수단으로서의 지위를 확고히 하지 못하게 됨에 따라 1445년 10월 저화의 재통용이 제기되고, 그해 12월에 동전과의 겸용이 이뤄졌다. 그 후에도 저화 유통을 위한 노력이 계속돼 1450년(문종 즉위년)에 저화량 조절에 의한 저화 가치의 안정책이, 세조 때에는 민간거래에서의 저화 전용책이 시행됐다. 이러한 국가 시책에도 불구하고 저화는 무용지물화되어 비록 『경국대전』에 포(布)와 나란히 국폐(國幣)로 기재되어 저포 한 장이 쌀 한 되, 20장이 상포(常布) 한 필로 규정됐지만 법전의 규정대로 이행되지 않았다. 그리하여 1492년(성종 23년)에는 지방에서 저화가 무엇인지 알 수 없을 정도로 됐고, 1512년(중종 7년)경에는 유통계에서 거의 모습을 감추게 됐다.

임술일(壬戌日-29일)에 세자에게 명해 도성(都城)으로 돌아가게 했다.

○ 평양군(平壤君) 조대림(趙大臨), 의정부참지사 윤사수(尹思修), 광록경(光祿卿) 권영균(權永均)을 위해 서량청(西涼廳)에서 잔치를 베풀어주었다. 영균(永均)이 아비의 상(喪)을 마치고 제(帝)의 명으로 장차 입조(入朝)하기 때문이었다.

○ 사간원 좌사간대부(左司諫大夫) 유백순(柳伯淳) 등이 소(疏)를 올렸다. 소는 대략 이러했다.

'하나, 믿음[信]신이라는 것은 임금의 큰 보배입니다. 나라는 백성으로 보존하고 백성은 믿음으로 보존하는 것입니다. 그러므로 나라를 잘 다스리는 사람은 백성을 속이지 않습니다. 지금 우리 국가에서 저화(楮貨)의 법이 임오년에 시작됐다가 오래지 않아 폐지했기 때문에 오늘날 의심하고서 행하지 않는 자들이 있습니다. 신 등이 지난번에 이것을 갖춰 아뢰었는데 쌀의 수량에 따라 저화를 주자는 조목은 이미 그대로 하라는 윤허[兪允]유윤를 받았으나 저화를 주고 포(布)를 거두자는 조목은 곧 시행하지 않았습니다. 신 등이 이른 새벽부터 밤늦게까지 반복해 생각해보았습니다. 대체로 옛것에 얽매여 새것을 꺼리는 것은 인정의 보통입니다. 하물며 일찍이 임오년에 속은 일까지 있었으니 진실로 믿음으로 행하고 위엄으로 보이지 않는다면 백성의 뜻이 장차 어떻게 정해지겠으며, 법령(法令)이 장차 어떻게 행해지겠습니까? 지금 무역하는 자가 저화를 쓰지 않고 몰래 쌀과 포로 집에서 서로 바꾸고 시장에 나가지 않으니 신 등은 두렵건대 말 잘하는 자가 이것을 빙자해 말을 만들어 임오년같이 이뤄진 법[成法]성법을 무너뜨릴까 염려됩니다. 신 등은 바라건대 날짜를 정해 군중(群衆)에게 일러서 강제로 사포(私布)를 거두고 그 포(布)의 많고 적은 것을 계산해 저화를 나눠 주되 기한이 지난 뒤에 사사로이 포를 감추고 있는 자가 있으면 다른 사람이 진고(陳告)하는 것을 허락해 무겁게 논죄하고, 그 가산(家產)을 몰수해 고한 자에게 상을 주어야 할 것입니다. 그리고 또 그 포를 끊어서 네 끝[四端]으로 나눠 주되 여덟 끝[八端]에 저화 한 장을 받게 해 민간에 한 끝[一端]의 온전한 포(布)도 없게 하고, 공가(公家)의 포는 모두 선공감(繕工監)에 내려 주현(州縣)의 숙마(熟麻)의 공(貢)을 대신하게 해 영구히 포를 쓰지 않는다는 뜻을 보이고, 또 창름(倉廩)의 묵어서 쌓인 곡식을 풀어 저화(楮貨)를 사서 외방에 나누어 보내고, 외방에서 공납(貢納)하는 포를 한결같이 저화로 거두면 백성들이 저화를 구하는 것이 굶주리고 목마른 자가 음식을 대하는 것같이 할 것입니다. 만일 말을 칭탁해 훼방하는 자가 있으면 비록 대신(大臣)이라 하더라도 법을 어지럽히는 것으로 (그 죄를) 논해야 할 것입니다.

하나, 전(傳)에 이르기를 "다스림은 농사에 근본을 둔다[治本於農]"[10]라고 했고 또 말하기를 "장사하는 자가 많으면 시전(市廛)을 두어 억제한다"[11]라고 했습니다. 대개 농사라는 것은 몸이 땀에 젖고 발에 흙을 묻히니 그 수고로움이 심하고 무(畝)를 계산해 요역(徭役)에 나가니 그 괴로움이 많습니다. 장사하는 사람은 천한 물건으

10 『천자문(千字文)』에 실려 있다.

11 『맹자(孟子)』「공손추장구(公孫丑章句)」에 나오는 말이다.

로 귀한 물건을 바꾸니 그 이익이 배나 되고, 수고로운 일 대신에 편안한 일을 하니 그 즐거움이 많습니다. 그러므로 농부(農夫)는 날로 적어지고 장사치[商賈]는 날로 많아져서 한 사람이 경작해 열 사람이 먹으니 나라의 창고가 어떻게 넉넉하며, 백성의 식량이 어떻게 풍족하겠습니까? 바라건대 이제부터 무릇 장사치가 된 자는 안에서는 한성부(漢城府), 밖에서는 주현(州縣)에서 각각 그 사는 곳에 장부를 비치하고 이름을 기재해 옛날에 집에 뽕나무와 삼을 심지 않는 자는 부포(夫布)와 이포(里布)의 세(稅)를 내던 제도[12]에 의거해 매번 물화(物貨)를 교역할 때에는 쌀 2섬을 바친 뒤에야 마침내 행장(行狀)을 내어주고, 만일 행장이 없이 교역하는 자가 있으면 다른 사람이 진고(陳告)하는 것을 허락해 싸 가지고 다니는 물화의 반은 관가에 바치고 나머지 반은 고(告)한 자에게 주어 성대한 조정의 농업에 힘쓰고 장사를 억제하는[務本抑末] 정치를 이뤄야 할 것입니다.

하나, 예전에 나라를 잘 다스리는 자는 반드시 그 백성을 아끼고 길렀습니다. 백성을 길러주는 바를 잃게 되면 근심과 원망이 생겨 족히 하늘과 땅의 화기(和氣)가 상하게 됩니다. 예전에는 백성을 사역시키는 것이 (1년에) 사흘에 지나지 않았는데 당(唐)나라 초엽에 이르러 조용조(租庸調)의 법을 제정해[13] 1년에 20일 사역시켰고, 일이

---

12 부포(夫布)는 무직자(無職者)에게 징수하던 세(稅)이고, 이포(里布)는 집 주변에 뽕나무[桑木]와 삼[麻]을 심지 않은 자에게 징수하던 세(稅)다.

13 조(租)는 토지에 부과해 곡물을 징수하고, 용(庸)은 사람에게 부과해 역역(力役) 또는 그 대납물(代納物)을, 조(調)는 호(戶)에 부과해 토산품을 징수했다. 즉 자작농(自作農)이 가내노동(家內勞動)으로써 영위하는 농업 또는 수공업으로 얻는 생산물의 일부를 납부케 하고, 성년 남자의 노동력을 징수하던 것으로서 당시의 자급자족 경제에 대응한 조세제

있어 사역을 더 시킬 경우에는 15일이면 그 조(租)를 면제하고, 30일이면 조(租)와 조(調)를 모두 면제했으니 백성을 아끼고 기르는 뜻이 아님이 없었습니다. 우리 전하께서 즉위하신 이래로 (토지의) 경계(經界)를 고쳐 바로잡아[改正](개정) 그 손해에 따라 조(租)를 감하고, 토목(土木)의 역사(役事) 또한 모두 금지하셨으니 백성을 아끼고 기르는 뜻이 지극하다 하겠습니다. 그러나 풍해도(豐海道)와 평양도(平壤道) 두 도의 백성만은 사신(使臣)이 왕래하는 사이에 역사하는 것이 한 해 동안에 10일 20일뿐만이 아닙니다. 하물며 금년에는 평양성(平壤城)을 쌓는 일과 사고(瀉庫)의 역사가 한꺼번에 일어나 추수(秋收)가 그 때를 잃었으니 손실된 것을 알 수 있고, 추경(秋耕)이 때를 잃었으니 앞으로가 염려됩니다. 이리하여 조세(租稅)를 바치는 것도 오히려 넉넉하지 못할까 두려운데 의창(義倉)의 환자[糶](조)를 따라서 독촉하니 힘이 넉넉하지 못할 뿐만 아니라 재물 또한 다 떨어져 근심하고 원망하는 것이 가위(可謂) 통곡(痛哭)할 정도입니다. 겨울에 우레의 변(變)이 마침 풍해도 지역에 있었으니 어찌 우연한 일이겠습니까? 대개 두 도의 백성들이 수고로움은 같은데 평양도의 전조(田租)가 풍

도다. 이와 같은 조세의 원칙은 위진시대(魏晉時代) 이래 널리 시행돼왔는데 일반적으로 호(戶)를 단위로 한 과세 방법이었다. 북위(北魏)는 균전제(均田制)의 시행과 병행해 이를 개정해 1상(牀-부부)에 대해 속(粟-곡물) 2석(石)과 견(絹) 1필, 독신 남자는 4명이 1상분(一牀分)을 납부케 하는 등 가내노동력에 따라 조와 용을 징수했다. 이후 이와 같은 징세 방식은 북제(北齊)와 북주(北周)에 계승됐는데 수(隋)나라에서는 정(丁-성년 남자) 단위로 바꿔 조용조는 하나의 체계를 이뤄서 통일제국(統一帝國)의 재정을 뒷받침했다. 이어 당(唐)나라도 수나라의 조용조를 준용해 정(丁)마다 조(租)로서 속(粟) 2석, 정역(正役-중앙정부의 토목공사에 종사)으로서 1년에 20일 취역하게 하고, 취역하지 않을 때에는 1일당 견포(絹布) 3자 또는 마포(麻布)의 용(庸)을 납부케 했다.

해도에 비해[視=比] 가볍고, 풍해도 한 도는 그 전조(田租)가 평양도보다 무거우며 그 역사는 여러 도(道)보다 더하니 풍해도의 백성이 더욱 애석합니다. 신 등이 바라건대 금년 조세(租稅)의 쌀을 감해 전하께서 이 백성들을 아끼고 기르는 뜻을 보이셔야 할 것입니다.

하나, 옛날에는 대부(大夫)가 죄를 지어 나라를 떠나면 3년 동안 돌아오지 않은 연후에야 그 전리(田里)를 거뒀습니다.[14] 우리 성대한 조정에서 사대부(士大夫)에게 상록(常祿) 외에 따로 과전(科田)을 주어 염치(廉恥)를 기르게 하니 아랫사람을 대접하는 도리가 두텁다 하겠습니다. 그러나 불행히 과실(過失)과 착오가 있어 장죄(杖罪)에 걸리게 되면 문득 과전(科田)을 거둬 다른 사람에게 주어 한 집안으로 하여금 기근(飢饉)에 빠져 원망을 일으키게 하니 예전에 3년 뒤

14 『맹자(孟子)』 「이루장구(離婁章句)」에 나오는 말이다. 맹자가 제(齊)나라 선왕(宣王)에게 아뢰었다. "임금이 신하를 손과 발처럼 여기면 신하는 임금을 배와 심장처럼 여길 것이고, 임금이 신하를 개나 말처럼 여기면 신하는 임금을 길거리에서 오다가다 만난 사람처럼 여길 것이고, 임금이 신하를 (마구 짓밟을 수 있는) 흙이나 지푸라기처럼 여기면 신하는 임금을 원수처럼 여길 것입니다."
선왕이 물었다. "예법에 따르면 죽은 임금을 위해 (관직을 떠난 신하들까지도) 상복을 입는다고 했다. (내가) 어떻게 해야 (관직을 떠난) 신하들이 이런 상복을 입겠는가?"
맹자가 말했다. "(첫째) 어떤 신하가 간(諫)하면 그것이 행해지고 좋은 말을 하면 임금이 그것을 듣고 받아들여 그 은택이 저 아래 백성들에게까지 미치고, (둘째) 무슨 문제가 생겨 그 나라를 떠나게 되면 임금이 사람을 시켜 그가 국경 밖으로 잘 나갈 수 있도록 인도하고 또한 (잘 정착할 수 있도록) 그가 가는 곳에 먼저 기별하며, (셋째) 나라를 떠난 지 3년이 되어도 돌아오지 않은 후에야 그에게 내려주었던 땅과 집을 회수한다고 했습니다. 이를 일러 (임금이 신하를 대하는) 세 가지 예(禮)가 있다고 하는 것입니다. 신하에게 이렇게 대한다면 그 신하는 옛 임금을 위해 상복을 입을 것입니다. 지금은 (첫째 당신의) 신하가 되어 간해도 그것이 행해지지 않고 좋은 말을 해도 그것을 듣고 받아들여 주지 않아 백성들에게는 아무런 은택이 미치지 못하고, (둘째) 무슨 문제가 생겨 그 나라를 떠나려 하면 임금은 그를 잡아 가두고 (혹시라도 어렵사리 국경을 빠져나가더라도) 그가 간 곳까지 따라가서 못살게 굴고, (셋째) 그가 떠나는 날 그 즉시 땅과 집을 환수하니 이를 일러 원수라고 하는 것입니다. (그 사람이) 원수를 위해 어떻게 상복을 입는 일이 있겠습니까?"

에 전리(田里)를 거두는 뜻과 다릅니다. 바라건대 이제부터 일이 종사(宗社)에 관계되거나 탐오(貪汚)해 청렴하지 못한 데에 좌죄(坐罪)된 자를 제외하고, 그 나머지 범죄는 비록 직첩(職牒)을 거뒀다 하더라도 그 회수한 토지를 다른 사람에게 주지 말고 임시로 군자감(軍資監)에 붙였다가 직첩을 받은 뒤에 다시 그 토지를 주어 전하께서 선비를 대접하는 두터운 뜻을 보이셔야 할 것입니다.

하나, 학교(學校)는 풍속 교화[風化(풍화)]의 근원이라 고금(古今)의 제왕(帝王)들 중에 이를 중하게 여기지 않은 이가 없었고 우리 국가에서도 매번 조령(條令)을 내릴 때마다 반드시 학교를 영전(令典-아름다운 법전)으로 명시하고 있지만 (지방의) 수령(守令)들 중에 여기에 마음을 쓰는 자는 대개 적으니 참으로[良(양)=誠(성)] 개탄할 일입니다. 또 문예(文藝)는 반드시 10년 뒤에야 이뤄짐이 있는 것인데 자(子)·오(午)·묘(卯)·유(酉)년을 식년(式年)으로 삼아 33인을 취(取)해 이들을 나눠 삼관(三館)[15]의 권지(權知)[16]로 삼아 6~7년을 지낸 연후에야 비로소 9품을 제수하고 성균관(成均館)은 8년, 예문관(藝文館)과 교서관(校書館)은 4년이 지난 연후에야 마침내 6품에 승진시키니 나이

---

15 성균관(成均館), 예문관(藝文館), 교서관(校書館)을 가리킨다.

16 관직을 어떤 기간 동안 임시로 맡을 때 그 관직 이름 앞에 이 이름을 붙였다. 고려시대에는 과거 급제자를 각 관청에 보낼 때 일단 권지로 임용해 일정 기간 임시로 직무를 맡겼다가 뒤에 실직(實職)을 주었다. 또 이미 관직을 가진 자가 다른 직책을 임시로 맡을 때도 이것을 붙여 권지목사(權知牧使), 권지이부상서(權知吏部尙書)라고 했다. 조선시대에는 과거 합격자를 권지로 임명하고 각 관청에 보내 일정 기간이 경과하면 실직을 주었다. 특히 갑과 합격자 이외의 과거 합격자는 성균관(成均館), 승문원(承文院), 교서관(校書館) 등 이른바 권지청(權知廳)에 분관(分館)돼 권지성균관 학유(學諭) 권지승문원 부정자(副正字) 등으로 실무를 익히게 했다.

30이나 40이 돼서 시험에 합격한 자는 장차 삼관(三館)에서 늙을 것입니다. 무예(武藝) 같은 것은 1년이나 2년을 배우는 것입니다. (그런데도) 시험에 합격하는 날에 곧 8품을 제수하니 관례대로 올라간다면 벼슬하는 것이 어찌 빠르지 않겠습니까? 그러므로 경외(京外)의 생도(生徒)들 가운데 그 바탕이 좋고 가르칠 만한 자는 모두 갑사(甲士-무과)에 들어가고, 전일에 책을 잡던 무리가 모두 학문을 버리고 활과 화살을 잡으니 성대한 조정에서 학문을 숭상하는 뜻에 어떻겠습니까? 바라건대 이제부터 삼관(三館)의 거관(去官)을 1년에 대개 두 번으로 해 후진(後進)의 향학(向學)하는 뜻을 장려하고, 또 수령으로 하여금 관학(管學-학사관리)의 직함을 띠게 해 상관(上官)하는 날에 본조(本朝)의 제도에 의거해 먼저 문선왕(文宣王-공자)을 뵌 연후에 일을 보게 해 진실로 학교가 선무(先務)가 되는 것을 알게 하고, 또 장관교수(長官敎授)로 하여금 직책이 외사(外史)[17]를 겸하게 해 그 도(道)의 수령이 학교를 높이고 농사를 권장하는 데 부지런하고 게으른 것과 정치의 잘하고 못하는 것을 기록하되 두 건(件)을 작성해 한 건은 사관(史館-춘추관)에 보내 실적(實跡)을 기록하고, 한 건은 감사(監司)에게 보내 출척(黜陟-인사고과)에 근거 자료로 삼게 해야 할 것입니다.

하나, 종이는 쓰이는 데가 넓습니다. 모든 공사서계(公私書啓)와 대소 상장(喪葬)에 쓰이지 않는 데가 없습니다. 하물며 지금 국가에서

17 외방에 거주하면서 외방의 사건과 외방에 전하는 왕명(王命)을 기록해 사초(史草)를 작성하는 관원을 말한다.

닥나무[楮]로 화폐를 만드는 데이겠습니까? 신 등이 가만히 보건대
저
크고 작은 민가 중에 닥나무밭[楮田]이 있는 자는 백에 하나 둘도
저전
없고, 간혹 있는 자도 소재지의 관사(官司)에 빼앗겨 이익은 자기에게 오지 않고 도리어 피해가 따릅니다. 그러므로 심지 않을 뿐만 아니라 혹 베어버리는 자가 있으니 이는 한탄할 일입니다. 또 중국(中國)에서 본조(本朝)의 종이를 좋다고 해 간혹 와서 구하기도 하니 이 또한 염려하지 않을 수 없습니다. 신 등은 바라건대 각 도로 하여금 대호(大戶)는 200주(株)를, 중호(中戶)는 100주를, 소호(小戶)는 50주를, 내년 2월까지 한해 일절 모두 심게 하고 감사(監司)로 하여금 사람을 보내 고찰해 만약 법대로 하지 않는 자가 있으면 저화(楮貨)로 수속(收贖)하고 수령을 처벌하되 일찍부터 닥나무밭이 있었던 자는 이 한계에 들지 않게 해야 할 것입니다.

하나, 전(傳)에 이르기를 "왕(王)의 앞은 무(巫)요, 뒤는 사(史)요, 종축(宗祝)과 고유(瞽侑)[18]는 모두 좌우에 있고 왕은 중심에 있어 하는 일이 없어도 지극히 바른 것을 지킨다"[19]라고 했습니다. 이는 옛날의 제왕(帝王)이 공구(恐懼) 척려(惕慮-근심·걱정)해 허물을 면하기를 생각한 방도였습니다. 우리 전하께서는 즉위하신 이래로 날마다 경연(經筵)에 나아오시어 여러 신하에게 두루 물어 다스리는 도리를 강구하시고, 사관(史官)은 곁에 있어 한마디 말이나 한 가지 일이라

18 종축(宗祝)은 주(周)나라 때 제사(祭祀)를 맡아보던 관원을 말하며, 고유(瞽侑)는 맹인 악사(樂師)를 말한다.

19 『예기(禮記)』「예운(禮運)」편에 나오는 말이다.

도 그때그때 곧 기록하고, 또 거둥하실 때에는 백료(百僚) 서부(庶府)가 호종하지 않음이 없었는데 뒤에 간편한 것을 따라 대간(臺諫)과 법관(法官)만이 따르게 했으니, 이것이 모두 선왕(先王)의 전무후사(前巫後史)의 뜻입니다. 금년 3월 이래로 사관의 한때의 실례(失禮)로 인해 좌우에 나오지 못하게 하시니 신 등은 두렵건대 아름다운 말씀과 좋은 정치가 후세에 전해지지 못할까 염려됩니다. 또 금년 가을에 강무(講武)하시는 거둥에 대간과 법관이 참여하지 못했으니 신 등은 두렵건대 태조(太祖)부터 전하에 이르기까지 서로 전해주고 전해 받은 아름다운 법이 이제부터 폐지될까 염려됩니다. 진실로 성대한 조정을 위해 유감이 아닐 수 없습니다. 바라건대 전하께서는 날마다 경연(經筵)에 임어하시고 사관으로 하여금 좌우에 모시게 하시며 매번 행행(行幸)하실 때에는 대간과 법관으로 하여금 수종하게 하시어 이것을 성헌(成憲)으로 삼아 후손에게 보이셔야 할 것입니다.'

상이 소를 읽어보고 말했다.

"사관(史官)과 대간(臺諫) 가운데 일찍이 위차(位次)를 잃은 자가 있었기 때문에 대간이 수행하는 것과 사관이 곁에서 모시는 것을 잠정적으로 정지시켰다. 그러나 옛법을 무너뜨릴 수는 없으니 이 두 가지 일은 내가 마땅히 윤허하겠다. 경연(經筵)에 나아가는 것은 비록 아름다운 일이나 내가 늙었고 또 병이 있으니 일찍부터 세자를 권면하는 것이 좋겠다. 기타의 사건은 내가 홀로 결단할 것이 아니니 의정부(議政府)에 내려 깊이 토의해 보고하라."

지신사 안등(安騰)에게 명해 사관(史官) 김장(金廧)에게 뜻을 전했다.

"사람들이 구중궁궐(九重宮闕)이라고 말하지만 우리나라 궁궐(宮闕)은 (중국처럼) 구중(九重)이 아니고 그 안이 밖에서 멀지 않으니 나의 언어와 행동을 어느 누가 알지 못하겠는가? 지난번에 사신(史臣)이 잘못이 있었으므로 잠정적으로 계사(啓事)하는 데 참여하지 못하게 했는데, 내가 생각하기를 간관(諫官)이 반드시 (곧바로) 뒤따라 간언하리라 여겼더니 어째서 오늘에 이른 뒤에야 말하는가? 만세(萬世)에 전할 아름다운 일을 어찌 내 몸에 이르러서 중지하겠느냐? 이제부터 이후로는 옛 제도에 의거해 계사(啓事)할 때에 참여하도록 하라."

甲午朔 講武于豐海道 次于岐灘之西. 是日立冬 上以道經
갑오 삭 강무 우 풍해도 차우 기탄 지 서 시일 입동 상 이 도경
三元四立之說致齋 令監司守令皆不得迎謁.
삼원사립 지 설 치재 영 감사 수령 개 부득 영알

禁用常五升布 公私貿易 皆用楮貨. 用布者 以判旨不從論 三日
금용 상오승포 공사 무역 개 용 저화 용포 자 이 판지 부종 논 삼일
立示於街 決杖一百 徵楮貨三十張. 先是 令五升布與楮貨通行
입시 어가 결장 일백 징 저화 삼십 장 선시 영 오승포 여 저화 통행
於是民間不用楮貨 全用布 物價湧貴 乃下是令.
어시 민간 불용 저화 전용 포 물가 용귀 내 하 사령

禁婚嫁. 慮中使之來求處女也.
금 혼가 여 중사 지 래 구 처녀 야

丁酉 夜有電光.
정유 야 유 전광

戊戌 虹見乾方.
무술 홍 견 건방

夕次江陰 赤布峴之原. 夜四鼓 始雷電雨雹 震扈從人馬二匹.
석 차 강음 적포현 지 원 야 사고 시 뇌전 우박 진 호종인 마 이필

己亥 雷雨不止 上輟膳. 還至木村 天乃開霽. 上泣謂群臣曰:
기해 뇌우 부지 상 철선 환지 목촌 천 내 개제 상 읍 위 군신 왈
“予以否德 不堪負荷 故天變若是.” 因微示遜位之志 李叔蕃諫曰:
여 이 부덕 불감 부하 고 천변 약시 인 미시 손위 지 지 이숙번 간왈
“父母之於子 常責其所短. 天其仁愛之 故示災異耳. 若以災異之
부모 지어 자 상 책 기 소단 천 기 인애 지 고 시 재이 이 약 이 재이 지
變 厭此萬幾 怠心生矣 宜克勤克念 以答天心.”
변 염 차 만기 태심 생의 의 극근 극념 이답 천심

還宮.
환궁

召世子及領議政府事河崙 左政丞成石璘于漢京. 以使臣迎接也.
소 세자 급 영의정부사 하륜 좌정승 성석린 우 한경 이 사신 영접 야

壬寅 命司憲府詰禮房代言尹珪 禮曹佐郎沈道源等 尋釋之. 上
임인 명 사헌부 힐 예방 대언 윤규 예조좌랑 심도원 등 심 석지 상

觀月令圖曰: "獵祭先祖 在十月令. 代言何不早啓? 予若知之 則
관 월령도 왈 엽제 선조 재 십월 령 대언 하 불 조계 여 약 지지 즉

當以所獲 先祭宗廟矣. 今乃不然 雖圖月令掛壁 何用!" 遂召掌令
당 이 소획 선제 종묘 의 금 내 불연 수 도 월령 괘벽 하용 수 소 장령

崔洵劾之 憲司劾尹珪及沈道源等以聞. 議政府上言: "歷代皆用
최순 핵지 헌사 핵 윤규 급 심도원 등 이문 의정부 상언 역대 개 용

丑月之獵 禮記所載 乃周之十月 願用丑月." 上曰: "十月 禽獸皆
축월 지 렵 예기 소재 내 주 지 십월 원용 축월 상 왈 십월 금수 개

美 再薦爲可 姑從月令."
미 재천 위가 고 종 월령

内史太監田嘉禾 少監海壽奉勅書來 上率百官迎至敬德宮.
내사 태감 전가화 소감 해수 봉 칙서 래 상 솔 백관 영지 경덕궁

勅曰:
칙왈

'胡運已終 天命已去. 朕皇考太祖高皇帝 膺受天命 統一華夷.
호 운 이종 천명 이거 짐 황고 태조고황제 응수 천명 통일 화이

朕荷上天眷顧 平定内難 紹承大統 四方萬國 靡不臣順 獨殘乎
짐 하 상천 권고 평정 내난 소승 대통 사방 만국 미불 신 순 독 잔 호

餘孽 梗化不庭 拘戮信使. 朕親率六師 往討其罪. 爾獻馬萬匹
여얼 경화 부정 구륙 신사 짐 친솔 육사 왕토 기죄 이 헌마 만필

以資國用 眷爾忠誠 深用嘉奬. 今特遣正使太監田嘉禾 副使少監
이자 국용 권 이 충성 심용 가장 금 특 견 정사 태감 전가화 부사 소감

海壽 以彩帑銀兩馬匹賜爾 爾其體朕至懷. 苧絲二百匹 線羅二百
해수 이 채탕 은냥 마필 사 이 이 기 체 짐 지회 저사 이백 필 선라 이백

匹 彩絹五百匹 銀一千兩 馬八匹.'
필 채견 오백 필 은 일천 냥 마 팔 필

上受賜謝恩訖 至太平館設宴. 嘉禾又示禮部咨 咨曰:
상 수사 사은 흘 지 태평관 설연 가화 우 시 예부 자 자왈

'奉聖旨: "朝鮮國王進過馬一萬匹 恁禮部兵部便定了價運將去.
봉 성지 조선 국왕 진과 마 일만 필 임 예부 병부 편정 요 가 운 장거

遼東都司收貯行文書 與國王差人來領." 欽此. 每匹給絹三匹
요동도사 수저 행 문서 여 국왕 차인 내령 흠차 매 필 급 견 삼필

緜布二匹 共該絹三萬匹 綿布二萬匹.'
면포 이필 공 해 견 삼만 필 면포 이만 필

分賜段子羅絹于宗親議政府義興府代言臺諫及近臣有差.
분사 단자 나견 우 종친 의정부 의흥부 대언 대간 급 근신 유차

議政府啓: "馬價將至 請辭之 以露忠心." 上曰: "天子有賜 則
의정부 계 마가 장지 청사 지 이로 충심 상 왈 천자 유사 즉

當受 不可曲意露誠. 且以此援例 則必有後日之患矣." 議遂寢.
당수 불가 곡의 노성 차 이차 원 례 즉 필유 후일 지 환 의 의 수 침

甲辰 虹見東方.
갑진 홍 견 동방

上如太平館設宴.
상 여 태평관 설연

司憲府上疏. 疏曰:
사헌부 상소 소왈

'巨室 一國之所慕; 懷土 凡物之常情. 是故 遷徙之擧 不可
거실 일국 지 소모 회토 범물 지 상정 시고 천사 지 거 불가

不重. 今我殿下 移御舊都 乃一時之權宜 誠有所不獲已也. 移御
부중 금 아 전하 이어 구도 내 일시 지 권의 성 유 소 불획이 야 이어

之初 令侍衛大小臣僚 從簡分司 至於甲士 更番宿衛 其所以爲
지 초 영 시위 대소 신료 종간 분사 지어 갑사 갱번 숙위 기 소이 위

新都 鎭安民望之慮至矣. 侍從之臣 釋此不慮 爭相挈家以來.
신도 진안 민망 지 려 지의 시종 지 신 석 차 불려 쟁상 설가 이래

無知之民 以懷土之情 巨室是效 多方托故 棄其産業以遷 絡繹於
무지 지 민 이 회토 지 정 거실 시 효 다방 탁고 기 기 산업 이천 낙역 어

道. 其新都家舍 則爲其隣里所毁① 及其還歸 必無容身之處 其可
도 기 신도 가사 즉 위 기 인리 소훼 급 기 환귀 필 무 용신 지 처 기 가

忍視而不慮乎? 斷自今 侍從大小臣僚 勿令挈家而來 其不得已
인시 이 불려 호 단 자금 시종 대소 신료 물령 설가 이래 기 부득이

有差備 已曾空其家者 令漢城府取保四隣 無使破毁 以待還業.
유 차비 이증 공 기가 자 영 한성부 취보 사린 무사 파훼 이대 환업

若四隣不肯用心 爲人所毁者 令其四隣 隨卽修葺; 其無差備空家
약 사린 불긍 용심 위 인 소훼 자 영 기 사린 수즉 수즙 기 무 차비 공가

者 移關留後司 勒令還居 民生幸甚.'
자 이관 유후사 늑령 환거 민생 행심

從之. 命禁大小人員婦女還徙 且令各司員吏侍衛軍士 竝輪次
종지 명금 대소인원 부녀 환사 차 령 각사 원리 시위 군사 병 윤차

分司.
분사

丙午 命世子享內史于太平館.
병오 명 세자 향 내사 우 태평관

遣刑曹判書林整 中軍同知摠制鄭易如京師. 賀明年正也. 且遣
견 형조판서 임정 중군 동지총제 정역 여 경사 하 명년 정 야 차 견

吏曹參議禹洪康 獻歲貢種馬.
이조참의 우홍강 헌 세공 종마

命除京外倡妓 事竟不行. 群臣皆希上旨 請除倡妓 河崙獨以爲
명제 경외 창기 사 경 불행 군신 개 희 상지 청제 창기 하륜 독 이위

不可 上笑而從之.
불가 상 소 이 종지

戊申 木星犯上將.
무신 목성 범 상장

命禁畿甸私獵 申嚴無牌鷹子之禁.
명금 기전 사렵 신엄 무패 응자 지금

平壤城成. 都巡問使朴訔啓曰: '不笞一卒 六十餘日 大役告訖.'
평양성 성 도순문사 박은 계왈 불태 일졸 육십 여일 대역 고흘

遣上護軍禹博賜訔綵幣宮醞藥物以慰之 訔進箋謝恩 且獻鷹子.
견 상호군 우박 사 은 채폐 궁온 약물 이위 지 은 진전 사은 차 헌 응자

不笞一卒之言及獻鷹之事 識者譏之.
불 태 일졸 지 언 급 헌 응 지 사 식자 기지

還遣世子于新都. 監國也. 命下迎接都監使張大有 判官鄭容于
환견 세자 우 신도 감국 야 명하 영접도감 사 장대유 판관 정용 우

巡禁司. 內史以所求未完 笞迎接官吏 故下大有等 欲以解其怒也
순금사 내사 이 소구 미완 태 영접 관리 고 하 대유 등 욕 이해 기노 야

旣而釋之.
기이 석지

庚戌 內史以帝旨求處女 上與內史如鄭元厚家見之.
경술 내사 이 제지 구 처녀 상 여 내사 여 정원후 가 견지

壬子 宴內史于敬德宮. 上辟左右 謂內史曰: "父王有先後妃
임자 연 내사 우 경덕궁 상 벽 좌우 위 내사 왈 부왕 유 선 후비

欲立庶幼 南誾 鄭道傳贊成其計 欲害吾先妃之子 竟曹誅戮. 又
욕립 서유 남은 정도전 찬성 기계 욕해 오 선비 지 자 경 조 주륙 우

在己卯 母兄懷安君構亂 國人立我爲君 已十餘年. 今予有疾 欲令
재 기묘 모형 회안군 구란 국인 입 아 위군 이 십여 년 금 여 유질 욕령

世子襲位." 譯人李玄泣涕 難於發言 上叱之 玄乃告內史. 內史
세자 습위 역인 이현 읍체 난어 발언 상 질지 현 내 고 내사 내사

曰: "世子年幼 宜使宿儒輔導之 待其壯年 則殿下亦老矣. 若世子
왈 세자 연 유 의 사 숙유 보도 지 대 기 장년 즉 전하 역 노의 약 세자

早襲 則軍國大事 或有失當 殿下其肯坐視乎? 且天子待殿下以
조습 즉 군국 대사 혹 유 실당 전하 기 긍 좌시 호 차 천자 대 전하 이

至誠 東方之民 專付於殿下 春秋未老 豈可遽辭以疾乎? 若托疾
지성 동방 지 민 전 부어 전하 춘추 미로 기가 거사 이질 호 약 탁질

則中國豈無良醫乎? 予將奏於天子 賜以藥石矣. 殿下之有今日
즉 중국 기 무 양의 호 여 장 주 어 천자 사 이 약석 의 전하 지 유 금일

實天命之所在也 不宜更有此議." 趙英茂聞玄之言 贈玄以馬.
실 천명 지 소재 야 불의 갱 유 차의 조영무 문 현 지 언 증 현 이 마

趙英茂啓曰: "上春秋方盛 遽以疾 欲傳位於儲副 臣民缺望. 今聞
조영무 계왈 상 춘추 방성 거 이질 욕 전위 어 저부 신민 결망 금문

天使之言 甚合輿情. 臣欲與二品以上 謝於天使." 許之.
천사 지언 심합 여정 신 욕 여 이품 이상 사 어 천사 허지

流球國 中山王思紹 遣模都結制來朝 且送被擄人十四名.
유구국 중산왕 사소 견 모도결제 내조 차 송 피로인 십사 명

咨曰: '竊念隣國義合 遣使往來 是爲四海一家 庶爲允當. 爲此
자왈 절념 인국 의합 견사 왕래 시 위 사해 일가 서 위 윤당 위차

專遣模都結制等 坐駕海船 裝載禮物 前詣國王殿下奉獻 少伸
전견 모도결제 등 좌가 해선 장재 예물 전 예 국왕 전하 봉헌 소신

微誠. 所據今去人船拊搭物貨 仍乞容令賣買 早爲打發回國.'
미성 소거 금 거 인 선 부 탑 물화 잉 걸 용 령 매매 조 위 타발 회국

甲寅 昏霧四塞.
갑인 혼무 사색

以劉敞判恭安府事 金漢老參贊議政府事 權弘知議政府事.
이 유창 판공안부사 김한로 참찬 의정부 사 권홍 지의정부사

乙卯 昏霧.
을묘 혼무

遣知議政府事權弘 恭安府尹金彌 如京師謝恩.
견 지의정부사 권홍 공안부 윤 김미 여 경사 사은

丙辰 平壤君趙大臨 參知議政府事尹思修 回自京師. 大臨等
병진 평양군 조대림 참지 의정부사 윤사수 회자 경사 대림 등

至北京 天子待之有加 例外特賜大臨鞍一面 馬三匹 思修馬一匹.
지 북경 천자 대지 유가 예외 특사 대림 안 일면 마 삼필 사수 마 일필

戶部尙書夏原吉謂大臨等曰: "帝覽爾國表箋 嘉歡不已."
호부상서 하원길 위 대림 등 왈 제 람 이국 표전 가환 불이

丁巳 月犯太微右執法.
정사 월 범 태미 우집법

召宗親擊毬于內庭.
소 종친 격구 우 내정

司憲府上疏. 疏曰:
사헌부 상소 소왈

'竊見國家更造楮貨 使之通行 然無知之民 狃於舊習 不肯信從
절견 국가 갱 조 저화 사지 통행 연 무지 지 민 뉴어 구습 불긍 신종

暗用常布 以干邦憲者 比比有之. 苟非國家取信於民 行之以先 則
암 용 상포 이간 방헌 자 비비 유지 구 비 국가 취신 어 민 행지 이선 즉

雖日鞭犯令者 求其行 不可得已. 今各司會計付雜物內 不合國用
수 일 편 범령 자 구 기행 불가득 이 금 각사 회계 부 잡물 내 불합 국용

而民生所須之物 陳陳而腐者 無慮萬計. 請立和賣所 令戶曹考
이 민생 소수 지 물 진진 이 부자 무려 만계 청립 화매 소 영 호조 고

不中國用之物 擇付和賣所 從優定價 收買楮貨 以示通行之信 則
부중 국용 지 물 택 부 화매 소 종우 정가 수매 저화 이시 통행 지 신 즉

無損於國用 而有益於立法矣.'
무 손 어 국용 이 유익 어 입법 의

上曰:"予亦深慮之. 今首相適來 當議而行之."
상 왈 여 역 심려 지 금 수상 적래 당의 이 행지

世子來自新都. 以內史將還 餞之也.
세자 래 자 신도 이 내사 장 환 전지 야

命罷京畿道水軍都節制使京中營庫 且令留營鎭撫 各還本船.
명파 경기도 수군도절제사 경중 영고 차 영 유영 진무 각 환 본선

從政府之請也.
종 정부 지 청 야

戊午 上如太平館 餞內史.
무오 상 여 태평관 전 내사

罷兵曹正郎柳暲職. 大殿牽龍等 於六衙日 使蓋陪近仗 呈擧案
파 병조정랑 유장 직 대전 견룡 등 어 육아일 사 개배근장 정 거안

於兵曹 相承以爲故事. 暲捕牽龍捶之曰:"何不親呈?"牽龍等
어 병조 상승 이위 고사 장 포 견룡 추지 왈 하 불친 정 견룡 등

訴於駕前 乃下暲于巡禁司 問其故 暲服 由是罷職. 牽龍等 亦
소어 가전 내 하 장 우 순금사 문 기고 장 복 유시 파직 견룡 등 역

以越所申呈 杖六十.
이월 소신 정 장 육십

己未 命世子餞內史于太平館.
기미 명 세자 전 내사 우 태평관

停朝三日. 以德 安陵遷葬也.
정조 삼일 이 덕 안릉 천장 야

庚申 申行楮貨之法. 諭議政府曰:"予聞市井之人 憚用楮貨
경신 신 행 저화 지 법 유 의정부 왈 여문 시정 지 인 탄용 저화

不坐於市 多將常布 行商於外. 如此則楮貨似難通行. 若令外方
부좌 어시 다 장 상포 행상 어외 여차 즉 저화 사난 통행 약 영 외방

雜貢代以楮貨 則商賈平民必用楮貨 宜速施行."
잡공 대이 저화 즉 상고 평민 필용 저화 의속 시행

辛酉 遷德 安二陵 合葬于咸州 韃靼洞之原. 洞在咸州北五十里.
신유 천 덕 안 이릉 합장 우 함주 달단동 지 원 동 재 함주 북 오십 리

葬用灰隔. 德陵在西 安陵在東. 啓陵以八月庚申 卽日發引 九月
장 용 회격 덕릉 재서 안릉 재동 계릉 이 팔월 경신 즉일 발인 구월

到咸州 安于殯殿 至是乃葬.
도 함주 안 우 빈전 지시 내 장

內史田嘉禾 海壽等 以鄭氏還京師 其父 前知宜州事鄭允厚.
내사 전가화 해수 등 이 정씨 환 경사 기부 전 지의주사 정윤후

小宦二人 女史四人從之.
소환 이인 여사 사인 종지

上出餞內史于迎賓館 命世子禔 右議政趙英茂 知申事安騰
상 출전 내사 우 영빈관 명 세자 제 우의정 조영무 지신사 안등

餞于金郊驛. 上還宮至玉粧橋邊 有一老嫗望見上 攢手而祝 上曰:
전우 금교역 상 환궁 지 옥장교 변 유 일 노구 망견 상 찬수 이 축 상 왈

"必無告之人也." 命賜米二石 醬一甕.
필 무고 지 인 야 명사 미 이석 장 일 옹

命河崙 成石璘對于便殿 議楮貨久行之術 且令各司陳其策. 上
명 하륜 성석린 대 우 편전 의 저화 구행 지 술 차 령 각사 진 기책 상

曰: "楮貨之設 歷代良法. 今欲行之 以代麤布 可發倉廩貿易 以示
왈 저화 지 설 역대 양법 금 욕 행지 이대 추포 가 발 창름 무역 이시

信於民." 乃於新舊都 各立和賣所 以鐵城君李原 義原君黃居正
신 어 민 내 어 신구 도 각 립 화매 소 이 철성군 이원 의원군 황거정

爲新京提調 左軍都摠制辛有定 參知議政府事尹思修爲舊都
위 신경 제조 좌군 도총제 신유정 참지 의정부사 윤사수 위 구도

提調.
제조

壬戌 命世子還都.
임술 명 세자 환도

宴平壤君趙大臨 參知議政府事尹思修 光祿卿權永均于
연 평양군 조대림 참지 의정부사 윤사수 광록경 권영균 우

西涼廳. 永均免父喪 以帝命將入朝.
서량청 영균 면 부상 이 제명 장 입조

司諫院左司諫大夫柳伯淳等上疏. 疏略曰:
사간원 좌사간대부 유백순 등 상소 소 약왈

'一, 信者 人君之大寶也. 國保於民 民保於信 故善爲國者 不欺
일 신 자 인군 지 대보 야 국 보 어민 민 보 어신 고 선 위국 자 불기

其民. 今我國家楮貨之法 始於壬午 未久乃罷 故復於今日 有疑而
기민 금 아 국가 저화 지 법 시어 임오 미구 내 파 고 복어 금일 유의 이

未行者. 臣等曩者 具此以聞 隨米數給楮貨之條 已蒙兪允 其給楮
미행 자 신등 낭자 구차 이문 수 미수 급 저화 지 조 이 몽 유윤 기 급저

收布之條 未卽施行. 臣等夙夜反覆思之 夫泥古而憚新 人情之
수포 지 조 미즉 시행 신등 숙야 반복 사지 부 니고 이 탄신 인정 지

常也. 況嘗見欺於壬午乎? 苟非行之以信 示之以威 民志將何以
상 야 황 상 견기 어 임오 호 구 비 행지 이신 시지 이위 민지 장 하이

定 法令將何以行乎? 今貿易者不用楮貨 潛以米布相易於家 而
정 법령 장 하이 행호 금 무역 자 불용 저화 잠 이 미포 상역 어가 이

不出於市 臣等恐有利口者 藉以爲說 毁其成法如壬午年也. 臣等
불출 어시 신등 공 유 이구 자 자 이위 설 훼 기 성법 여 임오년 야 신등

願定日諭衆 勒收私布 計布多少 給之楮貨; 其限後私藏布者 許人
원 정일 유중 늑수 사포 계 포 다소 급지 저화 기 한후 사장 포 자 허인

陳告 從重論罪 沒其家產 賞其告者. 又斷其布 分爲四端 給之
진고 종중 논죄 몰 기 가산 상 기 고자 우 단 기포 분위 사단 급지

八端 收楮一張 使民間無一端全布 其公家之布 皆下繕工 以代
팔단 수 저 일장 사 민간 무 일단 전포 기 공가 지 포 개 하 선공 이대

州縣熟麻之貢 以示永不用布之意. 又發倉廩陳積之穀 買得楮貨
주현 숙마 지 공 이시 영 불용 포 지 의 우 발 창름 진적 지 곡 매득 저화

分送外方 外方貢布 一以楮貨收之 則民之求楮貨 如飢渴者之於
분송 외방 외방 공포 일이 저화 수지 즉 민 지 구 저화 여 기갈 자 지어

飮食矣. 如有托辭毁者 雖大臣 請以亂法論.
음식 의 여유 탁사 훼 자 수 대신 청 이 난법 논

一, 傳曰: "治本於農." 又曰: "逐末者多 則廛以抑之." 夫農
일 전왈 치 본어 농 우왈 축 말자 다 즉 전이 억지 부 농

也者 沾體塗足 其勞甚矣; 計畝徭役 其苦多矣. 商賈之人 則以賤
야자 첨체 도족 기로 심의 계무 요역 기고 다의 상고 지 인 즉 이천

易貴 其利倍矣; 以勞役佚 其樂多矣. 故農夫日寡 商賈日衆 一人
역귀 기리 배의 이로 역일 기락 다의 고 농부 일과 상고 일중 일인

耕之 十人食之. 國廩何由而裕 民食何由而足乎? 願自今 凡爲
경지 십인 식지 국름 하유 이 유 민식 하유 이 족 호 원 자금 범 위

商賈者 內則漢城府 外則州縣 各於所居 置籍載名 依古者宅
상고 자 내즉 한성부 외즉 주현 각 어 소거 치적 재명 의고 자 택

不毛者出夫里之征之制 每當行貨 納米貳石而後 乃給行狀. 如有
불모 자 출 부리 지 정 지 제 매당 행화 납미 이석 이후 내 급 행장 여유

無狀而行者 許人陳告 所齎之貨 半納於官 半給於告者 以成盛朝
무장 이 행자 허인 진고 소재 지 화 반납 어 관 반급 어 고자 이성 성조

務本抑末之治.
무본억말 지 치

一, 古之善治國者 必愛養斯民. 民失其養 則愁怨乃生 足以傷
일 고 지 선 치국 자 필 애양 사민 민 실 기양 즉 수원 내 생 족이 상

天地之和矣. 古者役民 不過三日 至于唐初 制租庸調之法 歲役
천지 지 화 의 고자 역민 불과 삼일 지우 당초 제 조용조 지 법 세역

二旬 有事而加役者 旬有五日 免其租; 三旬租調俱免 無非愛養
이순 유사 이 가역 자 순 유 오일 면 기조 삼순 조조 구면 무비 애양

之意也. 惟我殿下卽位以來 改正境界 隨損減租; 土木之役 亦皆
지 의 야 유 아 전하 즉위 이래 개정 경계 수손 감조 토목 지 역 역 개

禁斷 愛養之意 可謂至矣 獨豐海 平壤二道之民 役於使臣往來之
금단 애양 지 의 가위 지의 독 풍해 평양 이도 지 민 역 어 사신 왕래 지

間者 一歲之內 固非一旬二旬而已矣. 況於今年 平壤之城 瀉庫之
간자 일세 지 내 고 비 일순 이순 이 이의 황 어 금년 평양 지 성 사고 지

役俱興 秋收失時 所損可知; 秋耕失時 將來可慮. 租稅之納 猶恐
역 구흥 추수 실시 소손 가지 추경 실시 장래 가려 조세 지 납 유 공

其不給 義倉之糶 又從而督之 非惟力不暇給 財且竭矣 其爲愁怨
기 불급 의창 지 조 우 종 이 독지 비유 역 불 가급 재 차 갈의 기 위 수원

可謂痛哭者也 而冬雷之變 適在於豐海之境 豈偶然哉? 夫二道
가위 통곡 자 야 이 동뢰 지 변 적 재어 풍해 지 경 기 우연 재 부 이도

之民 勞則均矣. 然平壤之田租 視豐海則爲輕. 若豐海一道 其租
지 민 노 즉 균의 연 평양 지 전조 시 풍해 즉 위경 약 풍해 일도 기어

重於平壤 其役加於諸道 則豐海之民 尤可惜也. 臣等願減今年
중어 평양 기역 가어 제도 즉 풍해 지 민 우 가석 야 신등 원 감 금년

租稅之米 以示殿下愛養斯民之意.
조세 지 미 이시 전하 애양 사민 지 의

一, 古者大夫有罪擧國 三年不返 然後收其田里. 惟我盛朝
일 고자 대부 유죄 거국 삼년 불반 연후 수 기 전리 유 아 성조

士大夫常祿之外 別賜科田 以養廉恥 待下之道可謂厚矣. 然不幸
사대부 상록 지 외 별사 과전 이양 염치 대하 지 도 가위 후의 연 불행

而有過差者 罷於杖罪 則輒收科田 以與他人 使一家陷於飢饉
이 유 과차 자 이어 장죄 즉 첩 수 과전 이여 타인 사 일가 함어 기근

以興怨讟 與古者三年收田里之意異矣. 願自今事關宗社 坐貪汚
이흥 원독 여 고자 삼년 수 전리 지 의 이의 원 자금 사 관 종사 좌 탐오

不廉者外 其餘犯罪 雖收職牒 其所收之田 勿與他人 假屬軍資
불렴 자 외 기여 범죄 수 수 직첩 기 소수 지 전 물여 타인 가속 군자

及受職牒 復給其田 以示殿下待士之厚.
급 수 직첩 부급 기전 이시 전하 대사 지 후

一, 學校 風化之源 古今帝王莫不重之. 惟我國家 每降條令 必
일 학교 풍화 지 원 고금 제왕 막불 중지 유 아 국가 매강 저령 필

以學校著爲令典. 然而守令用心於此者蓋寡 良可慨也. 且文藝必
이 학교 저 위 영전 연이 수령 용심 어차 자 개 과 양 가개 야 차 문예 필

十年而後有成 而以子午卯酉爲式年 取三十三人 分爲三館 以
십년 이후 유성 이 이 자 오 묘 유 위 식년 취 삼십삼 인 분위 삼관 이

權知經六七年 始拜九品 若成均則八年 藝文校書則四年 然後乃
권지 경 육칠 년 시 배 구품 약 성균 즉 팔년 예문 교서 즉 사년 연후 내

升六品 年行三十四十而中試者 將老於三館. 若武藝則一年二年
승 육품 연 행 삼십 사십 이 중시 자 장 노 어 삼관 약 무예 즉 일년 이년

之學也. 中試之日 卽拜八品 循例而進 其爲官也 豈不捷乎? 故
지 학 야 중시 지 일 즉 배 팔품 순례 이 진 기 위관 야 기 불 첩 호 고

京外生徒 其質美可敎者 皆入甲士. 前日把冊之徒 翕然捨學而執
경외 생도 기질 미 가교 자 개 입 갑사 전일 파책 지 도 흡연 사학 이 집

弓矢 其於盛朝崇學之意何如? 願自今 三館去官 歲率二度 以勵
궁시 기어 성조 숭학 지 의 하여 원 자금 삼관 거관 세 솔 이도 이려

後進向學之意. 又使守令銜帶管學 上官之日 依本朝之制 先謁
후진 향학 지 의 우 사 수령 함대 관학 상관 지 일 의 본조 지 제 선알

文宣王而後 乃復視事 使之誠知學校之爲先務也. 又使長官敎授
문선왕 이후 내 부 시사 사지 성 지 학교 지 위 선무 야 우 사 장관 교수

職兼外史 記其道守令崇學勸農之勤慢與凡政治之得失 開寫二件
직 겸 외사 기 기도 수령 숭학 권농 지 근만 여 범 정치 지 득실 개사 이건
一件送于史館 以記實跡 一件送于監司 以憑黜陟.
일건 송우 사관 이기 실적 일건 송우 감사 이빙 출척

一, 紙之爲用廣矣. 凡公私書啓 大小喪葬 莫不用之. 況今國家
일 지 지 위용 광의 범 공사 서계 대소 상장 막불 용지 황 금 국가
又以楮爲貨乎? 臣等竊見 大小民家有楮田者 百無一二 而其僅有
우 이 저 위화 호 신등 절견 대소 민가 유 저전 자 백 무 일이 이 기 근유
者 又爲所在官司所奪 利不及己 而害且隨之 故非惟不種 或有
자 우 위 소재 관사 소탈 이 불급 기 이 해 차 수지 고 비유 부종 혹 유
斬刈而去之者② 是可歎也. 且上國以本朝之紙爲美 或來求之 是
참예 이 거지 자 시 가탄 야 차 상국 이 본조 지 지 위미 혹 내 구지 시
亦不可不慮也. 臣等願令各道 大戶則二百條 中戶一百條 小戶
역 불가 불려 야 신등 원령 각도 대호 즉 이백 조 중호 일백 조 소호
五十條 限來年二月 一皆種之 令監司差人考察 有不如法者 贖徵
오십 조 한 내년 이월 일개 종지 영 감사 차인 고찰 유 불 여법 자 속 징
楮貨 罪及守令 曾有楮田 不在此限.
저화 죄 급 수령 증 유 저전 부재 차한

一, 傳曰: "王前巫後史 宗祝瞽侑 皆在左右. 王中心無爲 以守
일 전왈 왕전 무 후 사 종축 고유 개 재 좌우 왕 중심 무위 이수
至正." 此古昔帝王 恐懼惕慮 思免厥愆之道也. 惟我殿下 卽位
지정 차 고석 제왕 공구 척려 사면 궐건 지 도 야 유 아 전하 즉위
以來 日御經筵 延訪群臣 講求治道 史官在側 一言一事 隨卽
이래 일어 경연 연방 군신 강구 치도 사관 재측 일언 일사 수즉
記之. 又於行幸 百僚庶府 罔不扈從 後乃從簡 只令臺諫法官
기지 우 어 행행 백료 서부 망불 호종 후 내 종간 지 령 대간 법관
從之 此皆先王前巫後史之意也. 自今年三月以來 因史官一時之
종지 차 개 선왕 전무 후사 지 의 야 자 금년 삼월 이래 인 사관 일시 지
失禮 使之不得進於左右 臣等恐嘉言善政 不得傳於後世也. 又
실례 사지 부득 진어 좌우 신등 공 가언 선정 부득 전어 후세 야 우
於今秋講武之行 臺諫法官 毋得與焉 臣等竊恐自太祖至于殿下
어 금추 강무 지 행 대간 법관 무득 여언 신등 절공 자 태조 지우 전하
相傳之美法 自今而廢 竊爲盛朝不得無憾焉. 願殿下 日御經筵 使
상전 지 미법 자금 이 폐 절위 성조 부득 무감 언 원 전하 일어 경연 사
史官得侍左右 每當行幸 使臺諫法官從之 以爲成憲 以示後嗣.'
사관 득시 좌우 매당 행행 사 대간 법관 종지 이위 성헌 이시 후사

上覽疏曰: "史官與臺諫 曾有失次者 故臺諫之隨行 史臣之侍側
상 람소 왈 사관 여 대간 증 유 실차 자 고 대간 지 수행 사신 지 시측
姑止之矣. 然不可墮古法 惟此二事 予當允之. 御經筵 雖美事 予
고 지지 의 연 불가 타 고법 유 차 이사 여 당 윤지 어 경연 수 미사 여

老矣 且有疾 宜早勸世子也. 其他事件 非予之獨斷 下議政府
노의 차 유질 의 조권 세자 야 기타 사건 비 여 지 독단 하 의정부

擬議以聞." 命知申事安騰 傳旨于史官金齰曰: "人有言九重宮闕
의의 이문 명 지신사 안등 전지 우 사관 김장 왈 인 유언 구중궁궐

然我國宮闕 非九重 其內不遠於外 予之言動 誰不知之? 向者
연 아국 궁궐 비 구중 기내 불원 어외 여 지 언동 수 부지 지 향자

史臣有失 姑令勿參於啓事 予意諫官必從而諫之 豈謂乃至今日
사신 유실 고 령 물참 어 계사 여의 간관 필종 이 간지 기 위 내 지 금일

而後言也? 傳於萬世之美事 何獨至於吾身而止之乎? 自今以後
이후 언 야 전어 만세 지 미사 하독 지어 오신 이 지지 호 자금 이후

依古制參於啓事之時."
의 고제 참어 계사 지 시

| 원문 읽기를 위한 도움말 |

① 爲其隣里所毁. '爲~所~'의 구문으로 '~에게 ~당하다'라는 뜻이다. 그
위 기 인리 소훼 위 소
아래에 있는 爲人所毁者도 짧지만 같은 구문이다.
위 인 소훼 자

② 故非惟不種 或有斬刈而去之者. '非惟~或~'의 구문으로 '~뿐만 아니라
고 비유 부종 혹 유 참예 이 거지 자 비유 혹
~도 또한'이라는 뜻이다.

태종 10년 경인년
11월

十一月

계해일(癸亥日-1일) 초하루에 안개가 꼈다.

○ 박은(朴訔)을 (지방에서 중앙 조정으로) 불러 의정부지사로 삼고, 박신(朴信, 1362~1444년)[1]을 기복(起復)해 의정부지사, 설미수(偰眉壽)를 한성부판사로 삼았다.

○ 의주도병마사(義州都兵馬使) 조비형(曹備衡)을 면직시키고 우박(禹博)으로 교체했다. 내사(內史-명나라 사신)가 비형(備衡)을 미워해 욕보이려 했기 때문에 박(博)으로 교체한 것이다.

○ 이조참의 조원(趙源)을 보내 요동(遼東)에 가게 했다. 말값을 영

---

1 정몽주의 문인이다. 1385년(우왕 11년) 문과에 급제하고 여러 관직을 옮겨 사헌규정(司憲糾正)이 됐다. 이성계(李成桂)가 제군부(諸君府)를 둘 때 중낭장으로서 군부도사를 겸임했다. 1392년(태조 즉위년)에 원종공신(原從功臣)에 책록되고 봉상시소경(奉常寺少卿)이 됐다. 1395년 형조도관으로서 공사노비(公私奴婢)에 대해 다른 도감을 두고 새로운 노비문서를 만들어 노비 문제에 대한 쟁송을 없애려고 했다. 1397년 간관(諫官)으로서 변정도감의 속공(屬公-공노비로 소속됨)한 노비 중에 방환(放還-공노비에서 풀어줌)한 노비의 수를 보충하자고 해 관철시켰다. 또한 1398년 관직을 줄이고 군자전(軍資田)이 적으므로 녹과전(祿科田)으로 정하지 말고 저축하자고 했으며, 또 아일(衙日)에는 정전(正殿)에서 조회(朝會)를 받고 정무를 볼 것을 상언하기도 했다. 1405년 노비변정도감(奴婢辨正都監)의 제조(提調)를 거쳐 다시 대사헌이 됐으나, 대사헌으로서 '전후가 맞지 않는 계문(啓聞)을 올렸다'는 이유로 사간원의 탄핵을 받아 순군사(巡軍司)에 하옥됐다가 아주(牙州)로 유배를 갔다. 1408년 서북면 도순문찰리사 겸 평양부윤이 됐다. 1409년 정조에 활과 화살을 바쳐 학문을 전폐시키는 단서를 만들어주었다는 이유로 사헌부의 탄핵을 받기도 했다. 이때인 1410년 다시 의정부지사로 기용됐다. 이듬해 노비변정도감을 두었을 때 호조판서로서 제조가 됐다. 그 뒤에 호조판서, 병조판서, 의정부찬성, 이조판서 등을 차례로 역임했다. 1418년(세종 즉위년) 봉숭도감(封崇都監)의 제조가 됐으며, 이어서 선공감제조가 되었으나 선공감 관리의 부정으로 통진현에 유배됐다가 12년 만에 소환돼 죽었다.

수(領受)하기 위함이었다.

갑자일(甲子日-2일)에 시직(時職)과 산직(散職) 2품 및 각사(各司)의 서반(西班) 대호군(大護軍) 이상에게 명해 각각 저화(楮貨)를 통행시킬 조목(條目)을 진언(進言)하게 하고, 의정부로 하여금 잘 골라서 아뢰도록 했다. 의정부에서 각사(各司)의 진언 중에 행할 만한 조건을 아뢰었다.

"하나, 각사(各司)의 사사전(寺社田) 및 공신전(功臣田), 과전(科田), 수사전(受賜田)에 조(租)를 거둘 때에 매번 5결(結)에 저화(楮貨) 1장을 쌀 콩의 시가로 계산해 반드시 수납하게 하고, 바치고 아니 바친 것은 각 고을의 수령이 양호(養戶)를 고찰할 때 감사(監司)에게 보고하고, 감사는 호조(戶曹)에 보고하되 이미 전조(田租)를 거둔 것도 쌀과 콩을 계산해주어 저화로 수납하게 하며, 이를 어기는 자는 헌사(憲司)에서 규찰(糾察)하여 다스릴 것.

하나, 녹봉(祿俸) 주포(紬布)의 3분의 1을 저화로 대신할 것.

하나, 공장(工匠) 상고(商賈)에게 세(稅)를 받는 것은 나라의 떳떳한 법이니 서울 안의 공장(工匠) 상고(商賈)에게 매월 1명에 대해 저화 1장을 한성부(漢城府)나 유후사(留後司)에 바치게 하고, 각 도(各道)의 행상(行商)의 세(稅)도 받지 않을 수 없으니 한성부(漢城府)에서 행상(行商)의 명수(名數)를 조사해 매 1명에 대해 저화 3장을 받고 행장(行狀)을 만들어주되 여섯 달을 기다렸다가 행장(行狀)을 회수하고, 만일 행장(行狀)이 없이 행상하는 자가 있으면 다른 사람들이 진고(陳告)하는 것을 허락해 지나는 관사(官司)에서 싸 가지고 다니는 전백(錢帛)을 압수해 호조로 실어 보내고, 장(杖) 100대를 때릴 것.

하나, 재인(才人)과 화척(禾尺)의 신공(身貢)과 어량세(魚梁稅), 선세(船稅) 중에서 국용(國用)의 어물(魚物) 외에는 모두 저화로 수납할 것.

하나, 신경(新京)·구경(舊京)의 공장(工匠)과 상고(商賈)를 한성부와 유후사에서 세밀히 조사하여 강제로 저자에 나오게 하고, 무릇 공조(工造)·화매(貨賣)하는 물색(物色)을 각각 그 장소에서 반드시 저화로 무역하게 하고, 여리(閭里)에서 몰래 다른 물건으로 무역하고 저화를 사용하지 않는 일이 없도록 하되 만일 범하는 자가 있으면 다른 사람이 진고(陳告)하는 것을 허락해 율(律)에 따라 논죄(論罪)하고, 고(告)한 자는 상으로 저화 50장을 주며, 한성부와 유후사의 능하고 능하지 못한 것을 헌사(憲司)에서 규찰하여 다스릴 것."

상(上)이 말했다.

"만일 저화를 중외(中外)에 많이 펴면 백성들이 또 가볍고 천하게 여길 것이니, 마땅히 회수하는 방책을 강구하라."

또 말했다.

"내가 사람을 시켜 저자에 가서 엿보게 했는데 한 사람도 저화를 쓰는 자가 없다고 하니 백성들이 무역[懋遷(무천)]하기가 어려울 것이다. 정부(政府)에서는 마땅히 마음을 다해 통행시킬 방법을 강구하라. 저화가 백성에게 많이 퍼졌으면 관(官)에서 마땅히 수납해야 하고, 무릇 죄가 있으면 모두 저화로 속(贖)을 받게 해 백성들로 하여금 저화가 중한 것을 알게 하는 것이 좋겠다."

화매소제조(和賣所提調)가 말씀을 올렸다.

"저화가 민간에 퍼진 것이 아직 적사오니 빈궁한 백성이 저화를 얻지 못한 자는 그 바치는 물화(物貨)를 받아주어 저화로 주고, 인해 국고(國庫)의 쌀과 콩을 가지고 (저화와) 무역하게 하소서."

상이 그것을 따랐다. 의정부에서 아뢰었다.

"혁거(革去)한 사사노비(寺社奴婢)의 신공(身貢)을 모두 저화로 쓰니 그렇다면 의창(義倉)의 쌀과 콩이 비록 군국(軍國)의 필요한 것이라 하더라도 백성이 꿔가고 수년이 되어도 갚지 못한 것 역시 저화로 대신 갚게 해야 할 것입니다."

상이 말했다.

"쌀과 콩은 해마다 나는 것이고, 국가의 소용(所用) 또한 떨어지지 않았으니 아뢴 대로 하라."

또 말했다.

"저화가 비록 민간에 행하나, 혹 말하기를 '뒤에는 반드시 추포(麤布)를 다시 쓸 것이다'라고 할 것이니 창고에 쌓여 있는 추포(麤布)를 모두 꺼내다 잘라서 갑사(甲士)에게 나눠 주어 백성의 의심을 없애게 하라."

을축일(乙丑日-3일)에 서교(西郊)에서 매사냥[放鷂(방요)=放鷹(방응)]을 구경했다.

○ 세자가 몰래 기생 봉지련(鳳池蓮)을 궁중에 불러들였다. 세자가 사신에게 잔치하던 날 봉지련을 보고 좋아해 곧 소친시(小親侍) 두 사람에게 명해 그 집까지 뒤따라가 사통(私通)하고 드디어 궁중

에 불러들였다. 상이 그것을 듣고 소친시에게 곤장을 때리고 봉지련을 가뒀다. 세자가 마침내 근심·걱정으로 음식을 들지 않으니 상이 세자가 미치고 미혹돼[狂惑](광혹) 병이 될까 염려해 봉지련에게 비단을 주었다.[2]

정묘일(丁卯日-5일)에 종친들을 불러 내정(內庭)에서 격구(擊毬)를 했다.

무진일(戊辰日-6일)에 광록경(光祿卿) 권영균(權永均)이 경사(京師)에 갔다. 상이 홍저포(紅苧布) 10필, 흑마포(黑麻布) 10필을 영균(永均)에게 주어 현인비(顯仁妃)에게 바치게 했다.

○ 장흥고부사(長興庫副使) 김유보(金兪甫), 주부(注簿) 박경빈(朴景贇)을 파직했다. 내사(內史)에게 노자(路資)로 주는 지차(紙箚)를 감독해 바친 것 중에 피로 물들어 더럽혀진 곳이 있어 내사의 노여움을 산 데 따라 좌죄(坐罪)된 것이다.

신미일(辛未日-9일)에 공조정랑(工曹正郎) 이사후(李師厚)의 복직을 명했다. 애초에 사후(師厚)가 상직(上直-당직) 성기(省記)[3]를 빠뜨렸는데 이조(吏曹)에서 아뢰어 그 직책을 파면시켰다. 헌사(憲司)에서 의

---

2 세자의 음란·난행과 관련된 첫 번째 기사다.

3 입직(入直)하는 낭관(郎官)이 궁궐을 경비하는 장수에게 교부하는 군호(軍號)와 궁궐의 각처에 입직하는 관원 하례(下隷) 및 각 영(營) 각 문(門)에 입직하는 장사(將士)의 이름을 열기(列記)해 승정원을 거쳐 임금에게 매일 올리는 서면이다.

견을 올려 말했다.

"사후는 상직(上直)을 빠뜨린 것이 아니고 다만 생기(省記)를 바치지 않았으니 하전(下典)[4]의 죄입니다."

(오히려) 이조정랑 신장(申檣)과 조종생(趙從生)이 사안을 정밀하게 살피지 못한 죄를 핵문했었다. 이때에 이르러 이조판서 윤저(尹柢)가 아뢰니 상이 말했다.

"이조의 논(論)이 옳다."

모두 출사(出仕)하도록 명하고 사후 또한 복직하게 했다. 사후는 이직(李稷)의 아들이다.

계유일(癸酉日-11일)에 완성군(完城君) 이지숭(李之崇)과 성산군(星山君) 이직(李稷)을 불러 편전(便殿)에서 술자리를 베풀고 각각 옷 한 벌을 내려주었다. 능(陵)을 옮기느라 수고한 것을 위로하기 위함이었다.

○ 이때 백성 가운데 몰래 (여진의) 오도리(吾都里) 지면(地面)에 간 자가 있었는데 유사(有司)가 본국을 배반하기를 꾀한 율을 적용시키려고 하니 상이 말했다.

"이자가 비록 우리나라 백성이긴 하나 일찍이 올량합(兀良哈)과 같이 살던 자이니 어떻게 갑자기 죽일 수 있느냐? 남녀 고을 관천(官賤)에 소속시키는 것이 좋겠다."

○ 사헌부에서 전(前) 완산부윤(完山府尹) 한답(韓答)의 죄를

---

4 아전을 가리킨다

청했다.

“답(答)은 김제군(金堤郡)에 살고 있는데 그 고을 백성이 군수(郡守)의 불법한 일을 말하는 자가 있으므로 답이 향인(鄕人)을 데리고 가서 그 집을 헐었으니 죄가 마땅히 장(杖) 100대에 해당합니다.”

상이 말했다.

“2품 이상이 외방에 사는 것을 일찍이 금(禁)한 영(令)이 있었다. 헌사(憲司)에서 만일 이것으로 논한다면 가하지만 사유(赦宥-사면령) 이전의 일을 가지고는 죄를 줄 수 없다.”

○ 범죄(犯罪)를 저질러 고신(告身)을 환수한 사람의 과전(科田)을 도로 주라고 명했다.

○ 유구국(琉球國) 모도결제(模都結制) 등이 돌아갔다.

을해일(乙亥日-13일)에 달이 묘성(昴星)을 범했다.

○ 명해 도성(都城)에 머물러 있는 재상이 행재(行在)에 나오는 것을 금지했다. 동지(冬至)가 장차 가까이 다가오기 때문에 정부(政府)에 명해 일렀다.

정축일(丁丑日-15일)에 달이 오거(五車)의 동남쪽을 범했다.

○ 종친(宗親)들에게 내전(內殿)에서 잔치를 베풀었다.

○ 군자감(軍資監)에서 말씀을 올렸다.

“창고(倉庫)가 비좁아 축적(蓄積)할 여지가 없으니 마땅히 더 지어야 합니다.”

무인일(戊寅日-16일)에 경상도(慶尙道) 동래(東萊), 언양(彦陽), 인동(仁同), 하양(河陽)에 지진(地震)이 일었다.

기묘일(己卯日-17일)에 사헌부(司憲府)에서 검교참찬의정부사(檢校參贊議政府事) 박돈지(朴惇之)가 중국에 사신으로 가서 (사사로이) 무역(貿易)을 자행한 죄를 청했으나 용서했다[原].

경진일(庚辰日-17일)에 의정부에서 편전(便殿)에 나아와 상수(上壽-축수)했다. 동짓날인 때문이다. 오직 종친(宗親)만이 참여했다. 상이 말했다.

"내가 이곳에 온 이래로 세 번 풍악을 울렸는데 바깥 사람들이 너무 잦다고 할까 진실로 두렵다."

이어서 백관에게 술과 과일을 주라고 명했다.

계미일(癸未日-21일)에 명해 의주(義州)의 전조(田租)를 감면해주었다. 서북면 도순문사 박은(朴訔)이 아뢰었다.

'의주 백성들이 지난해 농사를 실패했고, 금년에는 분명(奔命)[5]으로 인해 지쳤사오니 청컨대 금년의 전조(田租)를 감면하소서.'

상이 말했다.

"한문제(漢文帝)가 전조(田租)를 줄여주어 백성들을 구휼해서 아

5 임금의 명령을 받들기에 분주한 것을 말한다.

름다운 이름이 후세에 전했다.[6] 우리나라는 땅이 좁고 사람이 적어서 전조가 대단히 적고 또 군국(軍國)의 일 때문에 조세를 감하지 못하나 의주(義州)는 다른 고을에 비할 바가 아니니 아뢴 대로 하라."

○상이 말했다.

"호포(戶布)[7]의 법은 무엇 때문에 만들어놓은 것인가?"

호조판서 이응(李膺)이 말했다.

"군량(軍糧)을 준비하는 것입니다."

상이 말했다.

"비록 군량을 위한 것이라 하더라도 까닭 없이 백성에게 취하는 것은 법이 아니다. 『주례(周禮)』에 '집 옆에 뽕나무와 삼을 심지 않는 자는 이포(里布)가 있다'라고 했는데 이는 농상(農桑)을 권면하는 방술이다. 이와 같이 하면 취하는 것이 도리가 있어 백성이 원망하지 않을 것이다."

○임시조치로[權(권)] 각사(各司)의 아조(衙朝)를 면(免)하도록 명했다. 날씨가 몹시 추웠기[沍寒(호한)] 때문이다.

○사헌부에서 소를 올렸다.

---

6 『한서(漢書)』「문제기(文帝紀)」에 따르면 문제는 농업을 진작시키기 위해 몇 차례 조세를 감면해주었다. 기원전 178년 문제가 내린 조서의 하나다. "무릇 농사는 천하의 큰 근본이라 백성들이 그것을 믿고서 살아갈 수 있는 바이다. 백성들이 혹 농업[本(본)=本業(본업)]에 힘쓰지 않고 상공업[末(말)=末業(말업)]을 숭상하니 삶을 제대로 마치지 못한다. 짐은 이를 근심하니 이제 친히 여러 신하를 이끌고서 농사를 지음으로써 농업을 권면하고자 한다. 그러니 천하의 백성들에게 올해 내야 할 전조(田租)의 절반을 감면해주도록 하라."

7 호(戶)를 단위로 면포(綿布)나 저포(紵布)를 징수하던 세제다. 고려 충렬왕 때 홍자번(洪子藩)의 주장에 따라 처음으로 실시해 조선조 태조 때 요역(徭役) 대신에 이를 징수했는데 대호(大戶)에 2필, 중호(中戶)에 1필, 소호(小戶)에 반 필을 납부하도록 규정했다.

'하나, 승도(僧徒)의 도첩(度牒)을 정밀히 조사해 도첩이 없는 자는 환속(還俗)시킬 것.

하나, 청컨대 집현전(集賢殿)을 개설(開設)하고 유사(儒士)를 뽑아 그 액수를 보충해 경사(經史)를 강론할 것.'

병술일(丙戌日-24일)에 상서소윤(尙瑞少尹) 한승안(韓承顏)과 사승(司丞) 성개(成槪)를 파직시켰다. 승안(承顏) 등이 강무(講武)하는 행차를 시위해 연안부(延安府)에 이르러 밤에 술을 마시고 구사(驅史)를 시켜 노래를 부르게 했다. 별순총제(別巡摠制) 권희달(權希達)이 사람을 시켜 노래하는 자를 잡으니 승안 등이 말했다.

"부서(符瑞-상서로운 조짐)가 있는 곳에 바깥 사람이 밤을 틈타 장막 안에 돌입했으니 옳지 않다."

그러고 나서 구타해 내쫓았다. 사헌부에서 승안 등을 탄핵했다.

"행전(行殿)이 매우 가까운데 사람을 시켜 노래를 불렀으니 이미 무례한 짓입니다. 하물며 별순총제가 금하는데도 복종하지 않고 도리어 구타를 했으니 진실로 부당한 일입니다."

모두 파면했다.

무자일(戊子日-26일)에 사헌부에서 글을 올렸다.

'『서경(書經)』에 이르기를 "5무(五畝)의 집에 뽕나무를 심으면 나이 50이 된 자가 비단을 입을 수 있다"라고 했으니 이것은 빼어난 이가 제정한 백성의 상산(常産)의 법입니다. 아조(我朝)의 뽕나무 심는 법이 『육전(六典)』에 실려 있으니 백성을 유족(裕足)하게 하는 도리가 지극하다 하겠습니다. 그러나 백성이 항심(恒心)이 없어 행하는 자가 적고 수령(守令)이 된 자는 문구(文具)로만 보아 영(令)이 나와도 시행하지 않아 백성들이 그 이익을 보지 못하고 있습니다. 이것은 다름 아니라[無他 무타] 벌로 징계하는 것이 없고 혹 백성에게 믿음을 잃었기 때문입니다. 하물며 지금 국가에서 저화(楮貨)를 쓰기 시작해 유통시키기에 힘쓰니 만일 뽕나무 심는 수효를 모두 『육전(六典)』에 따르게 하고, 영(令)을 좇으려 하지 않는 자가 있으면 빌건대 『주례(周禮)』에 "집에 상마(桑麻)를 심지 않는 자는 포(布)를 내는 예(例)"에 의거해 매 10주(株)에 저화(楮貨) 한 장을 물리면 법령을 두려워해 힘써 심을 것이고, 또한 저화의 소중한 것을 알아서 일거양득(一擧兩得)이 될 것입니다.'

상이 그것을 따라 뽕나무 심는 법을 금년 안에 행이(行移)하라고 명했다.

기축일(己丑日-27일)에 6아일(衙日)에만 조계(朝啓)할 것을 명했다. 상이 예조(禮曹)에 일깨워 말했다.

"과인이 어찌 날마다 대신을 보고 정사를 들으려 하지 않겠는가? 그러나 병이 있어 할 수 없으니 이달 28일부터 세초(歲抄) 때까지 6아일(衙日)에만 행하는 것이 좋겠다."

경인일(庚寅日-28일)에 어떤 별이 두괴(斗魁)에서 나와 관색(貫索)으로 들어갔다.

○ 올량합 5인이 왔다.

신묘일(辛卯日-29일)에 곤방(坤方)[8]에 붉은 기운이 있었고, 밤에 번개빛이 있었다.

○상호군(上護軍) 겸 통례문판사(通禮門判事) 윤하(尹夏)의 직첩을 거두고 외방부처(外方付處)했다. 애초에 헌부(憲府)에서 하(夏)가 밤에 총제(摠制) 하구(河久-하륜의 아들)의 집에 들어가 구(久)의 기첩(妓妾) 한선연(漢嬋娟)을 간통한 죄를 청하니 상이 하를 파직(罷職)시켜 외방에 유배 보내고, 한선연은 본래 정해진 역사에 종사하게 했다. 이때에 이르러 사간원(司諫院)에서 말씀을 올렸다.

"강상(綱常)을 지키고 풍속(風俗)을 바루는 것은 나라의 선무(先務)요, 정치의 대본(大本)입니다. 그런데 남녀의 정욕은 더욱 쉽게 인심(人心)을 해치고 풍속을 무너뜨리기 쉬운 것이니 만일 이를 바로잡지 않으면 인욕(人欲)이 마구 풀어져 천리(天理)가 멸망해 장차 서로 이적(夷狄)·금수(禽獸)의 지경에 들어갈 것입니다. 공자(孔子)가 『시경(詩經)』을 산정(刪定-편집)함에 있어 「장유자(墻有茨)」, 「상중(桑中)」 여러 편(篇)을 국풍(國風)에 나열해 후세에 경계를 남긴 것이 참으로 이 까닭입니다. 무신(巫臣)[9]은 하희(夏姬) 때문에 초(楚)나라를 배반하고 진(晉)나라로 달아났고, 공손오(公孫敖)[10]는 기씨(己氏)에 대한 욕심 때문에 명을 버리고 거(莒)나라로 달아났으

---

8 남서방이다.

9 중국 춘추시대(春秋時代) 초(楚)나라 사람이다. 초장왕(楚莊王)과 자반(子反)이 모두 하희(夏姬)를 취(取)하려고 했는데, 무신(巫臣)이 이를 저지하고 스스로 취해 진(晉)나라로 달아났다. 자반이 이를 원망해 무신의 일가 친척을 모두 주멸했다.

10 중국 춘추시대 노(魯)나라 사람이다. 양중(襄仲)을 위해 기씨(己氏)를 거(莒)로 맞으러 갔다가 그 아름다움을 보고 혹해 스스로 취(取)해 제(齊)나라로 달아났다.

니 옛부터 집안의 패자(敗子)와 나라의 난신(亂臣)이 이것으로 말미암아 그 포학을 자행하지 않음이 없었습니다. 윤하(尹夏)는 예전에도 어미의 병을 칭탁하고 상지(上旨)를 속여 기생을 훔쳐 가지고 밖으로 나갔다가 헌사(憲司)의 탄핵을 당했으니 마땅히 머리를 숙이고 기운을 죽여 시골에서 늙어야 했습니다. 그러나 요행히 활쏘기와 말타기의 말기(末技)로 편벽되게 상은(上恩)을 입어 벼슬이 3품에 이르고 직책이 예관을 겸했으니 총영(寵榮)이 지극합니다. 마땅히 마음을 고치고 생각을 바꿔 새벽부터 밤늦게까지 공경하고 조심해 밝은 시대의 은혜를 갚기를 도모하기에 여념이 없어야 할 것인데, 계교가 여기에는 미치지 않고 도리어 음란하고 간사한 행동을 자행했으니 죄가 진실로 큽니다. 또 한선연은 비록 관기(官妓)라고 하지만 재상이 취(取)해 첩(妾)으로 삼아 규문(閨門) 안에 두었으니 어찌 다른 사람이 간음할 수 있겠습니까? 하물며 윤하가 하구에게 교분이 오랜 것이 다른 사람과 비할 바가 아닌데 하구가 외출한 틈을 엿보아 예의를 돌보지 않고 밤중에 담을 넘어 정욕을 자행했으니 그 추잡하기가 심합니다. 죄가 풍속에 관계되니 실로 정상과 법에 가긍(可矜)히 여길 것이 못 되는데, 겨우 그 직책만 파면해 전장(田庄)으로 추방해 돌려보냈으니 인심(人心)과 국법(國法)에 잘됐다고 볼 수 없습니다. 바라건대 전하께서는 유사(攸司)에 명해 그 직첩을 거두고 하방(遐方-먼 지방)에 유배 보냄으로써 풍속을 바로잡고 뒤에 오는 사람을 경계시켜야 할 것입니다."

그것을 따랐다.

임진일(壬辰日-30일)에 밤에 번개빛이 있었다. 서운관(書雲觀)에 입직(入直)한 자를 불러 물으니 보지 못했다고 대답하고, 또 겨울 번개는 해롭지 않다고 말하자 상이 노해 꾸짖었다.

癸亥朔 霧.
계해 삭 무

召朴訔知議政府事 起復朴信知議政府事 以偰眉壽判漢城府事.
소 박은 지의정부사 기복 박신 지의정부사 이 설미수 판한성부사

義州都兵馬使曺備衡免 以禹博代之. 內史惡備衡欲辱之 故以
의주 도병마사 조비형 면 이 우박 대지 내사 오 비형 욕 욕지 고 이

博代之.
박 대지

遣吏曹參議趙源如遼東. 取領馬價也.
견 이조참의 조원 여 요동 취령 마가 야

甲子 命時散二品及各司西班大護軍以上 各進通行楮貨條目
갑자 명 시산 이품 급 각사 서반 대호군 이상 각 진 통행 저화 조목

令議政府揀擇以聞. 議政府啓各司陳言內可行條件:
영 의정부 간택 이문 의정부 계 각사 진언 내 가행 조건

"一, 各司寺社田及功臣田科田受賜田 當收租之時 每五結楮貨
일 각사 사사전 급 공신전 과전 수사전 당 수조 지 시 매 오결 저화

一張 計米太時價 必令收納. 納未納 各官守令 當養戶考察 傳報
일장 계 미태 시가 필 령 수납 납 미납 각관 수령 당 양호 고찰 전보

監司 監司報戶曹; 已收田租者 亦令計給米太 收納楮貨; 違者
감사 감사 보 호조 이수 전조 자 역 령 계급 미태 수납 저화 위자

憲司糾理. 一, 祿俸紬布三分之一 代以楮貨. 一, 征工商 有國常典.
헌사 규리 일 녹봉 주포 삼분 지 일 대이 저화 일 정 공상 유국 상전

令京中工商 每月一名納楮貨一張于漢城府留後司. 各道行商之
영 경중 공상 매월 일명 납 저화 일장 우 한성부 유후사 각도 행상 지

稅 亦不可不征. 漢城府考其行商名數 每一名計收楮貨三張 行狀
세 역 불가 부정 한성부 고 기 행상 명수 매 일명 계수 저화 삼장 행장

成給 待六朔還取行狀. 如有無行狀行商者 許人陳告 所過官司
성급 대 육 삭 환취 행장 여유 무 행장 행상 자 허인 진고 소과 관사

收取所齎錢帛 輸送戶曹 決杖一百. 一, 才人禾尺身貢及漁梁船稅
수취 소재 전백 수송 호조 결장 일백 일 재인 화척 신공 급 어량 선세

國用魚物外 皆以楮貨收納. 一, 新舊京工匠商賈 漢城府留後司
국용 어물 외 개 이 저화 수납 일 신 구경 공장 상고 한성부 유후사

窮推 勒令出市. 凡工造貨賣物色 各於其所 必以楮貨貿易 毋令
궁추 늑령 출시 범 공조 화매 물색 각 어 기소 필 이 저화 무역 무령

閭里潛以他物貿易; 不用楮貨 如有犯者 許人陳告 依律論罪;
여리 잠이 타물 무역 불용 저화 여유 범자 허인 진고 의율 논죄

告者 給賞楮貨五十張; 漢城府留後司之能否 憲司糾理."
고자 급상 저화 오십 장 한성부 유후사 지 능부 헌사 규리

上曰: "若多布楮貨於中外 則民且輕賤之矣 宜講收還之策." 且
상 왈 약 다포 저화 어 중외 즉 민 차 경천 지 의 의강 수환 지 책 차

曰: "吾令人覘之於市 無一人用楮貨者 民之懋遷難矣. 政府宜
왈 오 영인 점지 어시 무 일인 용 저화 자 민 지 무천 난의 정부 의

悉心講究通行之法 楮貨布於民多 則官宜收納. 凡有罪 皆令贖
실심 강구 통행 지 법 저화 포 어 민 다 즉 관 의 수납 범 유죄 개 령 속

以楮貨 令民知楮貨之重可也." 和賣所提調上言: "楮貨布於民間
이 저화 영 민 지 저화 지 중 가야 화매소 제조 상언 저화 포어 민간

者尚少 窮民未得楮貨者 聽其所納物貨 給以楮貨 仍將國庫米豆
자 상 소 궁민 미득 저화 자 청 기 소납 물화 급 이 저화 잉 장 국고 미두

貿易." 從之. 議政府啓: "革去寺社奴婢之貢 皆用楮貨. 然則義倉
무역 종지 의정부 계 혁거 사사 노비 지 공 개 용 저화 연즉 의창

米豆 雖軍國所須 民之稱貸數年而未償者 亦以楮貨代償." 上曰:
미두 수 군국 소수 민 지 칭대 수년 이 미상 자 역 이 저화 대상 상 왈

"米豆 年年所出 國用亦且不乏 宜從所啓." 上又曰: "楮貨雖行
미두 연년 소출 국용 역 차 불핍 의종 소계 상 우왈 저화 수 행

民間 或謂後當復用麤布. 宜盡出倉庫所儲麤布斷折之 以頒甲士
민간 혹 위 후 당 부용 추포 의 진 출 창고 소저 추포 단절 지 이반 갑사

以絶民疑."
이절 민의

乙丑 觀放鷂于西郊.
을축 관 방요 우 서교

世子潛納妓鳳池蓮于宮中. 世子於宴使臣之日 見鳳池蓮而悅之
세자 잠납 기 봉지련 우 궁중 세자 어 연 사신 지 일 견 봉지련 이 열지

卽命小親侍二人 跡其家而私焉 遂納之. 上聞之 杖小親侍 囚
즉명 소친시 이인 적 기가 이 사 언 수 납지 상 문지 장 소친시 수

鳳池蓮. 世子遂憂愁不進膳 上慮世子狂惑成疾 給鳳池蓮以綺帛.
봉지련 세자 수 우수 부 진선 상 려 세자 광혹 성질 급 봉지련 이 기백

丁卯 召宗親 擊毬於內庭.
정묘 소 종친 격구 어 내정

戊辰 光祿卿權永均如京師. 上以紅苧布十匹 黑麻布十匹授
무진 광록경 권영균 여 경사 상 이 홍저포 십 필 흑마포 십 필 수

永均 使獻于顯仁妃.
영균 사헌 우 현인비

罷長興庫副使金兪甫 注簿朴景贇職. 坐監進贐贈內史紙劄有
파 장흥고 부사 김유보 주부 박경빈 직 좌 감 진 신증 내사 지차 유
血汚處 致內史之怒也.
혈오처 치 내사 지 노 야

辛未 命工曹正郎李師厚復仕. 初 師厚闕上直省記 吏曹啓罷
신미 명 공조정랑 이사후 부사 초 사후 궐 상직 성기 이조 계파
其職. 憲司議曰: "師厚非闕上直 但省記不呈 乃下典之罪也."
기직 헌사 의왈 사후 비 궐 상직 단 성기 부정 내 하전 지 죄 야
劾問吏曹正郎申檣 趙從生不能精察之罪. 至是 吏曹判書尹柢啓
핵문 이조정랑 신장 조종생 불능 정찰 지 죄 지시 이조판서 윤저 계
焉. 上曰: "吏曹之論 然矣." 命皆出仕 師厚亦令復職. 師厚 稷之
언 상왈 이조 지 론 연의 명 개 출사 사후 역 령 복직 사후 직 지
子也.
자 야

癸酉 召完城君李之崇 星山君李稷 置酒于便殿 各賜衣一襲.
계유 소 완성군 이지숭 성산군 이직 치주 우 편전 각 사의 일습
勞遷陵也.
노 천릉 야

時 民有潛往吾都里地面者 有司欲當以謀背本國之律 上曰: "此
시 민유 잠왕 오도리 지면 자 유사 욕당 이 모배 본국 지율 상왈 차
雖本國之民 然嘗與兀良哈共處者也 豈宜遽殺! 屬于南州官賤
수 본국 지 민 연 상 여 올량합 공처 자 야 기의 거살 속 우 남주 관천
可也."
가야

司憲府請前完山府尹韓答罪. 啓曰: "答居金堤郡 民有言郡守
사헌부 청 전 완산부 윤 한답 죄 계왈 답 거 김제군 민유 언 군수
不法者 答率鄕人 毁其廬舍. 罪宜杖百." 上曰: "二品以上居外 曾
불법 자 답 솔 향인 훼 기 여사 죄 의 장백 상 왈 이품 이상 거외 증
有禁令. 憲司若以此論則可矣 未可以宥前事罪之也."
유 금령 헌사 약 이차 논 즉 가의 미가 이 유전 사 죄지 야

命給犯罪還收告身人科田.
명급 범죄 환수 고신 인 과전

流球國 模都結制等還.
유구국 모도결제 등 환

乙亥 月犯昴星.
을해 월 범 묘성

命禁留都宰相詣行在. 以冬至且近 命政府以諭之.
명금 유도 재상 예 행재 이 동지 차 근 명 정부 이 유지

丁丑 月犯五車東南.
정축 월 범 오거 동남

宴宗親于內殿.
연 종친 우 내전

軍資監上言: "倉庫狹窄 難容蓄積 宜加營構."
군자감 상언 창고 협착 난용 축적 의가 영구

戊寅 慶尙道東萊 彦陽 仁同 河陽地震.
무인 경상도 동래 언양 인동 하양 지진

己卯 司憲府請檢校參贊議政府事朴惇之奉使朝廷 恣行貿易之
기묘 사헌부 청 검교 참찬 의정부사 박돈지 봉사 조정 자행 무역 지

罪 原之.
죄 원지

庚辰 議政府上壽于便殿. 以至日也. 惟宗親與焉. 上曰: "予到此
경진 의정부 상수 우 편전 이 지일 야 유 종친 여언 상 왈 여 도 차

以來 三擧樂矣 誠恐外人以爲數也." 因命賜酒菓于百官.
이래 삼거 악 의 성공 외인 이위 삭 야 인 명사 주과 우 백관

癸未 命減義州田租. 西北面都巡問使朴訔啓: '義州之民 去年
계미 명감 의주 전조 서북면 도순문사 박은 계 의주 지 민 거년

失農 今年困於奔命 請減今年田租.' 上曰: "漢文減田租 以恤
실농 금년 곤어 분명 청감 금년 전조 상 왈 한문 감 전조 이휼

百姓 美名傳於後世. 若我國 地褊人少 田稅甚寡 且以軍國 未減
백성 미명 전어 후세 약 아국 지편 인소 전세 심과 차 이 군국 미감

租稅 然義州非他郡比 宜從所啓."
조세 연 의주 비 타군 비 의종 소계

上曰: "戶布之法 何爲而設歟?" 戶曹判書李膺曰: "備糧餉也."
상 왈 호포 지 법 하위 이 설 여 호조판서 이응 왈 비 양향 야

上曰: "雖爲糧餉 無故而取民 非法也. 周禮 宅不毛者有里布 是
상 왈 수 위 양향 무고 이 취민 비법 야 주례 택 불모 자 유 이포 시

勸課農桑之術也. 若是則取之有道 民不怨矣."
권과 농상 지 술 야 약시 즉 취지 유도 민 불원 의

命權免各司衙朝. 以冱寒也.
명 권 면 각사 아조 이 호한 야

司憲府上疏: '一, 精考僧徒度牒 無度牒者還俗. 一, 請開
사헌부 상소 일 정고 승도 도첩 무 도첩 자 환속 일 청개

集賢殿 選儒士 以補其額 講論經史.'
집현전 선 유사 이보 기액 강론 경사

丙戌 罷尙瑞少尹韓承顔 司丞成槪職. 承顔等侍講武之行 至
병술 파 상서 소윤 한승안 사승 성개 직 승안 등 시 강무 지 행 지

延安府夜飮 使驅史歌. 別巡摠制權希達使人捕歌者 承顔等以爲:
연안부 야음 사 구사 가 별순 총제 권희달 사인 포 가자 승안 등 이위

"符瑞在處 外人犯夜突入帳內 非所宜." 遂毆而逐之. 司憲府劾
부서 재처 외인 범야 돌입 장내 비 소의 수 구 이 축지 사헌부 핵

承顔等:"以逼近行殿 使人唱歌 已爲無禮. 況不服別巡摠制之禁
승안 등 이핍근 행전 사인 창가 이위 무례 황 불복 별순 총제 지 금

反行敺擊 實爲不當." 皆免官.
반 행 구격 실 위 부당 개 면관

戊子 司憲府上書.
무자 사헌부 상서

'書曰:"五畝之宅 樹之以桑 五十子可以衣帛矣." 此聖人制民
서왈 오무 지 택 수지 이상 오십 자 가이 의 백 의 차 성인 제 민

常産之法也. 我朝種桑之法 載在六典 裕民之道 可謂至矣. 然民
상산 지 법 야 아조 종상 지 법 재재 육전 유민 지 도 가위 지의 연 민

無恒心 行之者寡; 爲守令者 視爲文具 令出不行 而民不獲其利.
무항심 행지 자 과 위 수령 자 시 위 문구 영출 불행 이 민 불획 기리

是無他 無罰以懲之 而或失信於民故也. 況今國家始用楮貨 務要
시 무타 무 벌 이 징지 이 혹 실신 어민 고야 황 금 국가 시 용 저화 무요

通行 若其植桑之數 使悉遵六典 如有不肯從令者 乞依周禮宅
통행 약 기 식상 지 수 사 실 준 육전 여유 불긍 종령 자 걸의 주례 택

不毛者出布例 每十條徵楮貨一張 則旣能畏令而務種 亦知楮貨之
불모 자 출포 예 매 십조 징 저화 일장 즉 기 능 외령 이 무종 역 지 저화 지

爲重 一擧而兩得矣.'
위중 일거 이 양득 의

上從之 命種植之法 限年行移.
상 종지 명 종식 지 법 한년 행이

己丑 命六衙日朝啓. 上諭禮曹曰:"寡人豈不欲日見大臣聽政
기축 명 육아일 조계 상 유 예조 왈 과인 기 불욕 일견 대신 청정

乎? 然有疾不能 可自今月二十八日至歲抄 但用六衙日."
호 연 유질 불능 가 자 금월 이십팔 일 지 세초 단 용 육아일

庚寅 有星出于斗魁 入于貫索.
경인 유성 출우 두괴 입우 관색

兀良哈五人來
올량합 오인 래

辛卯 坤方有赤祲 夜有電光.
신묘 곤방 유 적침 야 유 전광

收上護軍兼判通禮門事尹夏職牒 外方付處. 初 憲府請夏夜入
수 상호군 겸 판통례문사 윤하 직첩 외방 부처 초 헌부 청 하 야입

摠制河久家 奸所畜妓漢嬋娟之罪 上罷夏職 流之外方; 漢嬋娟
총제 하구 가 간 소축 기 한선연 지 죄 상 파 하 직 유지 외방 한선연

從本定役. 至是 司諫院上言:
종본 정역 지시 사간원 상언

"扶綱常正風俗 有國之先務 爲政之大本 而男女之慾 尤易以溺
부 강상 정 풍속 유국 지 선무 위정 지 대본 이 남녀 지 욕 우이 이익

人心而毁風俗也. 苟不正之 則人欲肆而天理滅 將胥而入於夷狄
인심 이 훼 풍속 야 구 부정 지 즉 인욕 사 이 천리 멸 장 서 이 입어 이적

禽獸之域矣. 夫子删詩 牆有茨 桑中 諸篇 列於國風而垂戒後世
금수 지 역 의 부자 산 시 장유자 상중 제 편 열 어 국풍 이 수계 후세

者 良以此也. 巫臣以夏姬之故而背楚奔晋; 公孫敖以己氏之欲而
자 양 이차 야 무신 이 하희 지 고 이 배 초 분 진 공손 오 이 기씨 지 욕 이

棄命奔莒. 自古家之敗子 國之亂臣 未有不由是而肆其暴也. 尹夏
기명 분 거 자고 가 지 패자 국 지 난신 미유 불 유시 이 사 기포 야 윤하

往者托以母疾 冒干上旨 竊妓出外 爲憲司所劾 當垂首喪氣 老於
왕자 탁 이 모질 모간 상지 절 기 출외 위 헌사 소핵 당 수수 상기 노어

鄕曲. 幸以射御末藝 偏蒙上恩 位至三品 職兼禮官 寵榮極矣. 宜
향곡 행 이 사어 말예 편 몽 상은 위 지 삼품 직 겸 예관 총영 극의 의

其改心易慮 夙夜敬謹 圖報明時之不暇 計不出此 反縱淫僻之
기 개심 역려 숙야 경근 도보 명시 지 불가 계 불출 차 반 종 음벽 지

行 罪固大矣. 且漢嬋娟 雖云官妓 宰相取以爲妾 置於閨門之內
행 죄 고 대의 차 한선연 수 운 관기 재상 취 이 위첩 치어 규문 지 내

豈他人所得而奸哉? 況夏之於久 其交親之舊 非他人比也. 闞久
기 타인 소득 이 간 재 황 하 지어 구 기 교친 지 구 비 타인 비 야 감 구

出外 不顧禮義 半夜踰墻 縱慾而行 其醜甚矣. 罪關風俗 實非
출외 불고 예의 반야 유장 종욕 이 행 기추 심의 죄 관 풍속 실 비

情法可矜 僅罷其職 放歸田莊 於人心邦憲 未爲得也. 願殿下 命
정법 가긍 근 파 기직 방귀 전장 어 인심 방헌 미 위득 야 원 전하 명

攸司收其職牒 竄黜遐方 以正風俗 以戒後來."
유사 수 기 직첩 찬출 하방 이정 풍속 이계 후래

從之.
종지

壬辰 夜有電光 召書雲入直者問之 對以未見 且言冬電不害 上
임진 야유 전광 소 서운 입직 자 문지 대이 미견 차 언 동전 불해 상

怒責之.
노 책지

태종 10년 경인년 12월

十二月

계사일(癸巳日-1일) 초하루에 누른 안개가 사방에 껴 두어 걸음 밖의 사람과 말을 분변할 수가 없었다.

○ 동원군(東原君) 함부림(咸傅霖)이 졸(卒)했다. 부림(傅霖)은 강릉부(江陵府) 사람인데 자(字)는 윤물(潤物)이요, 자호(自號)는 난계(蘭溪)로, 검교중추원 학사(檢校中樞院學士) 승경(承慶)의 아들이다. 홍무(洪武) 을축년에 급제해 예문검열(藝文檢閱)에 등용(登用)되고, 여러 벼슬을 거쳐 좌정언(左正言)으로 옮겼다. 공양왕(恭讓王)이 세워지자 발탁해 우헌납(右獻納)을 제수했는데, 일을 논하다가[論事]논사 왕지(王旨)를 거슬러서 춘주지사(春州知事)로 폄출(貶出)됐다가 (조정에 다시) 불려와 형조정랑(刑曹正郞)에 제수됐다. 당시에 중방(重房)의 여러 장수(將帥)가 궁내의 세력을 믿고 동반(東班-문관)을 멸시했는데 부림(傅霖)이 조금도 굽히지 않고 이와 더불어 겨루다가 이 때문에 벼슬을 잃었다. 임신년 4월에 태조(太祖)가 국사를 담당하자 병조정랑(兵曹正郞) 겸 도평의사사(都評議使司) 경력사도사(經歷司都事)를 제수했고, 7월에 태조가 천명(天命)을 받자 추대(推戴)의 모의에 참여해 예조의랑(禮曹議郞)에 발탁되고, 훈공(勳功) 삼등(三等)에 책록(策錄)돼 익대개국공신(翊戴開國功臣)의 칭호(稱號)를 하사받았다. 벼슬이 빨리 올라 좌산기상시(左散騎常侍) 겸 상서소윤(尙瑞少尹)에 이르러 전선(銓選-인사선발)에 참여해 주관했다. 아비의 상(喪)

을 당해 복이 끝나자 명성군(溟城君)에 봉해졌다. 계미년 3월에 의정부참지사에 제수돼 동원군(東原君)으로 개봉(改封)되고, 갑신년 10월에 사헌부대사헌(司憲府大司憲)에 제수됐다가 얼마 되지 않아서 파직됐다. 무자년 10월에 형조판서(刑曹判書)에 제수돼 그해를 넘기고 병으로 사면했다. 함부림은 강직해 지키는 바가 있고[有守 유수] 입조(立朝)해 과감하게 말하고 이치(吏治)에 민첩해 이르는 곳마다 직책을 잘 수행했다. 경기(京畿)·충청도(忠淸道)·경상도(慶尙道)·전라도(全羅道)·황해도(黃海道) 도관찰출척사(都觀察黜陟使)와 동북면 도순문찰리사(東北面都巡問察理使)를 역임했는데, 청렴결백한 것으로 자임(自任)해 감사(監司)의 위엄을 떨치고 일찍이 굽히거나 흔들리지 않으니 부내(部內)가 두려워하고 복종했다. 죽으니 나이 51세였다. 상이 슬퍼해 철조(輟朝)하기를 3일 동안 하고, 중사(中使)를 보내 조제(弔祭)하고 시호를 정평(定平)이라 했다. 두 아들이 있으니 우공(禹功)과 우치(禹治)다.

갑오일(甲午日-2일)에 목가(木稼)[1]했다. 성안의 모든 나무가 큰 눈을 뒤집어쓴 것 같으니 사람들이 괴이하게 여겼다. 상이 『개원점(開元占)』[2]과 『문헌통고(文獻通考)』, 『옥력통정(玉曆通政)』 등의 책을 보니 이렇게 돼 있었다.

---

1 나무나 풀에 내려 눈같이 된 서리로 상고대라고도 한다.

2 중국 당(唐)나라 구담실달(瞿曇悉達)이 지은 점괘(占卦)에 관한 책이다. 모두 120권인데 점천(占天), 점팔곡(占八穀), 점물이(占物異)로 나눠져 있다.

"간사한 사람이 형벌에 의해 사람을 모함할 조짐이다."

이를 써서 정부(政府)에 보여주었다.

병신일(丙申日-4일)에 제용감판사(濟用監判事) 이운로(李云老)를 김화(金化)에, 주부(注簿) 유여(柳洳)를 음죽(陰竹)에 유배 보내고, 소감(少監) 최자해(崔自海) 이하는 모두 파직시켰다. 운로(云老) 등이 이졸(吏卒)을 시켜 저자의 물건을 거두고 빼앗아 국가의 용도에 보태고자 하니 상(上)이 듣고 노해 운로 등을 옥에 가두고 사헌지평(司憲持平) 홍여방(洪汝方)을 불러 꾸짖었다.

"백성의 물건을 거두고 빼앗는 것은 법으로 마땅히 금지해야 한다. 지금 관리(官吏)가 대낮에 공공연히 겁탈하는데 어찌하여 죄를 청하지 않느냐?"

여방(汝方)이 대답했다.

"신 등은 실로 알지 못했습니다. 만일 알았다면 어찌 감히 말하지 않았겠습니까?"

상이 말했다.

"어제 승정원(承政院)에서 그 이졸(吏卒)을 가뒀고 지금 내가 그 관원을 가뒀다. 내가 구중(九重)에 깊이 있어도 오히려 보고 듣는데 너희가 어찌 알지 못했다 하느냐? 지금 새로 저화(楮貨)를 반포해 백성의 의심을 사는데, 만일 또 거두고 빼앗는다면 원망을 초래하지 않겠느냐?"

마침내 이런 명이 있었다.

○사헌부에서 입번(入番)한 사약(司鑰-궁문 열쇠 담당)의 죄를 청했

으나 용서했다. 동짓날 밤에 공어(供御)하는 일이 번다해 궁문을 닫지 않았다. 사헌부에서 사약을 핵문(劾問)하니 승정원(承政院)에서 그 연고를 알고 모두 집에서 대죄(待罪)했다. 상이 헌부장무(憲府掌務)를 불러 말했다.

"궁문을 닫지 않은 것을 내가 사실상 알고 있으니 (그 죄를) 묻지 말라."

기해일(己亥日-7일)에 검교의정부찬성사(檢校議政府贊成事) 안익(安翊)이 졸(卒)했다. 익(翊)은 젊어서부터 관리의 일[吏事]을 익히고, 마음을 가지는 바가 강직해 역임한 여러 고을에서 모두 성적(聲績)이 있었다. 상이 그의 죽음을 듣고 말했다.

"익은 비록 당대(當代)에 쓰인 인물은 아니나 기구(耆舊)의 공로가 있다."

유사(有司)에게 명해 그 빈소(殯所)에 제사하게 하고 3일 동안 철조(輟朝)했다. 시호를 정평(靖平)이라 했다. 아들이 없다.

임인일(壬寅日-10일)에 박은(朴訔)을 병조판서로, 설미수(偰眉壽)를 예조판서로, 이귀령(李貴齡)을 한성부판사로, 이구철(李龜鐵)을 좌군도총제로, 안등(安騰)을 의정부참지사로, 유정현(柳廷顯)을 서북면도순문사(西北面都巡問使)로, 김여지(金汝知)를 지신사(知申事)로 삼았다.[3]

---

3 지신사가 안등에서 김여지로 교체됐다.

계묘일(癸卯日-11일)에 서교에서 사냥을 했다.

○ 외방(外方)에 있다가 주군(州郡)에 제수된 자는 조사(朝辭)[4]하지 말고 곧장 치소(治所-임지)로 부임하라고 명했다.

○ 형조(刑曹)와 경시서(京市署) 관원을 불러 저화(楮貨)가 유통되는 상황을 물었다.

무신일(戊申日-16일)에 여러 진전(眞殿)과 능침(陵寢)의 제찬(祭饌)을 상정(詳定)했다. 예조(禮曹)에서 아뢰어 말했다.

"여러 진전과 능침에 마땅히 육선(肉膳)을 써야 합니다."

상이 말했다.

"종묘(宗廟)에 이미 희생(犧牲)을 썼으니 마땅히 소찬(素饌)으로 전(奠)을 드리고, 계성전(啓聖殿)·문소전(文昭殿)·건원릉(健元陵)·제릉(齊陵)에는 사시대향(四時大享)과 유명일(有名日) 삭망(朔望)의 제사만 행하고 그 나머지 능침에는 명일(名日)과 삭망(朔望)의 제사만 행하라."

경술일(庚戌日-18일)에 다시 민무휼(閔無恤)을 여원군(驪原君)으로 삼고 민무회(閔無悔)를 여산군(驪山君)으로 삼았다. 이보다 먼저 법령을 규정하기를 외척(外戚)은 군(君)을 봉하지 말라 했는데 이때에 이르러 상이 말했다.

"외척은 일을 맡길 수 없으니 마땅히 다시 봉군(封君)하는 것

---

4 관직에 새로 임명된 사람이 궁중에 들어가 임금에게 사은숙배(謝恩肅拜)하고 하직(下直)을 고(告)하는 일을 말한다.

이 옳다."

또 말했다.

"김첨(金瞻)은 무구(無咎)에게 붙어서 왕래하며 비밀을 주고받았으니 죄가 용서할 수 없다. 유용생(柳龍生)과 구성량(具成亮)은 과전(科田)을 도로 주라."

임자일(壬子日-20일)에 천둥과 번개가 치고 달이 목성(木星)을 범했다.

○ 원일연(元日宴)을 정지했다. 의정부에서 아뢰었다.

"원일(元日)은 천하 고금에 임금과 신하가 경사롭게 만나는[慶會 경회] 날인데, 전하께서 상(喪)을 마치신 뒤에 여러 신하들이 수(壽)를 올리지 못했으니 바라건대 여러 사람의 소망[輿望 여망]을 굽어 좇으소서."

상이 말했다.

"때가 바야흐로 액막이[度厄 도액]하는 중이니 아직은 안 된다."

그만두었다.

○ (강원도) 원주(原州) 각림사(覺林寺)[5]에 향(香)을 내렸다. 상이 잠저(潛邸)에 있을 때 이 절에서 글을 읽었다. 중 석초(釋超)가 주지(住持)로서 간다고 하직하니 향(香)을 주어 보냈다.

---

5 이방원(李芳遠)이 총각 때 이곳에서 은사(隱士) 원천석(元天錫)으로부터 학문을 배우고 개경(開京)으로 돌아가 과거에 급제했다. 태종이 즉위한 후 은사를 찾기 위해 몸소 올라갔다는 계석(溪石)은 후에 사람들이 태종대(太宗臺)라 하여 지금도 절터 곁에 남아 있다. 치악산 동쪽에 있었다고 한다.

병진일(丙辰日-24일)에 일본(日本) 구주절도사(九州節度使) 원도진(源道鎭)이 글을 올려 성명(姓名) 자호(字號)의 소인(小印)을 내려주기를 청했으나 허락하지 않았다. 인(印) 한 개를 새겨주라고 명하니 의정부(議政府)에서 아뢰었다.

"인장(印章)과 부절(符節)은 제후(諸侯)의 나라에서 반사(頒賜)하는 것이 아닙니다. 지금 원도진(源道鎭)에게 주는 것은 온당치 않을 것 같습니다."

이에 그쳤다.

정사일(丁巳日-25일)에 인녕부(仁寧府) 행수(行首) 이호(李護)를 내쫓았다. 호(護)가 효령대군(孝寧大君) 이보(李補)에게 부탁해 병조(兵曹)에 청해 이 직임을 얻었는데 일이 발각됐다[事覺(사각)]. 상이 말했다.

"어린아이의 청은 좇을 것이 못된다."

또 말했다.

"무식한 사람이 어린아이를 통해 환달(宦達)을 구했으니 죄를 주어야 한다. 그러나 이름을 구하는 것은 상정(常情)이니 지금 일단은 용서한다."

○ 예조(禮曹)에서 말씀을 올려 태조(太祖)를 남교(南郊)에서 제사할 때 함께 배향하도록 청했으나 허락하지 않았다. 예조에서 아뢰어 말했다.

"예로부터 나라를 소유한 자[有國者(유국 자)-임금]는 반드시 시조(始祖)를 상제(上帝)에 배향해 제사합니다. 청컨대 정월 10일에 태조를 남교에 배향하소서."

정부에서 아뢰었다.

"시조를 하늘에 배향하는 것은 천자(天子)의 일입니다. 번국(藩國)에 있어서는 일찍이 듣지 못했습니다. 지금 예조에서 갑자기 예(禮)에 참람하게[僭禮]참례 신문(申聞)했으니 마땅히 유사(攸司)로 하여금 핵문(劾問)하게 해야 합니다."

상이 말했다.

"내가 이미 그른 줄 알고 궁중에 머물러두고 내리지 않았다. 세시(歲時)가 이미 가까왔으니 하옥(下獄)할 수 없다."

무오일(戊午日-26일)에 상이 친히 제릉(齊陵)에 제사를 지냈다. 거가(車駕)가 성문에 이르니 소경 여자[盲女]맹녀가 길에서 얻어먹고 있었다. 상이 측은하게 여겨 쌀과 콩을 주게 하고 환궁해서 탄식하며 말했다.

"중외(中外)에 이와 같은 독질(篤疾)로 굶주리고 추위에 떨며 살 곳을 얻지 못하는 자가 많을 것이니 우순풍조(雨順風調)를 어떻게 이룰 수 있겠는가?"

유후사(留後司)에 명해 환과고독(鰥寡孤獨) 169인을 연복사(演福寺)에 모아 쌀과 콩 1석씩을 내려주었다.

○ 종친(宗親)에게 내전(內殿)에서 잔치를 베풀었다. 술이 취하자 상당군(上黨君) 이애(李薆)가 연구(聯句)를 올렸다.

"어리석은 신의 소망은 천세를 누리시는 것입니다."

상이 곧장 대답했다.

"다움이 적은[寡德]과덕 내가 어찌 태산 같은 공로를 잊으리오."

○ 군기감(軍器監)에 명해 궁중에 불놀이[火戲]를 베풀고 약장(藥匠) 26명에게 쌀 1석씩을 내려주고, 또 궁녀에게 면포(綿布)와 정포(正布) 50필을 나눠 내려주었다.

신유일(辛酉日-29일)에 오도리지휘(吾都里指揮) 동맹가첩목아(童猛哥帖木兒)가 사자를 보내 예물을 바쳤다.

○ 사헌부에서 사재감판사(司宰監判事) 권문의(權文毅)의 죄를 청했으나 특별히 용서했다[特宥]. 문의(文毅)가 풍해도 경차관(豐海道敬差官)이 돼 전지(田地)를 살피면서 실상대로 하지 못했기 때문이다.

— 원문 —

癸巳朔 黃霧四塞 數步之外 不辨人馬.
계사 삭 황무 사색 수보 지 외 불변 인마

東原君咸傅霖卒. 傅霖 江陵府人 字潤物 自號蘭溪 檢校
동원군 함부림 졸 부림 강릉부 인 자 윤물 자호 난계 검교

中樞院學士承慶之子. 洪武乙丑及第 調藝文檢閱 累遷左正言.
중추원 학사 승경 지 자 홍무 을축 급제 조 예문검열 누천 좌정언

恭讓王立 擢拜右獻納 論事忤旨 貶知春州 召拜刑曹正郎. 時
공양왕 입 탁배 우헌납 논사 오지 폄 지 춘주 소배 형조정랑 시

重房諸將 內有所挾 蔑視東班 傅霖不小屈 與之抗禮 坐此失官.
중방 제장 내 유 소협 멸시 동반 부림 부소 굴 여지 항례 좌차 실관

壬申四月 太祖當國 拜兵曹正郎兼都評議使司 經歷司都事.
임신 사월 태조 당국 배 병조정랑 겸 도평의사사 경력사 도사

七月 太祖受命 以與推戴之謀 擢禮曹議郎 策勳三等 賜號翊戴
칠월 태조 수명 이 여 추대 지 모 탁 예조 의랑 책훈 삼등 사호 익대

開國功臣 驟遷至左散騎常侍兼尙瑞少尹 參典銓選 遭父憂 服闋
개국공신 취 천 지 좌산기상시 겸 상서 소윤 참전 전선 조 부우 복결

封溟城君. 癸未三月拜參知議政府事 改封東原君. 甲申十月 拜
봉 명성군 계미 삼월 배 참지 의정부사 개봉 동원군 갑신 십월 배

司憲府大司憲 未幾而罷. 戊子十月 拜刑曹判書 踰年病免. 傅霖
사헌부대사헌 미기 이 파 무자 십월 배 형조판서 유년 병면 부림

剛直有守 立朝敢言; 敏於吏治 所至稱職. 歷任 京畿 忠淸 慶尙
강직 유수 입조 감언 민 어 이치 소지 칭직 역임 경기 충청 경상

全羅 黃海道都觀察黜陟使 東北面都巡問察理使 常以澄淸自任
전라 황해도 도관찰출척사 동북면 도순문찰리사 상 이 징청 자임

振監司之威 未嘗挫撓 部內畏服. 卒年五十一. 上悼之 輟朝三日
진 감사 지 위 미상 좌요 부내 외복 졸년 오십 일 상 도지 철조 삼일

遣中使弔祭 諡曰定平. 二子 禹功 禹治.
견 중사 조제 시왈 정평 이자 우공 우치

甲午 木稼. 城中群木 如蒙大雪 人怪之. 上覽開元占 文獻通考
갑오 목가 성중 군목 여 몽 대설 인 괴지 상람 개원 점 문헌통고

玉曆通政 等書 云: "佞人依刑陷人之兆." 書之 以示政府.
옥력 통정 등 서 운 영인 의형 함인 지 조 서지 이시 정부

丙申 流判濟用監事李云老于金化 注簿柳洳于陰竹 少監
병신 유 판제용감사 이운로 우 김화 주부 유여 우 음죽 소감

崔自海以下皆罷職. 云老等使吏卒 收掠市物 欲資國用 上聞而怒
최자해 이하 개 파직 운로 등 사 이졸 수략 시물 욕자 국용 상 문 이 노

下云老等于獄 召司憲持平洪汝方責曰: "收掠民物 法所當禁. 今
하 운로 등 우옥 소 사헌 지평 홍여방 책 왈 수략 민물 법 소당 금 금

官吏白晝公然刦奪 何不請罪?" 汝方對曰: "臣等實未知. 若知之
관리 백주 공연 겁탈 하불 청죄 여방 대왈 신등 실 미지 약 지지

何敢不言!" 上曰: "昨日承政院囚其吏 今予囚其官. 予深居九重
하감 불언 상 왈 작일 승정원 수 기리 금 여 수 기관 여 심거 구중

尙且見聞 爾等何謂不知? 今新頒楮貨 反致庶民之疑. 若又收掠
상 차 견문 이등 하위 부지 금 신반 저화 반 치 서민 지 의 약 우 수략

則不其召怨乎?" 乃有是命.
즉 불 기 소원 호 내 유 시명

司憲府請入番司鑰之罪 原之. 冬至之夜 供御事煩 宮門不關.
사헌부 청 입번 사약 지 죄 원지 동지 지 야 공어 사 번 궁문 불관

司憲府劾問司鑰 承政院以與知其故 皆待罪于家. 上召憲府掌務
사헌부 핵문 사약 승정원 이 여 지 기고 개 대죄 우가 상 소 헌부 장무

曰: "宮門不關 予實知之 勿問."
왈 궁문 불관 여 실 지지 물문

己亥 檢校議政府贊成事安翊卒. 翊少習吏事 秉心剛直 所歷
기해 검교 의정부찬성사 안익 졸 익 소 습 이사 병심 강직 소력

州郡 皆有聲績. 上聞其卒曰: "翊雖非當代見用之人 有耆舊之勞."
주군 개 유 성적 상 문 기졸 왈 익 수 비 당대 견용 지 인 유 기구 지 로

命有司祭其殯 輟朝三日 諡曰靖平. 無子.
명 유사 제 기빈 철조 삼일 시왈 정평 무자

壬寅 以朴訔爲兵曹判書 偰眉壽禮曹判書 李貴齡判漢城府事
임인 이 박은 위 병조판서 설미수 예조판서 이귀령 판한성부사

李龜鐵左軍都摠制 安騰參知議政府事 柳廷顯西北面都巡問使
이구철 좌군 도총제 안등 참지 의정부사 유정현 서북면 도순문사

金汝知知申事.
김여지 지신사

癸卯 獵于西郊.
계묘 엽 우 서교

命在外除授州郡者 免朝辭 直赴治所.
명 재외 제수 주군 자 면 조사 직부 치소

召刑曹京市署官 問通行楮貨之狀.
소 형조 경시서 관 문 통행 저화 지 상

戊申 詳定諸眞殿及陵寢祭饌. 禮曹啓: "諸眞殿及陵寢 宜用
무신 상정 제 진전 급 능침 제찬 예조 계 제 진전 급 능침 의용

肉膳.” 上曰: “宗廟旣用犧牲 宜奠以素飧. 啓聖 文昭殿 健元
육선 상 왈 종묘 기용 희생 의 전 이 소손 계성 문소전 건원

齊陵 行四時大享及有名日朔望 其餘陵寢 只行名日朔望之祭.”
제릉 행 사시 대향 급 유명일 삭망 기여 능침 지 행 명일 삭망 지 제

庚戌 復以閔無恤爲驪原君 閔無悔爲驪山君. 先是 著令外戚
경술 부 이 민무휼 위 여원군 민무회 위 여산군 선시 저령 외척

毋得封君 至是 上曰: “外戚不可任之以事 宜復封君.” 上曰:
무득 봉군 지시 상 왈 외척 불가 임지 이사 의 부 봉군 상 왈

“金瞻 黨附無咎 往來密言 罪不可宥 若柳龍生 具成亮 可還給
김첨 당부 무구 왕래 밀언 죄 불가 유 약 유용생 구성량 가 환급

科田.”
과전

壬子 雷電. 月犯木星.
임자 뇌전 월 범 목성

停元日宴. 議政府啓: “元日 天下古今君臣慶會之日. 殿下喪畢
정 원일 연 의정부 계 원일 천하 고금 군신 경회 지 일 전하 상필

之後 群臣未能上壽 願俯從輿望.” 上曰: “時方度厄 未可也.”
지 후 군신 미능 상수 원 부종 여망 상 왈 시방 도액 미가 야

止之.
지지

降香于原州覺林寺. 上之在潛邸也 讀書是寺. 僧釋超以住持
강향 우 원주 각림사 상 지 재 잠저 야 독서 시사 승 석초 이 주지

辭行 賜香遣之.
사행 사향 견지

丙辰 日本 九州節度使源道鎭上書 願賜姓名字號小印 不許. 命
병진 일본 구주 절도사 원도진 상서 원사 성명 자호 소인 불허 명

刻一顆以賜之. 議政府啓: “印章符節 非侯國所得頒也. 今賜道鎭
각 일과 이 사지 의정부 계 인장 부절 비 후국 소득반 야 금 사 도진

似爲未便.” 乃止.
사 위 미편 내 지

丁巳 黜仁寧府行首李護. 護托孝寧大君補 請兵曹得是任 事覺.
정사 출 인녕부 행수 이호 호 탁 효령대군 보 청 병조 득 시임 사각

上曰: “幼少之請 不可從也.” 且曰: “無識之人 因緣幼穉 以求
상 왈 유소 지 청 불가 종 야 차왈 무식 지 인 인연 유치 이구

宦達 固可罪也. 然求名者 常情也 今姑宥之.”
환달 고 가죄 야 연 구명 자 상정 야 금 고 유지

禮曹上言請以太祖配於南郊 不許. 啓曰: “自古有國者 必以
예조 상언 청 이 태조 배어 남교 불허 계왈 자고 유국 자 필 이

始祖 配帝以祭. 請於正月十日 以太祖配于南郊.” 政府啓曰:
시조 배제 이제 청어 정월 십일 이 태조 배우 남교 정부 계왈

"以祖配天 天子之事. 其在藩國 未之前聞. 今禮曹遽以僭禮申聞
이조 배천 천자 지 사 기재 번국 미지 전문 금 예조 거 이 참례 신문
宜令攸司劾問." 上曰: "予已知其非 留中不下矣. 歲時已近 不可
의령 유사 핵문 상 왈 여 이지 기비 유중 불하 의 세시 이근 불가
下獄也."
하옥 야

戊午 上親祭于齊陵. 駕至城門 有盲女乞丐于途 上惻然 命賜
무오 상 친제 우 제릉 가 지 성문 유 맹녀 걸개 우도 상 측연 명사
米豆 及還宮嘆曰: "中外多有如此篤疾飢寒不得其所者 其能致
미두 급 환궁 탄왈 중외 다 유 여차 독질 기한 부득 기소 자 기 능치
雨順風調乎?" 乃命留後司 聚鰥寡孤獨一百六十九人于演福寺
우순 풍조 호 내 명 유후사 취 환과고독 일백 육십 구인 우 연복사
賜米豆人一石.
사 미두 인 일석

宴宗親于內殿. 酒酣 上黨君李薆 進聯句曰: "愚臣所望壽
연 종친 우 내전 주감 상당군 이애 진 연구 왈 우신 소망 수
千歲." 上卽對云: "寡德何忘功太山!"
천세 상 즉 대운 과덕 하망 공 태산

命軍器監張火戲于宮中 賜藥匠二十六名米人一石 又分賜綿布
명 군기감 장 화희 우 궁중 사 약장 이십 육 명 미 인 일석 우 분사 면포
正布五十匹于宮女.
정포 오십 필 우 궁녀

辛酉 吾都里指揮 童猛哥帖木兒遣使獻禮物.
신유 오도리 지휘 동맹가첩목아 견사 헌 예물

司憲府請判司宰監事權文毅罪 特宥之. 文毅爲豐海道敬差官
사헌부 청 판사재감사 권문의 죄 특유 지 문의 위 풍해도 경차관
審田不實也.
심전 부실 야

KI신서 8228
이한우의 태종실록 재위 10년

1판 1쇄 인쇄 2019년 6월 19일
1판 1쇄 발행 2019년 7월 3일

옮긴이 이한우
펴낸이 김영곤 박선영
펴낸곳 (주)북이십일 21세기북스
출판사업본부장 정지은
인문기획팀장 양으녕 **책임편집** 김다미 **교정교열** 주태진 최태성
디자인 표지 씨디자인(조혁준 기경란 하민우) **본문** 이수정
마케팅2팀 배상현 김윤희 이현진
출판영업팀 한충희 김수현 최명열 윤승환
홍보기획팀 이혜연 최수아 박혜림 문소라 전효은 염진아 김선아 양다솔
제작팀 이영민 권경민

출판등록 2000년 5월 6일 제406-2003-061호
주소 (10881) 경기도 파주시 회동길 201 (문발동)
대표전화 031-955-2100 **팩스** 031-955-2151 **이메일** book21@book21.co.kr

ISBN 978-89-509-8185-3 04900
978-89-509-7105-2 (세트)